本书为国家社科基金一般项目"欧洲反美主义的历史与现实:一种文化视角"(项目号08BSS015)成果

文化的他者

欧洲反美主义的历史考察

王晓德 著

CULTURAL OTHERNESS:
A HISTORICAL EXAMINATION
OF EUROPEAN ANTI-AMERICANISM

中国社会科学出版社

图书在版编目（CIP）数据

文化的他者：欧洲反美主义的历史考察／王晓德著．—北京：中国社会科学出版社，2017.7
ISBN 978-7-5203-0425-2

Ⅰ．①文… Ⅱ．①王… Ⅲ．①政治—历史—研究—欧洲—现代 Ⅳ．①D750.9

中国版本图书馆 CIP 数据核字（2017）第 115454 号

出 版 人	赵剑英
选题策划	郭沂纹
责任编辑	安　芳
责任校对	石春梅
责任印制	李寡寡

出　　版	中国社会科学出版社
社　　址	北京鼓楼西大街甲 158 号
邮　　编	100720
网　　址	http://www.csspw.cn
发 行 部	010-84083685
门 市 部	010-84029450
经　　销	新华书店及其他书店

印刷装订	北京君升印刷有限公司
版　　次	2017 年 7 月第 1 版
印　　次	2017 年 7 月第 1 次印刷

开　　本	710×1000　1/16
印　　张	43
插　　页	2
字　　数	661 千字
定　　价	199.00 元

凡购买中国社会科学出版社图书，如有质量问题请与本社营销中心联系调换
电话：010-84083683
版权所有　侵权必究

目　　录

绪论 ………………………………………………………………（1）
　一　"反美主义"概念的界定以及研究的意义 ………………（3）
　二　美国学术界关于"反美主义"的主要观点 ………………（15）
　三　非美国学者关于反美主义的主要观点 ……………………（29）
　四　本书研究的基本思路 ………………………………………（44）

第一章　"美洲退化论"：欧洲反美主义的文化根源 …………（51）
　一　启蒙时代欧洲对"新大陆"的偏见 ………………………（54）
　二　布丰"美洲退化论"的主要内容 …………………………（65）
　三　"美洲退化论"的发展与完善 ……………………………（74）
　四　布丰等人"美洲退化论"的影响 …………………………（81）

第二章　虚拟的形象：早期欧洲知识精英的美国观 …………（92）
　一　欧洲精英构建美国"他者"形象的根源 …………………（94）
　二　欧洲精英对美国文化的理解 ………………………………（106）
　三　欧洲精英对美国文化的批评 ………………………………（115）
　四　欧洲精英对美国政体的否定 ………………………………（132）

第三章　反现代性：欧洲精英对美国生活方式的批评 ………（146）
　一　美国的崛起与大众消费生活方式的形成 …………………（148）
　二　美国现代大众消费生活方式在欧洲的传播 ………………（161）
　三　欧洲左右翼文人笔下的"美国威胁"论 …………………（174）

四　想象中的欧洲文明与美国文明的对立 …………………… (193)

第四章　"机器文明"的威胁：欧洲人的抨击与抵制 …………… (207)
　　一　"美国化"概念的提出及其在研究中的应运 ……………… (209)
　　二　欧洲国家早期"美国化"及其影响 ………………………… (224)
　　三　美国"合理化"管理方式在欧洲的传播 …………………… (240)
　　四　"美国化"的加剧与欧洲人的抵制 ………………………… (255)

第五章　美国娱乐文化的传播与欧洲的抵制 ……………………… (275)
　　一　美国早期娱乐文化在欧洲的传播及其影响 ………………… (278)
　　二　爵士乐在欧洲的传播以及遭到的抵制 ……………………… (291)
　　三　好莱坞对欧洲电影市场的占领及其影响 …………………… (316)
　　四　欧洲对好莱坞电影的抵制 …………………………………… (333)

第六章　冷战时期欧洲反美主义的加剧 …………………………… (359)
　　一　美国与战后欧洲"美国化"加剧的因素 …………………… (361)
　　二　战后欧洲国家"美国化"加剧的表现 ……………………… (374)
　　三　欧洲文化精英对传统消失的忧虑 …………………………… (393)
　　四　欧洲反美主义情绪的上升 …………………………………… (411)

第七章　战后欧洲对美国娱乐文化的抵制 ………………………… (436)
　　一　好莱坞电影的"霸主"地位及其遭到的限制 ……………… (440)
　　二　作为大众传播媒介的美国电视之威胁 ……………………… (459)
　　三　美国其他娱乐形式的传播以及受到的抵制 ………………… (474)
　　四　"文化例外"与欧共体/欧盟对美国影视作品的抵制 ……… (494)

第八章　后冷战时代欧洲反美主义的加剧 ………………………… (513)
　　一　冷战后美国主宰国际事务"权力"的上升 ………………… (517)
　　二　欧洲反美主义情绪的加剧 …………………………………… (531)
　　三　欧洲的联合以及对文化认同的构建 ………………………… (543)

  四 对美国大众文化传播的抵制 …………………………（560）

结语 ……………………………………………………………（592）

主要参考文献 …………………………………………………（605）

索引 ……………………………………………………………（670）

后记 ……………………………………………………………（681）

绪 论

　　2008年年中，笔者完成了《文化的帝国：20世纪全球"美国化"研究》书稿，这部书稿搁置了近四年才由中国社会科学出版社出版。[①] "美国化"是20世纪以来全球受美国大众文化传播之影响而出现的一种向美国社会趋同的现象，从一开始就引起了国外很多学者的关注，尤其是置身于这一过程之中的欧洲学者以他们的切身感受，从维护本国文化认同出发撰写了大量很有影响的相关论著，试图构架起对"美国化"解释的理论体系。美国文化自20世纪以来对整个世界发展的影响，至今尚无其他国家的文化能够望其项背，欧洲国家的发展同样受到这种文化的巨大影响。"美国化"是欧洲人在19世纪中期提出的一个概念，逐渐地包含了美国文化传播对欧洲高雅文化和传统生活方式构成威胁的内容，欧洲文化精英很难认同在美国这个新国家的疆界内形成的文化，对于这种文化在欧洲的广泛传播更是难以容忍，必须抵制而后快，对美国文化的贬抑与抵制尤其在欧洲左右翼人士身上表现出来。笔者在研究《文化的帝国》这个课题时，已经大量地接触到了这方面的材料，感到从历史发展过程中研究欧洲反美主义在国内学界还是很少有学者系统涉猎的一个课题。欧洲反美主义一直持续至今，随着欧洲联合向纵深发展，欧洲国家对美国政治、经济和文化霸权的抵制不仅丝毫未减弱，而且还呈现出了加剧的趋势，只要一遇到导火索，便会酿成声讨美国的熊熊大火。剑桥大学政治学教授杰弗里·爱德华兹在一篇文章中宣称，反美主义在欧洲非常普遍，对美国不满情绪的上升"似乎到了无论是西欧国家政府，还是中欧国家政府，还是东欧国家政府，都很难

---

　　① 王晓德：《文化的帝国：20世纪全球"美国化"研究》，中国社会科学出版社2011年版。

忽视之地步"。① 爱德华兹描述的是当代情况，欧洲反美主义并不是到了现当代之后才出现的一种现象，而是欧洲一种历史很悠久的传统，一直是萦绕在美欧关系上的一道难以抹去的深深"阴影"，这道阴影难以消失，必定有一条基本的线索贯穿于其中，这条线索其实就是欧洲文化精英很难在文化上认同美国。不管他们对美国文化和社会的认识是否合理与正确，还是他们为了凸显欧洲文明的优越，他们反美情绪的根源无疑是在文化上。俄亥俄州立大学德语教授亚历山大·斯蒂芬在他主编一本书的序言开首写道，事实是，"欧洲抵制美国文化传播的历史被称为反美主义"②。斯蒂芬是研究德国问题的著名专家，成果颇丰，他这种研究所得的确值得深思。澳大利亚新南威尔士大学历史学教授伊恩·蒂勒尔认为，反美主义在当代世界是学者中间一个引人注目的辩论问题。然而，关于反美主义的历史发展及其与外国人对美国抱有成见之关系的研究却依然相对较少。③ 在这种认识的基础上，2008年笔者以《欧洲反美主义的历史与现实：一种文化视角》为题目申报了国家社科基金项目，所幸批准立项。笔者试图从两种文化冲突的角度把欧洲反美主义的历史演变构架为一个整体，从中能够清晰地看到贯穿于其内并且起着决定性作用的这条文化主线。欧洲反美主义史是个很值得研究的课题，通过对历史事实的展现和分析，显然对当代普遍存在于欧洲国家的反美情绪大有裨益，笔者也希望本课题的完成能够弥补国内学术界在系统研究欧洲反美主义史上的不足④，以期引起学界对这一重要问题的关注。

---

① Geoffrey Edwards, "Is There a Security Culture in the Enlarged European Union?" *The International Spectator*, Vol. 41, No. 3, 2006, p. 18.

② Alexander Stephan, "Cold War Alliance and the Emergence of Transatlantic Competition: An Introduction," in Alexander Stephan, ed., *The Americanization of Europe: Culture, Diplomacy, and Anti-Americanism after 1945*, New York: Berghahn Books, 2011, p. 1.

③ Ian Tyrrell, "American Exceptionalism and Anti-Americanism," in Brendon O'Connor, ed., *Anti-Americanism: History, Causes, and Themes*, Vol. 2, Historical Perspectives, Westport: Greenwood World Publishing, 2007, p. 99.

④ 国内学术界已有学者开始注意到从文化角度来观察欧洲的反美主义，如庞琴《反美主义在当代欧洲认同形成中的作用》，《现代国际关系》2007年第12期，第46—50页；王秋彬《反美主义的历史演进》，《史学集刊》2008年第5期，第100—106页。

一 "反美主义"概念的界定以及研究的意义

美国历史很短,加上殖民地时期,至今还不到400年,与有数千年文明史的国家相比,历史连它们的零头都不及,但这正是美国在发展上具有优势所在。美国没有数千年传统文化的沉重包袱,能够在近乎一张白纸上画出与时代潮流同步的图景,在此基础上形成的文化大概最能反映了世界发展的大趋势。这也是美国在立国之后能够快速发展的主要原因之一。美国生来就是一个现代国家,在其历史上发生的每次较大社会转型或变革很大程度上都对其他国家传统的存在与延续构成了"威胁",美国生活方式体现了时代最为"现代"的东西,深受赶"时髦"者的青睐。这种生活方式建立在对商业利润无止境追求的基础之上,因此绝不会局限于美国境内,而是随着美国大规模的商业扩张向国外迅速蔓延,其他国家很难有效地将这种体现"现代性"的潮流抵挡在疆域之外,与美国经贸关系密切的欧洲国家自然就成了美国文化"渗透"的"重灾区"。美国自19世纪中后期开始崛起至今,无论是从正面还是从负面,其对世界发展的影响的确很难用具体的数字来衡量,境外之人对美国的赞誉和批评之声可谓是铺天盖地,此起彼伏。赞誉者把美国说成是"天堂",为其他国家树立了一个榜样,是世界各地追求自由者的"向往之地"。批评者把美国贬抑为"地狱",国家充满着难以解决的社会问题,实属人类文明的"灾星"。在美国境外之人看来,美国本身就是一个矛盾体。澳大利亚格里菲斯大学政治学教授约翰·凯恩对此有比较详细的阐述。他回答"美国是什么"这个问题时,把美国概括为一个在外国人眼中很矛盾的国家:既"致力于自由和平等",又"长期迷恋于奴隶制和种族隔离";既"反帝国主义",又"赞美对一个完整大陆的征服以及对其原住民的消灭";既"相信权力",又"不可避免地使美德受到腐蚀,更何况美国的美德将必然导致财富和权力";既"提倡简朴的农业共和国",又"形成了世界上最复杂的工业文明";既"竭力使自己在政治上与一个邪恶世界孤立起来",又"追求更深程度的经济卷入";既"遵循清教戒律",又"产生了一种基于愉悦和消费之上的世俗文化";既"把自己公民视为非民族主义普遍人性的范例",又"孕育了高傲狭隘和甚嚣尘上的爱国主义";既"奠基于启蒙时代世俗价值观之上",又"是所有发达国家中宗教情结最浓的国家之一";既"致力于成功和进步的乐观主义",又"包容末日审判和世界末日的千禧年期盼",坚信"自己的清白与永远相信原罪结合在一起";既"领导民主自由世界",又"支持和维持全球范围内的邪恶独裁政权";既"反对军国主义",又"形成了迄今世界上最强大的军事机器"。[1]"正义"与"邪恶"在美国身上体现得淋漓尽致,这大概就是美国在国外既备受赞扬又遭到抨击的主要原因。

美国对世界发展的影响是无可置疑的,但其在国际社会奉行的霸权政策使其固存的"邪恶"更多地映入国外之人的眼帘。2007年,澳大利亚学者布伦登·奥康瑙尔主编了一套四卷本关于反美主义的丛书,他在丛书序言开首就谈到了美国在世界发展过程中的重要作用。在他看来,美利坚合众国"是我们时代黄金时间播出的节目"。这个国家的"总统选举、总统讲演和总统言辞不当,以及美国外交政策、美国电影、音乐、食品、电视、计算机游戏和名流等,无不比其他任何单一国家的政治、文化和人民更广为人知"。因此,对世界各地之人来说,美国是"参照点、通用语、威胁、朋友以及焦虑之源"。[2]事实正是如此,在外国人的眼中,没有一个国家像美国那样既令人向往,又遭到极端厌恶,对美国的抨击之声不绝于耳,有时还会演化为声势浩大的民众抵制活动。世界上几乎没有一个国家能像美国那样获得"反美主义"这个称号,翻遍古今中外的论著,很难找到"反俄主义""反华主义""反法主义""反德主义"以及"反日主义"等这样的词汇,倒是经常可以看到"反犹太主义"(Anti-Semitism)这一术语,但"反犹太主义"与"反美主义"并非风马牛不相及,而是有着密切的联系。法国哲学家安德烈·格吕克斯曼将这两种"主义"称为"孪生兄弟",认为当代欧洲"反犹太主义"既是"反美主义"的结果,也是"反美主义"

---

[1] John Kane, "Ambivalent Anti-Americanism," in Brendon O'Connor and Martin Griffiths, eds., *The Rise of Anti-Americanism*, London: Routledge, 2006, p. 49.

[2] Brendon O'Connor, "Series Preface," in Brendon O'Connor, ed., *Anti-Americanism: History, Causes, and Themes*, Vol. 1, *Causes and Sources*, Westport: Greenwood World Pub., 2007, p. vii.

的逻辑延伸。① 研究欧洲反美主义的著名专家安德烈·马尔科维茨认为,用"孪生兄弟"表明"反犹太主义"和"反美主义"之间的关系是再恰当不过了,他在2007年出版的著作中专辟一章探讨了两者之间关系的历史演变,认为欧洲反犹太主义"早就存在,在美国崛起过程中,反犹太主义开始伴随着欧洲的反美主义,方式是系统惯常的,这两种主义成为欧洲思想中的孪生兄弟,一直持续至今。正是对资本主义现代性的担忧和批评才把这两种抱怨结合在一起。美国人和犹太人被视为现代性的典范:受金钱驱动,渴望得到利润,居住在城市,主张普遍性,个体主义,流动性强,缺乏根基,对既定的传统和价值观敌对"②。英国历史学家托尼·朱特也认为反美主义与反犹太主义之间存在着密切的关系。在20世纪30年代,反美主义的一个特定方面成为反犹太主义的延伸。在某些欧洲批评家的脑海中,犹太人与没有根基之现代性和资本主义联系在一起,而美国恰恰就是这些力量结合在一起产生的"最坏结果"③。匈牙利著名哲学家阿格内斯·黑勒在2007年的一次讲演中谈到,反美主义"至少其极端的情绪表达常常是反犹太主义的负面反应"④。智利大学经济史教授克劳迪娅·贝里斯详细地解释了"反犹太主义"与"反美主义"之间的联系。⑤ 以"主义"(ism)反对一个国家大概为美国独此一家,其时间之长、规模之大以及范围之广,很少有其他"主义"能够与之匹敌。这表明了美国在对全球发展具有重大影响的同时,其产生的负面作用也是显而易见的,引发了各国对美国的抱怨与不满。在反美主义方面,欧洲国家的文化精英人士表现出更为强烈的

---

① Andrei S. Markovits, "European Anti-Semitism and Anti-Americanism," in Brendon O'Connor, ed., *Anti-Americanism: History, Causes, and Themes*, Vol. 2, *Historical Perspectives*, Westport: Greenwood World Pub., 2007, p. 119.

② Andrei S. Markovits, *Uncouth Nation: Why Europe Dislikes America*, Princeton: Princeton University Press, 2007, pp. 150 – 200; Markovits, "European Anti-Semitism and Anti-Americanism," in O'Connor, ed., *Anti-Americanism: History, Causes, and Themes*, Vol. 2, p. 123.

③ 详见 Tony Judt, *Past Imperfect: French Intellectuals, 1944 – 1956*, Berkeley: University of California Press, 1992, p. 194.

④ Agnes Heller, "The Stories of Europe," in Sari Aalto and Saara Vihko, eds., *The Idea of Europe: Continuity and Change*, European Cultural Foundation Network Finland, 2008, p. 38.

⑤ Claudio Véliz, "Industrial Modernity and Its Anti-Americanisms," *The Hedgehog Review*, Vol. 5, No. 1, Spring 2003, p. 51.

情绪。

  美国是欧洲殖民扩张的产物，但在欧洲文化精英中，很多人从来不认同在大西洋彼岸北美土地上形成的文化，在殖民地时期，他们对这块土地上的文化和社会的批评就已大量地见诸于文字，对欧洲人的美洲观产生了很大影响。美国立国之后，以一种完全不同于欧洲国家的新形象出现在世人面前，在政治制度、经济体制和文化观念等方面展现出与欧洲不同的特性。这种状况自然引发了欧洲精英人士对美国的攻击，在意识形态上的反美情绪明显体现在他们的言谈举止上，逐步地形成了欧洲反美主义的传统。英国学者莱斯利·汉农由此认为，反美主义至少自 1776 年以来就一直是欧洲生活中有机组成部分。① 因此，在"反美主义"术语提出之前，这一术语包含的内容早就存在于欧洲文化精英关于美洲或美国的话语之中了。从目前所接触的资料来看，"反美"（Anti-American）术语要比"反美主义"术语出现得更早。1828 年出版的《韦伯斯特美国英语词典》（*Webster's American Dictionary of the English Language*）收录了"反美"这一术语，将之界定为"与美国的对立，或与美国真正利益的对立，或对美国政府的抵制；对美国革命的反对"②。从这部字典对"反美"解释来看，这一术语包含的内容比较宽泛，囊括了对这个新国家的所有敌对行为，当然主要是指欧洲大国在各个方面与美国的对立。此时，美国刚刚独立 50 余年，其主要精力专注于对国内问题的解决，对大西洋彼岸的事务，美国根本无暇他顾。更为重要的是，美国也没有实力与欧洲大国相抗衡，自然也谈不上能够对欧洲国家进行文化输出了。欧洲文化精英对美国社会与文化的批评，很大程度上是基于一种虚构的基础之上，在想象中来描述这个国家对欧洲或世界构成的威胁，在一种虚构的话语中凸显了欧洲文明的优越。

  美国真正在国际社会具有影响力开始于 19 世纪末，进入 20 世纪后美国成为名副其实的大国，在经济发展上已远远走到了欧洲国家前面，开始通过武力扫除阻挡其海外经济扩张的障碍。不过，美国对欧洲国家政治事

---

 ① Leslie F. Hannon, "American Culture? Qu'est-ce que c'est?" *New York Times*, February 16, 1964, p. SM10.

 ② "Anti-Americanism," in Wikipedia, the Free Encyclopedia. (http://en.wikipedia.org/wiki/Anti-Americanism).

务还是尽可能地避而远之，唯恐卷入其中伤及了自身利益，但在经济上和文化上已不可避免地对欧洲国家产生影响，尤其体现"现代性"的美国生活方式对欧洲的文化传统造成了很大的冲击。此时，那些保守的欧洲文化精英才切实感受到来自大西洋彼岸一种新生活方式的巨大威胁。他们为了维护欧洲传统的高雅生活方式不被追求物质主义的美国粗俗文化所取而代之，自然对美国社会和文化发出讨伐之声。"反美主义"这一术语就是在这种背景下产生的。据马尔科维茨的考证，"反美主义"这一术语直到20世纪初才开始明确使用。他的研究表明，1901年，英国一位经济学家在《大西洋月刊》上发表文章，使用了"反美主义"术语。这位经济学家指出，对于"绝望的欧洲人来说，对美国繁荣和成功的嫉妒"与一种在商业、外交和道义上无能为力的新意识密切联系在一起。因此，"有修养的欧洲人强烈地抱怨美国人的行为举止；他们厌恶美国人的狂妄自大。这种狂妄不像英国人那样是个人的，而是整个国家的"。这是一个完全沉迷于物质主义的国家。人们丝毫不会对"反美主义正在上升"感到惊讶。[①] 马尔科维茨后来在一篇文章中再次强调，反美主义"是一种'主义'，由此表示了其既定的制度化和作为一种意识形态的通常用法。然而，这一术语本身直到20世纪之初才开始明确使用"[②]。根据对《纽约时报》刊登的文章搜索，在此之前就有记者使用"反美主义"术语来报道欧洲国家对美国的不满。[③]"反美主义"作为一个术语出现在这一时期的媒体上，显然反映出欧洲文化精英对充满活力之美国的恐惧，对难以阻挡的美国经济和文化扩张更是忧心忡忡，他们决心抵制美国"低劣庸俗"之文化在欧洲的广泛传播，以期维护他们长期享有的文化特权。这样，对美国的谴责之声一时"甚嚣尘上"。鉴于欧洲文人对美国社会和文化的抨击和抵制，有人创造了"反美主义"这一术语来形容这种状况，不管这种提法是否准确，但"反美主义"术语的

[①] Andrei S. Markovits, "European Anti-Americanism (and Anti-Semitism): Ever Present Though Always Denied," Working Paper Series #108, p. 6. (http://aei.pitt.edu/9130/1/Markovits.pdf).

[②] Andrei S. Markovits, "The Anti-Americanism Mindset," in Brendon O'Connor, ed., *Anti-Americanism: History, Causes, and Themes*, Vol. 1, *Causes and Sources*. Westport: Greenwood World Publishing, 2007, p. 30.

[③] 参见"Anti-Americanism in Italy," *New York Times*, February 14, 1899; "Europe's Anti-Americanism," *New York Times*, April 24, 1900, p. 2.

确反映了当时欧洲文化精英对美国的一种强烈的抵制情绪。这一术语一经提出，很快就风靡欧美媒体，一直持续不衰，成为至今研究美国与欧洲文化关系难以避开的一个重要词汇。美国是个眼光始终盯着全球的国家，尤其是当美国具有了问鼎世界领袖的能力时，其对全球事务的干预几乎成为外交政策制定与执行的基本出发点之一。这种侵犯其他国家主权的做法引起了很多非西方国家的强烈不满，他们对美国霸权的抵制可谓是日益上升。"反美主义"这一术语的提出与欧洲国家文化精英人士抨击美国社会和文化有关，但这一术语早就越出了西方世界之外，描述了世界各地对美国的经济、政治和文化霸权的抱怨与抵制，其涵盖的内容已大为扩充。如今，全球的"反美主义"情绪之强烈以及由这种情绪转变为对美国霸权行为抵制之广泛，恐怕是提出这一术语者所始料未及的。

什么是"Anti-Americanism"？将这一术语翻译成"反美主义"是否能够准确地传递了其包含的实质性内容，的确需要斟酌推敲。① 当然，要搞清楚"Anti-Americanism"，首先应该知道"Americanism"的基本含义。"ism"在英文中有"主义"的意思，但也有"行为"或"特性"的含义。在中文的语境中，"主义"一般指对客观世界或对某一重大问题形成的系统理论主张，具有指导信奉这种理论的人们形成自己的世界观和处世原则的意义，有着信仰和意识形态的含义。"Americanism"翻译成"美国主义"最为简单，但如果用中文语境中的"主义"来理解，至于是否能够准确地表达这一术语所涵盖的内容，恐怕会存在着很大的争议。即使在讲英语的世界，人们对"Americanism"的理解也是迥然相异的。1916年7月31日，约翰·刘易斯致信《纽约时报》编辑，题目就是"What is Americanism？"按照刘易斯的理解，目前人们关于美国是个"熔炉"的说法讨论甚多，这个大熔炉被设想为把来到美国的所有外国人都融化为循规蹈矩的美国人，很多人对这种解释提出质疑。刘易斯认为，"困难是，我们也没有完全理解

---

① 法国学者玛丽耶—弗朗斯·图瓦内对"Americanism"和"Anti-Americanism"这两个术语的来龙去脉进行了详细的考察，详见 Marie-France Toinet, "Does Anti-Americanism Exist？" in Denis Lacorne, Jacques Rupnik and Marie-France Toinet, eds., *The Rise and Fall of Anti-Americanism: A Century of French Perception*, translated by Gerald Turner, London: The Macmillan Press Ltd, 1990, pp. 219 – 220.

'美国人'意味着什么或'美国化'意味着什么。我们尚未用任何明确独特的美国理想代替欧洲的理想。我们要欧洲人抛弃掉旧衣服,但我们尚未决定我们想要他们穿上新式样的服装,美国比欧洲拥有更为丰富的潜在资源,发展更为迅速,在人口、财富和力量上肯定最终会超过欧洲。我们现在正在寻找一种美国政策和文明,以使我们独立于欧洲体系,或者至少不只是对旧世界的翻版,而是具有自己的理想和自己的国际关系计划"[1]。显而易见,刘易斯所谓的"Americanism"包含着美国形成一套与欧洲区别开来的新体系。美国左翼人士约瑟夫·坎农对"Americanism"大张挞伐,以非常尖刻的语言给予批判,认为"Americanism 就是发展到顶端的资本主义。资本主义是追逐利润的产物。消除资本主义的方法是集体所有制以及对生产和分配机构的控制。在这样一种制度下,一个人或一群人将不可能剥削其他任何人的劳动"[2]。美国出生的英国著名作家亨利·詹姆斯1904年至1905年考察了美国,返回到英国之后出版了一本题目为《美国场景》的游记。他主要游览了新英格兰地区和纽约州市,感到美国正在发生和即将发生一场巨大的变革。他由此谈到了"Americanism",将之说成是一种"难以预测的新东西",是一种"特性的标签",让美国展现出完全不同于过去的特性。[3] 显而易见,詹姆斯所谓的"Americanism"多少带有"美国例外论"的意味。

实际上,"Americanism"在英语中包含了多层意思,很多情况下指通过对其他语言的借鉴在美国本土形成了与英国英语区别开的美式英语,"Americanism"出现在殖民时期主要指这方面的意思。据记载,第一次使用"Americanism"者是出生于伦敦的罗伯特·博林(1646—1709)。他移民到了弗吉尼亚殖民地,娶了当地一个显贵家族之女为妻。他在回忆录中描写了北美早期移民的语言特性,说"殖民者带来詹姆斯国王时代的词汇……保留其纯洁。我们的人口增加来自英格兰多于来自其他任何地方,他们从事不要求为耕作所需的任何新词汇的农业。随着时间的流逝,我们保留了

---

[1] John Lewis, "What Is Americanism?" *New York Times*, July 31, 1916, p. 8.

[2] "What is Americanism? Supplement," *The American Journal of Sociology*, Vol. 20, No. 5, March 1915, p. 615.

[3] 详见 Henry James, *The American Scene*, London: Chapman and Hall, Ltd., 1907, p. 357.

在母国已经过时的词汇，随后我们被指责为'Americanisms'，不过这份遗产是由我们的父辈带来"①。美国文学家阿瑟·沃尔德霍恩对此曾有过比较精辟的论述，大致意思是说，美式英语的词汇主要来自英国英语，在一定程度上也从另外六种语言中借鉴了不少词汇。尽管构成美国英语的词汇早就在英国语言中存在，但在美国采用时却赋予了新的含义。② 美国是个移民国家，当19世纪末叶来自东南欧的移民源源不断地进入美国后，很多美国著名人士谈及"Americanism"时，主要涉及这些新移民向着美国主流生活方式的转变。如美国总统西奥多·罗斯福在1894年4月的一次讲话中强调了真正的"Americanism"的所指，爱国主义和对国家的忠诚是这一术语的基本含义。罗斯福特别强调了"Americanism"的第三层意思是"对来到我们海岸的新移民的美国化。我们必须在言谈上，在政治思想和原则上以及在他们看待教会与国家的关系上等各个方面使他们美国化"③。这一时期美国出现的针对新移民的"百分之百的Americanism"运动便是这方面的集中体现。从这个意义上讲，"Americanism"中包含着以美国主流文化对新移民同化的含义。

随着历史的发展，"Americanism"这一术语的涵盖面也在发生着变化，当然其所包含的美国展现出不同于其他国家特性之基本内容不会发生改变，由这一基本内容衍生出来的东西也被容纳在这一术语之中。第一次世界大战之后，美国在西方工业化国家中率先进入现代大众消费社会，形成了代表"现代性"的消费理念以及与其他国家不同的生活方式。"Americanism"频频出现在报刊文章和学者的论著之中，此时的"Americanism"主要指在美国形成的与传统相对立的现代生活方式。2012年2月24日，美国退伍军人协会发布了一个报告，回答了"什么是Americanism?"这个问题。报告开宗明义指出，"Americanism"是对"国家的永恒之热爱，对其制度和理想的忠诚；热切地防止其遭到任何敌人的侵犯；个人对国旗的效忠；希望

---

① Robert Bolling, *A Memoir of A Portion of the Bolling Family in England and Virginia*, Richmond: W. H. Wade & Co., 1868, p. 22.

② 参见 Thomas Pyles, "A New Dictionary of Americanisms," *American Speech*, Vol. 32, No. 2, May 1957, pp. 125 – 126.

③ Theodore Roosevelt, "True Americanism," April 1894. (http://www.theodore-roosevelt.com/trta.html)

我们自己以及我们的后代获得自由的福音"①。这一界定尽管只能算作一家之言，但与历史上出现的"Americanism"定义所包含的内容已经大相径庭了。目前比较有权威的《简明普林斯顿美国政治史百科辞典》对"Americanism"的历史演变进行了详细的解释，认为这一术语涵盖着两种不同的意思，一是"意味着美国（以及构成美国的殖民地和疆土）代表的东西是与众不同的"；二是"意味着对国家的忠诚"。这两种含义皆"根植于对美国政治理想的维护"。这些理想"在美国革命和早期共和国时代第一次被宣布，自此以后发展出了更为广泛的含义"②。耶鲁大学计算机科学教授戴维·杰勒恩特对"Americanism"的解释是，"Americanism"是"一套被认为构成美国本质的信念，使美国显得与众不同；这套信念让美国人对他们国家优越于所有其他国家充满着自信，在道德上优越，更接近于上帝"。他不赞成把"Americanism"说成是"美国的情趣或方式或美国文化"③。对"Americanism"的界定还很多，但万变多不离其宗，无非是包含着以下几层意思：一是美国是个特殊国家，其展现出的国家特性自然与其他任何国家的特性是迥然相异的；二是美国具有把来到这个国家的外国人转变成名副其实的美国人的能力与条件；三是体现在美国立国文献中的美国信条；四是一种反映"现代性"的全新生活方式；五是国民对象征着美国这个国家特性之价值观的忠诚。这些含义多表明了美国与其他国家的不同，不过都可以从这个国家形成的文化中找到根源。

从逻辑上讲，"Americanism"通常是出自美国人之口，描述了在美国境内形成的展现这个国家本质的内容，将之翻译成"美国主义"也未尝不可，这种"主义"是否已构成一以贯之的理论体系在学术界尚有不同看法，但显然已具有了影响这个国家内外政策制定和民众世界观及其信念的本质。"Anti-Americanism"这一术语出现在20世纪初，正是世界出现了所谓"美国化"趋势之际，英国著名记者威廉·斯特德于1901年出版了一本书，书

---

① The American Legion, "SAL Americanism report," February 24, 2012. (http://www.legion.org/sons/161913/sal-americanism-report)

② 详见 Michael Kazin, ed., *The Concise Princeton Encyclopedia of American Political History*, Princeton: Princeton University Press, 2011, pp. 12–15.

③ David Gelernter, "Americanism—and Its Enemies," *Commentary*, January 2005, p. 41. (http://campus.murraystate.edu/academic/faculty/mark.wattier/Gelernter2005.pdf)

名为《世界的美国化》，主要描述20世纪初全球受到美国政治、经济和文化等方面的全方位影响以及世界未来的发展趋势。[①] "Anti-Americanism"与"美国化"这两个术语几乎同时由欧洲文人提出，这一事实说明了欧洲文化精英对这种趋势的抵制。随着美国生活方式在欧洲的广泛传播，至少在欧洲，这一术语通常是指欧洲保守文化精英对美国社会和文化的讨伐以及对美国生活方式的强烈抵制。这种抵制到了第一次世界大战之后变得更为明显了。此时，美国完全进入了现代大众消费社会，形成了把"现代性"体现得淋漓尽致的全新的生活方式。这种新的生活方式在追求经济利润的刺激下很快向全球蔓延，与美国经济联系较为密切的国家最先感受到这种生活方式对传统之延续的威胁。到了20世纪20年代，"从文化上讲，美国正在变得以爵士乐、电影和广告的国家而著称。人们正在很容易地谈到一种独特的美国世界观、风格和生活方式。在某些方面，欧洲的现代化似乎已经与存在于美国的东西并行不悖，出现了变得更世俗，更民主，城市化加快，发展步伐更快，地理流动性更大，无阶级之分，对传统的质疑以及崇尚变革等特征"[②]。也正是美国大众文化在欧洲国家横冲直撞，如入无人之境，打破了上流社会享有的文化特权，"文化"开始从一个神圣高雅的"殿堂"走出，来到了大众的生活当中。对欧洲文化精英而言，这是一种"是可忍孰不可忍"的状况，"Anti-Americanism"这一术语一下子就开始流行起来，以此来描述欧洲人对美国大众文化传播的抵制。研究欧洲反美主义的戴维·埃尔伍德就认为，"Anti-Americanism"这一术语第一次出现在20世纪20年代，主要原因在于这一时期美国资本和商品的洪流在欧洲"泛滥成灾"，引起了欧洲精英们的"担忧和敌对"，似乎世界出现了"即刻美国化"的趋势。[③] 埃尔伍德认为这一术语首次出现在20年代看来是有误的，他大概只是想说明欧洲文化精英对以大众消费为主的新生活方式传播之抵制有多么的强烈。实际上这一术语早在此前已经有欧洲文人开始使用，只

---

① William T. Stead, *The Americanization of the World: The Trend of the Twentieth Century*, New York and London: Horace Markley, 1901.

② Barry M. Rubin and Judith Colp Rubin, *Hating America: A History*, New York: Oxford University Press, 2004, pp. 45-46.

③ David W. Ellwood, "Americanisation or Globlisation?" *History Today*, Vol. 52 No. 9, September 2002, p. 19.

是到了此时更加受到学者和媒体的关注，成为社会上一个更为流行的词汇而已。

如前所述，从美国人的角度讲，尽管把"Americanism"翻译为"美国主义"很难准确地反映出这一术语涵盖的本质内容，但还可以说得过去，然而对应地把"Anti-Americanism"翻译为"反美主义"就显得十分牵强了，多少有些语焉不详，词不达意。欧洲文化精英所谓的"Anti-Americanism"并不是反对"美国主义"中包含的所有方面，充其量也只是抵制"美国主义"中所体现的生活方式或美国文化在国外的传播。如果把"Anti-Americanism"翻译为"反美主义"，好像他们对美国大众文化进入欧洲的抵制还存在着一种受系统化理论的指导。法国学者皮埃尔·盖尔兰认为，"以'主义'作为后缀的概念术语表明了一种体系的存在"，那么反美主义自然是"对美国或'美国主义'（通常定义为对美国及其习惯和制度的效忠——笔者注）的成体系的或系统的反对"[①]。欧洲人对美国文化传播的抵制显然并未受一种成体系理论的指导，只是一种强烈的厌恶情绪在发挥着作用。研究美欧文化史的德国学者杰西卡·吉诺·黑希特博士认为，在许多方面，"Anti-Americanism 甚至不是一个有益的术语。因为与其他 ism 不同，它不受每一场运动的支持，它缺乏对未来的展望，其自身的界定是靠着对立的情绪，而不是靠着一种适当的观点。在某种意义上讲，不存在任何一种欧洲的 Anti-Americanism，而只是存在着对这一现象的各种不同表述，这些表述受制于地理因素和历史周期。这一现象的形式与内容之所以不同，不仅是因为空间的维数，而且也因为时间的维数：每个时代都有自己的 Anti-Americanism 形式"[②]。吉诺·黑希特博士的这种看法对认识"Anti-Americanism"含义深有启迪。2002 年于贝尔·韦德里纳从法国外交部长职务上退下了之后，以研究全球化和美国文化霸权而闻名。他在 2004 年发表了一篇关于 Anti-Americanism 的文章，开首就表示很难回答"什么是 Anti-Americanism"

[①] Pierre Guerlain, "A Tale of Two Anti-Americanisms," *European Journal of American Studies*, No. 2, 2007, p. 7. （http://ejas.revues.org/1523）

[②] Jessica C. E. Gienow-Hecht, "Always Blame the Americans: Anti-Americanism in Europe in the Twentieth Century," *American Historical Review*, Vol. 111, No. 4, October 2006, p. 1068.

这一问题，他认为这一术语是造成"很大混淆的根源"①。法国学者马里耶·弗朗斯·图瓦内认为"Anti-Americanism"这一术语的使用是"完全正当的"，但前提是"只要这一术语表明对作为一个整体之美国的系统反对"②。图瓦内话里多少有点颠倒了这一术语关系的意思。这一术语体现的基本含义不是对美国系统的"反对"，而是以"系统的理论"对美国作为一个整体的抵制。欧洲人对美国做出"厌恶之反应"说实在只是一种不满情绪的宣泄而已，远不足于构成受一种系统化理论的指导。

其实，一些欧洲人士对"Americanism"这一术语的界定与美国学者的界定存在着很大的不同，他们的界定与"Anti-Americanism"可以相对应。葛兰西在其名著《狱中札记》中用了很多笔墨探讨了"Americanism"的含义，认为它是与进入欧洲文化背景中的"福特制"具有密切的联系，它"不是毁灭欧洲文化核心的邪恶怪兽，其带来的希望在于改变了欧洲社会古老的仪式化结构，造成了社会和政治生活中明显的潜在敌对"③。葛兰西并不是对"Americanism"提出批评，而是将之与欧洲精英眼中的"文化"对立起来。这也是英国学者理查德·克罗克特把"Americanism"说成是"Anti-Americanism"的"根源"所在。④ 法国左翼哲学家罗歇·加迪把"A-mericanism"称为一种"疾病"，已经在全世界广为传播，"Anti-Americanism"就是对这种疾病的战斗，"我们必须医治美国人民自己，因为他们是金融、政治和军事寡头的牺牲品"⑤。德国哲学界马丁·海德格尔从哲学角度界定了"Americanism"⑥。因此，从欧洲人抵制美国大众文化传播的角度

---

① Hubert Vedrine, "On Anti-Americanism," *Brown Journal of World Affairs*, Vol. X, No. 2, Winter/Spring 2004, p. 117.

② Toinet, 'Does anti-Americanism Exist?' in Lacorne, et al., (eds.), *The Rise and Fall of Anti-Americanism*, p. 219.

③ Marcia Landy, "'Which Way is America?': Americanism and the Italian Western," *Boundary 2*, Vol. 23, No. 1, Spring 1996, p. 36.

④ 参见 Richard Crockatt, "Americanism as a Source of Anti-Americanism," in O'Connor, ed., *Anti-Americanism: History, Causes, and Themes*, Vol. 2, p. 73.

⑤ 转引自 Günter Bischof, "Austrian Anti-Americanism after World War II," in Michael Draxlbauer, Astrid M. Fellner and Thomas Fröschl, eds., *(Anti-) Americanisms*, Wien: Lit, 2004, p. 140.

⑥ 详见 Paul Hollander, ed., *Understanding Anti-Americanism: Its Origins and Impact at Home and Abroad*, Chicago: Ivan R. Dee, 2004, p. 56.

讲，把"Americanism"翻译为"美国方式"或"美国特性"可能更为准确，那么"Anti-Americanism"自然应该对应地翻译为"反美国方式"或"反美国特性"了，体现出了境外之人对美国生活方式的强烈抵制情绪。不过，中国学术界对"Anti-Americanism"这一术语的翻译已经约定俗成，本书也采用了"反美主义"这一译名，这里对这一术语的考察只是想引起读者对其精确含义的注意，以免产生不必要的误解。

欧洲的反美主义具有很长的历史，从本源上反映出欧洲大陆具有很深历史积淀的"高雅文化"对来自大西洋彼岸的"大众文化"的抵制，同时目的在于凸显出欧洲文化优越性。"现代性"不是起源于美国，但美国却是把"现代性"体现得淋漓尽致的国家，在此基础上形成的生活方式表现出了与传统的对立。这是美国文化能够对世界发展产生巨大影响的优势所在。美国长期以来也正是借助着这种文化优势来构筑其全球帝国大厦的，对外文化输出成为美国全球战略中非常重要的组成部分，美国试图借助着包含"软实力"很强的文化价值观来影响其他国家的发展，促使美国文化在欧洲广为传播。这是激发起那些对本地区文明具有优越感的欧洲文化精英人士反美情绪上升的主要原因之一。到了第二次世界大战之后，反美主义演变为一种全球现象，更广泛地存在于当代国际社会，除了欧洲国家之外，在世界上很多国家都有程度不同的表现。可以毫不夸张地说，只要美国不改变其在国际社会称王称霸的行径，反美主义就呈现出日益加剧的趋势。欧洲的反美主义与其他地区的反美主义既存在着一致之处，又具有本地区的特性。从"文化他者"的角度对欧洲反美主义进行全面系统的考察，是一个很值得人们去研究和深思的主要学术课题，而国内学术界基本上没有对这一问题展开全面系统的研究，这不能不说是一个很大的遗憾。站在欧美文化之外对长期存在于欧洲社会的这一现象进行研究，既可弥补国内学界这方面研究的不足，又可为认识这一现象提供一个新的研究视角或思路，还可以为揭示美国文化输出的实质提供历史和理论资源。

二 美国学术界关于"反美主义"的主要观点

美国自20世纪以来，对世界历史的发展进程产生了很大的影响，几乎没有一个国家在这方面能够与美国相提并论。美国自诩是一个特殊的国家，从成为主权国家开始便承担着救世界于"苦海"的责任，美国政治和文化精英认为这是上帝赋予美国的一种神圣使命，已经根深蒂固于美国文化之中，在美国人的言谈举止中表现出来。在很多外国人的眼中，美国早就外化成为"国际化"的象征或标志。代表着现代世界发展潮流的美国生活方式在全球广为传播，很少有国家能够避开这种铺天盖地而来的潮流之影响，与美国联系越密切，这种影响就会越大。美国迅速发展成为一个超强大国与其海外的经济和文化扩张是密不可分的。那些怀抱着"使命感"的美国人自以为美国代表了"善"的力量，其他国家对美国的模仿将会让世界变得更为"和谐"，"撒旦"代表的"邪恶"势力将会受到遏制，乃至从这个人类生存的星球上消失不见。实际上，美国在国际社会的行为总是为本国利益服务的，尤其是对其他国家传统的破坏会激发起当地社会精英人士的严重愤懑情绪，他们对美国的谴责和抵制虽多不会形成声势浩大的运动，但对美国发展与这些国家的关系产生了不利的影响。国外的"反美主义"就像"梦魇"一样缠绕着美国，使之难以摆脱。这是一种让美国人深感不安的国际现象，也促使了美国学术界对这一现象的研究，究竟是什么引发了国外之人对美国如此之不满，其根源何在，其表现如何，如何消除美国在他们脑海中的负面形象等，皆为重要的研究课题。美国学者著书立说，发表见解，众说纷纭，各持己见。美国拥有研究国外"反美主义"问题的最大学术群体，他们的研究促使对这一问题的探讨不断地走向深入。

究竟是什么引发了"反美主义"，这个问题涉及国外"反美主义"的原因，美国学者站在本国的立场上试图对这一问题做出解释。2002年9月4日，《纽约每日新闻》(*The New York Daily News*) 专栏作家泽夫·查菲茨在该报纸上发表了一篇文章，明确提出了"他们为什么恨美国"这个问题。作者当然没有回避回答这一问题，认为美国在国际社会奉行的"单边主义、经济霸权和文化帝国主义"固然是遭到嫉恨的主要原因，但美国这块自由的土地"诱惑"着世界各地年轻"儿女"不循规蹈矩，致使让他们的父母担忧惊怕，唯恐自己的儿女落入追求物质主义的"泥淖"，难以自拔。他们由此对美国产生了不满。因此，美国"是个国际大绑架者"，纽约是"绑架中心"①。作者的观点实际上包含着这种意思,即在美国境外的文化精英看来,来自美国的生活方式对国外年轻一代产生了难以抵制的诱惑力,结果必然导致老一辈延续下来的传统面临着丧失殆尽的危险,他们自然会抵制美国文化的"渗透"。密歇根大学德国问题研究专家安德烈·马尔科维茨于2007年出版了一本关于欧洲反美主义的专著,书名是《无教养的国度:为什么欧洲人厌恶我们?》。马尔科维茨在书中描述了欧洲国家普遍存在着对美国的不满情绪,回顾了欧洲的反美主义历史,他是以西欧国家为例来说明存在于欧洲国际舞台上这一特殊现象的,"反美主义"已经上升到了"西欧通用语的地位"。他以《无教养的国度》为书名实际上就概括了欧洲反美主义的根源,"美国做什么"以及"美国是什么"成为欧洲精英对美国产生憎恶的主要原因。只要美国存在,这种憎恶情绪就很难消失。这样,在欧洲精英层中,反美主义"几个世纪以来都一直是核心因素,甚至间或成为占据支配地位的因素"②。马尔科维茨说到底还是从文化他者的角度来看待欧洲反美主义的。他在与另外一个学者合写的一篇文章中把欧洲的"反美主义"界定为一种意识形态的偏见,是对美国及其公民代表的价值观、文化以及象征的根本敌对,这种敌对是先入之见和出自本心的,表现为"一贯贬低和妖魔化构建的'他者'的一组信念,不管他者是个人、集团,还是国家。在这种情况下,他者就是美国及其公民。然而,与许多其他偏见和意识形态不同,反美主义歧视一个超级大国的文化、政治制度、社会和居民"③。也正是由于美国人表现出来的"无教养",欧洲人"轻蔑美国的生活方式、文化、习俗和信念。他们认为,美国实质上代表了世界上一种既邪恶又低劣的力量,与此同时却是无所不能和无所不知的"④。马尔科

---

① Zev Chafets, "Why They Hate U. S. : Land of the Free Seduces World's Sons and Daughters," *The New York Daily News*, September 4, 2002. 全文可在 EBSCO 的 Newspaper Source 数据库中获得。

② Markovits, *Uncouth Nation: Why Europe Dislikes America*, pp. 2, 4.

③ Andrei S. Markovits and Lars Rensmann, "Anti-Americanism in Germany," in Brendon O'Connor, ed., *Anti-Americanism: History, Causes, and Themes*, Vol. 3, *Comparative Perspectives*, Westport: Greenwood World Publishing, 2007, p. 156.

④ Ruth Hatlapa and Andrei S. Markovits, "Obamamania and Anti-Americanism as Complementary Concepts in Contemporary German Discourse," *German Politics and Society*, Vol. 28, No. 1, Spring 2010, p. 73.

维茨在很多情况下是以德国为例来说明欧洲反美主义的。他是个比较政治学家，但却用历史学家的眼光来看待欧洲反美主义，把这一现象的根源追溯到欧洲启蒙时代，成为美国学术界研究欧洲反美主义的一家之言。马尔科维茨从文化他者的角度试图揭示出欧洲人反美主义的根源，的确对这一课题深入开展有启迪之效。然而，他是站在美国人的立场上来看待存在于欧洲这一现象的，谴责之言体现在他的论著之中，很少从美国自身方面寻找引发欧洲反美主义的原因。这种价值取向自然导致他探寻欧洲反美主义根源时让人多少感到有失偏颇。

索菲·默尼耶出生于法国，现为美国普林斯顿大学研究人员，她的研究重点是欧洲的反美主义，其论著主要是以法国为例来说明这一现象的。在默尼耶看来，欧洲反美主义"能够被界定为对美国的一种抵制倾向，这种倾向导致有些人置事实于不顾，通过业已存在的观点和消极的成见来解释美国的行为。该倾向基于这种信念之上，即美国本质中存在某些根本属于错误的东西"。默尼耶对法国人的美国观比较了解，但她毕竟在美国工作和生活，比本土法国人更加熟知美国社会和文化，所以她对法国人强烈的反美情绪表现出不以为然的态度。她在这种认识的基础上提出了法国反美主义的几种表现形式：一是精英反美主义（Elitist Anti-Americanism）。这种反美主义形式"年代最久，表现最为活跃，一直是精英人物对美国神气十足的批评，常常用来积极地构建法国的认同。法国优越于美国的情绪根深蒂固，甚至在那些完全接受美国大众文化的法国人身上表现出来"。二是恋旧的反美主义（Nostalgic Anti-Americanism），意为"法国各行各业的人对美国文化和社会都有一种消极的看法，认为美国转变了法国，使之非人性化，切断了法国的传统之根，如酒吧、葡萄酒或法语等呈现出了衰落之势。这是一种要求采取保护主义行动的防御反美主义"。三是传统的反美主义（Legacy Anti-Americanism）。这种形式"来自法美历史紧张时期留下的遗产，如美国在第二次世界大战后期参战、奠边府战役以及苏伊士运河战争等。这些事件表明，美国是个不能信赖的合作伙伴，因此法国需要把本国的国家安全掌握在自己手中，而不是听任美国外交政策变化无常的摆布"。四是社会的反美主义（Social Anti-Americanism），表明"许多法国人谴责美国时把焦点集中到美国的社会秩序和流行的价值观上，认为美国社会从根本上讲是不平等的，充满暴力、虚伪、极度宗教化，而法国却是公正平等，关心他人，没有偏见"。五是"主权主义"的反美主义（"Sovereignist" Anti-Americanism），意思是"法国的反美主义也与戴高乐主义和'主权主义'（指把国家主权放在首位考虑的一个法国术语——笔者注）联系在一起。法国许多左右翼政治家坚持不能失去对国家主权和命运控制的重要性，敦促政府采取一系列旨在遏止美国过度权力的外交政策行动"。六是自由的反美主义（Liberal Anti-Americanism），称"美国不能兑现其宣称的理想。美国在贸易、环境、发展援助、人权和外交（尤其在中东）表现出了虚伪。如果美国不能言行一致，要么它应该负有责任，要么它不可信任"。七是激进的穆斯林反美主义（Radical Muslim Anti-Americanism），指生活在法国的"穆斯林坚持，美国发起了对阿富汗、伊拉克和巴勒斯坦穆斯林的讨伐，号召对美国和美国人民采取实际的暴力"[①]。默尼耶具有横跨法美两种文化的背景，她虽为美国学者，但要比地道的美国学者看法国的反美主义可能更为透彻一些，毕竟法国为她的母国，她的身上还流淌着法国文化的血液，这可能是她在研究这一问题时高人一筹之处。默尼耶对法国反美主义表现形式的划分尽管还有可商榷之处，如从法国文明对美国根深蒂固的偏见这个角度讲，法国穆斯林对美国的反对应该是另一种文明所为，但她的研究的确不失为具有很重要的参照价值。

像默尼耶那样，一些美国学者阐述了反美主义在不同时期表现出不同的形式。弗吉尼亚大学政治学教授詹姆斯·塞萨尔提出了欧洲反美主义表现的五个层面，第一个层面的特征是"退化和畸形"；第二个层面的特征是"理性主义的幻觉"；第三个层面的特征是"对种族不纯洁的恐惧"；第四个层面的特征是"技术帝国"；第五个层面的特征是"乏味而猥獗的消费主义"。塞萨尔强调了反美主义带来的弊端，这种情绪"不仅使理性的讨论成为不可能，而且威胁了欧洲和美国之间利益共性的思想。毋庸置疑，反美主义威胁了西方本身这一观念。[②] 宾夕法尼亚大学教授阿尔文·鲁宾斯坦等

---

① Sophie Meunier, "Anti-Americanism in France," *European Studies Newsletter*, Vol. XXXIV, No. 3/4, January 2005, pp. 1 – 3. (http：//www. princeton. edu/ ~ smeunier/Meunier% 20CES% 20Newsletter% 200105. pdf)

② James W. Ceaser, "A Genealogy of Anti-Americanism," *Public Interest*, No. 152, Summer 2003, pp. 3 – 18.

人把反美主义界定为对美国外交政策、社会、文化和价值观的任何敌对行为或表达。他们把反美主义分为四大类型：一是"问题导向的反美主义或直接针对美国外交政策的爆发模式"；二是"意识形态反美主义"，把美国视为今日之世界的首恶；三是"工具反美主义"，指政府出于不可告人之目的对美国敌对的操纵；四是"革命的反美主义"，指通过革命手段来推翻亲美政府，形成新政权获得大众支持的重要意识形态信条。[1]鲁宾斯坦等人提出的反美主义类型主要是针对发展中国家而言的，未包括欧洲国家在内。其实，至少前两种类型可以说是同样适合于欧洲国家。美国罗杰斯大学德伯拉·沃德把反美主义划分为四种类型：一是"心理上的反美主义"，指"通常是由面对着美国日益上升的权力和富裕产生的更为脆弱之情绪所引起。这类反美主义在那些拒绝由一个不负责任的超级大国控制之单边世界的人中间尤其强烈"。二是"文化上的反美主义"，指"通常基于对所谓美国生活方式的完全拒绝之上。国外的文化反美主义者必然不同意美国至关重要的价值观所代表的东西"。三是"宗教反美主义"，批评美国"虐待或迫害美国境内外非基督徒或非新教徒以及宗教集团"。四是"意识形态上的反美主义"，把"美国被认为象征着什么联系在一起，如传播资本主义和西方文明"[2]。学者在划分反美主义类型上肯定存在着重复之处，但总的来说他们还是根据自己的研究视角或研究范围来划分反美主义类型的。

美国很多学者在谈及欧洲反美主义时无不涉及文化在其中起着很重要的作用，美国低劣庸俗的文化很难与欧洲典雅高贵的文化共存发展，对本地区文化的维护必然导致欧洲精英对美国传播其文化的抵制。欧洲反美主义是否为文化问题，在学界尚存在着争议，但文化无疑是研究欧洲反美主义所难以避开的重要因素。在英国出生、在澳大利亚成长和受教育的托比·米勒现为纽约大学教授，这种跨文化背景使他研究欧洲的反美主义具有更为开阔的视野。米勒探讨了反美主义与美国大众文化传播之间的关系。

---

[1] Alvin Rubinstein and Donald Smith, "Anti-Americanism in the Third World," *The ANNALS of the American Academy of Political and Social Science*, Vol. 497, No. 1, May 1988, pp. 35–45.

[2] Deborah E. Ward, "Race, Nationalism and Anti-Americanism in America," in O'Connor, ed., *Anti-Americanism: History, Causes, and Themes*, Vol. 2, p. 236.

不过,他不赞成过分夸大美国文化对激发起国外反美主义的作用。① 乔治敦大学教授理查德·凯塞尔指出,反美主义的基础是文化的,围绕着保护和传播文明的观念而动。尽管在国际关系、贸易和经济上的争执将继续激发起对这个西方霸权国家的批评,但抵制的"核心却是源于法国不同、优越以及世界使命的仪式。所有这些都合并到文明这一术语之中。文明暗含的普遍性孕育了与美国的竞争,原因在于美国也有自己的世界使命意识"②。斯坦福大学研究德国文化的专家拉塞尔·伯曼明确提出欧洲反美主义就是文化问题。2004年,伯曼出版了一本专著,书名为《欧洲反美主义:一个文化问题》。伯曼认为,欧洲反美主义是由"欧洲文化而引发的一个问题,它将长期与我们共存。我们必须理解其根源,这种现象如何定期地屡屡动员起来以服务于个别政治家的需要。我们也必须能够把欧洲反美主义视为是欧洲文化的标志,而不是美国政策的错误。在历史上,欧洲人一直是美国的最铁杆朋友,然而在欧洲总是存在着一种诽谤美国的倾向"。显而易见,伯曼试图搞清楚欧洲反美主义的根源,以便给美国政府对付固存于欧洲文化中的这种偏见寻找可行的方法。因此,伯曼与很多研究欧洲反美主义学者的观点不同,多少有点独树一帜。在他看来,欧洲反美主义不是对美国政策、美国影响或任何宽泛的"美国化"进程的反应,而是针对一种设想美国无处不在以使一种敌对反应的合法化。由此可见,反美主义不是对美国行为的理性反应,而是对美国虚幻想象的产物。当然,反美主义之所以在欧洲文化中根深蒂固,原因在于其在欧洲政治中发挥着一种特殊的作用。欧洲文化精英"常常从关于美国的成见和漫画中汲取到资源,这些成见和漫画恰恰能够动员起一种根本的敌对。当然,不是所有的欧洲人都是反美的,但是我们应该清楚,在适当的情况下,一些欧洲政治家将可能愿意打'反美这张牌',这张牌可使他们尤其在选举年获益"。这样,反美主义表现为"欧洲的一种意识形态,与现状或现实冲突几乎没有多大关系,

---

① Tony Miller, "Anti-American and Popular Culture," *Anti-Americanism Working Papers*, 2005, Central European University, Hungary, pp. 5 – 38. (在 http://cps.ceu.hu/sites/default/files/publications/cps-working-paper-antiamericanism-and-popular-culture – 2005.pdf)

② David W. Ellwood, "French Anti-Americanism and McDonald's," *History Today*, Vol. 51, No. 2, February 2001, p. 35.

更多地涉及文化传统和成见"[1]。很多学者从文化上谈到欧洲反美主义时总是与所谓的"美国化"联系在一起，后者是美国大众文化传播带来的异文化社会朝着"更像美国"发展的一种趋势，两者之间密不可分。然而，伯曼却认为反美主义与"美国化"之间并无必然的联系，后者并不是引发前者的原因，两者之间没有一定的因果关系。[2] 伯曼的观点说实在只能算作一家之言，在反美主义和"美国化"之间明确划一道分界线很难得到多数研究欧美文化关系学者的认同，不过，伯曼也无法回避反美主义与欧洲精英对美国生活方式诋毁之间的联系，把反美主义追溯到对美国政治制度和经济模式形成的"刻板之见"。如果把"美国化"看作美国大众文化在欧洲传播引起的一种结果的话，我们还是能从伯曼对德国反美主义的论述中看到两者具有一定联系的明显"痕迹"。伯曼的观点很有意思，他所谓的"美国化"大概只是指对美国文化产品的消费，并没有促进社会的"文化转变"之含义。不过，伯曼把欧洲反美主义看作"一个文化问题"的确道出了这种现象的症结所在，这也是伯曼这本书在这一研究领域产生很大影响的主要原因。

马萨诸塞大学阿默斯特分校社会学教授保罗·霍兰德是研究反美主义的专家，在20世纪90年代出版了两本有关反美主义的专著，2004年出版了由他主编的一本相关著作，发表了多篇有关反美主义的学术论文。在美国这一研究领域，霍兰德就算是著述颇丰的学者了，在学术界有着广泛的影响。霍兰德在1992年出版的专著中认为，反美主义是"对美国和美国社会的敌对倾向，是对美国社会、经济和政治制度、传统和价值观的无情批评冲动"。反美主义"尤其包含了对美国文化及其国外影响的厌恶，也常常包含着对美国国家特性的蔑视以及对美国人民、方式、行为以及服饰等的反感；包含着对美国外交政策的拒绝，对美国在世界各地的影响以及存在的强烈怨恨"。反美主义通常"是一种反资本主义的形式"，原因在于作为

---

[1] Russell A. Berman, *Anti-Americanism in Europe: A Cultural Problem*, Stanford University: Hoover Institution Press, 2008, pp. vii-viii, 42, 87.

[2] 伯曼关于欧洲反美主义与"美国化"之间关系的论述详见 Russell A. Berman, "Anti-Americanism and Americanization," in Alexander Stephan, ed., *Americanization and Anti-Americanism: The German Encounter with American Culture after 1945*, New York: Berghahn Books, 2005, pp. 11-24.

"世界上主要资本主义国家和其他资本主义国家的维护者",美国被认为是"社会不公正的发源地"①。霍兰德显然是站在左翼的立场上来看待反美主义的,具有一定的代表性。他在1995年出版的专著中把反美主义界定为"一种隐喻,代表着对美国社会和文化异化的、疏远的和激进的社会批评或敌对的观点,通常包含着对美国制度和价值观缺陷与不足的误解和夸大,同时也导致了或意味着一种夸张的不切实际观点,即美国制度应该对特殊群体和个人的问题和困境负有责任"②。霍兰德对"反美主义"的界定比较全面,显然是他对第二次世界大战之后国外反美主义研究后所得,这种界定可以看出他对反美主义的基本观点,国外之人对美国的厌恶或抵制从根本上讲还是文化在起着重要作用。2004年,由霍兰德主编的《理解反美主义:其在国内外的起源和影响》一书,收录了主要由美国学者撰写的相关论文。霍兰德为本书撰写了一篇40余页的绪论,其中谈到促使冷战之后反美主义在全球兴起的五大因素。一是"苏联共产党政权的崩溃"让美国一下子成为左右世界发展的"唯一重要全球力量"。在这种局势下,美国自然"引起了世界谴责和对全球政治、经济或文化问题负有责任"。二是"美国坚持使用军事力量总是加剧了反美主义和与之相关的政治活动"。三是现任总统乔治·布什的负面形象和奉行的政策成为反美主义兴起的重要因素。四是全球化是推动对美国敌对日益加深的根源之一。五是阿拉伯伊斯兰原教旨主义宗教信仰促使了反美主义的高涨。③ 霍兰德这里是以全球作为考察对象的,自然少不了反美情绪激烈的欧洲,不过他没有明确谈及美国大众文化的传播所扮演的角色。即使是当代的反美主义,文化恐怕也是难以避开的重要因素。霍兰德在研究反美主义时,其眼界不是仅局限于国外,而是把很多笔墨放在对美国国内相同趋势的探讨上,勾画出一幅反美主义的美国境内外的全景,国内外反美主义密切相关,相互促进。霍兰德的这种研究视角很值得人们深思。

弗吉尼亚理工大学国际关系学教授扬尼斯·斯蒂法赫蒂斯根据对国内外反

---

① Paul Hollander, *Anti-Americanism: Critiques at Home and Abroad, 1965-1990*, New York: Oxford University Press, 1992, p. 339.

② Paul Hollander, *Anti-Americanism: Irrational and Rational*, New Brunswick: Transaction Publishers, 1995, pp. xii-xiv.

③ 详见 Hollander, ed., Understanding *Anti-Americanism: Its Origins and Impact at Home and Abroad*, pp. 16-19.

美主义观点的考察，总结出学术界对反美主义存在着三种解释：第一种解释是"权力失衡观"，即"自冷战以来，美国一直是国际体系中力量最为强大的国家。均势理论家认为，权力的失衡会导致平衡联盟的形成。因此，人们也许认为，反美主义构成了对美国霸权支配地位可预见之影响的反应。此外，冷战的结束除了其他方面之外，也意味着以前需要美国保护免遭苏联威胁的国家现在不再需要这种支持。这种变化能够使这些国家的领导人和公众更为激烈地批评美国。再者，美国的政治霸权使美国成为抵制的焦点。美国根据自己的利益和自己价值观行动，能够对其他国家和社会产生巨大的影响……因此，美国政治权力处于巅峰时，也正是美国的声誉落到了谷底之际。美国的政治霸权不是反美主义的必需条件，但却似乎是反美主义的诱因"。第二种解释是"全球化的冲击观"，集中在对全球化的强烈抵制上，因为"资本主义通过全球化进程的扩张产生了许多问题。受到这一进程不利影响的那些人往往会抵制全球化。……不受监管的市场违背了根深蒂固的社会价值观，由此支持了要求有效保护的政治抵制运动。此外，美国惯例和大众文化的传播甚至受到那些感到其具有很大引力方面者的普遍抱怨"。第三种解释是"冲突认同观"，把反美主义与"认同冲突"联系在一起。按照这种观点，"与美国价值观背道而驰的文化和宗教孕育了反美主义。美国世俗大众文化产品把性自由、女性解放和性别平等带入了家族管理的权力至上社会的家庭，而置宗教于不顾，成为国际价值观冲突的根源，由此产生了仇视和抵制"。斯蒂法赫蒂的总结显然只是针对冷战结束之后的全球反美主义的，提出这些观点的学者并不局限于美国学术界，还包括一些欧洲学者。他对学术界关于反美主义研究的回顾目的是要突出自己在这一问题上的看法，他的结论有四点：一是"反美主义构成了一种潮汐现象，与美国自身一样古老"。二是反美主义的不同观点能够有助于更加理解这种复杂现象。三是对美国的抱怨和反美主义"一直是美国权力卷入世界的不受欢迎的结果之一"。四是"反美主义将继续存在，美国几乎没有政府能够防止其出现"[1]。斯蒂法赫蒂斯在美国这一

---

[1] Yannis A. Stivachtis, "Understanding Anti-Americanism," Research Institute for European and American Studies, Research paper, No. 109, May 2007, pp. 5 - 6, 15. (http://mercury.ethz.ch/serviceengine/Files/ISN/31429/ipublicationdocument_ singledocument/8b28154d - ef64 - 4443 - abf7 - 928b309a4ccc/en/rieas109.pdf)

研究领域不是很有名,也没有出版和发表过有影响的相关论著,但他这篇文章对了解美国国内外学术界研究反美主义的学术观点大有裨益。

美国是个眼光总是盯着全球的国家,尤其是自其在国际社会崛起以来似乎世界各地发生的大事,美国通常难以摆脱干系,这种对全球事务的干预在第二次世界大战之后更为显而易见。美国自恃无国可敌的力量,在国际社会耀武扬威,不可一世。这种"目空一切"的行为自然激发起国外之人的反美情绪。有的美国学者认为,美国在国际社会奉行的政策是反美主义加剧的主要根源。哈佛大学教授斯坦利·霍夫曼是来自欧洲的移民,在他看来,全世界兴起的反美主义"不只是对这个最为强大之国家的敌对,也不是基于左派和右派的陈词滥调之上,也不是只对我们价值观的嫉妒或仇视。反美主义常常是对双重标准和模棱两可之论的抱怨,是对愚蠢的无知和傲慢的不满,是对错误的假设和靠不住的政策的不满"。换言之,反美主义显然是美国"做某些事情的结果,是对美国行为的一种反应"[①]。霍夫曼把国外反美主义归因于美国的傲慢行为无疑是正确的,但对左右美国这些行为背后的根源,霍夫曼未置一词。反美主义的兴起是一种全球现象,但各个地区的反美主义表现出不同的特征,主要原因在于引发这种现象的因素不同。欧洲的反美主义固然有受美国之行为激发所致,但主要表现为欧洲精英们对美国文化的难以认同。这种看法为很多美国学者所持有。美国阿什兰大学历史学教授约翰·莫泽总结了美国研究欧洲反美主义的一些学者观点。他们认为,欧洲反美主义先于美国作为一个"超级强权""超级大国"或"大国"的地位。长期以来,欧洲精英就对美国有着强烈的文化敌对,这种敌对的存在与美国作为一个世界大国的地位没有多大关系,至今还是反美主义的强有力的组成部分。欧洲精英,尤其是知识分子总是把美国与物质主义、平庸、粗俗、贪婪和虚伪联系在一起,根据他们的批评,美国"永远不会产生值得称道的文化,只有诸如爵士音乐和好莱坞电影等大量复制的冒牌文化。更糟糕的是,与此同时美国人有着傲慢自大的心

[①] Stanley Hoffmann, "America Goes Backward," *New York Review of Books*, Vol. 50, No. 10, June 12, 2003.

态"①。这些学者显然更加强调反美主义中的文化因素，而忽视了美国在国际社会之行为对反美主义加剧的影响。与霍夫曼的观点相比，这种观点似乎又走到了另一个极端。

美国大众文化在全球的传播改变了当地人的传统生活方式，引起了精英们的忧虑，他们必然大声疾呼抵制美国低劣庸俗文化的渗透，以维护本国的文化认同和生活方式。乔治敦大学研究人员米夏尔·韦茨等人以欧洲为背景考察了反美主义的起源，认为反美主义"确立了自己对新大陆否定的地位，因为新大陆缺乏贵族礼仪和权威统治，只是试图把现代性变成了象征意义的美国，把当代社会的弊端赋予了一个地理上的起始点"。这样，"由于现代性地理位置的确定，愤懑和恐惧可能就会对准美国，设想美国是无文化之野蛮资本主义的家园"②。这种对"现代性"谴责的目的显然在于拒绝美国生活方式对本国或本地区发展的影响。韦茨还以德国为例谈到了当今反美主义发挥的多项功能，一是"传输复杂思想的简单词汇"；二是"那些在其他方面毫无瓜葛者的共识"；三是"理解冷战后世界政治的框架"③。韦茨在德国受到教育，曾在德国汉诺威大学当教授，他对欧洲反美主义的研究具有跨文化的背景。美国外交政策专家菲利普·戈登谈到欧洲人对正在出现的"可口可乐化"忧心如焚，认为来自美国软饮料的威胁象征着范围更为广阔的危险。他以法国为例来说明了这种趋势。法国文化精英呼吁采取措施维护他们的语言、烹调和艺术界免遭美国的控制。他们深知，受"自由市场"控制的世界也是一个在美国文化指导下的世界。用一位学者的话来说，法国"不打算袖手旁观，接受一个全球美国化世界的各个方面。毋庸置疑，只有法国才能在经济领域如鱼得水，在这一领域，国家控制远不及20年之前的程度，法国人更加下决心保护他们的文化"④。戈登显然同意这位学者的观点，以此表明反美主义与欧洲精英维护当地文化

---

① John E. Moser, "Anti-Americanism and Anglophobia," in O'Connor, ed., *Anti-Americanism: History, Causes, and Themes*, Vol. 3, p. 6.

② 详见 Michael Werz and Barbara Fried, "Modernity, Resentment and Anti-Americanism," in Connor, ed., *Anti-Americanism: History, Causes, and Themes*, Vol. 1, p. 265.

③ Michael Werz, "Anti-Americanism and Ambivalence in the New Germany," U.S.-Europe Analysis Series, January 2005, p. 2. (http://www.gmfus.org/doc/BROOKINGS_ AntiAmericanism.pdf)

④ Philip H. Gordon, "Liberté! Fraternité! Anxiety!" *Financial Times*, January 19, 2002, p. 1.

认同之间的密切关系。

　　反美主义究竟是一种行为，还是一种情绪，还是两者兼而有之，在学术界存在着不同的看法。美国社会评论家罗杰·金博尔把反美主义看作一种"非理性"观念，"几乎与批评没有关系。它与其说是一种立场，不如说是一种病态，其发挥作用不是靠事实，而是靠情绪"①。金博尔完全否定了反美主义存在的合理性。俄克拉荷马大学教授艾伦·麦克弗森把反美主义视为一个"神话"，其思想很容易得到理解。当大多数人（包括作者本人）被要求描述反美主义时，他们对美国将会表现出强烈的复杂情绪。麦克弗森举例说，2002年，一位很有思想的报刊编辑提出了这样一个问题，即"当我们考虑美国时我们想到了什么？"他表明的不是政治或文化概念，而是情绪，即"恐惧、抱怨、嫉妒、生气、惊叹和希望？"这位编辑这里没有提到人们最容易表现出的强烈情绪，即憎恨。"为什么他们憎恨我们"已经成为一个时髦的问题，本身已包含着担忧和紧迫。这个问题也许表达了一个理解敌对根源的真诚愿望。他不赞成把反美主义视为是非理性的观点，在他看来，"如果反美主义可直接与诸如'抱怨'和'仇视'等情感语言画等号，那么恰恰就是因为这些情绪源于挫败，源于对这个世界的极不平等的无可奈何。绝大多数对美国权力敌对的人原本希望阻止或逆转他们的财富、他们的传统和他们的可耕土地遭到侵蚀之趋势，但却正在表现出空前的绝望。这些无不是他们归咎于美国领导的全球化带来的问题。这种联系是非常明显。换言之。这些情绪是理性的反应"②。麦克弗森是位研究拉美问题的专家，他是以拉美地区为例来说明如何认识反美主义的，他把反美主义作为一种"神话"既说明了这种情绪的心理扭曲，又暗含着其具有"合理性"的一面。

　　反美主义不管表现为"情绪"，还是诉诸具体行动，无不体现出了美国遭到很多国家的抱怨甚或嫉恨这一现实。这可谓是世界历史上的一种特殊现象，美国学者从不同的角度探讨了反美主义的本质所在。美国学者李·

---

① Roger Kimball, "Anti-Americanism Then and Now," in Hollander, ed., *Understanding Anti-Americanism: Its Origins and Impact at Home and Abroad*, p. 240.

② Alan McPherson, "Myths of Anti-Americanism: The Case of Latin America," *Brown Journal of World Affairs*, Vol. X, No. 2, Winter/Spring 2004, pp. 145 – 146.

哈里斯是《政策评论》杂志专栏作家，他认为，以最极端的方式攻击美国就是"反美主义"，其"目的不是提建议，而是谴责；不是修理，而是破坏。它在任何正常意义上拒绝每种改革的思想；它看不到美国自由派和美国保守派之间的差异；它把不管是现在还是过去的美国行为无不看作有意的压迫和系统的剥削"[1]。哈里斯的观点主要是对左派反美主义思潮的批评。弗拉基米尔·什拉彭托克是苏联出生的美国学者，现任教于密歇根州立大学社会学系。什拉彭托克在与他人合撰的文章中把反美主义视为"一种消极的意识形态，一种替罪羊机制，被政治和宗教的统治精英所利用，目的在于使他们置明显失败于不顾在社会上居于支配地位正当化。反对派能够利用这种意识形态夺取政治权力，鼓励或操纵已经存在着对美国敌对的反美主义情绪，在保守的宗教领袖抵制现代化或消费主义的运动中或许扮演了重要的角色"[2]。反美主义在这里成为被统治阶层所利用的一种为达到自己目的的社会思潮。康奈尔大学教授彼得·卡曾斯坦等人试图揭示出反美主义所针对的对象，认为反美主义"不仅仅是对美国做什么的反对，而要延伸到对美国是什么的反对，即对美国象征着什么的反对"。因此，国外之人"对美国的批评常常远远超出了它的外交政策"，包括"对美国的社会和经济惯例的抵制，妇女的公共作用，反对美国社会政策，其中包括反对死刑；对美国大众文化的抵制，包括对性炫耀的反对"等。此外，全球化"常常被视为美国化，由此引起了人们的抱怨"。他们的研究还表明，美国左翼和右翼关于反美主义的观点在本质上是不一致的。美国左翼认为，反美主义集中在舆论对美国外交政策的批评，很少表现为偏见。美国右翼却坚持，反美主义反映了对美国的一种根深蒂固的偏见。憎恨美国自由的人会因为美国是什么而对之恨之入骨。[3] 卡曾斯坦等人既谈到他们对反美主义的看法，也总结了美国左右翼对待反美主义的基本态度。

以上只是介绍了美国学者关于反美主义比较有代表性的观点，远没有

---

[1] Lee Harris, "The Intellectual Origins of America-bashing," *Policy Review*, No. 116, December 2002/January 2003, pp. 1 – 16.

[2] Vladimir Shlapentokh and Joshua Woods, "The Threat of International Terrorism and the Image of the United States Abroad," *Brown Journal of World Affairs*, Vol. X, No. 2, Winter/Spring 2004, p. 169.

[3] Peter J. Katzenstein and Robert O. Keohane, "Anti-Americanism," *Policy Review*, No. 139, October/November 2006, pp. 26 – 27.

展现出美国学术界在这一研究领域的整体状况，特别是美国学者在一些与欧洲反美主义有关的具体问题上的看法，这里并未涉猎，他们的观点只能在正文中涉及相关问题时予以介绍或评述。美国学者对国外的反美主义存在着不同的观点，但通常表现出对这种现象的批评或抨击，几乎是众口一词，"偏见""非理性""对现实的扭曲"或"官方的政治动员"等说法充斥于他们的相关论著之中。当然，他们的研究会对进一步思考这一问题有所启迪，不过，文化背景决定了他们很难站在"价值中立"的立场来开展研究，这样就会使他们的研究难免出现一些偏颇之见，这大概也是他们对反美主义研究的最大"软肋"之处。

三 非美国学者关于反美主义的主要观点

美国学者对国外反美主义的研究，很大程度上是对这一现象出现之后的回应，开展研究除了学术性之外，还有为政府如何缓解或解决国外反美主义问题提供理论咨询的目的。美国境外学者研究反美主义，除了在学术上促进对这一问题进一步深入研究之外，出发点会与美国学者多少有些不同。他们真切地感受到作为一个符号或象征的美国无处不在，尤其是美国文化的广泛传播对本国或本地区文化认同构成的威胁。他们亲身体验到反美情绪存在于生活之中，或许他们本人就是反美大军中的一员。这种切身感受是他们比美国学者占据优势的地方。美国学者之所以批评国外反美主义，主要原因是他们很难体会到美国文化在境外的传播对当地传统的延续构成的挑战和威胁，给当地传统生活方式带来诸多的负面影响，更难认识到美国的全球干预政策让国际社会难以出现国家不论大小皆为平等的局面。美国境外学者对反美主义研究不乏批评之语，但总的来说还是对这种现象表示理解，更加强调美国是造成反美主义存在的根源。受文化本位主义的影响，尤其是欧洲学者的研究固然也不可避免地存在着有失公允之处，但对研究欧洲的反美主义无疑具有重要的参照价值。

反美主义在欧洲源远流长，有数百年的历史了，甚至在美国未出现之前就已经露出了端倪，逐渐演变为一个传统，在构成西方文明主体的西欧国家尤甚。欧洲的反美主义会表现为多种形式，但根源还是在文化上。这是很多欧洲学者对反美主义的基本看法。《美国历史评论》2006年第4期设立了"论坛"栏目,讨论"反美主义的历史观",邀请了几位美国和欧洲的专家撰文。德国法兰克福大学历史学教授杰西卡·吉诺—黑希特受邀撰写了一篇很长的论文,谈到了她对欧洲反美主义的看法。吉诺—黑希特的这篇论文主要集中在文化反美主义与政治反美主义之间的区别上,她认为这两种相对的力量随着历史时期的不同而发生着变化。在她看来,欧洲右翼的反美主义情绪与左翼反美主义情绪一样都是非常强烈的,在文化因素、经济因素和政治因素上把这一现象区别开来是非常困难的。她的结论是,欧洲的反美主义主要是文化的倾向,其政治方面只是一个假面具。美国的模式最终是一种文化的模式,所有意识形态具有特色的国家政府最终会拒绝接受这种模式。这是吉诺—黑希特在论文中所持的总观点。具体而言,她把欧洲反美主义视为"一种习惯,一种综合征,一种意识形态设置,其表现形式既取决于当地政治和文化背景,也取决于地区经济利益"。由此可见,欧洲反美主义是"一种文化现象,然而却偶尔隐藏在政治面具之下,如在冷战的高峰期间或自9·11以来至今"。吉诺—黑希特认为,从冷战开始,文化形象与美国对外政策之间的关系变得越来越复杂,但欧洲反美主义"总是遵循着同样的结构进程,即政治只是导火索,却从来不是原因。毋庸置疑,多少年来,政治在欧洲人的美国观中没有起到任何作用,也就是说,反美主义的核心过去是,今天依然是一种文化心态"[1]。吉诺—黑希特是研究欧洲反美主义很有名的学者,她多是以德国为例来说明研究中提出之观点的。她把欧洲反美主义说成是一种"文化现象",显然是想从文化上寻找这种现象在欧洲持续不衰的根源。在研究欧洲反美主义这一问题上,吉诺—黑希特的"文化根源观"得到很多学者的回应,但也遭到一些学者的批评。美国密歇根大学历史学教授胡安·科尔在应邀对吉诺—黑希特的论文进行评论时提出异议,对她的观点进行了一针见血的批评。[2]

在欧洲学者中,从文化偏见或文化对立的角度探讨欧洲反美主义不乏

---

[1] Gienow-Hecht, "Always Blame the Americans: Anti-Americanism in Europe in the Twentieth Century," *American Historical Review*, Vol. 111, No. 4, October 2006, pp. 1068–1070.

[2] Juan Cohen, "Anti-Americanism: It's the Policies," *American Historical Review*, Vol. 111, No. 4, October 2006, p. 1122.

其人，他们把反美主义归因于美国低劣之文化在欧洲的广泛传播，引发了欧洲文化认同的危机，遭到欧洲左右翼精英的坚决抵制。伦敦大学政治学教授罗伯特·辛格把欧洲反美主义视为"在传统上表现为一种或多或少系统连贯的存在，表现为一种具有核心信仰、价值观和透镜的世界观，美国由此被判断为欠缺，体现在一个从轻微缺陷到完全堕落的统一体上"。因此，反美主义"通常必须包括对美国、美国政府、政策、公民、价值观和/或生活方式的强烈的（不是温和的）不赞成、仇怨和憎恨"。辛格回顾了欧洲反美主义的历史，认为欧洲反美主义作为"主义"（ism）的起源能够确定于20世纪20年代和30年代，主要存在于欧洲右派中间。第一次世界大战之后和俄国革命之后，右翼越来越担忧美国文化对"欧洲文明"构成的强大威胁。辛格把欧洲的反美主义与反犹太主义联系在一起，宣称"犹太人控制的资本主义被指责导致了大萧条，通过好莱坞和流行音乐污染了欧洲文明的纯洁与优越，鼓励了一种低俗的、混合的和没有品质的美国大众文化"。在对反美主义这种认识的基础上，辛格把反美主义分为三种类型，一是"极左批评"，理由是"美国内部和全球范围内社会经济不平等的持续和增长"。二是"竞争民族主义"，这种类型"痛恨美国认同的理想主义基础、美国社会的不平等和自诩为美国公民信条为普遍真理"。三是"文化担忧"，这种类型与美国化对"当地生活方式构成的想象中威胁联系在一起"。欧洲左右翼对美国的抵制还有政治目的，即"利用了美国'他者'概念以诅咒和诽谤他们的国内政治反对派"[①]。辛格对反美主义类型的划分不见得会得到其他学者的认同，但他强调欧洲精英的文化忧虑却是反美主义的根源。意大利约翰·卡伯特大学政治学副教授拉斯·伦斯曼认为，对美国"消极的看法自18世纪后期以来就一直存在于欧洲文化和知识分子的话语之中。在现代社会开启之时，对欧洲人来说，美国是希望与恐惧、光明与威胁的模糊体现"[②]。"恐惧"和"威胁"显然是指美国发展模式在欧

---

① Robert Singh, "Are We all Americans Now? Explaining Anti-Americanisms," in O'Connor and Griffiths, eds., *The Rise of Anti-Americanism*, pp. 29, 37, 39.
② Lars Rensmann, "Europeanism and Americanism in the Age of Globalization: Hannah Arendt on the Europe and America and Implications for a post-National Identity of the EU Polity," *European Journal Political Theory*, Vol. 5, No. 2, 2006, p. 142.

洲传播所带来的令他们难以接受的结果。一些欧洲学者认为，欧洲文化反美主义的主要根源是对新东西的恐惧，文化美国化和反美主义作为事实和隐喻发挥作用。正如德国自由大学教授海因茨·伊克斯塔德特指出的那样，在其包容万象的意义上讲，反美主义是"一种抱怨、怀旧或遗憾的隐喻，是对在现代化过程中所丧失之一切的惋惜"[1]。自称为一半法兰西血统一半英格兰血统的尼古拉斯·弗雷泽的研究结论是，欧洲人对本地区文明"不可名状的普遍担忧"意味着"对美国以及美国象征着什么的担忧"[2]。美国是欧洲向往扩张的产物，但发展起来之后又成为欧洲的"灾星"。这种说法主要是指文化上而言的，欧洲很难抵挡美国文化的长驱直入。欧洲学者从两种文化对立的角度来探讨欧洲人的反美主义从历史上讲还是具有一定根据的。

在很多欧洲人的眼中，美国文化代表了"现代性"，欧洲文化体现了"传统性"，前者的传播势必给后者带来"灭顶之灾"，欧洲的反美主义旨在防止这种结果发生。正如欧洲反美主义者认为的那样，工业进步将引领了一个时代的到来，在"这个时代，数量将取代质量，一种依赖标准化的大众文化将侵蚀已形成的喜好的不同层次。……美国已经成为不受约束的现代性的代名词，就像解放了的普罗米修斯一样"[3]。奥地利萨尔兹堡大学历史学教授赖因霍尔德·瓦根雷特纳把美国视为"现代性"的象征，在已经遭到战火浩劫的欧洲"成为现代性的同义词。通过实质上代表着现代性和物质富裕的典范，美国象征着对古老、传统、小气、狭隘以及贫穷的击败：美国成为新颖的象征和现代性的标志。简而言之，美国的梦想，即对幸福的追求犹如对消费的追求，成为欧洲的梦想，比以前更甚，对年轻人

---

[1] Heinz Ickstadt, "Uniting a Divided Nation: Americanism and Anti-Americanism in Post-War Germany," *European Journal of American Culture*, Vol. 23, No. 2, 2004, p. 160.

[2] Nicholas Fraser, "Le Divorce: Do Europe and America Have Irreconcilable Differences?" *Harper's Magazine*, Vol. 305, No. 1828, September 2002, p. 65.

[3] Rob Kroes, "European Anti-Americanism: What's New?" *The Journal of American History*, Vol. 93, No. 2, September 2006, pp. 427–428.

尤其如此"①。这种"梦想"对那些竭力维护欧洲文化传统的精英人士来说无异于"梦魇"。因此，一些学者从反"现代性"这个角度来看待欧洲的反美主义。荷兰阿姆斯特丹大学美国研究中心主任罗布·克罗斯把欧洲的"反美主义"和"反现代主义"联系在一起，在他看来，反美主义在欧洲表现为多种类型，其中之一是把"矛头对准影响世界各地的另一种残酷无情之进程，即一种通常称为现代化的进程。而美国表现为处于中心位置推动这一进程的力量，同时给这一进程打上了明显美国模式的烙印"。因此，美国的全球政治和经济力量"被视为给现代化的开展提供了必需的动力"②。克罗斯这番话意思很明确，欧洲反美主义旨在抵制这种以美国为发展模式且对传统遭到极大破坏的"现代化"。澳大利亚格里菲斯大学国际关系学教授黑格·帕特潘认为，反美主义开始于"这种假设，即美国和美国主义是现代政治思想的表述，或更宽泛讲是现代性的政治表述"。这样，作为一个简明扼要的术语，反美主义表达了对现代性批评的各种复杂不同的思想和观念。帕特潘主要从哲学上来探讨欧洲反美主义与现代性之间的关系。在他看来，哲学上的反美主义主要表现在三个方面，一是"反现代性"，二是"现代性"，三是"后现代性"。"反现代性"方面对"现代性本身的真实提出了质疑"；"现代性"从现代性的立场对美国提出了批评。这方面"汲取了卢梭对现代性的批评，接受了关于人性和社会契约等重要的现代假设，然而却批评美国有害的商业主义、无根基的世界主义以及麻木不仁的物质主义"。"后现代性"方面对"现代性的理论基础提出质疑，否定了独立宣言的所有方面，尤其否定了自然权利，把美国的立宪主义和技术进步视为即将到来的虚无主义以及人类高贵结束的证据"③。帕特潘随后对反美主义的这三个方面展开了详细论述，通过史实在理论上进行分析。

---

① Reinhold Wagnleitner, *American Cultural Diplomacy, the Cinema, and the Cold War in Central Europe*, April 1992, Working Paper 92-4. (http: //conservancy. umn. edu/bitstream/5697/1/wp924. pdf)

② Rob Kroes, "Anti-Americanism and Anti-Modernism in Europe: Old and Recent Versions," in Stephan, ed., *Americanization and Anti-Americanism: The German Encounter with American Culture after 1945*, p. 202.

③ Haig Patapan, "Philosophic Anti-Americanism," in O'Connor, ed., *Anti-Americanism: History, Causes, and Themes*, Vol. 2, pp. 61-62.

反现代性是欧洲反美主义在特定时期表现出的一个很明显特征，主要局限于竭力维护欧洲文化传统的精英阶层，右翼保守人士尤甚。帕特潘试图从哲学上找到欧洲反美主义的根源，以期揭示出这种现象的理论基础。他在文章中很少提到"文化"，"政治"这一术语贯穿全文。其实，欧洲精英的"反现代性"固然能与抵制从美国奠基者开始的一场"政治实验"联系在一起，但却更容易从欧洲精英们维护"传统"的角度来理解。德国学者埃里克·克雷伯斯指出，反美主义"最初是一种保守的思维习惯，出现于19世纪中期欧洲的某个国家。在那个年代，迅速的经济、技术和文化变革开始发生，左派和自由派为之欢欣鼓舞。然而，保守分子对之却不热情，宁愿返回到法国大革命之前的封建时代。一些保守分子访问了美国，回国后出版了游记，致使欧洲某些中产阶级阶层圈子开始把美国视为可怕的威胁"[1]。剑桥大学政治学教授安德鲁·甘布尔认为，文化保守主义者之所以反美，是因为他们"担心英国正变得更像美国"，由此便"严厉谴责美国媒介、电影、音乐和消费商品的蜂拥而入造成了英国文化的覆没，声称正在转变英国的生活，一般而言向更坏的方向发展。人们讲的英语使这种文化的美国化尤其难以抵制"。甘布尔这里谈的是英国右翼保守者的观点，即美国的商品和"生活方式"威胁了传统的英国制度和习俗。用他的话来说，对许多英国人来说，美国"代表了他们非常尊重的东西，同时也代表了他们十分憎恶的东西"[2]。甘布尔这里没有提到"反现代性"，但从他的论述来看，英国文化保守主义者显然是不愿意代表"现代性"的美国生活方式对英国的传统构成了威胁。在这方面，欧洲其他国家的右翼保守分子所持的看法与他们几无区别。

帕特潘的"哲学反美主义"包含着欧洲精英对美国建国以来形成的政治文化否定，一些学者在论及欧洲反美主义时同样表明了这种观点。法国学者皮埃尔·盖尔兰把美国视为"一个国家和一种意识形态，与这种意识形态的任何分歧必然被视为对这个国家的攻击"。这样，反美主义"常常意

---

[1] Eric Krebbers, "The Conservative Roots of Anti-Americanism," *De Fabel van de illegal*, Vol. 58, May/June 2003, p. 1. （http://www.doorbraak.eu/gebladerte/30048v01.htm）

[2] Andrew Gamble, *Between Europe and America: The Future of British Politics*, Basingstoke: Palgrave MacMillan, 2003, p. 83.

味着不同意美国的核心价值观或原则"①。柏林自由大学教授赫伯特·施皮罗认为，欧洲反美主义是对"美利坚合众国的程序宪政主义和实体民主制的缺乏理解或拒绝"，是对美国象征着什么的一种批评模式。欧洲的反美主义主要是一种精英现象，随着美国式的民主在西欧民众中广为传播，这种现象将不可避免地消失，因为西欧不是真正的民主制。② 施皮罗这里其实忽视了反美主义在欧洲文化中的根深蒂固性，不会随着西欧朝着更像美国的变化而消失，反而有可能呈加剧态势。伦敦全球政策中心主任斯蒂芬·哈斯勒则表明无论如何反美主义都不会消失，尽管欧洲人对美国的所有批评不完全来自偏见，但这种对立情绪多是源于"对美国文化和政治价值观的抵制"，常常是"基于抱怨和妒忌之上的暴怒产物"。正因为如此，不管美国政府奉行的政策或政府有变，反美主义会一如既往地继续存在。反美主义的存在不是因为美国做什么，而是因为美国是什么。③ 哈斯勒这里涉及反美主义包含着对美国本质的抵制。出生于美国的以色列学者巴里·鲁宾等人认为反美主义表现出了以下四点：一是"一种对美国成体系的敌对，把美国视为不可避免的十足邪恶"；二是"大大夸大了美国的缺陷"；三是"出于政治目的故意歪曲美国的本质或政策"；四是"对美国社会、政策或目的的误解，错误地将其描述为荒谬的和恶毒的"④。鲁宾等人这里多是针对伊斯兰世界的反美主义而言的，但同样适用于欧洲左右翼的美国观。

在欧洲，反美主义常常被一些人滥用，成了一个标签，随意贴在了欧洲人对美国的批评之上。一些学者对此深有同感。法国学者阿尔弗雷德·格洛泽在《世界报》（*Le Monde*）上发表文章，提醒人们不要因为反对美国对外政策就贴上反美主义的标签。克罗斯很赞成格洛泽的这一看法，认为反美主义的呼声常常被用作"一种低劣辩论的花招，以压制那些不受欢迎的批评之声音"。克罗斯自认为与格洛泽一样研究了反美主义多年，试图理

---

① Guerlain, "A Tale of Two Anti-Americanisms," *European Journal of American Studies*, No. 2, 2007, p. 7.

② Herbert J. Spiro, "Anti-Americanism in Western Europe," *The Annals of the American Academy of Political and Social Science*, Vol. 497, May 1988, p. 122.

③ Stephan Haseler, *The Varieties of Anti-Americanism: Reflex and Response*, Washington D. C.: Ethics and Public Policy Center, 1985, p. 6.

④ Rubin and Rubin, *Hating America: A History*, p. ix.

解触发这种现象的原因以及其内在结构的逻辑，同时站在奥林山的高度来俯瞰这一现象。在克罗斯看来，反美主义与非美国场景联系在一起，在这种场景下，常常似乎具有更多的含义。因此，反美主义好像不只是单纯地针对美国本身。克罗斯感到现在有必要搞清楚这一点，即他和格洛泽以及很多其他人现在有一种把他们自己与美国对外政策正在采取的趋向分离开来的强烈冲动。具有讽刺意味的是，"我们现在正面临着我们成为反美者的谴责"①。于贝尔·韦德里纳曾担任法国外交部长五年，一直对美国外交政策持有异议。韦德里纳很不愿意别人把他称为反美主义者。他在一篇关于反美主义的文章中辩解说，他讲到美国为"超级大国"，这不是一种批评，而是他预测未来的一种事实陈述。在法语中，使用"超级"这个词毫无否定的含义。当然他也把美国的政策称为"过于简单"和"单边主义"，这些词无非是批评，构不成反美主义，因为"我的话既不是系统的，也不是全球性的"②。澳大利亚学者型政治家布伦登·奥康瑙尔对欧洲反美主义的研究多少也表明了这种倾向。在他看来，欧洲"反美主义不是一种包罗万象或前后一致的信仰体系或意识形态，只是对美国的一系列的批评和偏见，这些批评和偏见不经意地被贴上了反美主义的标签。从时间顺序上讲，这一术语最初与欧洲人对美国方式和缺乏教养的文化悲哀联系在一起，继而当美国成为一个全球大国之后基于政治上和经济上的批评就成为主流"。他还认为，一般而言，欧洲的反美主义"往往被理解为对设想美国是什么或象征着什么的根本反应，由此导致形成了一系列攻击美国的话语和比喻，代代相传。美国个别总统的特别事件或行为无疑造成了欧洲反美主义的起伏，但其根本方式却是由历史上的竞争和事件所形成的"③。约翰·凯恩没有把反美主义看作不只是针对美国，而是一种思想，实际上就是一种意识形态，凯恩的理由是，在"美国上升为世界大国

---

① Kroes, "European Anti-Americanism: What's New?" *The Journal of American History*, Vol. 93, No. 2, September 2006, p. 419.

② Vedrine, "On Anti-Americanism," *Brown Journal of World Affairs*, Vol. X, No. 2, Winter/Spring 2004, p. 118.

③ Brendan O'Connor, "A Brief History of Anti-Americanism from Cultural Criticism to Terrorism," *Australasian Journal of American Studies*, Vol. 23, No. 1, July 2004, p. 77; Brendon O'Connor, "Introduction: Comparative Perspectives," in O'Connor, ed., *Anti-Americanism: History, Causes, and Themes*, Vol. 3, p. xiii.

的很长时间之前,甚至在美国建立之前,反美主义就是十分明显的,那时美国强大的有形力量是微不足道的。抵制美国主义总是,至少部分是抵制了美国代表和体现出的价值观和信仰。因此,反美主义与反天主教主义、反共产主义或反法西斯主义有异曲同工之妙。人们抵制的不是一个国家,而是一种思想"[1]。在欧洲历史上,反美主义在很大程度上讲是欧洲精英阶层对美国的一套批评话语,并无严格的界定,这也是"反美主义"作为一个意识形态标签随意而贴的主要原因之一。

在欧洲国家中,法国是反美主义的大本营,反美主义在法国历史上长盛不衰,可以说是从启蒙时期一直持续至今,根深蒂固于法兰西文化之中,在历史上展现出一条很清晰的线索。2002 年,法国学者菲利普·罗杰推出一本关于法国反美主义历史的专著,这部作品篇幅较大,法文版共 601 页。罗杰在这本书中追溯了过去 200 年来法国反美主义的历史,把法国文人墨客对美国人和美国文化的蔑视大白于天下。在他看来,法国的反美主义不是受某个事件或某种特殊局势而引发的一场对美国抗议或抵制运动,而是在历史上形成的根深蒂固于法国文人脑海中的一种强烈情绪。法国的反美主义不是基于对美国是什么的真正认识和理解之上,而是一种偏见的误读,是对美国本质的误读。这样一种观点贯穿于这本在学术界产生了很大影响的著作之中。[2] 罗杰对法国反美主义持有异议,但却把这一存在于法国历史上的现象真实地展现出来。阅读罗杰这部书,我们可以明显地感受到法国的反美主义在历史上是有多么的广泛与强烈。一些美国学者认为反美主义在法国文化中根深蒂固,把法国不同的政治集团密切联系在一起。如默尼耶认为"法国文化认同中的一个很著名的特性就是它的反美主义"[3]。塞思·阿姆斯称反美主义"一直是法国文化生活的一个特征"[4]。对美国学者的

---

[1] John Kane, "Schizophrenic Nationalism and Anti-Americanism," in O'Connor, ed., *Anti-Americanism: History, Causes, and Themes*, Vol. 2, p. 29.

[2] Philippe Roger, *The American Enemy: A Story of French Anti-Americanism*, translated by Sharon Bowman, Chicago: University of Chicago Press, 2005.

[3] Sophie Meunier, "the French Exception," *Foreign Affairs*, Vol. 79, No. 4, July/August 2000, p. 106.

[4] Seth D. Armus, *French Anti-Americanism (1930–1948): Critical Moments in a Complex History*, Lanham: Lexington Books, 2007, p. 1.

这种说法，一些外国学者不以为然。2000年5月，法国一家民意测验机构进行了调查，只有10%的法国人对美国有厌恶之感。法国历史学家米歇尔·威诺克根据这次民意测验得出结论，"反美主义不是普通法国人的态度；它只是精英中的某一部分所特有"。威诺克强调，反美主义在20世纪产生的原因之一是共产党对相当多的法国知识分子具有较大影响，但他也回顾说，自19世纪以来，对美国的敌意和蔑视主要来自法国的右翼。[1] 墨尔本大学教授科林·内特尔贝克认为，法国与美国在维护西方价值观上根本利益是相同的。他由此得出结论，法国的反美主义"不是一以贯之地属于一种意识形态"，在不同时期表现为不同的形式，变动太大，有时是政治的，有时是经济的，有时是文化的。在20世纪的历史进程中，尤其是在第一次世界大战之后，美国"上升为一个西方军事和经济大国，这就使法国和法国人在试图使他们自己现代化的进程以及重新确定他们的地缘政治认同时，不可避免地把美国利用为自我界定的工具"。由此可见，无论如何反美主义"不应当被视为法国认同中的本质组成部分，这一点似乎表现在这一事实上，即随着时间的推移，作为一个整体的法国人被美国视为一个不同的社会，但这个社会在本质上是与人为善的。反美观点一般来自精英圈，他们自认为有责任维护国家独立的边境。从一个国家依然自豪于其自治传统、影响和创造力的国家的观点来看，作为世界上唯一超级大国的美国必然成为一种潜在的威胁"[2]。朱特认为，影响现代法国人美国观的决定因素在第一次世界大战之前早已确定。在法国人看来，美国"拥有获得权力的足够财富和力量。这样美国是世界上最现代的国家，它把传统和习惯、复杂和精致送进了历史博物馆。相比之下，欧洲还是'旧式欧洲'，在观念上、传统上、文化上以及理解力上富有。要么欧洲的未来在于美国，要么保持精神价值观的斗争将必须起而抵制美国"[3]。法国文化精英不愿意追随美国的发展模式，更不愿意把法国的高雅文化置于"历史博物馆"。因此，

---

[1] Jean-Francois Revel, *Anti-Americanism*, translated from the French by Diarmid Cammell, San Francisco: Encounter Books, 2003, p. 145.

[2] Colin Nettelbeck, "Anti-Americanism in France," in O'Connor, ed., *Anti-Americanism: History, Causes, and Themes*, Vol. 3, pp. 152 – 154.

[3] Judt, *Past Imperfect: French Intellectuals, 1944 – 1956*, p. 188.

他们对美国的抵制就是自然而然了。法国学者图瓦内提出了法国"反美主义是否存在"这一问题、按照他的理解,"反美主义"这一术语只有指"对作为整体之美国的有计划有步骤的反对,即某种厌恶的反应,其使用才能完全合理化。显而易见,如果按照这种非常狭窄的方式来界定,反美主义要么不存在,要么是极为罕见。尽管如此,对反美主义的谴责很轻而易举地到处流传。①上述这些学者承认法国精英层中一直存在着对美国的抵制情绪,但不大赞成把"反美主义"标签贴到他们的身上,这是对"反美主义"所包含之内容理解的不同,也说明了"反美主义"这一术语容易造成概念上的混乱。

就与美国关系而言,英国在欧洲国家中算是一个比较特殊的国家。从文化上来划分,美国文化属于盎格鲁—撒克逊文化圈,与英国文化更为接近。这很容易导致英国和美国具有一种不同于其他欧洲国家的特殊关系。诸如法德等国之人批评美国的对外政策时,有时还捎带上英国,这种情况在当代更是常见。然而,在历史上,英国文化精英阶层表现出的抵触美国情绪,丝毫不比其他欧洲国家弱。辛格研究了英国的反美主义,描述了英国反美主义的特征。其主要表现在三个方面:一是"美国自第二次世界大战以来是英国最可靠的政治、外交和军事同盟,因此,按照英国主流舆论,反美主义态度似乎表现为边缘的或时代错误的"。二是"在美国为最密切的盟友情况下,即使反美主义被合理地视为一种严重的政治和文化现象,但这种现象表明,远不只是外交政策能理解这种复杂的构成"。三是"的确是出于寻找英国反美主义的最接近原因时英美关系比较和睦,这样就有可能逐渐搞清楚这种现象演变与结果更为可信的目的了"。反美主义是"对美国政策、价值观和人民的厌恶或反对"。在辛格看来,按照这种界定,英国的反美主义"无疑表现为对美国很多内外政策的拒绝,对美国价值观,尤其是以宗教形式表现出的价值观的重大质疑,以及至少在某种程度上对作为一个民族的美国人的敌对"。关于英美特殊关系,辛格认为只是英国人的一

---

① Toinet, "Does Anti-Americanism Exist?" in Lacorne, Rupnik and Toinet, eds., *The Rise and Fall of Anti-Americanism: A Century of French Perception*, p. 220.

厢情愿，在现实中并不存在。① 实际上，英国上层人士像大陆欧洲国家的精英一样从根子上瞧不起美国人，他们的反美主义主要还是表现在对美国粗俗文化的抵制，以维护他们国家具有等级特权的贵族文化或精英文化或高雅文化。英国杜伦大学国际关系学教授约翰·杜姆布莱尔在研究英美特殊关系时特别强调了这一点。他认为，英国人"对美国的态度常常表现出文化上的不屑一顾、嫉妒、简陋的刻板印象以及对美国在世界上的权力之抱怨"。他们对美国持有的这些态度"不意味着狂热的敌对。在许多方面，这些态度是集团对一个经常存在的权力'他者'感到可以理解的表达。其中许多态度本身是矛盾的，例如美国是存在着引起破坏的狂热个人主义以及追求同质性的土地。然而，设想这些态度无中生有却是荒唐的"。对杜姆布莱尔来说，英国的反美主义被划分为三种类型，即极左批评、民族主义和"文化忧虑"②。英国布里斯托大学美国环境史教授彼得·科茨从英国生态受到从美国输入物种破坏这个角度探讨了英国的反美主义，他特别谈到来自北美的灰松鼠输入到英国，让本土的红松鼠已无立足之地。科茨的研究很有意思，给人们留下了深刻的思考。他对英国反美主义认识也是独具一格，认为反美主义的作用只是"一种消遣现象"，是一种实现"深层心理需要"的追求，涉及"紧张的放松"，而不是"对解决方案的寻求"③。其实，英国与其他欧洲国家一样，在抵制美国的影响上并无任何特殊的原因，根子同样也在文化上，这是欧洲国家抵制美国的共性，总是试图把欧洲精英眼中低劣粗俗的美国文化抵挡在境外，以维护本国或本地区祖辈们流传下来的文化完整性，不受或少受美国文化的"玷污"或"侵蚀"。

已故的法国著名文学家亨利·德·蒙泰朗义正词严地宣称："我指责美国是一个永远危害人类的国家。"④ 这显然是一种极端的观点，在欧洲精英

---

① Robert Singh, "Anti-Americanism in the United Kingdom," in O'Connor, ed., *Anti-Americanism: History, Causes, and Themes*, Vol. 3, pp. 185 – 186, 189, 196.

② John Dumbrell, *A Special Relationship: Anglo-American Relations in the Cold War and after*, New York: St. Martins' Press, 2001, p. 25.

③ Peter Coates, "Red and Grey: Toward a Natural History of British Anti-Americanism," The British Library Board, 2013, p. 14. (http://www.bl.uk/eccles/pdf/baas2012.pdf)

④ Nicholas Fraser, "Le Divorce: Do Europe and America Have Irreconcilable Differences?" *Harpers' Magazine*, Vol. 305, No. 1828, September 2002, p. 58.

中并不居于主流。尽管如此,欧洲反美主义总是带有一种意识形态的对立情绪,很容易转化为对一个国家的偏见。一些欧洲学者对反美主义提出了批评,给这种现象贴上了"非理性"的标签。东英吉利大学国际关系学教授理查德·克罗克特把反美主义说成是"对美国主义的拒绝,而美国主义本身是一个具有许多含义的歧义概念"。克罗克特的研究主要集中在构成"美国主义"内容的文化方面,认为美国主义强调非常主观的"美国意识",能够与西奥多·罗斯福表述的美国民族主义联系在一起。他批评"反美主义似乎也暗示了非理性主义之处,是对也许与偏见背道而驰之事实的抵制"①。2005年,杰斯珀·古尔达尔在丹麦哥本哈根大学获得博士学位,后在剑桥大学从事博士后研究,他从两个方面对反美主义做出了解释。首先,反美主义是"非理性的,因为它不是基于无偏见的公正观察之上,而是基于偏见、概括化、扭曲、不分黑白的怨恨、优越感或有时近似于偏执狂的担忧等之上;反美主义常常完全受上述非理性因素控制,致使观察者揭示的东西远不是其打算观察的国家或人民"。其次,反美主义是"系统的,原因在于它铺天盖地而来,对美国的蔑视针对这个国家的各个方面,即不完全是针对美国政府及其政策,而是针对美国的'美国性',包括美国文化、美国价值观、美国社会和作为一种国家类型的美国人"。古尔达尔由此得出结论,从"其最纯粹和最富有进取性的形式来看,反美主义设想了一个不能改变的美国本质,决定了美国固有的腐败,其中美国生活的所有令人厌恶的方面皆为范例。然而,反美主义的系统性不总是根植于诸种本体决定因素,更可能呈现出对美国普遍敌对的外观,不愿意承认甚或意识到关于这个国家及其公民的任何正面的东西"②。英国记者尼克·科恩把反美主义视为"一种偏见,依然愚蠢地把一个民族与其政府等同起来,无任何选择地等同于华盛顿的现政权,对反美主义可悲的信服理由依然存在:对现代美国代表什么却几乎是一无所知"③。这些学者把欧洲反美主义视为

---

① Richard Crockatt, *America Embattled: September 11, Anti-Americanism, and the Global Order*, London: Routledge, 2003, pp. 51, 43.

② Jesper Gulddal, "That Most Hateful Land: Romanticism and the Birth of Modern Anti-Americanism," *Journal of European Studies*, Vol. 39, No. 4, December 2009, p. 421.

③ Nick Cohen, "Why It Is Right To Be Anti-American," *New Statesman*, January 14, 2002. (http://www. newstatesman. com/200201140006)

"偏见"或"非理性"等并不是说他们认同美国文化在欧洲的传播,只是主张采取更为理性的方式来维护欧洲文化认同,这一点在他们论著的字里行间体现出来。

　　美国自在国际社会崛起之后在经济上很快地超过了欧洲大国,尤其在第二次世界大战之后成为西方世界无可争议的领袖。欧洲国家的精英人士面对着这个超强大的国家,回想起欧洲昔日的辉煌,多少会产生一些妒忌的情绪,当然终归还是不愿意听任美国的任意摆布。这样,一些政治家和学者在谈及欧洲反美主义时,难免把欧洲人对美国的"嫉妒"作为对美国不满的原因。英国首相托尼·布莱尔2002年发表文章把欧洲无处不在的反美主义情绪视为是对"美国地位的嫉妒"①。布莱尔这里是对他称之为的"反美主义分子"提出了强烈的谴责,以保持与美国良好的关系。布莱尔谴责欧洲反美主义有其政治目的,但却表明了欧洲人对美国的不满情绪正在日益上升。帕特潘的研究结论是,反美主义"可能有许多根源。强大的国家将总是令人担忧,引起嫉妒"②。西班牙学者蒙肖·塔马梅斯把反美主义视为"世界上现在主要意识形态趋势,比历史上任何社会运动规模都大"。塔马梅斯在此基础上探讨了引发反美主义的原因,认为美国人习惯上把反美主义看作是"由妒忌所触发",但事实上引起反美主义有两个因素,一是"这个国家无处不在的暴行",二是"美国人强加在我们头上的文化殖民主义"③。意大利博罗尼亚大学历史学教授戴维·埃尔伍德是研究美欧文化史的著名专家,他在一篇文章中谈到欧洲学者的一种观点,即欧洲反美主义对美国人的理想与行为的"敌对的讽刺"④。这样,反美主义"作为整个欧洲大陆精英行为的一个持久的特征,由嫉妒所引起,由孱弱所持续"。埃尔伍德不大同意这种观点,他想从文化上来揭示欧洲反美主义的起源。1993

---

① 转引自 Julian Glover, "Blair Attacks Europes' Anti-Americanism," *Guardian*, May 21, 2002.
② Patapan, "Philosophic Anti-Americanism," in O'Connor, ed., *Anti-Americanism: History, Causes, and Themes*, Vol. 2, p. 69.
③ 转引自 Robert Stam & Ella Shohat, *Flagging Patriotism: Crises of Narcissism and Anti-Americanism*, New York: Routledge, 2007, p. xi.
④ David W. Ellwood, "Comparative Anti-Americanism in Western Europe," in Heide Fehrenbach and Uta G. Poiger, eds., *Transactions, Transgressions, Transformations: American Culture in Western Europe and Japan*, New York: Berghahn Books, 2000, p. 27.

年春，他与几个欧洲同行联合撰写了一篇很有影响的文章，作为他们在荷兰高级研究所从事关于欧洲对美国大众文化接收之课题的成果。这篇文章先是被收进当年克罗斯等人主编的《文化传递与接收：美国大众文化在欧洲》的论文集中，第二年又刊登在《国际美国学》杂志上。埃尔伍德等人在这篇文章中谈到了欧洲反美主义的起源，认为"对欧洲'高雅'文化的维护者在传统上是站在攻击美国各种形式的最前沿，始终如一地把目标指向大众文化。在一个像法国这样的国家，这种攻击非常普遍活跃，是对美国神话和符号及美国社会模式的全面拒绝，提出了'反美主义'概念"。他们对欧洲左右翼的反美主义观进行了区分。[①] 从文章内容来看，作者们显然对欧洲反美主义提出了批评。埃尔伍德在这一点上观点很明确，他把"反美主义"看作"一种思想或行为范畴"，其"真正的实用性无疑在于包罗一切的本质。它方便地但却误导性地隐藏了这些人之间的重要区别，一些人旨在攻击美国这个国家、政府和外交政策；一些人寻找无论美国的是什么或美国人是谁的矛盾之处：生活方式、象征、目标、产品和人民；那些对美国主义的批评者以他们独特的规范形式拒绝美国的明确价值观和理想"[②]。在欧洲学者中，埃尔伍德是个很有影响的学者，他的研究反映出了欧洲学者对反美主义的新的看法。

以上主要介绍的是欧洲学者关于反美主义的观点，涉及欧美之外的学者时也主要介绍了他们对欧洲反美主义的看法，实际上远未展现出美国境外学者在这一重要论题上的研究状况。欧洲学术界拥有研究本地区反美主义的较大群体，研究者通常对欧洲反美主义持中性态度，多是通过个案研究客观地将这一现象展现出来，然后通过分析得出至少能够自圆其说的结论。对反美主义提出激烈批评者，在欧洲学者中并不占据多数。其实，他们所批评的多是欧洲左右翼对美国所持有的极端看法，并不否认欧洲存在着对美国强烈不满的情绪，这种情绪显然与美国文化在欧洲的广泛传播不

---

① David W. Ellwood and Mel Van Elteren, et al., "Questions of Cultural Exchange: The NLAS Statement on the European Reception of American Mass Culture," *American Studies International*, October 1994, Vol. 32, No. 2, pp. 32–45. 全文可在 EBSCO 数据库中得到。

② Ellwood, "Comparative Anti-Americanism in Western Europe," in Fehrenbach and Poiger, eds., *Transactions, Transgressions, Transformations: American Culture in Western Europe and Japan*, p. 27.

无关系。他们不大赞成用"反美主义"这种带有对一个国家全面拒绝的词语来说明欧洲人对美国的不满或抵制。当然这只是在使用"反美主义"这一术语上所产生的歧义,并不会影响他们对这一现象做出深入的研究。他们生活在欧洲,从小就受到父辈们传递下来的文化之熏陶。他们置身于欧洲文化之中来研究欧洲的反美主义,固然有高他人一筹之处,但很多学者难免具有对本地区或本国的文化优越感,当这种优越感体现在他们的研究中时,势必会影响到研究的客观性。美国境外学者在研究反美主义问题上存在着不同的观点,这些观点尽管争议丛生,甚至截然对立,但对进一步推动这一论题的深入研究有着重要的参考价值。

四　本书研究的基本思路

在当代国际社会,反美主义是一种常见的现象,不仅经常在国际政治中与美国对立的国家爆发,而且广泛存在于美国的盟国,欧洲国家尤甚。反美主义在不同国家或不同地区具有不同的引发因素,表现形式也不尽相同。一般来讲,欧洲国家与美国的政治、经济和战略关系密切,但尤其是文化精英阶层中很多人始终难以认同美国大众文化,更难容忍这种文化在欧洲的广泛传播,反美主义的表现形式多与抵制"美国化"以维护欧洲文化认同密切联系在一起。欧洲国家的反美主义有着很长的历史,甚至早于美国的立国,美国崛起后对世界发展的影响及其对"征服"和"改造"他国霸权地位的追求,无疑是欧洲国家反美主义加剧的主要因素,尤其是在后冷战时代,美国自恃无国可敌的综合国力,在国际社会有恃无恐,一意孤行,让游戏规则完全按照自己的意愿确定。这种霸权行为激发起了欧洲人对美国的不满与抱怨,促使了固存于欧洲文化中的反美情绪爆发出来,在社会上掀起了声势浩大的反美浪潮。在欧洲国家的精英阶层,很多人对美国文化一直持激烈抨击的态度,这是欧洲国家反美情绪从来没有间断的根本原因。因此,本书以文化作为视角来研究欧洲反美主义,以期从根源上对这种持续不衰之现象有一个更为深刻的认识。

本书的主旨是研究欧洲反美主义历史的,对"欧洲"的界定显然对研究的开展至关重要。"欧洲"既是一个地理概念,同时也是代表一个大陆的文明概念。要是把"欧洲"作为前者的话，那本书所论及的范围就应该包括整个欧洲大陆国家，如果只是把"欧洲"作为一个文明的概念，那论及范围自然会大大缩小，通常是指传统上信仰基督教的欧洲国家。这些国家构成了西方文明的主体。西方文明在欧洲历史发展过程中存在着一条基本线索，主要局限在地中海沿岸的欧洲国家，这一地区是西方文明兴起的源头，西欧逐渐地演变为欧洲的"心脏"，很长时间为世界政治经济之中心。德国和意大利在地理上分别属于中欧和南欧，但在文明意义上却属于西欧的范畴。埃克塞特大学社会学教授格蕾丝·戴维把"欧洲"在文明发展上界定为基督教居于支配地位的"西欧"，这里发生了对人类文明进程产生重要影响的"文艺复兴、宗教改革、科学革命和启蒙运动"等。① 启蒙运动的代表人物伏尔泰把"欧洲"描述为"一个与分为若干邦的大共和国相类似的国家。这些邦之中，有的是君主政体，其余则是混合政体；有些奉行贵族政治，另一些则奉行平民政治。尽管如此，它们仍然彼此相互来往。它们虽然分属若干教派，但是全都具有同一宗教基础；全都具有相同的、在世界其他地区尚不为人所知的公法和政治原则"②。伏尔泰这里的"欧洲"，显然主要指信仰基督教的国家，实际上也就是历史上构成"西方文明"的国家。1996 年，英国历史学家诺曼·戴维斯出版了一本长达一千三百余页关于欧洲历史的著作。戴维斯认为，"欧洲"是个比较现代的概念，在 16 世纪和 17 世纪宗教战争之前，欧洲与基督教世界同义。他特别提到了英国教友派领袖威廉·佩恩提倡"普遍容忍和欧洲议会"的主张，他还谈到法国著名人士夏尔·卡斯泰尔·德·圣皮尔埃呼吁建立由欧洲大国组成的联盟，以维护持久的和平。③ 戴维斯的序言中贯穿了这样一种思想，精神上的"欧洲"事实上只是指"西欧"，只有西欧才被认为代表了"欧洲"。这种思想体现在全书的字里行间。

　　历史上一些大家名流对"欧洲"的理解明显表达了一种文化优越感，

---

① Grace Davie, "European Religion: A Sociological Perspective," in Andrew Morton and Jim Francis, eds., *A Europe of Neighbours: Religious Social Thought and the Reshaping of a Pluralist Europe*, Occasional Paper No. 44, The University of Edinburgh: Centre for Theology and Public Issues, 1997, p. 36.
② 伏尔泰：《路易十四时代》，吴模信等译，商务印书馆1996年版，第12页。
③ Norman Davies, *Europe: A History*, London: Pimlico, 1997, pp. 7 - 10.

他们眼中的"欧洲文明"也就是在地理意义上起源于地中海沿岸的"西方文明",就连人们常说的"欧洲中心论"同样体现了这方面的含义,"欧洲"在这一术语中不再是地理范畴,而是一个反映西欧文明的意识形态概念。美国人也是从这个角度看待"欧洲"的。康奈尔大学教授库欣·斯特劳特是研究美国人欧洲观的权威人士,在他看来,在美国人眼中,欧洲"不完全意味着是一个具体的地理位置,只是在观念、价值和制度上与他们自己的'新大陆'形成了明显的对比。欧洲常常包括英国,尽管英国人拥有相当不同的欧洲意识,也包括俄国,尽管俄国更接近亚洲。现在我们称之为的'西欧'通常就是美国人'旧世界'观念中的核心"①。其实俄国并不包括在西方文明的国家之列。这种从文明角度对"欧洲"的理解可以说是一直延续至今,诸如欧洲共同体、欧洲联盟、欧洲议会以及欧洲委员会等在成立之初,成员国便是以代表"欧洲文明"的西欧国家为主。"欧洲文明"是历史上形成的概念,演变到近现代之后显然是以英法德等国的文化价值观和生活方式作为主体,尽管这些国家的文化差异性还是很明显。启蒙思想家让·雅克·卢梭曾说,这里"不再有法国人、德国人和西班牙人,甚至不再有英国人,而只有欧洲人"②。卢梭这句话很值得玩味,虽包含着消除国家文化差异性的意思,但却体现出了"欧洲文明"主体的含义。本书中的"欧洲"基本上是作为一个文明的概念,因此只是以英国、法国、德国、西班牙以及意大利等国为主揭示了欧洲反美主义的演变,旨在通过对这些构成近现代"欧洲文明"主体的国家研究,来展现出欧洲文化精英以"欧洲文明"为衬托把同属于西方文明的美国构建为"文化他者"的过程,一方面来凸显"欧洲文明"的博大精深;另一方面让欧洲人在脑海中形成自觉抵制美国大众文化在欧洲传播的防线。这里对"欧洲"概念的考察与解释旨在避免读者引起的误解。

笔者所从事的这项研究最终成果为一部历史专著。研究历史的一个最基本的方法是通过大量可信之史料尽可能地把历史上发生的事情真实地展

---

① Cushing Strout, *The American Image of the Old World*, New York: Harper & Row, Publishers, 1963, p. xii.

② Jean-Jacques Rousseau, "Considerations on the Government of Poland and on Its Proposed Reformation," April 1772. (http://www.constitution.org/jjr/poland.htm)

现出来,更重要的是这些史料给研究者提出的观点提供可证明的基础。欧洲反美主义不是官方奉行的政策,而是一种根深蒂固于欧洲文化中的一种情绪或认知,不管这种情绪是偏见还是公允,都会以对社会思潮产生很大影响的形式表现出来,如欧洲文化精英多把美国文化视为庸俗低劣,很难与高贵典雅的欧洲文化相提并论,在这种文化的作用之下,美国社会弥漫着追求极度物质享受的氛围,缺乏净化人们心灵的精神生活等。从"文化他者"的角度研究欧洲反美主义,反映对外政策的官方档案很少能够利用,只能尽可能地查阅欧洲一些有代表性人物对美国的看法及其在社会上产生的影响,除了他们的相关著述之外,他们发表在报刊上的文章也能反映出了某一时期欧洲文化精英们的美国观。诚然,研究欧洲反美主义,要是能够通晓欧洲主要国家的语言,那研究这一课题肯定会得心应手,胜别人一筹,至少在搜集资料上占据着语言上的优势。非常遗憾的是,受语言能力的限制,面对着法国、德国、意大利和西班牙等国文字,笔者只能是"望文兴叹",深感研究视野受到了很大的限制。好在英文早就成为一种"国际化"的语言,尤其是当美国欲要在任何人文学科领域争取或保持独占鳌头之地位时,通常欧洲学者撰写的与美国有关且在学术界产生较大影响之论著很快就会被翻译成英文出版。因此,研究某一时期欧洲反美主义时,可以通过阅读相关英文图书,查阅到那些比较有代表性人物的观点,当然最好是他们撰写的相关论著,还有诸如他们发表在《纽约时报》等报刊上的文章以及该报刊驻欧洲记者发回来的相关报道。在撰写各章时,我将会尽量通过欧洲文人的言谈举止来展示他们的美国观及其对公众思想的影响,然后通过对他们美国观的描述来揭示某一时期欧洲反美主义之特性。只有最大限度地利用翻译成英文的资料,才有可能让本课题的研究视角或框架具有支撑的基础,在前人研究的基础上进一步深化这一论题。

  从做这一课项目开始,笔者就打算应该有与该项目的前期研究成果问世。所谓前期研究成果,自然是撰写高质量的学术论文,以此表明自己对这一项目的研究有所思考。笔者认为,一本学术专著能否列为"精品力作",一个重要的衡量指标应该是看作者是否发表与其研究有关的高水平的学术论文,这些论文构成了该专著的有机组成部分。没有发表一篇学术论文的专著很难说是高质量的或具有学术创新的。撰写学术论文对研究者的要求比较高，高水平的论文能够表明作者的概括问题和分析问题的能力。论文写作不能仅仅限于对历史事实的简单陈述，而是要有自己的基本观点或研究框架，并在这个框架下对所谈及的问题进行深入分析，得出至少能够自圆其说的结论。有若干篇高水平的论文作为支撑，专著的学术分量自然会大增。笔者撰写的与本项目相关的学术论文如下：《十九世纪欧洲知识精英的美国观探析》（《中国社会科学》2017年第4期）；《美国开国先辈对"美洲退化论"的反驳及其意义》（《世界历史》2017年第1期）；《反美主义与欧洲联合中认同的强化》（《中国高校社会科学》2016年第6期）；《从文化的视角剖析欧洲反美主义》（《世界历史》2015年第6期）；《布丰的"美洲退化论"及其影响》（《历史研究》2013年第2期）；《二十世纪二三十年代欧洲知识精英的美国观探究》（《世界历史》2013年第6期）；《二十世纪以来法国反美主义的文化释读》（《历史研究》2008年第3期）；《"美国化"与德国反美主义的文化释读》（《世界历史》2008年第2期）；《欧洲反美主义的历史考察：一种文化的视角》（《历史教学》2009年第3期）。上述论文都在两万字以上，反映了自己在研究过程中对欧洲反美主义起源及其表现的思考。正是有了这些专题论文的支撑，笔者在撰写这本书的过程中尽量追求学术研究的深度，避免泛泛而论的弊端，力求按照学术精品的标准打造这项研究成果，希冀完成之后能够弥补国内学术界在这个论题上研究的不足。

　　反美主义不是欧洲所特有，进入20世纪之后开始演变为一个全球现象。从反美主义的历史发展来观察，这一现象显然肇始于欧洲，就是"反美主义"这一如今常见的术语亦为欧洲人所提出。作为一种话语的反美主义在构成欧洲文明的主要国家历史之长，是欧洲之外国家所难以比拟的。从本源上讲，美国是欧洲文明向外扩张的产物，即使美国作为一个独立的国家屹立于世界民族之林，但依然会与欧洲文明有着千丝万缕的联系。这是一个非常奇怪的现象，同属一个大文明范畴且联系非常密切的两种文明为何在文化上如此之对立？在欧洲文化精英阶层，许多人很难认同美国文化。他们把美国文明视为与欧洲文明对立的"他者"，通过贬低大西洋彼岸的文明来凸显此岸文明的优越与伟大。从这个角度来研究欧洲反美主义的历史，可以为解开欧洲国家抵制美国提供了一把钥匙。毋庸置疑，欧洲文明和美国文明同属于西方文明的范畴，但欧洲文化和美国文化却是两种截然不同的文化，前者尽管由不同的亚文化所组成，并不是个铁板一块的整体，但与美国文化相比较时却有着明显一致性的特征。欧洲文化有着深厚的历史底蕴，就像一坛存放了很多年的"陈酒"一样，能够散发出令人陶醉的"香味"。这种"香味"可比作欧洲文人强调本地区文化的"典雅高贵"之特性。相比之下，美国历史很短，缺乏厚实的文化底蕴，在近乎一张白纸上勾画国家的发展蓝图。这样，因为没有体现历史积淀的传统包袱，在这块土地上形成的文化大概最能与时俱进，反映时代的潮流，形成与欧洲国家完全不同的生活方式。这种生活方式是追求"现代性"的产物，几乎成了欧洲文明"传统"的"灾星"。欧洲文化精英实在难以容忍这种不能登上大雅之堂的"文化"威胁了欧洲文明传统的延续。这是他们把本来就存在于欧洲文化中对"美洲"之消极观念一股脑发泄到美国身上的主要原因，以一根主线贯穿于欧洲反美主义历史之中。

  欧洲文化精英对美国社会和文化大肆挑剔，给予激烈的抨击，把美国贬低为"无文化"的国度，左右翼文人对美国批评尤甚，在历史上对欧洲人形成负面的美国观产生了很大的影响。要是美国这种在欧洲精英眼中之"无文化"的文化仅局限在美国境内发展，欧洲的反美情绪充其量只是少数文人的"鼓噪"而已，在精英阶层很难演变成大规模的反美主义思潮。关键在于美国是一个比较"特殊"的国家，注定不会安分"守土"，而是眼光一直盯着全球的帝国。与历史上帝国有所区别的是，美国是用商业优势和把"现代性"体现得淋漓尽致之文化来构筑其全球帝国大厦的。这就决定了美国文化的触角不可避免地伸向全球每个角落，欧洲自然"在劫难逃"。美国的海外商业扩张与其文化在国外的传播几乎是同步进行的，而且是相辅相成，互为促进。欧洲国家与美国商业关系密切，欧洲人自然最先感受到来自大西洋彼岸之文化在本地区的广为传播，这种以追求物质主义享乐的文化孕育了一种全新的生活方式，似乎很难有什么东西把这股来自美国的"现代性"浪潮抵挡在境外，欧洲文化精英崇尚的具有高贵品位的生活方式在这股"汹涌澎湃"之浪潮的反复击打下开始"土崩瓦解"。这是一种来自"他者"文化的冲击，欧洲那些享有特权且对本地区拥有优越感的精英们自然不希望他们生活的社会趋向"美国化"，更难容忍美国毫无品位的"低劣"大众文化肆虐欧洲，改变欧洲文明的基本发展方向，让自古流传下来的欧洲文化认同不复存在。这是一种让欧洲文化精英感到不堪设想的后果，他们绝难允许这种状况发生。因此，他们必然会竭力抵制美国文化在欧洲的传播，以维护他们在本国或本地区享有的文化特权，强化生活在这块大陆上的不同国家之人的文化认同。他们对美国的批评以及抵制美国文化"入侵"的呼吁会促使官方采取文化保护政策，还会对民众的美国观形成很大的影响。从这种视角观察，我们可以清晰地看到欧洲反美主义过程中的"文化"主线。

欧洲文化精英是"反美主义"的主体，他们抱有的文化优越感或文化中心主义种下了反美主义的根源，当美国作为一个主权国家出现时，在这种优越感的作用之下，他们便开始对这个新国家百般挑剔，范围涉及政治、经济以及社会等各个方面，但根子都在他们脑海中固存的文化优越感上，旨在通过把美国树立为一个"他者"的形象来凸显欧洲文明的优越。欧洲文化精英这样一种心态可以说是延续至今，以对美国不满的各种形式表现出来，演绎出了很多种类型的反美主义，有些欧美学者对之有过罗列，少者有三四种，多者甚至有七八种。这些反美主义类型尽管内容不尽相同，形式亦有多样，但皆可以在文化上找到抵制美国的根源。所谓"文化根源"有两方面的含义，一方面是欧洲文化精英对他文化的优越感，这是历史上形成的，已根植于欧洲文化之中，很难消除。另一方面是欧洲文化精英始终没有放弃对美国文化"入侵"的抵制，在此基础上形成的美国负面形象不时地引发欧洲国家的政治反美主义和经济反美主义抑或其他形式的反美主义。换句话说，我们能从不同的反美主义类型中看到这两个方面在发挥着重要作用。从这个意义上来讲，欧洲反美主义无论有多少种类型，但根子很难脱离文化。这样从文化入手来研究欧洲反美主义，可以更为深入地认识这一存在于欧洲近现代史上的现象之起源及其实质。

第一章
"美洲退化论":欧洲反美主义的文化根源

欧洲的反美主义历史悠久,至今依然方兴未艾。在欧洲精英阶层,很多人在观念上一直对美国有一种根深蒂固的文化偏见。学者们对欧洲反美主义的根源进行了探讨,列举了多种反美主义的形式,但归根结底还是与欧洲人不认同美国文化有着密切的联系。欧洲的反美主义决不是美国在国际舞台上崛起后遭到与其竞争之国家妒忌的一种必然现象,而是在美国尚未形成之前就存在于很多著名的哲学家与思想家的脑海中了,他们主导了欧洲的学术话语,甚至在"科学"研究的名义下来观察大西洋彼岸的世界,把这个他们眼中的"新大陆"视为凸显"旧世界"一切优越的对照物。正如一位研究者指出的那样:"从一开始,美洲在概念上和作为一个有形实体,对欧洲和欧洲人来说代表了怪异和危险。这种明显的威胁至少部分被理解为是一种存在的危险,似乎直指欧洲的权力和欧洲的文化。美洲地广人稀以及可供定居的未开发空间让欧洲人兴奋不已。与此同时,许多人担心美洲是一个阉割的'他者',有点莫名其妙地很难激发起信心,这个实体的遥远和相异显然具有不可抵制的潜在吸引力。这样在美国作为一个全球大国出现之前,对美洲的憎恨和厌恶就成为欧洲精英话语中的牢固组成部分。"[①] 这种观点在西方学术界尽管尚存争论,但却得到很多学者的赞成。古尔达尔是研究欧洲反美主义的专家,在这一现象的起源上,他认为从"对美国非理性系统之厌恶的意义上讲,反美主义是一种具有很长历史根源的话语。究竟有多长尚可讨论。最激进的主张是,反美主义的基本逻辑形

[①] Markovits, *Uncouth Nation: Why Europe Dislikes America*, p. 40.

成于美洲的发现,因为这一发现造成了'新'与'旧'两个世界类似镜子的关系,导致了欧洲人对美洲的看法打上了被夸大之恐惧和非现实主义之希望的特征"[1]。古尔达尔显然是赞成把反美主义根源追溯到至少在美国作为主权实体出现在世人之前。纽约州立大学石溪分校伦理学教授爱德华多·门迭塔宣称,文化反美主义有着很长的历史,可以追溯到16世纪,当时一般而言,欧洲人开始对"新大陆"形成了轻蔑诽谤的看法。[2] 卡曾斯坦等人认为,在与美国有长期关系的法国,反美主义"可以追溯到美利坚合众国建立之前的几十年"[3]。上述这些学者在欧洲反美主义起源的具体时间上尚无定论,但启蒙时代的法国文人对美洲怀抱的偏见以及形成的关于美洲之负面形象显然是他们研究这一问题的最好注脚。

美利坚合众国成立之后,欧洲精英这种对"新大陆"的文化偏见不可避免地集中到这个新国家的各个方面,逐渐地确定了美国在文化上衬托欧洲文明优越的"他者"形象。因此,欧洲的反美主义具有深刻的文化根源。在美国革命爆发前后,诸如法国学者乔治·路易斯·勒克莱尔·德·布丰等欧洲一些著名人士提出了"美洲退化"的理论,在当时的欧洲学术界风靡一时,对欧洲人的美洲观和美国观产生了很大的影响。这种理论决不是当时的一些欧洲博物学家或哲学家在书斋中的奇思怪想,而是有着广泛的社会基础,根深蒂固于欧洲文化之中,在很大程度上满足了欧洲人自傲的优越心理。这种理论在"科学"的外衣下被理论化和系统化,不仅成为欧洲上层社会讥讽"新大陆"的"科学"根据,而且为很多欧洲学者研究美洲或美国提供了一个基本的理论框架,更是对普通欧洲人了解他们根本不知情的陌生外部世界产生了影响。

"美洲退化论"早已被无数的材料和事实证明缺乏严谨的科学根据,但在布丰去世后很多年还在欧洲社会广有市场,被一些持有欧洲文明优越论的学者或政治家津津乐道,致使美国政治家和学者反驳这种明显与事实不

---

[1] Gulddal, "That Most Hateful Land: Romanticism and the Birth of Modern Anti-Americanism," *Journal of European Studies*, Vol. 39, No. 4, December 2009, p. 421.

[2] Eduardo Mendieta, "Patriotism and Anti-Americanism," *Peace Review*, Vol. 15, No. 4, 2003, p. 437.

[3] Katzenstein and Keohane, "Anti-Americanism," *Policy Review*, No. 139, October/November 2006, p. 26.

符的论说持续了一个多世纪之久。这种学说最终随着人们对美洲大陆生物构成和气候状况的深入了解而退出了学术界，但其在欧洲人观念中根植的优越意识却代代沿袭下来，根深蒂固于"旧世界"的文化之中，成为欧洲反美主义在思想意识上的最早起源之一。西方学术界对"美洲退化论"的研究多把重点放到对内容本身的介绍或集中在当年欧美学术界对美洲是否退化展开的一场大争论，这些研究通常为对这一过程本身的描述以及布丰相关论述的介绍，不过对了解启蒙时代欧洲人的美洲观和布丰本人的相关思想很有帮助。① 当然有的学者也注意到了布丰的"美洲退化论"在欧洲反美主义历史进程中所占据的位置，如加拿大多伦多大学教授杰弗里·科普斯坦在谈到欧洲反美主义时把源头追溯到布丰对美洲的"奇思怪想"②，但他们很少把这一命题放到欧洲文明优越论这个大背景下考察，通常只是提及而已，未展开详细论述。国内学术界几乎没有学者的研究涉及这一很重要的论题，自然谈不上有相关专论问世了。

  研究欧洲的反美主义，学者们多把研究的范围局限于 20 世纪美国崛起之后所发生的事件，固然欧洲的反美主义在这个世纪里形成了高潮，这个世纪和当代作为研究的重点也无可厚非，但这一现象在欧洲有着非常悠久的历史，为什么很多欧洲精英从一开始就对"新大陆"抱有根深蒂固的偏见？这种偏见为什么能够一直延续至今，演绎出了很多反美主义的表现形式？显然只有追根溯源，才能从欧洲人在文化上把新大陆视为映照自身优越的"他者"中找到答案。这个源头可能比布丰所处的启蒙时代还要早得多，但布丰系统地阐述"美洲退化论"却具有标志性的意义。如果说在布丰之前欧洲人对新大陆的偏见还只是散见于一些著述中的片言只语或零碎

---

① Henry Steele Commager and Elmo Giordanetti, *Was America a Mistake? An Eighteenth-Century Controversy*, New York and London: Harper & Row, Publishers, 1967; Antonello Gerbi, *The Dispute of the New World: the History of A Polemic, 1750-1900*, translated by Jeremy Moyle, Pittsburgh: University of Pittsburgh Press, 1973; Gordon S. Wood, "Americas' First Climate Debate: Thomas Jefferson Questioned the Science of European Doomsayers," *American History*, Vol. 44, No. 6, February 2010, pp. 58 – 63.

② Jeffrey S. Kopstein, "Anti-Americanism and the Transatlantic Relationship," *Perspectives on Politics*, Vol. 7, No. 2, June 2009, p. 368; 另见 Roger, *The American Enemy: A Story of French Anti-Americanism*; Durand Echeverria, *Mirage in the West: A History of the French Image of American Society to 1815*, New York: Octagon Books, Inc., 1966.

论证的话,那"美洲退化论"却把这种根深蒂固于欧洲文化中的偏见置于一个庞大的理论体系之内,在与欧洲文明的对比中形成了对新大陆自然环境和生活在这种环境中的动物与人的全面否定。从这一意义上讲,"美洲退化论"正式拉开了欧洲反美主义历史的序幕。

一 启蒙时代欧洲对"新大陆"的偏见

1492 年,克里斯托弗·哥伦布,奉西班牙女王伊莎贝尔一世的派遣,率船队从西班牙巴罗斯港扬帆出发,本来是想航行到萦绕在欧洲人脑海中盛产各种香料和宝石的富庶东方,但却"发现"了一片尚未人知的大陆,无意中揭开了人类历史发展新的一页,给欧洲人的世界观带来很大的变化。正如一个研究者指出的那样:"自基督教出现之后,任何其他事件带给欧洲思想界的激烈变化都逊于美洲的实际发现。"[1] 西班牙历史学家弗朗西斯科·洛佩斯·德·戈马拉为哥伦布同时代人,早在 1552 年,他便把美洲的发现看作自世界开创以来最伟大的事件,除了"创造世界者道成肉身和死亡"之外。[2] 亚当·斯密在其名著《国富论》第二卷中专辟一章论述了美洲发现的意义,宣称美洲的发现"是记录在人类历史上两个最伟大和最重要的事件之一",另一个事件是绕好望角抵达东印度的航行。[3] 其实在此之前,欧洲人脑海中已经存在着新大陆的概念,他们早就开始猜测,地球除了欧洲、非洲和亚洲之外还存在着一个"第四地区",不同的民族以不同的名称在自己文化中描述过这一神奇的土地。正如墨西哥当代诗人、历史学家阿方索·雷耶斯所言,在美洲的"存在被证实之前,人们已从各个角度科学地、诗人般地预感到了它的存在"[4]。哥伦布本人很相信悲剧《美狄亚》中塞尼加的预言:"这一天将会到来,那时海洋之锁链就会被打开,辽

---

[1] German Arciniegas, *America in Europe: A History of the New World in Reverse*, translated from the Spanish by Gabriela Arciniegas and R. Victoria Arana, San Diego: Harcourt Brace Jovanovich, 1986, p. 5.

[2] 转引自 Dan Diner, *America in the Eyes of the Germans: an Essay on Anti-Americanism*, translated from German by Allison Brown, Princeton: Markus Wiener Publishers, 1996, p. 3.

[3] Adam Smith, *An Inquiry into the Nature and Causes of the Wealth of Nations*, Vol. II, the tenth edition, London, 1802, p. 458. (http://www.archive.org/index.php)

[4] 萨·伊·莫里逊:《航海家哥伦布》,陈太先等译,湖南人民出版社 1983 年版,第 12 页。

阔的大陆就会被发现,那时舵手会发现一个新大陆,而撒列就不再是大地的极限了。"① 靠着一种信念的支撑,哥伦布很幸运地成为在世界进入了一个新时期后偶然"发现"这块新大陆的第一人。自此之后,美洲这个"新大陆"给旧世界带来了巨大的变化,为刚刚走出中世纪的欧洲注入了新的活力。因此,在那些充满着浪漫主义思想家和文学家的脑海中,尚未开发的美洲被想象为原生态的田园般世界,那里花草丛拥、河湖纵横、植被丰富,鸟语花香、果实累累,展现出一幅上帝"伊甸园"的自然美景。他们在与欧洲的对比中把美洲树立为能够起到积极作用的"他者"形象。哥伦布在登上美洲大陆时激动的心情难以言表,确信他发现了"人间天堂"。在哥伦布留下的航海日记中,对新发现岛屿与陆地自然环境的赞美充斥于其中,如他在1492年10月21日的日记中记载了他描述之登陆岛屿的美丽诱人。该岛"树木参天,苍翠葳蕤。岛上还有若干大小不等的湖泊,湖中以及湖畔异树荫浓。全岛青草茵茵,有如四月之安达卢西亚。林间,小鸟啼鸣,令人流连忘返。成群鹦鹉展翅翱翔,遮天蔽日。各种与吾人相异的飞禽不胜枚举,令人惊叹不已。树木千姿百态,果实亦各有所异"②。类似这样的描述满篇皆是,几乎很少看到哥伦布对新发现土地的贬义描写,就连生活在新大陆的土著人在哥伦布的笔下亦是诚实善良,谈吐优雅,生活在与自然和谐的环境之中。

　　这种对尚未遭到玷污的原始净土的描述激发起了文艺复兴时代欧洲人的丰富想象力,很多文学作品充斥着美洲是"人间乐园和黄金时代"的隐喻。③ 意大利探险家阿美利戈·韦斯普奇和出生于意大利的西班牙历史学家彼得·马蒂尔在美洲的殖民上起了很重要的作用,他们与哥伦布一样把这块新发现的大陆描述为"人间天堂"。在他们看来,这里是极好的世界,人们朴实单纯、天真无邪,犹如亚当和夏娃最早在伊甸园那样生活,毫无受到邪恶之污染。他们"赤身裸体,既不知道重量,也不知道测量,还不知道金钱为所有不幸之源。他们生活在金色的时代,没有法律,没有满嘴谎

---

① 约·彼·马吉多维奇:《世界探险史》,屈瑞等译,世界知识出版社1988年版,第67页。
② 哥伦布:《航海日记》,孙家堃译,上海外语教育出版社1987年版,第42页。
③ 引文见 Gaile McGregor, *The Noble Savage in the New World Garden: Notes toward a Syntactics of Place*, Toronto: University of Toronto Press, 1988, p. 15.

言的法官，没有书籍满足于他们的生活，对未来无任何充满智慧的关切"①。罗马诗人奥维德在他的名著《蜕变》中描述了美洲土著人所处的黄金时代，这里"没有惩处的威胁，没有法律，人们自愿地坚持诚信，做正义之事"。只有社会处于这种状态，才意味着"黄金时代到来了"。他们丝毫"不担心惩罚"，没有法官。人们"没有他们照样安全地生活"。这个世界的"民族不会与恐惧相伴，享受着轻松和谐的生活，他们从来不使用士兵。这里的土地从未强制开发，未被锄头所触及，顺其自然地生产着各种产品，人们满足于不用耕种而生长的食物"②。这些描述显然在与他们生活的欧洲进行比较，把处于原始状态下的美洲社会给"理想化"了。他们对美洲充满"罗曼蒂克"的描述不见得属实，也未必想借此来贬抑欧洲文明，无非是想引起处于中世纪"黑暗时代"的欧洲人向往。1584年，英国航海家阿瑟·巴洛奉沃尔特·罗利爵士之命前往北美东海岸探险。巴洛在给罗利爵士写回的报告中称，他尚未到达北美海岸，一种强烈的冲动便油然而生，好像一个如花似锦的美丽花园近在咫尺。美洲是人间花园的图景体现在报告的字里行间，如他描述了在船员首次靠岸登陆的地方，"葡萄漫山遍野，波涛汹涌的海浪冲击和淹没了它们。我们也在很多地方发现了葡萄，在沙滩上和在小山的绿地上无处不是葡萄……我由此认为，如此之丰富的葡萄在世界上任何地方尚未见过"③。类似这样对美洲自然环境赞美的描述在伊丽莎白时代欧洲人的作品中不乏鲜见，"新大陆"似乎成了欧洲人逃避中世纪黑暗现实的理想归隐之所。

在欧洲人对"新大陆"充满浪漫激情的想象话语中，生活在这块土地上的土著居民印第安人也被"理想化"了。美国著名植物学家和探险家戴维·菲尔柴尔德认为，当时的欧洲人把加勒比群岛等同于人间天堂"自然就会对其居民肃然起敬"④。印第安人被誉为"高贵的野蛮人"（Noble Sav-

---

① J. Martin Evans, *America: The View from Europe*, San Francisco: San Francisco Books Company, Inc., 1976, p. 3.

② Ovid, *Metamorphoses*, translation by Frank Justus Miller, Vol. I, Cambridge: Harvard University Press, 1951, p. 9.

③ Leo Marx, *The Machine in the Garden: Technology and the Pastoral Ideal in America*, London: Oxford University Press, 1964, p. 37.

④ McGregor, *The Noble Savage in the New World Garden: Notes toward a Syntactics of Place*, p. 16.

age），他们自由自在，无拘无束，与大自然完全融为了一体，靠着上天的慷慨"恩赐"过着衣食无忧的生活。伊丽莎白时代的英国著名诗人迈克尔·德雷顿写了一首题目为《弗吉尼亚远航》的诗歌，流传甚广。在这首诗中，弗吉尼亚被描述为"地球上的唯一天堂"，社会运行依靠着黄金时代的自然法则来进行管理。① 马蒂尔写道，美洲土著人"生活在远古作家经常谈论的金色时代；在那里，人们过着简朴而纯洁的生活，不用执行法律，不用与法官争辩，没有诽谤中伤，他们只是满足于与自然的和谐，不用为了解未来事物而感到烦恼不安"②。因此，新大陆的"高贵野蛮人"能够过着"公正而舒服"的生活，丝毫不需要"欧洲文化和宗教的恩惠"，只要他们"顺其自然"即可。③ 法国著名作家加斯帕尔·德·博林1763年出版了一部关于美洲的"乌托邦"小说，他在1771年再版中增加了对英属殖民地弗吉尼亚的描述，认为弗吉尼亚居民生活在这片土地上简直就是上天的赐福，因为这里"既没有城市，也没有奢侈，既没有犯罪，也没有病灾。人们每日生活安宁，灵魂的纯洁与头顶上的天空联结在了一起。人们自由自在地劳作，除了丰富的谷物收获之外，还带来各种美德的丰收。人们按照大自然希望的那样行事"。因此博林把弗吉尼亚居民说成是"大自然独塑的人"，实际上就是他在书中提出的"自然的儿女"④。这些把美洲"理想化"的欧洲人在想象中虚构出一幅"新大陆"的美妙图景，固然有鼓励向美洲移民来缓和欧洲社会矛盾的因素在起作用，但很大程度上还是表达了对欧洲王室宫廷和上流社会普遍存在的腐败与奢侈生活的强烈厌恶，对"新大陆"原生态生活环境的赞美实际上包含着对旧世界贵族们过着骄奢淫逸之生活的批评，更是暗示着欧洲文明将在清新绿茵和莺歌燕舞的自然美景中开始了新生。用一位研究者的话来说，正是"由于具有这样一片可见的未遭到破坏的半球，人类似乎才会实现其一直被认为是史诗般幻想的一

---

① Marcus Cunliffe, "European Images of America," in Arthur M. Schlesinger, Jr. and Morton White, ed., *Paths of American Thought*, Boston: Houghton Mifflin, 1963, p. 495.
② Samuel Eliot Morison, *Admiral of Ocean Sea: A Life of Christopher Columbus*, Boston: Little, Brown and Co., 1942, p. 232.
③ McGregor, *The Noble Savage in the New World Garden: Notes toward a Syntactics of Place*, p. 17.
④ Echeverria, *Mirage in the West: A History of the French Image of American Society to 1815*, pp. 32–33.

切。隐退到一片和谐快乐之绿洲的梦想从传统的文学语境中消失,在各种使美洲成为西方社会新开端的乌托邦方案中体现出来"①。美洲这种充满浪漫色彩的形象与"新大陆"的实际状况相距甚远,只是一种寄托个人"理想"的想象而已,注定不会在欧洲思想界占据主流,目的还是在展示与欧洲社会的不同中赋予人们对文明新生的无限遐想。实际上,欧洲从来不乏那些到新大陆冒险的欧洲人撰写贬低大洋彼岸自然环境以及土著居民的报告或描述。这种对欧洲之外世界的偏见是根深蒂固的,可以说从欧洲人一开始踏上美洲大陆就存在了。

　　欧洲文化中根深蒂固的中心主义观念是欧洲人在历史上看待欧洲之外世界的一个基本出发点,对"新大陆"的赞美显然与这种观念发生冲突,势必不会持续下去,欧洲中心论逐渐成为欧洲学术界以及社会的主流。18世纪欧洲进入了启蒙时代的高峰,涌现出了一批对欧洲君主专制统治进行讨伐的思想家。所谓的启蒙就是要人们摆脱愚昧和迷信,用科学理性的观念来观察周围的世界,把个人从习惯或专制权威下解放出来。这场波澜壮阔的启蒙运动大大促进了人的思想解放,对其后的世界历史发展起到了极其重要的作用。这些启蒙思想家宣传人人平等,法律高于一切,人的天赋权利神圣不可受到侵犯等,但在对欧洲之外世界的观察上却从欧洲一切皆优的角度出发,把欧洲中心主义发挥到了登峰造极。这种世界观也成为启蒙时代一个非常引人注目的特征,很多在这个时代有影响的思想家的美洲观留下了这方面深刻的印记。法国学者菲利普·罗杰在其 2002 年出版的关于法国反美主义历史的著作中,序言开首的题目就是"启蒙运动反对美洲"(The Enlightenment versus America)。罗杰认为,启蒙思想家谴责美洲,主要在于反对欧洲国家的殖民主义,试图通过贬低美洲以达到阻止欧洲人迁徙到新大陆的目的。② 罗杰所持的这种观点在西方学术界很有代表性,固然有一定的道理,但并没有揭示出他们贬低美洲的真正动机。欧洲殖民主义者对"新大陆"文明的毁灭令人发指,罄竹难书。他们摧毁庙堂、抢劫黄

---

① Marx, *The Machine in the Garden: Technology and the Pastoral Ideal in America*, p. 3.
② 详见 Roger, *The American Enemy: A Story of French Anti-Americanism*, pp. 1 – 5. 启蒙时代一些代表人物这方面的观点详见 Gerbi, *The Dispute of the New World: the History of A Polemic, 1750 – 1900*, pp. 35 – 51.

金，滥杀无辜，使曾经独放异彩的美洲古代文明在隆隆的枪炮声中化为灰烬。然而饱受殖民之害的这块土地反而再次成为启蒙时代的"牺牲品"，似乎是代残暴凶狠的殖民者而"受过"。这种说法于情于理都很难讲得通。实际上，他们发起的这场启蒙运动归根结底还是要实现欧洲文明在新时期的复兴，而大洋彼岸的美洲却成为他们想象中与欧洲文明对立的"他者"，只有把"新大陆"贬得一钱不值，才能凸显出"旧世界"文明的博大精深，最终还是为"理性"战胜"野蛮"寻求解释框架。当然，并不是说启蒙时代的所有思想家对美洲都持谴责态度，一些欧洲学者对关于新大陆的"无稽之谈"提出了激烈的批评，但很难改变这个时代欧洲学术界对美洲抱有偏见的主流思潮。追根溯源，还是固存于欧洲人脑海中的中心主义或种族优越论发挥了决定性的作用。其实，就是那些批评者，充其量也只是谴责与美洲事实不符的描述，在他们的相关论著中同样体现出了以欧洲为中心看待美洲的倾向。意大利学者安东内洛·热比在其关于新大陆争论的专著中提到，在16、17世纪期间，诸如到美洲传教或探险的奥维多、阿克斯塔神父、埃雷拉以及科沃神父等著名人物已敏锐地观察到了新大陆具有很多不同于旧世界的自然特性，美欧两大洲的动物表现出很大的差异。他们甚至谈到美洲存在着"某些较弱的方面以及某些具体的缺陷"[1]。不过，这些人很少把新大陆与"不成熟"或"退化"联系起来，他们只是在与旧世界的比较中观察到新大陆在自然环境与生物构成上拥有的缺陷。伊莎贝拉女王在位时正是西班牙大规模地殖民美洲的年代，她从派往美洲的殖民者撰写的报告得知，新大陆气候非常潮湿，致使树都不能把根扎在土壤中。她由此担心，"要是树不能在这块陆地上牢固地扎下根"，那么生活在这种自然环境中的人肯定是"很少诚实"，缺乏"不屈不挠"的精神。[2] 报告中描述美洲的某些地方自然环境恶劣也许属实，但伊莎贝拉女王却把这种不利的自然条件与人的特性联系起来，说到底还是反映了一种根深蒂固的欧洲优越心态。对新大陆类似的描述从来没有消失过，这条线索一直延续下来，对欧洲人认识遥远的美洲产生了很大的影响。

---

[1] Gerbi, *The Dispute of the New World: the History of A Polemic, 1750–1900*, p. xv.

[2] Lee Alan Dugatkin, *Mr. Jefferson and the Giant Moose: Natural History in Early America*, Chicago: The University of Chicago Press, 2009, p. 21.

欧洲启蒙时代的思想家多崇尚自然，强调自然界对人类生活环境的影响。英国哲学家大卫·休谟在1744年出版的《道德、政治和文学论文集》中阐述了大自然与人类智力的关系。在休谟看来，如果"人的特性取决于空气和气候，那么热与冷的程度自然就会有着强有力的影响，因为再没有什么能够对所有植物和无理性的动物产生更为巨大的影响了。毋庸置疑，我们有一些理由认为，所有生活在极圈之外或处于热带之间的民族无不低劣于其他种类的民族，不能达到人的更高智力"①。休谟这里只是谈到了气候对寒冷和炎热地带居民特性的影响，并没有特指美洲人，但这是当时很多欧洲人观察欧洲之外世界的一种典型的思维方式，意在凸显生活在温带气候下欧洲种族的优越。孟德斯鸠论述了法律与气候的关系，认为"事实上，智力的特性和内心的激情在不同条件下是迥然相异的"②。他强调人不应该随意迁徙，以免由良好自然环境转变成恶劣自然环境后患上某些疾病。因此，"当一个国家是不毛之地时，那就预示着，这个国家的大地或气候之本质存在着某些特殊的缺陷。因此，当我们把人脱离了宜居的气候，派他们到上述国家，那直接与我们打算的目的背道而驰"③。自然环境对社会发展与人之特性的影响贯穿于孟德斯鸠的论著之中。伏尔泰在其《风俗论》的著述中专辟了论述美洲的章节，他对新大陆的看法体现了环境决定论。伏尔泰对美洲的自然环境大张挞伐，明确提出了生活在这种环境下的生物发生退化的观点。在他看来，美洲土地原本很肥沃，但在大洪水泛滥时期，美洲大陆的大部分地区成为"泽国"。受洪水的影响，土地产生了毒害。在这样一种恶劣的自然环境下，美洲人口稀少，动物与旧世界相异。他以狮子为例，言美洲狮不仅身材矮小，没有鬃毛，而且胆子很小。美洲人口"从来都不会像欧洲和亚洲那样多。美洲有许多大沼泽，致使空气极为污浊；土地上生长着大量的毒草，用毒草汁浸泡的箭镞，总是给人以致命伤；最后，自然赋予美洲人的聪明智慧远逊于旧世界的人。这些原因汇聚在一

---

① David Hume, *Essays: Moral, Political and Literary*, New York: Cosimo, Inc., 2007, pp. 212–213.

② Montesquieu, *The Spirit of Laws*, Revised edition, Vol. I, New York: the Colonial Press, 1899, p. 221.（http://www.archive.org/index.php）。

③ Montesquieu, *Persian Letters*, the sixth edition, Vol. II, Edinburgh: Printed by Alexander Donaldson, 1773, p. 254.（http://www.archive.org/index.php）

起,便极大地影响了美洲人口的增长"。究其原因,这种结果还是气候寒冷和潮湿所致。① 伏尔泰被公认为启蒙思想的领袖和旗手,他对美洲的看法很具有代表性,反映了他所处时代在欧洲非常流行的一种观点。以上这些启蒙时代的领军人物在各自研究领域取得了对人类文明进程影响非常大的成就,他们皆不是专门研究美洲,但在涉及美洲问题时不可避免地以当时学界占主导的观点或理论来观察这个大陆。这样,他们对美洲抱有偏见也就不足为奇了。诚然,他们很多人对美洲的贬低意在反对欧洲大国的殖民主义,但却凸显了欧洲文明的优越,恐怕后者才是他们的真正本意之所在。

在启蒙时代,从欧洲到美洲的交通条件大为改观,远洋航行已不再是有冒失去性命之险,只要经济条件许可以及兴趣所至,一些欧洲学者或探险家便可乘船前往新大陆进行科学考察或旅游。这些人通常会把他们对所到之地的感观记载下来,这些文字记录对研究启蒙时代欧洲人的美洲观弥足珍贵。他们的确实地考察了美洲的某些地方,然而毕竟是匆匆一游,尤其是他们脑海中已经具有了虚拟出的美洲形象,自然是自觉或不自觉地戴着"欧洲优越"的有色眼镜来观察他们看到的一切,有些描述已经包含着"美洲退化"论的倾向。英国著名博物学家马克·凯茨比多次前往北美洲和西印度群岛考察,回到伦敦后于1731年出版了关于卡罗来纳、佛罗里达和巴哈马群岛自然史的著作。凯茨比在著述中谈到他对印第安人的印象是,印第安人中间几乎没有非常强壮者,很少有人能够达到像欧洲人那样体格健壮的程度,他们不能搬起较重的物品,难以忍耐艰辛的劳动;但在狩猎方面,他们是非常有耐心的,可以走得更远,比欧洲人忍受更多的疲劳。他对印第安人的身体特性与生活习惯进行了比较详细的描述。凯茨比毕竟是与印第安人有所接触,对印第安人的描述还算是比较客观,但字里行间不可避免地在与欧洲人进行比较,"野蛮"和"低劣"等词语见之于其著述的字里行间。凯茨比还谈到气候与植物生长之间的关系,认为"美洲的北部大陆比欧洲的北方要寒冷得多,虽然二者是处于同一纬度。这是严寒

---

① 详见伏尔泰《风俗论》下册,谢戊申等译,商务印书馆1997年版,第42—47页。

天气对弗吉尼亚许多植物产生致命影响的证据"①。作为当时欧洲很有名的博物学家,凯茨比关于美洲自然环境、动植物种类以及风土人情的描述在欧洲产生了很大的影响。这本书的版本为英法两种语言每页各占其半,目的大概是让更多的读者能够读懂书中所描绘的内容。凯茨比为布丰的同行,布丰在对新大陆印第安人体质特性描述时不可能忽视这本书中提供的相关材料。西班牙海军军官安东尼奥·德·乌略亚与乔治·胡安1735年受官方之命前往南美洲考察,两人在南美洲呆了将近十年,到过很多地方进行深入细致的调查。他们回到西班牙之后于1748年出版了两卷本的《南美洲航行记》。他们的一个基本命题是,由于受到长期殖民主义、奴隶制、自然资源开发和对土著民族征服的影响,美洲印第安人处在退化过程之中,表现出了"胆怯"和"懦弱"等特性。此外,美洲缺乏像生长在欧洲的大型哺乳动物,充满着能够分泌毒液的昆虫和爬行动物。②杰斐逊曾称赞乌略亚对南美洲自然环境和风土人情的精确了解,但同时批评了他对美洲印第安人抱有偏见的主张。③ 实际上,乌略亚的偏见乃是启蒙时代居于主流的欧洲中心主义作祟的必然结果。杰斐逊批评乌略亚显然是"醉翁之意不在酒",主要是针对布丰贬抑印第安人而言的。这说明乌略亚和胡安的《南美洲航行记》成为布丰撰写《自然史》中美洲相关部分时的一本重要参考著作。

瑞典著名植物学家彼特·卡尔姆撰写的三卷本的《北美洲游记》在欧洲影响较大。1745年,卡尔姆受皇家瑞典科学院(Royal Swedish Academy of Sciences)之委任前往北美洲寻求证明对农业和工业有用的种子和植物,顺便考察北美的自然环境。他花了两年半的时间游遍了从宾夕法尼亚到魁北克的英属北美殖民地,从大西洋沿岸到布卢里奇(Blue Ridge)山脉都留下了他的足迹,所到之处,他都以日记的形式将所见所闻详细记录下来。他的《北美洲游记》1753年在瑞典出版,随即被译为法文在法国出版。卡

---

① Mark Catesby, *The Natural History of Carolina, Florida, and the Bahama Islands*, Vol. I, *An Account of Carolina, and the Bahaman Islands*, London: Printed for Benjamin White, 1771, pp. ii, x-xvi. (http://www.archive.org/index.php)

② Don George Juan and Don Antonio de Ulloa, *A Voyage to South America*, 2 Vols., London: Printed for John Stockdale, 1807. (http://www.archive.org/index.php)

③ Thomas Jefferson, *Notes on the State of Virginia*, New York: Printed by Davis, 1801, pp. 89 - 90. (http://www.archive.org/index.php)

尔姆本是个很严肃的科学家，但对北美的描述也难免"以假充真"。如他在1748年9月25日的日记中记载，一位名叫巴特拉姆美洲植物学家告诉他，一只美洲熊抓住了一头母牛，将其致死，方法是先在母牛肚皮上咬了一个洞，然后使出全身力气往母牛肚里吹气，直到母牛肚胀撑破而死。① 这种描述显然为讹传，但卡尔姆却信以为真，写入书中。这倒是反映了欧洲人对美洲普遍存在的猎奇心理，总想找到一些让欧洲人感到美洲常常发生一些不可思议的稀奇之事，以此加强他们脑海中的美洲"他者"形象。卡尔姆到了费城之后，对费城进行了详细观察，在日记中记录了他关于美洲退化的几个重要观点：一是美洲的动物出现了退化的趋势。新大陆本无牛，牛是由英国殖民者从欧洲输入，现在当地人很喜欢养牛，然而"牛在这里却是逐渐地出现退化，变得更小了。母牛、马、羊和猪等在英国长得都很大。尽管这些带到新大陆的动物属于相同品种，但第一代就开始缩短了一些，第三代和第四代大小相同，犹如牛在这里已经变得正常一样。气候、土壤和食物对导致这种变化产生了相同的作用"。二是人的寿命在缩短。费城的居民反应很敏捷，但比欧洲人要衰老得快。小孩很老道地回答向他们提出的问题，看起来他们似乎有与年长者一样的理解力，但是他们尚未达到像欧洲人这样的年龄。出生在这一地区的人活到八九十岁几乎是前所未闻。出生在欧洲的人比出生在这里的欧洲移民后裔寿命更长。三是出生在当地的欧洲人后裔在体力上逐渐衰退。他以最近发生的一场战争为例得出结论：这些生活在美洲的欧洲人后裔"在远征、进攻和长途海洋航行上远不如欧洲人有耐力，大批地死去。他们很难适应不同于他们成长的气候"。四是女人的生育能力下降。这里的妇女"比欧洲人过早地停止了抚养子女。她们在40岁或45岁之后很少或从未有孩子，一些妇女在30岁之后就停止了生育"。② 卡尔姆的三卷本《北美洲游记》出版后在欧洲学界风靡一时，他是

---

① Perter Kalm, *Travels into North America: Containing its Natural History, and a Circumstantial Account of its Plantations and Agriculture in General, With The Civil, Ecclesiastical And Commercial State Of The Country*, Vol. I, translated by John Reinhold Foster, Warrington: Printed by William Eyres, 1770, pp. 116 – 117. （http://www.archive.org/index.php）

② Kalm, *Travels into North America*, Vol. I, pp. 102 – 104. 卡尔姆关于美洲退化的观点亦 Adolph B. Benson, ed., *Peter Kalm's Travels in North America*, Vol. I, New York: Wilson-Erickson, 1937, p. 51.

实地考察了北美洲，书中的描述自然被认为具有权威性，对欧洲很多人认识美洲产生了较大的影响，在某种程度上讲，卡尔姆提出了"美洲退化论"的雏形。不过，布丰不赞成卡尔姆把"退化"趋势加到欧洲移民后裔的身上，认为欧洲人的后裔不会发生退化，表示担心"卡尔姆先生的这些观察事实根据不足"①，但可以肯定的是，布丰从卡尔姆的观点或描述中获得了启发。这样，卡尔姆的相关描述自然成为布丰撰写《自然史》材料的直接来源。②

在18世纪的西方学术界，布丰可谓是大名鼎鼎，无人不晓。他博闻强识、见多识广，是个名副其实的博物学家，在数学、人类学、生物学和动植物学等学科上贡献良多，其提出的一些开创性的理论或观点在相关学术领域一直沿用至今。他一生著述甚丰，36卷的《自然史》③耗尽了他一生的精力，奠定了他在全球学术界和思想界的辉煌地位。这套多卷本的巨著是布丰在欧洲启蒙时代向世人展现出的扛鼎之作，就是现在读起来也不得不为布丰渊博的知识和富有创见的观点所折服。布丰在他所处时代享有启蒙大师的声誉，至今其享誉的这一地位亦无人能给予质疑，布丰对植物学、动物学和种族学具有开创性的贡献，在研究方法上对后世也产生了很大的影响，但布丰本人的学术见解亦非处处正确。他对大洋彼岸"新大陆"的看法有着很大的局限性，他可以对上帝创造人持有怀疑，亦可以探寻"人猿共祖"这个"离经叛道"的命题，但很难突破欧洲中心主义设置的藩篱，在对欧洲之外世界观察时必然打上了欧洲一切皆优的深深烙印，自觉或不自觉地树立起了与欧洲古老文明对立的"他者"形象。"美洲退化"（American Degeneracy）命题虽不是肇始于布丰，但布丰却将这一命题系统化

---

① 参见 Buffon, "From the Natural History of Man," in Commager and Giordanetti, *Was America a Mistake？An Eighteenth-Century Controversy*, p. 74.

② 李·艾伦·杜格特金认为，布丰所使用之资料的一个重要来源是彼特·卡尔姆的描述。参见 Dugatkin, *Mr. Jefferson and the Giant Moose： Natural History in Early America*, p. 57；杜兰德·埃切维里亚指出，布丰的退化论得到瑞典博物学家卡尔姆来自第一手材料的支持。参见 Durand Echeverria, *Mirage in the West： A History of the French Image of American Society to 1815*, New York： Octagon Books, Inc., 1966, p. 8.

③ 布丰在生前撰写了36卷《自然史》，他去世之后，后人根据他的笔记整理出版另外8卷。因此，布丰的《自然史》总共44卷。

和理论化,并冠之于在"科学"研究下所得出的结论,在涉及美洲问题上,布丰的大名由此与"美洲退化论"密切联系在了一起。布丰本人是启蒙时代的一个重要代表人物,他曾自诩为与牛顿、培根、莱布尼茨和孟德斯鸠齐名,其他人在他的眼中似乎都不能算作顶尖学者。[①] 布丰以研究全球自然史而闻名于世,其著述必然要大量涉及美洲。作为启蒙时代的学术大家,布丰的美洲观不仅难以脱离时代的主流思潮,而且他把欧洲人对"新大陆"的偏见"科学化",系统地阐述了"美洲退化"的命题,使启蒙时代的欧洲学术界对美洲的偏见上升到了一个新的高度。

二 布丰"美洲退化论"的主要内容

有的学者把布丰说成是"美洲退化论"的始作俑者,如澳大利亚学者布伦顿·奥康纳和美国学者詹姆斯·塞萨尔就持这种看法,认为"美洲退化论"是由现代人类学的鼻祖布丰首次提出的。[②] 如果从构架一种理论体系上来讲,他们的观点的确是很有道理的,布丰无疑是系统阐述"美洲退化论"的第一人。其实,"美洲退化"的说法并不是布丰之首创,在布丰之前很多欧洲人的研究已经在涉及这个问题了。在很大程度上讲,布丰只是吸取了这些欧洲人对美洲描述的所谓"第一手"资料,将他们的观点加以综合,用所谓"科学"的研究方法将"美洲退化"命题纳入了一个大的理论框架内。因此,"美洲退化论"尽管与布丰的大名密切联系在一起,但布丰"不是第一个提出这种理论的人"[③]。李·艾伦·杜格特金这一结论中的"理论"二字换成"命题"可能是更为准确。其实,在布丰所参考的当代人到美洲考察撰写的第一手文字中,我们已经可以看到关于"美洲退化"的描述。布丰从来没有去过新大陆,他对美洲动植物与气候的描述有想象的成分在内,但显然受到欧洲探险家或旅行家回到欧洲后发表的相关文字

[①] Gerbi, *The Dispute of the New World: the History of A Polemic, 1750–1900*, p. 30.

[②] Brendon O'Connor, "A History of Anti-Americanism: From Buffon to Bush," in Brendon O'Connor, ed., *American Foreign Policy Tradition*, Vol. III, *American Tradition*, Los Angeles: Sage, 2010, p. 7; James W. Ceasar, *Reconstructing America: The Symbol of America in Modern Thought*, New Haven: Yale University Press, 1997, p. 20.

[③] Dugatkin, *Mr. Jefferson and the Giant Moose: Natural History in Early America*, p. 21.

的影响，将他们论著中的描述作为第一手资料来使用。布丰《自然史》中有关新大陆的部分很少引用这些当代旅行家资料的注释，这很难让研究者准确地知道他所使用的资料出自何处，从不多的注释来看，他参考了自哥伦布到达美洲之后西班牙等国殖民者或传教士写的报告以及其他关于美洲的文字记录。在布丰所处的时代，欧洲人的美洲观总体上还没有完全超越出想象，即使是那些亲身到美洲考察的欧洲人，他们对美洲的描述依然带有很大的局限性，但对布丰来说无论如何也算作是第一手的材料，然而他无法对这些材料的可信度进行甄别，只能是选择性的使用。杰斐逊对这些学者或旅行家对美洲描述的客观性提出了质疑，确信他们在观察自然界任何动物之前就固执己见地认为，欧洲在各个方面优越于新大陆。杰斐逊甚至悲叹到："对准确地比较两个地区的动物，我们显得是多么不成熟啊！"①杰斐逊这里其实主要是针对布丰而言，暗示布丰是在不可靠的资料基础上来阐述"美洲退化论"的。美国学者拉尔夫·米勒在谈到这一问题时指出，很长时间以来，美洲一直是欧洲人猜测的对象，致使有很少旅行家和探险者能够抵制住满足对奇闻怪事强烈追求的诱惑。他们撰写的报告往往强调与欧洲相异的新奇之事，特别是在政府形式、宗教信仰、动物生活和地理地貌上。当布丰开始撰写其大部头的自然史时，他不得不把这些报告依赖为可得到的第一手证据。布丰和《百科全书》的撰稿者对这些报告中描写的明显荒诞之事固然不是完全相信，但他们"依然十分热衷于那些似乎背离欧洲标准之事，导致他们得出了某些不同寻常的结论"②。其实，布丰在撰写《自然史》中的美洲章节时，他的脑海中同样存在着固定的美洲形象，美洲是一个与欧洲文明对立的"他者"，这种形象决定了他把那些能够说明自己观点的材料纳入了通过所谓科学研究构筑的宏大框架之中，再加上自己的充分想象，把已经存在的"美洲退化"观念上升到了系统化的理论高度，成为当时欧洲学界研究美洲自然史的最高权威，可谓无人能够望其项背。

在启蒙时代，欧美学界提起布丰大名无不有肃然起敬之感，就连杰斐

---

① Jefferson, *Notes on the State of Virginia*, p. 78.
② Ralph N. Miller, "American Nationalism as a Theory of Nature," *The William and Mary Quarterly*, Third Series, Vol. 12, No. 1, January 1955, p. 75.

逊在批评布丰关于美洲的错误观点时还要先高度地称赞他几句。[①] 布丰在学术界的地位在他所处的时代很少有学者能够匹敌，他的《自然史》对开启民智所起的作用的确非同小可，奠定了人类学、植物学、生物学以及动物学等很多学科发展的基础，至今人们依然从布丰的研究中获益匪浅。然而，布丰无法摆脱时代的局限性，与启蒙时代的很多名人一样，是个典型的欧洲中心主义者。布丰是个科学家，他从自然史的角度论述了白种人的优越，的确有"耳目一新"之感。他在《自然史》第三卷中设专论"人种的多样性"（The Varieties of the Human Species），对不同地区或国家的人种进行了详细的阐述。在布丰看来，三种因素导致了地球上不同民族的不同特性，首先是气候；其次是很大程度上依赖气候的食物；最后是气候依然在其中发挥更大作用的生活方式。布丰显然把"气候"列为最重要的因素。这样，在北纬40°—50°之间，气候宜人，最为英俊端庄之人便生长于这些气候区，他们代表了"人类纯正肤色以及不同程度的漂亮"。太冷或太热"这两种极端的气候都会造成人们远离真理和漂亮端庄"。位于这一区域的文明国家或地区是"格鲁吉亚、切尔卡西亚、乌克兰、欧洲的土耳其、匈牙利、德国南部、意大利、瑞典、法国和西班牙的北部"。显而易见，生活在这些区域的主干居民实际上就是纯粹的欧洲白种人，这种肤色是大自然的造化，用布丰的话来说，"大自然以其最完美的努力使人肤色为白"。这样，白种人的优越就与自然环境密切联系在了一起。食物对文明程度的影响也很大，"粗糙的、不卫生的和未加工的食品导致人种退化。食不果腹的人通常是丑陋不堪，病病歪歪的。即使在法国，农村之人没有生活在城镇之人长得漂亮"。对于欧洲之外其他人种的描述，布丰多冠之于"野蛮人"或"野人"，带有轻蔑性的词语见之于字里行间。布丰详细地考察了美洲印第安人的起源、习俗、肤色以及生活方式等，最后得出结论，"我们可以推断，在美洲，文明的缺乏是由于其居民人口的不足。尽管这里每个民族各有特殊的习惯和生活方式，尽管一些民族比另一些民族更野蛮、更残暴和更懦弱，但他们同样都是愚不可及，愚昧无知，缺乏创造力和勤奋"。因此，"所有

[①] 杰斐逊在系统批评布丰的观点时说，他对这位"杰出的动物学家表示极大的尊敬和高度的赞美"。详见 Jefferson, *Notes on the State of Virginia*, p. 97.

的美洲人过去是，现在依然是野蛮人"①。布丰的欧洲文化优越观念必然会导致用一种偏见的眼光来看待欧洲之外的自然世界，这种偏见也就成为布丰阐述"美洲退化论"的首要前提条件。

在自然界中，动物完全是被动地依赖着大自然提供的环境生存，气候与食物等对动物的进化或退化影响最为明显。作为一个研究自然史的大家，布丰首先把"退化论"运用到美洲的动物身上。杰斐逊在其《弗吉尼亚纪事》专著中总结了布丰这方面的观点：一是旧世界和新大陆共同具有的动物，在新大陆更矮小；二是新大陆所独有的动物，其体型较小；三是在新旧两个世界被驯养的动物，在美洲已经退化；四是总体而言，新大陆的物种更少。② 这几种观点集中体现在布丰《自然史》的第五卷中。《自然史》第七卷有关于动物退化的专论（Treatise of the Degeneration of Animals），动物的退化是一个非常漫长的过程，谈到"退化"，人们首先会联想到其"原型"如何。布丰没有回避这一点，在他看来，新大陆的所有动物最初与旧世界③的动物都是相同的，只是"浩渺的海洋或无法通行的陆地"把它们彼此隔开，随着时间的推移，新大陆的动物受到了对它们来说属于一种"全新气候"的影响，再加上不洁的食物与生活方式，身体的一些器官开始逐渐发生退化。④ 他在第七卷中探讨了动物退化的三大原因，它们分别是"气候的温度、食物的质量和奴役产生的邪恶"⑤。布丰描述所谓的新大陆动物退化，总是在与旧世界动物的比较中展开的。

首先，与旧世界动物相比，新大陆特有的动物体型都比较小，这显然是"退化"的结果。新大陆的自然环境决定了不可能出现体型较大的动物。布丰举了很多例子来加以说明。如大象为旧世界特有的动物，完全局限于

---

① Count de Buffon, *Natural History, General and Particular*, translated into English by William Smellie, third edition, Vol. III, London: Printed for A. Strahan, and T. Cadell in the Strand, 1791, pp. 130 – 132, 205, 181, 188, 505 – 506. （http://books.google.com 下同）。

② Jefferson, *Notes on the State of Virginia*, p. 66.

③ 布丰的所谓"旧世界"有时单指欧洲，有时还包括亚洲和非洲大陆。

④ Count de Buffon, *Natural History, General and Particular*, translated into English by William Smellie, Vol. V, Edinburgh: Printed for William Creech, 1780, p. 151.

⑤ Count de Buffon, *Natural History, General and Particular*, translated into English by William Smellie, Vol. VII, Edinburgh: Printed for William Creech, 1780, p. 398.

旧世界的温带地区，数目相当可观。在美洲，"没有一种动物在体型上或重量上堪与大象相比"。老虎和豹子同样是古老大陆所特有，"南美洲赋予相同名字的动物是不同的种类。真正的老虎是可怕的动物，比狮子更令人畏惧，更加凶猛"。新大陆的气候条件不会产生这么凶残的动物。新大陆所有食肉动物，"其大小很少超过欧洲的獒或灰狗"。美洲也存在类似狮子的动物，秘鲁人称之为"美洲狮"，但这种动物却不长鬃毛，与旧世界真正的狮子相比，体型更小，更孱弱和更缺乏攻击性。布丰由此断定，美洲狮不是来源于旧世界的狮子，受美洲气候的影响出现了退化。做了这样的考察之后，布丰以十分肯定的口气得出结论，旧世界的"狮子、老虎、甚至豹子与大象、犀牛、河马、长颈鹿和骆驼等"大型动物"不可能存在于美洲"。所有这些动物种类"需要一种温暖的气候才能繁衍。它们从未生活在北方地区，因此不可能迁徙到美洲"。貘是南美洲最大的动物，但大象是貘体型的十倍。所以，在体型上，任何美洲动物"都无法与大象、犀牛、河马、单峰骆驼、长颈鹿、水牛、狮子和老虎等相比"[①]。布丰把美洲动物描述为"体型"更小，姑且不论这种论断是否为实，其意旨在说明新大陆自然环境的"乏力"，孕育不出强健凶猛的动物。

其次，与旧世界的相同动物比较，新大陆的动物无一不显得矮小。在布丰看来，美洲当地的所有动物要比旧世界同类小得多。在新大陆，"大自然似乎是在更小的范围内发生作用"。退化现象从欧洲迁移美洲的动物身上体现得更为明显。布丰举了很多例子来说明这一现象。羊是殖民者从欧洲输入到美洲的，羊到了美洲后繁殖力丝毫没有减弱，但"与欧洲的羊相比却显得更孱弱，肉中的水分和纤维更少"。狗从欧洲带到美洲之后繁殖很快。然而在温暖地区，"它们失去了声音；在寒冷地区，它们的体型在变小；几乎在美洲各地，它们的耳朵都变得竖了起来。因此，它们已经退化了，更确切地说它们退化到了它们的原始种类"。西班牙殖民者把欧洲的骆驼输入到秘鲁，试图想取代当地人用来驮东西的羊，但新大陆的气候不利于这种动物的兴盛，其"可以繁衍后代，但数目从来不是很大"。马从欧洲输入到美洲之后"成倍地增加，但却在体型上变小了"。布丰由此得出结

---

① Count de Buffon, *Natural History, General and Particular*, Vol. V, pp. 90, 92, 74–75, 95–96, 132, 115.

论,"所有从欧洲输入到美洲的动物,如马、驴、公牛、羊、山羊、猪、狗等,无一不变得矮小了"①。从旧世界输入的动物在新大陆逐渐地向"不良"方向"退化",这种描述旨在证明美洲自然环境的恶劣。

再次,与欧洲相比,美洲四足动物种类的数量显得与其陆地面积之大不成比例。布丰粗略地估计,与旧世界的动物种类相比,新大陆的动物种类不会超过其四分之一或三分之一。如果说在整个地球的已知地区总共"有200个四足动物种类",那么旧世界将占到130余个,新大陆占不到70个。要是再减去两个大陆共同具有的物种,这样,"新大陆土生土长的动物种类不会超过40个"。这些物种的数量要比欧洲同种动物少得多。布丰以两个大陆共同具有的动物,如狼、狐狸、成年牡鹿、雄獐和麋鹿等为例,表明这些动物在新大陆的数量大大低于欧洲。布丰由此推断,在美洲,"活跃的自然界在其产品的种类上更为虚弱,缺乏活力,更受到限制"②。新大陆的四足动物种类和数量比旧世界要少很多,展示了明显的退化特征,但这并非意味着美洲任何动物在数量上少于或在体型上小于欧洲的相同动物。新大陆的自然条件有利于爬行动物的生长,能够使昆虫种类繁多,体型更大。因此,在世界上没有哪一个地方的昆虫比南美洲的大。最大的蜘蛛、甲虫、毛虫和蝴蝶生活在南美洲的圭亚那及其相邻地区。几乎所有昆虫都比旧世界的昆虫大。蛇、蟾蜍、青蛙以及其他冷血动物常常长到体型巨大,非旧世界的同类动物所能相比。这类动物的繁盛得益于阴冷潮湿的气候,因为昆虫、爬行动物和所有在泥潭中打滚的动物,其血液中充满了水分,在腐化的条件下繁殖很快,在新大陆的潮湿沼泽地上体型更大,数目众多。③ 在布丰的笔下,昆虫和爬行动物的繁多给美洲大陆的生存环境增添了阴森恐怖的色彩。

最后,在人种上讲,美洲印第安人是"新人",他们长久与祖辈的起源地相分离,早就对他们祖先来自的世界一无所知了,他们与这里的动物一样身上出现了退化的特征。当然布丰描述印第安人的退化是以欧洲人作为

---

① Count de Buffon, *Natural History, General and Particular*, Vol. V, pp. 102, 99, 106, 91 – 92, 129.
② Ibid., pp. 114 – 115, 129.
③ Ibid., pp. 131 – 132.

参照物的。欧洲人处在文明的状态下,印第安人自然就处在野蛮的状态下,布丰把他们称为"野蛮人"或"野人"。印第安人人口稀少的根源在于男性繁衍后代的能力很差,因为"在这些野蛮人的身上,生殖器官是又小又弱"。他们没有男子气概,"不长毛发,没有胡须,对女性产生不了激情"。他们因为习惯于奔跑而"比欧洲人更为灵活",但力气却不是很大,身体显得瘦弱。他们的感觉很迟钝,更加怯懦胆小,缺乏生气,精神上没有一点活力。此外,印第安人丝毫没有"爱"的观念,他们既不热爱"人类",对"父母和子女的爱戴也是极为淡漠的"。因此,"他们的心是冰冷的,他们的社交是冷淡的,他们的统治是残暴的"。布丰还描述了他们虐待同类妇女的情况,把正常人所不能为的残忍场面展示在读者面前。布丰把印第安人看作大自然的"弃儿",大自然"否决了他们具有爱的能力,不善待他们,让他们的数量之减少超过了任何其他动物"①。布丰看待美洲印第安人并未与"四足动物"有本质上的区别,因此,当新大陆的所有动物出现退化时,印第安人自然也概莫能外。

布丰是个欧洲中心主义者,同时也是自然环境决定论者,在新大陆,"陆地和大气的质量""热度和湿度""山脉的位置和高度""流动和不流动水的数量"以及"森林的规模"等自然条件与四足动物和印第安人的退化有很大的关系,从根源上讲,退化主要归因于"自然界不活跃的状况"。自然界的不活跃归根结底还是由印第安人的"孱弱"所造成。印第安人的"孱弱"又归因于自然环境的恶劣。如果这种不利的自然环境得不到改变,生活在这一地区的动物和印第安人将无法改变退化的命运。恶劣的自然环境主要是寒冷和潮湿。布丰认为,在新大陆,"热度不是太高,湿度很大",比欧洲更为寒冷。他以与巴黎处于相同维度的魁北克为例,这一地区"河水每年结冰数英尺之厚;厚厚的积雪覆盖在地面上达数月之久;冬天的空中极其寒冷,致使无一只鸟在飞翔"。巴黎的冬季当然与魁北克的极端寒冷大相径庭了。在布丰所处的时代,文明的进步在很大程度上意味着把遮天蔽日的森林砍伐一空,到处是人们耕作种植庄稼的场面,这种文明实际上弘扬了人对自然的征服。如果某一地区河湖纵横,沼泽地成片,茂密的森

---

① Count de Buffon, *Natural History, General and Particular*, Vol. V, pp. 130 – 131.

林一望无际，那在当时欧洲人看来就是不毛之地。在布丰的眼中，新大陆就属于这类地区。相对于它的领土面积，"由于缺少适当的泄洪渠道，导致河水流量大幅上涨。土著人既没有堵塞洪流。又没有引导河水，更没有排干沼泽。不流动的水覆盖了一望无际的地面，增加了空气中的湿度，减少了热度。此外，当土地上到处是蔽日的森林、灌木和厚草时，地面一年四季不会干燥。如此多的植物密集地挤在一起，散发出了大量潮湿的有毒气体。在这些令人沮丧的地区，大自然依然隐藏在其古老的外罩之下，从来没有穿上新装展现自己；大自然既未受到人们的珍爱，也未被开垦，从来没有敞开其多产的仁爱摇篮"。因此，"大自然的影响力只能局限于产生潮湿植物、爬行动物和昆虫，为冷漠的人和衰弱的动物提供食物"①。自然环境决定论在启蒙时代得到很多著名学者的认同，美洲通常被划入不利于旧世界生物种类兴盛繁荣的区域，然而从欧洲中心主义的角度出发来描述美洲恶劣的自然环境，布丰可谓第一人。

当然，布丰没有到此为止，他最终还是把焦点放到了人的身上，他有一段话专门谈人与动物的区别："人是大自然赋予足够力量、天资和顺从的唯一具有生气的生物，能使他在地球上的不同气候区中生存和繁衍。显而易见，任何其他动物都不会得到这个极为重要的特权。动物不是在什么地方都能繁衍，相反他们中的绝大多数受限于某些气候，甚至只受限在某些特别国家。人是天堂的杰作，而动物在很多方面只是地球的生物。"② 布丰在《自然史》的第七卷中用了大量笔墨对人的特性进行了描述。他认为，如果自然界存在着等级的话，"人种占据了第一等级，而从大象到昆虫，从雪松到牛膝草等其他动植物种则位于第二等级和第三等级"③。布丰赋予人在自然界至高无上的优越地位，自然界向"更有活力"的方向变化，与人具有改变自然环境的能力有着密切的关系。在布丰的观念中，美洲印第安人并不具备他所谈到的"人"的基本特征，他们在新大陆这么广阔无际的土地上数量"稀少，而且绝大多数像野兽一样生活"，这种状况"是气候保

---

① Count de Buffon, *Natural History, General and Particular*, Vol. V, pp. 132, 133, 135 – 136.
② Ibid., p. 149.
③ Count de Buffon, *Natural History, General and Particular*, Vol. VII, pp. 89 – 92.

持极端寒冷以及不能产生充满活力之自然法则的主要原因"①。这样，要靠着与动物没有多大区别的印第安人来改善新大陆的自然环境是根本不可能的。然而，布丰对新大陆的前景并不是抱着完全悲观态度，他把改造这种恶劣环境的使命让上帝的"宠儿"白种人来承担。因此，布丰没有把退化论运用到生活在新大陆这种自然环境中的所有人身上，欧洲移民的后裔就属于例外。这些白种人不仅不会退化，反而会改善新大陆不利的自然环境，使之变得土地肥沃，物产富饶。在这些欧洲移民后裔的努力之下，土地会得到开垦，森林将夷为平地，河道将改变流向，沼泽地的水会逐渐被排出。到了此时，还是这个地区，将拥有世界上物产最丰富的土地，最有益于健康的环境和最富有的人口。② 从欧洲输入美洲的动物会出现退化，但定居在相同自然条件下的欧洲人后裔却能够改造恶劣的环境，如果把人作为一个动物种类的话，这在逻辑上讲明显是个悖论。说到底，作为一个欧洲中心主义者，布丰无论如何都不愿意把退化强加到与他本人同根同源的欧洲后裔身上，而且还让他们义无反顾地承担起了扭转新大陆"退化"趋势的责任。

　　自然环境的不同会造成生物种类的差异性，也会对生活在其中之人的特性和生活方式产生很大影响，这种结论已经得到了无数事实的证实，即使在今天也无人对此提出质疑。布丰关于美洲动物特性以及气候环境等描述，作为一个颇负盛名的科学家，他当然不会信口开河，很多描述与当时美洲的实际状况相差并不是"万里"，这也是布丰本人至今依然还是很有影响的主要原因。然而，布丰却是站在欧洲中心主义的立场上，用这些所谓的"事实"构筑起了一个复杂的理论框架，用"美洲退化"解释了新大陆与旧世界相比所呈现出来的差异性，树立起了一个与文明欧洲对立的野蛮"他者"。"美洲退化论"在欧洲中心主义居于优势的时代会得到很多人的回应与支持，但前提条件的错误注定其最终退出了历史舞台。

---

　　① Count de Buffon, *Natural History, General and Particular*, Vol. V, p. 136.
　　② Count de Buffon, *Buffon's Natural History*: *Containing A Theory of the Earth, A General History of Man, of the Brute Creation, and of Vegetables, Minerals*, translated from the French by J. S. Barr, Vol. VII, London: Printed for the Proprietor, 1807, p. 48.

三 "美洲退化论"的发展与完善

在欧洲中心主义居于主导地位的启蒙时代,"美洲退化论"可谓是独树一帜,影响广泛。尽管有的欧洲学者对"美洲退化论"的科学性提出了质疑,[①] 但他们的批评很快就淹没在学界对这种理论的一片叫好声中。美国学者詹姆斯·赛瑟尔认为"美洲退化论"主要有两点内容,一是"美洲的动物在种类上少于欧洲现存的动物,力量上与欧洲的动物不能相比,外观上也没有欧洲动物雄伟美观,总之比欧洲动物低劣。这种低劣性在美洲人种上也体现出来,美洲印第安人在体质上和智力上远远在欧洲人之下,甚至低劣于亚洲人和非洲人"。二是"从旧世界移植到新大陆的每样东西,从植物到动物再到人,都会变得发育不良,失去活力。一旦欧洲人踏入美洲的土地,他们便在体质上、智力上和道德上开始衰落"[②]。杰斐逊时代的美国学者约翰·布利斯特德在其名著中总结了"美洲退化论"的实质,即"在美洲土壤和气候的种类和构成中,某些东西必然减弱了所有生活在其上的动物在体质上和智力上的能力,不管是人还是兽都是如此。布丰伯爵在其关于自然史的专论中首次提出了这一主张,一大批哲学家紧随其后,认为与欧洲动物相比,我们的所有动物都较小和较弱;我们的狗不会叫;我们的土著印第安人全身不长毛发;移居到这里的欧洲人在身体和智力上开始退化;他们的后代在体力活动和体力上,在思维敏捷和智力上存有缺陷"[③]。显而易见,"美洲退化论"存在着一个不断"完善"的过程。"美洲退化"命题虽不为布丰首创,但他显然是将之"理论化"的第一人。布丰的"美洲退化论"给有些欧洲中心主义者留下了充分发挥的空间,他们对布丰的这种新大陆低劣的理论极为欣赏,但又没有停留在布丰的原点上,把"美洲退化"的涵盖面加以扩大,在内容上更是走到了极端,将之更加完善,

---

[①] 关于欧洲学者的不同观点详见 Henry Commager and Giordanetti, *Was America a Mistake? An Eighteenth-Century Controversy*.

[②] Ceaser, *Reconstructing America: the Symbol of America in Modern Thought*, p. 19.

[③] John Bristed, *Resources of the United States of America*, New York: Published by James Eastburn & Co., 1818, pp. 306 – 307. (http://www.archive.org/index.php)。

对美洲的本质给予全面否定,把欧洲人的优越感体现得淋漓尽致。

荷兰学者科内利乌斯·德波可谓是发挥布丰"美洲退化论"的第一人。1768年,德波在柏林出版了两卷本的《关于美洲人的哲学研究》(Philosophical Investigations on the Americans)。德波与布丰一样,一生从未去过美洲实地考察,但这本书让他在欧洲名气大振,一举成为研究美洲人的权威学者。一位学者总结了德波在这方面的观点,主要体现在四个方面:一是在美洲发现之时,这块大陆的气候对四足动物的繁殖和生长是极其恶劣的,这里的四足动物大概只有旧世界的六分之一,气候对土著人来说也是非常有害的。二是美洲没有大型四足动物。诸如狮子、老虎等野兽与旧世界同类相比显得更为弱小。甚至美洲的鳄鱼也较小,一点也不凶猛,当然这就是孱弱的表现。美洲的动物常常是丑陋畸形,例子就是食人蚁、貘和鸵鸟。从欧洲输入的家畜要么退化,要么不能繁殖,唯一的例外是猪。羊在巴巴多斯改变了外形,狗失去了声音,不再叫喊;骆驼在新大陆不可能繁殖。退化也表现在移植的树木上,所有的植物无不经历类似的过程。三是美洲土著人缺乏欧洲人的强健体质。最没有活力的欧洲人也足以敌过最强壮的美洲人。他们的体质孱弱。承受不了最轻的负担。他们的身材小于欧洲人。许多美洲人没有眼眉,没有胡须,除了头顶之外根本就没有头发。这些本身就是衰弱和退化的标志。他们不懂得爱情,对女人完全冷漠。他们缺乏男子气概,致使许多男人的乳房有奶。四是旧世界享有的福音是干燥和温暖;引起新大陆弊端的是寒冷和湿气过大。寒冷和湿气,尤其是湿气,导致了有害的空气、性病和男性哺乳。这些同样的因素解释了四足动物个头小和相对稀少,解释了爬行动物和害虫很普遍,解释了人口稀少以及设法生存的土著人体质的退化。[①] 其实,德波对布丰"美洲退化论"的发展已超出了上述四个方面的内容,把退化对象扩大到欧洲移民的后裔身上,这是德波与布丰存在的最大区别。此外,德波对美洲退化的进一步阐述有着很明显的政治动机。在启蒙时代,人口的多寡是衡量一个国家强大的主要标志之一,欧洲诸国的君主们竭力阻止他们国家的民众移往新大陆。普鲁士腓德烈大帝推行了严禁国民移居海外的政策,他甚至发放补贴来吸引其

---

① 参见 Henry Ward Church, "Corneille De Pauw, and the Controversy over His Recherches Philosophiques Sur Les Américains," *PMLA*, Vol. 51, No. 1, March 1936, pp. 185 – 187.

他国家的移民定居普鲁士。当时英属北美十三个殖民地尚未独立,却是吸引德意志人移居海外的主要之地。有鉴于此,腓德烈大帝在汉堡设立了一个特殊机构,其功能主要是劝告和阻止那些准备移居北美的国人。德波是腓德烈大帝聘用的宫廷学者,他支持腓德烈大帝奉行这种"反对移居海外"的政策,自然会通过对新大陆危言耸听的描述来增强人们对大洋彼岸恶劣自然环境的恐惧,以此打消他们移居北美的企图。德波声称,移民的高死亡率迫使英属北美殖民地需要欧洲人不断前来以补充人口的不足。这样,英国"从德意志诸邦带走了50万男女,把他们送到宾夕法尼亚作为奴隶干活至死"[①]。德波以此来谴责海外殖民显然并不在殖民本身,而是要阻止德意志人移居北美,以维护普鲁士王室的切身利益。

  德波把研究重点集中在美洲居民身上,与布丰一样把退化的根本原因归于新大陆恶劣的自然环境。在他看来,新大陆的阴冷气候污染了土壤,结果形成了移动中的腐败食物链。在污染土壤上生长的植物为动物提供了劣质的营养物,动物继而成为人类腐败食物的来源。[②] 与布丰相比,德波对美洲自然环境的恶语相加可谓是有过之而无不及。在他看来,只要是生活在这个自然环境中,不管是动物,还是人类,都不可避免地发生退化。德波对印第安人极尽污蔑之词,宣称他们缺乏欧洲人的强健体质。最没有活力的欧洲人也足以敌过最强壮的美洲人。他们的体质孱弱,承受不了最轻的负担。他们的身材小于欧洲人。许多美洲人"在爱情上毫无知觉,对女人极为冷漠。他们缺乏男子雄风,致使许多男人乳房可以挤出奶,在巴西的一些部落。是父亲而不是母亲哺育婴儿"。他甚至污蔑印第安人起初不被欧洲殖民者"看作属于人,而是被视为猩猩或大猴,摧毁他们丝毫不会受到良心的谴责"[③]。德波的退化命题无非是对布丰理论的进一步说明和扩充,但从逻辑上讲,德波的观点要比布丰的似乎更能自圆其说。恶劣的自然环

[①] Echeverria, *Mirage in the West: A History of the French Image of American Society to 1815*, pp. 11 - 12.

[②] 德波关于美洲气候与退化之间密切关系的论述详见 Cornelius de Pauw, *A General History of the Americans*, selected by Daniel Webb, Rochdale: Printed by and for T. Wood, 1806, pp. 23 - 36. (http://www.archive.org/index.php)

[③] De Pauw, "From the Philosophical Investigations of the Americas," in Commager and Giordanetti, *Was America a Mistake? An Eighteenth-Century Controversy*, pp. 89 - 91.

境是美洲动植物退化的主要因素，既然欧洲移民的后裔生活在相同的自然环境之下，那么影响动物和印第安人的相同因素肯定也会在殖民地居民身上发生作用。因此，德波明确提出，欧洲殖民者的后裔既然生活在美洲这种自然环境下，同样也会像当地动物与印第安人一样发生退化，他把这种现象说成是"气候不利于人或动物改进的证据"。这样，出生在美洲的克里奥人"为欧洲人的后裔，尽管他们在墨西哥大学、利马大学和圣达菲学院受过教育，但从来没有写过一本书"，也没有值得称道的任何艺术家的能力。"即使在今天，加在一起的所有美洲人和克里奥人都不能产生出一幅适合富人收藏的画。"[1] 他们先是体质上的退化，继而是智力上的退化，如何改变新大陆这种缺乏人文艺术天才的状况，德波强调前景渺茫，无可救药。布丰本人对德波扭曲他的理论非常生气，曾撰文予以批评，但为时已晚。他的"美洲退化论"已被德波"政治化"，借以阻止欧洲移民前往已经独立的美国。其实，德波和布丰都是欧洲中心主义者，布丰把改变美洲恶劣自然环境的希望寄托在具有欧洲血统的美洲白人身上，德波却把退化的剑芒直指美洲的欧洲移民后裔，由此更加凸显出欧洲自然环境与人文生活的无比优越。从宣扬欧洲中心主义角度讲，两人的观点并无本质上的区别，反倒在很大程度上显示出了异曲同工之妙。

布丰是系统阐述"美洲退化论"的第一人，但对生活在美洲的居民来说，德波对"美洲退化论"的发展更具有危害性。不过，德波与布丰相比，毕竟在欧洲学界还属于"小字辈"。在通讯不是十分发达的时代，大洋彼岸的美国人对德波知之甚微。杰斐逊在《弗吉尼亚纪事》中批评"美洲退化论"时只涉及布丰和雷纳尔，竟然连德波的名字都没有提及。一位研究德波退化理论的作者认为，杰斐逊在《弗吉尼亚纪事》中没有提到德波，最好的解释就是他在写这本书时根本就没有听说过德波这个人，对他的观点自然也就无从可知了。[2] 对"美洲退化论"非常关注的杰斐逊尚且如此，其他人对德波更是一无所知了。杰斐逊大概是到了法国之后才知道德波及其观点，对德波关于美洲人低劣的描述非常生气。他在致友人的信中称德

---

[1] De Pauw, *A General History of the Americans*, pp. 17, 114.

[2] Church, "Corneille De Pauw, and the Controversy over His Recherches Philosophiques Sur Les Américains," *PMLA*, Vol. 51, No. 1, March, 1936, p. 191.

波是"他人著述的汇编者;把最不幸的描绘编撰在一起;因为他似乎阅读过旅行家的著述,只是把他们的谎言搜集在一起,然后重新出版"。更为恶劣的是,德波很清楚他的论著援引的材料是虚构的,竟然照引不误。杰斐逊宣称,的确感到称奇的是,在德波的三卷本著述中,"找到一句真话几乎都是不可能的"。然而,德波却是信誓旦旦地宣称,他"能够对所陈述的每个事实找到可靠的证据"①。富兰克林对德波有着相同的看法,称他是一个"心底邪恶的作家"②。约翰·亚当斯甚至把德波误解为"美洲退化论"的首创者,认为"布丰缺乏哲理地从德波的卑鄙梦想中借来了"退化命题。③亚当斯这里颠倒了"美洲退化论"发展的次序,但也足见亚当斯对德波抱有极为愤恨的情绪,这也是美国革命那一代人对德波的态度。他们在通信和论著中很少涉及德波,偶有提及,通常是恶语相加,毫不留情,大有不屑反驳德波立论的倾向,与一个满嘴皆为"谎言"的人发生争辩似乎是有失正人君子的风度。杰斐逊的好友菲利波·马泽伊曾经详细地批驳了雷纳尔的观点,他认为德波是"在关于美国的错误数量上是唯一超过雷纳尔的著者"。在马泽伊看来,德波确信新大陆在各个方面皆低劣于旧世界,寻求详细的材料支持他的理论。德波在搜集资料上的确是下了大工夫,但在他的三卷本中很难找到属于"一个正确的陈述"④。马泽伊的这番话显然是受到了杰斐逊的影响,从一个对美国抱有好感的外国人口中说出了美国革命那代人对德波及其理论的鄙视。

另外一个发挥布丰"美洲退化论"的著名学者是法国人纪尧姆—托马·雷纳尔。雷纳尔1770年在荷兰阿姆斯特丹出版了六卷本的《东西印度欧洲人殖民地与贸易的哲学和政治史》,两年后在巴黎出版。这部著作先后

---

① Jefferson to Chastellux, June 7, 1785, in Julian P. Boyd, ed., *The Papers of Thomas Jefferson*, Vol. 8, Princeton: Princeton University Press, 1953, p. 185.

② Benjamin Franklin to Lorenzo Manini, November 19, 1784. 转引自 Dugatkin, *Mr. Jefferson and the Giant Moose: Natural History in Early America*, p. 59.

③ John Adams, *A Defence of the Constitutions of Government of the United States of America*, in Charles F. Adams, ed., *The Works of John Adams*, Vol. IV, Boston: Little, Brown and Company, 1851, p. 293.

④ Philip Mazzei, *Researches on the United States*, translated and edited by Constance D. Sherman, Charlottesville: University of Virginia Press, 1976, p. 243.

被翻译为英文、德文、意大利文和西班牙文,再版和修订版多达 30 余次,在欧洲社会和学界流传甚广,影响颇大。法国《大传记》(*Biographie Universelle*) 杂志报道,雷纳尔这部书至少印了 20 版正版,盗版多达 50 余版。这部书"几乎被翻译、缩写和重印为所有欧洲的语言"①。正是这部著作产生的广泛影响,雷纳尔本人自然成为启蒙时代研究美洲事务的权威之一。1780 年,雷纳尔提出了一个问题,即"美洲的发现对人类是福音还是祸害?如果它是福音,那我们依靠着什么手段来保持好促进其带来的好处?如果它是祸害,那我们靠着什么手段来弥补其带来的损毁?"他在里昂研究院 (The Academy of Lyon) 设立了 1200 里弗尔的奖金,在学术界广为征求研究这一问题的最佳答案,最后也无定论。② 雷纳尔本人的观点倒是很明确,美洲的发现对人类来说是个邪恶。他对殖民主义者极尽谴责之词,但在观察美洲时却把欧洲中心主义发挥到了极致。雷纳尔本人非常自信,在他的著作中曾满怀激情地向读者保证:"当我开始这项工作时,我发誓将严格以事实为准。迄今为止我能够问心无愧地宣布,我一直没有悖离这一誓言。如果发生了这种情况,我的手将会烂掉。"③ 这段誓言在雷纳尔著述的初版中没有,大概是其资料来源引起了他人的质疑,雷纳尔才在 1784 年再版时加上的。尽管雷纳尔信誓旦旦,但他的研究结果显然与美洲或美国的实际状况相距甚远。

雷纳尔完全接受了布丰的"美洲退化论",对德波的观点进而发挥,成为"美洲退化论"的主要阐述者之一。用一位研究者的话来说:"在涉及新大陆退化这个话题时,雷纳尔捡起了布丰和德波遗留下的东西。毋庸置疑,在关于新大陆欧洲移民退化的所有段落中,最著名和最具煽动性的描述可

---

① Charles Sumner, *Prophetic Voices Concerning America*: *A Monograph*, Boston: Lee and Shepard, Publishers, 1874, p. 72.

② Gerald A. Danzer, "Education Has the Discovery of America Been Useful or Hurtful to Mankind? Yesterday's Questions and Today's Students," *The History Teacher*, Vol. 7, No. 2, February 1974, p. 193.

③ Guillaume-Thomas Raynal, *A Philosophical and Political History of the Settlements and Trade of the Europeans in the East and West Indies*, Vol. II, revised, translated from the French by J. O. Justamond, Dublin: Printed for John Exshaw, 1784, p. 1. (http://www.archive.org/index.php)

在雷纳尔著作中找到。"① 在人种上，布丰的"退化论"主要针对印第安人，德波将之扩大到克里奥人，而雷纳尔所谓退化的美洲人中把北美的美利坚人也包括进来。在雷纳尔看来，新大陆的"一切均展现了疾病退化的痕迹，人类依然感受到了这种退化的影响。那个世界的衰退在其居民的身上依然打上了深深的印记，他们是退化的和堕落的人种，表现在他们的自然体制上、他们的身材上、他们的生活方式上和他们的理解力上，凡此种种致使他们在文明的所有艺术领域几乎没有取得进步。更为压抑的空气和更多沼泽的地面势必污染了人类生存和繁衍的根本和种子"。大自然"似乎莫名其妙地忽视了新大陆"，在这里自然环境是污浊不堪的，动物的生命是衰弱的，生活在这块大陆上的人们"缺乏力量，勇气欠佳；没有胡须，没有毛发；他们几乎没有男子汉的面孔"。这段描述主要指土著印第安人。美利坚人"表现出某种孩子气，类似于我们大陆尚未达到青春期年龄的人。这似乎是弥漫于美洲大陆的天然的缺陷，这种缺陷是其作为一个新国家的标志"。他这里的"新国家"大概是暗指已有迹象独立的英属北美殖民地。因此，英国移民后裔的退化自然是不可避免的。他们的"心智像他们的身体一样衰落下去。他们最初还能灵活敏锐，很容易领悟思想，但他们不能聚精会神，也使自己不习惯于进行持久的思考。令人吃惊的是，美利坚尚未产生出一个优秀的诗人，没有一个熟练的技师，在任何艺术或科学领域没有一个天才。他们在每个方面几乎都表现出了某种天赋，但无论如何却没有一个著名的天才。他们先于我们早熟和成熟，当我们达到了智力的全面开发时，他们却远远地落在了后面"②。雷纳尔的这段话显然与事实不符，但却成为他说明美利坚人和随后的美国人发生退化的著名论断。

雷纳尔与德波进一步阐发了布丰的"美洲退化论"，使之在科学的名义下对新大陆予以全面否定，其中包括欧洲移民的后裔。用一位学者的话来说，布丰的"美洲退化假设很快被雷纳尔和德波等人接受和扩展，他们认为布丰的理论远不足以说明问题。他们进而声称，退化理论同样完全适用

---

① Dugatkin, *Mr. Jefferson and the Giant Moose: Natural History in Early America*, p. 37.
② 以上引文见 Guillaume-Thomas Raynal, *A Philosophical and Political History of the Settlements and Trade of the Europeans in the East and West Indies*, translated from the French by J. Justamond, the third editon: revised and corrected, Vol. V, London: Printed for T. Cadell, 1777, pp. 120, 117-118, 317.

于移居到美洲的欧洲人及其后裔"①。德波与雷纳尔的名气远无法与布丰相比，但他们却把布丰的"美洲退化论"提高到了一个新的高度，作为一种主流思想差不多风行了欧洲人文和自然科学界一个多世纪之久，对欧洲人的美洲观或美国观产生了更为广泛的影响。

四 布丰等人"美洲退化论"的影响

布丰是在《自然史》中系统阐述"美洲退化论"。《自然史》无疑是启蒙时代的皇皇巨著，问世后很快就被翻译成多国文字出版，笔者见到的英文译本就有两种，还有各种选编本以及选集。1749 年，《自然史》第一卷以法文正式出版，到 1788 年布丰去世前尚未全部出齐。这部著作从首卷问世之日起就在欧洲学术界引起轰动，好评如潮。如 1749 年 10 月发表在法国《博学者杂志》的一篇文章写道，布丰爵士的这部著作"没有把自身限于给读者精确的描述和明确的事实。最为重要的是，这部著作为完善自然哲学的各个部分开辟了新的途径，教会了我们发现特定的事实与自然现象之间具有联系"②。20 世纪进化生物学巨擘恩斯特·迈尔对布丰的《自然史》评价极高，声言"这套著作以极佳的方式写就，欧洲每个受教育的人可阅读法文版或很多文字之一版本。可以毫不夸张地断言，在启蒙时代或后几代的法国及其他欧洲国家，几乎所有著名学者都是布丰的追随者"③。这种评价固然有些夸张，但布丰在学术界的影响力也足见一斑。《自然史》给布丰带来了巨大的声誉，使他成为启蒙时代欧洲学界的领军人物。布丰系统地阐述"美洲退化论"时，他在欧洲学界早已声名鹊起，遐迩闻名。布丰对美洲自然环境和动植物分布的论述上不乏创新之处，尤其在研究方法上的确值得称道，通过比较研究试图揭示新大陆自然环境的特征与动植物特性之间的关系，对后人的研究深有启迪，这也是布丰至今依然被视为

---

① Dugatkin, *Mr. Jefferson and the Giant Moose*: *Natural History in Early America*, p. x.

② "Review of Buffon's *Histoire Naturelle*," *The Journal des Savants*, October 1747, translated by John Lyon, in John Lyon and Phillip R. Sloan, *From Natural History to the History of Nature*, Notre Dame: University of Notre Dame Press, 1981, p. 232.

③ Ernst Mayr, *The Growth of Biological Thought*: *Diversity*, *Evolution*, *and Inheritance*, Cambridge: Harvard University Press, 1982, p. 330.

学术大师的原因。遗憾的是，受时代的局限和当时在学界占主流的欧洲文明优越论的影响，布丰把对美洲自然史的研究纳入精心构制的理论框架之中，从"退化"的角度阐述了他在《自然史》中的美洲部分所涉及的论题。严格来讲，"美洲退化论"并不是在严谨的科学研究基础上所得出的结论，有着"引领"时代潮流的特征，很大程度上从贬低美洲中满足了欧洲人的种族优越心态，由于这种理论是出自这位学术巨擘之口，所以其在欧洲社会产生的影响之广泛就不足为奇了。布丰的"美洲退化论"随即经过德波和雷纳尔等人的阐发，形成了一个所谓的"科学"理论体系。其"科学性"正如主张"美洲退化"的学者强调的那样，"美洲退化论"基于"最复杂的数字采集技术之上"，采用了"最严格的科学方法"，代表了"最新的研究成果"[①]。这一理论风行于欧洲人文和自然科学界很多年，对欧洲人的美国观产生了很大的影响。即使这种被证明与事实不符的理论最终退出历史舞台，但其在欧洲社会留存的"余音"却久久难以消逝，至今我们依然可以从欧洲精英的美国观中看到这种理论遗留下的一道深深痕迹。

在布丰等人所处的时代，跨洋交通尽管有了很大的进步，但依然不是十分发达，普通欧洲人无法越过大西洋到美洲进行实地考察或旅游。一位学者谈到这一点时认为，对18世纪和19世纪初的欧洲人来说，"美洲太遥远了，到达美洲要花费的时间、旅游和交通费用太昂贵了。消息主要是二手的，几乎没有核对这些消息的材料"[②]。对引人注目的美国尚且如此，对整个美洲的实际状况更是知之甚微了。受这种条件的限制，绝大多数欧洲人对美洲的了解只能依靠着很有限的媒体刊发的相关报道，至于前往美洲传教的神父、冒险家和旅行家留下的有关美洲自然风貌和风土人情的文字记载，本身已经充满着奇思怪想的描述，更何况他们所撰写的文字不见得能够在欧洲受教育者的群体中广为流传。在很长时期内，欧洲媒体对美洲的报道主要还是以满足欧洲人对异国他乡的好奇心理为主，事实与虚幻交织在一起，在对比中凸显欧洲文明的优越。即使一些人能够阅读到对美洲事务客观描述的论著，但要改变脑海中已经形成的对美洲的刻板之见又谈

---

① Ceaser, *Reconstructing America: the Symbol of America in Modern Thought*, p. 20.
② Sigmund Skard, *The American Myth and the European Mind: American Studies in Europe, 1776 – 1960*, Philadelphia: University of Pennsylvania Press, 1961, p. 16.

何容易。到了启蒙时代,欧洲人的美洲观很大程度上还是停留在"想象"居于主流的层面。学界权威之言对他们大概会产生一言九鼎的效应。与孟德斯鸠、伏尔泰、卢梭以及洛克等启蒙思想家不同的是,布丰在撰写《自然史》时把深奥的理论寓于流畅易懂的文笔之中,阅读其著作有一种轻松享受之感。一位学者认为,布丰对新大陆"凄惨的描写"让读者就像阅读"激情飞扬的哥特式体小说"[①]。德国大哲学家伊曼努尔·康德在18世纪70年代宣称,在自然史中,"被充分讨论的唯一著作是布丰的《自然的时代》(*Epoques de la Nature*)。然而,布丰的想象力完全是自由的,因此,他与其说是写一部真正的自然史,还不如说是写自然的浪漫史"[②]。这种浪漫激情的写法让布丰非常专业的论著实际上走出了阳春白雪的"象牙塔",在欧洲受教育者中间有了广泛的读者,这些有文化的人又会将其"美洲退化论"在普通的欧洲人中间进而传播,其结果必然是强化了欧洲人以我为中心的美洲形象,很大程度上种下了欧洲人在文化上对美洲或美国不屑一顾的根源,亦成为欧洲最早的反美主义表现形式。布丰曾断言,印第安人的"艺术就像他们的社会一样,处在胚胎之中;他们的天才是有缺陷的,他们的思想受到限制,他们的机体是简陋的,他们的语言是野蛮的"[③]。这与稍后一些欧洲人说美利坚因无文化既不会产生天才,也不会对人类文明发展有所贡献几乎是如出一辙,只不过他们得出这种结论时把布丰的"印第安人"换成了生活在相同自然环境中的"美利坚人"而已,但对这一问题的思考显然存在着一脉相承的联系。此外,布丰的"美洲退化论"在进一步塑造欧洲人美洲观的同时,给流行广泛的欧洲白人优越论提供了"科学"的依据。欧洲一些解剖学家在布丰"美洲退化论"的基础上阐述了所谓的科学种族主义,如德国哥廷根市等地的解剖学家把布丰的这种理论运用于人种分类上,试图理解人的起源和人类的种族史。他们把对骨骼的比较解剖研究看作确立人种等级的手段。哥廷根市出现了一个称为自然哲学(Naturphilosophie)的新学派,这个以研究人种等级的学派兴起与布丰的"美洲退

[①] William Howard Adams, *The Paris Years of Thomas Jefferson*, New Haven: Yale University Press, 1997, p. 129.

[②] Lyon and Sloan, *From Natural History to the History of Nature*, p. 27.

[③] Count de Buffon, *Natural History, General and Particular*, Vol. V, pp. 137–138.

化论"有着密切的关系。① 种族主义为西方社会的恶疾,是欧洲中心主义的极端表现形式,而布丰却为这种非人道主义提供了从"科学"角度加以证明的基础,直接或间接地支持了欧洲国家的海外殖民统治,这一点大概是对海外殖民扩张提出质疑的布丰所未曾预料到的。

"美洲退化论"并没有严谨的科学论证基础,但因出自布丰等所谓研究美洲的权威之口,即被广为流传,在欧洲学术界和社会产生了广泛的影响。此时的欧洲文化精英对大洋彼岸的世界并没有太多的了解,他们中的很多人实际上就是根据"美洲退化论"在脑海中虚拟出一幅美洲图景的。美洲印第安人是最大的受害者,但他们与远隔重洋的欧洲并无太多的联系,自然对强加在他们头上的"退化"之说抱有一种无所谓的态度,或许他们根本就不知道还有外界对他们如此"关注"。真正的受害者大概就是与欧洲国家打交道比较多的英属北美殖民地时期的美利坚人或独立之后的美国人。他们成为欧洲人负面美洲形象的直接牺牲品。本杰明·富兰克林为英属北美殖民地时期的重要政治人物,他身为殖民地的代表经常到伦敦出席英国议会集会,在这方面有着深刻的体会。在美国革命爆发前夕,富兰克林在欧洲已经是名气大振,但他在英国议会同样遭到了那些衣冠楚楚的英国绅士们的蔑视。据富兰克林写的一份报告称,他在英国上议院集会期间,"受到了大臣们的嫌恶,他们对美洲人的勇气、宗教和理解力有许多卑鄙的看法。按照他们的看法,我们被极为轻蔑地视为人类中的最低劣者,差不多是不同于英国英格兰人的种族"②。这种屈辱的经历让这位对美利坚民族有着极强自豪感的富兰克林铭记在心,永志不忘。当富兰克林向英国议会提交了北美殖民地的请愿书后,遭到了英国议会的断然否决,其中一个重要原因就是那些议员们对美利坚人怀有"不屑一顾"的看法。据富兰克林讲,一位名叫克拉克的英国将军大言不惭地宣称,他"率领千名英国士兵,从美洲一端到另一端,可依靠武力或依靠一些诱惑阉割全部男性。显而易见,

---

① Paul Semonin, *American Monster: How the Nations' First Prehistoric Creature Became a Symbol of National Identity*, New York: New York University Press, 2000, p. 234.

② Benjamin Franklin, "An Account of Negotiations in London for Effecting a Reconciliation between Great Britain and the American Colonies," March 22, 1775, in Albert Henry Smyth, ed., *The Writings of Benjamin Franklin*, Vol. VI, New York: The MacMillan Company, 1906, p. 396.

他把我们看作一点都不比野兽强的一类动物。英国议会也相信另一位愚蠢将军的杜撰,我忘记了他的名字,这位将军认为,美利坚人从来没有体验到勇敢的感觉。美利坚人被理解为某种野蛮的低等生物。英国议会认为,这种动物提交的请愿书不适合在如此明智的立法机构被接受和宣读"①。这些英国贵族对美利坚人的看法显然受到了"美洲退化论"的影响。他们对大名鼎鼎的富兰克林尚且如此,对整体上的美利坚人更是极端蔑视了。还有一个例子说明很多欧洲人对英属北美殖民地或独立后的美国几乎就是一无所知,他们受"美洲退化论"的影响,满以为生活在美洲任何地方的人即使不是野蛮人,也是在文化上缺乏教养的人。生活在这个大陆上的欧洲人后裔与文明相隔数千英里,体质上早就开始发生了退化,与纯正的欧洲白人已经是风马牛不相及了。据记载,英国雇佣的德国黑森地区士兵1776年到达纽约之后竟然惊讶地发现,"新大陆"怎么还有很多与欧洲人完全相同的白人。② 由此可见欧洲人对美洲或美国的了解完全停留在虚拟的想象层面上,"美洲退化论"为这种想象提供了理论依据。

  布丰等人的"美洲退化论"丝毫不与启蒙时代欧洲人对外部世界观察所持有的固定思维模式相悖,相反是从全新的角度证明了这种模式的合理性。这种理论在欧洲社会影响之广泛自不待言,在欧洲学术界更是独树一帜,连那些学界名流都深受布丰观点的影响。研究欧洲反美主义的知名学者安德烈·马尔科维茨认为,布丰的"美洲退化论"在18世纪和19世纪的欧洲精英中间极为普遍,流传甚广。③ 康德对美洲印第安人的看法深受布丰"美洲退化论"的影响。18世纪70年代初康德在为其一部讲演集所做的注释中描述了美洲印第安人的特性,他们"不可能是文明的。他们没有任何动力,因为他们没有感情和热情。他们不会相互吸引相爱,由此也就

---

  ① Robert Walsh, Jr., *An Appeal from the Judgments of Great Britain respecting the United States of America*, second edition, Philadelphia: Published by Mitchell, Ames, and White, 1819, p. 192. (http://www.archive.org/index.php)

  ② Gordon S. Wood, "Environmental Hazards, Eighteenth-Century Stale," in Leonard J. Sadosky, Peter Nicolaisen, Peter S. Onuf, and Andrew J. O'Shaughnessy, eds., *Old World, New World: America and Europe in the Age of Jefferson*, Charlottesville: University of Virginia Press, 2010, p. 18.

  ③ Markovits, "European Anti-Americanism: A Brief Historical Overview," in O'Connor, ed., *American Foreign Policy Tradition*, Vol. III, p. 32.

没有后代。他们几乎完全不讲话,从不相互怜爱,什么都不在乎,整天无所事事"。1775 年,康德出版了《论不同人种》(On the Different Races of Man)的专著,在这本书中,他把美洲印第安人说成是"尚未适当形成或半退化"的种族,认为他们的"生机几乎完全消失,他们无力从事任何类型的农业劳动"。过了十几年之后,康德于 1788 年出版了书名为《论哲学中的目的论法则之运用》(On the Use of Teleological Principles in Philosophy)的著作,观点依然未变,把美洲的恶劣气候谴责为元凶,由此而产生的种族"从事繁重劳动身体太弱,对追求任何事物没有积极性,不能表现出任何文化"。他在描述美洲鸟类不能鸣啭上就是布丰这方面观点的翻版。[1] 黑格尔对欧洲移民占据优势的美国称赞不已,但对整个美洲的看法上却接受了布丰的"退化论"。他在其名著《历史的哲学》中认为,美洲"在物理上和心理上一向显得无力,至今还是如此"。他把欧洲殖民者输入黑人到美洲归因于当地"土人体质的孱弱"[2]。黑格尔在描述新大陆的动物特性时重复了布丰的看法,强调它们与欧洲同类动物相比较,在各个方面都显示出了"更矮小、更孱弱和更胆小"。在黑格尔看来,美洲鸟不鸣便是退化的证据。这些鸟某一天将鸣啭,条件是它们将迁徙到再也听不到"那些退化之人发出的口齿不清的声音"[3]。爱丁堡大学校长威廉·罗伯逊博士是当时颇负盛名的历史学家,以学识渊博而著称。布丰的"美洲退化论"对他的美洲观产生了很大的影响。1777 年,罗伯逊出版了三卷本的《美洲史》。这部著作在欧洲学术界产生了很大的影响,当时曾被誉为是一部经典之作。罗伯逊在第一卷中谈到美洲的动物和印第安人时引用布丰的相关论述近十处。[4] 他认为,美洲的土壤贫瘠不毛,一望无际的沼泽地覆盖着内地数百万英亩的土地。他对很多国人越洋迁居到这个"不幸"的土地上而感到大感

---

[1] 康德受布丰"美洲退化论"的影响详见 Gerbi, *The Dispute of the New World: the History of A Polemic, 1750 – 1900*, p. 330; Dugatkin, *Mr. Jefferson and the Giant Moose: Natural History in Early America*, p. 106.

[2] 黑格尔:《历史哲学》,王造时译,上海世纪出版集团、上海书店出版社 2001 年版,第 84 页。

[3] Dugatkin, *Mr. Jefferson and the Giant Moose: Natural History in Early America*, pp. 107 – 108.

[4] William Robertson, *History of America*, the Eighth Edition, Vol. I, London: Printed by A. Strahan, Printers-Street, 1800, pp. 279, 284, 285, 288, 289, 299, 315, 386. (http://www.archive.org/index.php)

不解。他写道:"美洲气候的相同特性阻碍了当地动物的生长,导致其精神衰弱,这证明了对自愿由其他大陆迁徙或由欧洲人带入的动物是有害无益的,美洲的熊、狼和鹿在身材上不能与旧世界的同类动物相比较。欧洲人为他们殖民之地区输入的家畜在体积上或特性上都已经退化,其气温和土壤似乎都不利于动物产生力量和完善。"① 罗伯逊对美洲的描述与布丰退化论之间的联系正如杰斐逊指出的那样,罗伯逊从未在美洲生活过,他书中"描述的一切与他自己的知识毫无关系,他只是把其他人撰写的有关联的文字编撰在一起,充其量只是布丰先生观点的翻译者"而已。② 就连达尔文在19世纪30年代在美洲考察时,从他的日记中可看出其对布丰的"美洲退化论"已有相当的了解。当达尔文乘坐的船停靠在南美洲巴塔哥尼亚地区港口后,他在1833年12月23日的日记中记载,巴塔哥尼亚地区的"动物种类就像其植物群一样是非常有限的"。这一描述就是达尔文受布丰理论影响的一个明显例子。达尔文对南美洲的考察导致他得出了几乎与布丰相同的结论,他在1834年1月9日的日记中记载,以前这个地区到处都是庞然大物,现在只能发现矮小的动物,这就是"退化"的表现,要是布丰"了解这些又懒散又像犰狳的巨大动物,清楚已经不复存在的大型哺乳动物,他会毫无掩饰地说出这一事实,即在美洲,创造力已失去了其动力,而不是说美洲从来没有巨大的活力"③。达尔文实际上从另一个角度证明了美洲大陆的"退化"。有的学者把布丰称为是"生物地理学的奠基者",认为达尔文的确从布丰所描述的生物"分布事实中为进化论"找到了更多的证据。④ 布丰"美洲退化论"的影响远不限于上述这几位从人文学科到自然科学的名人。美国学者詹姆斯·赛瑟尔认为,美洲退化命题在18世纪后半期左右了欧洲进步的科学思想。⑤ 其实,就是进入19世纪之后,"美洲退化论"对欧洲精英的美洲观或美国观依然具有很大的吸引力,他们总是试图从这种理论中体验到"欧优美劣"的快感,以满足对欧洲文明"孤芳自

---

① Robertson, *The History of America*, Vol. I, p. 285.
② Thomas Jefferson to Chastellux, June 7, 1785, in Boyd, ed., *The Papers of Thomas Jefferson*, Vol. 8, p. 185.
③ Charles Darwin, *The Voyage of the Beagle*, New York: P. F. Collier & Son, 1909, pp. 179, 187.
④ Mayr, *The Growth of Biological Thought: Diversity, Evolution, and Inheritance*, p. 336.
⑤ Ceaser, *Reconstructing America: the Symbol of America in Modern Thought*, p. 19.

赏"的傲慢心理。即使"美洲退化论"被事实证明是毫无科学根据的,但其在欧洲社会和学术界留存的"余音"却是长久难以消逝。

  布丰等人的"美洲退化论"风行于欧洲学界和社会时,一些欧洲精英眼中属于"蛮荒之地"的大西洋彼岸正在发生一场影响人类文明进程的革命。英属北美十三个殖民地宣布脱离母国独立,向世人宣告了美利坚合众国的诞生,他们经过近八年的艰辛奋战,最终赢得了独立战争的胜利,以全新的姿态屹立于世界民族之林。这个新国家随后进入了建立为全世界树立榜样的共和国时期。此时的美国尽管被许多欧洲人不屑一顾,但绝大多数美国人对这个新国家的优越感丝毫不亚于欧洲人对他们古老文化的情有独钟。美国的政治精英认为,这个新国家承担着把人类从苦海中拯救出来的神圣使命,他们同样在与欧洲的对比中凸显出美国新文明的优越。因此,当欧洲精英们喋喋不休地谈论"美洲退化论"时,对承担着上帝赋予之特殊使命的美国人来说简直就是一种蔑视或侮辱,有点是可忍而孰不可忍,领导这个新国家的开国先贤们自然不会对这种"荒唐"理论的存在熟视无睹,任其四处传播,必然愤而反击,一洗布丰等人强加给美洲大陆的不实之词。对美国政治精英而言,"美洲的退化"已经不是一个纯粹的自然科学命题,这种在严谨科学研究名义下构建的复杂理论包含的政治意图也是显而易见的,成为阻止这个在政治体制上与欧洲大国对立之新国家在国际舞台上迅速崛起的依据。要是美国是一片"退化"之地得到欧洲人的认可,那还有哪个欧洲国家愿意主动与美国发生商业关系呢?杰斐逊曾在致友人的信中表示过这种担忧。普林斯顿大学的吉尔伯特·希纳尔在研究杰斐逊的自然观上很有建树,他在一篇影响很大的论文中强调,如果美国"证明不能产生数目可观的人口,如果气候通常不利于健康,土壤不利于生产;如果这个国家不能在理智上和道义上变得独立自主;如果一个拥有大量人口且不断进步的民族在发展上存在着不可逾越的障碍,那么美国的试验将不能实现欧洲自由主义者的希望和期待。这些问题起初纯粹是哲学上的或思考性的,但在1776年之后却变成了至关重要的政治问题"[①]。希纳尔这几个假设正是美国革命那一代人面对着"美洲退化论"传播所产生的忧虑,特别是与欧洲人打交道比较多的富兰克林与杰斐逊等人毫不犹豫地以事实对这种

---

  ① Gilbert Chinard, "Eighteenth Century Theories on America as a Human Habitat," *Proceedings of the American Philosophical Society*, Vol. 91, No. 1, February 25, 1947, p. 28.

理论给予了强有力的反驳,掀起了这个新国家与欧洲之间发生的第一场大论战。

富兰克林可谓是美国革命那一代人中反驳"美洲退化论"的第一人,他从18世纪50年代就开始搜集北美地区、英国和法国空气中湿气的数据,这一工作持续了数十年,最后得出了欧洲的湿气含量比美国要高的结论。布丰主张美洲空气中湿气过重是生活在这一大陆四足动物和印第安人退化的主要原因之一,富兰克林的这一结论显然是对布丰这一观点的有力驳斥。1785年6月杰斐逊在致法国友人的信中谈到富兰克林这些数据对于驳斥布丰关于美洲退化论的重要性。他说,富兰克林博士"近期提供给我一个事实,证明了伦敦和巴黎的空气比费城的空气更为潮湿"。如果这一事实证据确凿,必会质疑"在潮湿的地区,动物肯定是较小,在炎热地区,动物肯定较大"的说法,因为这种说法"不是建立在实验的基础之上"[①]。富兰克林不仅通过直接的科学实验,用得出的数据说明美洲自然环境的真相,而且还在与欧洲友人的通信中表明美洲印第安人并不像布丰等人描述的那样在体质上和智力上发生了退化。1772年6月富兰克林致信巴黎的一位朋友说,印第安人在体力或胆量或智力上不比欧洲人差多少,他们只是缺少让他们上升到相同文明水平的铁和其他自然资源。[②] 这封信很重要,不过原件已找不到了,现在只能从当时法国人写的论著中知道其主要内容。杰斐逊是对布丰的"美洲退化论"提出系统批评第一人。1780年,法国驻费城使团秘书弗朗索瓦·巴尔贝—马布瓦向时任弗吉尼亚州州长的杰斐逊提出了一系列问题,杰斐逊对这些问题给予了详细的回答,借机写成了《弗吉尼亚纪事》一书,杰斐逊给后世留下了卷帙浩繁的信件、文章与文献,但这本书是他一生中撰写的唯一著作。杰斐逊在书中对布丰关于美洲退化的观点逐一进行驳斥,列出详细表格对新旧世界的动物大小和重量进行比较,得出了与布丰正好相反的结论,即新大陆的动物在数量上不比旧世界的动物少;新大陆的动物在体型上不比旧世界动物小;从旧世界带到新大陆的动物在体质上没有发生退化;印第安人在体力上和智力上不比欧洲人差。

---

① Thomas Jefferson to Chastellux, June 7, 1785, in Boyd, ed., *The Papers of Thomas Jefferson*, Vol. 8, p. 186.

② Echeverria, *Mirage in the West: A History of the French Image of American Society to 1815*, p. 30.

他对美国自然环境的详细介绍有力地反驳了布丰关于美洲发生退化的根源所在。① 《弗吉尼亚纪事》可谓是一部了解北美大陆的百科全书，涉及山川地理、生活习俗、政治制度、教育状况、宗教信仰以及经济活动等，但杰斐逊写这本书的初衷很大程度上是要批评布丰等人强加给美洲大陆的不实之词，帮助欧洲人了解北美的自然环境与社会生活。杰斐逊在后记中谈到，他写这本书的目的主要是给欧洲人看的。据杰斐逊自己称，这本书于1781年和1782年在弗吉尼亚撰写，写完后把手稿交给了马布瓦。1784年，杰斐逊对原稿做了一些补充，在巴黎印了几份，赠送给几个要好朋友读。杰斐逊在附录中特别强调了这本书主要是针对布丰等人提出的美洲退化理论。他们设想，"美洲的土壤、气候和其他环境中存在着导致动物天性发生退化的因素，土著人或外来人甚至也不例外，他们在体质上或品行上出现退化"。杰斐逊认为这种理论"毫无事实根据"，是对这个占地球三分之一大陆的"贬低"，成为欧洲人了解美洲真相的"障碍"②。因此，杰斐逊写这本书的一个主要目的，就是要清除掉布丰等人设置的这些"障碍"。杰斐逊撰写的《弗吉尼亚纪事》只是他反驳布丰"美洲退化论"的开始，在接下来几年的时间里，杰斐逊在这一问题上丝毫未敢懈怠，抓住一切机会来批评布丰等人对美洲的无稽之谈。在开国先贤中，富兰克林与杰斐逊在反驳布丰的退化论上比较突出，像麦迪逊、约翰·亚当斯、汉密尔顿以及其他人也没有对这种理论完全保持沉默，麦迪逊曾为杰斐逊提供反驳布丰理论的有说服力的证据，亚当斯干脆就认为布丰的理论根本就不可信，表现出了不屑一驳的态度。③ 他们对德波和雷纳尔的观点也给予强有力的反驳。美国人对"美洲退化论"的反驳持续了一个多世纪之久，在美国历史发展过程中有着重要的一席之地，很多历史名人卷入了其中。这是美利坚合众国对欧洲发起的首场论战，结果无疑加强了由移民组成的这个新国家的凝聚力，让美国人对它的发展前景充满了足够的自信，当然也会程度不同地改

---

① Jefferson, *Notes on the State of Virginia*, pp. 59 – 110.
② Ibid., p. 349.
③ Madison to Jefferson, June 19, 1786, in Julian P. Boyd, ed., *The Papers of Thomas Jefferson*, Vol. 9, Princeton: Princeton University Press, 1954, pp. 662 – 665; Adams to F. A. Vanderkemp, March 3, 1804, in Charles F. Adams, ed., *The Works of John Adams*, Vol. IX, Boston: Little, Brown and Company, 1854, p. 588.

变欧洲人脑海中美洲或美国的不利形象,使他们对布丰等人全面否定的新大陆有一个重新的认识。

布丰的学术声誉在生前就已如日中天,当他阐述的"美洲退化论"最终被证明与事实不符时并没有对他的这种声誉产生太大的影响。其实,"美洲退化论"可视为布丰所处时代的产物,那个时代需要以美洲的"野蛮"来映衬欧洲的"理性",需要美洲人种的"低劣"来凸显欧洲人种的"优越",需要美洲的"未开化"来衬托欧洲的"文明"。布丰不可能超越时代,他只能是在欧洲文明优越的架构下对新大陆自然环境与生物特性的描述,旨在树立凸显欧洲文明优越的"他者"形象,这种形象显然是"想象"大于"实际",处处表现为与欧洲文化的二元对立。布丰在描述美洲的自然环境和动植物特性时,并非皆为"妄言",作为一个很严谨的自然科学家,布丰实际上也是竭力想让他的论断基于事实之上。如果撇开其他因素,布丰对美洲自然史作为一门重要学科的形成显然是大有贡献的。布丰在美洲问题上的错误就在于用"事实"和"想象"构建了一个错误的理论框架,试图从"退化"的角度来解释美洲自然环境对当地的动物和人种的不利影响。"美洲退化论"适应了那个时代的需要,必然会在欧洲社会产生深远的影响,然而因缺乏缜密的科学论证基础,其退出历史舞台自然是其最终归宿,这种结果大概是布丰在世时未曾预料到的。进入20世纪之后,很少有学者对"美洲退化论"再大张旗鼓地发出提倡或批评的声音,但这种理论包含的欧洲文明优越倾向却为欧洲精英们所追捧,致使美国在文化上一直成为他们不屑一顾的对象。这种把美国视为无"文化"之国度的思维方式正是"美洲退化论"遗留下来的"余音",可以说是一直流传至今,从未消逝。"美洲退化论"并无科学基础,其最终退出历史舞台实属必然,然而美洲负面的"他者"形象却在很多欧洲精英的脑海中牢牢地扎下了根。对他们而言,美洲或美国尽管没有发生"退化",但无疑缺乏深厚的历史积淀与文化底蕴,很难对人类文明精神层面的发展做出实质性的贡献。从这个意义上讲,布丰等人的"美洲退化论"既种下了欧洲在文化上反美主义的根源,又拉开了欧洲反美主义的序幕。

第二章
虚拟的形象：早期欧洲知识精英的美国观

在18世纪和19世纪，欧洲是当之无愧的世界政治经济中心，英国和法国等大国成为这个中心的枢纽国，它们实际上一直在为争夺中心的主导权而明争暗斗，大打出手，只是到了19世纪末欧洲长期享受的这种地位才开始受到美国的挑战。大西洋彼岸的美利坚合众国虽远离欧洲的政治纷争，但很难与欧洲这个世界政治经济中心完全分开，单凭自身所拥有的资源快速发展。美国是欧洲大国殖民扩张的产物，其在北美形成的美利坚文化中无疑包含着欧洲文化在新大陆的延续，然而更多的内容却体现出了对欧洲文化的反叛和与之对立。欧洲人多对这个新独立国家缺乏真实的了解，自傲的心态往往让他们对美国文化不屑一顾，美国"他者"形象正是在这个基础上虚构出来的。美国文化与欧洲文化可谓是同根同源，但却在很多方面表现出了很大程度的二元对立。美国是个新国家，处处体现出了"新"，展示出了富有活力的新气象、新观念和新生活，犹如在一张白纸上可以绘出新的图画。已经归化的法国移民约翰·克雷弗克把美国人称为"新人"，生活在"新的法律、新的生活方式、新的社会制度"之下。[1]"新"是美国所展现的特征，绝大多数美国人以此为豪。然而，在欧洲中心主义者的眼中，"新"却代表着没有深厚的历史积淀，也就是缺乏欧洲精英们界定的文化内涵。有些美国人为了反驳欧洲人以"新"贬抑这个新国家，甚至寻求美洲大陆先于欧洲大陆存在的证据。美国地质学家费迪南德·范迪维尔·海登考察了北美洲中部落基山脉，在化石证据的基础上宣称，美洲几乎是

---

[1] J. Hector St. John Crèvecoeur, *Letters from an American Farmer*, New York: Fox, Duffield & Company, 1904, p. 52.

先于欧洲的存在,这一地区"白垩纪时期的动植物更接近于欧洲第三纪时期的动植物"。因此,从地质学上讲,"美洲应该是旧世界,欧洲应该是新大陆"①。来自瑞典的移民路易斯·阿加西斯也持类似观点,否定了美洲是新大陆的说法。② 他们的研究显然是针对欧洲人以"新"来贬低美国的观点,试图找出美洲大陆更早于欧洲大陆存在的地质证据。当然在欧洲也不乏对这个新国家高度赞扬的人,他们发出的声音尽管在欧洲文化精英层中未居于主流,但却是一股很有力量的"异声",有助于欧洲普通人对美国的了解。

早期欧洲精英(主要指其中的左右翼人士)对美国抱有的文化偏见根深蒂固,尤其是当美国对欧洲的世界政治经济中心地位发出挑战之后,这种偏见表现得更为明显。他们的美国观除了满足对欧洲文化的自傲心理之外,显然是要通过树立一个文化"他者"的形象来加强欧洲人在整体上的凝聚力,当然其中也包含着制度上与美国共和制对立的取向。生活在19世纪时期的奥地利学者费迪南德·库恩伯格以德国为参照树立了一个美国"他者"的形象,即德国人慈爱热心,美国人冰冷客气;德国人宗教纯洁,美国人教派林立;德国人语言丰富,美国人发音粗鲁,缺乏思想;德国人个性突出,美国人追随政党政治;德国人是精神的化身,美国人是"物质的上帝";等等。③ 库恩伯格在贬低美国人中弘扬了德国文化的价值观,这种比较深刻地凸显了德国人在文化上的优越感。在诸如英国和法国等欧洲国家的精英层中,类似库恩伯格的观点十分常见。美国在文化底蕴上难以与欧洲叫板,但却通过向世人展现这个新国家的活力来形成文化上与欧洲文化不同的独特性。在早期历史上,美国人很少主动向咄咄逼人的欧洲文化提出挑战,很大程度上只是对欧洲人竭力贬抑美国的一种被动的防御。他们对欧洲精英贬抑美国的抨击既有效地维护了美国在世界民族之林中的地位,又从美国人的立场上揭示出了欧洲精英的美国观与这个新国家的实

---

① Ferdinand Vandiveer Hayden, *First, Second, and Third Annual Report of the United States Geological Survey of the Territories for the Years 1867, 1868, and 1869*, Washington: Government Printing Office, 1873, p. 52.

② Louis Agassiz, "America the Old World," *The Atlantic Monthly*, Vol. 11, No. 65, March 1863, p. 373.

③ Diner, *America in the Eyes of the Germans: an Essay on Anti-Americanism*, p. 42.

际状况相距甚远,充其量只是为凸显欧洲文化的优越虚构出来的一幅图景。

其实,美国是欧洲大国殖民扩张的产物,其在北美形成的美利坚文化中无疑包含着欧洲文化在新大陆的延续,然而更多的内容却体现出对欧洲文化的反叛和与之对立。早期(主要指 20 世纪之前)欧洲精英多对这个新独立国家缺乏真实或系统的了解。在欧美学术界,对大西洋两岸文化关系研究的论著甚多,其中也不乏从两种文化冲突角度出发的著述,但受文化背景的影响,对美国文化的贬抑多体现于欧洲学者的论著之中,而对美国文化的赞扬却多见于美国学者的论著。他们的研究无疑推动了对这一论题的深入,具有很重要的参照价值,不过总的来说还是难以走出本国或本地区文化固有的"藩篱",难免把对他国的文化偏见带到研究之中。这样,他们得出的结论往往会失之偏颇。[①] 国内学者研究欧美关系历史与现状的论著很多,但从两种文化冲突之角度研究欧洲人的美国观则很少,对于早期欧洲精英美国观的研究更是付之阙如了。这是一个很重要的论题,早期欧洲精英关于美国负面形象的描述体现了文化中心主义的偏见,这种形象根深蒂固于欧洲文化之中,对 20 世纪以来欧洲人的美国观产生很大的影响。这种研究视角或许能够对人们认识欧洲与美国关系的发展深有启迪。

一 欧洲精英构建美国"他者"形象的根源

构成西方文明主体之欧洲国家的文化具有某些共同的特性,有共同的起源,历史底蕴深厚,但在大多数的时间里显然不是一个各个组成部分互为支撑的整体,其涵盖的亚文化形态在价值观和生活方式上并没有表现出高度的一致,具体到不同欧洲国家的文化时,不同的地理环境与发展水平赋予了各自文化的特性。尤其在文艺复兴和宗教改革之后,它们之间文化的差异性就体现得更为明显了。在新教伦理居于主导地位的国家和天主教伦理居于主导地位的国家,人们的价值规范、行为模式、时间观念、生活

---

① Echeverria, *Mirage in the West: A History of the French Image of American Society to 1815*, 1966; Strout, *The American Image of the Old World*; Gerbi, *The Dispute of the New World: the History of a Polemic, 1750-1900*; Franz M. Joseph, ed., *As Others See Us: the United States through Foreign Eyes*, Princeton: Princeton University Press, 1959.

方式以及基本性格等无疑存在着很大的区别，即使同为新教伦理居于主导地位的国家，文化特性同样表现出明显的差异，如英国人保守固执，有绅士风度，岛国观念极强，比较排外独尊；德国人刻板，善于抽象思维，行为易于走极端。不同的地理环境和社会人文环境造成了欧洲国家在文化上的这些差异。如果只是从内部看欧洲文化，充其量只能算作一个地理意义上的文化圈，而在这个圈子内不同国家的文化无不表现出属于本民族的特性，正是这些特性的不同，人们才可以从种族相同的白人中区别开法兰西人、德意志人、英格兰人、俄罗斯人以及斯堪的纳维亚人等。欧洲文化只有在外部树立起"他者"形象时才能彰显出其整体性和共同性。"东方文化"其实就是欧洲人树立起的一个"他者"形象。从历史上讲，"东方文化"的概念本身已深深地留下了早期西方殖民主义者以我为中心的痕迹，因为"东方"本身就是欧洲人凭空臆造出来的，意为代表着与欧洲文化存在根本区别的异国情调的地方。如果说可以作为西方文化的参照话，东方文化的地域范围应该是西方殖民者以欧洲为中心所划定的"远东、中东和近东"地区。这种划分本身就体现出欧洲人以自我为中心的优越感。在美国革命爆发之前，欧洲文化实际上就是西方文化的代名词，二者的一致性表明西方文化作为一个整体在历史上可以找到一条基本的演化脉络。西方文化主要有三个来源，一是古希腊的理性精神；二是古罗马的法治传统；三是古希伯来的宗教情结。西方学者韦格尔又加了一个来源，即日耳曼的社会观念。这些来源构成了现代西方文化中伦理价值观念的基础，而在这一基础之上构架起的西方思想意识却是经过了诸如文艺复兴、宗教改革以及启蒙运动等比较大的社会变革，西方国家才从野蛮蒙昧的中世纪进入科学理性的现代社会，这些在原有基础上形成的新的思想意识可以说是起了决定性的作用，以欧洲为中心看待境外地区或国家的文化也成为这些新思想意识的一个重要内容。

　　从整体上讲，欧洲文化的外向性表现得比较明显，这与绝大多数欧洲人信奉的基督教有很大的关系。基督教为一神教，信众只承认上帝为唯一真神，其他民族信奉的神氏皆为与上帝对立的假神，亦就是他们通常称为的"撒旦"。信众来到尘世的使命就是要传播上帝的福音，把异教信众从"撒旦"统治的灾难中解救出来。因此在欧洲历史上发生的一些大规模对欧洲境外国家或地区的征战与皈依异教信众有很大的关系,哥伦布之所以能够远航到尚未欧洲人所知的美洲大陆,传播上帝的"福音"在其中发挥了举足轻重的作用。诸如此类征服异教信众的活动在欧洲文化中可以说是一个非常明显的传统。在古罗马帝国时代,罗马统治者极力在其臣服民族中传播罗马的语言、宗教信仰、罗马式建筑以及市民文化,试图使与自己文化相异的民族"罗马化",以维护罗马帝国的长治久安。现代西方文明兴起之后,西方文化在实践上把文化中心主义发展到了极致,对尚处于落后状态的非西方文化进行了征服,使之变成它们的殖民地或半殖民地。欧洲殖民者踏上异国土地时莫不宣称要以自己的宗教观改变异教信众的信仰。如从西班牙来到墨西哥的天主教神父自视为"美洲的使徒",充满着传播上帝福音的热情和对偶像崇拜的不容忍,通过各种手段迫使当地人改信基督教,甚至不乏对异教徒的屠杀。在对墨西哥征服之后的几十年期间,墨西哥第一个主教胡内·德苏马拉加宣称毁灭了 500 座异教信众的庙宇和 2000 个偶像。[①] 因此,在美洲被征服和殖民的过程中,无数个土著居民在欧洲殖民者的隆隆枪炮声中头颅落地,一些从现在看来曾经独放异彩的文化成就几乎化为灰烬。他们在毁灭非西方文化的过程中,无不是打着"文明"对"野蛮"征服的旗号,试图让这种血淋淋的残暴活动合法化。他们对土著人的暴行可谓不胜枚举。他们要把世界完全置于欧洲文化的主导之下,以欧洲人的价值观来改变欧洲大陆之外文化上不同的国家,这样一种目的在欧洲大国向外殖民扩张过程中突出地表现出来,欧洲人的文化优越感由此体现得淋漓尽致,差不多要把文化中心主义发挥到登峰造极。一旦有国家或地区形成新的文化形态时,欧洲精英们绝难容忍其对欧洲"博大精深"的文化提出挑战,必会在对这种文化形态的极力贬抑中虚拟出一个文化上对立的"他者"形象,以强化欧洲文化在整体上的凝聚力。他们对大洋彼岸新兴美国的看法便是一个很能说明问题的例子。

英属北美十三个殖民地宣布脱离母国而走向独立之时,正是欧洲波澜壮阔的启蒙运动接近尾声。在启蒙时代,新的思想和理论如雨后春笋般不断涌现,给处于君主专制的欧洲社会带来一片新的气象,让长期蒙受教会

---

① Peter Winn, *Americas: the Changing Face of Latin America and the Caribbean*, Berkeley: University of California Press, 1992, pp. 39 – 40.

思想束缚的欧洲人感受到新时代即将来临的先兆。美国革命的爆发以及立国的历程无疑受到启蒙思想家倡导的科学理性观念的影响，其成功地确立了保证人民天赋权力神圣不可侵犯的制度正是启蒙运动在北美大陆结出的硕果。这也是美国的共和发展道路受到欧洲自由主义人士称赞以及支持的主要原因，一些欧洲人甚至越洋来到北美直接参加了美国争取独立的战争，其中有些人撰文批评了当时在欧洲盛极一时的"美洲退化论"，希望把一个真实的美国展现给欧洲人，以便他们对美国自由事业的了解，继而提供支持。菲利波·马泽伊是意大利医生，一生居无定所，四处奔波，在土耳其的士麦那开过诊所，在伦敦当过酒商，还担任过驻波兰和俄国的外交官，在学术研究上又是一个历史学家和哲学家，对美国人争取自由的独立事业充满了激情和正义。美国革命爆发前马泽伊来到北美，在美国革命期间曾被大陆会议派往意大利谋求托斯卡纳大公贷款给美国。他在弗吉尼亚生活了多年，回到欧洲后发现雷纳尔的"美洲退化观"风行一时，便愤而反击。1788年，马泽伊在巴黎出版了四卷本的《关于美利坚合众国的历史与政治研究》，其中第三卷以翔实的材料系统地批评了雷纳尔神父认为美利坚人正在退化的立论。马泽伊称，在雷纳尔的著作中，"从头到尾几乎很少符合事实"[①]。如果雷纳尔把"这些错误变成了格言，以其不可思议的方式迷惑读者，那么就必须揭开遮掩的面纱，向读者表明这些错误背离了事实有多远。这就是导致我公开对雷纳尔神父对美利坚合众国描述进行某些观察的原因"[②]。马泽伊在他的著述中对雷纳尔的美洲退化观点逐一给予批驳。杰斐逊在谈到雷纳尔的错误时对马泽伊的著述十分推崇，给友人推荐这是"一部非常好的著作"，资料来源"十分可靠"，对美国拥有"男子气魄的理解"[③]。法国学者佩尔内蒂1770年出版了关于美洲及其土著人的专题论文，系统地批驳了德波的理论。他有一句话很有名，即"德波先生幸亏没有授权作为整个欧洲的发言人来决定我们关于美洲的判断和思想，也没有授权

---

① Filippo Mazzei, *My Life and Wanderings*, translated by E. S. Scalia. Morristown: American Institute of Italian Studies, 1980, p.294.

② Mazzei, *Researches on the United States*, p.205.

③ Jefferson to G. K. van Hogendrop, in Julian P. Boyd, ed., *The Papers of Thomas Jefferson*, Vol.10, Princeton: Princeton University Press, 1954, p.299.

表达我们对新大陆感恩的情绪"①。德国自然学家亚历山大·冯·洪堡受杰斐逊《弗吉尼亚纪事》的影响,把布丰等人的"美洲退化论"视作一个大骗局。他以后与杰斐逊经常通信,甚至到美国亲自拜见杰斐逊,两人就这个问题进行了充分的讨论,由此成为终生知己之交。②阿姆斯特丹商人约瑟夫·芒德里永1784年出版了《哲学研究》(Recherches Philosophiques)一书,以激进的口气抨击了"美洲退化论"。他称赞美国及其人民"提升了新大陆文明的标准",认为美国的文明程度已达到了欧洲的水平,发展下去必然会超过欧洲。在芒德里永的眼中,美国文明繁荣昌盛,而欧洲人却在不可遏制地退化,"我们的品性越来越腐败;我们的体质一代又一代地在退化;我们的要求越来越多,更加迫切;我们对休闲的喜爱使劳作对我们来说越来越感到困难;它使我们的身体衰弱无力,让我们精神的适应力大大下降"③。他们对"美洲退化论"的批评多少有点"矫枉过正"的味道,从欧洲人观察美国的视角弘扬了这个大洋彼岸新国家拥有无限发展的潜力。

上述这些人的观点在欧洲精英阶层算是凤毛麟角,只是在欧洲中心主义居于主导地位的社会发出的一种不同的微弱声音。他们对新大陆或美国的赞扬很大程度上是发泄对欧洲腐败专制制度不满的情绪,但他们从根本上很难超越对欧洲古老文化所抱有的文化优越感。有一个例子很能说明问题。法国沙特吕侯爵与杰斐逊关系甚好,两人常有信件来往。沙特吕曾作为法军一名官员到过美国,他对美国的共和体制充满着热情,称赞有加,但却断然否认在美国可能会出现优雅的文化生活,以厌恶的眼光观察到美国生活的平庸粗俗。他的结论是,这个新国家将永远缺乏文化修养。④沙特吕侯爵的这种看法在欧洲人中间很有代表性。欧洲自由主义者支持美国的共和事业是出于对君主专制制度的敌视,但并不等于认同美国的文化以及

---

① Dom Pernety, "From the Dissertation on America and the Natives of the Part of the World," in Commager and Giordanetti, *Was America a Mistake? An Eighteenth-Century Controversy*, p. 107.

② 他们之间的通信参见 Dugatkin, *Mr. Jefferson and the Giant Moose: Natural History in Early America*, p. 116.

③ Joseph Mandrillon, "From the Philosophical Investigations on the Discovery of America," in Commager and Giordanetti, *Was America a Mistake? An Eighteenth-Century Controversy*, p. 176.

④ David Strauss, *Menace in the West: the Rise of French Anti-Americanism in Modern Times*, Westport: Greenwood Press, 1978, p. 35.

生活方式,这也是启蒙时代及其之后很多欧洲精英看待美国的一个明显特征。追根溯源,还是固存于欧洲文化中的欧洲中心主义在发生作用,受这种文化熏陶的欧洲人很难客观公正地看待其他地区或国家的发展。启蒙运动的思想家在抨击君主专制制度上不遗余力,竭力提倡人类的自由与平等。他们对人类文明进程产生了很大的影响,但他们在观察欧洲之外的世界时依然很难超越欧洲中心主义的藩篱,自觉或不自觉地把大洋彼岸的新大陆视为由未开化的野蛮人居住的不毛之地,旨在为科学的"理性"战胜愚昧的"野蛮"寻找解释依据,由此树立起与欧洲文明对立的"他者"形象。启蒙思想家算是比较开放,他们尚且如此,那些文化保守主义者对欧洲境外的文化更是抱着敌视或不屑一顾的态度了。这实际上也就是欧洲精英在文化上把美国视为对立"他者"的主要根源。

在欧洲国家中,西班牙和葡萄牙从事海外殖民较早,它们除了在东方和非洲设置了一些殖民据点之外,先后在美洲建立起了庞大的殖民帝国。美洲的金银从殖民地源源不断地流进了宗主国,极大地改变了整个世界的贸易流向图景,也使这些老牌民族国家的整体力量得到加强。就是来自殖民地的普通商品也深深地影响了欧洲人的消费。如葡萄牙从巴西进口的原糖,经过安特卫普制糖厂的加工,被输入到伦敦;西班牙从西属美洲殖民地运来的烟草经本国港口输入到英国。诸如此类的商品使西葡两国商人从英国人的消费中赚取了丰厚的利润,两国的王室也从对转口贸易征收的关税中获得了数目可观的收入。西班牙和葡萄牙在建立海外殖民地上的最初成功为其他欧洲民族国家提供了范例。用美国著名经济史学家约翰·麦卡斯克的话来说:"葡萄牙和西班牙的成功提供了一个特别的刺激。在几十年的时间内,西班牙从伊比利亚半岛上的一个松散的诸公国的联合体发展为欧洲最早的民族国家,即一个世界性帝国的所有者。西班牙的海外贸易从微不足道发展到非常巨大;西班牙的船只和西班牙的商人控制了大西洋的欧洲;西班牙的君主成为世界上最富有和最有权势的人物。"[①] 自16世纪以来,西班牙与英国在国际舞台上一直存在着十分激烈的竞争,因此,前者

---

① John J. McCusker, "British Mercantilist Policies and the American Colonies," in Stanley L. Engerman and Robert E. Gallman, eds., *The Cambridge Economic History of the United States*, Vol. I, *The Colonial Era*, New York: Cambridge University Press, 1996, p. 340.

力量的加强，在某种程度上对后者向外扩张势力构成了很大的威胁。英国在伊丽莎白女王一世在位期间，西班牙的无敌舰队（Armada）称霸海洋，曾打算凭借着强大的海军力量进攻英伦三岛，两国海军1588年在英吉利海峡相遇，英国海军以弱胜强，成功地阻止了西班牙的入侵，打破了无敌舰队不可战胜的神话。无敌舰队入侵英国尽管没有获得成功，但这一事件却给英国王室敲响了一个警钟。此后不久，英国王室开始致力于海外贸易活动，把建立殖民地正式提上了议事日程。1600年，英国东印度公司宣告成立，从王室那里获得垄断与东方贸易的"特许状"。1606年，伦敦弗吉尼亚公司成立，在英国王室所授的专利特许状规定的领土范围内开始向北美移民，先后在北美大西洋沿岸建立起13个殖民地。北部的4个殖民地分别为马萨诸塞、罗德岛、新罕布什尔和康涅狄克，它们合称为新英格兰；中部的4个殖民地分别为宾夕法尼亚、纽约、新泽西和特拉华；南部的5个殖民地分别为弗吉尼亚、马里兰、北卡罗莱纳、南卡罗莱纳和佐治亚。美洲成为欧洲大国争相建立殖民地的大陆，这些欧洲国家为争夺势力范围明争暗斗，大打出手。与此同时它们把本国的文化也带到了被征服的地区，形成了本国在海外的文化圈，母国文化在殖民地的开拓过程中被移植过来。拉丁美洲诺贝尔文学奖的获得者奥克塔维奥·帕斯指出："一个是讲英语的美洲，继承的是奠定现代世界的传统，即宗教改革以及伴随而来的社会和政治后果、民主及资本主义；另一个是讲西班牙语和葡萄牙语的美洲，继承的是普世天主教君主制和反宗教改革。"[①] 帕斯这段话主要想揭示出南北美洲发展显现出巨大差异的文化根源，但同时表明了欧洲殖民者把本国文化移植到殖民地后对后者发展所产生的巨大影响。

由此可见，美利坚合众国从根源上讲是欧洲人向全球殖民扩张的产物，自然在很多方面不可避免地与欧洲，尤其与殖民地母国英国有一种天然的联系。有的欧洲学者在这方面说得比较绝对，如19世纪上半期的法国著名哲学家奥古斯特·孔德认为，美国充其量像苏格兰和爱尔兰一样只是英格兰文明的自然附属物，"基本上没有原创性，只是英国文明的简单直接扩展"。他甚至认为美国革命也没有给世界带来新的原则，实质上只是荷兰和

---

① Lawrence E. Harrison, *Underdevelopment is a State of Mind: The Latin American Case*, Lanham: Madison Books, 2000, p. xvii.

英国两次新教革命的"简单延伸"①。孔德的观点在欧洲学者中间具有代表性,说到底还是从欧洲文化居于中心的角度反映了他们对这个新国家的认识。19世纪英国文化批评家马修·阿诺德一直坚持美国人"是大西洋彼岸的英国人"的观点。② 奥地利维也纳大学教授迈克尔·德拉克斯鲍尔等人曾邀请一些专家撰写历史上欧洲反美主义的形成与发展的专题论文,随后编辑成文集于2004年出版。德拉克斯鲍尔等人在序言中指出,对许多欧洲人来说,美国在心理上依然是旧世界向外殖民的延伸。因此他们自然希望美国人依然对殖民地各个"母国"给予尊重,承认欧洲是文明的动力,是高雅文化的温床。欧洲中心主义不再是欧洲人对待亚洲、非洲或拉丁美洲时占主导地位的考虑,但却依然主导了欧洲的美国观。这种看法在那些发现或以后殖民化美洲的国家尤其明显。③ 其实,英国新教文化到了北美之后逐渐地被地方化,增添了很多适应当地发展的新的内容,形成了一种区别开母国文化的新的文化形态。英属北美殖民地主要由英国移民所开拓,但亦有欧洲其他国家的移民来到这里定居发展。因此,从美利坚文化的起源上来讲,英国人信奉的新教价值观占据了主导地位,但丝毫不是意味着欧洲大陆国家对美利坚文化的形成与发展没有产生过任何影响。固然早期移民北美的欧洲人与他们成长的母国具有割不断的文化联系,但他们中的很多人是在饱受欧洲君主专制制度迫害的情况下被迫来到北美寻求一块复兴宗教梦想或摆脱贫穷的地方,他们一旦深深地扎根于这块大陆,尽管母国的文化痕迹不会在他们身上消失殆尽,但对母国统治阶层的怨恨以及在母国受到压抑或迫害至少使他们在心理上很难继续认同旧世界居于支配地位的贵族文化或精英文化,他们实际上是在开疆拓土过程中逐步完成了向一种新的文化形态的过渡。很多美国人并不否认英国新教文化对英属北美殖民地居民的价值观念与生活方式的影响,但却很少把这块大陆上形成的文化形态看作是旧世界文化在北美大陆的再现,他们认为这套伦理观被移植到一种全新的自然和人文环境中时便发生了根本的转变,在北美大陆开拓过

---

① Gerbi, *The Dispute of the New World: the History of A Polemic, 1750 – 1900*, pp. 462 – 463.
② Matthew Arnold, *Civilization in the United States: First and Last Impressions of America*, Carlisle: Applewood Books, 1888, p. 72.
③ Draxlbauer, Fellner and Fröschl, eds., *(Anti-) Americanisms*, p. 14.

程中被美利坚人赋予了在旧世界没有的内容。哈佛大学教授霍华德·蒙福德·琼斯1952年出版了一本书名为《呵，奇异的新世界!》著作，这本书以后获得了普利策奖。琼斯在这本书中对美国文化形成的过程给予详尽的描述，讴歌了这个在世界民族之林中占据重要地位的新文化形态。琼斯没有否认欧洲文化在美国文化形成中所起到的重要作用，但却强调了后者区别于前者的特性。在他看来，美国文化"是由旧世界和新大陆两种伟大力量相互作用而形成的。旧世界向新大陆投射丰富、复杂和矛盾的一整套习惯、力量、实践、价值和设想，新大陆则将这一切加以接受、更改，最后或者扬弃，或者熔化到本身的发明之中"①。琼斯在这里实际上道出了美国文化形成过程中已经与旧世界的文化"分道扬镳"，形成了独具特色的文化形态。

在文化形成上，很多美国人更倾向于地理环境决定论，这与他们的经历以及北美优越的自然条件有很大的关系。在早期移民的眼中，北美大陆既是逃避欧洲专制制度迫害的理想之地，又是他们建立为热爱自由者提供样板的"希望之乡"，当然，还有很多人漂洋过海来到北美是想寻找生存之地和致富之路。不管早期移民跨越大西洋前往北美定居的原因何在，他们都具有一个共同的信念，即这块新的大陆能为他们的发展提供一个新的起点，从这个起点向外延伸，一种有别于欧洲人的新的生活方式将会脱颖而出。用克雷弗克的话来说：

> 在各种动机的驱使下，他们来到了这里，这里的一切存在都是为了他们的再生；新的法律、新的生活方式、新的社会制度；在这里，他们是脱胎换骨的人，在欧洲，他们就像众多无用的植物，急需培植的沃土和久旱之后的甘露，他们枯萎了，需求、饥饿与战争使他们一扫而光；而今，借助于移植的神奇力量，如同所有其他植物一样，他们扎下了自己的根，他们枝繁叶茂了。②

---

① Howard Mumford Jones, *O Sreange New World, American Culture: the Formative Years*, New York: the Viking Press, 1964, p. viii.
② John de Creveoeur, *Letters from an American Farmer*, pp. 52 – 53.

克雷弗克是个典型的地理环境决定论者,在他看来,北美大陆独特的地理环境决定了美国文化的特性。以后的美国历史学家特纳、詹姆斯·库珀、詹姆斯·布赖斯、雷·比林顿以及汉斯·科恩等人都持有类似的观点,认为美国西部辽阔土地的开发赋予了美国文化许多新的特征。特纳的观点尤其具有代表性,他承认欧洲生活方式对北美大陆的影响,但更强调生活在这块新土地上的人如何改变和发展了欧洲生活方式,形成了区别于欧洲的新的生活方式,然后又反过来对欧洲发生影响。他指出,一个来自欧洲的移民受到"荒野"的完全控制,最初他完全按照欧洲方式行事,但边疆的环境改变了他。这样,"渐渐地他改变了荒野,但是结果不是变成旧欧洲,也不单单是日耳曼根源的发展,甚至从最初的现象来看,它也不是一种仅仅恢复日耳曼标志的情形,而是属于美国的新结果"[①]。其实,包括新教徒在内的那些早期移民,他们移往北美大陆时本身就带着旧世界所不愿意接受的思想与观念,即寻求个人自由与解放的理想。他们这种理想成为踏上新大陆后面对艰难环境时的重要精神支撑,也成为在这块大陆上形成独特文化的基础。欧洲与北美在自然和人文环境上的确是两个完全不同的"天地"。不过,在北美大陆,土地的确是一望无垠、广袤富饶、资源丰富,最重要的是没有旧世界君主专制制度设置的种种限制,为他们充分发展个人的才能提供了机会,他们真正成为掌握自己命运的主人,仅从这方面而言就与欧洲形成了明显的对比。德裔美国学者弗朗茨·约瑟夫主编过一本通过外国人看美国的论文集,他在"跋"中写道,美国"代表了新土地上的新开端,是以心理上对旧形式的反叛精神建立的"[②]。因此,无论从哪方面讲,北美大陆体现出的"新"恰恰是以欧洲的"旧"作为衬托的,一个与"旧世界"相对应的"新大陆"就这样脱颖而出了。

在美国建国前后,欧洲人和美国人的确生活在两个不同的世界。潘恩认为,英国和美利坚属于不同的体系,"英国属于欧洲,美利坚属于自

[①] Frederick Jackson Turner, *The Significance of the Frontier in American History*, MadisonSilver Buckle Press, 1984, p. 3. 中文译文见杨生茂编《美国历史学家特纳及其学派》,商务印书馆 1984 年版,第 6 页。

[②] Joseph, ed., *As Others See Us: the United States through Foreign Eyes*, p. 351.

己"①。潘恩这番话旨在为北美十三个殖民地脱离英国而寻求合法化的理由，但却说明了在开国先贤们的视野中美利坚与欧洲早就分道扬镳了。因此，"对美国人来说，不仅是地理和利益，而且是自由和道义把他们的国家与欧洲分离开来"②。正如历史学家罗伯特·卡根所言，尽管美国人和欧洲人不是生活在火星和金星上，但他们的确生活在不同的世界。③ 不过，欧洲人在文化上的优越感要远远大于美国人，这种优越感在欧洲精英们的身上表现得尤为明显，他们对这个新共和国的"不屑一顾"很大程度上体现在文化上，属于一种根深蒂固的文化偏见，他们虚构出的美国负面形象恰恰是为了凸显古老欧洲文化的优越。针对欧洲精英对美国文化的攻击，殖民时期的美利坚人和建国之初的美国人总体上是处于一种防御状态，虽不能说是完全被动，但很多情况下是针对欧洲精英们贬抑美国起而反驳的。以后成为美国革命领导人的弗吉尼亚人理查德·亨利·李 1765 年在致其兄弟阿瑟·李的信中谈到艺术和学问对美利坚人获得自由的重要性。在他看来，如果美利坚人"在艺术和科学上取得了相同的进步，就像其在人口数量上绝对增加一样，那么专制统治者将很快认识到，只有通过自由的交往和调停的平等参与以及赋予其自由和自由政体，它们才能获得美利坚的友谊"④。这段话暗含了美利坚人在文化上显得底气不是很足，表明了在"艺术和科学"领域取得成就对殖民地发展的意义，也是对欧洲人贬抑北美殖民地缺乏精湛的艺术作品和文学佳作的回应。不过，自认为对世界承担一种特殊使命的美利坚人和殖民地独立之后的美国人同样有一种天然的优越感，他们也只有尽量地贬抑欧洲，才能彰显出美国人独受上帝"赐福"的特性。研究美欧文化关系的美国学者理查德·佩尔斯认为，"新大陆"与"旧世界"在文化上的二元对立逐渐形成了美国人对欧洲的一种传统之见，美国

---

① Moncure Daniel Conway, ed., *The Writings of Thomas Paine*, Vol. I, *1774 – 1779*, New York and London: G. P. Putnams' Sons, 1894, p. 92.

② Strout, *The American Image of the Old World*, p. 22.

③ Ulrich Beck, "Power and Weakness in A World Risk Society," in Daniel Levy, Max Pensky, John Torpey, eds., *Old Europe, New Europe, Core Europe: Transatlantic Relations after the Iraq War*, London: Verso, 2005, p. 190.

④ Richard Henry Lee to Arthur Lee, July 4, 1765, in James Curtis Ballagh, ed., *The Letters of Richard Henry Lee*, Vol. I, *1762 – 1778*, New York: The Macmillan Company, 1911, p. 11.

体现了"清白、年轻、活力、信任、乐观、自由、繁荣和现代性",而欧洲却代表了"狡黠、玩世不恭、腐败、颓废、贫穷、社会与意识形态冲突和战争"。美国代表了"向善",欧洲却象征着"邪恶"。[①] 因此,美国人正是在这种与欧洲文化对立的观念中凸显了美国与众不同的特性。已故的美国著名学者塞缪尔·亨廷顿在谈到这一点时指出:

> 从一开始,美国人就在与一个讨厌的"他者"比中确立了自己的信念认同。美国的对手总是自由的反对者。在独立时期,美国人不能在文化上与英国区别开来,因此他们必须在政治上与英国有所不同。英国体现了专制、独裁和压迫,美国却代表了民主、平等和共和主义。直到19世纪末,美国把自己确定在欧洲的对立面。欧洲是过去:落后、不自由、不平等、具有封建主义的特征、君主制和帝国主义。相比之下,美国是未来:进步、自由、平等和共和。[②]

亨廷顿是研究美国特性的大家,他的这种比较正是历史上很多美国精英对欧洲与美国之间存在根本区别的看法。当然,许多美国人对欧洲的描述不见得符合历史事实,他们也是在一种想象中来创造出"美国人的欧洲形象",其意义并不在于欧洲本来是什么,而是以欧洲的"黑暗"来突出美国的"光明"。从这个意义上讲,当欧洲人根据长期的刻板之见来虚构一副与现实相距甚远的"美国"时,美国人也在做同样之事。正如一位研究者所言:"欧洲人不完全是相同的,美国人亦是如此。然而,欧洲人在对美国人和美国做出评价时拥有很多一致的判断,就像美国人一样。不同地区的美国人有着非常大的不同,但他们对欧洲和欧洲人的看法上极为相似。"[③] 这种文化上的二元对立导致了双方彼此视对方为负面的"他者"形象,以此来凸显出各自文化上的优越。正是受这样一种传统偏见的制约,欧洲精

[①] Richard Pells, *Not Like Us: How Europeans Have Loved, Hated, and Transformed American Culture since World War II*, New York: Basic Books, 1997, p. 3.

[②] Samuel Huntington, "The Erosion of American National Interests," *Foreign Affairs*, Vol. 76, No. 5, September/October 1997, p. 30.

[③] Dennis L. Bark, *Americans and Europeans Dancing in the Dark: on Our Differences and Affinities, Our Interests, and Our Habits of life*, Stanford: Hoover Institution Press, 2007, p. 5.

英们竭力地贬抑正在走向强大的美国，使美国在欧洲人脑海中的"他者"形象大大得到强化。

欧洲精英构建的美国"他者"形象反映了他们在文化上很难认同这个新国家，这种形象一旦在脑海中形成便很难消除，致使他们总是戴着"有色眼镜"来看待美国社会的一切，即使是诸如托克维尔等人撰写的客观描述美国的论著也很难对欧洲精英的美国观产生太大的影响，有时还会加强他们对美国的偏见，原因在于这些论著描述的美国同样展现出了与欧洲不同的特性，只不过作者是从正面来看待美国社会而已。因此，欧洲精英构建美国"他者"的形象，追根溯源主要是为了凸显欧洲文化的深奥精微，加强欧洲人对本大陆文化的自豪感，在思想上自觉地构建起一道抵制受新兴美国影响的"藩篱"。

二 欧洲精英对美国文化的理解

每个国家或民族都有自己的文化，不同国家的文化形成和发展与它们的历史发展进程密切联系在一起，潜移默化地造就了这些国家人民彼此区别开来的基本特性，对此学者们大概不会存在太大的异议。不同国家文化的形成是个非常具体的历史过程，这些国家展现出的文化特性在进行相互比较时同样是清晰可见的。然而在涉及概念上的"文化"时，不同学科的学者受各自学科研究范围的局限，对文化内涵的解释可就大相径庭了。欲要搞清楚欧洲人对美国文化内涵的理解，那么首先应该对文化概念有一个基本的了解。这对认识欧洲人理解美国文化显然是非常重要的，也对认识这一时期欧洲人的美国观是大有裨益的。

在人文社会科学中，"文化"是使用得最为广泛的概念之一。用研究文化的学者阿瑟·阿萨·伯杰的话来说，文化"是在当代关于社会和艺术研究中所使用的最引人注目和最难以捉摸的概念之一。这是因为这一概念被不同的人以不同的方法所使用"[1]。因此，如何给"文化"下个学术界基本认可的准确定义大概是非常困难的事情。学者们在涉及"文化"时，可谓

---

[1] Arthur Asa Berger, *Cultural Criticism: A Primer of Key Concepts*, Thousand Oaks: Sage Publications, 1995, pp. 135 - 136.

众说纷纭,莫衷一是,"文化"由此成为使用最为广泛但却最富争议性的概念之一。在中国的典籍中,"文化"这一术语早有记载,如《易传》中有"观乎人文以化成天下"一语,提倡以人文精神来使天下归附顺从。西汉刘向在《说苑·指武》中写道:"凡武之兴,为不服也;文化不改,然后加诛。"这里谈到的"文化"同样包含着统治者"以文德教化"天下的意思。显而易见,中国典籍中的"文化"与现代汉语中的"文化"尽管字形相同,但内涵却是完全不同。我们现在所讲的"文化"一词是日本人对英文"culture"的译名,中文借用了日文的这一译法。所以现代汉语中的"文化"与英文的"culture"一词是相对应的。英文中的"culture"源于拉丁文"colere",意指耕种、培植或居住,显然是与以农耕为主的古代农业社会有着很大的关系,所以英文的"农业"(agriculture)一词是"文化"(culture)一词的延伸。在中世纪,尽管"文化"这一术语具有宗教崇拜的倾向,但其中所包含的"耕作"或"培育"的原意并未发生根本的改变。文化的这种含义持续了很长时间,只是随着文明的进步而不断增添新的内容。世界进入现代社会之后,人文社科研究领域的细化成为大势所趋,不同的研究学科不断地出现,文化概念在这些研究领域中的使用自然会赋予其新的内涵。1952年,美国人类学家克鲁伯和克拉克洪在其《文化:关于概念和定义的检讨》的论著中,统计从1871年到1951年80年间关于文化的定义有164种之多。他们也试图从这些形形色色的定义中抽象出为大多数研究者所能接受的文化概念,但未能如愿。[1] 如今要对"文化"下一个各学科都可接受的定义恐怕更是难上加难了。这说明了学者们尽管在文化的形成上很少出现分歧,但在文化的内涵上却多少有点"五花八门"了。美国学者尤金·霍尔顿在其论文中不无感触地谈道:"文化这一特定的术语是如此含糊不清,致使一个理论家很容易地将无论什么先入之见填充于其内。"[2] 霍尔顿的这番话显然指文化内涵的不确定性或杂乱性,亦是一个研究文化的学者面对纷繁杂乱的文化概念所发出的一种无可奈何的叹息。

---

[1] Alfred Louis Kroeber and Clyde Kluckhohn, *Culture: A Critical Review of Concepts and Definitions*, New York: Vintage, 1952.

[2] Eugene Halton, "The Cultic Roots of Culture," in Richard Münch and Neil J. Smelser, eds., *Theory of Culture*, Berkeley: University of California Press, 1992, p. 30.

笔者不是研究文化理论的，自然不敢对不同学科对文化下的定义妄加评判，其实他们各自关于文化的定义显然不是坐在书斋中凭空想象出来的，而是根据本学科特定的研究对象来提出文化概念的。笔者曾经根据国际学术界比较流行的文化概念总结了文化的几个基本特征：首先，文化是一个社会成员所共同具有的知识和价值观念的体系，是约束他们行为的基本准则。这是文化内涵的精神层面，不是表现为具体有形的东西，很大程度上是通过语言或文字等人类创造出来的"媒介"来表述的，但却对人们在现实世界中如何思考、如何行事、如何交往以及如何适应不断变化的社会环境形成了潜移默化的指导。其次，文化不是与生俱来的，而是后天习得的。一个社会群体的成员通过后天学习从社会获得传统的生活方式、思维方式以及价值观念是文化体现的一个主要内容。再次，文化是一个社会的知识价值积累，具有渐变性和保守性的特征。一种民族文化的形成不是突如其来的，而是经历了漫长的历史演变过程，构成其主要内容的基本价值观超越了个体的生命和具体的历史时代而持续地延存下去，不断根据环境的需要或适应环境的变化而增添新的内容。最后，文化既是精神的，又是物质的，是两者有机结合的统一。[①] 联合国教科文组织1998年公布的《世界文化报告》对文化作了广义和狭义的界定。从广义上讲，"文化是一种生活方式和生存方式。这包括人们所持的价值观，对他人（民族和性别）的容忍，外在的以及与之相对的内在的取向和偏好，等等"。从狭义上讲，"文化是艺术、音乐、文学等方面的体现"[②]。这一文化概念显然是试图总结出一种共识，美国人对"文化"的理解多强调前者，而欧洲人对"文化"的理解多偏重后者，也就是精神层面的文化能够创造出给人们的日常生活带来精神享受的东西，让人们具有了某种不用金钱就能够买到的精神气质，而这种气质恰恰又体现出了具有深厚基础的博大精深的文化。德国独裁者阿道夫·希特勒曾宣称："仅贝多芬的交响曲所包含的文化内涵就超过了美国人

[①] 王晓德、张晓芒主编：《历史与现实：世界文化多元化研究》，天津人民出版社2007年版，第7—9页。

[②] 《世界文化报告（1998）——文化、创新与市场》，关世杰等译，联合国教科文组织/北京大学出版社2000年版，第1页。

迄今为止所创造的一切。"① 希特勒是个典型的文化优越论者,也是一个极端种族主义者,他这里强调只有在日耳曼文化土壤中才有可能培养出像贝多芬这样的大师。他以历史很短的美国作为衬托,目的只是想更加凸显出日耳曼文化的优越无比,至高无上。希特勒这番话并非他个人的独创,而是更为形象地表明了历史上欧洲精英们对美国文化的一种扭曲理解。

欧洲知识精英对"文化"的理解与美国人有很大的区别。如德国学者阿道夫·哈尔菲尔德认为,美国文明是"没有灵魂的文化"。在他们看来,美国人对高雅文化不屑一顾,诸如生产率、效率与合理性等美国人的基本认同和价值观与包括高质量的工艺品、苦思冥想以及创造性地利用闲暇等在内的"文化"之最根本特征相悖,"对许多观察家来说,美国文明不仅仅是不同的,而且对欧洲文化构成了破坏性的威胁"②。哈尔菲尔德在欧洲学者中算是思想比较守旧的保守主义分子,他的观察显然是带上了"有色眼镜",但却是欧洲精英层一个比较流行的观点。因此,欧洲精英在传统上把文化"狭隘地界定为'高雅文化',只是由'伟大'的文学作品、绘画、剧本、音乐和舞剧等构成,它们毫无例外地是在城市的表演艺术中心受到欣赏,其价格是'未受到教育的大众'所无法承担的"③。耶鲁大学教授托马斯·莫尔纳指出,欧洲人和美国人在文化上理解大为不同。在欧洲人看来,文化是理智和精神创造的最高表达,要求一种准宗教的献身。文化超越了个人和阶层,更像是神对人的启示。文化的不同范畴涉及深思熟虑的推理形式,并从中得到它们的标准,致使文化的表现成为一个拥有明确社会结果和制度表达的金字塔。这样,文化按照主要从柏拉图等哲学家那里继承来的一条直线表明和转变成等级的社会组织:顶端是某种观念(本身是很难达到的),其纯粹的精华通过金字塔自身向下传递,越来越体现为物质的和不完善的。不过甚至最低层也包含了其努力向着最高层运动的线索。

---

① Josef Joffe, *Überpower: the Imperial Temptation of America*, New York: W. W. Wiener & Co., 2006, p. 105.

② Jessica C. E. Gienow-Hecht, "Shame on US? Academics, Cultural Transfer, and the Cold War: A Critical Review," *Diplomatic History*, Vol. 24, No. 3, Summer 2000, p. 470.

③ Volker R. Berghahn, "European Elitism, American Money, and Popular Culture," in R. Laurence Moore and Maurizio Vaudagna, eds., *American Century in Europe*, Ithaca: Cornell University Press, 2003, p. 123.

不管在宗教、教育和政治方面,还是在艺术方面,这是一条欧洲文化概念发展的基本线索。对美国人来说,文化使自己的生活更加愉快、更加满意和更加实用,使他们的闲暇活动像竞赛一样有所作为。① 这是莫尔纳研究了历史上欧洲精英对文化内涵认识后所得出的结论。美国著名历史学家丹尼尔·布尔斯廷认为,现代欧洲最发达国家的文化是相当"首尾一致的",社会和制度的变革很难消除"贵族文化和平民文化之间的根本区别",换句话说,欧洲文化展现的"贵族"特性很难被改变,接受"高等教育依然是富人和出身名门者的特权"②。布尔斯廷是在欧洲国家采用了民主制度之后说这番话的,这从一个角度说明了制度的变迁不会造成根深蒂固于欧洲精英脑海之中的文化观发生彻底的改变,即使美国文化表现出了适应民主社会的发展,为在欧洲精英眼中的"下里巴人"所喜闻乐见,处在民主社会的欧洲精英也很难接受这种为大众所喜爱或欢迎的文化,他们以自己的文化观维护历史上延续下来的"贵族文化"时也让他们国家的制度与社会有了与美国区别开来的特征。

西方法兰克福学派的主要代表特奥多尔·阿多诺是当代大众文化的著名批评家。在他看来,欧美人在文化观上存在着决定性的不同。在欧洲,尤其是在德国,"文化"被理解为用来衡量高雅艺术作品的一种"规范",暗示了精神自我发展的一种"理想"。在美国,文化观念与现实生活中的"做法"联系在一起,既形成了社会关系,也通过技术手段征服了自然和控制了自然资源。阿多诺特别强调,美国和德国对文化理解的不同,主要在于两个国家中产阶级不同的历史经历。美国社会是建立在纯粹的中产阶级的基础之上,在这里,中产阶级文化的原则是以最合乎逻辑的方式来实现的。相比之下,德国从来没有经历一场成功的中产阶级革命。德国尽管1918 年建立了一个民主的公民社会,但这种社会却被担心社会主义掌权的中产阶级所扭曲。在这样一种局面下,文化展现出一种高度精神化的特性,以此弥补缺乏以中产阶级的理想来形成德国社会的机会。这种集中于理性

---

① Thomas Molnar, *The Emerging Atlantic Culture*, New Brunswick: Transaction Publishers, 1994, p. 34.

② Daniel J. Boorstin, *America and the Image of Europe: Reflections on American Thought*, New York: Meridian Books, Inc, 1960, pp. 45 – 46.

的和精神的高雅促进了德国音乐和哲学的发展，但把人的思想从绝对权力下解放出来的代价是大大缺乏与现实的联系。因此，大多数德国知识分子往往谴责美国受"物质主义"的支配。阿多诺对这种谴责表示质疑，提出了关于大众生产和大众消费的辨证观点，即提供极其丰富商品的美国绝不只是物质主义的。美国的生活方式必须被理解为"在整个欧洲启蒙进程意义上启蒙的普遍胜利"。因此，他对美国大众文化持一种赞扬的态度，坚信"全球的历史趋势将归结为欧洲的美国化"[1]。作为一个文化批评家，阿多诺试图通过两种文化的比较，从理论上找出美国大众文化在欧洲传播的根源。他的观点显然不会得到多数欧洲知识分子的认同，但却表明了欧洲文化和美国文化从一开始就存在着巨大的区别。他对德国文化的反思从一个角度反映出历史上欧洲精英对美国文化的理解，两种文化的主要区别表现为"传统"与"现代"的特征，欧洲文化具有厚实博大的传统，而美国文化在很大程度上却是反传统的，把缺乏欧洲精英宣称的文化内涵的现代生活体现得淋漓尽致。其实，美国人并不否认这一点，在多数情况下把反"传统"转变成了反对源于欧洲君主专制制度的文化价值观。美国康奈尔大学教授库欣·斯特劳特认为，不管是欧洲人，还是美国人，两者都"常常着迷于美国是反欧洲的新大陆的观念"[2]。斯特劳特是研究美国人欧洲观的权威之一，他的这句话显然不是无的放矢，而是基于对历史和现实研究的一种深刻体会，发人深省。因此，对大多数美国人来说，"欧洲等同于一个等级制的政治社会次序，一种教会和国家封闭式的互动，灾难性地卷入封建专制主义和民族主义的竞争和冲突之中，以及大规模经历的宗教不容忍"[3]。欧洲尽管以后发生了很大的变革，"专制主义"不断地在欧洲大陆失去了存在的合法性基础，但这种早期的印象却长期滞留在美国人的脑海之中，以变化了的形式凸现出美国与欧洲的对立，同时表明了在欧洲人的文化观中"传统"所占据的重要位置。

---

[1] 关于阿多诺的观点，详见 Kaspar Maase, "A Taste of Honey: Adorno's Reading of American Mass Culture," in John Dean and Jean-Paul Gabilliet, eds., *European Readings of American Popular Culture*, Westport: Greenwood Press, 1996, pp. 204–208.

[2] Strout, *The American Image of the Old World*, p. xiii.

[3] Wilfried Gerhard, *America in Europe*, Hamburg: Edition Temmen, 1999, p. 31.

文化是一种经过很长时间历史演变而形成的传统，文化体现出一种高贵的气质，文化只是为社会上有知识的少数群体所享有，文化可以培育出不能用金钱来衡量的精神产品，文化永远位于一个精雕细琢的神圣殿堂之内，进入这个殿堂者只是主宰人们精神生活的精英人士，凡此种种均反映出了欧洲精英们的文化观。普通大众由此与"文化"无缘，自然被排除在神圣的文化殿堂之外。正是基于这种对文化的认识，从美国作为主权国家开始，欧洲文化精英层中流行这样一种观点，即美国是有文明而无文化的国家。持这种观点者认为文化只存在于能够产生诸如莎士比亚、肖邦、达芬奇、贝多芬、普希金、陀斯妥耶夫斯基和托尔斯泰等世界级名人的国家，文化提供了产生这些给人类文明精神生活带来巨大贡献之人物的土壤，厚实的历史积淀起到了潜移默化的培植作用。美国历史很短，尚未形成"营养丰富"的文化土壤，因此在文学艺术领域自然很难出现对人类文明进程产生重要影响的大师级人物。一些欧洲人谈到美国社会时甚至对"文化"两字讳莫如深，似乎美国与他们理解的"文化"无缘。英国历史学家洛斯·迪金斯声称，"美国根本无任何文化可言"[1]。德国学者斯特凡·保罗斯一针见血地指出，欧洲精英人士把想象上的"无文化"的美国大众社会看作是庸俗低劣的，与经过历史演化的欧洲"文化"不可同日而语。[2] 有的欧洲人对美国文化的抨击更为激烈。如在19世纪中期，法国著名小说家亨利·德蒙泰朗借他作品中的一位记者之口说，美国是"一个设法贬抑地球上几乎所有国家的智力、道义和人类质量的国家，在这个星球存在中，这样的事情以前从来没有看见过。我指控美国是对人类犯罪的首要国家"[3]。当然，这只是欧洲一些极端文化保守主义者所持的观点。不过，绝大多数欧洲精英人士还是戴着"有色眼镜"来观察美国文化的。克罗斯是研究美国文化在欧洲传播的著名学者，他通过欧洲文化与美国文化的比较描述了欧洲精英的美国观：

---

[1] G. Lowes Dickinson, *Appearances*, New York: Doubleday, Page & Company, 1914, p. 194.
[2] Stefan Paulus, "The Americanisation of Europe after 1945? The Case of the German Universities," *European Review of History*, Vol. 9, No. 2, 2002, p. 243.
[3] Ceaser, "A Genealogy of Anti-Americanism," *Public Interest*, No. 152, Summer 2003, p. 4.

欧洲人把美国编织成由自己创作之形象构成的网。其体现的含义隶属于真正属于批评者反省欧洲历史的"美国"。美国成为欧洲思想史的组成部分。因此，很少欧洲人能够摆脱所有这些先入之见来探讨美国。他们在这里可能总是拿自己来对照别人。他们倾向于把这个国家看作他们自己文化惯例的一个不确定的对照物，把美国这个"他者"转变成各种比较，这些比较往往以一面扭曲之镜将采用相同方式映照美国。我们都能提出自己对诸种比较的列举：欧洲重视质量，美国只知道数量；欧洲有一种强烈的真实感，美国却欣赏虚构和假货；欧洲喜欢古老闲适的环境，有深深的"积淀"，美国却在浅薄的追求中放荡不羁；欧洲自身的经历富有意义，它在美国发现毫无意义的东西；欧洲清楚并欣赏个性，美国却把个性屈从于无情的标准化。在那里，个性变成了扭曲的多样性，制作十种口味完全像纸板一样的食物。这些就是对比，能够简化为上面探讨的隐语方面。美国总是被模式化，使之从属于一种欧洲话语的目的，从属于欧洲的范畴和偏见。美国成为欧洲人脑海中的一种构成物。[1]

克罗斯后来在一篇文章中强调了欧洲人把美国视为"他者"的三个层面。欧洲人在空间上把美国看作"肤浅"的；时间上认为美国人缺乏欧洲人的历史感，只把目光投向现实的存在；此外，与欧洲文化相比，美国文化缺少欧洲人的整体意识或机体内聚力意识。[2] 与克罗斯齐名的戴维·埃尔伍德等人总结出欧洲人往往从三个方面来看待美国文化。首先是在空间方面，"美国被看作一个浮在表面的社会和文化，缺乏欧洲的高度和深度，缺乏欧洲的灵魂和热情，缺乏欧洲内在的真实性"。其次在时间方面，"美国被看作缺乏欧洲的命运历史意识和悲剧历史意识"。第三个方面表现在有机的凝聚感和神圣意识，"这些意识抚育了欧洲人对待文化遗产态度的特征，

---

[1] Rob Kroes, "Introduction: America and Europe-A Clash of Imagined Communities," in Dean and Gabilliet, eds., *European Readings of American Popular Culture*, pp. xlix-l.

[2] Rob Kroes, "America and the European Sense of History," *The Journal of American History*, Vol. 86, No. 3, December 1999, p. 1136.

而在美国却是缺少这些意识"①。德国著名小说家彼得·乔特耶维茨（Peter Chotjewitz）谈到德国流行的一种说法，即"美国人是地球上唯一从石器时代跳跃到文明的民族，缺乏创建一种文化的曲折性"②。欧洲人显然是从"他者"的角度来评判美国文化的。克罗斯与埃尔伍德等人均是研究美国文化的欧洲知名学者，他们对欧洲绝大多数人对美国社会高度抽象化认识尽管是基于对当代欧洲人美国观的考察之上，但却包含着对历史的深刻反思，也是早期欧洲精英对美国文化认识的真实写照。

　　早期欧洲精英的美国观与他们对文化内涵的认识密切联系在一起，"无文化"或"文化的沙漠"属于一种极端的观点，反映出欧洲精英层中比较保守者对美国社会的整体看法，他们是在与欧洲文化比较中得出了这种结论，在以欧洲中心主义居于主导地位的上流社会和学界很有市场。美国人对欧洲精英的这种"荒诞无稽"的说法很不以为然，必会予以反驳。一位美国学者曾直言不讳地批评了这种"荒诞无稽"的观点。在他看来，美国人"深知，我们的艺术、音乐、文学和建筑很年轻，我们更是清楚与欧洲很长的历史相比时它们是多么的年轻。但是我希望你们要承认，正是我们对自己不长历史的理解，才解释了为什么我们依然在赞美自由。对我们来说，一切皆源于自由。这就是为什么我们焦急地一直在谈论自由，从街上的行人到我们国家的总统都是这样。自由是我们的生命，是我们文化的基础。一些欧洲人喜欢说美国人没有任何文化。他们这种说法是错误的。美国的文化是自由。自由也是我们最古老的传统"③。这位学者是针对欧洲精英讥讽美国"无文化"而言的。然而，就绝大多数欧洲精英而言，即使美国是有文化的，那这种文化也是简单粗俗，空有文化之名，却无文化之实，与高雅复杂的欧洲文化简直不可同日而语。挪威著名作家汉姆生在其1889

---

① Ellwood and Elteren, et al., "Questions of Cultural Exchange: The NLAS Statement on the European Reception of American Mass Culture," *American Studies International*, October 1994, Vol. 32, pp. 32–45. 另见 Rob Kroes, R. W. Rydell and D. F. J. Bosscher, eds., *Cultural Transmissions and Receptions: American Mass Culture in Europe*, Amsterdam: VU University Press, 1993, pp. 322–323.

② Ickstadt, "Uniting A Divided Nation: Americanism and Anti-Americanism in Post-war Germany," *European Journal of American Culture*, Vol. 23, No. 2, 2004, p. 166.

③ Bark, *Americans and Europeans Dancing in the Dark: on Our Differences and Affinities, Our Interests, and Our Habits of life*, p. 79.

年出版的《现代美国文化生活》著作中认为,19世纪欧洲知识分子把美国批评为缺乏礼仪和情趣,他们由此得出了"美国在文化上是个非常落后之国家"的结论。① 奥地利维也纳大学历史学教授托马斯·费雷舍尔认为,在19世纪,欧洲精英把美国描述为没有文化的国度,人们追逐物质主义的享受,体现了一种粗俗的大众文化。这种文化与欧洲高雅文化迥然相异,而且具有破坏性,对欧洲文化构成了很大的威胁。② 费雷舍尔是研究欧洲反美主义形成与发展的专家,他的观点带有对历史上欧洲反美主义反思的味道,但却真实地再现了欧洲精英这一时期的美国观。欧洲精英们在文化上对新兴美国极尽贬抑之词,固然有对大洋彼岸的美国迅速崛起而对欧洲构成威胁的担忧,但却是对欧洲境外国家或地区一种根深蒂固的文化偏见,亦成为19世纪时期欧洲反美主义的主要表现形式。

三 欧洲精英对美国文化的批评

19世纪的欧洲知识精英对本地区文化拥有一种天然的优越感,这是祖辈留下的历史遗产,根深蒂固于他们的脑海之中。他们正是在这种文化优越感的基础上逐渐形成了一套对美国社会和美国人的刻板之见,旨在通过对美国文化的批评来凸显出欧洲文化的"博大精深"。他们对美国文化特性的描述往往与实际的美国现状相距甚远,只是把美国作为一个想象中的"符号"来表达他们对自己所处社会的自豪或忧虑抑或其他考虑。因此,美国"作为一个屏幕映照出欧洲人的想象和担忧;它提供了欧洲人能够给自己定位所依照的过去和未来的想象力;它代表一个'他者',但又不完全是一个'他者',对比之下,欧洲人能够试图确定他们自己特殊的身份,详尽阐述他们的普遍性主张"③。美国学者奥雷利安·克雷乌图与杰弗里·伊萨克主编了书名为《欧洲人看美国》的专题论文集,很多作者文章的内容涉

---

① Knut Hamsun, *The Cultural Life of Modern America*, translated by Barbara Gordon Morgridge, Cambridge: Harvard University Press, 1969, p. 15.

② Thomas Fröschl, "Historical Roots of European Anti-Americanism in the 18th and 19th Centuries," in Draxlbauer, Fellner and Fröschl, eds., (*Anti-*) *Americanisms*, p. 71.

③ Mary Nolan, "America in the German Imagination," in Fehrenbach and Poiger, eds., *Transactions, Transgressions, Transformations: American Culture in Western Europe and Japan*, p. 3.

及19世纪英国人和法国人对美国的看法。两位主编在绪论中谈到，许多欧洲学者在这一时期对美国提出了尖刻的批评，常常以"神话和偏见"描述大西洋彼岸的美国社会，间接地"表达了他们对自己社会的不满。这种让美国凸显相互希望与恐惧的知识分子倾向激发起把事实、形象和象征混淆在一起的忧虑，使区分'真正'的美国和'想象'的美国更为困难"①。在这本论文集中，作者均为某一研究领域的专家学者。首篇论文为研究欧洲人美国观的专家艾伦·莱文所撰写，在莱文看来。19世纪欧洲人的美国观揭示出美国某些真实的方面，但更多的却是体现了欧洲人对自身社会的"希望、恐惧和焦虑"。欧洲思想家关于美国的激烈争论很大程度上是关于"欧洲文明、启蒙运动、自由主义和现代性本身的一场替代性战争"。这一时期欧洲思想家通常把美国视为自我为本的个人主义和新商业社会的缩影，代表了新中产阶层利益的民主政体对权力的集中。欧洲人在四个方面对美国社会提出了尖锐的批评：首先，美国被说成是"象征着崩溃的制度引发的无序状态，诸如经历、年龄、出身、天赋、才能和美德等所有以前标准的权威在美国无一不大大削弱"。其次，美国表现出日益对"金钱的迷恋"，这是因为所有其他人类价值标准都被美国人视而不见。再次，美国代表着"未受到控制的平等"。美国社会"宁愿要平等，也不要自由"。最后，美国新的共和政体"体现了多数的权力或多数的暴虐"②。莱文把欧洲精英人士对美国的批评集中在制度和社会方面，其实这一时期他们对美国的批评比上述几个方面要广泛得多，追根溯源还是在于美国缺乏像欧洲那样一套能够彰显民族和个体贵族气质的高雅文化。德国研究奥地利文化的历史学教授贡特·比斯霍夫谈到19世纪奥地利的文化精英"冲在最前边，推出了美国的永久形象是这样一个社会，即没有文化，缺乏文明，粗鲁的

---

① Aurelian Craiutu & Jeffrey C. Isaac, "Introduction: Europeans in Search of America," in Aurelian Craiutu & Jeffrey C. Isaac, eds., *America through European Eyes: British and French Reflections on the New World from the Eighteenth Century to the Present*, University Park: Pennsylvania State University Press, 2009, pp. 3 – 4.

② Alan Levine, "The Idea of America in the History of European Political Thought: 1492 to 9/11," in Craiutu & Isaac, eds., *America through European Eyes: British and French Reflections on the New World from the Eighteenth Century to the Present*, pp. 19, 31 – 32.

物质主义"。比斯霍夫将之说成是奥地利对欧洲反美主义的"最重要贡献"①。这一时期欧洲文化精英正是在对美国文化的抨击中树立起一个与欧洲高雅文化相对立的"他者"形象。

布丰等人的"美洲退化论"在 19 世纪已被事实证明与美洲的实际状况并不相符,但在欧洲社会依然广有市场,深得对美国抱有文化偏见的欧洲人的推崇。普鲁士地理学家、博物学家和探险家亚历山大·冯·洪堡对美洲的描述对欧洲人影响较大,他在 19 世纪 20 年代出版的一本著作中谈到布丰关于美洲退化的理论很受欧洲人的青睐,极易在欧洲社会和学界传播:"布丰先生危言耸听地主张,家畜移植到这个新大陆之后便会发生退化。对我来说,这里实在是没有必要对这种主张进行反驳。这些思想很容易传播,原因在于它们满足了欧洲人的自傲。"②洪堡从美洲考察回来撰写的文字是对"美洲退化论"的有力反驳,但丝毫改变不了欧洲精英对美洲或美国抱有的偏执之见。有些欧洲精英依然以这种理论来批评美国。生活在 19 世纪上半期的奥地利著名诗人尼古劳斯·莱瑙 1832 年 10 月访问了美国,在巴尔的摩踏上了他早就向往的土地。他本想在这个自由的国度寻求创作的灵感,但结果却是大失所望。莱瑙在美国东部度过了一个极其寒冷的冬天,他自认为领略了这里恶劣的气候和粗暴的民族。美国人像原始人一样缺乏勇气和力量,体质很弱,很顺从,非常让人讨厌。他由此得出了结论,布丰爵士认为"美洲人和动物一代代地在衰退,他是正确的。我在这里尚未见到一只猛狗,一匹烈马或一个充满激情的人。大自然十分缺乏活力。连一只夜莺也看不见,根本就不存在着鸣鸟"。在莱瑙看来,美国的女人完全没有魅力,男人们却唯女人之命是从。他竭力地贬抑美国女人,"我的天,当这些女人在社交场合唱歌时,其发出的声音比这里的鸟叫还难听。就是欧洲后裔的美国人已经变得体质下降,懦弱无力。生活在这里一些年的德国人已经丧失了所有的活力,他们甚至对故乡的依恋也荡然无存了"。因此,美国这个"自由的祖国不再是一个祖国了",美国人只是对金钱感兴

---

① Günter Bischof, "The Sides of the Coin: the Americanization of Austria and Austrian Anti-Americanism," in Stephan, ed., *The Americanization of Europe: Culture, Diplomacy, and Anti-Americanism after 1945*, p. 148.

② Gerbi, *The Dispute of the New World: the History of A Polemic, 1750 – 1900*, p. 410.

趣,"我们在这里称为祖国的东西只是维护资本的一个工具"。美国完全不是想象中的自由之地,已经沦落成了"充满着尔虞我诈的土地"①。在莱瑙的眼中,美国不是充满着田园牧歌的土地或是蓝天白云之下的一片绿洲,而是平淡无味,丝毫没有一点诗情画意,根本激发不了想象力,表现出与诗人之灵感以及生活之所有精神方面的深刻敌对。这样,美国不仅与古老文雅的欧洲形成了鲜明的对比,而且很有可能成为欧洲未来的主要敌人。莱瑙在致友人的信中宣称,美国是一片名副其实的破坏之地,大西洋成为"一个精神和所有高雅生活的隔离带。我不知道我描述这里的一切是否为完全空洞无聊的,我在这里不能对之加以判断"②。他对美国的批评反映出这一时期欧洲文人美国观的主要内容,他的一段名言可谓是在偏见中充满着想象:

> 美国人没有任何葡萄酒,竟然也没有夜莺!他们坐下来喝一杯果酒,口袋里装满了美元,听着知更鸟的鸣声;我宁愿与德国人聊天喝葡萄酒,听着钟爱的夜莺啼鸣,哪怕口袋里空空如也。兄弟,这些美国人是有着空虚灵魂的店主,铜臭味熏天。他们对所有精神生活毫无感觉,犹如一块一动也不动的石头。夜莺不羞于与这些劣种人为伍是正确的。以我之见,美国人没有夜莺是极为重要。对我来说这似乎是某种诗歌的灾难。人们需要尼亚加拉瀑布的声音来告诫这些无赖之徒,存在着比国库中铸造钱币的那些人更至高的神灵。

在其文章中引用这段话的剑桥大学教授杰斯珀·格尔多尔对之评论说,莱瑙的"批评毫不妥协,无所不包,攻击性令人惊讶,主旨有所选择,凡此种种皆为浪漫反美主义的最显著特征"③。其实,莱瑙算是欧洲的自由主义者,对以自由立国的美国本无多大反感,但这次美国之行改变了他对美国以及美国人的看法。莱瑙所发议论是他亲临美国考察之所得,但他对美

---

① Gerbi, *The Dispute of the New World: the History of A Polemic, 1750 – 1900*, pp. 375 – 377.
② Gulddal, "That Most Hateful Land: Romanticism and the Birth of Modern Anti-Americanism," *Journal of European Studies*, Vol. 39, No. 4, December 2009, p. 428.
③ Ibid., p. 430.

国的描述以及得出的结论不见得与实际相符，显然是脑海中对美国根深蒂固的文化偏见所致。至于那些欧洲保守主义精英人士，对美国的偏见更是有过之而无不及了。19世纪上半期很有影响的德国哲学家叔本华对布丰等人的"美洲退化论"推崇备至。在他看来，当美洲与旧世界进行比较时，美洲退化的这种特征表现得非常明显。美洲总是向欧洲人展现出低劣的对应。他有一段很著名的话，即美洲的"野蛮人不是原始人，就像南美洲的野狗不是狗的原型一样；然而狗只是跑到荒野的狗，人是变成野蛮的人，一些来自文明种族的人的后裔在这里误入歧途，偏离正轨，他们不再能够保持他们的文明"[1]。被誉为美国文学之父的华盛顿·欧文对欧洲精英以"退化"来贬抑新兴的美国非常生气，决定亲自访问欧洲，让这些衣冠楚楚的欧洲精英们见识一下他们眼中已经"退化"之种族的面貌。用欧文的话来说，他"焦急地想拜访欧洲的大人物，原因在于我在各种哲学著作中阅读到，美洲所有动物都在退化，人也包括在退化行列。我想，欧洲的大人物由此肯定优越于美国的大人物，就像阿尔卑斯山高于哈德孙高原一样；按照这种思想，我敢肯定地说，我们中间许多非常重要和骄横跋扈的英国人在他们自己的国家却是无足轻重的。我将访问这块神奇的土地，见识一下这个我从中退化的高傲种族"[2]。欧文是个富有激情的爱国主义者，以作为"美国人"而感到自豪，他对欧洲所谓"大人物"讥讽挖苦的批评并非"寻衅滋事"，而是对他们置事实于不顾一味地贬低美国的有力反驳。欧文对欧洲文化的批评毫不留情，词锋犀利，目的不仅是要还美国之"清白"，而且还要证明美国人在文化特性上的无比优越。这也足见当时欧洲学界对美国抱有的文化偏见有多么之深！

在欧洲知识精英的眼中，作为欧洲人后裔的美国人在文化上早已与欧洲分道扬镳了，他们即使不是像当地土著印第安人在持续的"退化"，但在他们中间显然缺乏产生影响人类文明进程的伟大人物，至于流传千古的文学佳作和艺术作品更是付之阙如，归根结底还是归因于美国文化的浅薄粗俗，没有经过很长历史风云变幻的积淀，自然亦无厚实的文化根基。欧洲

---

[1] Gerbi, *The Dispute of the New World: the History of A Polemic, 1750–1900*, p. 438.
[2] Washington Irving, *The Sketch-Book of Geoffrey Crayon, Gent*, New York: G. P. Putnams' Son, 1888, pp. 17–18.

拿破仑战争期间曾流亡美国的法国贵族海德·德·纳维尔在新泽西州居住多年，据他观察，美国社会缺少诗歌和艺术作品，原因主要在于美国缺乏必需的浪漫情操。他在《回忆录》中写道，在美国，"想象力几乎寻找不到养料，因为美国无处不是与现实战斗"。美国"既没有历史，也没有幼年，这两者使其产生不了诗歌"①。纳维尔这里倒不是谴责美国没有文化底蕴，而是试图对流行于欧洲精英层的一个问题做出解释。弗朗西斯·赖特女士是位英国人，她在19世纪20年代多次访问美国，以亲身经历撰写了一本关于美国生活方式的书，赖特在这本影响很大的书中讴歌了处于共和制下美国人的生活方式。她认为欧洲精英对美国文化抱有偏见，经常可以听到他们质问美国人，美国是富有的和繁荣的，但美国的历史遗迹在哪里？美国的诗歌又在哪里？言下之意，美国人的富有与高度升华的精神享受没有多大关系，至少欧洲精英们引以为豪的文学艺术作品是不能用钱购买来的，其产生的价值更是难以用钱财来衡量，在这些流传千古的作品面前，美国人的富有便显得"苍白无力"了。赖特在书中描述了一位美国公民对这个问题的斩钉截铁的回答，赖特的批评足以说明这种观点当时在欧洲精英层中有多么的普遍。② 很有意思的是，赖特1821年出版这本书时，没有署真名，只署为一名英国妇女，大概是担心因赞美美国生活方式而受到本国精英们的攻击，只是翌年第二版时才署上了真名。英国学者亚当·西伯特1820年在英国牧师悉尼·史密斯主编的《爱丁堡评论》上发表了一篇文章，以居高临下的口吻谴责美国对人类文明发展贡献甚微，没有像欧洲古老文明国家那样天才人物辈出，这不能不说是一个很大的遗憾。他义正词严地宣称：

美国人是勇敢、勤劳和敏锐的民族；但是他们迄今为止尚未有出现天才人物的征兆，不管在道义上还是声望上尚没有培养英雄人物的途径。他们的确只是来自英国的不远旁系；如果未来很多代他们可以自

---

① Jean-Philippe Mathy, *Extrême-Occident: French Intellectuals and America*, Chicago and London: the University of Chicago Press, 1993, p. 27.

② An Englishwoman, *Views of Society and Manners in America: A Series of Letters from that Country to a Friend in England during the Years 1818, 1819, and 1820*, New York: Printed for E. Bliss and E. White, 1821, p. 138. (http://www.archive.org/index.php)

吹自擂的话，他们是来自培养培根、莎士比亚和牛顿的同一种族。……他们的富兰克林和华盛顿以及他们革命的所有其他贤人和英雄是诞生于英王时代，是英王培养的臣民，但还进入不了英王臣民的最自由和最有价值的人中间。自他们分离时期以来，他们绝大多数的政治家、艺术家和政治文人一直是外国人，在此之前，这种情况未曾发生在任何有文明教养之民族的历史上。在他们独立的三四十年间，他们绝对没有为科学、为艺术、为文学甚至为政治和政治经济学的研究做出任何贡献。如果把我们的眼界局限于我们自己的国家，局限于他们独立存在以来过去的时期，我们不禁要问，他们的福克斯在哪里？他们的伯克在哪里？他们的谢里登在哪里？他们的温德姆在哪里？他们的霍纳在哪里？他们的威尔伯福斯又在哪里呢？他们的阿克赖特、他们的瓦特和他们的戴维又在哪里呢？他们的罗伯逊、布莱尔、史密斯、斯图尔特、佩利和马尔萨斯又在哪里呢？他们的波森、帕尔、伯尼或布洛姆菲尔德又在哪里呢？他们的斯科特、坎贝尔、拜伦、穆尔克拉布又在哪里呢？他们的西登塞、肯布尔、基恩奥尼尔又在哪里呢？他们的威尔基、劳伦斯和钱特里又在哪里呢？在过去的30年间，还有其他百名人物靠着其著述、发明或榜样使自己闻名于世界，让人类感受到上帝的福音而欣喜若狂，他们有这样的人物吗？据我们所知，在这个自傲种族的整个编年史上尚未产生这样的人物。在全世界，谁读过一本美国书？谁看过美国一出戏？又有谁欣赏过一幅美国画或雕塑？美国内科或外科医生究竟为世界做出了什么贡献？他们的化学家发现了什么新的物质？或者对原有的物质做过什么分析？他们通过美国人的望远镜发现了什么新的星座？他们在数学方面做了什么？谁从美国的杯子中喝到了什么？从美国的菜肴中吃到了什么？或穿过美国的外套或礼服吗？或盖着美国的毛毯睡过觉吗？[①]

[①] Adam Seybert, "Statistical Annals of the United State of America," *The Edinburgh Review, or Critical Journal*, Vol. XXXIII, Edinburgh: Printed by David Willison, 1820, pp. 79 - 80. 这篇文章在《爱丁堡评论》发表之后，影响很大，随后又刊登在了《文学与科学宝库》季刊上。Adam Seybert, "Statistical Annals of the United State of America," in *The Literary and Scientific Repository, and Critical Review*, Vol. 1, No. 1, New York: Wiley and Halsted, July 1820, *Review of Statistical Annals of the United States of America*, pp. 185 - 186.

西伯特的这篇文章在当时影响很大，成为欧洲精英用来指责美国缺乏艺术修养时所引用的一段"经典"名言。早期的美国人常常以富兰克林和华盛顿为实例来反驳欧洲精英关于美国的文化土壤培育不出伟大人物之论调。针对美国人的反驳，欧洲精英们通常持两种观点：一是富兰克林和华盛顿主要受英国文化的影响；二是与欧洲的"伟人"相比，他们还相距甚远。1818年，英国著名诗人约翰·基茨给移民于美国不久的两个兄弟写了封信，宣称，在美国这样的国家，其最伟大的人物是富兰克林和华盛顿，但他们从未做"发展人类智力"这样的事情。他们"无疑是伟人，但他们如何能够与我们的国人弥尔顿和两个西德尼相提并论呢？富兰克林是一个哲学贵格教徒，充满着吝啬节俭的格言，华盛顿卖掉了在其所有战役中所骑的战马。这些美国人是伟大的，但他们不是崇高之人。美国人从来不可能达到这种崇高"[1]。如果连华盛顿和富兰克林这样杰出的历史人物尚不能与欧洲"伟大"人物比肩，那其他对美国历史产生过影响的人物更是不值得一提了。在欧洲精英的眼中，所谓的美国伟人缺乏这种"崇高"乃是其肤浅之文化使然，非个人之力所能为。这样，势必会有欧洲人对美国到底存在一种欧洲标准的"文明"提出质疑。19世纪中期，法国哲学家和文学家让—雅克·安培提出这样一种观点，即民主是美国的，但文明却是欧洲的。他在这里实际上把民主与文明对立起来。按照他的逻辑推理，从严格意义上来讲，美国不可能产生真正的文学，因为古典意义上的文学无疑是文明的产物。美国的散文与美国社会的特性相一致，将是"未经修饰的、充满暴力和不会引起关注的"。美国也存在着文明的行为，这种行为一定是受到欧洲生活方式的影响，而那些非文明的行为则是美国特有的产物。安培谈到他认识弗吉尼亚的一个农场主，这位农场主在言谈举止以及礼仪情趣上表现出很有教养，生活方式完全是欧洲式的。安培到了波士顿之后频频出入上层社会，接触名流，感到他"不是完全处在一个野蛮的土地上。这种渗透到美国的欧洲特性值得注意"[2]。很多欧洲人在美国都有这种经历与体会，法国学者埃内斯特·迪韦吉耶·德·奥朗内在1866年出版的一本

---

[1] John Keats to George and Georgiana Keats, September 22, 1819, in Sidney Colvin, ed., *Letters of John Keats to his Family and Friends*, London and New York: Macmillan and Co., 1891, p. 175.

[2] Strauss, *Menace in the West: the Rise of French Anti-Americanism in Modern Times*, pp. 38 – 39.

第二章 虚拟的形象:早期欧洲知识精英的美国观

书中记载了他在波士顿的愉快经历。在大西洋俱乐部,他与美国名流爱默生和阿加西斯共进午餐。随后他拜访了温德尔·菲利普斯和亨利·朗费罗,在他们的住所进行了畅谈。作为这些接触的结果,他"对这座城市及其居民留下了美好的记忆"。在他看来,这样一种彬彬有礼的氛围实在与他脑海中的美国生活概念不相符合。他只能这样解释说,事实上,波士顿"不再属于美国,而是属于英国,这一地区被正确地命名为新英格兰"①。显而易见,安培和奥朗内不是赞扬美国,而是从另一个角度阐释了美国是一个缺乏文明的国度。英国外交家利佩尔·亨利·格里芬爵士曾在美国考察旅游,1884年出版了一本关于美国的书,书名为《伟大的共和国》。在这本书中,格里芬爵士断言,美国尚未对文明做出任何贡献,原因在于美国不存在着"真正"的文明。因此,美国不再让人"充满幻想",反而"令人大失所望",主要"体现在政治、文学、文化和艺术方面,体现在自然环境、其城市和人民方面。在文明世界的每个国家拥有一些经历之后,我能够认为,除了俄国之外,美国是我最不愿意定居的国家。因为在这个国家,生活就是活着而已,卑鄙肮脏,令人厌恶"②。格里芬在这本书中不乏赞赏美国充满蓬勃向上的活力之语,然而他从根本上否定美国说到底还是表达了对英国最终会被"美国化"的担忧,同时也反映出了自美国立国以来欧洲精英们一直对这个国家抱有的一种偏颇之见。

英国文化批评家马修·阿诺德赞成格里芬对美国的基本判断,他在1888年出版的名为《美国的文明》一书中引用了格里芬的观点。在阿诺德看来,美国在物质进步上取得了成功,繁荣昌盛,但其文明无论如何都存在着"缺陷"。阿诺德描述和解释了一个"真正"文明的本质,美国缺乏这种本质,那自然不能算作具有真正文明的国家了。对阿诺德来说,一个名副其实的文明肯定是"令人向往"的,文明的两大本源为"卓越"和"美感",美国恰恰缺乏的就是这两者。美国缺乏"卓越",根本原因在于美国没有培育出敬畏和恭敬的行为规范。阿诺德对美国的建筑称赞不已,但认为这些建筑不能产生美感。在其他艺术方面以及文学方面,美国迄今尚未产生真正富有美感的作品。阿诺德以亚历山大·汉密尔顿、华盛顿以

---

① Strauss, *Menace in the West: the Rise of French Anti-Americanism in Modern Times*, p. 39.
② Lepel Henry Griffin, *The Great Republic*, New York: Scribner and Welford, 1884, p. 4.

及林肯为例说明了美国缺乏"卓越",汉密尔顿和华盛顿均是很有特性的卓越人物,但却是前美国时代的人物,林肯精明聪慧、幽默诚实、勇敢坚强,但却毫无"卓越"可言。在美国,一切皆不利于"卓越"人才的产生,对"普通人"的赞颂尤其扼杀了"卓越"人物的横空出世。① 格里芬和阿诺德对美国文明的否定反映出他们那个时代欧洲精英对美国的基本看法,在欧洲社会产生了广泛的影响。1890 年 4 月 27 日,美国幽默大师马克·吐温写了一篇《论外国人批评》("On Foreign Critics")的文章,文章篇幅不长,却一针见血,以犀利辛辣的幽默文字反驳了格里芬和阿诺德批评美国缺乏文明的观点。吐温首先谈到了阿诺德对美国活力的赞扬,阿诺德承认,美国"整个人民——包括特别提及的'那个巨大阶层,占社会的很大部分'的工薪族——享有自由平等,衣食无忧,住房舒适,挣钱很多,有大量的教会、报纸、图书馆以及慈善团体,每个人的子女不用花费就可得到良好的教育。阿诺德还补充说,'社会似乎是井然有序,百姓得益'——绝大多数人获益。人们无不看到,我们为最大数量的人提供了最大数量的福利,然而,我们缺乏的东西却是一种文明"。吐温对格里芬的观点不屑一顾,认为不值一驳,因为格里芬"不承认我们拥有文明,一个真正的文明"。吐温认为,对美国人来说,"文明无疑意味着一个民族而不是一个阶层受到教化,今天这个世界上只有一种真正的文明",那就是美利坚文明。② 吐温这种尖锐的批评不会改变格里芬和阿诺德等人对美国文明的偏颇之见,但也足以表明欧洲精英在这一问题上与美国人的看法有多么得不同,完全是以欧洲人的标准来衡量美国的发展,自然得出了美国无"真正"文明的结论。

在欧洲精英们看来,文明或文化已排除了纯粹物质上的一掷千金,那种纸醉金迷、花天酒地的生活与文明或文化大概是风马牛不相及。美国人缺乏欧洲精英们所限定的文明或文化内涵,自然在生活方式上就处处表现为非文明或缺乏文化教养了。夏尔·莫里斯·塔列朗是具有法国王室血统的政治家,拥有亲王头衔。他在法国大革命爆发之后因被怀疑与王室有勾

---

① Arnold, *Civilization in the United States: First and Last Impressions of America*, pp. 157 – 158, 161, 172 – 177.

② Mark Twain, "On Foreign Critics," in Mark Twain, *Collected Tales, Sketches, Speeches & Essays, 1852 – 1890*, New York: The Library of America, 1992, pp. 942 – 944.

结差点被送上断头台,无奈之下远赴重洋流亡美国,在纽约等大城市滞留了两年。他对美国社会的了解尽管是走马观花,但亲眼看到了美国社会,通过与美国社会的直接接触对美国和美国人应该是有所了解,毕竟他在这块土地上生活了一段时期,目睹了美国人的生活方式。然而,塔列朗亲王从一开始……塔列朗亲王从一开始便是带着"有色眼镜"来看待美国社会的,对美国的评价依然脱离不了欧洲人所固有的"歧视"眼光。根据他的回忆,他在费城登陆之后,头脑中对那些引起观光者兴趣的"新奇发明完全是不屑一顾的"。他声称自己还算是比较幸运的,在费城遇见了在巴黎相识的一位荷兰人卡塞诺沃先生。卡塞诺沃相当有教养,与塔列朗亲王可谓是志同道合,"从来不强迫我做任何事情,他本人几乎也不对新奇事物感兴趣"。言下之意,他觉得没有让美国人做他的向导既欣慰又幸运,因为美国人的粗俗行为、物质主义和缺乏情操会使他感到很不舒服。塔列朗亲王特别强调,对他们这些老欧洲的居民来说,美国人"炫耀的各种奢侈豪华多少有些难以接受。我承认,我们的奢侈常常表现出铺张浪费和大可不必的征兆,但在美国,奢侈只是表明了彬彬有礼的优雅尚不存在于生活行为中,甚至也不存在于生活的琐碎事情中。请原谅我详尽地唠叨美国"。塔列朗亲王说他在美国是相当"寂寞孤独的",就是想把在美国的所见所闻一吐为快。[①] 塔列朗亲王在大革命之前大概是过惯上流社会的贵族生活,这种生活与他在美国的见闻完全是不同的。这样,他对美国生活方式或文化提出异议或给予批评是再正常不过了。塔列朗亲王后来出任拿破仑帝国的外交大臣,不可避免地与美国政府打交道。有一次,拿破仑问塔列朗对美国人的看法,塔列朗回答说,美国人不仅"是可怕的猪,而且是傲慢的猪"[②]。塔列朗对美国人冷嘲热讽,恶语相加,从根本上讲还是看不惯美国人过着与欧洲精英们格格不入的庸俗奢侈的生活。因此,在欧洲精英们的眼中,美国人的奢侈是炫耀财富,以挥金如土来弥补精神生活上与欧洲人的差异。托克维尔描述了美国富翁到了欧洲的生活,他"所关心的第一件事,就是以

[①] Due de Broglie, ed., *Memoirs of the Prince de Talleyrand*, translated by Raphael Ledos de Beaufort, Vol. I, London: Griffith Farran Okeden and Welsh, 1891, pp. 175, 181.

[②] Gulddal, "That Most Hateful Land: Romanticism and the Birth of Modern Anti-Americanism," *Journal of European Studies*, Vol. 39, No. 4, December 2009, p. 430.

奢侈来炫耀他的财富，唯恐别人把他视为一个民主国家的普通公民。因而千方百计地摆阔，叫你每天都看到他挥金的新花样。他照例要住在全城最豪华的地区，总有许多仆人前拥后簇"①。这种一掷千金的"暴发户"生活只能暴露精神上的空虚，在欧洲精英们的眼中自然无任何"文化"可言了。

　　19世纪正是美国经济迅速崛起的时期，在这一过程中，美国人对实际利益的考虑起了很重要的作用，此乃美国文化中的实用主义特性。正如著名学者拉斯基在为托克维尔《论美国的民主》所作的导言中特别指出的那样，美国人"凡事考虑眼前的利益，而不追求长远的利益。他们所重视的，是够得到、摸得着、切实存在并能用金钱估价的东西"②。在19世纪，对金钱的追求弥漫于美国社会的各个角落，美国人可谓把物质主义发展到了登峰造极，一切活动的开展皆以谋取利润的多寡来衡量，他们很少干无利可图的事情。土耳其学者厄梅尔·塞拉尔·萨尔认为，美国的物质主义表现为以金钱来衡量一切的普遍倾向。无论在哪个领域，美国人"习惯于根据最大限度的精确度确定可能的费用和利润来决策，仔细地进行相互的比较，这样一种倾向在许多其他国家，尤其在我的国家很少存在"③。这一时期美国人对金钱的追求是美国在迈向现代化过程中形成的一种特有现象，丝毫不会把他们向来宣称的救万民于火海的"理想"淹没在赤裸裸的金钱交易之中。然而，这种生活态度却很难为欧洲精英们所能容忍，他们最担心一旦这种价值观在欧洲广泛传播，欧洲抵制人类行为中的极端物质主义和个人主义的堡垒将会坍塌，这种结果对人类文明来说无疑是个巨大的灾难。因此，欧洲精英们谴责美国的物质主义旨在维护欧洲典雅高贵的生活方式。莱瑙被誉为"德国的拜伦"，他对缺乏浪漫色彩且枯燥无味的美国生活方式打心眼里非常反感，认为他"能够表明美国所有设置的普遍性是缺乏根基。我们在这里称之为的祖国只是一种财产保险的体制"。换言之，美国没有真正的社区，没有真正的民族。美国文化"绝不会从内部有机地产生"。美国

---

① Alexis de Tocqueville, *Democracy in America*, translated by Henry Reeve, Vol. II, New York: J. & H. G. langley, 1841, p. 184. 中文译文见托克维尔《论美国的民主》（下卷），董果良译，商务印书馆1991年版，第713页。

② 托克维尔：《论美国的民主》（下卷），第954页。

③ Joseph, ed., *As Others See Us: The United States through Foreign Eyes*, p. 136.

只有枯燥无味的物质主义,"美国人一无所知,只追求金钱,没有任何思想;因此,这种状况不是理智和道义的惯例(祖国),而是物质的习俗"。他在1832年10月16日致其内弟的信中把美国人污蔑为"先天的弱智",俗不可耐,铜臭味熏天。他们"对精神生活麻木不仁,毫无反应"。莱瑙对弥漫于美国的追求金钱之风极为不屑一顾,在他看来,物质主义与商业已经让美国人的精神生活丧失殆尽,以致美国人竟然对"葡萄酒"和"夜莺"一无所知。美国人甚至都失去了唱歌的愿望和能力。① 莱瑙对美国人的批评非常尖刻,在德国知识分子中间产生了很大的影响。

19世纪时期德国另一个著名诗人海因里希·海涅有一句名言,即金钱就是美国人的"上帝"。他的原话是这样的,美国人"从英国人那里学会了虚伪,英国人不经意地把他们最恶劣的特性传给了美国人。追名逐利是他们的真正宗教,金钱是他们的上帝,是他们唯一全能的上帝"②。曾任法国驻美公使的路易斯—菲利克斯·博茹爵士与美国人打了多年交道,对美国应该算是比较了解,但他依然是站在法国贵族的角度上对美国做出了负面评价的。他在1814年写道:"美德一直被视为共和国的指导原则或主要力量。美国共和国的美德似乎是对金钱的疯狂热爱。它是在这里占主导地位的政治平等的结果,政治平等让人们除了财富之外没有任何其他区别,使他们通过各种可能的手段来获取财富。"如果美德在传统上被视为共和国的原则,那么美国共和国的原则似乎就是对"金钱的狂爱"③。法国驻美公使皮尔埃·阿代曾告诫法国政府,美国政府从来不可信任,美国人"除了爱钱之外别无其他任何德行可言",他们"不懂得自由、道义和荣誉的价值",他们"像最卑鄙的商人一样准备拿着自己盟国的利益做交易"④。19

---

① James Ceaser, "The Philosophical Origins of Anti-Americanism in Europe," in Hollander, ed., *Understanding Anti-Americanism: Its Origins and Impact at Home and Abroad*, p. 51; Diner, *America in the Eyes of the Germans: an Essay on Anti-Americanism*, pp. 34 – 35.

② Rubin and Rubin, *Hating America: A History*, p. 29. Diner, *America in the Eyes of the Germans: an Essay on Anti-Americanism*, p. 39.

③ Cunliffe, "European Images of America," in Schlesinger, Jr. and White, eds., *Paths of American Thought*, p. 506.

④ Paul A. Varg, *Foreign Policies of the Founding Fathers*, East Lansing: Michigan State University Press, 1963, p. 125.

世纪时期法国著名人士埃内斯特·迪韦吉耶把美国人称为"赚钱的机器"①。就连亲自前往美国考察的狄更斯也得出了这样的结论,美国人的"一切忧念、希望、欢乐、感情、道德和交往似乎都被融化成美元"②。爱尔兰诗人托马斯·穆尔在一封信中宣称,美国人的贪婪以达到登峰造极,只是生活本身已经商业化,就连德行都可以拿出来叫卖,"良心、真理和诚信"皆成为商品,价格根据要求上下波动。③ 1852 年德国植物学家弗里德里希·奥托出版了一本书,书名为《大洋的此岸和彼岸》。在这本书中,作者把美国人刻画为在生活方式上应受到谴责的邪恶庞然怪物,他们是"几乎不思考的卑鄙小人",只是"赚钱的动物",沉迷于"欧洲的肮脏之地",在这些地方,人们贪婪腐败,缺乏思想,潜逃的罪犯活动猖獗。④ 奥托勾画出美国人的极端负面形象固然受到欧洲文化中一直存在着对美国否定的影响,但主要在于担心美国追求物质享受的文化威胁了德国文化或欧洲文化的"纯洁",试图通过夸大其词的恐怖描述在欧洲人的脑海中构架起自觉抵制美国人信奉的价值观传播的意识。从这个意义上讲,奥托对美国的完全否定并不在于与实际状况是否相符,而是把美国作为邪恶的衬托,更加凸显出欧洲文化的优越。欧洲很多精英树立起与欧洲对立的美国"他者"形象,说到底还是旨在维护本大陆文化不受到外来文化"污染",把美国这个没有文化的"暴发户"永远地钉在了人类文明进程中的耻辱柱上。

在 19 世纪欧洲精英关于美国的著述或言论中,谴责美国人拜倒在金钱的"石榴裙"下几乎成为他们的一种共识,极大地影响了欧洲普通民众对美国的看法。他们的逻辑推理是,对金钱无止境地追求势必造成了美国人过着一种平庸粗俗的单调生活,这种生活毫无高雅可言,更谈不上能够带来精神愉悦的享受。如果说美国有文化的话,这种难登大雅之堂的粗俗是美国文化的本质,自然在各个方面体现出来。法国文学浪漫主义学派的创

---

① Strauss, *Menace in the West: the Rise of French Anti-Americanism in Modern Times*, p. 39.
② Comer Vann Woodward, *The Old World's New World*, New York: Oxford University Press, 1991, p. 41.
③ Thomas Moore, *Epistles, Odes, and Other Poems*, London: James Carpenter, 1806, pp. 177 – 178. Gulddal, "That Most Hateful Land: Romanticism and the Birth of Modern Anti-Americanism," *Journal of European Studies*, Vol. 39, No. 4, December 2009, p. 429.
④ Diner, *America in the Eyes of the Germans: an Essay on Anti-Americanism*, p. 43.

始人弗朗索瓦斯—勒内·夏多布里昂在1827年出版的游记中描述了他1791年首次来到美国的感觉:"像我这样的人踏上了美国的土地,对古代充满着热情,是一位到处寻找早期罗马刻板生活方式的游士。当我登陆美国后,震惊地发现无处不是服饰的华丽,四轮马车的奢侈,谈话的轻薄,财产的不均衡,银行和赌场的不道德,舞场和剧院的喧嚣声。在费城,我在一个英国式小镇自忖:一切都没有表明,我从君主国来到了共和国。"① 夏多布里昂起初对法国革命抱有热情,但巴黎发生的暴力恐怖让他无所适从,遂云游北美寻求答案,结果还是对共和制的美国大失所望,这也成为他返回到法国之后加入保皇派队伍中的原因之一。法国著名记者朱尔斯·于雷特访问美国时住在科罗拉多州一家旅店,他与一位陌生的服务生搭讪。这位服务生兴奋地大声说:"啊,先生,看到一个欧洲人我是多么幸福! 我是来自曼彻斯特的英国人,我完全不喜欢这个国家。这里的生活太粗野无情了。这样,我看到欧洲人的场合很少,这几天我都很高兴。"于雷特由此大发感慨,认为他与这位英国籍的服务生有着共同的事业:"我像兄弟一样理解他。我对自己说,一位英国人和一位法国人如果在欧洲的话将会感到相互之间的敌对情绪,但在距离他们母国数千英里的土地上,他们尽管不相识,但相互却能找到相当强烈的亲近感。"② 于雷特实际上借这位处于社会下层的服务生之口说出了欧洲人对美国社会的认识,普通欧洲人尚且如此,更不用说那些生活在上流社会的欧洲人了。其实,他们对美国文化粗俗不堪的谴责恰恰反映了他们感受到这种文化对他们一向享有的社会地位构成的威胁。正如一位研究学者指出的那样,在19世纪期间,美国的"消极形象与欧洲社会精英担心失去他们特殊的政治和经济地位密切联系在一起,也与知识精英忧虑文化标准受到侵蚀关系密切。这些倾向在19世纪20年代和30年代在法国人和其他欧洲国家公民对美国民主思想的反应中显而易见,当美国大众文化在19世纪40年代传入欧洲时,他们反对这种文化所

---

① François-René Chateaubriand, *Travels in America*, translated by Richard Switzer, Lexington: University of Kentucky Press, 1969, p. 15.

② Strauss, *Menace in the West: the Rise of French Anti-Americanism in Modern Times*, p. 44.

谓的粗俗方面"①。欧洲精英们对旧世界文化本身就有一种天然的优越感，这是他们谴责处处表现出异样的美国文化之基础，19世纪是欧洲反美主义发展的重要时期，他们逐渐形成了一套关于美国文化和社会的刻板之见。

欧洲精英们对美国文化的偏见是根深蒂固的，在19世纪有很多欧洲人越过大西洋到美国观光访问，他们对美国的描述不乏真知灼见，但多是站在欧洲文化的立场上来看待这个新兴国家的，很少有人能够摆脱根深蒂固于他们脑海之中的欧洲中心主义设置的藩篱，虚拟出了一副负面消极的美国或美国人的形象。在他们的眼中，美国社会冷漠无情，缺少了诗情画意的浪漫情调，没有欧洲社会的情趣与礼仪。美国人粗鲁不堪、俗不可耐，在他们的身上丝毫体现不出文化的优雅与高贵内涵。因此，美国是"一个矫揉造作的社会；它缺乏根基；它不能演化成一个真正的国家；它是物质主义的、贪恋的、粗俗的、混乱的、天真的、乐观主义的，没有高雅文化的悲剧性想象。美国人是缺乏文明的"②。亨利·詹姆斯是美国著名作家，他经常来往于美国与欧洲之间，对欧洲知识界有着比较深刻的感性认识。他在一本著述中勾画了一幅19世纪中期欧洲知识界对美国认识的图景：

> 按照欧洲人的话意，美国根本不是一个国家，的确几乎不是一个具体的国家名称。既没有主权，没有宫廷，没有个人的忠诚，没有贵族，没有教会，没有牧师，没有军队，没有外交使团，没有谦谦君子，没有宫殿，没有城堡，也没有领地，没有漂亮的房舍，没有牧师圣俸，没有茅屋农舍，没有常春藤覆盖着的遗迹；既没有大教堂，也没有修道院，更没有诺曼底式的小教堂；既没有规模较大的大学，也没有公立学校——既没有牛津，也没有伊顿，也没有哈罗，没有文学，没有小说，没有博物馆，没有绘画，没有政治社会，没有运动阶层——既没有埃普索姆（英国萨瑞艺术和设计学院所在地——引者注），也没有阿斯

---

① Tyrrell, "American Exceptionalism and Anti-Americanism," in O'Connor, ed., *Anti-Americanism: History, Causes, and Themes*, Vol. 2, p. 104.

② Peter Duignan and L. H. Gann, *The Rebirth of the West: The Americanization of the Democratic World 1945–1958*, Cambridge: Blachwell, 1992, p. 411.

科特。①

在詹姆斯的笔下,那些高贵的欧洲人在对大洋彼岸的想象中试图凸显出欧洲文化的优越,他们对美国社会的鄙视心理活然跃于纸上。1869 年,美国著名人士詹姆斯·拉塞尔·洛厄尔在一篇文章中谈到,据他所知,欧洲人认为"美国没有艺术、科学、文学、文化或毫无提供这些东西的当地希望。我们是一个完全迷恋于挣钱的民族"。洛厄尔由此得出结论:"出于这样和那样的原因,除了用丑化的眼光之外,欧洲人很少能够正眼看美国。"② 19 世纪中期,美国著名爱国人士爱默生访问了英国,他留下了这种印象,即"美国制度是更民主和更人道,但与英国相比美国人没有产生更杰出或更有能力的人,或产生更多有益的发明。美国国会不比英国议会更明智或更健全"③。英国人认为美国不能产生像莎士比亚和弥尔顿等伟大人物,归根结底还是无厚实文化积淀使然。奥地利著名心理学家西格蒙德·弗洛伊德有一个著名的论断,即美国是个"巨大错误",他把美国人视为不是"圣人",就是"唯利是图",美国是"反上帝伊甸园",是受全能美元左右的一个国家。弗洛伊德的一句著名之言是,要是美国人"身无分文,那他们的用处是什么呢?"比斯霍夫对此评论说,弗洛伊德的"陈词滥调是 19 世纪旅行家的投影,是有教养之欧洲阶层的传统看法"④。欧洲精英的文化优越感决定了他们很难深入地了解美国,几乎是在与欧洲的对比中虚拟出一幅美国社会的图景,美国人负面的"他者"形象牢牢地固定在 19 世纪欧洲人的脑海之中。美国社会充满着尔虞我诈、暴力横行和贪得无厌,这

---

① Henry James, *Hawthorne*, Ithaca: Great Seal Books, 1956, p. 34. John Lamberton Harper, *American Visions of Europe: Franklin D. Roosevelt, George F. Kennan, and Dean G. Acheson*, New York: Cambridge University Press, 1994, p. 8.

② James Russell Lowell, "On a Certain Condescension in Foreigners," *Atlantic Monthly*, Vol. XXIII, 1869, p. 89. 这篇文章后收入 Brander Matthews, ed., *The Oxford Book of American Essays*, chapter XIV, New York: Oxford University Press, 1914. (http://www.bartleby.com/109/14.html)

③ Philip Rahv, ed., *Discovery of Europe: the Story of American Experience in the Old World*, Boston: Houghton Mifflin Company, 1947, p. 160

④ Bischof, "The Sides of the Coin: the Americanization of Austria and Austrian Anti-Americanism," in Stephan, ed., *The Americanization of Europe: Culture, Diplomacy, and Anti-Americanism after 1945*, p. 148.

让生活在欧洲的精英们感到恐惧不安。从瑞典移民于美国的汉斯·马特森1891年出版了他的自传,其中谈到美国在瑞典社会的形象。他对瑞典人的美国观比较了解,认为尤其在瑞典上流社会,许多人对美国非常不友好,他们中间的一种通常说法是,美国"是由流氓和坏蛋构成的天堂"①。马特森将他在美国的经历撰写成书出版,旨在纠正瑞典人不正确的美国观,但也足见美国的形象在瑞典精英脑海中有多么的差。这种形象是历史上形成的,有着文化上的根源,要想改变绝非易事。约翰·基茨曾一再告诫其在美国生活的两位兄弟,一定要处处"对美国人小心谨慎。只要你积攒了500英镑,就赶快回到英国。我担心这些美国人依然会敲诈你。即使你想到了这种事情,但你还必须牢牢记住这里是非常不同的社会状况"。他的兄弟回信告诉他在美国奋斗存在着很多成功的机会,但基茨根本不信,说他们多少受到了美国人的欺骗。② 类似这样的例子很多,反映出他们脑海之中的美国固定形象无论如何是很难改变的,随着美国在经济上崛起和不断地向欧洲发出挑战,要想改变欧洲精英脑海中的这种形象更是难上加难了。

四　欧洲精英对美国政体的否定

当美国向全世界庄严宣布建立一个共和政治体制时,与共和制对立的君主制依旧在全世界占据了主导地位,美国可谓是特立独行,鹤立鸡群。在欧洲大国中,除了英国实行君主立宪制与荷兰实行城邦共和制之外,其他国家为君主制。按照这种体制,君主为世袭,握有至高无上的权力,法国国王路易十四的名言"朕即国家"形象地表明了这一点。共和制的美国从根本上讲与君主制的欧洲难以同日而语,在制度构建上属于两个完全不同的世界,前者所奉行之政治原则的传播自然对后者的存在构成了威胁。1854年9月,德国著名历史学家兰克在一次讲演中谈到美国革命时宣称,

---

① Hans Mattson, *Reminiscences: the Story of an Emigrant*, Saint Paul: D. D. Merrill Company, 1892, p. 298.

② John Keats to George and Georgiana Keats, October 14 or 15, 1818, in Colvin, ed., *Letters of John Keats to his Family and Friends*, p. 312.

美国革命的重要性在法国革命之上。兰克把美国革命描述为世界历史上发生的最重要的革命,因为这场革命是对君主制原则的彻底颠覆。他由此得出结论,共和主义与君主制的两种原则就像两个不同世界相互对立,现代历史无非就是两种体制之间冲突的历史。① 兰克的观点看似有些绝对,但细想却是不无道理的,而共和体制向占据主导地位的君主体制提出挑战恰恰发轫于美国革命。1822 年神圣同盟在维罗纳召开的会议上公开宣布君主制与共和制势不两立。奥地利、法国、普鲁士和俄国等大国确信,"代议政体与君主原则不相一致,人民主权观念与神授权力原则不能共存"。因此,这些大国将不遗余力地"摧毁每个欧洲国家目前存在的代议政体,防止这种体制引进那些尚未为人所知的国家"②。美国开国先贤们同样不避讳这一点,在他们的著述与讲话中对欧洲君主制的谴责随处可见,旨在凸显出共和制的优越性以及取代君主制的必然性。约翰·亚当斯曾自豪地宣称,《独立宣言》"注定覆盖全球的表面。它一举推翻了建立在征服之上的所有政府的合法性。它扫除了堆积数世纪奴役状态的全部垃圾"③。亚当斯没有提到"君主制",但却包含着美国选择的政治制度终将会取欧洲君主制而代之。实行这种制度的美国必将会繁荣强盛,对人类历史进程发生重要的影响。用一位研究者的话来说:"美国精神在传统上把其抵制旧世界的主张基于一个民主共和国的优越之上,这个共和国从新大陆未开垦的大地上吸取了营养。即使在美国内战爆发之际,对美国优于欧洲的信心在那些致力于美国使命者的身上体现得十分强烈"④。欧洲一些政治家对此看得很清楚。英国牧师乔纳森·希普利为富兰克林好友,他在 1773 年预言,英属北美殖民地"不仅牢牢地扎下根,获得力量,而且似乎快速发展为一个强大的国家,也会带来人类事务中重要的新变化"⑤。希普利是从正面来谈这个即将成为国家

---

① Fröschl, "Historical Roots of European Anti-Americanism in the 18th and 19th Centuries," in Draxlbauer, Fellner and Fröschl, eds., (Anti-) Americanisms, p. 68.

② Brian Loveman, The Constitution of Tyranny: Regimes of Exception in Spanish America, Pittsburgh: University of Pittsburgh Press, 1993, p. 50.

③ Edward Howland Tatum, Jr., The United States and Europe 1815 – 1823: A Study in the Background of the Monroe Doctrine, Berkeley: University of California Press, 1936, p. 243.

④ Strout, The American Image of the Old World, p. 107.

⑤ Sumner, Prophetic Voices Concerning America: A Monograph, p. 79.

的可观前景的。在美国立国时期,西班牙驻法国大使佩德罗·阿兰达伯爵曾颇有感触地说:"这个联邦共和国诞生时是一个侏儒。它成为这些国家难以对付的巨人甚至庞然大物的这一天终会来临。信仰自由、在一望无际的土地上形成新人口的便利以及新政府的优势将吸引着大洋彼岸的农夫和工匠从各个国家前来。不出几年时间,我们将悲伤地看到这个同一巨物的暴虐存在。"[1] 阿兰达曾同情美国革命,此时他以恐惧刻薄的词语描绘美国,目的是提醒与美国结盟的法国要对这个新国家抱有警觉,但的确反映了欧洲政治家对合众国以一个独立国家出现在世人面前的担心,更是对美国繁荣强盛之后对欧洲君主制构成严重威胁的深刻忧虑,试图"防患于未然"。因此,美利坚合众国的存在与发展自身就是对欧洲现存制度的挑战,对主掌欧洲社会文化和政治经济的少数精英们来说,美国民主共和制度的传播势必威胁了他们享有的既得地位,他们对这种制度的指责自然也在情理之中了。

欧洲是自由主义的发祥地,美国革命的发生及其成功必然会得到欧洲自由主义者的称颂赞道,他们不会改变欧洲社会对美国抱有偏见的主流,但却从欧洲人的角度表明了采纳民主共和制的美国具有不可估量的发展前景。法国自由主义者布里索·德·瓦维尔1792年出版了他在美国的游记,对美国大加赞赏,要他的法国同胞能正确地对待这个新兴的国家。他在游记的自序中满怀激情地写道,在他对美国实地考察的游记中,法国人将会看到"美国人让他们的新思想充满活力,培育了他们的美德;改革了他们的政府,只使用理性的语言来说服固执己见者;各地的道德机构和爱国机构如雨后春笋般地成立;尤其重要的是,他们从来没有把公共观念与私人美德分离开。这就是游记提供给自由之朋友足可称道的画面"[2]。法国人雷尼耶1778年编辑了一本美国宪法和法律集,声称这些东西是"人类智慧最优秀的丰碑,构成了迄今为止存在的最纯洁的民主制;它们似乎已经实现

---

[1] Norman A. Graebner, *Foundations of American Foreign Policy: A Realist Appraisal from Franklin to McKinley*, Wilmington: Scholarly Resources Inc., 1985, p. xxxii.

[2] J. P. Brissot de Warville, *New Travels in the United States of America: Performed in 1788*, Dublin: Printed by W. Corset, 1792, pp. xxvii-xxviii. (http://www.archive.org/index.php)

了采纳它们的人的幸福,永远构成了构想它们的有美德之人的辉煌"①。美国革命如火如荼期间,荷兰激进主义运动的领袖法兰西斯·阿德里安·范德肯普在莱顿发表了一篇关于自由的演说,情绪激昂地宣称,在美国这个新国家,太阳已经光芒四射地升起,向人们展示出了它的前景。美国"能够让我们充满活力,只要我们敢对其仰望。美国是正义的土地,我们是罪恶的土地。美国能够教会我们改变国民性的退化,遏制道德风气的腐败,阻止住行贿受贿,把专制扼杀在摇篮里,让枯竭的自由焕发出活力"②。18世纪后期经济自由主义的倡导者雅克·蒂格尔致信伦敦朋友普利斯,言美国是人类的希望,可以打破暴君随心所欲地束缚人们自由的锁链。因此,美国人"应该是政治、宗教、商业和产业等领域自由的范例。他们为各国被压迫者提供了避难所,他们打开了逃亡的通道,以迫使各国政府是公正的和开明的"③。阿姆斯特丹商人约瑟夫·芒德里永断言,在欧洲,"奴役存在于邪恶、财富和艺术之间,盲从和迷信败坏了人们的心灵,卑鄙的谄媚创造和培育了暴政。在美国,一切都打上了具有自由美德之人的标识"④。上述这些人对美国制度的赞扬在对美国抱有深刻偏见的欧洲社会不会居于主流,反而更会引起那些竭力维护欧洲现存秩序的保守分子对美国政治制度的强烈批评,以阻止这些自由主义者的观点在欧洲的广为流传。

美国政治文化的理念主要体现在《独立宣言》《联邦宪法》和《权利法案》等立国文献之中,这些文献的精髓在于确定了美国走一条完全区别于欧洲君主制的民主共和发展道路。共和制能否在美国获得成功或长治久安,至少在美国立国时那些开国先贤并无绝对胜算的把握,他们将之称为一场改变人类文明进程的伟大"实验"主要缘于这种考虑。这场"实验"是对欧洲君主制的挑战,其成功必然意味着君主制的衰落乃至消亡。因此,那些在君主制下享有既得利益的皇室贵族与保守的文化精英势必会竭尽全

---

① Echeverria, *Mirage in the West: A History of the French Image of American Society to 1815*, p. 72.
② Harry F. Jackson, *Scholar in the Wilderness: Francis Adrian Van der Kemp*, Syracuse: Syracuse University Press, 1963, pp. 42-43.
③ Commager and Giordanetti, *Was America a Mistake? An Eighteenth-Century Controversy*, p. 44.
④ Mandrillon, "From the American Spectator," in Commager and Giordanetti, *Was America a Mistake? An Eighteenth-Century Controversy*, p. 182.

力维护现存的秩序,在对美国政治制度的抨击或批评中实现这一目的。19世纪初出使俄国的法国政治家约瑟夫·德·迈斯特否认了《独立宣言》中提出的"人人生而平等"这个命题。在他看来,在这个世界上根本就不存在抽象的"人"。他宣称,在日常生活中他"见过法国人、意大利人和俄国人……但是至于人,我宣布在我的生活中从未遇到这样的人;如果这样的人存在,那就完全是我的无知"。因此,《独立宣言》不仅是基于错误的前提之上,而且美国宪法主张人能够建立一个新政府的命题也是错误的。迈斯特由此警告说,美国宪法中的所谓新意"是世界上最经不起推敲的东西:人们不可能把更多表现出懦弱和颓败之症状的东西结合在一起"①。迈斯特试图从根本上否定共和制的合法性。普鲁士国王腓特烈大帝在欧洲算是一个知名君主,他可以为了自己国家的利益帮助美国对抗英国,但决不认同美国革命的原则。他对共和制的美国充满着偏见,认为在这种制度下的国家不可能走向强大。1782年10月22日,腓特烈大帝对英国驻柏林全权公使约翰·斯特普尼爵士说,美利坚邦联不可能以目前的形式长期存在。提议建立一个民主制管理从布列斯特(Brest)到里加(Riga)的整个国家,这岂不是更为荒唐。② 这种对民主共和制根深蒂固的偏见在很大程度上妨碍了普鲁士与这个新独立的国家形成密切的关系。1823年,奥地利学者约翰·乔治·许尔斯曼把他在格丁根大学撰写的博士论文出版,书名为《美利坚合众国民主史》(*The History of Democracy in the United States of America*)。许尔斯曼在这本书中把美国共和制的传播视为对欧洲来说是巨大的灾难,原因在于其对各地爆发的推翻既定秩序的革命提供了支持。因此,就欧洲国家而言,"至少在新大陆其他地方,与我们自己制度更为接近的制度应该被维护或建立,以作为对北美普遍政策的平衡。这就是我的观点,按照这种观点,我们应该仔细考虑通常称为欧洲与美国之间斗争的东西"③。1823年10月,《北美评论》刊登了介绍当年伦敦出版的一本题目为《神圣同盟

---

① Ceaser, "A Genealogy of Anti-Americanism," *Public Interest*, No. 152, Summer 2003, p. 8.

② Francis Wharton, ed., *The Revolutionary Diplomatic Correspondence of the United States*, Vol. I, Washington: Government Printing Office, 1889, p. 446.

③ Fröschl, "Historical Roots of European Anti-Americanism in the 18th and 19th Centuries," in Draxlbauer, Fellner and Fröschl, eds., (*Anti-*) *Americanisms*, p. 66.

原则》一书的文章,作者认为这个同盟的统治原则是,所有源于民众的改革都"与欧洲的福利和宁静是不相一致的,因此将要被联合的外国列强军队所镇压"。这是欧洲与美国之间、贵族政治与自由主义之间继续冲突和敌对的必然结果。因此,"所有贵族君主体制的自然趋势是扩大统治者手中的权力;政府前进的车轮不能中断,维持享有特权的秩序是以牺牲这个社会劳动者的部分利益为代价,但他们不会意识到这种秩序带来的不幸。他们几乎不与低等阶层接触,丝毫不会对这些阶层的状况产生同情"①。这篇文章的作者为匿名,但肯定是美国人,他撰写这篇文章的目的旨在提醒美国政治家不要对欧洲大国抱有任何幻想,试图与制度上完全不同的欧洲君主国家能够达成和谐相处,与这些国家的合作无异于"与虎谋皮",助纣为虐。一位研究者认为,欧洲早期的反美主义其实"是对美国共和民主意识形态的反应"②。这种观点从美国人的角度说明了制度上不同的欧洲大国很难认同民主制的美国。格尔多尔研究了19世纪欧洲的反美主义之后,认为这一阶段的反美主义主要源于趋炎附势和文化优越感,源于对暴发的美国人及其无知的蔑视,源于对美国人缺乏文化和对美元贪得无厌之苛求的不屑一顾。他将之称为欧洲人的"文化反美主义"。除此之外,欧洲人还形成了政治反美主义,其"话语集中在美国民主制的本质之上"③。从两种不同体制较量的角度讲,他们的观点实为洞见。

美国革命的成功在人类历史上宣告了一个新时代的到来,采纳共和制的美国最初的发展虽不是一帆风顺,但却展现出君主国家所缺乏的蓬勃向上的活力。正是这种活力,才吸引了欧洲国家的民众甘愿冒横渡浩渺大洋之险移民美国,在这个地广人稀的土地上寻求发展的新机遇。然而,对欧

---

① Anonymous, "The Principle of Holy Alliance; Or, Notes and Manifestoes of the Allied Powers, London 1823," *The North American Review*, Vol. 17, No. 4, October 1823, p. 341. (http://ebooks.library.cornell.edu/n/nora/index.html)

② Tyrrell, "American Exceptionalism and Anti-Americanism," in O'Connor, ed., *Anti-Americanism: History, Causes, and Themes*, Vol. 2, p. 106.

③ Gulddal, "That Most Hateful Land: Romanticism and the Birth of Modern Anti-Americanism," *Journal of European Studies*, Vol. 39, No. 4, December 2009, pp. 442 – 443.

洲上层人士来说，这种结果引起他们的堪忧是很正常的，[1] 同时也会引发他们对美国社会的激烈抨击。在他们的笔下，美国被描述为乱糟一团，与欧洲相比简直就是两个不同的世界，借此阻止欧洲人移民于美国，当然他们脑海中固有的文化优越感同样起了很大的作用。英国著名小说家弗朗西丝·特罗洛普1832年出版了两卷本的《美国人的国内生活方式》一书，这本书使她一举成名。她在书中赞美了美国乡村的清新美丽，空气新鲜，气候宜人，夜空群星灿烂，动物和植物生气勃勃，种类繁多，一幅田园宁静生活的景象。然而，特罗洛普对美国人的印象很不好，认为不管是城里人，还是乡下人；不管是富人，还是穷人；不管是在蓄奴州，还是在自由州，与他们打交道确实是不堪忍受的。她写道："我不喜欢他们。我不喜欢他们的原则。我不喜欢他们的生活方式。我不喜欢他们的主张。"[2] 特罗洛普对美国还算比较客气，但书中把美国人处事待人的粗鲁与冷漠体现在字里行间。这本书在欧洲知识分子中影响很大，大大有助于"他们形成对美国抱有偏见的态度"[3]。马尔科维茨评论说，《美国人的国内生活方式》"在英国大获成功，原因在于这本书利用了归咎于新大陆文化低劣和赤裸裸物质主义之各种刻板之见，作为使旧世界感到与美国相比较时自己认同更好的一种方法。特罗洛普支持阅读公众的这种信念，即这个前殖民地作为将来的主要工业国家和世界大国已准备向其母国地位发出了挑战，不过充其量只是一个傲慢的暴发户"。这本书发出了"现代反美主义"的声音。[4] 英国历史学家西蒙·沙马认为，这本书让特罗洛普在52岁时声名鹊起。她的书在英国受到欢迎，原因在于她在书中"证实了旧世界渴望确认关于新大陆的文化低劣和粗鲁物质主义的刻板之见，由此缓和了对暴发户美国的日益上

---

[1] 澳大利亚学者布伦顿·奥康瑞尔谈到这一时期欧洲精英憎恨美国的原因时认为："英属北美殖民地和建国后的美国为欧洲人提供了摆脱旧世界统治的避难所，由此对欧洲精英构成了很大的威胁。事实上，对殖民地美利坚的焦虑和担忧已经超出了权力关系，表现出人对不同的新事物怀疑和恐惧的卑鄙天性。" O'Connor, "A History of Anti-Americanism: from Buffon to Bush," in O'Connor, ed., *American Foreign Policy Traditions*, Vol. III, p. 7。

[2] Trollope, *Domestic Manners of the Americans*, third edition, Vol. II, London: Printed for Whittaker, Treacher, & Co., 1832, p. 295. (http://www.archive.org/index.php)

[3] O'Connor, "A History of Anti-Americanism: From Buffon to Bush," in O'Connor, ed., *Anti-Americanism: History, Causes, and Themes*, Vol. 2, p. 10.

[4] Markovits, *Uncouth Nation: Why Europe Dislikes America*, p. 71.

升的不安"①。德国浪漫主义文学奠基人之一弗里德里希·施莱格尔 1829 年出版了《历史哲学》一书，这本书 1835 年被翻译成英文出版。施莱格尔早年曾经赞扬北美是人类和欧洲自由的滋生地，但后来思想发生了很大的转变。他在这本书中把美国说成是所有破坏性原则的真正发源地。他的原话是："对法国和欧洲其他国家来说，北美一直是所有这些革命原则的真正学校和滋生地。自然的传播和热内的宣传把这种动荡不宁在许多国家传播。"②施莱格尔思想的转变受到法国大革命带来社会动荡的影响，随后成为欧洲君主制的坚定维护者，因此他把共和制的美国视为社会动荡的根源自然是其思想发展的必然了。

欧洲精英们认为，美国建国先贤希望在与欧洲传统彻底决裂的基础上建立一个全新的社会，但这个与欧洲完全不同的社会却令他们"厌恶作呕"。法国有名的旅行家格扎维埃·马米耶 1848—1849 年到美洲观光考察，他到达纽约数日之后，表示要急于离开"这个沉溺于商业的喧嚣动荡的共和国地区，该地区的美德激发不了任何信念，其邪恶却是令人厌恶的"③。1838 年，德国人埃内斯特·维尔康姆出版了一本小说，书名为《破败的欧洲》(*The European-Weary*)，即刻洛阳纸贵，成为这一时期的畅销书。作者在书中探讨了美国人和欧洲人身份的相互影响，对德国人的美国观产生了很大的影响。在作者看来，欧洲日益变得老态龙钟，走向衰落，而美国却是年轻有为，显示出富有原创力的勃勃生机，结果必然是对旧欧洲的替代。作者的本意并不是一味地赞颂美国，而是把美国看作为混合着日耳曼血统、日耳曼坚韧和日耳曼力量的种族提供了一个理想的家园。维尔康姆在书中对美国大加赞扬，但却认为美国的辉煌不能归因于自身的民族认同，即美国性，而要归因于美国能够加强和扩大了日耳曼性。维尔康姆实际上是宣传日耳曼种族优越的观点。1855 年，奥地利作家费迪南德·库尔伯格针对

---

① Simon Schama, "Them and US: Brash, Vulgar and Absurdly Patriotic-that Was the View of America Held by 19th Century European Visitors," *Guardian*, March 29, 2003. (http://www.guardian.co.uk/books/2003/mar/29/history.society)

② Friedrich Schlegel, *The Philosophy of History: in a Course of Lectures*, delivered at Vienna, translated from the German by James Baron Robertson, London: Henry G. Bohn, 1846, p. 453. (http://www.archive.org/index.php)

③ 详见 Strauss, *Menace in the West: the Rise of French Anti-Americanism in Modern Times*, p. 40.

维尔康姆赞扬美国的描述，出版了《破败的美国》(The America-Weary)一书，把一个完全消极的美国形象展现在日耳曼种族的读者面前。在库尔伯格看来，美国作为毁灭人类文明的恐怖之地，目的显然在于瓦解和毁灭了日耳曼的独特文化和生活方式。日耳曼移民在美国将不会寻找到充满朝气的清新纯洁之地，只是进入了一个受贪婪和金钱驱动的社会，全然把高尚的日耳曼社会习俗置之脑后。① 库尔伯格写这本书的初衷是对维尔康姆的批驳，把美国描写为乱糟一团，但从弘扬日耳曼种族的优越上，两个人的观点有异曲同工之妙。德国著名哲学家叔本华1851年出版的《附录与补遗》(Parerga und Paralipomena) 一书，对美国民主制大加挞伐，把民主制视为美国社会根本的腐败原则，国家的所有其他弊端皆源于这个原则。他在"法理学与政治学"这部分中，叔本华赞成浪漫保守派的原则，即国家制度必须建立在历史偶发事件的基础之上，以此表明美国是个相反的例子，这个国家消除了所有的偶发事件，强行推行抽象法规则，后者为按照纯理性与习惯法相对立的法律。因此，这种超越历史的做法让美国付出了很高的代价。在对美国民主制否定的基础上，叔本华对美国社会上存在的弊端给予了无情的揭露：

> 尽管这个国家在物质上非常繁荣，但我们在这个国家发现了盛行的态度是肮脏的功利主义以及必然伴随而来的愚昧无知，这为通向愚蠢的英国圣公会偏执、肤浅的自负和粗俗的野蛮铺平了道路，与对女人荒唐的尊敬结合在了一起。在这个国家，更为不堪之事是当前的风尚，如令人厌恶的黑人奴隶制，外加对奴隶的极度残忍，再如对自由黑人极不公正的镇压、私刑，常常让凶手逍遥法外的暗杀，史无前例之野蛮的决斗，有时公开无视所有权利与法律，公债的拒绝支付，对邻国骇人听闻的政治诈骗，随即将之掠夺性地并入其富饶的领土。诸种劫掠随即被最高当局用谎言掩盖起来。这些谎言广为人知，成为该国每个人的笑谈。然后，暴民政治与日俱增，最终产生了无所不在的毁灭性影响，上述对高层诚实的否定必然会让这种影响在私人道德上显现

---

① 详见 Markovits, "European Anti-Americanism: A Brief Historical Overview," in O'Connor, ed., *American Foreign Policy Traditions*, Vol. III, pp. 36-37.

出来。因此，在这个星球的另一边，关于一个纯粹权利宪法的这个标本几乎不利于支持共和制。①

德国学者彼得·乌韦·霍恩达尔通过对 19 世纪中后期德国著名作家卡尔·梅作品的分析，形象地展现出这一时期德国文人对美国的基本看法。在霍恩达尔看来，德国文人这一时期对美国资本主义制度进行了激烈的批评，在卡尔·梅之前有库尔伯格 1855 年出版的《破败的美国》和鲍迪辛（Baudissin）1862 年出版的《彼特·皮特》（Peter Pitt）。因此，卡尔·梅"对资本主义的批评很少超出追溯个人邪恶的特征，然而意图是非常明确的，美国人是资本主义的代表，他们对利润的竭力追逐完全主宰了他们，致使人的其他情感遭到了压抑。无论他们在哪里遇见很少追逐利润的人民，他们便即刻剥削他们。这样，纠正这类不公正便成为老沙特汉德（Old Shatterhand）的工作。……卡尔·梅具有文学知识分子的反资本主义情绪"②。老沙特汉德是卡尔·梅文学作品中代表正义的人物，这里显然是暗指欧洲文明可以消除美国丑陋的资本主义制度给世界进步带来的种种弊端。安德烈·马尔科维茨是位研究德国人美国观的专家，他的研究揭示了德国"文化"与美国"文明"之间的对立，前者象征着"理想主义、高贵和深奥"，后者体现了"物质主义、粗俗和肤浅"。他们这样保守的美国观必然影响他们对美国政体的看法。因此，从"黑格尔开始，几乎所有的德国观察家都谴责美国政治不成熟，主要是缺乏欧洲式的国家。只要美国不能建立欧洲式的政体和国家结构"，那美国将"永远处于世界历史的边缘"（黑格尔的结论）。③ 这些保守精英人士在英国、德国和法国等欧洲国家还包括像诸如弗雷德里克·马里亚特、托马斯·穆尔、黑格尔、奥诺雷·德·巴尔扎克等人，他们在其出版和发表的论著中不同程度地对美国民主制度给予批评，把民主制与美国产生的社会弊端联系在一起，试图在制度层面上寻找美国社会问题产生的根源，说到底还是为基于欧洲历史文化之上的制

---

① Gulddal, "That Most Hateful Land: Romanticism and the Birth of Modern Anti-Americanism," *Journal of European Studies*, Vol. 39, No. 4, December 2009, pp. 445 – 446.

② Markovits, *Uncouth Nation: Why Europe Dislikes America*, p. 51.

③ Markovits, *Uncouth Nation: Why Europe Dislikes America*, p. 56.

度寻求合法的依据。欧洲精英对美国社会的负面描述，为欧洲人提供了一幅美国混乱不堪的图景，但凸显欧洲社会或文化的优越却是他们的真正本意所在。

美国的民主共和制说到底是国家的运行由多数人在其中起着决定性作用的制度。托克维尔认为，要是这种以把民众行使的权力发挥到不受限制之地步，就可能会出现"多数的暴政"（tyranny of majority）。19 世纪法国著名人士米歇尔·舍瓦利耶称之为"民众的独裁"（popular autocracy）。这种政体消除了君主制下壁垒森严的等级划分，文化的价值取向表现为标准化和一致性的趋势。在欧洲精英们看来，美国社会缺乏多样性的选择，一切趋向标准化，这是他们绝难接受的一种状况。19 世纪初叶法国名望贵族屈斯蒂纳侯爵致信德勒－布雷泽侯爵，认为美国这个"昨天刚诞生的共和国"，充满着"僵化和清教徒的悲哀，其道德观念单调冷酷，根本没有把五彩缤纷带给我们老欧洲的历史记忆。……这个国家缺乏历史，毫无不朽之作，毫无传统。所有一切都是严肃的、冰冷的、干瘪瘪的。在这个共和国的记忆如此贫乏，其存在于我们过去君主编年史之间，表现出的不同犹如联邦总统穿的黑色罩衣与查理曼大帝或路易十四身着的华丽斗篷之间的区别"[1]。海涅坚持认为，美国受人敬仰的自由只是一种虚幻，因为把权力交给了所谓"暴民"的老百姓手中，必然导致平等瓦解了自由。海涅满怀激情地挖苦说，假如他去了美国，来到"这座充满自由的巨大牢房，在这里，无形的枷锁将让他感到比国内有形的枷锁更痛苦，所有专制统治者中最坏的是暴民，他们履行着粗鲁的至高权力！你知道我如何看待这个该死的国家，我曾经热爱这个国家，当时我对之不了解……出于职责，我依然不得不赞美它。……我亲爱的德国农夫！到美国去！在那个国家，他们既没有亲王，也没有贵族，人人平等，平等到粗野之程度"[2]。海涅的一句名言是，美国是禁锢"自由的庞大监狱"[3]。他们不赞成美国侵犯个人自由的过度集体自由。1818 年 4 月，孔德在致其友人瓦拉（Valat）的信中对美国的

---

[1] Mathy, *Extrême-Occident: French Intellectuals and America*, p. 27.

[2] Gulddal, "That Most Hateful Land: Romanticism and the Birth of Modern Anti-Americanism," *Journal of European Studies*, Vol. 39, No. 4, December 2009, p. 447.

[3] Ceaser, "A Genealogy of Anti-Americanism," *Public Interest*, No. 152, Summer 2003, p. 9.

集体自由与法国的公民自由进行了比较,得出结论是:"如果在巴黎,一个人享受的政治自由远不及在华盛顿,但他却有更多的公民自由,即随心所欲地行动和生活的自由。……在国家事务上公开发表自己的观点甚至能够将之印成文字无疑是不错的……但我认为,能够在国内做自己想做之事而又不必担心流言蜚语的暴政心情应该是更为愉悦的,穿衣、吃饭和安家随自己心愿,简言之,根据喜好来生活。"[1] 正是这种缺乏多样性的选择,共和制的美国很难激发起人们对艺术创作的激情,难以对人类文明的精神生活做出实质性的贡献。

艺术和文学是高雅文化的产物,在多数人居于统治地位的民主制下,人们只会创造粗制滥造的东西,以便满足毫无欣赏能力之大众的需要,自然很难谈得上有传世之作的艺术作品和辉煌的巨著了,真正的艺术家在美国几乎是无立足之地的。这是广泛存在于这一时期知识精英层的一种看法。英国著名旅行家巴兹尔·霍尔曾为英国皇家海军的一名军官,到过世界很多地方旅游考察,把自己的所见所闻记录出版。1829年,霍尔出版了两卷本的《北美游记(1827—1828)》,对他亲自看到的美国社会进行了详尽的描述。在他的笔下,美国的民主制扼杀了那些"取得巨大成就者或具有才华者"的创造力,不管是天生聪慧者还是后天通过学习而表现出很高天赋者,在这里很难获得发展的机会。民主制的影响之一"毫无疑问是降低了理智学识的标准,也通过减少对各类精品的需求使这种供应品遭到贬低"。因此,在这种环境下,人们"可以想象,期望艺术和科学繁荣昌盛将是最不可思议的事情,在任何行业都不可能达到出类拔萃"[2]。霍尔对美国民主体制的批评贯穿于全书的字里行间,由此引发了一场讨论,很多人反驳了霍尔的观点。苏格兰哲学家托马斯·汉密尔顿1833年出版了两卷本的《美国人及其生活方式》一书,把英国人对美国民主社会的偏见体现得淋漓尽致。汉密尔顿借用一位学者的话说,在民主社会里,美国人从来不写书,因为他们能够从英国非常廉价地拥有书籍。美国的天才"受到压制;抵制

---

[1] Mathy, *Extrême-Occident: French Intellectuals and America*, p. 31.
[2] Basil Hall, *Travels in North America, in the Years 1827 and 1828*, Vol. II, second edition, Edinburgh: Printed for Cadell and Co., 1830, pp. 284 – 285, 303 – 305. (http://www.archive.org/index.php)

来自国外天才的竞争，目的是垄断国内市场；对待有才智的人如同对待花格粗布和粗桌布一般，等等"。他将之视为"无知与野蛮"，对美国人"无知"的描述充斥于全书之中。汉密尔顿还观察到，美国年轻一代人"毫无改善情趣或提升智力的征兆"，与他们的父辈相比，较富阶层的年轻人"更少开明，更缺乏见识，在生活中更不循规蹈矩，无疑更是缺少礼仪风度"。言下之意，在民主制下，美国要想改变历史上遗留下来的"无知"状况谈何容易，反而呈现出日益恶化的趋势。① 出生在爱尔兰的著名作家和外交家托马斯·科利·格拉顿是美国的常客，与诸如华盛顿·欧文等名人甚熟，在美国享有很高的声誉。格拉顿1859年出版了两卷本《文明的美国》之书，在欧洲学术界影响很大。格拉顿记述了他在美国的见闻经历，详尽考察了美国社会的方方面面和美国人的生活方式，对理解这一时期的美国社会不无裨益。格拉顿为英国人，在其著述中自然而然地要把英国作为观察美国的对照物，在进行比较时，他同样对不同于英国政体的民主制抱有很大的偏见。在他看来，民主制似乎与高雅文化无缘。民主制只能"保证一个民族物质上充分享受，但却束缚了国家的才智。社会制度的脉搏虽在跳动，但血液却循环不畅。流动一直没有中断，但涨落却没有活力。生命之水是不流动的，然而挤满水中的爬行动物却是非常活跃的"。因此，美国人只可适合做简单低下的劳作，"所有人类改进的更高责任"都非美国所为，"崇高思想的运用和艺术的雅致都来自欧洲"。在这方面，美国只是消费者，而不是生产者。所以那些想在高雅艺术上有所发展的美国艺术家只好远离家乡，来到欧洲谋求发展。② 格尔多尔总结了这一时期欧洲精英们讨伐美国民主制的观点和理由，在他们的眼中，美国"受多数的统治，拥有至高权力的多数势必导致极为有力的晕轮，鼓励公民趋向随波逐流，政治家趋向民粹主义。结果是政治辩论的堕落和民选代表的低标准，这种状况把政治生活转变为令人作呕的有失体统之事。无论如何，民主的有害影响也延伸到文化。民主逐渐削弱了社会区别的基础，这些区别不仅被视为哲学、艺

---

① Thomas Hamilton, *Men and Manners in America*, Vol. I, Edinburgh: William Blackwood, 1833, pp. 382, 367. (http://www.archive.org/index.php)

② Thomas Colley Grattan, *Civilized America*, Vol. II, London: Bradbury and Evans, 1859, pp. 96, 106, 110-111. (http://www.archive.org/index.php)

术和文学的基础,而且视为泛泛来讲的情趣和生活方式的基础。这样,正是因为他们的民主,美国人才是一个粗俗的民族,缺乏生活中更高雅精致方面的所有感觉"①。欧洲精英对美国民主共和政体的批评最终还是与粗俗平庸的大众文化联系在了一起,说到底还是以美国无法产生高雅文化来凸显欧洲文明的优越,以便达到维护君主制在欧洲的合法性。

19世纪正是美国迈向经济和政治大国的重要时期,在经济发展上美国展现出了巨大的活力,在政治体制上美国不断地完善其建国时期所确定的联邦制,体现出现代性的生活方式在美国社会已牢牢地扎下了根,开始伴随着商业扩张在美国境外的欧洲国家广为传播。如果说在19世纪欧洲精英对美国社会的批评具有"主动"特性的话,那么进入20世纪之后,欧洲精英对美国的抨击却显得处处"被动",是面对着美国大众文化大举进入的一种被动反应,当然根深蒂固于欧洲文化中的优越感依然发挥着很大的作用,欧洲的反美主义由此进入了一个新的时期。

---

① Gulddal, "That Most Hateful Land: Romanticism and the Birth of Modern Anti-Americanism," *Journal of European Studies*, Vol. 39, No. 4, December 2009, pp. 448 – 449.

第三章
反现代性：欧洲精英对美国生活方式的批评

19世纪末和20世纪初，世界政治格局中呈现出即将发生重大变化的迹象，欧洲尽管依然为世界政治经济中心，然而这个持续了数百年的中心之地位受到来自大洋彼岸美国的挑战，开始逐渐出现了衰落的征兆。欧洲中心地位的衰落存在着很多因素，但欧洲内部冲突不断是其中重要的因素之一。矛盾重重的欧洲大国为了争得主导国际社会的权力，无不在积极扩军备战，试图通过采用极端方式的战争手段赢得竞争对手，以达到控制欧洲进而把持国际社会的领导权。扩军备战意味着国家要把大量的人力、物力和财力投放到与民众福利几乎没有多大关系的非民用行业，这可能会在一定的时空范围内刺激国家经济的增长，但战争总是对已取得的物质和精神成就造成巨大破坏，破坏程度莫过于体现在对人生命的无谓牺牲和对社会劳动力的巨大浪费上。当然在现代大众消费社会的晨曦在人类地平线上露出曙光时，欧洲未能与之接轨与欧洲文化的保守性也有很大的关系。美国的崛起同样有着多种原因，但美国依赖着大洋屏障远离欧洲大国的纷争以专心致力于国内经济的发展，是美国优越于任何欧洲大国的一个得天独厚的外围有利条件，此外，民主政治制度的保证以及文化上展现出的巨大创新能力在西方国家中亦为美国所独有。

美国在国际社会崛起为西方国家的首要强国的过程中,以弘扬现代性[①]为主要内容的大众文化发挥了极其重要的作用,促使美国在 20 世纪之初形成了一种全新的现代生活方式,这种生活方式表现为赚钱→消费→再赚钱→再消费的基本特征,当然通过个人信用从银行贷款提前消费同样风靡于整个美国社会。正是在这种生活方式的主导下,美国在西方国家中率先进入了现代大众消费社会。现代大众消费适应了美国社会发展的需要,给满足于这种生活方式之下的现代人带来了物质上和精神上的愉悦享受,与欧洲国家相比,美国社会尽管存在着很多问题,但无疑处在富有活力的欣欣向荣之中。美国的繁荣与在海外获得的巨额商业利润是密不可分的。美国不是一个"有形"的帝国,但却有着对全球"征服"的帝国之目的。19 世纪末美国通过发动"美西战争"在海外建立了殖民地,不过自建国以来一直具有反殖民倾向的美国与英法等欧洲大国还是有所区别的,尚不能划入殖民大国之列,美国主要是靠着其商业和文化优势来构筑其帝国"大厦"的。因此,美国现代大众消费生活方式不会仅仅局限于其产生国的境域,而是会伴随着美国与其他国家的商业往来在后者境内广泛传播。与美国商业关系越密切的国家,这种生活方式就会在这些国家传播得越迅速,越容易被这些国家的普通民众所接受和喜爱。由此可见,美国现代大众消费生活方式在境外的传播既包含着谋取巨额商业利润的因素,又有着以完全与现代生活相一致的文化打破古老传统文化设置的藩篱之目的。

欧洲大国与美国的商业关系密切,美国现代大众消费生活方式势必在

[①] "现代性"是人类文明进入现代社会之后非常流行的一个术语,对其概念的界定也是众说纷纭,莫衷一是,但与"传统性"对立却是学者们的共识。伦敦经济和政治学学院社会学讲师阿兰·斯温格伍德认为,马克斯·韦伯是比较准确地首次使用"现代性"这一术语的社会学家,但是到了 19 世纪末,这一术语便在社会学、哲学、文学批评和文学创作等领域广泛使用。这一术语的历史起源尚无定论。现代性代表着一种创新的文化,一种在批判思想、经验知识和人文主义名义下向传统和宗教仪式发出挑战的理性精神。Alan Swingewood, *Cultural Theory and the Problem of Modernity*, New York: St. Martin's Press Inc., 1998, pp. 137 – 138. 美国弗吉尼亚大学社会学系教授克里尚·库马尔强调,现代性只是包含着理性、政治和社会的观念,在历史上与资本主义现代化、工业技术和经济生活联系在一起。参见 Krishan Kumar, *From Post-Industrial to Post-Modern Society*, Oxford: Blackwell, 1995, p. 82。还有的学者认为,现代性意指"与传统社会结构和文化形式革命性的决裂"。Frank Ninkovich, *Modernity and Power: A History of the Domino Theory in the Twentieth Century*, Chicago and London: the University of Chicago Press, 1994, p. xiv.

这些国家传播迅速，这对欧洲精英们一向所享有的文化特权无疑是一个巨大的威胁，他们实实在在地感受到了来势凶猛的美国大众文化在现实生活中无处不在，对欧洲古老的生活方式产生了颠覆性的影响。19世纪欧洲精英对美国的抨击，除了凸显欧洲文化的优越性之外，很大程度上是因为这种文化在美国境内产生的活力对欧洲下层百姓具有强大的吸引力，他们对美国人及其社会的贬抑，一个主要目的是阻止本国人移居美国，然而此时他们尚未切身地感受到美国文化对欧洲传统生活方式的威胁。进入20世纪之后，欧洲精英对美国的抨击，除了延续他们的先辈在文化上对美国抱有的深刻偏见之外，主要目的为试图在国内形成一道抵制美国文化"入侵"欧洲社会的"防疫线"，阻止美国现代大众消费生活方式在欧洲国家境内的肆虐泛滥。在这一时期，美国"粗制滥造"的文化已不是欧洲精英们脑海中的遥远想象了，而是伴随着欧洲国家向现代消费社会转变过程中一个非常重要的影响因素。欧洲精英要让他们眼中的高雅文化永远保持在神圣的殿堂之中，为少数具有教养的高贵者所享有。因此，他们必须对毁灭欧洲传统生活方式的美国文化大张挞伐，这种讨伐归根结底还是在一种起源于美国的新文明的强劲冲击之下竭力维护欧洲文明所体现出的价值观。客观上讲，对欧洲精英来说，这种维护几乎出于一种本能的反应，不管是否能够见效，总的来说还是具有时代的合理性。因此，这一时期欧洲的反美主义话语表现出了反"现代性"的特征。[①]

一 美国的崛起与大众消费生活方式的形成

美国的崛起先于欧洲的衰落。当欧洲依然盘踞着世界政治经济中心的地位时，美国就已经显示出了走向强大国家的迹象。美利坚合众国成立之后，这个新国家曾在数年内一盘散沙，根本无法应对来自国内外各种问题

[①] 有些学者揭示了欧洲精英反现代性的根源，在他们看来，"由于现代性起源于一个地理位置，愤怒和恐惧就可能针对美国，设想美国是一张无文化的野蛮资本主义的老巢。五个世纪的共同历史导致对过去的抽象拒绝：大西洋逐渐象征着邪恶的现代性和理想主义过去的分离"。Werz and Fried, "Modernity, Resentment and Anti-Americanism," in O'Connor, ed., *Anti-Americanism: History, Causes, and Themes*, Vol. 1, p. 265.

的挑战。危机四伏的美国没有选择,只有改变十三州各自为政的邦联体制,加强中央政府的权力,美国才有可能走出被欧洲国家不屑一顾的窘境,也才能走上强国之路。这是1787年美国制宪会议召开的主要原因之一。这次会议的结果形成了对美国以后历史发展影响极大的《联邦宪法》,奠定了美国成为强国的政治、经济和文化基础。自此以后,合众国作为一个真正意义上的统一共同体出现在世人面前。当国家的资源凝聚成一个整体时,其所产生的作用是可想而知的。美国已故著名历史学家威廉·威廉斯指出,美利坚合众国宪法"为全国经济和政治体系提供了基础,组织了美国的力量与其他商业帝国的斗争以及对弱小民族的征服"①。威廉斯是新左派史学家的代表人物,他谈论美国宪法时并不隐讳对其提出尖锐的批评,但丝毫没有否认这部宪法对未来美国发展所产生的重要意义。在很大程度上讲,美国在国际社会的崛起肇始于联邦宪法的制订与生效。联邦政府的正式运行标志着美国进入了历史上的一个新的时期。正是由于联邦政府权力的加强,美国开始以一个名副其实的主权国家通过与欧洲大国谈判解决北美领土的归属问题,并不断地向西向南拓疆辟地。辽阔的疆土是大国所具备的自然特征,如果美国把自己局限于独立时的十三州疆域之内,那么成为强国充其量只能是一种梦想而已。因此,美国从立国开始就把扩大疆土作为展现大国风姿的一个必备条件。美国的领土扩张持续了不到一个世纪,到19世纪中期,美国就发展成为一个东西疆界濒临两洋的大国,用"地大物博"形容此时的美国一点也不过分,辽阔的疆土为美国经济发展提供了丰富的自然资源和必需的国内市场,也为美国迈向世界大国奠定了自然条件的基础。

雄厚的经济实力是美国迈向大国必备的物质基础。1789年联邦政府开始运行之后,这个新国家在经济发展上就开始展现出无限的潜力。美国的工业革命发源于东北部地区的自由州,这里为工业革命的兴起提供了制度上的保证。到了19世纪40年代和50年代,虽然从整体上讲美国依然是一个以农业为主的国家,但在东北部地区,工业革命向纵深发展,新兴工业

---

① William Appleman Williams, "The Age of Mercantilism: An Interpretation of the American Political Economy, 1763 to 1828," *The William and Mary Quarterly*, 3d Series, Vol. XV, No. 4, October 1958, p. 424.

如雨后春笋般地出现，工厂制逐渐代替了手工作坊，在工业生产中占据了主导地位。然而，到了此时，美国虽然有一部各州都承认的宪法，但国内的经济体制并不是统一的。尤其是在美国南方诸州，奴隶制度依然在种植园中盛行。美国南部种植园奴隶制曾经有过"辉煌"的历史，然而在工业革命的时代却没有进而发展的潜力，相反经济作物的单一化、生产力的低下和土地的严重衰竭，致使这种经济体制早就失去了昔日的冲力。这种与现代社会格格不入的制度虽离走到历史的尽头尚有时日，但其在美国的继续存在却严重影响了国家经济的发展，对美国形成国内统一市场构成了很大的障碍，与此同时也激化了美国政坛上的自由州与奴隶州之间的尖锐冲突，最终酿成了美国内战的爆发。这场内战以废除南部奴隶制而告结束，之后美国形成了统一的国内市场，经济走上了快速发展的轨道。关于内战结果对美国的意义，马克思在《资本论》中有所谈及。在马克思看来，美国南北战争的结果"造成了最迅速的资本集中。……在那里，资本主义生产在飞速发展"[1]。从内战结束到19世纪末叶，西部广大地区得到开拓，欧洲移民大批流入，四通八达的交通网把各个地区联结起来，形成了任何其他资本主义国家都不可比拟的广阔而统一的国内市场，这一时期在美国历史上被称为"经济革命"。工业的高涨首先开始于大规模的铁路修建，这是适应开拓西部土地和在政治上、经济上把东部同西部联结起来的需要。美国政府为了鼓励私营公司修筑铁路，不惜重金，规定每修筑一英里铁路，拨给铁路两旁各10英里土地，并发给每英里约1.6万至4.8万美元的补助金。在这种奖励制度的刺激下，美国私人投资修建铁路蔚然成风。1865年美国有铁路线3.5万英里，在此后的8年间，国内铁路线翻了一番。1874—1887年，大约又铺筑了8.7万英里长的铁路。大规模铁路的修建，直接带动了钢铁、煤炭以及机器制造等工业部门的发展，一系列新的工业部门也先后出现。自1859年在宾夕法尼亚州西部发现第一个油田后，又陆续在俄亥俄、印第安纳、西弗吉尼亚、堪萨斯、加利福尼亚、田纳西和得克萨斯等州发现了新油田。1880年第一个发电厂建成，随后发电机很快就在工业中得到普遍的应用。美国国内呈现出一派繁荣发展的景象。到了19

---

[1]《马克思恩格斯全集》第23卷，人民出版社1972年版，第842—843页。

世纪 80 年代,美国的工业生产量赶上了英国居世界第一位,自此以后美国经济总量第一的位置不仅再也没有被动摇过,而且与英、法、德等欧洲大国的差距越拉越大,乃至这几个国家工业产量加起来也不及美国之地步。美国在 19 世纪末叶力量的急剧上升让美国人的自信心大为增强,这一点在美国人写的很多作品中反映出来。如美国政治家伊格内修斯·唐纳利 1892 年出版了一本小说,书名为《金瓶》,小说中的主人公是个穷人,他梦想得到一个神奇的金瓶,各种资源从金瓶中取之不尽。利用这些资源,他首先改造美国,继而击败世界上的恶魔德国人和俄国人,让这个世界民主化,最终成为一个美国新全球民主帝国的奠基者和统治者。主人公谈到他对美国这块土地有多么的热爱,这是一个非常"自由和富裕"的"巨大国家"、"生产粮食的大陆"一望无际,整个国家"弥漫着仁慈上帝的精神",他从这个国家看到了"人类的命运"①。唐纳利虚构了一个美国无所不能的故事,很多描述与现实状况相距甚远,但美国作为经济强国在国际社会的崛起已是一个无可置疑的事实了。

在国际社会,一个大国对国际事务发生重要影响仅具有辽阔的疆土和经济实力显然是不够的,对美国来说必须要摆脱长期笼罩在美国朝野上下的"孤立主义"阴影,大踏步地迈向国际社会,通过自己的有所作为来干预国际事务或在国际舞台上扮演重要的角色,乃至承担主角的责任。这是美国崛起之后必然要走上的一条道路,也是美国作为大国来有效维护其外部利益之所需。美国走上这条道路历经曲折,但最终到了 19 世纪末和 20 世纪初开始打破孤立主义设置的藩篱。1898 年的美西战争在美国历史上是个很重要的转折点。用当时著名学者伍德罗·威尔逊的话来说,美西战争是美国历史发展的一个伟大界碑,从时间顺序上讲,它是旧世纪的终结,又是新世纪的开端;从政治意义上讲,它是孤立主义的结束,又是美国走向海外竞技场的开端。他颇有信心地断言,美西战争一方面标志着美国孤立状态的结束,更为重要的是预示着美国在世界事务中发挥广泛作用的新时代的到来。因此,这场战争结束之后,美国"就步入了世界竞技场,进

---

① Ignatius Donnelly, *The Golden Bottle or the Story of Ephraim Benezet of Kansas*, New York: D. D. Merrill Company, 1892, p. 289.

入了一个新世纪"[1]。威尔逊是个颇负盛名的历史学家,对美国历史的发展可谓了如指掌,著有当时在学界很有影响的《美国人民史》五卷本。他与当时很多政治家与学者一样敏锐地意识到对美国来说一个新时代的到来,这种估计说到底还是基于对美国崛起后如何在国际社会发挥大国作用的考虑。这是美国历史发展到20世纪之初的一个大趋势,正如美国波士顿大学历史学教授戴维·弗罗姆金的研究表明,自1898年以来,美国对外关系的根本问题一直是美国是否将在国际事务中发挥一种持续性的作用[2]。作为一个从来不甘寂寞于书斋中的学者,威尔逊在政治诉求上可谓是顺应了这一趋势,这是他在后来能击败竞争对手高票当选为美国总统的主要原因之一,也是他力促美国承担世界领袖责任的原动力。

到了威尔逊1913年入主白宫之时,欧洲已显现出了衰落的迹象,第一次世界大战的爆发加快了这一过程。在战前欧洲大国磨刀霍霍时,欧洲精英们似乎还对未来的前景充满着憧憬,沉浸在一种虚无缥缈的幻想之中。英国著名历史学家阿诺德·托因比曾回忆说,他那一代人"期望整个世界的生活将变得更富有理性、更人道和更民主,政治民主缓慢地但无可置疑地将产生范围更广的社会公正。我们也期望,科学和技术的进步将使人类更富有,正在增加的财富将逐渐从少数国家转到大多数国家。我们期望所有这一切都是和平地进行"[3]。他们的期望最终在硝烟弥漫的战火中化为泡影。杰里·本特利等人的研究表明,这场战争"毁灭了许多人长期抱有的信仰,如相信人类进步的普遍性。19世纪进步的许多偶像,尤其是科学与技术,处在抨击之下"[4]。科学技术可以给人类社会带来繁荣,促进文明的进步,但如果用于战争却会导致难以弥补的灾难,不过让科学技术承担战争的责任显然是不妥当的。对欧洲国家来说,这场战争没有胜利者,卷入

---

[1] Arthur S. Link, ed., *The Papers of Woodrow Wilson*, Princeton: Princeton University Press, Vol. 12, 1972, p. 43.

[2] 引自保罗·约翰逊对弗罗姆金1995年出版的著作的评论,见 Paul Johnson, "The Myth of Americanism Isolationism," *Foreign Affairs*, Vol. 74, No. 3, May/June 1995, p. 195.

[3] Arnold Toynbee, *Surviving the Future*, London and New York: Oxford University Press, 1971, pp. 106 – 107.

[4] Jerry H. Bentley and Herbert F. Ziegler, *Traditions & Encounters: A Global Perspective on the Past*, Vol. II: *From 1500 to the Present*, Boston: McGraw Hill, 2000, p. 913.

战争中的欧洲国家无一不深受其害。德国的世界蓝图在战争的废墟中化作烟云,俄国、奥匈以及土耳其这三个古老的帝国在战争中敲响了末日的钟声,英国从此一蹶不振,衰退步伐大大加快,法国损失惨重,国际地位受到严重削弱。欧洲作为世界政治经济中心到战后已经名存实亡了。战争结束之后,许多小说、文章和电影把美国有时描绘为似乎是一种隐喻,有时描绘为似乎是对现存秩序的一种不祥之兆,表明了美国的崛起和欧洲的衰落。法国历史学家埃马纽埃尔·贝尔在《死亡的资产阶级思想》(*Mort de la pensee bourgeoise*)一书中把美国权力和影响的兴起看成与西方文化中值得保留的东西之衰落几乎是同步的,"美国正在增加其疆域,而西方的价值观却处于进入坟墓的危险边缘"[1]。贝尔这里所谓的"西方"主要指欧洲,把美国排除之外,只能说是欧洲中心主义的悲哀余音而已。英国外交大臣爱德华·格雷在战争结束之后无可奈何地宣称:"明灯在整个欧洲熄灭,我们这辈子将再也不会看到它们复明。"[2] 格雷是为欧洲文明的衰落而悲叹,他置身于这一进程之中,以自己的亲身感受道出了一个无法逆转的事实。

在西方大国中,美国大概是这场战争的唯一受益者了。当然,远离战场厮杀的美国也为战争的胜利付出了人力和财力沉重的代价,但总的来看所得远远高于所失,尤其表现在长期称雄国际社会的英法等欧洲大国在世界大战进程中不得不放下高傲的架子对美国另眼相看,尊重有加,似乎欧洲未来的命运由大洋彼岸的美国来一锤定音。战争结束之后,美国的实力与战前相比有了巨大的飞跃,其在战后初期俨然以世界领袖自居,踌躇满志的威尔逊总统亲率美国代表团出席了巴黎举行的战后和平会议,旨在借着这场战争给美国带来的有利国际地位,试图实现他早就勾画好的世界领袖蓝图。威尔逊作为在任总统亲赴欧洲,这在美国历史上尚属首次,史无前例,虽看似平常,但却具有标志性的意义。这件事向全世界昭示,美国的孤立主义时代已经一去不复返了,不卷入欧洲政治纷争已成为历史,作为世界上最强大的国家,美国有责任来安排战后世界新秩序。战后美国的

---

[1] Emmanuel Berl, *Mort de la Pensée Bourgeoise*, Paries, 1929, pp. 76-77. Judt, *Past Imperfect: French Intellectuals, 1944-1956*, p. 188.

[2] Marvin Perry, et al, *Western Civilization: A Concise History*, Boston: Houghton Mifflin Company, 1981, p. 647.

强大无可置疑，威尔逊满以为以美国无国可敌的实力来安排战后新秩序的时代已经到来，他对此满怀信心。其实，威尔逊的世界领袖之梦符合了自19世纪末叶以来美国外交从"孤立主义"向"国际主义"转变的大趋势，这是美国崛起为世界大国之后必然要经历的一场大的转变。美国已经具备了完成这场转变的实力资源，然而却未能成功，一方面战争结束之后诸如英国首相劳合·乔治和法国总理乔治·克里蒙梭等欧洲现实主义政治家并不买美国的账，从感情上很难接受这位财大气粗的"暴发户"的领导。另一方面国内民众思想的转化还需要一个漫长的过程，他们中的绝大多数人依然陶醉在孤芳自赏的相对隔绝情绪之中，尚未在思想上做好来迎接强大实力带给美国在国际事务中一言九鼎之地位的准备。诚如美国著名历史学家阿瑟·林克所言："事实是，1920年美国人民还没有准备来承担威尔逊所贡献给他们的世界领袖地位，世界列强也还没有准备去实施美国总统所创立的世界范围的集体安全体系。"[①] 林克是研究威尔逊的大专家，他对威尔逊的世界领袖之梦最终以悲剧告终多少有些遗憾，但上述这番话无疑揭示出这种梦想破灭的真正原因。不过美国完全退回到"孤立主义"时代几乎是不可能的，美国的政治、经济以及战略等利益已经使之无可解脱地与世界联系在一起，像在19世纪绝大多数时间"独居一隅"的发展只会以损害美国的利益而告终，美国干预世界事务是实现其外部利益之所需。就美国而言，这是一个不可逆转的趋势，美国人厌恶卷入外部政治事务的传统心态由此正在发生着变化。进入20世纪之后的美国注定对会对世界事务以及各国的发展产生很少有国家能够比拟的强大影响，影响最大的莫过于把现代性体现得淋漓尽致的美国大众消费生活方式了。

美国是不是从立国开始就义无反顾地选择了现代资本主义的方式，在学术界存在着不同的看法。一种观点认为，美国从一开始就是一个"现代化"的国家，不存在向现代资本主义社会转变的过程，殖民时期已经奠定了这方面的基础。如美国历史学家卡尔·德格勒认为，"资本主义"随着载

---

① Arthur S. Link, *Wilson the Diplomatist: A Look at His Major Foreign Policy*, New York, 1974, p. 155.

乘欧洲移民的"第一批船只来到了北美"①。还有一种观点认为,美国建立的共和体制是反商业的,因此在本质上是反资本主义的,他们主要从一些开国先贤的思想中得出这种结论。② 持两种观点者都可以举出事例来加以说明。其实,共和制只是一种政体形式,并不意味着必然与促进资本主义发展具有不可解脱的联系。从美国革命之前已经存在的共和国来看,人们很难在"共和制"与"现代性"之间画等号。在美国开国先贤那一代人中,很多人受到古典共和主义的影响,坚持文艺复兴时代宣扬的以公共美德为中心形成的道德规范,对权力带来腐败时刻抱有警惕之心,竭力避免财富的过度扩张而导致社会凝聚力的分崩离析。因此,他们在选择共和制时自然忘不了"公共美德"对这个新独立国家发展的重要性。对美国历史产生很大影响的托马斯·杰斐逊就是一个非常典型的代表,他设计了一个能够保持公共美德的农业社会,把在土地上耕作的农民视为最富有价值的公民。杰斐逊强调简朴无华的农业社会反映了古典共和主义对他的影响,集中体现了他那一代人中的精英人士对如何维护共和国长治久安的思考。美国开国先辈不希望由他们创建的国家沦为像欧洲国家那样的腐败社会,他们抵制现代工业文明的思想显然与独立后美国发展的大势不相一致。迈入现代工商社会是美国欲要成为强大国家的必然选择,任何与这种趋势相悖的价值观即使在特定的时空范围内有所作用,但其影响势必难以为继。因此,在一个商品交换比较发达的社会,"公共美德"充其量只是局限在极少数的精英人士身上,在大众中不会具有普遍性,更不会对人们的生活方式产生较大的持续性影响。特别是持这种思想者多为政府决策层的成员,他们可以对"公共美德"的消退深表惋惜,也可以提出一些防止这种趋势进一步恶化的设想,但他们不可能逆美国社会发展的大潮流而动,只有顺势应变,才能使这个刚刚独立的国家应对所面临的复杂局面,也才能让这个新国家走向强大。这样,不管愿意还是不愿意,自觉还是不自觉,他们中的很多

---

① Carl N. Degle, *Out of Our Past: the Forces that Shaped Modern America*, New York: Harper & Row, 1959, p. 1.

② Gordon S. Wood, *The Creation of the American Republic, 1776 – 1787*, Chapel Hill: The University of North Carolina Press, 1969, p. 418. Claudio J. Katz, "Thomas Jefferson's Liberal Anticapitalism," *American Journal of Political Science*, Vol. 47, No. 1, January 2003, pp. 1 – 17.

人经历了一个思想转变的过程，他们的思想逐渐适应了美国社会发展的趋势，其结果必然促进了美国大踏步地迈向现代工商社会。

美国在立国之初虽尚未完全构成一个现代资本主义的国家，但在这块土地上形成的文化包含着"现代性"因素却是无可置疑的。美国没有沉重的历史包袱，没有古老传统的积淀，其文化在形成过程中与当时已经兴起的与君主制对立的意识形态联系在一起是太正常不过了。这一点决定了美国未来发展的基本方向。美国开国先辈们信奉的共和主义残留着古典的痕迹，然而无疑具有了现代的含义，体现出了以维护国家自由和个体自由的价值观。他们大力提倡公民具有服务于公益的美德，但却完全尊重个体享有的不可剥夺的自然权利，个人的财产权绝对不得随意侵犯。这样，他们一方面义无反顾地献身于国家或公益的事业；另一方面把对个体自由的维护提到了非常的高度，在法律上予以保障，两者在他们的身上结合的天衣无缝。因此，他们对现代工业文明的抵制有着思想上的根源，但注定不会是根深蒂固的和长此以往的，很快就随着对局势变化的适应荡然无存了。到了此时，他们信奉的共和主义自然会发生变化，不会是像有些学者说的那样不再适应"现代社会"了，[1] 而是成为指导美国发展的自由意识形态的重要组成部分，对形成一种新的生活方式产生了很大的影响。

从根本上讲，美利坚合众国奠基者的思想终归与现代社会的发展是一致的，这主要是由他们信奉的文化价值观所决定的。因此，美国从立国开始就与现代性密切联系在一起，这种接轨甚至在殖民时期就已经开始了。现代性塑造了美国及其美国人的特性，有学者把美国说成"生来是自由的、富裕的和现代的"[2]，便是基于这种认识。现代性决定了欧洲精英眼中的文化在这个历史很短的国家走出了只有少数人可以迈入的神圣殿堂，来到普通的大众中间，形成让欧洲精英既不屑一顾又深感担忧的大众文化。大众文化可以说是颠覆了欧洲精英脑海中的文化概念，逐渐在美国社会居于主导地位，在社会结构的不断变革过程中发挥了极其重要的作用，以其在美

---

[1] James Oakes, "From Republicanism to Liberalism: Ideological Change and Crisis of Old South," *American Quarterly*, Vol. 37, No. 4, Autumn 1985, p. 567.

[2] Stuart Bruchey, "Economy and Society in an Earlier America," *The Journal of Economic History*, Vol. XLVII, No. 2, June 1987, p. 303.

国社会产生的特有动力促进了美国快速地迈入现代大众消费社会。正是大众文化在其中发挥的重要作用，进入 20 世纪之后，"新美国不仅展现了一种政治制度，而且展现了受一种大众消费的经济秩序控制的全新生活方式，这种秩序似乎左右了自己的环境，以更适应其效能的较新价值观取代了传统价值观"[①]。体现"新文明"的大众消费生活方式在美国形成绝非偶然，而是美利坚文明发展的必然结果。美国大众文化给这种生活方式提供了养料丰富的土壤，美国的经济实力为这种生活方式的运行提供了有力的保证，这种生活方式反过来又给美国国内的经济增长创造了无限的商机，致使进入 20 世纪之后的美国社会展现出了与其他国家有所不同的新特征，尤其是到了第一次世界大战结束之后，大众消费生活方式遍及美国社会，给美国人带来物质上和精神上愉悦的享受，促使美国社会呈现出一派欣欣向荣的繁荣景象，昭示着人类文明已经进入了一个新的发展阶段。

美国大众消费生活方式在 20 世纪初就已具雏形，美国人对物品的消费走出了简单的维持着生活之所需，消费过程已经包含着休闲愉悦的享受。1899 年，美国经济史学家索尔斯坦·维布伦认为，"对贵重商品的大量消费"是有闲阶层成员相互炫耀和向社会其他阶层表明其社会地位的主要手段，这是消费文化的本质和言外之意，但美国资本主义正在向占人口中的相当大的部分传播这种文化，即消闲观念。[②] 观念的变化固然与美国文化善于创新的特性有很大的关系，但主要还是源于社会上物质财富的飞速增加，直接导致了民众的消费行为具有了文化上的含义。第一次世界大战结束之后，美国进入了名副其实的现代大众消费社会，其展现出来的新生活方式特征比战前更为明显，大众消费刺激了经济增长，经济增长不仅带来大量的就业机会，而且反过来又给经济增长提供了"更上一层楼"的冲力。到了 20 世纪二三十年代，美国社会呈现出的繁荣景象非其他国家所能比拟，在诸如纽约和芝加哥等大城市，高楼大厦鳞次栉比、灯红酒绿、夜晚闪烁的霓虹灯广告让这些城市成为消费者的"天堂"。美国无疑存在社会财富分

---

① Paul A. Gagnon, "French Views of the Second American Revolution," *French Historical Studies*, Vol. 2, No. 4, Fall 1962, p. 432.

② Richard Maltby, ed., *Passing Parade: A History of Popular Culture in the Twentieth Century*, Oxford and New York: Oxford University Press, 1989, p. 8.

配不平等的现象，但社会提供挣钱或发财的机会远远多于欧洲国家，只要发奋工作，维持小康之家应该是不成问题的。美国人享受到了经济繁荣带来的好处，一张描述这一时期的图片显示，在高耸入云的摩天大楼之下，"男人们头戴圆顶礼帽，留着很有讲究的八字胡，挂着金表链。妇女们身着丝绸制作的衣服，人人都像女王一样脸上露出洋洋自得的表情；这里没有一个穷人，人人都很富裕"[①]。这张图片显然与当时美国社会的实际状况不大相符，带有明显宣扬美国繁荣的倾向，但也并非完全是虚假捏造、凭空想象，还是从一个侧面反映出了现代大众消费给人们生活带来的舒适享乐。

很多学者把20世纪20年代作为美国新生活方式达到登峰造极的标志，将之视为美国现代生活的发端。按照他们的描述，美国社会完全笼罩在商业化的氛围之中，曾经风行于美国社会的传统清教主义的节俭观早已不复存在，"金钱万能"主宰了人们的观念，一切活动的展开皆为是否有钱可赚来作为衡量得失之标准，大众消费主义在全社会占据了主导地位。过去曾经用来炫耀富有奢侈的小汽车、电冰箱、洗衣机、吸尘器和电话等高档商品走进了普通百姓的家庭，成为大多数家庭的日常生活必需品。这个时期被史学家称为"柯立芝繁荣"。从留下的影像资料来看，卡尔文·柯立芝担任美国总统期间，整个社会一派繁荣之景象。城市化进程明显加快，交通四通八达，把城乡连为一体，人们驾驶着冒着黑烟的小汽车疾驰在公路上，或上班或购物或度假或消遣。小汽车成为大众拥有的最普通的商品之一，大大刺激了人们对享受型生活的追求，直接带动了对其他耐用商品的消费，逐步形成了大众以家庭购买汽车为中心的消费模式。有学者认为，在20年代期间，美国出现了"一种集中在个人对汽车拥有的真正的大众消费经济"。这位学者统计，柯立芝当选总统之时，美国至少有一半家庭拥有汽车；到了1929年柯立芝繁荣结束之时，在全部工人阶层家庭中，至少30%的家庭拥有一辆汽车。[②] 福特公司创立之初就提出了"让人人都能买得起福特汽车"的口号，到了20年代时期福特公司似乎离实现这个目标已经不远了。按照字面上的理解，大众消费为普通百姓的一种购买商品行为，其实

---

① Maltby, ed., *Passing Parade: A History of Popular Culture in the Twentieth Century*, p. 10.
② Sue Bowden and Avner Offer, "Household Appliances and the Use of Time: The United States and Britain since the 1920s," *Economic History Review*, Vol. 47, No. 4, 1994, p. 729.

这一术语包含着人们对时尚趋之若鹜的倾向,消费不是仅仅用来满足于人们生存的最基本之所需,而是要带来衣食住行之外的精神愉悦。美国加州西方学院教授林恩·迪梅尼尔的研究表明,20 世纪 20 年代的美国为学者们研究消费文化的发展提供了最丰富的领域或素材,对人们趋向闲暇和消费以寻求生活满足至关重要,原因在于"这十年体现了构成消费文化的许多内容:物质商品的丰富;一种限制个人自主性的职业和企业结构;行为和价值观的变化,从工作、约束以及规则等构成维多利亚的'生产'风气转向把闲暇、消费和自我展现接受为个人满足获得释放的风气。对新中等阶级的许多人和工人阶层的一些人(尤其是男人,因为他们期望永久保持工作活力)来说,工作在本质上正在变得很少有意义,而与此同时,日益上升的繁荣、蜂拥而来的消费品和越来越多的闲暇时间提供了具有意义的新场所:人们能够在闲暇和消费的个人领域寻求满足和认知"①。然而,"柯立芝繁荣"未能长久地持续下去,当大众还沉浸在对未来美好生活的遐想时,美国在 20 年代末突然遭遇了前所未有的经济大萧条,社会呈现出的图景与此之前判若两别,十年的经济繁荣顷刻化作烟云,享乐性的消费顿时变成了一种奢望,很多人陷入了极端的贫困之中,连维持最基本的生存所需都无法满足,当然更谈不到追求物质消费之外的精神或身心愉悦了。在大萧条期间,大众消费的生活方式似乎走到了历史的尽头,其实不然,这种消费主义观不是一朝一夕的产物,而是与 19 世纪末叶以来美国崛起为世界首要强国之后所带来的社会变化有很大的关系,已经作为一种文化特性根深蒂固于美国人的意识之中,经济危机可以暂时压抑人们对非生存所需商品消费的欲望,但无法从根本上动摇这种消费主义观念在美国社会已奠定的牢固基础,更不可能让其在社会上无立足之地。一旦美国走出危机,大众消费主义便会以更大规模的方式"卷土重来",在美国社会重新占据主导地位,成为美国再次繁荣兴盛的推进器。

翻开学者们撰写的论著,"美国生活方式"这一概念出现在 20 世纪之初,二三十年代便广为流行,成为现代大众消费方式的代名词。很多学者

---

① Lynn Dumenil, "Re-Shifting Perspectives on the 1920s: Recent Trends in Social and Cultural History," in John Earl Haynes, ed., *Calvin Coolidge and the Coolidge Era: Essays on the History of the 1920s*, Hanover: University Press of New England, 1998, p. 64.

探讨了"美国生活方式"所包含的内容。纽约大学历史系教授玛丽·诺兰详细阐释了"美国生活方式"所体现的基本含义,认为美国生活方式过去和现在都是与试图抓住20世纪根本的社会经济和文化转变的各种其他概念联系在一起,这些概念是标准化、泰勒制、福特制、大众消费、大众文化、现代化和现代性。[①] 还有一些美国学者试图从民主对专制的角度来给"美国生活方式"定位。如沃伦·萨斯曼认为,在20世纪30年代,"美国生活方式"这一术语非常流行,是一个用来明确说明一种独特民族文化的概念。按照他的观点,不管是在极权主义国家,还是在民主国家,民族共同体被看作文化和富有意义的交织,甚至被看作在意识形态上两种相互对立的生活方式:反自由的生活方式与民主的生活方式。[②] 在美国许多学者看来,"美国生活方式"不管是在经济上还是在意识形态上,都代表了一种为其他国家所效仿的"模式"。不管是赞扬也好,还是批评也罢,美国生活方式不仅把所谓的"现代性"体现得淋漓尽致,而且的确在现代社会转型过程中起了非常重要的作用。在20世纪30年代,哈佛大学教授乔治·桑塔亚纳在一篇关于美国生活方式的论文中写道:"美国生活方式首先本身是革命性的,它仍然竭力要把人类所有更古老的传统抛掷一边,因为他们是毫无用处的寄生物和障碍物。然而。美国生活方式本身成为一种传统:它已经形成了将把自己强加给人性的精神,以自己的形象重塑所有人的灵魂。"[③] 作为一个著作等身的学者,桑塔亚纳在这里以对美国社会持激烈批评的态度用简单的几笔便勾勒出了美国生活方式对这个社会产生的全方位的影响。

当欧洲精英们还沉浸在传统的贵族绅士的生活方式中时,一种以现代大众消费为特征的全新生活方式正在大洋彼岸的美国地平线上冉冉升起,就像清晨的霞光一样让社会充满着蓬勃向上的活力,注定把其光芒洒向世界上的每一个角落,与美国关系密切的欧洲国家首当其冲,最先感到这种

---

① Nolan, "America in the German Imagination," in Fehrenbach and Poiger, eds., *Transactions, Transgressions, Transformations: American Culture in Western Europe and Japan*, p. 6.

② Warren I. Susman, *Culture as History: the Transformation of American Society in the Twentieth Century*, New York: Pantheon Books, 1984. Akira Iriye, *Cultural Internationalism and World Order*, Baltimore: The Johns Hopkins University Press, 1997, p. 7.

③ George Santayana, *The Idler and His Works, and Other Essays*, edited by Daniel Cory, New York: George Braziller, Inc., 1957, p. 52.

新生活方式的巨大冲击力。

二 美国现代大众消费生活方式在欧洲的传播

现代大众消费生活方式所赖以存在和发展的主要因素在于发达活跃的市场经济。市场经济的出现与资本主义兴起有本质上的联系，其很快就成为这种新的生产方式的一个主要特征。从这个意义上来讲，欧洲是市场经济的发源地，美国只是把市场经济发展到更为成熟完善的阶段。市场经济与自给自足的生活方式相对立，其主要特点是人们使用一种共同认可的货币进行商品交换，发行这种货币的权力通常掌握在具有强大国家机器功能的政府手中，而非个人或某个集团所能为。自给自足是一种比较落后的经济形态，在这种经济形态之下，绝大多数人在土地上过着"日出而作，日落而息"的简单生活，劳动耕作只为养家糊口，用自己所生产的物品来维持家人最基本的生存之所需，把剩余物品拿到集市上进行交换也是为了达到这个目的，生产物品的匮乏导致绝大多数人自然谈不上有更多的物质欲望所求了。在这种经济方式上形成的意识形态限制了市场的扩大，虽存在着物品交换，但远未形成一种影响人们追求物质生活享受的经济形态。在资本主义生产方式之下，人们的视野已不再局限于狭小的地域范围之内，而是随着资讯手段的进步越来越多地对外部世界有所了解，自觉或不自觉地把自己逐渐地融合进这种生产方式编织的一个庞大网络之中，在其中扮演了很难挣脱其束缚的一个分子。市场经济赋予了社会创新的活力，成为国家进入工业社会的驱动力之一。工业社会与前工业社会有着很大的不同，其中一个重要区别是前者利用先进的生产手段和管理方式，让生产物品达到非常丰盛之地步，已不只是局限于满足本地区或本国市场的消费。在工业社会，几乎所有的生产品都被商品化，工厂的产品必须拿到市场上销售，以获得利润，农民生产的农产品主要供市场之所需，通过在市场上把农产品销售出去所得用来购买所需要的工业品。这样势必造成了国内市场不断地扩大，市场经济越发达，国家所获得的发展资源就越丰富，人们的生活水平也会相应地有了很大的提高。物品的丰富自然让很多人的生活不再局限于满足基本的生存之所需了，而是竭力地追求生存需要满足之后的身心愉悦舒适，把生活享受提高到首要地位。这种对生活的态度既是现代人与前工业社会人的区别，也是现代大众消费生活方式能够形成的根本原因。

从时间上来讲，欧洲很多国家在发展商业和制造业上比美国要早得多，在美利坚合众国建立之前，诸如英国、法国、荷兰、西班牙和葡萄牙等国已经形成了比较统一的国内大市场，经济活动主要以谋取利润为主，奢侈性消费成为这些国家上层生活的一个主要特征。这些国家虽然在政治体制上依然多为君主制或君主立宪制，但在经济形态上已开始受到资本主义意识形态的影响，把发展商业和制造业作为国家走向强大的必然选择。重商主义受到这些国家决策者的青睐便是一个很好的说明。重商主义是资本主义生产方式形成初期代表商业资产阶级利益的一种经济学说和政策体系，主要产生于15、16世纪的英法等国。这种对当时欧洲大国决策产生很大影响的学说试图从理论上解决资本原始积累时期民族国家对金银货币和商品市场的迫切需要。古典经济学的创始人之一亚当·斯密在其1776年出版的《国富论》一书中曾总结了重商主义学说的主要观点。他指出：

> 政治经济学的巨大目的就是一定变成尽量减少供国内消费的外国商品的输入，尽量增加国内产业产品的输出了。因此，使国家致富的两大手段就是限制输入和奖励输出。输入的限制有两种。第一，凡能由本国生产的供国内消费的外国商品，无论从什么国家输入，都一律加以限制。第二，在对某些外国的贸易中，如果贸易差额被认为不利于本国，那就几乎是无论何种货物，只要是从那些国家输入的，都一律加以限制。这些不同的限制有时采用高关税的方法，有时采用绝对禁止的方法。奖励输出的方法，有时是退税，有时是发给奖励金，有时是同主权国家订立有利的通商条约，有时是在遥远的国家建立殖民地。①

斯密的经济学说很大程度上来源于对其所处的时代一些欧洲民族国家所奉行的重商主义经济政策的考察，他提出的一些对后世影响极大的经济理论也是建立在对重商主义批判的基础之上。因此，斯密的总结可以说是

---

① 亚当·斯密：《国民财富的性质和原因的研究》（下卷），商务印书馆1994年版，第22—23页。

从扬弃的角度道出了重商主义学说的基本特征。其实，重商主义与现代民族国家在欧洲的出现是密切联系在一起的。民族国家需要一个强有力的中央集权政府，更需要维持这类政府正常运行以及满足君主们奢侈消费的钱财，国家政治和军事力量的强大一般是由掌握钱财（金银）的多寡来衡量的。在欧洲主要君主国家，过去财政收入主要来源于对土地的征税和对国内贸易的征税，如果赋税过轻，收入显然不能满足统治者日益增长的奢侈需要；如果赋税过高，就会导致内部矛盾加剧和经济的支离破碎，更重要的是不利于国家经济的发展，阻碍民族国家走向强盛。重商主义单在字面上讲是民族国家对商业的重视，这种政策取向实际上既有利于本国商业向外扩张，而且与本国商人的切身利益基本上是一致的。如何能够实现重商主义者为民族国家所构想出的这幅迅速致富的蓝图呢？一方面，赋予强有力的中央政府干预国家经济运行的权力，通过采取限制、保护、奖励等措施，来促进国内工商业的发展，通过提供出口商品多样化的基础实现在国际贸易中的竞争优势。另一方面，通过在海外寻找殖民地来延伸民族国家所统辖领土的主权范围，扩大本国商品的销售市场。这种扩张尽管主要目的是为统治国家的王室贵族寻找新的财富来源，但客观上有利于保护国内市场免遭外部的竞争以及扩大在国外的市场，以刺激民族国家所辖范围内民众对本国所生产之物品的消费。从这个意义上讲，欧洲国家通过不断地扩大国内外市场必然形成带有欧洲特色的消费文化。研究消费文化的美国知名专家彼得·斯特恩斯认为，现代意义上的消费主义自中世纪晚期便在欧洲出现，最初的标志乃是有钱阶层对食糖的钟情而导致对该商品需求市场的日益扩大。这样，食糖便成为欧洲人大规模消费的一种商品。到了18世纪中期，消费社会就已存在于英国、法国、荷兰、比利时、卢森堡以及德国和意大利部分地区。因此，"消费主义首先集中在商业经济得到最为充分发展的地区，在这些地区，对全球产品的消费得到了迅速地扩大"[1]。按照斯特恩斯的观点，欧洲是现代消费主义产生的源头，最早形成了消费社会。因此，消费主义诞生于西欧，美国只是作为一个模仿者出现，尽管这

---

[1] Peter N. Stearns, *Consumerism in World History: the Global Transformation of Desire*, Florence: Routledge, 2001, p. 15.

个国家在消费标准的某些方面走在世界之先。① 从理论上讲，欧洲应该率先进入现代大众消费社会，然而却远远落在欧洲精英眼中几乎没有历史的美国之后。消费文化起源于欧洲，但却在大洋彼岸的美国结出丰硕的果实，美国把消费主义观所导致的消费行为发展到一个新的阶段。消费主义不再局限于富有的"有闲"社会阶层在物质生活方面的价值取向，而逐渐成为弥漫于整个社会的一种时尚观念，也成为不断刺激美国经济发展的主要驱动力之一。

在相当长的时期内，消费主义在欧洲具有很大的局限性，没有在普通民众中形成一种全民消费的热情，这固然与生产物品的不丰富有很大的关系，但根源却能在欧洲文化中找到。欧洲文化源远流长，"历久"而不善于"弥新"。人们对生产和生活态度的传统观念根深蒂固，尤其是主掌文化权力资源的精英们在任何创新问题上更是显得顽固守旧。这种传统文化的包袱成为欧洲国家大踏步迈入现代消费社会的主要障碍。一位很有名的学者埃德加·莫勒在20世纪20年代后期出版的一本书中描写了欧洲这种状况。以他之见，在欧洲，"工业发展仍然受到造成工业萧条的封建习俗和民族传统的阻碍。古老的审美、道义、行会和劳工传统一直阻碍着技术的进步，大众生产与普遍的个人主义和阶级划分背道而驰。在欧洲大多数地区，普通民众依然受着古老的习俗和情趣的影响。在这个盛衰无常之大陆的许多地区，古老的地方消费习惯依然富有活力。在阿尔巴尼亚和巴尔干其他国家，在波兰，在接近柏林的文迪施·施普雷瓦尔德（Wendish Spreewald），在巴伐利亚，在德国黑林山的人烟稀少地区，在奥地利，在匈牙利，在斯洛伐克地区，在西西里，在西班牙，在布列塔尼半岛和无疑许多其他地区，传统的衣着依然非常普遍。在意大利，大多数家具和种类繁多的陶器碟盘还用手工制作。古老的手工艺品不仅仅在英国拥有商业市场，而且满足了人们的审美享受"。这些传统的习俗对大众生产和大众消费"构成了非常现实的主要障碍"②。莫勒是个美国人，在欧洲当过驻外记者多年，以敏锐的观察力而享誉新闻界，曾获得过美国新闻界最高奖普利策奖。他出版《这

---

① Stearns, *Consumerism in World History: The Global Transformation of Desire*, p. x.
② Edgar A. Mowrer, *This American World*, New York: J. H. Sears & Company, Inc., 1928, pp. 132 – 133.

个美国的世界》一书时，正是现代大众消费主义风靡美国，还以难以阻挡之势向美国境外蔓延，欧洲精英们已经感到这种全新生活方式的威胁。对他们来说，这种威胁不在于消费文化本身，而是在于这种文化被标准化和普遍化，若任其泛滥，精英们享受的文化特权将会不复存在，丧失殆尽。

从世界历史发展进程来看，消费文化伴随着资本主义的产生与发展，工业革命带来了人类物质财富的巨大增长，自然会对人们消费理念的变化产生较大的影响。消费文化不同程度地存在于经过工业革命的欧洲国家和美国，但欧洲的消费文化与美国的消费文化之间存在着很大的区别。前者主要体现了把持政治、经济和文化等资源的精英们的价值观，其所面对的主要是在社会上享有很高地位的由少数人构成的群体，他们对生存必需品之外的消费要求很高，既要体现出与欧洲古老文化传统相匹配的高雅品位，又要让他们能够感到只有高贵者才能体验到在消费过程中产生的精神愉悦享受。在这种消费文化的主导下，制造商生产的产品绝不能"粗制滥造"，而要有很高的品位和档次，应同时具有消费和欣赏价值。这类产品往往价格昂贵，难以进入寻常之家，普通百姓对之只能是"可望而不可即"，他们实际上被排除在消费文化之外，就像他们难以欣赏由艺术和文学作品构成的高雅文化一样。因此，至少在工业化很长时间内，欧洲国家对诸如在当时被视为"奢侈品"的汽车和电器等商品上难以形成以大众为主体的消费市场。消费文化在美国体现出了与欧洲完全不同的含义，当欧洲精英眼中的文化对大众来说已不再是"深不可测"之时，文化在社会上便具有了"泛化"的可能性，自然而然地进入并占据了社会主体的普通百姓之家，成为主导他们行为选择的无形诱力。美国的消费文化便体现出了这种大众性的倾向，大众对商品的消费已不是简单地满足维持身体运转之需要，而是表现出了文化上的嗜好，具有了文化上的内涵。因此，在美国，商业文化、消费文化和大众文化几乎是体现了相同内容的不同词汇。美国莱克福里斯特学院历史学教授勒马约认为，美国是商业文化的代表，商业文化"通过消除文化隔阂来试图使其观众最大化。比如说，通过在生产者和消费者之间一种正常形成的复杂认同，商业文化打破了一种流行报纸及其女性读者群之间的文化疆界。新的通信技术以对消费者较低的代价通过保持、重复和传播信息直接加快了这一进程，把好莱坞带到了从伯明翰到哈勒姆再到哈特尔浦。在对利润无休止的追求中，商业文化缩小了生产者和消费者之间的距离，而精英文化却是通过正常地维持这种距离来衡量自身"①。马约这里所谈的"商业文化"与欧洲精英文化形成了鲜明的对比，其实也就是与精英文化相对立的大众文化。也正是这种区别，美国的消费文化包含了相对于传统而言的一种全新生活方式。在20世纪之初，许多法国学者对美国提出批评，在他们看来，美国不仅是一个具有独特生活方式的国家，而且是其制度和价值观形成凝聚力很强的一个文明，与欧洲生活方式形成了鲜明的对比。美国历史学家亨利·亚当斯曾有一段关于欧洲文明与美国文明不同的精彩的论述：

  美国人思想的限度和缺陷不是欧洲人喜欢的题目之一。从以前的观点来看，美国人没有任何思想；美国人只是经济的机械思维，只是按照一种固定的路线工作。美国人思想让欧洲人感到恼怒，就像一把圆锯会让一片松木林不安一样。英国人的思想与法国人思想不同，因为它是对抗性的、无理性的，可能是敌对的，但要承认其至少是一种思想。美国人的思想根本就不是一种思想，只是一种惯例，缺乏深度，眼界狭隘，愚昧无知，也只是一种锐利的工具，实用、经济、锋利和直截了当。②

  亚当斯在欧洲生活了多年，经历了两种文明的熏陶，见识了欧洲人对美国文明的看法，他对这两种文明的比较还是体现出美国代表了以技术进步为特征的生活方式。德国著名学者马克斯·韦伯1904年游历了美国，他在与欧洲的比较中记述了沿途的所见所闻，描绘出了一幅现代社会繁华昌盛的图景。他写道："在我的眼里，美国真是一块得天独厚的地方。在这里，到处都呈现出蓬勃向上的勃勃生机，纽约华尔街的摩天大楼、川流不

---

① D. L. LeMahieu, *A Culture for Democracy: Mass Communication and the Cultivated Mind in Britain between the Wars*, New York: Oxford University Press, 1988, p. 104. Ian Jarvie, *Hollywood's Overseas Campaign: The North Atlantic Movie Trade, 1920 – 1950*, New York: Cambridge University Press, 1992, pp. 12 – 13.

② Robert O. Mead, *Atlantic Legacy: Essays American-European Cultural History*, New York: New York University Press, 1969, p. 240.

息的车辆、机器的轰鸣与长长鸣叫的汽笛声交织在一起,构成了一幅典型的现代资本主义社会的图景。在那里,根本看不到在欧洲社会中司空见惯的高贵对低贱的鄙视,人们只有富有与贫穷的差距,却没有高贵与低贱的区分。……在对美国访问的时候,我有一点感受非常强烈,那就是传统欧洲意义上的农民和'农村社会'结构在美国早已不复存在了,美国农民完全是一种商人式的农民,其特点是绝对的经济个人主义,这一点与欧洲的情况形成鲜明的对比。"① 韦伯这里没有提到美国现代性的生活方式,但他带有比较性的描述更清楚地揭示出他本人生活的欧洲社会在现代大众消费上已经远远落在了美国之后。

美国现代大众消费生活方式是以市场的不断扩大为前提条件,大众手里握有的钱已不再是仅仅能够维持基本的生活所需了,而是可以支付足以实现身心愉悦的物质与精神享受。因此,大众能够获得金钱成为这种生活方式赖以存在和发展的基础,在大众消费盛行的社会,一切围绕着钱来转动丝毫不足为怪,欧洲精英称"金钱为美国人的上帝"带有明显讥讽的味道,然而这种对金钱的"崇拜"恰恰体现出美国人的观念向着现代生活方式的转变。在这样一种氛围下,一切经济活动都是以追求最大实际收益为最终目的,这样自然把不断地扩大商品市场作为能够实现最大利润的途径。实际上这是商业行为的本质,人们对某一种商品消费越多,这种商品包含的使用价值自然就越高,企业主所赚取的利润必然就越大。如果商品在市场上出现大量剩余或积压,那么制造这种商品的厂家就会发生生存危机,甚或导致资金链断裂,造成人员失业或收入水平大大下降。一旦这种状况蔓延,那大众消费的生活方式就难以为继。美国在 19 世纪末就遇到这样的问题,国内市场已不能容纳下所生产的商品了,一旦剩余商品销售不出去,美国就会爆发经济危机。有些政治家和学者对此进行了描述,如 1881 年美国政治家约翰·卡森警告说,如果美国不为其农产品和工业品寻找到市场,"我们的剩余品将很快从大西洋沿岸蜂拥而至内地,当繁荣的车轮装载着极为沉重的负担时,它们将无法向前移动"②。美国经济学家戴维·韦尔斯宣

---

① 王威海编著:《韦伯:摆脱现代社会两难困境》辽海出版社 1999 年版,第 49—51 页。
② Charles S. Campbell, *The Transformation of American Foreign Relations 1865 - 1900*, New York: Harper & Row, 1976, p. 85.

称，美国必须打开新的国外市场，否则"我们肯定会被我们自身的过分肥胖窒息而死"①。他们这里绝不是危言耸听，而是当时美国面临的一个现实，只有打开国际市场，为美国生产的商品寻找到消费人群，美国企业才有可能用赚来利润的部分提高员工的待遇，也才有可能让美国拥有人数众多的较高收入群，为进入到现代大众消费社会创造了条件。因此，消费文化"是以资本主义商品生产扩张为前提，引起以消费品的购买和消费场所形式的物质文化的巨大积累"②。这是英国著名学者迈克·费瑟斯通的观点，他这里尽管是泛指而言，但美国消费文化在扩张方面表现得更为明显。由此可见，美国现代大众消费生活方式的传播最终还是依赖于商品销售市场的不断扩大，这样，这种生活方式在美国形成之后向境外传播就是很正常了。正如美国得克萨斯大学历史系教授理查德·佩尔斯指出的那样，如果"美国是现代消费社会的原型，那么这种模式就会伴随着商品很容易传输到欧洲"③。佩尔斯这里只是提出了一个假设，说明美国是否为现代消费社会的原型仍存在着争论，但美国现代大众消费生活方式伴随着美国经济的扩张向欧洲传播却是一个不争的事实。

　　美国现代大众消费生活方式如果说表现为一种文化形态的话，那就是与欧洲高雅文化相对立的大众文化。大众文化自古皆有，但像美国把这种文化形态发展到对人们生活发生如此大的影响之地步，恐怕是史无前例的。美国社会的一切活动似乎都打上了"大众"的烙印，据德国历史学家福尔克·伯格哈恩的描述，在这一时期，大众文化"几乎相当于大众政治、大众生产和大众消费，不仅正在美国扩散，而且——至少到20年代——也正在'席卷'欧洲。到1925年，美国尽管在政治上还是孤立主义，但不仅是作为工业和商业大国，而且是作为大众文化的供应者重新出现在欧洲"④。

---

① Thomas G. Paterson, J. Garry Clifford and Kenneth J. Hagan, *American Foreign Policy: A History*, Vol. I, Lexington: D. C. Heath, 1988, p. 159.

② Mike Featherstone, *Consumer Culture and Postmodernism*, London: Sage Publication, 1991, p. 13.

③ Pells, *Not Like Us: How Europeans Have Loved, Hated, and Transformed American Culture Since World War II*, p. 196.

④ Berghahn, "European Elitism, American Money, and Popular Culture," in Moore and Vaudagna, eds., *American Century in Europe*, p. 123.

这一时期的美国大众文化可谓是适应了以追求现代性为主要内容的生活方式。进入20世纪之后，绝大多数欧洲精英极不情愿地放弃从文化资源中获得的特权，他们竭力倡导欧洲的传统价值观主要是出于维持这个群体利益的考虑，然而进入新世纪的欧洲毕竟不是世外桃源，此时，全球越来越密切地联系成为一个整体，以"现代性"为特征的生活方式已形成一股难以阻挡的大潮，从外部蜂拥而入欧洲，与欧洲内部大众对现代消费生活的追求结合在一起，对精英们维护的传统生活方式形成了夹击之势。"外部"当然主要指美国现代大众消费生活方式，这种生活方式是现代消费社会的产物，很大程度上适合了美国境外的消费者对"现代性"生活的追求，不可避免地反映了20世纪之后欧洲社会发展的一种趋势。因此，美国现代大众生活方式对欧洲国家的冲击不仅在所难免，而且势头越来越猛。

美国现代大众消费生活方式在欧洲的传播与美国上升为一个世界强国这一过程几乎是同步的。在20世纪初，美国从经济上讲已经占据了世界首位，随着时间的推移，开始把欧洲大国远远落在后面。此时，美国的军事力量尚不足与欧洲大国相比，但政治上在境外的影响已初见端倪。从历史上来看，美国主要靠着商业和文化上的影响力来构筑其帝国大厦的，现代大众消费生活方式的传播实际上具有这两个方面的功能。因此，美国现代大众消费社会形成之后就开始借着美国对国际市场的开拓向外传播，欧洲与美国商业关系最为密切，自然最先成为这种生活方式在美国境外的蔓延大陆，在20世纪就引起了欧洲学者与美国学者在这种生活方式传播上的大争论。不过在第一次世界大战之前，欧洲一些国家尽管已经意识到美国现代大众消费生活方式对本国生活方式构成了"威胁"，但对本国古老文化强大的内聚力还是充满着自信心，毕竟欧洲在当时依然占据着世界政治、经济和文化中心的地位，美国虽然在经济上已经上升为世界一流强国，但离政治和军事大国尚有距离。体现本国文化内涵的生活方式向外传播总是以国家综合实力的强大作为后盾，反过来又为国家提供了使用"硬实力"很难达到目的的"软实力"资源。欧洲"硬实力"的衰落大大弱化了其文化在内部的凝聚力和在境外的吸引力，实际上为美国现代大众消费生活方式大规模的"入侵"欧洲国家创造了十分有利的条件。这种状况在第一次世界大战之后更为突出，法国学者阿艾贝·德芒容在1920年指出，第一次世界大战标志着一个时代的结束，文化影响不再是从大西洋东岸向大西洋西岸流动，而呈现出相反的方向。他指出："美国向欧洲推进；文明的前进改变了方向。回到欧洲的人有时在美国生活多年；他们带着美国的习俗、情趣和观念回来了；他们正在广泛地传播这些东西；在讲话方式上，他们成为美国的代表、美国的传教士和美国的特派员；靠着形成他们归化国和他们出生国之间的密切关系，他们将有助于扩大美国影响的范围。"① 德芒容这里特别强调已经归化美国的欧洲移民回到欧洲后在传播美国生活方式上所起的作用，其实这只是一个途径，美国驻欧洲士兵、好莱坞影片、图书杂志以及媒体报道等都在其中起了很重要的作用，尤其是随着交通的便利，欧洲人与美国人直接打交道的机会或渠道增多，他们通过观察接触到的美国人的言谈举止，目睹或感受了在他们看来还是一种非常"陌生"的现代消费文化。对欧洲人来说，体现在这些美国人身上的文化行为与观念无疑加深了他们对美国社会的直观了解，反过来这些文化行为和观念又对追求现代生活的他们产生了巨大的影响。当然归根结底还是美国现代大众消费生活方式适应了现代社会人们对生活享乐的追求，美国生活方式能够在欧洲广泛传播，很大程度上是其内涵体现为现代性的消费文化受到反叛传统的欧洲人的青睐，尤其在新一代的欧洲年轻人中广有市场。

欧洲精英们把美国形容为"机器文明"，1894年法兰西科学院院士保罗·布尔热访问了美国，回国后出版了一本书，他在书中认为"吸引我到美国的东西不是美国，而是欧洲和法国，欧洲和法国的未来隐藏在对这些问题的忧虑之中。如今三种力量同时发生作用开辟了这种未来"。在作者看来，这三种力量分别是种族、科学和竞争，它们对欧洲构成了威胁，具有很大的破坏性，但在美国却得到构建，似乎是大获成功。美国"从一开始就是一个民主国家，一个科学民主国家，为了征服这片未开垦的土地，美国必然要利用最现代的工业机器和方法"②。布尔热这里实际上谈到美国"机器文明"的起源，他的话里带有赞扬这种文明的口吻，其实绝大多数欧洲精英言对这种"机器文明"不屑一顾，给予严厉谴责，言下之意表明美

---

① Strauss, *Menace in the West: the Rise of French Anti-Americanism in Modern Times*, p. 101.
② Paul Bourget, *Outre-Mer: Impressions of American*, New York: Charles Scribners' Sons, 1895, pp. 4 – 6.

国缺乏能够带来人们感官享受的高雅文化,他们的批评有一种贬美扬欧的文化偏见在内,但以现代技术发明为特征的"机器文明"既是美国现代大众消费生活方式的形成的基础,又大大促进了这种生活方式的广为传播。哈佛大学历史学教授入江昭指出:

> 人们普遍承认,不管是在欧洲,还是在美国,还是在其他地方,大众正在受到现代技术的普遍影响,首先是无线电、电影和电话。尽管这些革新在第一次世界大战之前都有所发展,但它们主要局限于工业化国家的城市人口,比较明显的是在美国。这些革新现在第一次广泛传播,加上汽车,似乎标志着一个大众通讯和文化消遣大众化的新时代的来临。①

入江昭这里实际上谈到"机器文明"与大众消费社会之间存在着一种密不可分的关系。美国在技术发明上展现出的创新能力非欧洲国家所能比拟,20世纪之后能够带来人类社会出现巨大变化的技术发明几乎全部出自美国人之手。对美国来说,"机器文明"可谓是名副其实的,当然这种文明还应该包括带来企业管理上一场伟大革命的"泰勒制"和"福特制",这两种方法把标准化引入管理和生产之中,一方面提高了劳动的生产效率;另一方面降低了生产成本,使进入市场的商品价格大大下降,过去的奢侈品很快进入了百姓之家,花上数百美元即可购买一辆福特牌汽车便是一个很好的例子。这场管理上的革命把现代大众消费社会推向了一个更高的阶段。

规模化的生产必然与规模化的营销联系在一起,这样,美国的商店经营方式自然成为现代大众消费的一个非常重要的环节,标准化的廉价商品主要是通过这一环节传递到消费者那里的。因此,当欧洲国家逐渐采取规模化的生产手段后,那种以零售小商店为主的传统经营理念显然不合时宜。这样,受美国商业经营理念的影响,以扩大市场为目的的商店、连锁店和廉价商店(有时称作"五分一角商店"或"穷人商店")很快在欧洲一些

---

① Iriye, *Cultural Internationalism and World Order*, p. 70.

国家兴起。① 商店经营理念的改变导致了面向大众的营销方式在销售环节上逐渐居于主导地位，并且在刺激大众消费的同时为这种消费提供了必要的条件。在美国生活方式的影响之下，欧洲迈向大众消费社会似乎成为大势所趋。这里以德国魏玛共和国为例来说明美国的影响。魏玛共和国时期是现代德国历史上的一个重要阶段，尽管它存在的时间不长，但却经历其中包括文化在内的重大社会变革。在这一过程中，作为战争之后在国际舞台上崛起的美国，无论在经济和政治上，还是在文化上对魏玛共和国发生了举足轻重的影响，研究这一时期的学者很少不承认这一事实。受美国生活方式的影响，诸如法国和意大利等欧洲国家程度不同地出现了迈向现代大众消费社会的趋势。

美国现代大众消费生活方式在欧洲的迅速传播对欧洲人来说究竟是"福音"还是"灾难"，在不同阶层中存在着截然不同的看法，积极应对和消极抵制交织在一起，赞扬和抱怨之声不绝于耳。德国著名哲学家路德维希·马尔库塞的得出结论，在欧洲国家，反美主义"几乎不存在于有轨电车售票员、理发师、女佣或私人司机中间，尽管其在新闻记者、教授和戏剧界人士中间极为普遍"②。马尔库塞的描述表明了普通大众与精英阶层在对待美国上拥有截然不同的态度，这是一个历史事实。佩尔斯在其专著中描述了这一时期欧洲人对美国大众消费生活方式的矛盾心态，在他看来，美国此时"以一种象征性的模糊方式代表了现代性，代表了似乎不可避免的未来。用通常富有启发意义的语言来说，欧洲作家把美国描绘为'指路星辰'（西格蒙·斯卡尔之语），在世界各地必然要发生的经济和文化趋势的范例，欧洲自身命运的不祥之兆。更具体而言，美国已经等同于效率、先进技术和工业推动力、机器和装配线的崇拜、生产线的标准化产品、商业主义、大众消费和大众社会的出现"③。美国这种"机器文明"向外扩张是一种很难阻挡的趋势，其给美国带来的收益很难用具体数字来衡量。欧

---

① Ellen Furlough, "Selling the American Way in Interwar France: Prix Unoques and the Salons des Arts Managers," *Journal of Social History*, Vol. 26, No. 3, Spring 1993, pp. 491–519.

② Diner, *America in the Eyes of the Germans: an Essay on Anti-Americanism*, p. 23.

③ Pells, *Not Like Us: How Europeans Have Loved, Hated, and Transformed American Culture Since World War II*, p. 11.

洲国家从中得到的自然不尽一无是处，客观上加快了欧洲国家向现代大众消费社会的转变，朝着"更像美国"的方向发展。意大利学者皮奥韦内认为，美国文明正在充实和改变着欧洲文明，欧洲文明与美国文明的有机结合会"把清新的空气和广阔的感觉带给了欧洲"，这就是"欧洲的未来"[1]。皮奥韦内不是欧洲中心主义者，他很希望欧洲能"重蹈"美国的"覆辙"，大踏步地迈入现代大众消费社会。

然而，这种迈入绝不是歌舞升平地进行，而是伴随着"现代"与"传统"之间的激烈冲突，欧洲人无法回避"现代性"的浪潮，但却竭力维护传统的生活方式，这样就必然带来对美国的抨击。德国社会学家彼得·瓦格纳教授试图从"现代性"的角度揭示美国与欧洲根深蒂固的冲突的原因。他认为，美国"生活方式和思维方式已成为欧洲对现代性做出反应的对象"[2]。在他看来，对那些担心受美国"现代性"冲击的欧洲人来说，问题是欧洲与美国不存在着和平的共处，只有"文明的冲突"。结果，在欧洲人的脑海中，"美国模式的技术经济和社会政治的优越转变成为全球道德哲学的衰落，也就是说瓦解了基于道义和传统之上的生活方式。因此，瓦格纳不把"美国"看作一个地理上的概念，而是认为，在社会理论和社会哲学史上，"美国"成为一个"事件"。一方面，"美国的出现标志着现代性的到来，也就是说，在这种意义上，现代性的'离异'（diremption）已经成为一种不可避免的状况。另一方面，这种离异被转变成一种二元性，'美国'处在了这种二元一方的位置。这样，欧洲社会理论史便可根据'美国'在欧洲人意识中的相对存在而重新解读"[3]。瓦格纳是研究"现代性"的专家，出版了多本相关论著。在他的笔下，代表"现代性"的美国与固守传统的欧洲形成了比较尖锐的对立，这正是 20 世纪二三十年代欧洲很多精英对美国的认识。事实也正是如此，面对着这种动摇欧洲传统生活方式基础的这股现代性大潮，绝大多数欧洲精英们不会熟视无睹，哪怕是知其不可

---

[1] James Burnham, ed., *What Europe Thinks of America*, New York: The John Day Company, Inc, 1953, p. 113.

[2] Peter Wagner, "The Resistance that Modernity Constantly Provokes: Europe, America and Social Theory," *Thesis Eleven*, No. 58, August 1999, p. 36.

[3] Peter Wagner, *Theorising Modernity: Inescapability and Attainability in Social Theory*, London: Sage Publications, Incorporated, 2001, pp. 116 – 118.

为也必须为之，他们义无反顾地拿起了笔墨，对这种代表现代性的生活方式发出了义愤填膺地讨伐。

三　欧洲左右翼文人笔下的"美国威胁"论

　　法国著名社会学家和文化理论学家让·博德里亚著作等身，在国际学术界有很大的影响。他出生于20世纪20年代末叶，经历了美国现代生活方式在欧洲传播发展到高潮的过程，他对把"现代性"发挥到极端的美国生活方式给予了酣畅淋漓的批评，尽管他对美国批评的观点和言论多是发表在第二次世界大战之后，但却明显地打上了第二次世界大战之前欧洲知识精英美国观的烙印。1986年博德里亚出版了一本书名为《美国》的著作，这本书篇幅不长，整本书无注释，虽不能算是一本严格的学术专著，但却是这位学术大家亲临美国考察后所得，从一个外国人的角度观察了置身于其中的美国人所难以看到的美国社会。博德里亚把美国置于与欧洲的比较之中，读后的确令人有耳目一新之感，真不愧是出自学术大家之手。这本书出版后在欧洲学界和社会影响很大，很快就被翻译成英文等多国文字出版。博德里亚笔墨主要放在美国，但却不可避免地把美国置于与欧洲社会的比较之中。博德里亚实际上是从历史发展上来看美国与欧洲各自文化特性的。在他看来，美国和欧洲的冲突与其说是和睦，不如说是扭曲，一种无法弥合的裂缝。美国和欧洲大陆"之间存在的不是裂缝，而是现代性的完全分歧"。他认为美国人"生而就是现代的"，美国人"不是变成现代的"。欧洲人却"从来没有变成现代的。如果你们置身于巴黎，让你们即刻强烈地感受到处处体现了19世纪的氛围。要是你们来自洛杉矶，即刻感受到时光倒回到了1800年"。博德里亚这里意思很明确，现代性的美国与到处洋溢着田园般风光的古典欧洲形成了鲜明的对比，这正是历史的发展形成的各自国家或地区的特性。因此。美国"是现代性的原版，而我们（欧洲）却是复制版或副版"。他对现代性的批评正是以美国作为范例，因为美国"没有任何的往昔和任何奠基的真理。美国对原始的时间积累一无所知，生活在永恒的现在。美国认识不到真理原则长时间的缓慢积累，生活在永远的模仿之中，生活在符号的永远展现之中"。博德里亚这里把无任何历史积淀和文化传统的美国与"现代性"密切联系在了一起,因此,"现代性"也就意味着欧洲人眼中的"文化"尚处于未开化的状态,以此标准来衡量,在美国这个经济繁荣昌盛的国家,却"没有任何文化,无任何文化话语。没有任何牧师,没有任何委任状,没有任何晋升。这里也没有整个法国沉迷于文化遗产崇拜的悲壮的文化凄凉感,更没有我们在情感上对文化的祈祷"。这本书的最后一章题目为"永远的荒漠",这个"荒漠"自然是指美国文化而言。博德里亚大概并不否认这个无文化的美国在现代性浪潮的冲击之下对欧洲以及世界文明进程所产生的巨大影响,但他对现代性的批评必然会得出了美国这个国家"没有希望"的结论。[1] 博德里亚在第二次世界大战之后才在国际学术界崭露头角的,但他对美国的批评与20世纪二三十年代欧洲知识精英的反美主义话语具有承前启后的关系,他的很多看法主要来自对那个时代受美国现代性生活方式影响的欧洲之观察。美国学者塞思·阿姆斯在谈到30年代法国反现代性时把博德里亚作为"具有相同倾向的后一代法国知识分子"[2],以表明博德里亚的反现代性观点受到这一时期欧洲知识精英抵制体现现代性的美国生活方式的影响,把从"现代性"这个角度对美国文化提出质疑发挥到了一个新的高度。因此,博德里亚的观点自然反映了二三十年代欧洲知识精英对现代性美国持激烈批评态度的一种很普遍的倾向。

进入20世纪之后,随着美国在国际社会上的崛起,美国形成了代表现代社会发展的生活方式。在当时欧洲知识精英的眼中,这种全新的生活方式将伴随着美国经济向外急剧扩张而广为传播,很大程度上会改变体现典雅悠闲的欧洲古老文化的发展方向。因此,欧洲知识精英从现代性的角度对美国提出批评或谴责,主要目的还是在于保证他们能够从中享有很多特权的文化不至于受到来自美国生活方式的威胁。第一次世界大战前,欧洲知识精英对美国的批评很大程度上还是体现在对一种难以阻挡之趋势的预测,当然他们以知识人特有的敏感性,确确实实地感受到美国现代性的文

---

[1] Jean Baudrillard, *America*, translated by Chris Turner, London: Verso, 2010, pp. 77 – 78, 82, 108 – 109, 132.

[2] 参见 Armus, *French Anti-Americanism (1930-1948): Critical Moments in a Complex History*, p. 8.

化正在从大洋彼岸蜂拥而来，登陆欧洲大陆。正是在这种观察的基础上，他们对美国的批评绝不是空穴来风，而是有着事实的依据。他们可以说是确定了20世纪前半期的欧洲反美主义基调，把抵制"现代性"的美国大众文化作为他们批评美国的主要目的。杰西卡·吉诺—黑希特认为，在第一次世界大战之前，反美主义就已经是欧洲保守精英的忧虑忡忡，他们对"美国的批评集中在体现美国事物的现代性上。然而，在20世纪，整个几代知识分子和有教养的人把美国描绘为人类巨大灾难的场所，代表人物从恩斯特·荣格和马丁·海德格尔到赫伯特·马尔库塞和伊曼努尔·托德。换言之，反美主义起源于19世纪，但只是在第一次世界大战之后才成为一种惯常的习性"①。欧洲有着反美主义的文化根源，其缘起于何时恐怕在学术界还存在着不同的看法，但吉诺—黑希特博士强调了第一次世界大战之后欧洲知识精英的反美主义变成了一种常态，显然与这一时期美国生活方式肆虐欧洲大陆有很大的关系，而二三十年代正是他们对美国所谓机器文明的批评达到了一个高峰，对此吉诺—黑希特博士在她的论著中有着详细的介绍和阐述。美国一位学者在20年代出版的一本书中描述了英国精英对"现代性"的抵制，在他看来，在英国，"每个敏感的人都竭尽全力反对所谓'进步'的力量，这些力量是隐蔽的、机械的和灾难性的，只会最终让文明毁灭；在贵族先知、无产阶级先知、宗教先知、哲学先知、人道主义先知、经济先知和艺术家先知的大声呼吁下，整个欧洲以维护人类精神的名义生气勃勃地抵制资本主义工业主义的暴力推进"②。作者谈到的"这些力量"显然就是源于美国文明的向外延伸。因此，二三十年代欧洲许多知识精英对美国现代性的激烈批评，恰恰是面对着美国生活方式对欧洲文明进程构成的威胁，只要这种威胁存在，他们大概就不会袖手旁观，坐视不理，而是要借助着他们手中的笔墨，通常在描述这种威胁时有意将之放大化，旨在给民众提供一幅十分可怕的图景，试图把这种威胁牢牢地植入他们的脑海之中，以唤起他们对美国文化传播的自觉抵制。因此，他们的描

---

① Giennow-Hecht, "Always Blame the Americans: Anti-Americanism in Europe in the Twentieth Century," *American Historical Review*, Vol. III, No. 4, October 2006, p. 1074.

② Van Wyck Brooks, *The Ordeal of Mark Twain*, London: William Heinemann, 1922, pp. 64 – 65.

述带有很大的意识形态色彩,不见得与实际状况相符,但却把固存于欧洲文化中的反美主义倾向推向一个高潮阶段。

在二三十年代期间,很多欧洲学者著书撰文,对美国生活方式传播带来的威胁大加挞伐。英国学者科利尔1922年出版了一本书,书名为《美国主义:一种世界的威胁》,科利尔书中所谓的"美国主义"也就是指在美国境内形成的一套对社会各方面产生影响的价值观念,他没有给"美国主义"下一个明确的定义,但在同欧洲文化特性的比较中还是凸显出美国主义的一些最基本的特征,如他认为"美国主义的首要特征是把人类生活标准化",这种标准化形成于美国有着长期的历史根源,是美国历史发展到一定阶段的必然结果。科利尔这里不是赞扬美国发展的独特性,而是在与欧洲的对比中,通过阐述美国历史的发展来表明美国生活中知识和精神的贫困,美国"没有任何诗人、艺术家或哲学家能够和愿意向以金钱为成功标准提出挑战。没有一个美国人被告知完成有价值之事"。沉湎于物质享受中的普通美国人"不再能够欣赏文化价值观"。"有文化"的欧洲阶层不愿意移居美国,而无文化的移民却来自欧洲劳动阶层的精英。他们对"国内明显的阶层差别极为不满,甘愿冒险跨洋越海,目的是改善他们的地位。在这种情况下,美国人自然而然地钟情于金钱,而反对文化,这种偏好将变得痴迷,难以自拔"。这本书只有163页,从民主制、自由、法治、劳工、教育、宗教、精英、外国人和世界霸权等方面分别论述了美国主义在其中发挥的作用。在作者看来,美国主义不仅与所谓的"普鲁士主义"大相径庭,而且与其他现代社会的主义也是风马牛不相及。美国主义与其他主义的最大区别是,它不只是局限于美国境内,而是有很强的外延性,因此,人类生活的"标准化"是美国对世界构成的威胁,因为美国的标准"明显低于世界其他地方普通有教养之人达到的水平"。由此可见,"美国主义具有倾向或趋势把自己强加给旧世界,强加给中南美洲或强加给新大陆的殖民地"。科利尔在最后一章中提出了"如何抵制美国主义的肆虐",呼吁抵制美国主义是英国人的责任,一是"在国内最大限度地抵制在美国得到充分发展的所有压迫和剥削形式";二是"竭尽全力挫败美国大资本家的各种计划,即把整个世界变成他们奴役的对象,状况类似于他们把那些紧紧地束缚在他们自己国家的那些人"①。科利尔这本书反映了欧洲左翼知识精英的观点,显然是站在与资本主义对立的立场上来批评美国生活方式在欧洲的传播,在向往财富平等的社会底层产生了很大的影响。

对美国文化在欧洲传播批评之声最为激烈的莫过于法国知识精英了。法国文人在文化上有一种优越的自豪感,把法兰西文化视为世界上最为优秀的文化,在语言、诗歌、艺术、绘画以及建筑等方面体现出来,充满着古典的浪漫主义情调。在历史上很长时期,欧洲乃至世界上很多国家的知识精英的确从法兰西文化中获得了创作的灵感和激情,他们把巴黎视为世界的文化之都。用一位研究者的话来说,法国人"自认为是世界的领导者,他们是这盏明灯的天才"②。法兰西文化在历史上的这种地位大大加强了法国知识精英面对其他民族文化时一种本能的傲慢感,他们很难容忍法兰西文化在世界上的优越地位受到挑战,更不能眼看着法兰西文化的发展受到外来文化的威胁。法国知识精英在这方面非常敏感,他们对本国文化的讴歌往往是伴随着对其他国家文化的贬低,这种倾向已成为法国人的一种传统,可以举出很多例子加以说明,欧洲启蒙时代对外来文化抱有极端偏见的观点多是出自法国文人之口。因此,法国知识精英的反美主义是根深蒂固的,比任何其他欧洲国家都更为强烈而持久,欧洲任何时候出现反美主义的高潮皆为法国知识精英充当"领头羊",冲锋陷阵,在二三十年代自然是更不例外了。阿姆斯专门研究了20世纪30年代的法国反美主义,阐述了法国文人在文化上的反美主义观,认为这种对美国文化大肆贬抑的观念很大程度上与政治相剥离。因此,法国反美主义"早于美国成为大国的现实之前,更多的是关注维护'法国'某些本质的观念,而不是形成对美国不公正的前后一致的攻击。对美国文明的厌恶可以追溯到法国的过去,甚至早于美国革命。因此,反美主义的兴衰是荒诞不经的,因为至少在法国文化精英中间反美主义一直是一种固定的观念"③。阿姆斯这里谈到的"某些本质的观念"实际上就是指法兰西文化向世界展示出的特性,由此把法

---

① W. T. Colyer, *Americanism: A World Manece*, London: the Labour Publishing Company, Ltd, 1922, pp. 3, 4, 11, 160.

② Mead, *Atlantic Legacy: Essays American-European Cultural History*, p. 232.

③ Armus, *French Anti-Americanism (1930-1948): Critical Moments in a Complex History*, p. 4.

国人与其他国家人区别开来,法国人要是失去了这些"本质的观念",那也就无任何优越性可言,对于那些享受着文化特权的精英们来说更是如此了。在这种情况下,他们必然会竭尽全力地维护法兰西文化不受到外来文化的威胁,以此保持其完整性。他们大声疾呼抵制美国文化,与其说是美国文化表现出了"庸俗低劣"的本质,还不如说是在贬抑美国文化中来凸显法兰西文化的博大精深,高不可攀。

卢西恩·罗米耶是二三十年代法国激进的反美主义者,他在法国媒体打拼多年,以保守天主教的新闻记者而著称,在报刊杂志上发表了让许多法国保守文人拍手叫好的文章。对于美国大众文化在欧洲的广为传播,罗米耶不会保持沉默,必然会借助手中犀利之笔对美国文化"入侵"欧洲给予抨击。1927年,罗米耶用法文出版了一本书,书名为《欧洲或美国,谁将是主人?》,这本书即刻在欧洲学界和社会上产生了广泛的影响,翌年被翻译成英文在伦敦和纽约同时出版。罗米耶首先提出了"大众文明"(mass civilization)这个概念,认为这是对古老等级文明的一种反动,在这种文明之下,"所有人都被看作一个巨大机器上的各个部位的齿轮",缺一个零件都不可能使这个机器运行,这就是所谓的人人皆为"平等"的含义。[1] 罗米耶花了大量的笔墨对这种"大众文明"进行了阐述。从他的描述中,"大众文明"几乎就等于"现代性"。因此,这种大众文明的传播"不可避免地带来人类所有习惯表面上的一致性,将导致传统的毁灭"[2]。罗米耶并不否认美国文明与欧洲文明在历史上有着千丝万缕的联系,两者曾构成了"对世界的主宰",但随着时间的推移,美国文明不再依赖于欧洲文明,变成了与欧洲文明不同类型的文明,世界进入20世纪之后两者的区别更为明显,不仅难以相容,而且存在着非常激烈的竞争,罗米耶用了"残暴"(brute)这个词来形容两者的竞争。这两种类型的文明正在做好战斗的准备,欧洲文明反映了"个人的想象力或创造力以及个人的幸福安康",而美国文明却体现了"原创性和社会福利"[3]。罗米耶用了大量的篇幅论证了两

---

[1] Lucien Romier, *Who Will be Master, Europe or America?* Translated from the French by Matthew Josephson, London: John Hamilton Ltd, 1928, p. 15.
[2] Romier, *Who Will be Master, Europe or America?* p. 28.
[3] Romier, *Who Will be Master, Europe or America?* pp. 34, 135.

种文明的区别，两者的优劣所在，他对美国社会、经济、政治、宗教以及文化的描述不乏很有见地的分析，同时也谈到了在"大众"占据主导地位的情况下欧洲文明面对的各种问题和不利条件，但罗米耶对两种文明的比较把代表现代性的美国文化对欧洲的威胁大白于天下，给欧洲人敲响了一个警钟。

美国文明将一切都"标准化"，这是二三十年代欧洲知识精英最为担忧之事，罗米耶也不例外，在他看来，"标准化"的文明会招致各种大的危害，"创造性天才受到民众力量的压抑或完全屈从于这种力量，因为大众的生活方式排斥了艺术的教育或情趣"①。"标准化"让人失去了个性，变成了机器的附庸，让社会失去了多样性，变成呆板死气的一致性。追根溯源，"标准化"出现的主要原因在于对金钱无止境的追逐。因此，罗米耶对美国金钱社会的批评也就是顺理成章了，他认为，美国金钱文化毁灭了这块大陆之美丽土地的气氛，国家不是国家，而是粮食生长之地。河流不是河流，而是发电和运输的途径。旅游不是旅游，而是移动自己的方式。友谊不是友谊，而是一种相互的服务。所以，在美国，"着迷于赚钱在社会活动中发挥了决定性的作用"，一切都围绕着赚钱来展开。② 赚钱是为了物质上的享受，对罗米耶来说。这种文明尽管展现了经济上的繁荣，解决了大众的衣食住行问题，但却不会给人们的精神带来愉悦的享受。用罗米耶的话来说：

> 物质上的享受只是体现了欲望的满足或生活匮乏的消除，而不是事物状态的某种真正的改善。这种享受暂时解决了劳神之事、饥饿和欲望，但在积极的意义上既不会让人感到充实，也不会让人变得更为强壮。相反，这种享受常常使人变得衰弱。正是出于这种原因，我们经常观察到，那些腰缠万贯的富翁患有可怕的厌世和某种疯狂，原因在于这些富翁缺乏让他们活下去的理智资源或道德资源。③

---

① 关于"标准化"与原创性之间的冲突详见 Romier, *Who Will be Master, Europe or America?* pp. 141 – 143.

② 罗米耶提出了"赚钱的责任"，认为这种责任是"美国社会的至高无上的目的"。详见 Romier, *Who Will be Master, Europe or America?* pp. 151 – 156.

③ Romier, *Who Will be Master, Europe or America?* p. 230.

第三章 反现代性:欧洲精英对美国生活方式的批评 181

  这是罗米耶考察了美国社会得出的结论之一,言下之意,对人类社会进步而言,美国文明不足以可取,如果这种对物质主义的极端追求"将变得广为传播和系统化,它将经过不同的阶段迟早把文明带到像布尔什维克主义经历的灾难的边缘。我们将遭受到物质、道义和社会的三重的衰落"①。罗米耶对这种文明的谴责简直就是咬牙切齿了,宣称"过于物质主义的文明对古老的文明是残忍的,要受到诅咒,会断子绝孙的:割断历史的利己主义同样与未来彻底决裂了"。他大声疾呼要用欧洲人祖先通常说的"人文主义"来"抵制物质主义的入侵"②。罗米耶在结论中没有对"欧洲或美国,谁将是主人"这一问题做出明确的回答,但却认为人类社会的"未来将属于最好的学校和最好的家庭,不管有无机器,它们将能够给人提供实现一种目的和一种正当性的力量,而不只是提供吃喝的能量"③。这是全书的最后几句话,谁为主人,罗米耶其实做出了含蓄的回答,把答案留给了读者自己来思考或判断。罗米耶这本书无一个注释,用通俗易懂的语言实际上揭示了追求物质主义的美国文明对人类社会发展构成的巨大威胁。阿姆斯认为罗米耶"比保守的反现代主义更加强调对美国的道德讨伐",罗米耶把美国构成的真正危险看作"资本主义社会个人的非精神化;美国的悲剧是其资本主义;资本主义的逻辑非常巧妙地适合了美国对传教布道的强烈嗜好,把美国变成了某种反文明,变成了让价值观反其道而行之的土地,在这片土地上,人简化成了只为国家和商业发挥功能"④。另外一个美国学者戴维·斯特劳斯认为,罗米耶对美国的研究是"对大众社会问题的深思熟虑之抨击。他撇开了法国和美国之间的外交问题,集中于大众生产、新的消费社会以及国家、个人和精英标准化所引发的后果。他清楚地表明,在这一过程中,美国必须对大众社会概念的延伸负有责任"⑤。显而易见,阿姆斯和斯特劳斯无不从反现代性的角度总结了罗米耶对美国的看法。从罗米耶这本书的语言来看,罗米耶还算是比较有理性,他一直是在用一种

---

① Romier, *Who Will be Master, Europe or America?* p. 242.
② Ibid., p. 244.
③ Ibid., p. 246.
④ Armus, *French Anti-Americanism (1930-1948): Critical Moments in a Complex History*, p. 26.
⑤ Strauss, *Menace in the West: the Rise of French Anti-Americanism in Modern Times*, p. 73.

比较平和的文字来批评美国，批评中不乏对美国有效地解决经济问题和社会问题的赞扬之语，但却否认了崇尚物质主义的美国文明能够从根本上解决人类社会面对的很多现实问题，最终还得要依靠具有深厚文化积淀的欧洲文明。罗米耶以这种结论试图唤醒欧洲人对本大陆文化的自信心，自觉地抵制美国大众文化在欧洲大陆的传播，其用心可谓良苦。

在对美国物质主义文明或机器文明的讨伐上，乔治·迪阿梅尔可谓独树一帜。迪阿梅尔在学术界和社会上有很大的影响，学术地位很高，正因为他在学术研究上的成就，迪阿梅尔在30年代中期当选为法兰西科学院院士。迪阿梅尔是个文化保守主义者，对法兰西语言和文化情有独钟，以作为一个法国人而感到无比的自豪，在他生活的时代，以弘扬物质主义的美国文明"肆虐"欧洲时，迪阿梅尔绝不会保持沉默，任这种毁灭人类精神生活的文明在欧洲广泛传播。他竭力提倡文明应该建立在人的精神升华之上，而不是以技术进步作为基础。这也正是他谴责美国机器文明的主要原因。迪阿梅尔20年代末受邀在美国进行了六周的学术访问，在大学和研究机构发表演说，回国后于1930年出版了一本书，法文书名为《未来生活的场面》(Scenes de la vie future)，翌年被翻译成英语出版时加了个主标题——《美国的威胁》。这本书就是他亲自观察美国社会时所做的详细记录。迪阿梅尔在美国期间采访了各种职业的美国人，书中记录了他与美国人之间关于一些论题的对话，内容应该不会有错，但不一定客观地反映美国社会的现实，迪阿梅尔撰写此书时肯定会对材料有所选择，大概不会离迪阿梅尔的美国观相差太远，甚至只是来证明其美国观的正确。迪阿梅尔在这本书的序言中借用了研究法国文化的德国著名专家埃内斯特·罗伯特·库丘斯的话，如果"电话、无线电报和电影院将威胁了生气勃勃的文化中心，那将是真正的不幸。……文明的观念根深蒂固于法国人的脑海之中，致使任何人都不可能将之连根拔除"①。这段引文有两个含义，一是物质主义的机器文明会给世界带来灾难；二是机器文明很难摧毁真正文明的观念。迪阿梅尔不大赞成库丘斯使用文明观念被"连根拔除"（eradicate）这种说法，意在法国人的文明观念无论如何也不会消失，恰恰可以拯救这个物质主义

---

① Georges Duhamel, *American the Menace: Scenes from the Life of the Future*, translated by Charles Miner Thompson, Boston and New York: Houghton Mifflin Company, 1931, p. viii.

泛滥之世界于水火之中。迪阿梅尔正是以这种观点来描绘美国社会的。

这一时期竭力维护欧洲文明多样性的欧洲文人对美国社会呈现出的"标准化"或"一致性"大张挞伐，批评之声不绝于耳，他们把这种"标准化"或"一致性"归结为机器在社会生活中占据了主导地位所致，扼杀了人的多样性选择。迪阿梅尔在书中描述了美国社会在机器的操纵之下人们变成"幸福"动物的场景。在这种大环境中，美国人尽管在口头上把"自由和个人主义"视为神圣不可侵犯，但实际上却成为屈从于消费社会支配的"奴隶"。迪阿梅尔将这种现象称之为"工业化的奢侈"，这种奢侈是由"冷漠无情的机器提供给这些人，他们的灵魂似乎正在消失，看起来就像是一个面孔"[1]。在这种状况下，美国社会尽管存在着各种娱乐形式，但只是满足了人们的身体需求，他们很难从中获得激发起审美情趣的灵感。迪阿梅尔从这个角度对美国人的娱乐形式给予抨击。以风靡美国的电影为例，迪阿梅尔把电影看作大众娱乐的一种新形式，是"道德、审美和政治一致性的最强有力的工具"。电影具有娱乐的力量，甚至有时使观众感情冲动，但从来不会与任何真正的艺术一样，能够激发起个体消费者超越自身。所以，电影被他诅咒为"为奴隶提供消遣，为文盲提供娱乐，使那些被工作和焦虑搞得麻木不仁的穷鬼们有了放松的机会"。在迪阿梅尔的眼中，电影的场面"并不包含着任何思想的延续，提不出任何问题，焕发不起任何深邃的情感，在心灵深处燃烧不起任何光亮，激发不起任何的希望"[2]。当迪阿梅尔看到无数的汽车飞奔在美国四通八达的公路上时，他意识到汽车的出现改变了社会的面貌，但却带来了新的问题，幽静的田园风光将不复存在，人们再也不可能有逃离喧嚣闹市的地方，用迪阿梅尔的话来说，汽车"没有征服空间：汽车掠夺了空间，毁灭了空间"，人们不再能够找到"任何偏僻之地或任何安静之所或任何逃避之地了"[3]。凡此种种皆是所谓"机器文明"带来的结果。

迪阿梅尔美国之行访问了诸如纽约和芝加哥等超大城市，机器文明在城市中占据了主导地位，到处呈现出一片繁华的景象，把"现代性"体现

---

[1] Duhamel, *American the Menace: Scenes from the Life of the Future*, p. 25.
[2] Ibid., *pp.* 33 – 34.
[3] Ibid., p. 76.

得淋漓尽致。然而，迪阿梅尔眼中的这些城市却毫无生气可言，在喧嚣的热闹声中变得死气沉沉，呆板划一。画家可以画出最美丽的图画，但面对着美国大城市却失去了创作的灵感，他们"从来不能看着芝加哥创作出任何东西！他们从来画不出这个世界，因为它不在人类的掌控之中。芝加哥能够画的犹如一片不毛之地。芝加哥大得惊人，无法驾驭；芝加哥不是一个活生生的事物。芝加哥与熟悉的精神毫无共同之处"。诗人的想象力最为丰富，但美国的大城市扼杀了这种想象力，让诗人们变得无任何激情。旧世界的"诗人能对诸如海底、沙漠和月球等一切事物给予丰富的想象，但他们不可能想象芝加哥，人们像蚂蚁一样拥挤不堪，一座看起来不是很丑陋的城市，但却是缺乏生气，野蛮残酷，犹如酒鬼的梦魇一般"①。大城市是"现代性"的产物，又把现代生活方式发挥到了极致，迪阿梅尔对大城市的激烈批评，显然是不愿意看到这种生活方式对欧洲的传统构成了威胁。在他看来，欧洲人享有的"最大奢侈是安静、新鲜的空气、美妙的音乐、身心的自由和愉悦生活的习惯"②。而这些"奢侈"不仅无法存在于美国大城市喧嚣不宁的生活之中，而且还会随着这种生活方式在欧洲的传播最终消失，这又是"机器文明"带来的结果。对迪阿梅尔这种文化保守主义者来说，这种结果简直是有点"是可忍而孰不可忍"的味道了。因此，在迪阿梅尔的笔下，美国生活方式被描绘为物质主义的、绥靖的和庸俗的，机器确定了美国人的生活节奏，生活的目的就是生产和利润：

> 今天在美国人口密集地居住的人对这些非物质的享受没有一丝的欲望。他们要求的财富是看得见摸得着的，无可争议的，由国家神圣法律所推荐或优先规定。他们不顾一切地渴望获得留声机、收音机、插图杂志、"电影"、电梯、电冰箱和汽车、汽车还是汽车。他们想要尽可能早地拥有上述所有物品，给他们的生活提供了莫大的便利，但是事情的另一面却是，拥有了这些物品，他们即刻变成了焦虑不安的奴隶。③

---

① Duhamel, *American the Menace: Scenes from the Life of the Future*, pp. 85, 120.
② Ibid., p. 201.
③ Ibid., p. 202.

这种以追求物质享受的生活方式是人类社会的一种特有的文明，迪阿梅尔把这种文明比作昆虫的世界，能够"组成一个强有力的社会，拥有等级、法律、方法和遗址等"。这种文明昭示了人类社会的前景，用迪阿梅尔的话来说，在美国，"西部之端的土地已经使我们清楚地知道未来的前景，让欧洲游客感到不可思议的是，人的生活正日益接近我们所知道的昆虫生活方式"①。人与动物最大的区别不是在身体的生理结构上，而是在于人有思维，追求除物质之外的更高精神享受。迪阿梅尔把美国文明比作动物的生活方式，其意思再也明确不过了，人完全变成了没有思想的动物，为了活着机械式地重复着某些动作。更让迪阿梅尔担忧的是，这种文明问题非常多，不易发生改变，他以蚂蚁为例来加以说明。在他看来，"蚂蚁文明越过大陆从北方的寒冷地带延伸到南方的寒冷地带。可能会零星地发生某种宫廷政变。然而，蚂蚁文明一直持续多少世纪。在昆虫中间不存在任何革命"。因此，作为一个国家形态，美国"也许会衰落，但美国文明从来不会消失，这种文明已经是世界的无冕之王。欧洲将被这种文明所征服"。他以德国和法国为例表明了这一进程，"古老欧洲的精神已弃之一旁。美国的精神逐渐地殖民化了这样的省，这样的城市，这样的别墅以及这样的灵魂"②。要是这种与昆虫无异的生活方式在世界上居于主导地位，那么何谈人类文明的进步。在迪阿梅尔的眼中，美国的生活方式比共产党政权或法西斯政权更为邪恶，因为这两种政治体制已为人们所认识，纯粹是"错误的"，不可能被长期容忍，而美国则是"伪装的"文明，更具有隐蔽性。这种文明"重叠了四面八方的政治界限：它让道德伦理、科学和宗教同时发挥作用；它不只是把自身描述为一种政体形式，而把自己说成为一种'文明'，一种生活方式。它无所不涉及；它影响了每一个行为和每个人"③。正因为如此，迪阿梅尔必然会得出了美国生活方式对人类社会构成更大威胁的结论。其实，迪阿梅尔对未来人类社会场景的描述完全是虚拟出来的，带有浓厚的主观臆想色彩，但却提供了一幅毛骨悚然的"美国威胁"图景，让欧洲的

---

① Duhamel, *American the Menace: Scenes from the Life of the Future*, p. 194.
② Ibid., pp. 214 – 215.
③ Ibid., p. 210.

读者感到不寒而栗。这正是迪阿梅尔写这本书的目的所在。

迪阿梅尔这本书主要涉及他访问美国的记录与感想，显然对美国社会的认识还是很片面的，充其量只能算是一面之词，包含着他本人对美国一直抱有的偏颇之见，但这本书出版时正值美国大众文化"肆虐"欧洲大陆之际，对欧洲文化保守主义者来说无异是"雪中送炭"，特别是作者提供的未来公民生活的场面完全扼杀了人性中对精神生活的追求，高贵典雅的浪漫主义有品位的享受将消失在由机器控制的毫无生气的"标准化"生活之中。这种令他们胆战心惊的图景尽管未必能够成真，但也绝非妄言，至少在很大程度上与他们对美国的看法大致吻合，更加剧了他们对美国生活方式在欧洲传播的恐惧。这正是这本书出版后能够产生影响的重要原因。马萨诸塞州大学的保罗·加农在一篇文章中谈到这本书的影响时指出，迪阿梅尔的书"在大西洋两岸产生了直接的争论。这本书似乎总结了这十年期间的所有批评，在文学上和辩术上获得了成功，使许多更深刻和更详尽的研究黯然失色，成为年轻的法国人在踏上美国之前的必读之书"。当然加农同时也谈到这本书"受到美国评论家和对美国持友好态度的法国观察家的激烈攻击"，这并非出乎预料之外，不过"很少有人承认，迪阿梅尔只是重复自战争以来法国作家对美国文明已经提出的许多观点，或把这些观点糅合在一起"[1]。这说明了迪阿梅尔关于美国社会的描述还是有其"独到之处"，比其他法国文人更加极端。美国乔治敦大学历史学教授理查德·凯塞尔是研究美国大众文化在美国传播的专家，他认为，迪阿梅尔的《美国的威胁》这本书"对于许多法国批评家来说，在反美主义上或许有些过分，但却表达了这种谴责的本质"[2]。迪阿梅尔对美国社会描述的语言是过于极端，然而还没有到"胡说八道"让人无法相信的地步，甚至提高了迪阿梅尔在学术界的知名度和权威性，迪阿梅尔在这本书出版之后名气大振，他能在几年后当选为法兰西科学院院士足以表明了学术界对他的认可，这里面自然也包含着这本提到迪阿梅尔就会联想到《美国威胁》这本书所起的

---

[1] Gagnon, "French Views of the Second American Revolution," *French Historical Studies*, Vol. 2, No. 4, Fall 1962, p. 438.

[2] Richard F. Kuisel, *Seducing the French: The Dilemma of Americanization*, Berkeley: University of California Press, 1993, p. 12.

作用。很少有学者研究二三十年代法国或欧洲的反美主义思潮时忽视迪阿梅尔的观点，往往作为重点加以介绍，这种倾向也足见这本书在当时产生的影响力。

在二三十年代，就欧洲精英而言，美国的机器文明和俄国的布尔什维克主义对欧洲文明存在构成了很大的威胁，他们把两者划入了物质主义文明的范畴。意大利学者小路易吉·巴尔齐尼认为，社会主义国家苏联"取得了巨大的成功，正努力追赶美国的工业、技术和科学进步。自20世纪20年代以来，俄国人赞扬和模仿美国，梦想把他们自己国家重构为一个马克思主义的美国。他们无可否认地只是接受了这种模式的物质主义最后结果，即工业力量、金融集中和物质财富，而忽视了美国力量的真正根源。这种对美国可悲的血腥歪曲目前正威胁着我们的文明生活以及这个世界人性的真正存在"[①]。实际上，美国与苏联在意识形态上存在着本质的差别，两种政治体制在意识形态上的根本对立从俄国十月革命成功之日起就表现出来，美国将之视为"红色恐怖"，必欲灭之而后快。威尔逊政府甚至出兵干涉这个新国家的内政。然而，很多欧洲精英却认为这两个国家在对欧洲文明的威胁上毫无区别可言，构成了人类社会"邪恶"的两极，迪阿梅尔的书中就包含着这种看法。德国有一批右翼学者，他们把美国主义与布尔什维克主义等同起来，威胁着欧洲人的生活方式。奥斯瓦尔德·斯宾格勒1931年出版了《人与技术》的专著，这本书1932年被翻译为英文，1933年他出版了《决定时刻》，很快也被翻译成英文。斯宾格勒在《人与技术》中详尽地阐述了技术力量对人类文明存在与发展的威胁，他称为"机器文化"，在他看来，世界的"机械化已经进入了非常危险的过度紧张阶段。地球的面貌，连同地球上的植物、动物和人都发生了改变。在几十年之内，一望无际的森林将消失不见，变成了刊登新闻的纸张，气候由此发生变化，依赖土地为生的整个人口受到了威胁。无数的动物种类将灭绝，或像野牛一样几近灭绝。整个人种差不多濒临灭绝点，北美印第安人和澳大利亚土著

---

① Luigi Barzini, Jr., "From Italy," in Joseph, ed., *As Others See Us: the United States through Foreign Eyes*, pp. 79 – 80.

人就是例子"①。斯宾格勒对技术文明的批判在当时的确是标新立异，目标自然对准了技术飞速发展的美国与苏联，为其随后把美国与俄国在本质上联系在一起埋下了伏笔。斯宾格勒在《决定时刻》一书中认为，布尔什维克主义与美国主义之间存在着内在的联系。美国和俄国两个社会的基本生活方式都源于物质主义，"生活毫无例外地靠着经济方面被组织起来"。两国政府无一考虑人的精神方面或他们的高尚品质，他们已经自暴自弃了，丝毫没有理解机械化的进程。斯宾格勒不否认美国主义和布尔什维克主义在制度上的不同，但他发现两种制度在影响上极为类似。在两个社会中，人无一在任何富有意义的意识上是自由的。两种政体都是作为专横而有效运行的大众社会，"在美国如同在俄国一样存在着对公众舆论相同的专制（是受社会强加还是被政党强加倒是没有多大关系），影响了在西方留给个人自由选择的每件事情：调情和到教会、鞋子和化妆品、舞会的时装和小说、思考、就餐、记忆、娱乐等"。两个国家的体制把毫无生气的标准化强加给了生活，促进了营销和生产的同类标准化。②斯宾格勒没有明确地谈到美国与俄国这两种生活方式对欧洲文明的威胁究竟有多大，但显然已经将这种威胁体现在其著作的字里行间，从西方衰落的这个角度表达出了这种观点。

　　受斯宾格勒思想的影响，马丁·海德格尔对美国物质主义文明的批评可谓是更为尖锐，在他看来，美国是他所处时代危机的象征，也是所有时代最深刻的危机。美国"体现了人最大的异化，人对真实的最严重丧失，最大程度地远离了存在。美国由此体现了精神再度复兴的最大障碍。如果任何类型的复兴将要出现的话，美国就必须被制服和摧毁"③。海德格尔的这种思想体现在他1935年夏季在弗赖堡大学发表的系列讲演之中，这些讲演到1953年才编辑正式出版，1959年翻译成英文出版，冠名为《形而上学导论》。在这本书中，海德格尔详细地阐述了美国与俄国对欧洲文明构成了相同的威胁。在他看来，欧洲"还蒙在鼓里，全然不知它总是处在千钧

---

①　Oswald Spengler, *Man and Technics: A Contribution to a Philosophy of Life*, translated from the German by Charles Francis Atkinson, London: European Books Society, 1992, p. 65.

②　Oswald Spengler, *The Hour of Decision*, Part One: *Germany and World-historical Evolution*, translated from the German by Charles Francis Atkinson, New York: Knopf, 1933, pp. 100, 67 – 68.

③　Ceaser, *Reconstructing America: the Symbol of America in Modern Thought*, p. 187.

一发、岌岌可危的境地。如今，它遭遇来自俄国与美国的巨大的两面夹击，就形而上学的方面来看，俄国与美国二者其实是相同的，即相同的发了狂一般的运作技术和相同的肆无忌惮的民众组织"。欧洲文明强调精神方面，而美国与俄国文明追求物质欲望，如果后者居于了主导地位，那无疑是人类灾难的开始。用海德格尔的话来说，世界的"没落就是对精神的力量的一种剥夺，就是精神的消散、衰竭，就是排除和误解精神。现在我们要从某一个方面，而且是从误解精神的方面来说明这一对精神力量的剥夺。我们说过，欧洲处于俄国与美国的夹击之中，这两个国家在形而上学上是相同的，也就是说，它们的世界特征和它们与精神的关系是相同的"。因此，美国与俄国表现出了"那种咄咄逼人的要摧毁一切秩序，摧毁一切世界上的精神创造并将之宣布为骗局的冲动。这就是我们称之为毁灭性的灭顶之灾的恶魔冲动"①。在对欧洲文明的威胁上，海德格尔尽管把美国主义与俄国布尔什维克主义等同起来，但他实际上认为美国主义威胁更大，因为"布尔什维克主义只是美国主义的变种"，马克思主义还可以进行"对话"，因为它对一般历史理念的敏感性，而与美国主义就无法做到这一点，因为美国没有真正的历史意识。美国主义"是最危险的无边无际形式，因为出现于与基督教混合在一起的中产阶级生活方式之中，所有这一切都处于完全缺乏任何历史意识的氛围中"。当美国对德国宣战后，海德格尔义愤填膺地写道，"我们今天才知道，盎格鲁—撒克逊的美国主义世界决心要毁灭欧洲。……美国进入这场战争并不意味着进入了历史，而已经是美国缺乏历史意识的美国最后之行动"②。海德格尔同样是从"现代性"的角度批评美国的，认为德国"之本质屈从于美国主义已经到了灾难性影响的地步，致使德国自身实际上感到饱受屈辱，因为她的人民曾经被认为是'诗人和思想家'"③。在"现代性"浪潮的冲击之下，这些德国民族的特性将不复存

---

① Martin Heidegger, *An Introduction to Metaphysics*, Translated by Ralph Manheim, New Haven: Yale University Press, 1959, pp. 37, 45, 46. 中文译文见海德格尔《形而上学导论》，熊伟等译，商务印书馆1996年版，第38, 45, 46页。

② Ceaser, "A Genealogy of Anti-Americanism," *Public Interest*, No. 152, Summer 2003, pp. 13 – 14.

③ Werz and Fried, "Modernity, Resentment and Anti-Americanism," in O'Connor, ed., *Anti-Americanism: History, Causes, and Themes*, Vol. 1, p. 265.

在。法国著名哲学家萨特认为"海德格尔主义"与共产主义紧密结合，这种奇特的连接成为下一代欧洲知识分子左派的核心。[①] 萨特对海德格尔思想的这种评价是否恰当，我们这里姑且不论，但至少表明了海德格尔还是把美国主义对欧洲文明的威胁放到了首位。海德格尔的思想在欧洲社会产生了广泛的影响，用一个学者的话来说，在20世纪"没有一个思想家比马丁·海德格尔在美国观的发展上具有更大的影响。尽管海德格尔从德国的前辈中吸取了很多，尤其借鉴斯宾格勒和容格的观点。但他在这一问题上确实是超越了他们，塑造了从他那时起把凄凉、恐惧和无家可归等主题与美国联系在一起的象征。正是由于海德格尔，美国才从一个国家转变成知识分子再也不能忽视的重要文学和哲学范畴"[②]。海德格尔是个典型的日耳曼民族至上主义者，他对美国在世界大战中向德国宣战始终耿耿于怀，把美国说成是摧毁欧洲文明的"恶魔"有为德国洗刷战争责任之意，但却明显地打上了那个时代欧洲精英把美国视为威胁的烙印。德国还有一些知识精英在魏玛共和国时代对美国现代主义抱有热情，但随着时间的推移经历了思想上的转变，最终把物质主义的美国看成那个时代的最大威胁。德裔以色列历史学家丹·迪内在其专著中以德国著名讽刺剧作家贝托尔特·布雷希特为例说明了这一转变。布雷希特在最初之时"拥有赞赏美国的亲现代主义热情"，这种热情在1924年至1926年达到"登峰造极"，随后对"现代性"逐渐产生了怀疑。到了20年代末，布雷希特转变成一个批评家，从30年代开始，他用鄙视的眼光看待美国。在他看来，美国和资本主义变成了"可互换的象征"，而苏联则展现出"一个乐观主义的相反世界"。布雷希特形象地说明了他个人思想的转变，认为苏联和美国皆有错误，苏联的错误是"朋友的错误"，而美国的"错误则是敌人的错误"[③]。布雷希特很有代表性，实际上当时德国一大批右翼文人对美国恐怖性的描述成为后来纳粹德国上台后大规模地反对所谓"美国主义"的先声。

  第一次世界大战之后，美国作为战胜国之一似乎有主宰战后世界格局的趋向，威尔逊总统踌躇满志，想借着这场大战给美国带来的强大军事和

---

① Ceaser, "A Genealogy of Anti-Americanism," *Public Interest*, No. 152, Summer 2003, p. 15.
② Ceaser, *Reconstructing America: the Symbol of America in Modern Thought*, p. 187.
③ Diner, *America in the Eyes of Germans: an Essay on Anti-Americanism*, pp. 75 – 76.

经济的力量，大踏步地迈向欧洲国际竞技场，在战后扮演世界领袖的角色。威尔逊的这种做法很难得到那些对欧洲文明具有优越感的精英人士的认同，他们把美国主宰世界事务视为欧洲文明遭到毁灭的开始，对日耳曼文化情有独钟的德国文人在这方面反应更为强烈。1919年8月巴黎和约签署之后德国历史学家爱德华·迈尔写道："对德国来说，威尔逊依然是虚情假意的伪君子，他把与德国本质冲突的一切聚合在一起，其核心令人厌恶。威尔逊将以这种人留在了世界历史上，通过飞扬跋扈的干涉，能使他表现出了改变世界历史方向的脱离实际的傲慢，威尔逊不仅毁灭了德国人苦苦追求的理想，而且在屈从于法国野蛮报复心理和英国冰冷心肠的自尊自大中成为欧洲文化的掘墓人。威尔逊比任何其他人都促成了降临在白种人头上的野蛮日趋上升的时代到来，在这个时代中，欧洲人创建的文化不可避免地走向灭亡。"① 迈尔这里谴责了法英两国追随美国是自掘坟墓，其实他对威尔逊的批评在法国亦不乏赞成之人。1927年，德国学者阿道夫·哈尔菲尔德出版了一本书，书名为《美国和美国主义》（Amerika und der Amerikanismus），作者在书中描述了美国生活方式的传播对欧洲文明构成的威胁，尤其是威胁了德国的经济独立和文化认同。在哈尔菲尔德看来，美国生活中存在着"不同寻常的两面性，即理想主义的怜悯对狡诈的商业惯例；雄心大志的宗教基础；作为企业家的布道者；道德规范的说客；十四点计划；打上华尔街批准印玺的世界和平等。凡此种种最后都追溯到普鲁士伦理，即自我解放之中产阶级的伦理"。在哈尔菲尔德的笔下，宣称之原则与实际行动之间的矛盾与一个"不大思考的国家"联系在一起。这样一个国家的精神集中体现在美国总统伍德罗·威尔逊的身上，他被打上了级别最高的伪君子和骗子的烙印。他认为，在美国，一切都屈从于"放纵的商业理想主义"；盲目的"效率"弥漫全国，自然导致文化到了堕落的层面。在这种文化环境下，人人"衣着相同的西装，穿着相同的皮鞋，颜色相同，戴着相同的项链。他们都阅读相同的杂志，他们都是凄惨一致性的相同产物，尽管他们没有意识到这一点，这种一致性被不受任何限制的机器和宣传所神圣化"。哈尔菲尔德也警告美国主宰的西方文明对西方文化构成的另一种

---

① Diner, *America in the Eyes of Germans: an Essay on Anti-Americanism*, p. 59.

威胁，即妇女的平等及其进入到为男人保留的工作领域。妇女渗透到了男性的工作领域，特别是在教育领域，妇女也逐渐地向着国家核心部分的管理层迈进。① 哈尔菲尔德这本书出版后影响非常大，一时洛阳纸贵，成为当时的畅销书之一，他也由此被誉为敢向美国文明叫板的英雄。法国与德国一直在争夺欧洲的领导权，这种矛盾到了二三十年代更为突出，德国文人谴责美国文明的威胁时连法国也捎带在内，而法国人批评美国的威胁时也没有忘记把德国扯了进来。法国将军皮埃尔·迪努瓦耶·德塞贡扎克在30年代曾大声呼吁，对法国来说，美国人构成了一个真正的危险。这种危险"非常不同于德国代表的危险以及俄国最终对我们构成的危险，体现在经济和道德领域。美国人能够阻止我们完成一场应尽义务的革命，他们的物质主义甚至没有极权政府的物质主义凄惨宏大。虽然美国人把实际的崇拜剔除出自由的思想，但他们没有即刻感到把他们自己从资本主义之下解放出来的任何必要，因为资本主义在他们中间比在世界上任何其他地方都占据统治地位。过分放纵于生活安逸似乎已经以一种令人不安的方式减弱了美国人的生命力"②。因此，在法国文人中，当纳粹德国对法国民主政权构成了巨大威胁时，在法国文人中反对借助美国力量来遏制德国不乏其人，原因在于美国物质主义文明对法国的威胁更大，这种观点在法国右翼人士中比较流行。

　　上述介绍的这些学者有的是激进的左翼人士，有的是右翼的保守文人，他们在意识形态的取向上可能持完全对立的看法，然而却在构架"美国威胁论"上找到了共同点。他们对"美国威胁"的描述角度尽管不尽一致，但无不向欧洲人展示了古老典雅的欧洲文化受到来自大洋彼岸以体现"现代性"的生活方式的威胁。美国的威胁也就是"现代性"对传统的威胁，批评美国生活方式的传播也就是对"现代性"的抨击，旨在维护欧洲高雅的生活方式，防止欧洲走上美国机器文明主导整个社会的发展道路。他们可谓是用心良苦，不见得能够消除他们眼中的"美国威胁"，但却会对欧洲人形成他们这一时期对美国的看法产生很大的影响。

---

① 参见 Diner, *America in the Eyes of the Germans: an Essay on Anti-Americanism*, pp. 55 – 56, 59.
② Armus, *French Anti-Americanism (1930-1948): Critical Moments in a Complex History*, p. 72.

四　想象中的欧洲文明与美国文明的对立

在这一时期欧洲知识精英关于美国的话语中，从头到尾彻底地否定美国文明毕竟只是少数左右翼文人所为，他们通过犀利刻薄的文笔把美国现代生活方式对欧洲传统的"威胁"上升到无以复加的地步，在观察加想象中向读者展示了美国对未来人类社会构成巨大威胁的恐怖图景。他们的描述虽然会在对美国抱有成见，而又不愿意客观地了解美国的欧洲人中间有着广泛的影响，但毕竟还是与美国的实际状况相距甚远，很大程度上不会在学术界占据主导地位。很多欧洲精英实际上对美国抱着一种复杂的矛盾心理，他们羡慕美国物质生活的极度丰富，对美国的强大也不是完全持一味否定的态度，言语中不时地流露出以美国为榜样之意，让欧洲能够迅速适应现代世界发展的大潮流。法国学者朱尔斯·于雷特20世纪之初前往美国考察，回来后出版了关于美国的著述。在他看来，欧洲文明的"存在不仅与亚洲和非洲的野蛮冲突，而且与美国文明对立。美国是一坛用尚不为人所知的水果酿造而成的新酒，营养丰富。这种酒在决定其属于何种等级前已装进瓶子中数年。如果现在喝这种酒，味道一定是又酸又苦"[1]。于雷特这番话显然没有全盘否定了美国文明，只是说其并不适应欧洲人的"口味"。荷兰历史学家约翰·赫伊津哈20年代去美国考察，回国后写了一本关于美国的书，其中一段话谈到了他在美国的亲身体验：

> 奇怪：在我们结队到美国旅游的欧洲人中间……在我们的身上屡屡出现这种拘泥形式的感觉：我们都拥有你们缺少的某些东西；我们钦佩你们的力量，但我们不嫉妒你们。你们文明和进步的工具、你们的大城市和你们的完善组织只能使我们留恋古老而闲适的东西，有时你们的生活看起来几乎不值得效仿，更不用说你们的未来了。[2]

---

[1] Andre Visson, *As Others See Us*, New York: Doubleday & Company, Inc., 1948, p. 31.
[2] Johan H. Huizinga, *America: A Dutch Historian's Vision, from Afar and Near*, translated by Herbert H. Rowen, New York: Harper and Row, 1972, p. 312.

赫伊津哈并没有对美国文明进行过多的谴责，但深深扎根于欧洲文明的意识决定了他不愿意看到欧洲文化受到美国文化的"侵蚀"或被取而代之。法国学者莫里斯·米德尔在20年代中期出版的一本书中承认美国在维护西方文明中将发挥巨大的作用，但与此同时却谴责美国文明"平庸粗俗"。在他看来，美国是"西方文明新近的产物，已经迅速简单地发展成为一种独具特色的典型文明，在某些方面比欧洲更为西方式"[1]。米德尔对美国文明的批评显然流露出了赞扬或羡慕之意。丹麦保守主义评论家哈拉尔·尼尔森把美国看作一种追求物质主义享受的文明，意味着"大量的汽车、大量的电冰箱、大量的收音机以及大量的电话，但最为重要的首先是意味着有大量的钱"。得到这些东西的前提条件是金钱。因此，一切皆围绕着金钱和追逐金钱来转动。一切"都受此影响，所有的理想由此得以改变"。这样，对金钱的追求"越来越在文化领域占据了支配地位"[2]。尼尔森这里实际上把美国文明与欧洲文明对立起来。这是20世纪之后很多欧洲知识分子对美国持有的比较有代表性的看法。英国已故历史学家托尼·朱德特认为，在第一次世界大战之前两种因素确定了欧洲人的美国观，一是"美国拥有获得权力的足够财富和力量。美国由此成为世界上最现代的国家，它把传统和习惯、复杂和精致送进了历史博物馆"。二是相比之下，欧洲还是"旧式的"，"在观念上、传统上、文化上以及理解能力上富有。要么欧洲的未来在于美国，要么保持精神价值观的斗争将必须起而抵制美国"[3]。朱德特以研究欧洲历史见长，他对这一时期欧洲人美国观的形成之观察多是基于历史材料之上，实为洞见。的确，很多欧洲精英人士无法掩饰对能够迅速走向强大的美国之钦佩，但美国的强大却对欧洲文明存在和发展构成了很大的威胁，赞扬的话语最终必然淹没在滚滚而来的批评之声中了。

　　归根结底，这些对美国抱有成见的欧洲精英人士从小受到欧洲文化的

---

[1]　以上引文见 Strauss, *Menace in the West: the Rise of French Anti-Americanism in Modern Times*, pp. 41–42, 88.

[2]　Nils Arne Sørensen and Klaus Petersen, "Ameri-Danes and Pro-American Anti-Americanism: Cultural Americanization and Anti-Americanism in Denmark after 1945," in Stephan, ed., *The Americanization of Europe: Culture, Diplomacy, and Anti-Americanism after 1945*, p. 116.

[3]　Judt, *Past Imperfect: French intellectuals, 1944–1956*, p. 188.

熏陶，属于本民族文化培养出来的佼佼者，在利用文化资源上享有很多有形或无形的特权，他们的生活欲望绝不是单凭物质财富的极大丰富所能给予满足的，而是有着超出物质生活之外的更高追求，而美国生活方式的传播恰恰就会导致这种"更高的追求"消失在物质欲望极度膨胀的洪流之中，让人变成物质主义的"奴隶"，在灯红酒绿的生活中失去了精神上的高雅品位。从这个意义上来讲，美国文明与欧洲文明在根本上是难以调和的。法国著名人士安德烈·西格弗里德在这一时期对美国社会品头论足，在报刊杂志上发表了大量评论美国的文章，也算是他那个时代研究美国的一个专家了。他在 1916 年出版的一本书中把美国说成是一个与欧洲生活方式相对立的独特文明。在欧洲人的眼里，美国的"魅力在于其异国情调。从表面上看，这个国家似乎是英国的，实际上，这是一个名副其实的新大陆，与旧世界的亲缘关系实在是太遥远了"。因此，"新大陆的确是另外一个世界"，美国的报纸很少刊登欧洲的新闻，因为美国人对旧世界事务几乎没有太大的兴趣。[①] 西格弗里德这里强调美国与欧洲的截然不同，旨在表明美国以追求物质享受的生活方式与欧洲传统毫无瓜葛，只是这块土地上的产物。他对美国文明的批评就算是比较客气了，但还是讲出了欧洲人把美国文明视为对立的理由。迪内由此评论，美国是"欧洲的对立世界，一个补充西方文明的大陆，一个投射出与欧洲对比产生的所有形象和象征的屏幕，主要由于现代性，这块屏幕把毫无关联的自我厌恶之内容投射出来，但只是怪罪于新大陆"[②]。迪内话里包含着欧洲人对欧洲文明非常强烈的优越感。英国社会批评家和哲学家罗素宣称，这个时代伟大的任务便是人类抵制工业文明的斗争。[③] 罗素所谓的"工业文明"显然是指源于美国的机器文明。这样，只有保持欧洲文化传统的本质不变，他们才有可能享受到悠闲宁静的典雅生活，体验到精神愉悦带来的生活乐趣，而这种乐趣绝非金钱所能换来的。因此，对很多欧洲文人而言，美国弘扬物质主义的生活方式固然可以划入"文明"之列，但最终会让其他已存在的古老文明在向"美国性"的认同中消失掉其固有的特性。这样他们对美国生活方式的批评必然

[①] 转引自 Strauss, *Menace in the West: the Rise of French Anti-Americanism in Modern Times*, p. 41。
[②] Diner, *America in the Eyes of the Germans: an Essay on Anti-Americanism*, p. 5.
[③] 转引自 Judt, *Past Imperfect: French intellectuals, 1944－1956*, p. 192。

包含着对欧洲文化传统的眷恋和赞美，情绪化的语言势必导致以欧洲文化为镜子来观察正在人类地平线上冉冉上升的美国。1909 年，美国著名劳工领袖塞缪尔·冈珀斯访问欧洲时发现很多当地精英是用两面失真的镜子来照看美国，一面是"凸面镜"，另一面是"凹面镜"。两面镜子折射出的美国形象大大扭曲了现实中的美国。英国著名劳工史学家亨利·佩林由此得出结论："希望和幻灭继续渲染了欧洲人的美国观。"[1] 安德烈·马尔科维茨等人在谈到这一时期德国反美主义时指出，德国的观察家把美国的社会文化现代化说成是让人感到恐怖的梦魇，同时又是文化衰落的体现。他们对"现代性、资本主义、民主、个人主义和普世观"根深蒂固的担忧大大加强了"在知识分子中间传播虚假扭曲的美国观，致使到了世纪之交，越来越使这种观念成为讲德语的世界与大众意识形态敌对的内容。当抱怨美国时，误解和扭曲由此日益在某面破碎的凸面镜中显示出来"[2]。德裔美国著名学者汉娜·阿伦特说过这样一句名言，即"德国人对盎格鲁—撒克逊传统和美国现实缺乏了解有着古老的历史，当然不仅是德国人而已"[3]。这就是这两面镜子映照的结果，不能把一个真实的美国反映出来。

其实，欧洲精英们对美国现代社会的扭曲，目的是要凸显出欧洲文化的优越。30 年代之初，法国保守的《费加罗报》（*Le Figaro*）提出几个问题来让公众来回答，实际上想就美国文明是否对法国构成威胁在法国社会掀起一场大辩论。问题有五个，第一个问题是"美国文化意味着对法国文化是一种真正威胁吗？"第二个问题是"美国文化不是一种真正威胁吗？"第三个问题是"我们能做什么以抵制或促进美国文化？"第四个问题是"我们认为美国作家如何？"最后一个问题是"我们能做什么以抵制来自美国的智力文化帝国主义？"几个代表人物回答了那个年代法国人关注的这些问题。罗贝尔·巴西拉齐强烈地维护了法国人对美国文学的兴趣，认为对美国作家深感兴趣的原因与亲美主义毫无关系，而是因为"美国文学实际上是反对美国的文学。对我们的年轻人来说，

---

[1] Henry Pelling, *America and the British Left: from Bright to Bevan*, New York: New York University Press, 1957, p. 161.

[2] Markovits and Rensmann, "Anti-Americanism in Germany," in O'Connor, ed., *Anti-Americanism: History, Causes, and Themes*, Vol. 3, p. 163 – 164.

[3] 转引自 Markovits, *Uncouth Nation: Why Europe Dislikes America*, p. 38。

美国不是未来,而更多的像是历史。事实上,美国文明的危险在于它的保守主义。……考察一下所有的美国特性,赞赏现状和物质主义的清教主义不是一种愚蠢的保守文明吗?"在巴西拉齐看来,法国人着迷于美国并不真正存在,因为让法国人深感兴趣的是那些表明美国最坏方面的事情。巴西拉齐强调他的态度代表了年轻人。年长者或许确信美国依然代表了未来,而我们年轻人深知,美国是属于我们正在战胜的垂死的反精神世界。巴西拉齐的结论是,法国"没有必要与美国战斗,我们只能对之视而不见"。如果说巴西拉齐代表了涉世不深的年轻人的声音,那么马西斯本人倒是这方面的权威人士。马西斯把美国描述为是"令人悲哀的",原因在于"清教主义的僵化原则现在已经遭到破坏"。然而,这种破坏没有带来自由,却导致了混乱困惑。马西斯最后得出结论,法国"必须同样抵制美国脑力的和精神的野蛮,与我们同样抵制苏联残忍的意识形态野蛮一样。……只有通过重新发现我们的精神传统,我们才能重新发现我们命运的希望"。法国著名新闻记者简—皮埃尔·马克桑斯坚持法国文明高于美国文明之上的观点,他问道,以芝加哥的屠宰场与卢浮宫相比是公正的吗?马克桑斯的回答当然是否定的,因为那是人们在这两个国家看到的东西。然而,"很幸运的是,当我们以卢浮宫与屠宰场相比时,法国与美国之间的不同却是显而易见了"。马克桑斯的立场介乎于巴西拉齐与马西斯之间,前者建议法国傲慢地忽视美国,后者与老一代一样主张对美国发起斗争,以便防患于未然。马克桑斯写道,每个人"必须免遭美国技术企业的伤害",但是在法国我们能够心安理得地确信,"如果一个人倒下去,他会站起来,因为我们知道我们的命运。我们在基督教两个千禧年的时期内已经证明了法国处于欧洲的核心"[1]。这几个精英人士的回答不见得会得到法国学界的认同,但却把法国文明的优越性充分地体现出来。

他们正是在比较中看到了美国文明落后于欧洲文明的方面,这样,在欧洲文人关于美国的话语中,美国的作用就在于成为"欧洲的反面世界,一个补充西方文明的大陆,一块投射来自于欧洲形成比较的所有形象与隐

---

[1] Armus, *French Anti-Americanism (1930 – 1948): Critical Moments in a Complex History*, pp. 36 – 37.

喻的屏幕"①。这种比较能更加激发起他们对欧洲文化传统的坚决维护。斯特劳斯在谈到这一点时指出,很多到美国考察的欧洲游人目睹了美国文明取得的显著物质成就,但丝毫不会减少他们对欧洲文化的敬仰。相反对美国力量的承认导致了这些人对欧洲的新忠诚。在他们的眼里,欧洲文化的成就足以弥补其在物质上的衰落。他借用19世纪末20世纪初的欧洲著名人士爱德华·罗德的话来说,来自机器的威胁激起他"对我们古老文明保持的子女般的眷恋"。言下之意,欧洲精英承认了美国在经济上所取得的成就,但并不等于他们对"美国文学或绘画的认可,美国依然被设想为在文化上先天不足"②。这种认识几乎是欧洲精英看待美国社会时一种老生常谈的观点,长盛不衰,美国有形力量越强大,这种看法似乎在欧洲精英人士中越有市场。显而易见,这种现象无非表明他们是想表达这样一种隐藏很深的情绪,即"你"腰缠万贯,但却没有文化底蕴,文化是用金钱难以买到的。"我"钱比"你"少,但却在文化上富有,钱可以挣到,然而文化的形成却是要经过很长时期的历史积淀。在这种比较中,孰优孰劣,自然是一目了然。当然,没有一个诋毁美国文明的欧洲学者这样明确地阐述过这种观点,但却将之体现在他们相关论著的字里行间,会给读者在这方面留下深刻的印象。

正是基于这种考虑,很多欧洲知识精英对他们称之为"美国主义"的批评多是在与欧洲人的观念进行着比较,只有两相比较,才能凸显出各自的基本特性,也才能使批评更具有针对性。从这些精英人士撰写的论著来看,他们很大程度上是在想象中给美国文明画像的,参照系大概就是他们身在其中的欧洲文明了。在欧洲文明这面镜子的映照下,他们把道听途说的美国社会之负面特性无限放大,两种文明的对立在这种想象中体现得淋漓尽致,这种对立似乎还不是表现为彼消此长,而是一种水火难容的你死我活的关系。美国诺贝尔文学奖得主辛克莱·刘易斯1929年出版了一本小说《孔雀夫人》(*Dodsworth*),描述了欧洲人与美国人在智力、生活方式和道德品行上的巨大差别,他在书中给欧洲人做了个画像,把欧洲人描述为贵族,他们"有责任把上几代人形成的文化传递下去。他们认为,温文尔

---

① Diner, *American in the Eyes of the Germans: An Essay on Anti-Americanism*, p. 5.
② Strauss, *Menace in the West: the Rise of French Anti-Americanism in Modern Times*, pp. 43, 38.

雅、适宜的举止以及对自己民族的忠诚比财富要更为重要。他们感到，为了坚持传统，他们必须有知识，有更多的知识"。无论什么情况下，他们都要体现出固有的贵族气质。他们"必须至少懂两种语言"，否则就在朋友的圈子里面抬不起头。他们可能打算成为证券经纪人、进口商或汽车销售商，但他们"必须懂点音乐、绘画、文学，致使他们能真正欣赏音乐会或绘画展览"。刘易斯的这番描述显然是与美国商业社会在进行比较，大概是想借对欧洲人的称赞来谴责美国社会过度的商业奸诈和缺乏优哉游哉的生活乐趣。正是基于这种认识，欧洲人由此大声疾呼："我们在内心深处都是泛欧洲人的。我们感到，真正的大陆欧洲是个人悠闲、隐居和平静愉快的最后避难所。我们认为，有知识的朋友坐在维也纳或巴黎或华沙酒吧深聊要比拥有化粪池或电动洗碗机更愉快和重要。美国想把我们变成十足的同伙，个个驾驶着性能良好的汽车……俄国却想把我们变成机器，抹去并不为广大欧洲人所理解的离心倾向。"① 刘易斯这里实际上谈到了那个时代欧洲文明区别于美国文明的基本特性，这也是欧洲精英们所追求的一种生活。赫伊津哈把美国社会的特征之一称为"文化的机械化"。他尽管是从正面来谈这一问题的，但却反映出在与欧洲的对比中欧洲人对美国社会的一种认识。② 一位德国编辑得出结论："物质的繁荣掩盖了精神的空虚，美国的这种气氛可能是文化进步的障碍。"③ 德国学者阿道夫·哈尔费尔德在1927年出版的论著中把美国描述为由"机器人"构成的社会，相比之下，欧洲是由"活生生的人"构成的世界。在他的眼中，欧洲社会的精神"根植于普遍的习俗，让音乐讲话，把石头变成富有意义的形象，使生活变得多姿多彩"④。哈尔费尔德的寥寥数笔，画龙点睛地勾画出了两种文明在本质上存在的区别。

---

① Sinclair Lewis, "Abroad with the Dodsworths," in Rahv, ed., *Discovery of Europe: The Story of American Experience in the Old World*, pp. 566 – 567.

② Huizinga, *America: A Dutch Historian's Vision, from Afar and Near*, pp. 233 – 235.

③ Arthur Feiler, *America Seen through German Eyes*, translated by Margaret Leland Goldsmith, New York: New Republic, 1928, p. 263.

④ Wagner, "The Resistance That Modernity Constantly Provokes: Europe, America and Social Theory," *Thesis Eleven*, No. 58, August 1999, p. 45; 另见 Wagner, *Theorizing Modernity: Inescapability and Attainability in Social Theory*, London: Sage Publications, Incorporated, 2001, p. 117.

如果美国文明仅仅局限于在产生这种文明的国家境内发展,那欧洲精英们也不会对其持如此激烈的批评态度了,关键是美国文明的外延性很强,甚至以一种排山倒海之势冲出境外,向全球迅速蔓延,昭示了欧洲和世界的前景。尼采正是生活在美国迅速崛起的时代,美国在文化上尚未直接对欧洲国家构成威胁,但尼采与他同时代很多人一样,把美国工业和技术的威力批评为一种精神的空虚,美国人喘不过气地工作是新大陆独一无二的罪恶,现在已经开始以凶猛之势侵入了古老的欧洲,正在把这种精神空虚传播到整个欧洲大陆。在尼采看来,美国文化的传播就像一种疾病的形式,其在欧洲的蔓延似乎是不可避免的。尼采对此警告说,美国人的"信仰也正在变成欧洲人的信仰"。他"仇恨美国为现代的象征,预言美国不可避免地成为欧洲的征服者"[1]。尼采刚进入20世纪就与世长辞了,他未能目睹美国机器文明在欧洲的泛滥,但他以一个哲学家的敏锐性预感到了这一趋势将不可避免地到来,同时表明了德国精英阶层的反美情绪开始由原先抨击美国社会的"话语"转变到对美国文化的实际感受。1902年德国社会民主党的创立者卡尔·考茨基宣称:"美国现在无可置疑地是最重要的和最令人感兴趣的现代文化国家。不是英国,而是美国向我们展示了我们的未来。"[2]考茨基说这番话时,美国文明已经开始登陆欧洲大陆,但尚未为绝大多数欧洲人所认识,只是少数敏感者意识到了这种文明的蔓延对欧洲文明构成的威胁,他们大声疾呼抵制美国文明有"防患于未然"的意思,而到了二三十年代时,他们描述的"未来"就变成了活生生的现实了。法国著名人士夏尔·波马雷特1931年宣称:

　　　　美国对欧洲的征服已在推进,其入侵的小前哨站已经逼近法国、意大利、德国和旧世界所有国家的大门。不出几年,欧洲会混乱不堪,将变成受到奴役的大陆。[3]

---

　　[1] Todd Breyfogle, "The Spiritual Roots of Anti-Americanism," *Reviews in Religion and Theology*, Vol. 11, No. 2, April 2004, p. 260. 另见 Markovits, *Uncouth Nation: Why Europe Dislikes America*, p. 58.

　　[2] David M. Kennedy, "Imagining America: The Promise and Peril of Boundlessness," in O'Connor, ed., *American Foreign Policy Traditions*, Vol. III, p. 74.

　　[3] Strauss, *Menace in the West: the Rise of French Anti-Americanism in Modern Times*, p. 93.

波马雷这番话显然有些危言耸听，但却反映了欧洲精英们对美国文明的一种恐怖的认识。这种文明在欧洲的传播自然会使刘易斯或哈尔费尔德笔下的欧洲人的高雅生活方式受到威胁甚或不复存在。实际上，欧洲精英的这种担心伴随着美国作为一个大国在国际社会的迅速崛起，从来没有消失过。美国经济上的强大让他们感到一种缺乏文化之文明将对欧洲市场的全面占领，让欧洲国家走上美国的发展道路。19世纪末叶，针对美国商品涌入欧洲市场的情形，法国著名政治学专家保罗·德·鲁西尔斯发问，难道让"旧世界的古老国家必须允许野蛮人以他们为模式吗？"胡莱斯·康邦曾任法国驻美公使，他把欧美两种文明的竞争定义为"古老的欧洲与年轻的美国之间的一场大战"。这场冲突的结果现在已是显而易见，即它"不再是一场战斗，而是一场大屠杀"。爱德华·罗德强调了"旧世界和新大陆之间竞争日益上升"。他警告美国人"不要用你们的机器压碎我们，不要用你们的电击打我们，不要用你们滚滚而来的潮水窒息我们"[1]。法国总理乔治·克里蒙梭把美国说成是"从野蛮到堕落的发展"。爱尔兰很有名的剧作家萧伯纳甚至宣称："在百分之百的美国人中，百分之九十九是白痴。"[2]这些人多为欧洲的保守主义者，他们相对左翼分子的反美情绪更为激烈。用一位研究这一时期欧洲反美主义学者的话来说，欧洲保守主义者眼中的美国在几个方面与欧洲不同，一是美国为"一个没有任何约束的资本主义国家"。所有美国人"都被认为是只顾自己，愚蠢至极，只思谋着赚钱发财。他们没有任何道德规范，由此处于普遍的'堕落'状态"。二是美国"放松了性别约束，让妇女和同性恋得到了解放"。三是技术进步使"肤浅的美国文化"在全世界传播成为可能。通过交通、电报、电话、电影、无线电以及电视，欧洲国家"高雅文化"将被"单调乏味的美国文化"取而代之。[3] 欧洲精英在弘扬欧洲文明的同时对美国文明给予尖锐的批评，其中

---

[1] 以上引文转引自 Strauss, *Menace in the West: the Rise of French Anti-Americanism in Modern Times*, p. 42.

[2] Diner, *America in the Eyes of the Germans: an Essay on Anti-Americanism*, p. 23.

[3] Krebbers, "The Conservative Roots of Anti-Americanism," *De Fabel van de illegal*, Vol. 58, May/June 2003, p. 1. (http://www.doorbraak.eu/gebladerte/30048v01.htm)

不乏污蔑诅咒之词，反映了他们把美国文明想象为与欧洲文明在本质上对立的一种传统思维定式。

欧洲文明体现的是高雅的文化生活，而美国文明却把追求金钱的物质主义发展到了极端，与欧洲文明形成了鲜明的对比。1904 年法国出版的一本手册宣称："美国正在成为世界的物质一极；欧洲保持其智力和道义一极还能有多长？"① 这种对比性的质问表明了欧洲和美国两种文明在人类生活中代表了两种完全不同的生活方式。这实际上是欧洲精英描述美国的一种刻板之见，从美国作为一个主权国家开始他们就持有这种看法，只不过是当美国作为大国崛起之后，欧洲精英的这种看法才更为普遍，将之作为美国文明表现出的一个最为明显的特征。19 世纪末叶，英国新闻记者乔治·斯蒂文斯出版了《美元之国》，作者在这本书中强调，在世界上所有民族中，美国人最易于感情外露。每件事情都必须拿到桌面上讲。因此，美国人"完全可以被称为世界上最追求物质主义的人，我并不认为在贪得无厌的意义上他们是物质主义的：正如我所言，他们赚钱是因为他们必须做事，不存在任何其他目的。然而，他们必须以物质形式表达他们的所有思想。从这个意义上来讲，他们无疑是物质主义的"②。乔治·桑塔亚纳是西班牙裔的美国学者，他在 1920 年出版的一本描述美国特性的书中谈到了如何看待美国人对金钱的钟爱与追求。在桑塔亚纳看来，美国人是"实际的，不屑于诗人，是世俗的，不屑于纯粹哲学家或圣徒。这种物质主义最明显的表现通常意味着钟情于无所不能的美元，但这是外国人的无知看法。美国人谈论金钱，因为金钱是衡量他们成功、智力和权力的象征，但就他们赚的钱本身而言，他们都是将金钱非常轻松地失去、花掉或捐赠。在我看来，他们物质主义最明显的表现是他们特别注重数量"③。桑塔亚纳在美国生活了四十年，但不认同美国文化的价值观，始终保持了西班牙国籍的身份，

---

① Tony Judt, "America Has Gone Mad: Anti-Americanism in Historical Perspective," in O'Connor, ed., *American Foreign Policy Traditions*, Vol. III, p. 140. 另见 Judt, *Past Imperfect: French intellectuals, 1944 – 1956*, p. 188.

② George W. Steevens, *The Land of the Dollar*, Edinburgh and London: William Blackwood and Sons, 1897, pp. 309 – 310, 311 – 312.

③ George Santayana, *Character & Opinion in the United States*, London: Constable and Company Ltd., 1920, p. 185.

在他学术事业达到顶峰时毅然决定永远离开美国,从此再未返回。斯蒂文斯和桑塔亚纳属于两个时代的人物,他们没有过分地渲染美国文明中所体现出的追逐金钱之特性,观察相对来说还算是比较客观,但对欧洲精英们在不同时期形成他们的美国观还是产生了很大的影响。

美国是个实用主义的民族,这种文化传统很长时期在美国人身上表现得非常明显,与欧洲人的浪漫主义情调形成了鲜明的对比。在这种传统的作用下,人们以赚钱多寡来衡量成功的程度就是自然而然的了。法国学者马塞尔·布劳恩施韦格在其著述中描述了美国人对金钱的偏爱,试图从新教伦理来解释美国人追逐钱财的动机,"钱是成功的象征,而成功却是美德的证明。简言之,如果不是最高的上帝权力,那么什么能决定所有人事业的成败呢?生意兴隆是上天厚爱的有形证据;这样金钱本身就受到崇拜"[①]。对美国人来说,这是一种很正常的行为,但在欧洲文明的镜子里,这种特性成为一种说明美国文明负面形象的很有力证据。出生在突尼斯的美国学者雷蒙德·卡罗尔写过一本关于法国文化与美国文化误解的书。她在结论中写道,只要一谈到金钱,法国人即刻看到美国人的脸上很容易出现美元的表示,这是一种"无法改变之物质主义"的表示,是傲慢的表示,是权力的表示,是"庸俗不堪"的表示,是缺乏教养之享乐的表示。卡罗尔甚至认为,她从来没有读过一本法国人撰写的"描述美国人时不谈论'全能美元'的书,包括那些对美国人充满同情的书",她也从来没有听到法国人"谈论美国人时不提到金钱"[②]。卡罗尔将法国人的这种看法说成是文化的误解,其实很大程度上是一种扭曲,旨在满足欧洲精英的一种文化优越心理。在外交活动中,美国人常常宣称利他的"理想主义"。欧洲人对此往往不屑一顾,极尽讽刺挖苦之词。在第一次世界大战爆发后,美国政府虽然宣布实行中立,但中立的天平明显倾斜于协约国,美国满以为这种对似乎为"文明"而战的英法国家的支持会改变欧洲人对美国只追求物质利益的看法,但却丝毫未能奏效。1915 年 3 月美国总统威尔逊的亲信幕僚爱德

---

① Donald Roy Allen, *French Views of America in the 1930s*, New York: Garland Publishing, Inc., 1979, p. 67.

② Raymonde Carroll, *Cultural Misunderstandings: The French-American Experience*, translated by Carol Volk, Chicago: The University of Chicago Press, 1987, p. 128.

华·豪斯上校在纽约时,他要求法国新闻署长德卡塞纳夫坦率地谈谈法国人对美国的看法,德卡塞纳夫说,"普通法国人认为,美国除了美元之外,一无所虑"。豪斯在致总统的信中说,"我们完全受唯利动机的指导在法国已经成为普遍看法"①。一年后豪斯在日记中写道:"事实上,法国在整体上不相信我们具有任何理想,只有美元标记所代表的东西。"② 英国人说得更明白,1916年2月2日,英国政治家乔治·塞尔在致豪斯的信中批评了威尔逊宣称的理想主义外交,"关于外交政策和国际生活中的理想主义,先生,总统和您应该记得,美国的政策与德国的政策一样是唯我为桌的自私"③。他们显然对美国打着"理想"的旗号援助协约国更为厌恶,因为在他们的脑海中只知道赚钱牟利是美国的既定形象,而且他们的确看到援助的背后滚滚钱财流进了美国。豪斯的如实描述也许使以"理想主义"著称的威尔逊感到沮丧或失望,但的确反映了法国以及西欧知识界对美国社会的一种普遍看法。

在欧洲文人中,把美国社会描述为乌七八糟者不乏其人,他们并没有亲临美国考察访问,而是在想象中虚拟出了美国社会的恐怖图景,让欧洲人在对比中以身处欧洲文明之中而感到幸运和自豪,自觉地抵制美国生活方式在欧洲的传播。法国学者罗贝尔·阿龙和阿尔诺·当迪欧在1933年5月出版的《新秩序》(L'Ordre nouveau)杂志第一期上发表了一篇文章,题目为《美国的癌症》,作者在文章中指出,美国"正在遭受一种学说上的极度衰弱之折磨。在美国,由于殖灵的自由试验与乐观主义细菌的作用,这个社会已经患有癌症。这种癌症有三个阶段:首先,那些掠夺土地的开拓者没有考虑供给和资源枯竭的可能性;接着商人们只是以同样目的取代了开拓者,创造了取代探索的自由主义;最后美国人发现了黄金,工业的无序与银行业务混杂在一起。这样在美国就创建了政府,没有任何学说的合法性,只是作为控制这些混乱的事后产物"。他们由此得出结论:"我们学到的东西是,自由主义毁灭了自身,趋向极权主义这种或那种形式是不

---

① Charles M. Seymour, ed., *The Intimate Papers of Colonel House*, Vol. I, Boston: Houghton Mifflin, 1926 – 1928, p. 398.
② Seymour, ed., *The Intimate Papers of Colonel House*, Vol. 2, p. 264.
③ Ibid., p. 263.

可避免的。"① 作者通过对美国无可救药的描述，把主导美国人思想意识的自由主义与极权主义联系在一起，其意不言自明，无非是想说明美国文明最终会走到历史的尽头，为欧洲文明所憎恨的极权主义所取而代之。这种对美国的认识显然就是主观上的臆想了。安德烈·莫里奥经常来往于法国与美国之间，他在1931年出版了一本书名为《意想不到的美国》(*L'Amérique Inattendue*)。他在书中讲了这样一个真实的事情，大意是有一年他受到邀请去美国普林斯顿大学做一学期访问学者，他把这一消息告诉了一位老朋友。这位老兄从来没有到过美国，大概从来也没有想过要去这个在他脑海中充满"恐怖"的国家。因此，莫里奥的这位朋友可算抓住了一个机会，对美国文化和社会进行了一番充满激情的"炮轰"。莫里奥的在书中把他朋友对他说的话记录下来：

> 他对我说，我亲爱的孩子，不要做这种傻事！你将不会活着回来。你不清楚美国的各种情况。在那个国家，不停地工作使你得不到一分钟的闲暇，到处的吵闹声使你无法入睡或休息；在那个国家，男人40岁就死于过度劳作，而妇女清晨就得离家，加入到那无休无止的工作中。在那里，精神和才智毫无价值。思想的自由不存在，人们没有灵魂。除了钱他们再不谈论其他。自你在孩提时期以来，你就知道了一种精神文明的甜头：一种由浴室、暖气和电冰箱构成的文明正在等待着你。……我的朋友，你读过关于芝加哥屠宰场的描绘吗？我向你保证，它是一副令人毛骨悚然的场面，一副预示世界末日来临的场面。……一帮亡命之徒与警察沆瀣一气，在光天化日之下图财害命，这不是报纸上描述的情节吗？……真的，我为你感到不寒而栗。你家有妻小。……请放弃这次旅行吧。

莫里奥在法国文人中对美国还算是比较了解，他显然对这位老兄把美国描述为"恐怖"之国大概有些可笑，特此强调说，他这位朋友从来不曾横渡过大西洋，因此，他对"真正事实的无法容忍的混淆从来没有改变他

---

① 转引自 Armus, *French Anti-Americanism*（1930-1948）: *Critical Moments in a Complex History*, pp. 42 – 43.

判断的不可思议的无知,这样他出自真心持续不断地诅咒一个他从来没有去过而且不认识任何人的国家"①。他之所以将他朋友的这番话公之于众,显然是要说明包括保守主义者、自由主义者、人文主义者、民族主义者、思想开放者和守旧者等在内的法国知识分子一方面对美国缺乏足够的了解;另一方面他们大概也不想真正地了解美国,对美国的"扭曲"恰恰是能够对美国文化和社会提出尖锐批评的基础,也以此来凸显法兰西文明或欧洲文明的"伟大和精深"。

在二三十年代的国际舞台上,各种政治力量在重新组合,但依然是以欧洲和美国为中心,合作与冲突贯穿在这一时期的大国关系之中,其中欧洲文人对美国文明的批评话语成为这一时期反美主义的主要特征。这是一种"文明的冲突",与大国争夺全球霸权的冲突还是有很大的区别。尼尔斯·埃伦斯特罗姆在回顾历史时把20世纪二三十年代国际社会的主要冲突描述为"美国"对"欧洲"。冲突的原因是,美国人更关注"直接的实际运用",而欧洲人则对"原则深感兴趣"。美国人更强调"经验",而欧洲人则更重视"理论"②。其实,欧洲文人对美国的批评只是冲突的一个方面,这种批评既有历史传统的根源,又打上了时代的深深烙印,既体现了他们对美国文明缺乏深入的了解,又彰显了对本土生活方式的积极维护。很多文人的批评带有浓厚的意识形态色彩,文笔虽犀利尖刻,但往往是在想象中虚拟出了美国文明的恐怖图景,难免失去了客观性,并没有把一个真实的美国展现在欧洲读者面前,而给他们提供了失真的美国文明。这或许就是他们的本意,通过这种夸张性的描述,让欧洲人感到美国的威胁近在咫尺,自觉地在思想上构架起抵制美国生活方式传播的藩篱。然而,批评归批评,美国文明这只凶狠的"狼"还是在欧洲大陆横冲直撞,若入无人之境,把欧洲的反美主义带到了实际抵制的阶段。

---

① 转引自 Mathy, *Extrême-Occident: French Intellectuals and America*, pp. 1 – 2, 4。
② William R. Hutchison, "Innocence Abroad: the 'AmericanReligion' in Europe," *ChurchHistory*, Vol. 51. No. 1, March 1982, p. 83.

第四章
"机器文明"的威胁：欧洲人的抨击与抵制

在20世纪二三十年代，美国生活方式在欧洲的传播达到历史上的一个高潮，引发了欧洲知识精英中的左右翼人士的深刻忧虑，他们大声疾呼抵制这种威胁欧洲文明存在与发展的机器文明，以维护欧洲高雅生活方式的继续。前章重点阐述了他们对美国文明及其传播的批评话语，这些话语很大程度上是在想象中构架起了两种文明对立的理论框架，对欧洲人了解一个真实的美国在很大程度上讲不仅无益，而且还会起着一种误导的作用，加剧了欧洲人对美国的偏颇之见。欧洲精英们从来没有停止过对美国文化的发难，这既是老一辈留下的对欧洲之外文明的刻板之见，更是他们彰显欧洲文明优越无比的主要途径，这种思维定式尽管已经形成了欧洲上层社会的一个很难改变的传统，但进入20世纪之后却与美国机器文明或物质主义文明传播密切联系在了一起，结果导致了欧洲呈现出美国文明对欧洲人生活影响越来越明显的趋势。这就是欧洲精英最不愿意看到的"美国化"进程。"美国化"是指美国大众文化的传播带来的境外社会趋向"更像美国"的过程，这是欧洲精英对美国社会"横挑鼻子竖挑眼"的主要原因之一，不管他们对这一社会现象有多么的怨气冲天，可是无论如何都难以阻挡住美国大众文化登陆欧洲大陆之后形成的"滚滚洪流"。在他们眼中，这种文化"庸俗低劣"，很难登上大雅之堂，对高雅文化的存在构成了巨大的威胁，其传播的速度越快和范围越广，作为欧洲文明的"卫道士"，他们自然发出了越加强烈的抨击之声。这是同一进程的两个联系非常密切的方面，表现为"口诛笔伐"和"实际面对"，上一章谈及的内容多为前者，对后者偶有提及，然而却很少展开，只是涉及了美国现代大众消费生活方式能够向境外延伸的主要原因。

　　现代性的理念应该说是发轫于欧洲,但却在大洋彼岸的北美大陆开花结果。欧洲国家有着古老的文化传统,在迈入现代大众消费生活方式上至少在文化上背负着沉重的历史包袱,美国能够形成这种生活方式,与这个国家历史很短以及从有历史纪年以来就是"现代的"有很大关系。美国历史学家威廉·贾斯廷·曼在1902年出版的一本专著中写道,美国的"经历和现代世界历史的经历是相同的经历",而意大利、西班牙、荷兰、法国、德国和英国等欧洲国家皆非如此,原因主要在于美国是诞生于现代世界的第一个国家,继承了现代世界的"遗产"①。曼的这种看法差不多为学术界的一种共识,很少有学者提出质疑。"现代"的美国与"传统"的欧洲在文化上相遇,孰优孰劣尽管难分高下,在理论上争执迭起,但在实际生活中前者肯定会占上风,尤其是接受源于美国的现代大众消费生活方式成为世界发展的一种趋势时更为如此,这样才导致了欧洲出现了"美国化"趋势。欧洲的"美国化"是否恰当地描述了美国大众文化"入侵"欧洲继而对欧洲人生活方式产生很大影响的过程,在学术界存在着不同的看法,② 不过可以肯定的是,"美国化"与欧洲的反美主义存在着直接的关系,多数学者并不否认这一点。如长期在美国大学任教的德国学者亚历山大·斯特凡主编了一本论文集,以德国为个案阐述了"美国化"与反美主义之间的密切关系。在这本书中,尽管作者们对"美国化"与"反美主义"提出了不同的看法,但基本上是贯穿着这种观点,即"美国化"是指其他社会的个人和群体对美国象征和价值观选择性的采用,这些象征和价值观说不定在世界其他地区同样可以找到起源。这样,"美国化"就是美国和世界各个地区的频繁相互作用的过程,与本土文化的冲突必然贯穿于其间,激起了当地文化精英对美国文化进入的抵制。这样,"美国化"必然与反美观点密切联系在一起。斯坦福大学教授拉塞尔·伯曼提交了一篇题目为"反美主义和美国化"的论文,作者虽然提出了美国化与反美主义的区别之处,特别

---

①　WilliamJustinMann, *AmericainItsRelationtotheGreatEpochsofHistory*, Boston: Little, Brown, and Company, 1902, p. 224.

②　参见拙著《文化的帝国:20世纪全球"美国化"研究》(上册),中国社会科学出版社2011年版,第3—31页。

强调了"反美主义不是对美国化的反应",但并不否认两者之间的联系,"一般而言,人们可以说,反美主义和美国化问题至少在最开始时是政治意识形态和生活经历之间关系之一般问题中的特例"[1]。另一位作者迈克尔·厄马思提交的论文详细地考察了反美主义与美国化之间的有机联系。[2] 贡特·比斯霍夫把"美国化"和"反美主义"比喻为"暹罗人的孪生兄弟",两者密不可分。他认为"无论什么时候,无论在哪里,当地人都可以感受到和有意识地注意到美国政治和军事力量、经济渗透和消费主义、正在传播的大众文化和美国之梦等的影响"[3]。很值得玩味的是,欧洲与美国同属于大框架下的西方文化,在政治体制上也没有脱离开资本主义的范畴,但两者却代表了西方文化中两种区别很大的亚文化体系,虽均采用了资本主义生产方式,但在对这种生产方式的认识上表现出很大的差别,这种差别在投资、金融、市场以及劳资关系等方面体现出来。追根溯源,还是文化的不同造成了这些难以调和的差异性,导致了欧洲成为美国大众文化首当其冲的传播地。"美国化"只是一种逐渐加深的进程,给起源国带来的实际利益绝非单纯用数字是可以衡量的,欧洲人抵制"美国化"有着时代的合理性,无非是想把美国大众文化的"洪流"抵挡在疆域之外,以维护欧洲文化的正常发展。这种做法与欧洲精英对美国社会的"笔伐"有重合之处,但还是有所区别的,属于对看得见摸得着的东西的抵制,不过两者终归很难是泾渭分明,而是体现出了相辅相成的关系,构成了同一时期欧洲反美主义的组成部分。

一 "美国化"概念的提出及其在研究中的应运

在欧洲和美国,"美国化"概念包含着不同的内涵。美国是个移民国家,主体为盎格鲁—撒克逊美国白人,他们的祖先为从英国移民于北美的

---

[1] Berman, "Anti-Americanism and Americanization," in Stephan, ed., *Americanization and Anti-Americanism: The German Encounter with American Culture after 1945*, pp. 11 – 24.

[2] MichaelErmarth, "Counter-Americanism and Critical Currentsin West German Reconstruction 1945 – 1960," in Stephan, ed., *Americanization and Anti-Americanism*, pp. 25 – 50.

[3] Bischof, "Austrian Anti-Americanism after World WarI I," inDraxlbauer, Fellner and Fröschl, eds., *(Anti-) Americanisms*, p. 140.

清教徒或新教徒，这些移民始祖的到来翻开了这块大陆历史的新的一页，他们在开拓北美大陆过程中逐渐地形成了能够与母国区别开来的文化价值观，这些价值观终成为美国立国之根本，主要体现在《独立宣言》《邦联条例》《联邦宪法》以及《权利法案》等重要文献中，在美国发展过程起到了极其重要的作用，塑造出把美国人与其他国家之人区别开来的基本特性。美国政治家常常宣称，美国是寻求自由者的"希望之乡"，这块"自由民主"的土地永远展开宽阔的怀抱，随时接纳世界上受苦受难的人来到这个人类的"避难所"。美国政治家的这种宣传有着浓厚的意识形态色彩取向，意在彰显美国对世界承担的特殊使命，但也折射出了这个国家的移民性质，美国需要世界各国的移民前往这块地广人稀的大陆上开拓发展，移民给美国社会带来了无限的活力，让美国文化更富有创新能力，成为美国能够迅速发展壮大的一个很重要的因素。然而，这些移民们来到美国后，首先面临着一个如何能够融合进美国主流社会的问题，也就是如何能够很快变为一个名副其实的"美国人"，只有这样，他们才能在这块土地上扎下根，发财致富，实现他们来到美国的主要目的，也就是让怀揣的"美国梦"变为现实。移民们被美国主流价值观的"同化"过程就是所谓的"美国化"。经过这一过程，移民们尽管不会完全放弃自幼受到熏陶的母国文化传统，但却开始逐渐对一种新文化的接受和适应，其实还潜移默化地把母国之文化价值观融合进了美国主流文化之中。纽约州立大学教授彼特·塞林斯认为，不管是否自愿，新移民到达美国后必然面临着被一种主导该社会的生活方式的"同化"问题。塞林斯提出了新移民被美国社会完全容纳的几个标准："移民们只要同意遵循三个简单的训条，他们将被欢迎成为美国大家庭的正式成员：首先，他们必须接受英语为国家语言；其次，他们被期望按照人们普遍涉及的新教工作伦理（依靠自己、努力工作和道德正直等）来维持生计；第三，他们被期望对其美国身份感到自豪，信仰美国的自由民主和平等原则。"[①] 塞林斯的观点实际上是美国历史上曾经流行很长时间的"熔炉"理论的翻版。从历史事实来看，新移民到达他们眼中这个全新的社会后，为了生存和发展，他们会自觉地让自己适应这个社会的主流文

---

① Peter D. Salins, *Assimilation, American Style*, New York: Basic Books, 1997, p. 6.

化价值观，以便让自己尽快地融进美国社会，实现他们来到美国发财致富的目的。很多来自东方国家的移民信仰了基督教也就是这方面的表现之一，但他们是否完全被"美国化"或变成了"百分之百的美国人"，的确令人质疑，至少第一代移民不会是这样。"美国化"只是一种表面的现象，他们可能讲着一口地道的英语，衣着服饰和办事方式与正儿八经的美国人也看不出有多大差异，但他们绝不会心甘情愿地放弃来到美国之前的生活方式和文化价值观，他们的内心深处依然保持着对母国传统的依恋和向往，年龄越大，这种故乡的情结越浓。有一段流传很广的经典说法，即"我们必须是美国人。我们将是美国人。我们将热爱美国。我们在新大陆取得的成就将比我们在旧世界多百倍。然而，你将不可能把家乡从你的心中抹去。这颗心将牵挂着其他地方。当你孤寂一人时，一幕幕画面在脑海中泛起，眼睛中流露出无尽的遗憾"①。这种故乡的情结在一定程度上阻碍了他们完全融入美国主流社会的进程，这也是美国在19世纪末20世纪初针对新移民在全美国境内发起一场轰轰烈烈的"美国化"运动的基本原因。这场运动持续了二十年左右，从联邦政府到地方政府出台了一系列相关法案，以促进新移民融入主流社会的进程。在此期间，很多人对"美国化"概念进行了界定，美国学者菲利普·贝尔等人指出，"美国化"泛泛被界定为一个进程，"通过这个进程，一个外国人获得我们的语言、公民资格、习俗和理想"②。美国最高法院法官路易斯·布兰代斯在1919年的一次讲话中提出了"什么是美国化"这一问题，并阐述了自己的看法。他指出：

> 美国化自身在表面上表明移民何时接受这里普遍流行的服饰、生活方式和习俗。更为重要的是，当移民们以英语作为日常讲话媒介而取代他们的母语时，这一现象便发生了。其实，对我们的语言、生活方式以及习俗的接受只是这一进程的很小组成部分。为了变得美国化，所发生的变化必须是根本性的。无论移民们在表面上（与我们的）一

---

① RonaldSanders, *The Downtown Jews: Portraits of an Immigrant Generation*, NewYork: Dover Publications, 1987, p. 356.
② Philip Bell and Roger Bell, "Dilemmasof 'Americanization'," in Philip Bell and Roger Bell, eds., *Americanization and Australia*, Sydney: University of New South Wales Press, 1998, p. 1.

致有多大，他们都不会被美国化，除非他们的利益和特性已经根深蒂固地存在于这里。我们对移民的严格要求已远远超过了这一点。移民们必须被迫与我们的思想和抱负完全保持一致，出于他们的利益必须与我们合作。只有当这个完成之后，他们才将拥有一个美国人的民族意识。①

布兰代斯虽然否认了新移民能够完全"美国化"，但承认了对新移民来说的确存在着如何融入美国主流社会这一进程。美国学者对"美国化"的概念存在着不同的看法，对"美国化"所导致的结果也有着程度不同的质疑。然而，不管在学理上如何来界定这个争议很大的过程，"美国化"的确在新移民的身上发生了，他们会有意识地向主流文化"趋同"，接受主流文化的价值观，模仿地道美国人的言谈举止，自觉地遵守联邦政府或地方政府颁布的法律，然而无论如何，他们最终还是难以割舍掉他们在成长阶段接受的文化模式。因此，即使对新移民来说存在着"美国化"现象，那充其量也只是一个接受新文化的过程，更多地表现出了两种文化在新移民身上的融合。随着多元文化主义的兴起，美国作为一个在主流文化主导下的多元文化共存的社会已成为多数学者的共识，此时"美国化"概念所体现的内容已经与历史上的"大熔炉"理论大相径庭了。

欧洲人谈到的"美国化"乍一看与美国国内新移民的"美国化"毫无半点瓜葛，涉及两个似乎是风马牛不相及的问题。其实仔细分析，两者还是存在着一种有机的联系，不管是主动，还是被动，都表现为不同文化背景下的人对美国文化价值观或生活方式的模仿和接受，只不过是一个在境内，一个在境外，境内的移民可以通过相关法律条文强迫其"美国化"，境外的公民只能通过美国文化商品的展示或被消费来潜移默化地改变他们的观念，自觉或不自觉地开始对美国生活方式的认同。在美国文化中心主义者看来，两者并没有本质上的差别，用美国主流文化价值观"同化"新移民是一种必然的趋势，境外不同文化场景下的"美国化"乃是这种"同化"在地域上的延伸或扩大，他们大概非常希望看到用美国文化价值观或

---

① 转引自 Michael E. Salla, *Hero's Journey Toward a Second American Century*, Westport: Greenwood Publishing Group, 2001, p. 183。

生活方式来重塑这个不同文化共存的世界，以一元文化的"霸权"代替多元文化的共同"发展"，这既是美国人承担的全球使命的重要体现，也可以给美国带来更多的现实利益。从这个意义上来讲，美国境内的"美国化"与境外的"美国化"在内容上有异曲同工之妙。很有意思的是，境外的"美国化"概念不是出自美国人之口，而是最早由受到美国文化冲击的欧洲人提出，逐渐地在国际学术界形成了一套关于这一问题的学术话语，用来说明美国大众文化在国外的传播导致对象国趋向更像美国的一种趋势或过程。美国学者只是在其他国家精英对这种威胁到他们民族文化的生存与发展的"美国化"做出强烈反应之后才转而关注这一问题，而此时的美国国内对新移民的"美国化"运动却是如火如荼，方兴未艾。境外的"美国化"概念最早由欧洲人提出，既是欧洲与美国商业关系密切的一个直接后果，也与美国大众文化在欧洲广泛传播息息相关。

欧洲是美国大众文化"泛滥"的"重灾区"，但"美国化"这个概念何时出现在欧洲人的语言中，学者们有着不同的看法。美国学者理查德·佩尔斯是研究美欧文化交流的专家，在他看来，从20世纪开始，欧洲知识分子和政治领袖开始从不同的方面界定"美国化"，他们"把美国化描述为美国产品和价值观的输出，描述为旨在渗透和控制其他国家经济的一项投资战略，描述为以美国制度的优越和美国外交的善性教育外国人的尝试，描述为一种现代化的形式"[1]。美国学者古纳维夫·阿布拉瓦内尔在2012年出版的一部专著中关于"美国化"这个词的起源上持有类似看法。她认为，"美国化"术语出现在20世纪之初，此时，"英国作家、学者和评论者对英国和世界正在发生的事情就有了一个名称：他们称之为'美国化'。美国化（与法国的'américanization'为同源词）是20世纪的一个新词，部分原因在于这个词似乎指20世纪发生的深刻转变"。因此，"美国化一般指美国式资本主义以及伴随其后的大众娱乐之兴起和传播"[2]。其实，在欧洲语言中，"美国化"这一术语出现得很早，但接近于欧美学者们共识的"美

---

[1] Pells, *Not Like Us: How Europeans Have Loved, Hated, and Transformed American Culture Since World War II*, p. 204.

[2] Genevieve Abravanel, *Americanizing Britain: The Rise of Modernism in the Age of the Entertainment Empire*, New York: Oxford University Press, 2012, pp. 3–4.

国化"概念，的确是在19世纪末20世纪初才出现在法、英、德等欧洲国家的报刊杂志上或学者的论著中。只是到了此时，欧洲比较敏感的知识精英才真正地感受到了美国大众文化的传播对欧洲人传统生活方式的威胁，他们也才开始意识到研究这个问题对维护欧洲高雅文化的重要性。他们对"美国化"问题的研究多持否定性的观点，情绪化的语言见之于相关表述之中，明显流露出对这种文化现象的批评态度。因此，欧洲人提出"美国化"概念以及对之阐述本身就包含着抵制美国大众文化传播的倾向，成为进入20世纪之后欧洲反美主义的一个主要表现。

据有学者考证，"美国化"概念为德国学者首先提出，虽为片言只语，但却有这方面的含义。德国哲学家弗里德里希·克罗伊策在一封信中涉及了"美国化"问题，1831年5月21日，克罗伊策致信布瓦塞耶兄弟的信中写道，在这个时代，"弗里堡的英雄们正在竭尽全力北美化我们的寸土尺地（North-Americanize our little land）"①。那个时代的欧洲人习惯把美国称为北美，这样"北美化"自然与"美国化"在内容上没有多大区别了。美国学者艾伦·莱文认为，克罗伊策在1830年就明确提出了"美国主义"和"美国化"概念，这两个概念直到1855年才出现在法语中，法国著名诗人夏尔·博德莱尔开始使用这两个概念。在莱文看来，"逐渐毒害欧洲的美国思想甚至是对德国浪漫主义年代更久远的威胁。这些思想以后被德国右翼更为系统地阐述"②。从莱文的阐述来看，"美国化"这一术语出现在欧洲人的学术话语时就与欧洲人对美国工业文明的抵制密切联系在一起。按照美国西北大学教授比尔·格兰瑟姆的考察，"美国化"最早出现在19世纪50年代初期的法语中，法语为s'américanizer。当时美国这个年轻的共和国正处于经济崛起的前期，其在北美大陆展现出生气勃勃的文化气象不仅吸引着欧洲大批的贫苦人前往寻找平等与致富的机会，而且对旧世界经院式的贵族文化产生了不小的冲击。这种冲击尽管在很大程度上是间接的，甚

---

① George S. Williamson, *The Longing for Myth in Germany: Religion and Aesthetic Culture from Romanticism to Nietzsche*, Chicago: University of Chicago Press, 2004, p. 343.
② Levine, "The Idea of America in the History of European Political Thought: 1492 to 9/11," in Craiutu & Isaac, eds., *America through European Eyes: British and French Reflections on the New World from the Eighteenth Century to the Present*, p. 32.

至是微不足道的，但已足以引起那些竭力维护本国悠久文化传统的法国上层人士的忧虑。格兰瑟姆特别提到了博德莱尔对这一术语的创造性贡献。①菲利普·罗杰在2002年出版的一本影响很大的书中详细考察了博德莱尔的思想，他没有十分肯定"美国化"这一术语首先是出自博德莱尔之口，使用了"如果"这个词，但却谈到了博德莱尔阐述这一术语的基本含义，他的原话是这样的：

> 如果博德莱尔创造了美国化这个词，一个有辉煌前景的动词，这并不是笔墨偶及或一时兴之所至。这个新词在逻辑上不可避免地出自他赋予之生气活力的一系列作品之中，由此可见，法国人对"美国化"的反感和抵触有着深刻的历史根源。在其1855年首次使用到博德莱尔零零碎碎地使用了22次之间，这个词已经赋予了饱满的含义，皆为威胁之语。它似乎是第一次出现在博德莱尔发表在《国家》上一篇关于1855年世界博览会的文章。……"现代可怜的人已经被动物学权威和工业哲学家美国化了，致使他丧失了区别开物质和精神世界、自然和超自然世界之特征的所有观念"。……"迄今为止，机器已将我们美国化，迄今为止，进步已让我们所有的精神部分衰退，致使任何乌托邦家的梦想无论多么之血腥、多么之亵渎神灵、多么之违背人性，都将无法与这种结果相提并论"。②

引号中的话是博德莱尔一系列文章中的原文，在他使用"美国化"这一术语时，美国尚处在崛起之前的阶段，虽表现出非欧洲国家难以比拟的活力，但内部却是矛盾重重，南北制度的巨大差别严重地影响了美国国内的发展，其文化对欧洲构成威胁为时尚远。博德莱尔是个诗人，对精神生活特别敏感，他从对美国人生活方式的观察中意识到了欧洲将面临"美国化"的威胁，这种观察可谓是先见之明。美国学者吉纳维夫·艾布拉瓦内尔2012年出版了一本关于英国美国化的著作，她在书中对博德莱尔阐述的

---

① Bill Grantham, "America the Menace: Frances' Feud with Hollywood," *World Policy Journal*, Vol. 15, Issue 2, Summer 1998, p. 58.

② Roger, *The American Enemy: A Story of French Anti-Americanism*, pp. 62 – 63.

"美国化"概念产生的影响评价非常高,认为"尽管博德莱尔明确地展示了颓废和衰落,但他把美国的崛起设想为人性的泯灭。这样,'美国化'概念有助于博德莱尔对现代状态下特殊弊端的诊断。博德莱尔对美国化的强烈抵制预示了诸如法兰克福学派理论家特奥多尔·阿多诺和法国社会评论家安德烈·西格弗里德等20世纪法国知识分子的立场。这些欧洲人的反应象征着美国化概念的普遍性,与此同时也揭示出了英国与其前殖民地关系的显著本质"[1]。博德莱尔是否为首次使用"美国化"这个词在学术界尚存不同的看法,但他无疑是系统地阐述这一概念的第一人,这种贡献要比他提出"美国化"这一术语要大得多。佩尔斯认为,"美国化"这一术语在19世纪30年代最早出现于英国,到19世纪50年代就传遍了欧洲其他国家。这个词起初指美国的机械发明和技术创新引起欧洲政治家和知识分子兴趣和抵制的现象。[2] 佩尔斯在他的著作中没有谈到是哪位英国学者在什么地方提出了"美国化"这个词,只是泛泛而言,但佩尔斯是个严肃的历史学家,他肯定不是随意一说,一定是有的放矢,有相关资料佐证。不管"美国化"这一术语究竟是起源于德国,还是法国,抑或是英国,实际上都不大重要,只是说明了从19世纪30年代起就有欧洲知识精英开始关注这一问题,他们在世时大概不会想到,他们提出的"美国化"这一术语半个多世纪之后就成为欧洲人所面对的一个现实问题。

  美国在内战之前虽已表现出了发展的勃勃活力,吸引着欧洲国家普通人成批地前往美国寻求平等和发财致富的机会,但毕竟受到了南北两种经济制度的限制,还未能完全向世界展现这个新国家蕴藏的巨大发展潜力。这样,美国人在绝大多数欧洲精英的眼里还是"乡巴佬",此时谈欧洲的"美国化"大概只能引起他们嗤之以鼻,不屑一顾,博德莱尔的观点很少有人回应就足以说明了这一点。因此,"美国化"这一术语在欧洲语言中出现之后,很长时期只是偶有学者谈及,原因在于美国力量没有在欧洲社会形成一种强有力的冲击,更不用说是对欧洲文化发展构成严重的威胁了。要

---

[1] Abravanel, *Americanizing Britain: the Rise of Modernism in the Age of the Entertainment Empire*, pp. 4 – 5.

[2] Pells, *Not Like Us: How Europeans Have Loved, Hated, and Transformed American Culture Since World War II*, p. 7.

不是很多年之后"美国化"成为摆在欧洲人面前的一个现实时,人们大概早就把这一术语的"始作俑者"置之脑后了。"美国化"真正引起欧洲精英的关注与 19 世纪末和 20 世纪初美国在国际社会的崛起是密不可分的。因此,到了 19 世纪末叶,"美国化"这个词就开始频繁地出现在欧洲国家的媒体上,一些很敏感的人在各种场合明确提出"美国化"这一问题,尽管他们所言的"美国化"含义并不大相同,与进入 20 世纪之后欧洲人谈论的"美国化"在涵盖面上还是有很大的差别。1880 年 6 月,伦敦一家名为特拉法尔加广场开业,有人就称这项活动标志着"伦敦进入了被称为美国化的一个阶段"①。1888 年去世的英国诗人马修·阿诺德生前对英国的"美国化"深为忧虑,感到一些起源于美国的向全球传播的力量"将通过它们的活力来统治英国,还将通过它们低劣的思想和文化的贫乏来使英国日益变得衰败"②。1889 年 7 月 13 日,布朗热将军在伦敦的讲话中明确提出了"法国的美国化"这一命题。他这里所谓的"美国化",主要指法国在政治体制改革上追随美国的模式。③ 1889 年 6 月洛根太太在巴黎接受采访时对"欧洲变得美国化"深表遗憾。④ 德国财政大臣巴龙·蒂尔曼在 1899 年 9 月 27 日的讲话中承认,如果任何人观察一下柏林过去十几年的发展,他们一定会对普鲁士首都在工业上和商业上"美国化"感到惊讶不已。⑤ 这些文章多没有对"美国化"提出明确的批评,通常只是针对某一方面而言,但从字里行间也可以看出他们对正在崛起的美国的深刻忧虑。

进入 20 世纪之后,"美国化"这一术语在欧洲的媒体和学术话语中出现得更为频繁了,这也反映出了美国在经济上的崛起对欧洲世界中心地位开始构成了挑战或威胁。1901 年 12 月 1 日,德国《海事日报》(*Marine Allgemeine Zeitung*)刊文建议防止德国汽船线路"美国化",方法是有关掌控汽船的公司与帝国总理冯·比洛伯爵签署一个十年期限的协议,给予后

---

① "Americanizing London," *New York Times*, June 22, 1880, p. 2. (*New York Times*)
② David Brooks, *On Paradise Drive: How We Live Now (And Always Have) in the Future Tense*, New York: Simon & Schuster, 2004, p. 91.
③ "Americanization of France," *The Washingtton Post*, July 14, 1889, p. 2. (*The Washington Post*)
④ "Mrs. Logan Disillusioned," *The Washington Post*, June 16, 1889, p. 14.
⑤ Edward Breck, "Berlin News and Gossip," *New York Times*, October, 8, 1899, p. 21.

者在战时对所有船只的完全支配权。① 这篇只有百字小文的作者大概是担心德国的水路交通落入美国资本的控制或模仿美国的相关做法，结果将不利于德意志帝国向外扩张，更不利于国家安全的维护，但也说明了美国的模式此时对德国海运业的影响。在西方国家中，德国与美国皆为后起的资本主义国家，德国人看到了大洋彼岸美国的迅速发展，为了能够快速在国际社会的崛起，德国必然会在很多方面模仿美国的做法，引进美国的先进生产技术，这样势必呈现出了"更像美国"的趋势，这种趋势自然引起了德国文化保守分子的担忧。德国学者威廉·冯·波伦茨1903年出版了他的旅行日志，冠名于《未来的土地》。在这本书中，波伦茨对德国人干什么都模仿美国发出了警告。他认为，对旧世界来说，尤其是对德国来说，对美国的模仿"将意味着从一个更高的文化层面上下滑到更低的文化层面。美国化意味着平庸化、机械化和迟钝化"②。另一位德国学者保罗·德恩斯1904年发表了题目为《世界美国化》的文章，比较明确地界定了美国化的进程："什么是美国化？在经济意义上，美国化意味着工业、交换和农业方法以及各个实际生活领域的现代化。从更宽泛的意义上讲，美国化把社会和政治也包括进来，意味着对利润、财富和影响独自持续不断的追求"③。有的学者以"美国入侵"来描述美国经济对欧洲人生活的影响。1902年，英国克里斯托弗·弗内斯爵士出版了《美国入侵》一书，影响很大。弗内斯早就对美国物质主义文明"入侵"欧洲有所研究，在报刊杂志上发表了一系列相关文章，还经常就此问题发表讲演。这本书是应朋友之请求将他的相关文章和讲演整理出版。全书不到百页，但却通过大量的翔实数字把美国物质主义文明在欧洲的广为传播大白于天下。弗内斯在书的开首写道，他使用"美国入侵"这一术语比较形象生动地表达了"旧世界的感觉和恐惧"，原因在于随着美国作为一个具有征服欲的殖民大国出现，美国成为"一个几乎难以抵制的工业巨国"，它"将其债券抛向欧洲，全副武装地迈入了欧洲竞技场"。欧洲人"一看到这些场景就胆战心惊"。美国还"公开宣称决

---

① "Plan to Prevent 'Americanization'," *New York Times*, December 2, 1901, p. 7.
② 转引自 Ceaser, *Reconstructing America: the Symbol of America in Modern Thought*, p. 162..
③ 转引自 Brooks, *On Paradise Drive: How We Live Now (And Always Have) in the Future Tense*, pp. 91 – 92.

心征服世界市场，获得普遍的商业霸权"①。另外一个很有名的英国学者麦肯齐1902年出版了一本篇幅较长的书，书名为《美国入侵者》。作者在开首写道，美国"不是以军队而是以工业产品入侵欧洲。其领导人一直是工业的引领者和娴熟的金融家，他们的征服活动正在对从马德里到圣彼得堡之大众的日常生活产生了深刻的影响。没有一个国家比英国更能感受到这种入侵带来的结果了"。他以伦敦为例描述了美国的无处不在，在各个方面展现出来：

> 摩根与耶基斯争夺修建地铁的权利。美国资本正在把我们又脏又窒息的"地铁"改造为明亮干净。剧院托拉斯控制了我们的许多剧院，我们的许多最好的演员也供其调遣。美国石油托拉斯的英国分部左右了我们的汽油价格，成为我们的供应商。芝加哥牛肉托拉斯规定了我们肉类的价格和供货量，同一城市的粮食经销商控制了我们面包的价格。我们的贵族娶美国女人为妻，他们的马车夫正在让位于驾驶着美国制造的汽车且受到美国培训的司机。美国的小说充斥于图书馆的书架，美国的图书发行计划正在带来我们古老方式的一场革命。行李送货推车很快就会被正在实施中的庞大的美国气压管服务取而代之。伦敦市中心的整个区域正在落入美国地产商之手。……我们婴儿吃的是美国食品，我们的死者装在美国棺材中入土。②

麦肯齐认为，伦敦的这种状况同样存在于其他欧洲国家，只不过是程度有所不同罢了，他对此也进行了细腻的描述。显而易见，此时美国已经成为首屈一指的经济强国，与欧洲国家经济联系最为密切，有取欧洲世界金融中心而代之的趋向，欧洲学者和政治家谈论的"美国化"或"美国入侵"此时多还是局限在经济层面，显然他们不希望这种美国在他们各自国家经济领域居于主导地位的局面持续下去，呼吁政府采取一些相关的措施给予遏制，以防名副其实的"美国化"的到来。

---

① Christopher Furness, *The American Invasion*, London: Simpkin, Marshall, Hamilton, Kent & Co., ltd., 1902, p. 1.
② F. A. McKenzie, *The American Invader*, London: Grant Richards, 1902, pp. 1, 7 – 8.

20 世纪之初对"美国化"进行系统阐述者莫过于英国学者威廉·斯特德了。斯特德在英国媒体滚打了多年，发表了大量时评性文章，名噪一时。斯特德曾赴美在芝加哥呆过半年，目睹了美国这个大都市的生活方式，对美国有了直观的感性认识。作为一个知名记者，斯特德对全球重大现实问题非常敏感，从 19 世纪末叶起，他就国内外大报刊上发表关于全球"美国化"的文章，引起了学术界和社会的广泛关注。1898 年 10 月 2 日，《纽约时报》以题目为《美国使欧洲震惊》的文章介绍了斯特德关于美国正在崛起的观点，该文大段地引用了斯特德的原话，把欧洲各国对美国经济向大西洋彼岸扩张的担忧活然跃于纸上，其中特别介绍了斯特德关于全球"美国化"的看法。① 进入 20 世纪之后，"美国化"成为欧洲知识精英关注的一个非常现实的问题，斯特德将他的观点进一步发挥，出版了一本 460 页的专著，取名为《世界美国化》，在这本书中，斯特德并没有对美国持激烈批评的态度，相反还把对美国工业文明的赞扬体现在字里行间，说到底他还是主要以英国为例来说明这种现代世界的发展趋势。斯特德在全书开首的第一段话明确宣称，世界的"美国化是一个相当不必要引起英国某种抱怨的术语。它甚至被视为对英国的公然冒犯，表明这个世界正在被美国化"。不过作者却不是这样认为的，在他看来，这一进程的"真正归宿是（世界）将被盎格鲁化"。英国人应该对此感到自豪，美国人的出现是"我们种族的最大成就"，因此，"毫无理由抱怨美国人正在以他们的形象在重塑这个世界中扮演的角色"②。这本书的第六章题目为"美国入侵"，斯特德回顾了美国成为"世界商业霸主"的历史过程，很多欧洲名人对此早就有所预言，他特别大段地引用英国首相威廉·尤尔特·格莱斯顿的讲话，把美国在经济上超过英国视为一个无法避免的事实。斯特德认为，这种进程与其说是"美国入侵"，不如说是"美国成功"，他阐述了这种成功背后的秘密，声称"美国入侵"对欧洲国家来说并不是件"坏事"，欧洲国家将从中受益，原因在于"英国人和欧洲人发现与美国人做买卖比与他们的国人交易更符合他们的个人利益，可赚取更多的利润"。因此，美国人"为我们带来很多设计精巧的发明物以及十分完善的机器，而这些皆为我们自

---

① "America Startles Europe," *New York Times*, October 2, 1898, p. 7.
② Stead, *The Americanization of the World: the Trend of the Twentieth Century*, p. 1.

己尚不能生产。任何人都不会说，美国人在送给我们打字机、缝纫机、铸造排字机、汽车、照相机、电话、电梯和白炽电灯时，他们侵犯了英国的工业。上述物品属于他们之发明，被引入之后，我们模仿了其中一些，按照相同原理发明了另一些，但是美国人才首先打开了这些新领域。在这方面，他们为我们的恩人，犹如把犁介绍给只知道使用铁锹和锄头的野蛮部落的传教士一样"①。类似这样称赞美国工业文明的语言在书中有很多，作者把"美国化"描述为世界发展的一种大趋势，这种趋势将会让世界从中"受益"，抵制"美国化"显然与世界发展潮流相悖。斯特德这里的"美国化"实际上是指从"传统"向"现代"生活的转变。

斯特德写这本书的本意是希望唤起讲英语世界的醒悟，以美英为中心联合起来，共同对付来自外部对盎格鲁种族发展的威胁。所以他在书中使用了"重新联合（reunion）"这一词，并在结论中提出了摆在大英帝国面前只有两种选择，一种选择是，如果英国人"决定把英帝国的存在与讲英语世界的美国结合起来，他们可以永远继续是所有世界大国中最强大的有机组成部分，保持海洋优势和陆上牢不可破，对敌人进攻的忧心忡忡将不复存在，而且能够对这个星球的各个部分产生不可抵制的影响"。另外一种选择是，"接受美国代替我们成为讲英语世界的重心，逐渐地失去我们广大的殖民地，最终衰落到一个讲英语的比利时的地位"②。斯特德显然是赞成第一种选择，这种选择可以实现盎格鲁—撒克逊种族统治世界的目的。当然，这只是作者隐含在全书字里行间的一个观点或良好愿望。一些人当即对这种观点提出了质疑，英国《每日新闻》（*Daily News*）1901 年 12 月 26 日刊发一篇社论，讨论了斯特德关于《世界美国化》这本书提出的一些看法，社论承认"格莱斯顿先生关于美国将取代英国成为第一商业国家的预言在整体上已变成现实，但宣称英国能够与美国联合完全是不可能的"，文章列举了两个国家不可能成为一体的主要原因。③ 在现实生活中，美国与英国尤其在开辟国外市场上构成了强大的竞争，在疯狂追求以自我利益为中心的时代，英美两个国家可以相互利用，但很难成为一个大家庭不分彼此

---

① Stead, *The Americanization of the World: the Trend of the Twentieth Century*, pp. 346, 348, 350.
② Ibid., p. 396.
③ "American Supremacy Recognized in England," *New York Times*, December 26, 1901, p. 1.

的成员,合作是暂时的,竞争却是永远的,以后历史的发展不断地证明了这一事实。

　　斯特德在他这本书中提出了很多发人深省的观点,随着时间的流逝,这些观点早就淹没在了历史的长河之中,但学术界不能忘记的还是他对全球"美国化"进程的阐述,特别是他以醒目的标题提出了"世界的美国化"。斯特德显然不是消极地看待"美国化",但他对这一进程的详尽描述却让欧洲人感受到了美国强大力量的威胁,激发起致力于维护欧洲文化传统的欧洲精英的恐惧。斯特德谈及的"美国化"概念包含着美国以自己的形象重塑这个世界的意思,但主要还是表明了一种向现代社会转化的趋势,这与很多欧洲知识精英理解的"美国化"显然是大相径庭的,这本书出版后正逢其时,他的"世界美国化"提法把美国文化转变他文化的强大能力昭白于天下,这正是这本书在当时欧洲社会产生很大影响的主要原因,也是后来的学者们在研究这一时期全球"美国化"时不能忽视的著作之一。从这个意义上讲,斯特德本人尽管毫无谴责美国经济和文化扩张之意,但却给那些对美国机器文明极为不满的欧洲精英提供了批评的依据,这正是很多学者把这本书与反美主义联系在一起的原因。德国学者杰西卡·吉诺—黑希特评论说,斯特德撰写的《世界美国化》这本书"成为反美抱怨的一本标准字典",原因在于他对美国的描述引起了欧洲人的担忧,"美国的文化、标准和生活方式将压倒其他任何国家的文化、标准和生活方式;美国的消费产品将使其他国家经济不复存在;一个庞然大物的美国将毁灭欧洲的认同"[1]。德裔以色列历史学家丹·迪内认为,斯特德把他杜撰的"美国化"这一术语看作现代工业和商业时代的象征,这样他创造了自20世纪以来一直使用的一个术语,"美国化"引起了欧洲人对正在出现的大众社会的梦魇。[2] 斯特德本人1912年离世,他撰写《世界美国化》专著时只是根据现实对未来发展趋势的一种预测,世界虽没有被"美国化",但美国在20世纪对欧洲和世界其他地区发展产生了全方位的影响,这种影响力之大恐怕也是斯特德所始料未及的。斯特德更是没有想到他的这本书能够成

---

[1] Giennow-Hecht, "Always Blame the Americans: Anti-Americanism in Europe in the Twentieth Century," *American Historical Review*, Vol. III, No. 4, October 2006, p. 1074.

[2] Diner, *America in the Eyes of the Germans: an Essay on Anti-Americanism*, p. 48.

为欧洲精英们抵制"美国化"大潮时引用的一部"经典"之作。

如果欧洲人提出的"美国化"术语出现于19世纪30年代,那么到了20世纪初已经走过了七十年的历程,在此期间,"美国化"术语从偶尔出自欧洲文人之口演化到经常出现于欧洲媒体和学术界,学者们也开始利用这个概念来研究相关问题,就连美国学者也注意到这个在欧洲引起很大反响的术语,并以此作为研究的基本思路,如塞缪尔·莫菲特在哥伦比亚大学的博士论文就是研究加拿大的"美国化",他的博士论文于1906年以《加拿大美国化》为书名出版,作者在这部篇幅不长的小书中论述了导致加拿大被美国所同化的力量,考察了加拿大社会在19世纪后期如何受到崛起的美国的影响,以加拿大为个案说明了世界的这一发展趋势。[1] 斯特德和莫菲特的著作皆揭示了美国崛起之后对世界产生影响的进程,这种结果是不以美国境内外之人的意志为转移,用加农评价斯特德专著的话来说,"不管美国愿意与否,美国巨大的经济优势将直接或间接地把欧洲和世界领上政治、社会和文化生活的新道路"[2]。这正是欧洲国家一些精英人士的深刻忧虑之处。随着美国在世界政治舞台上的崛起,美国大众文化也借着美国在政治、经济和军事上的强大力量向全球蔓延,而且势头难以遏制。到了20世纪二三十年代,"美国化"这一术语已为广大学者所熟悉,被更多的学者应运到研究相关问题。1930年,德国著名哲学家奥托·巴斯勒在《德国评论》(*Deutsche Rundschau*)杂志上发表了一篇文章,题目为《美国主义:一个术语的历史》。在这篇文章中,巴斯勒考察了在当代德国话语中"美国主义"术语的独特性及其同源词。在他看来,"在实际行业,在学术界,在日常生活中,在报纸上,人们每日都能听到美国化和美国主义这些术语"[3]。到了此时,"美国化"不仅成为学者们研究美国大众文化传播所引起他文化转变的一个趋势,而且成为欧洲国家所面对的一个严峻的现实。

---

[1] Samuel E. Moffett, *The Americanization of Canada*, second edition, Toronto and Buffalo: University of Toronto Press, 1972.

[2] Gagnon, "French Views of the Second American Revolution," *French Historical Studies*, Vol. 2, No. 4, Fall 1962, p. 436.

[3] Ceaser, *Reconstructing America: the Symbol of America in Modern Thought*, p. 162.

二 欧洲国家早期"美国化"及其影响

  美国是欧洲人全球殖民扩张的产物,尽管这个国家在人种或文化上与欧洲有着千丝万缕的联系,在经济上从一开始便是相互依赖的贸易伙伴,但欧洲人很长时期对英属北美殖民地以及随后的美利坚合众国并没有太多的了解,这也是在美国立国之初来自法国的美国移民约翰·克雷弗克撰写《一个美国农夫的信札》的主要原因,他写这本书的目的是希望欧洲人能够对美国人的特性有所了解。实际上,在很多欧洲精英的眼中,美国文明是对欧洲文明的一种反动,很多情况下是作为一种"他者"的形象出现在欧洲的学术话语之中。在欧洲学者撰写的有关美国的论著之中,不乏对美国社会真实描述的佳作名篇,如托克维尔的《论美国的民主》和狄更斯的《游美札记》等,不过在读他们撰写的著作时,他们的确是根据亲临美国的观察,力图客观地向欧洲人介绍美国社会的方方面面,但同样不可避免地在与欧洲进行比较,终归还是为欧洲人提供了一个与欧洲文化格格不入的美国"他者"的形象。如狄更斯在《游美札记》和《马丁·翟述伟》的两部书中,以大量的事例提供了有关美国"独有的负面描述",这些描述足以让特罗洛普对美国的批评相形见绌。狄更斯"对美国的各个方面义愤填膺:有太多的移民,由不同种族组成,平民主义者,肮脏污浊,粗暴野蛮;美国政治是腐败的,关注于个人,暴力横行;新闻喜好耸人听闻,缺乏任何可靠根据"[①]。狄更斯对这一时期美国社会的观察并非完全虚妄,但显然对美国抱有深刻偏见的观念左右着他笔下的美国。以批判现实主义而闻名的狄更斯尚且如此,至于那些对美国完全负面描述的论著更是让欧洲人对美国的了解打上了"文化中心主义"的深刻烙印,逐渐地在他们的脑海中牢牢地种下了对美国以及美国人抱有的深刻偏见。偏见的形成体现了以本土文化为中心的观念,一旦成为刻板之见通常是难以改变的,即使明知与现实状况不符,但受本土文化优越感的影响很难对事实做出爽快的承认,走出偏见的怪圈。其实,美国人看欧洲同样带有文化上的偏见,欧洲在美国

---

① Markovits, *Uncouth Nation: Why Europe Dislikes America*, p. 72.

的早期话语中也扮演了映衬美国政治文化优越的"他者"角色。欧洲与美国是否为文化上的"他者"在学术界尚存在着不同看法，但大西洋两岸的文化的确存在着明显的差异，欧洲很多精英人士对美国持激烈批评的态度，其主要目的是要彰显欧洲社会优于美国社会的特性。在整个19世纪的绝大多数时间里，除了少数者之外，对美国往往不屑一顾的欧洲精英们大概都没有想到他们的国家将面临被"美国化"的危险。然而，这个"美国化"的时代在19世纪末却随着美国在国际舞台上的崛起不知不觉地到来了，成为欧洲精英们极不愿意看到但却很难改变的一种发展趋势。

　　欧洲人在19世纪中期提出和使用"美国化"这一术语，显然有危言耸听之嫌，大概旨在唤醒国人对充满活力的美国大踏步地向外经济扩张的重视，避免欧洲人的传统生活方式受到大洋彼岸新兴美国的影响。当然此时他们谈到的"美国化"很大程度上是指美国的机器文明对欧洲国家的影响。这种影响的确在19世纪中期以后发生了，随着时间的推移愈益加剧。这里仅举一例便可说明。路德维希·勒韦最初是柏林一个成功经营纺织品的商人。1869年，勒韦访问了美国，即刻被他在美国所看到的制造业体系所吸引住。勒韦回到德国之后完全是基于美国制造业理念之上建立了一家机床厂。勒韦没有工程学的训练，但他善于学习，研究了美国的工厂制度，在他看来，美国的理念"从一开始就形成了我们企业的基础，但尚未被欧洲任何地方所认识，我们发现它们只是在美国大规模地采用。美国所有重要的工厂皆从事单一体系的生产，试图以一种大规模的极好方法来做到这一点，依靠着生产的自动装置来实现机器的特殊目的。……从最大的及其到最小的工具，每种工作材料都属于一种标准化体系"[1]。勒韦还雇佣了几个美国工程师，派工厂的德国工程师到美国学习，基本上按照美国的模式经营自己的工厂。还有一个例子是瑞士的钟表制造业，很长时期瑞士控制了钟表的世界市场，但从1880年开始，美国钟表的出口开始威胁了瑞士在世界市场上占据的优势地位，美国的钟表为标准化生产，成本较低，自然在价格上很有竞争力。为了生存，瑞士钟表制造商只好进口美国制造的机器，

---

[1] Harm G. Schröter, *Americanization of the European Economy: A Compact Survey of American Economic Influence in Europe since the 1880s*, Netherlands: Springer, 2005, p. 20.

采用了美国式的标准化生产。① 这样的例子当时在欧洲国家不是很多，但却会对欧洲固有的经济理念和生产方式产生强有力的冲击，欧洲精英们最初的"美国化"多是指美国在这方面的影响。

在欧洲的媒体和学术话语中，"美国化"通常是个贬义词，带有一种夸张性的描述，往往向人们传达了一种对欧洲文明发展构成威胁的进程。我们现在阅读欧洲人早期撰写的关于"美国化"的文章或著作时会明显地感受到这一点。因此，欧洲人谈"美国化"，本身就带有对美国的批评或抨击之意。"美国化"不见得一定会在欧洲国家发生和深化，但进入20世纪之后，美国对欧洲发展进程产生巨大的影响却是一个不争的事实。这种影响最早表现在经济生活领域，不可避免地带来欧洲人生活方式出现了很大的变化，如果这种状况就是欧洲精英称之为的"美国化"进程，那么这一进程开始于19世纪末叶，处于一种逐渐加剧的状态之下，到了20世纪二三十年代"美国化"达到了历史上的一个高潮，引发了欧洲人的批评和抵制自然也就是预料之中的事了。与欧洲国家保持密切的经济关系是自北美殖民地时期以来的一个传统，在很长时期内，欧洲国家为美国的农产品提供了广阔的销售市场，美国工业革命完成之后，一大批新兴工业在美国如雨后春笋般的出现，欧洲又成为美国新兴工业制造品的消费市场。这种密切的贸易关系虽为"双赢"，但美国获利更丰，源源不断的巨额利润从欧洲国家流向美国，为美国发展本国经济提供了充足的资金。客观上讲，欧洲哪个国家与美国经济关系密切，"美国化"的程度必然就更为明显。英国、法国和德国是与美国保持经济贸易关系最为密切的欧洲国家，所以这些国家的精英们最容易感受到美国在他们的生活中无处不在，他们中的一些人著书撰文，以"美国化"为题向欧洲人展现出了这种欧洲精英们不愿意看到的局面。

美国与英国经济关系一直很密切，在英国被誉为"世界工厂"的阶段，美国人消费的工业制造品主要来自英国，美国主要向英国输出农产品。到了19世纪末叶之时，这种局面就完全改观了。此时，与美国相比，英国在工业发展上开始呈现出了衰落的迹象，美国的产品、生产方式和管理方式

---

① Harm G. Schröter, "Economic Culture and Its Transfer: Americanization and European Enterprise, 1900 – 2005," *Revue économique*, Vol. 58, No. 1, January 2007, pp. 218 – 219.

自然会"乘虚而入",导致英国各大城市弥漫着受到美国影响的氛围。新闻记者自然会把这些状况见之于报端,以引起人们的注意。1883年7月26日新奥尔良的《皮卡尤恩时报》刊发了一篇题目为《伦敦》的文章,报道了伦敦这个英国最大的城市面临着"美国化"的威胁。文章作者宣称,要是驻伦敦的记者描述属实的话,这个城市的"美国化"正在进行之中。生活在伦敦的人们"会听到很多关于美国有价证券的传言。英国商人对美国大陆的铁路图熟稔于心,向书店的橱窗内望去,美国杂志和美国小说的封面丰富多彩。随便进去看一个画展,你将发现惠斯勒代表的巴尔的摩艺术家和其他知名人士。如果你出席一个招待会,你会发现美国女郎花枝招展;如果你到剧院观看演出,一个美国女演员把女主角表演的悲喜交加。一个作者谈到,他走进一家'美国杂货店',十分钟之后就仿佛定居在康涅狄克州"①。这篇文章虽不长,但把美国对伦敦人生活的影响淋漓尽致地描绘出来。时隔二十年左右,经济上更为强大的美国对英国的影响不仅没有减弱,反而大大加剧。1901年6月16日《纽约时报》驻伦敦记者从伦敦发回特别报道,题目为《让伦敦美国化》,描写了英国人庞奇做了一个关于伦敦"美国化"的噩梦,他梦见伦敦街头上"摩天大楼鳞次栉比,街道按序编号,大本钟的塔楼上飘扬着美国的星条旗"②。庞奇这个梦绝不是突发奇想,荒诞无稽,而是有现实生活作为基础。这篇报道以此梦为引子对比了美国制造业对伦敦相同行业影响的现实。《皮卡尤恩时报》1902年7月3日刊发了一篇题目为《英国的美国化》的文章,这篇文章首先介绍了厄尔·梅奥先生在当年1月份举办的"英国美国化"论坛上发表的演讲。按照梅奥的观点,英国曾对美国的发展产生过很大的影响,现在美国人"完全改变了这种局面,如今美国对英国人生活产生之影响的程度,远远超过了英国人曾对美国之理想和习惯发生的影响"。他认为,美国的观光客在英国的每个地方都可以发现这种变化的大量证据。言下之意,美国的影响在英国无处不在。因此,"美国入侵"已成为英国"引起人们兴趣无限的话题。怪不

---

① "London," *Times-Picayune*, July 26, 1883, p. 1. 全文来自 NewsBank 是 Time-Picayune 7 – 1888 数据库。

② Special Cable to New York Times, "Americanizing London," *New York Times*, June 16, 1901, p. 4.

得说，这个世界上最年轻的制造业国家的许多生产线现在控制了所有最古老和长期最为强大的商业大国的市场。美国对其母国的社会生活、政治生活和商业生活产生了深远的影响"。梅奥先生由此得出了"英国正在变得美国化"的结论。① 该报翌日刊发了一篇关于英国商船队"美国化"的文章，主要介绍了当年4月26日来自伦敦的消息，报道了"英国商船队的美国化"再次成为英国国会下议院"质询时间"议员们所关注的重大问题，议员们从不同角度提出询问，对英国商船队的"美国化"表示了普遍的担忧。这种状况"不仅威胁了英国的海军资源，而且威胁了英国的商业利益"②。议员们把"美国化"作为重要问题提出来，可见美国对英国人生活中的存在已不可小觑。

在20世纪之初，美国已成为影响英国经济发展的重要外部因素，其产生的"影响力在工业、商业以及金融部门和社会生活中越来越明显。报刊充斥着关于美国的消息，美国被更为理智地展现和讨论，这比以前考虑更有必要。此时，这种状况在要求英国铁路在管理和金融政策'美国化'上可能最为引人注目"③。据《纽约时报》驻华盛顿记者1904年11月10日的报道，美国驻英国伯明翰领事马歇尔·霍尔斯特德当日向国务院提交了关于"英国制造业美国化"的报告。霍尔斯特德的看法是，美国"工业入侵英国和欧洲大陆表现为不止一种形式，按照美国体系重建英国工业成为人们现在常常讨论的话题"。霍尔斯特德认为，现在英国工厂有大量的美国人做管理和技术工作，这是导致英国制造业美国化的主要原因。此外，"英国有很多工厂属于美国人经营的，尤其是在电缆行业，为美国和英国资本共有，产品销往英国和整个世界，这些工厂的大多数由美国人来管理，每个工厂通常都有很多美国雇员。英国也有美国人开办的商号或美国公司的分部，履行与世界其他地方签署的合同"。这份报告还谈到英国制造业"美国化"的很多表现。④ 新闻记者善于抓住社会"热点"问题来报道，这一

---

① "The Americanization of England," *Times-Picayune*, July 3, 1902, p. 4.
② "Comment On Morgan's Big Shipping Trust: The Americanization of the British Mercantile Navy Will Again be the Principal Subject," *Times-Picayune*, July 4, 1902, p. 33.
③ "American Influence in Great Britain," *New York Times*, January 20, 1903, p. 8.
④ "British Industries Adopting Our Methods," *New York Times*, November 11, 1904, p. 6.

时期报刊杂志上不断刊登与英国经济生活"美国化"的文章，这也足见"美国化"已成为当时英国人非常关注的一个现实问题。

斯特德撰写《世界美国化》这部著作时，主要是以英国为例来说明世界这一发展趋势的，他的描述不见得完全符合历史事实，但却以置身于其中的当事人来表明美国经济对英国和世界的强大影响。斯特德的基本观点是，美国文明的特殊性与精力赋予其力量以实现对世界的某种统治。美国的商业技术、组织原则、机器、杂志、服饰、运动、资本和价值观正在使美国大踏步地迈向全世界的每个角落，将迅速改变全球的经济生产与管理方式，使之从属于美国，按照美国的模式重构各国的经济体系。在这本书中，斯特德借用麦肯齐先生的话描述了美国物质文化对英国人日常生活的影响：

> 在（英国）的国内生活中，我们必须这样做：普通人早上从所睡的新英格兰被单上起床，他使用"威廉"肥皂和一种扬基安全刀刮脸，把他的波士顿的靴子穿在他的来自北卡罗来纳的袜子之上，系上他的康涅狄格的背带，把他的威豪（Waltham）或沃特伯里（Waterbury）的表放在口袋里，然后坐下来吃早餐。他对他的妻子身着伊利诺伊的紧身胸衣而衬托出她的马萨诸塞罩衣的宽大表示庆贺。他开始进餐，吃着来自大草原面粉烤制的面包，来自巴尔的摩的听装牡蛎以及堪萨斯城的小片咸猪肉，而他的妻子把芝加哥的公牛舌切成小片。孩子们吃"贵格"燕麦。与此同时，他开始读晨报，报纸用美国机器在美国纸上印刷，油墨也是来自美国，文章也许是由来自纽约市的一个聪明的记者所编辑。他匆匆忙忙地走出房间，登上（纽约制作）的电车赶往雪柏绿地地铁站（Shepherd's Bush），在这里，美国人制造的电梯把他带到前往城市的美国式的电动轻轨车站。当然，在他的办公室，任何东西都是来自美国。他坐在内布拉斯加的转椅上，面前是密歇根的拉盖书桌。他用锡拉丘兹（Syracuse）的打字机写信，用纽约的自来水钢笔在这些信上签名，然后用来自新英格兰的吸墨纸吸干它们。信的副本被放在大急流城（Grand Rapids）制作的文件夹内。午餐时，他就着匹兹堡的泡菜，吃着某种来自美国中西部牛场的冰凉的烤牛肉，再吃几

颗特拉华的罐装桃子,急急忙忙地吃完之后,他连抽几支弗吉尼亚的香烟以恢复精神。观察他一天的生活过程将是令人乏味。不过,当夜幕降临时,他寻求放松,一边观看着最新的美国音乐戏剧,一边喝着鸡尾酒或某种加利福尼亚的果酒,最后以"美国制造"的几粒"保肝药丸"结束了一整天的生活。①

上述这段话是当时流行一时的名言,虽有夸张之嫌,但却把来自美国的制造品和农产品对英国人生活的影响淋漓尽致地描绘出来。佩尔斯认为斯特德的这本书主旨表达了20世纪之初主要是欧洲人对世界"美国化"的恐惧心理。他们表现出"对文化一致性的忧虑,知识分子和艺术家标准的下降,民族语言和传统的消失,在美国习俗和心境的压力下一个国家独特'身份'的不复存在,等等"②。其实,斯特德并没有明确表明这种看法,佩尔斯的评价显然是这本书的言外之意。英国精英们并不希望本国社会向着"更像美国"的方向迈进,但又显得无可奈何。据发表在1909年5月9日《纽约时报》的一篇文章报道,英国的"美国化"让很多美国旅游者感到很"扫兴",他们本来到欧洲旅游是想看到不同文化场景下的异国他乡的人文景色,来满足对异域文化的好奇感,结果是"大失所望",可谓是高兴而来,败兴而归。用这篇文章的话来说,"在本年度伦敦举办的国际马展上,美国的马匹和参展者将完全居于主导地位。伦敦旅馆老板今年夏天可望比以前接待更多的美国观光客。毋庸置疑,这种欧洲中心有意识的美国化令上层美国观光客感到不快,他们把旅游看作教育和消遣的手段,到国外就想看到在国内看不到的东西",而"欧洲中心的美国化让他们看到的与国内没有多少差别,对他们来说就没有太大的意思了。例如,在欧洲的酒吧与美国的酒吧毫无区别"③。这篇文章从美国观光客的角度道出了英国"美国化"的程度之广泛。

在任何一个社会,日常生活方式的变化在女性身上表现得比较明显,

---

① Stead, *The Americanization of the World: The Trend of the Twentieth Century*, pp. 354 – 356.
② Richard Pells, "Who's Afraid of Steven Spielberg?" *Diplomatic History*, Vol. 24, No. 3, Summer 2000, p. 495.
③ "American Abroad," *New York Times*, May 9, 1909, p. 10.

按照当时一些人的描述，英国"美国化"的一个重要表现就是英国女人开始模仿美国女人的生活方式。1899年英国记者理查德·怀廷出版了小说《约翰街第十五号》(*No. 5 John Street*)，描写了伦敦底层社会的生活状况。这部小说让怀廷一举成名，成为一名影响很大的作家。1902年3月22日，《纽约时报》列出"时代主题"时介绍了怀廷的观点。怀廷宣称，据他观察，英国少女和主妇的"美国化"程度如此之深，就连英国王室的不懈努力也不能让她们返回到过去的生活方式，原因主要是美国女人的生活和地位对她们来说太具有吸引力了。用怀廷的话来说，从比较的角度来看，"美国式的女人在世界历史上绝对是新颖的。这样一种背离以前在任何国家都不曾自觉地发生。妇女已经改变了受到约束的程度，但从未有完全的自由。美国人在女性世界实现了这种自由的状态，这是文明在政治生活中的追求，他们认为，自由是作为一种文化手段能够赋予任何人的最正常的东西"[1]。在他看来，英国女人的"美国化"首先在于是想摆脱传统生活方式对她们的束缚，追求男性享有的"自由"。怀廷描述的只是一种现状，其实很多英国人通过极力贬低美国女性来阻止英国女性对美国生活方式的模仿。1904年1月初，《纽约时报》刊登了一篇文章，介绍了《伦敦周六评论》(*London Saturday Review*) 谈到美国妇女对伦敦生活方式产生的负面影响，强调了"现代英国社会已让美国女人和德国金融家搞得腐化堕落，道德败坏"[2]。英国人埃米尔·赖克在《纽约时报》发表文章对英美两国女人的特性进行了比较。在作者看来：

> 典型的英国女人衣着端庄地走进房间，很少说话，羞于展示自己的语言、音乐或艺术知识。她的美国朋友却不是这样，她走进房间时脸上充满着强烈的征服欲，她那刺耳的声音弥漫于整个房间，每隔三分钟，她就高傲地大笑，喋喋不休地谈论从报纸上和书中仔细搜集来的言语。现在英国女人非常欣赏美国女人的"活泼大方"，开始有意识地模仿美国女人的言谈举止。

---

[1] "Topics of the Times," *New York Times*, March 22, 1902, p. 8.
[2] "More 'Americanization'," *New York Times*, January 16, 1904, p. BR40.

赖克由此得出结论，英国女性正在"美国化"，她们追求美国女性在家庭和社会上享受的"无拘无束"。从上面的描述来看，作者显然是不赞成美国女性缺乏规矩的"无所顾忌"。英国人不苟言笑，显得比较死板，绅士味十足，而美国人却是喜欢搞笑，没有等级观念，连女性也不例外。赖克特别批评了美国人的这种言谈举止的方式，声称"幽默源于现代生活的谎言和虚伪意识，其存在依靠着社会谎言和骗局，人们不期望年轻女性娴熟于这些虚情假意"①。像赖克这样的人大概极不不愿意看到英国女性受到美国生活方式的"污染"，但又难以阻止住这种趋势。英国女性的所谓"美国化"大概最能反映出在第一次世界大战爆发之前英国社会受美国文化影响的程度。

在欧洲国家中，法国是对本土文化最为自豪的国家，法国人的文化特性比较明显，他们更崇尚过着一种高雅文化的生活。这是一种数百年流传下来的传统，几乎是很难改变，大概与法国文化在早期对世界文明的贡献有很大的关系。生活在法兰西第三共和国时期的法国历史学家夏尔·塞尼奥波斯认为，法国人的特性形成于17世纪前半期，当时，"法语确定了其现代形式，交谈的艺术得到了发展，古典文学开始形成。自此以后，巴黎成为文人的云集之地"②。法国上层的高雅文化很长期内引领了欧洲文明发展的潮流，巴黎成为文人墨客和艺术家的荟萃之地，他们来到这座能够引发心灵激情的城市，目的是寻找创作的灵感。法国文化一度引领了欧洲乃至世界的潮流。挪威卑尔根大学教授哈尔姆·施勒特尔认为，在18世纪，法国文化的"辐射力暗示了一种在其他国家普遍被接受的吸引力。因为这种吸引力，这些国家愿意向这个领导者学习，甚至采用其价值观、惯例和制度"③。法国人对自己文化自豪之程度丝毫不亚于美国人对其物质文明的钟情，然而这是两种很难交融在一起的文化。美国文化很大程度上体现出了"实用主义"特性，很长时期表现出对深奥理论的不屑一顾，而法国文

---

① Emil Reich, "Sad News about England: We Are Americanizing Her Women," *New York Times*, September 18, 1910, p. X5.

② Reino Virtanen, "French National Character in the Twentieth Century," *Annals of American Academy of Political and Social Science*, Vol. 370, March 1967, pp. 83 – 84.

③ Schröter, *Americanization of the European Economy: A Compact Survey of American Economic Influence in Europe since the 1880s*, p. 1.

化却充满着对理性的张扬,致使法国文人是"哲学家、理性论者、地中海学者、善于提出大命题的人文学者、亚里士多德—柏拉图学派的追随者、后普鲁斯特学派以及第三共和国之子"。他们对欧洲的古典生活情有独钟,沉浸在浪漫激扬的艺术创作之中,法国文化的确培育了很多闻名于世的作家和艺术家。因此,法国文人"不能抓住在美国为这个星球发展的新节奏,很少有例外"[1]。上述引文是法国著名学者菲利普·茹雅对法国文人特性的描述,言下之意,与其他国家文人相比,法国文人最难适应美国文明在20世纪为世界提供的新的生活方式。法国学者皮埃尔·诺拉曾比较了法国文人和美国文人之间的区别。美国文人"具有一种职责,而不是一个工具;他们从事一种职业,而不是管理工作。在美国,知识分子分散在各地的政治和社会机构之中,他们在地理上是分散的,在文化上是零星散乱的,否则就局限于大学校区。法国文人则集中在一个狭窄孤立的社会阶层,这个阶层拥有自己的历史、自己的传统、自己的交际网以及自己的条件反射"[2]。诺拉这里没有说出孰优孰劣,但话里还是体现出了两国文人"大众"和"精英"的区别,后者自然很难对前者"屈从"。法国文人对本土生活方式赞美有加,迪阿梅尔以牛奶为例来说明了法国文化强调多样性和独创性。在他看来,仅"从牛奶这个简单的基本食品来说,我们法国人制作的奶酪就有百余种之多,所有这些食品无不味美,有益健康,安全可靠,令人赏心悦目。每种食品都有它的历史、特性以及它的特殊作用。这是我认识和赞赏我们国家创造力的一个具有特性的事实;通过这一事实,我理解了在每个阶层中这个国家产生了如此之多的伟大人物的原因所在"[3]。迪阿梅尔这里告诫法国人或欧洲人,如果他们不采取措施保护自己的传统、价值观和特性,在美国产生的以现代性为特征的发达的工业主义体系将很快使它们荡然无存。正是具有这种文化优越感,有的法国文人甚至否定美国有自己的文明。叶尔塔—梅莱拉·玛格丽特宣称不存在"任何美国文明",在美国,仅有的文明是"欧洲古老的文明",这依然是美国"习俗和惯例的理论

---

[1] Mathy, *Extrême-Occident: French Intellectuals and America*, p. 1.
[2] Pierre Nora, "America and the French Intellectuals," translated by Michael Taylor, *Daedalus*, Vol. 107, No. 1, Winter 1978, p. 335.
[3] Duhamel, *American the Menace: Scenes from the Life of the Future*, p. 201.

基础"。玛格丽特认为,美国显示出了"盒状摩天大楼"、"肮脏不堪的地下酒吧"、"沉溺于敲诈勒索的超大城市"、"由流氓恶棍组成的政府"、"频繁的离婚"、"充满着浅薄无知的百页报纸"、"没有科学家的豪华实验室"以及"没有人的教堂",凡此种种能够算作"文明"吗?[①] 玛格丽特回答显然是否定的。法国文人对美国持激烈批评的态度,很难认同美国形成的新文明显然是最主要的原因。他们比较早地提出和使用"美国化"这一术语,有"防患于未然"的含义在内,然而,美国之"患"没有遏制于"未雨绸缪"之中,他们描述的"美国化"最终还是于20世纪之初无情地来到了法国,成为法国人面对的一个重大的现实问题。

法国的"美国化"同样与美国经济的海外扩张密切联系在一起。20世纪之初,法国著名文学家朱尔斯·克拉勒蒂在出版的一本书中认为,在1900年举办的博览会上,"规模宏大的美国式展览"和"场面"在文化上是颓废衰败,预示着法国文明的衰落。[②] 克拉勒蒂实际上表明了这样一种观点,即在法国精英阶层的眼中,美国虽然经济上强大,但在文化上根本无法与法兰西文化相提并论,基本上属于文化上的"荒漠",这是很多精英人士观察美国社会时的基本出发点。美国人无"文化"底蕴,但却是腰缠万贯,一掷千金,法国文人可以对这种"暴发户"的行为不屑一顾,然而却是难以阻挡美国依靠着强大的经济后盾占领法国的商品销售市场,把法国作为剩余资本流向的一个很重要的投资国家。经济"入侵"与战争入侵完全是两码事,前者可以给被"入侵"的社会带来很多福利与好处,而后者完全是一种赤裸裸的侵略行为,能够即刻导致全社会动员起来对入侵者进行抵制。美国之所以比其他欧洲大国具有竞争力,主要原因在于美国机器生产出来的商品物美价廉,在法国市场上具有价格上的优势,广大的法国民众大概不会理睬什么"美国化",只要能够花少量的钱购买到更多的商品和服务,他们势必会趋之若鹜,乐此不疲。法国精英们一方面大声疾呼防止"美国化"现象的蔓延;另一方面他们也不会对消费质美价廉的美国商品或服务有一种天然敌对的心理。对美国商品的消费尽管很难改变法国人

[①] Kuisel, *Seducing the French: The Dilemma of Americanization*, p. 11.

[②] Furlough, "Selling the American Way in Interwar France: Prix Unoques and the Salons des Arts Managers," *Journal of Social History*, Vol. 26, No. 3, Spring 1993, p. 496.

脑海中固存的美国形象,但却会导致他们对一种现代生活方式的追求,"美国化"就在这种对美国商品和服务的消费中悄然而至,扩大蔓延。巴黎曾是高雅文化的天堂,进入 20 世纪之后却成为"美国化"程度比较高的大城市,美国经济的影响无处不在。1902 年 2 月 23 日,《纽约时报》刊登了一篇题目为"巴黎美国化"的文章,作者在文章中描述了美国经济"入侵"对巴黎人生活产生的广泛影响,他主要是以巴黎市中心的"美国化"为例来说明这种影响的深度:

> 在美国领事馆位于多年的歌剧院大道(Avenue de l'opera),如今也有一些美国保险公司的办事处。《纽约先驱论坛报》(New York Herald)的办事处坐落在对面,还有一家美国人经营的书店和美国人经营的珠宝银器店以及美国大百货公司的营业部,这些商店或公司的名字为从纽约到旧金山金门大桥的人所熟悉。在离歌剧院大道几个街区的意大利大道(Boulevard des Italiens)是纽约人寿保险公司和很多美国商店和办事处所在的区域。在和平街(rue de la Paix)、奥贝尔街(Auber)、九月四日街(rue du Quatre-Septembre)、嘉布遣大道(Boulevard des Capucines)以及相邻街道上布满了美国银行、旅行社、药店、鞋帽店、服装店、酒吧、饭馆和其他机构。在这些地方,处于陌生城市的美国陌生人操着陌生的语言,但他们能够感到舒心,与在本国没有太大的区别。的确,要是这些陌生的美国人在美国独立日来到了歌剧院大道的相邻街区,商店门前和办事处窗户外飘扬着星条旗,这种状况即刻让他们仿佛置身于美国某个爱国小镇。如果他们偶然在 7 月 14 日法国国家庆典日来到这里,他们将不会不情绪激动地看到,美国国旗的数目差不多超过了法兰西共和国的蓝白红旗帜。

作者还谈到,美国在巴黎的"资本家正在试图控制客用系统,垄断煤气照明"。他们的行径引起了法国媒体的担忧,致使那些弘扬"爱国至上的法国报纸发出了美国商业入侵欧洲的警告",它们将之称为"美国之祸"①。不管法国媒体如何渲染这种"美国化"带来的负面效应,也不管法国的精英人士如何谴责"美国化"导致的种种不良结果,美国经济"入侵"法国的步伐不会由此而止足,法国民众并没有因为媒体对"美国化"的"口诛笔伐"而拒绝购买来自美国的消费品,法国的厂家或公司或商家为了生存或赚钱,同样也不会把能够在减少成本之基础上大大提高劳动生产率的现代生产方式或管理方式"拒之门外"。法国人对美国商品和服务的消费本来是一种很简单的商业行为,但长此以往他们的消费理念就会发生变化,对生活的认识和态度也会出现相应的改变,最终会导致法国社会朝着"更像美国"的方向发展。这不是个"大张旗鼓"的过程,更不会即刻就能"显现出效果",而是在长时间的潜移默化中言谈举止自觉或不自觉地与源于美国的现代生活方式"接轨"。这恰恰正是在法国精英眼中的法国"美国化"不断加剧的主要原因,反映了现代社会发展的一种趋势。美国的经济扩张对德国的影响与法国差别不大,德国甚至连政治生活也在开始"美国化"。《纽约时报》1907 年 10 月 23 日刊登了驻柏林记者发回的电文,报道了《柏林日报》(*Berlin Tageblatt*)为了抗议德国议会生活的"美国化",要求西奥多·黑尔德辞去帝国议员一职,原因主要是黑尔德"几乎等于美国国会议员和参议员,只是代表了托拉斯的利益"。《柏林日报》还暗示,这种"美国主义"的特殊形式不只是限于黑尔德,许多在托拉斯拥有私人利益的帝国议员无一不表现出了这种亲美的倾向。②《柏林日报》对"美国化"的理解显然有点"文不对题"的味道,但至少说明了美国影响在德国政治生活中的严重存在,其实这与美国对德国经济生活的影响是密切联系在一起的。其他与美国商业关系较为密切的欧洲国家,也会同英法德国家一样,在 20 世纪之初在经济生活上同样呈现出了所谓的"美国化"趋势。

  显而易见,美国经济的扩张对欧洲人生活的影响不完全是负面性的,这也是美国不断通过经济手段在欧洲国家影响日渐扩大的主要因素。然而,欧洲民众可以无所顾忌地消费来自美国的商品和服务,其生活方式也会发

---

① J. W. H., "The Americanization of Paris," *New York Times*, February 23, 1902, p. SM8.
② Special Cable to New York Times, "'Americanism' in Germany," *New York Times*, October 23, 1907, p. 8.

生更适应现代社会发展潮流的改变,但美国以及美国人在他们脑海中的负面形象倒是似乎牢牢地扎下了根。欧洲精英们对"美国化"渲染性的指责更会加剧了他们对美国经济"入侵"的不满。维护本民族的利益或对本民族文化的自豪是任何国家民众的一种基本心理,不管来自外部的经济"入侵"能够给他们的生活带来多大的方便,他们显然不愿意自己的国家到处充斥着美国的招牌,潜在的民族主义情绪让他们很难对美国抱有好感。再加上美国政府自以为有金钱作为后盾,说话和做事方式似乎不把欧洲国家放到眼里,体现出了高他人一筹的傲气或霸气。因此,随着欧洲国家"美国化"的发生,享有文化特权的精英们给予抵制自不待言,就连民众对美国的不满情绪也在发展,一旦遇有火花便会燃起反美的熊熊大火。这一时期欧洲国家虽没有爆发大规模的反美运动,但民众中对美国的不满在很多涉及与美国的事情上表现出来。

在19世纪末,欧洲很多国家就不时地发生对"美国主义"的强烈批评。《纽约时报》刊登了一篇短文描述了意大利的反美情绪,这篇只有百余字的文章发表于1899年2月14日,是《纽约时报》转载英国《晨邮报》驻罗马记者当天的报道,转载时加了个"意大利的反美主义"的标题。文章说梵蒂冈国务卿谈到意大利刊登的文章对爱尔兰大主教和红衣主教兰波拉进行恶意的攻击,宣称靠着"反美主义党派(Anti-Americanism Party),这些攻击似乎是受到耶稣会会士的促进,从他们煽动起的骚动来看,他们是美国主义未来的凶兆"[①]。这篇报道尽管谈的是宗教问题,但却说明了美国世俗化的生活方式在意大利产生了很大的影响,由此引起了罗马教廷的深刻担忧。时隔一年多,《纽约时报》刊登了一篇题目为《欧洲的反美主义》文章,介绍了英国《泰晤士报》(Times)记者1900年4月24日从维也纳发回国内的报道,称美国"布尔和平委员会成员将不会在维也纳、柏林、圣彼得堡和罗马受到接待。美国最好应该知道这个代表团在欧洲的遭遇以及欧洲对美国的倾向"。欧洲人"对美国普遍的敌对在本大陆常常表现出来,当美国将无疑寻求随后通商条约的续约时,这种敌对是必须要考虑的因素"[②]。美国代表团在欧洲受到冷遇属于政府之间的行为,看来这几个

[①] "Anti-Americanism in Italy," *New York Times*, February 14, 1899, p. 7.
[②] "Europe's Anti-Americanism," *New York Times*, April 24, 1900, p. 2.

欧洲国家的官方对美国也不十分在意，其中原因固然与政治体制的根本不同有着密切的联系，当然主要还是在外交上存在着利益上的竞争，但这些国家普遍存在的反美主义情绪大概在政府对美国代表团的消极态度上也是起了很重要的作用，而反美主义情绪的形成恐怕与所谓的"美国化"难脱干系。

不过话又说回来，美国当时毕竟为经济上已经崛起的大国，没有哪一个欧洲国家自甘情愿地与这个"钱袋鼓囊"的国家交恶，而总是想通过保持友好关系试图从美国争取到更多的经济利益。1902年年初，德国皇帝威廉二世打算派遣他的兄弟亨利亲王访问美国，以修复和发展两国之间的友好关系，没想到此举却引发了德国国内的反美主义浪潮，一片反美之声迭起。据《纽约时报》驻外记者1902年2月5日从柏林发回的报道称，在亨利亲王正准备访问美国之际，德国的反美主义情绪突然爆发，相比以前更为激烈普遍。德国民众"大声疾呼抵制'美国之祸'，必须保护国内市场"以抵制美国经济大规模的"入侵"。这场抵制美国的活动严重地影响到美德两国试图发展友好关系，更是对亨利亲王出访美国留下了一道深深的阴影。这篇报道简单分析了德国普遍存在反美情绪的原因，主要是美国对德国经济影响的加剧严重地刺伤了德国人的民族自尊心。这位记者身处德国，按照他的观察，柏林的"美国化"程度很深，"对在德皇生日时进入柏林的一个陌生人来说，映入眼帘的是飘扬在菩提树下大街（Unter den Linden）和商业大道上的无数面美国国旗，因为他不谙世故，这将不会在他的内心中引起商业嫉妒的情绪。事实是，在柏林建筑物上飘扬的美国国旗超过了任何其他外国国家的国旗，原因在于美国佬在柏林比任何其他竞争者经营着更多的商号"。在这种对美国普遍感到不满的局势下，德皇威廉二世试图"清除两国之间误解的努力不会取得即刻的成功"[1]。从这篇报道中可以看出，德国官方不愿意与美国关系搞僵，但民众却普遍对美国没有好感，并不是说他们会起而抵制购买美国的商品或拒绝接受美国的商业服务，而是从心理上不愿意在他们的国家处处看到美国的影子，追根溯源，在对待"美国化"的问题上还是民族主义占据了上风。

---

[1] Foreign Correspondence of New York Times, "German Anti-Americanism," *New York Times*, February 17, 1902, p. 2.

这种对美国不满的情绪在很多欧洲国家普遍存在。这里以与美国官方关系甚好的英国为例。1907年年初，英国殖民地牙买加发生了地震，首都金斯顿遭受到很大的破坏，一片狼藉。美国政府于是派遣海军少将戴维斯率军舰装满救援物资前往金斯顿港，但却遭到牙买加总督斯韦特纳姆的拒绝，迫使美国舰队离开了牙买加海域。斯韦特纳姆的行为引起美国国内舆论哗然，《纽约时报》评论说，海军少将戴维斯"正在从事人道的和必需的工作。正是出于这些原因，总督斯韦特纳姆的拒绝让文明世界震惊不已"①。就连英国政府也觉得斯韦特纳姆总督的做法有些太过分，会严重影响到两国之间关系的发展。1月22日，英国政府发表声明对斯韦特纳姆总督让装满援助物资的美国军舰撤离牙买加海域表示了最强烈的反对。斯韦特纳姆总督这种做法显得有些"不近人情"，让美国人感到"匪夷所思"，但却反映出了英国国内对美国存在着一种普遍的不满情绪。在《纽约时报》刊登出谴责斯韦特纳姆总督的文章之后，伦敦一市民1月29日致信《纽约时报》，谈了他对这件事情的看法。这封来信刊登在2月10日的《纽约时报》上。这位读者在信中直言不讳地谈到，英国"将不会以纯粹感激的心情回报美国竭尽全力给遭受灾难的金斯顿市的好意；就英国人在斯韦特纳姆—戴维斯事件的看法上而言，将不存在能够被美国接受的接近完全一致的意见。我的看法是，在这个国家，只有很少一部分人出于美国热情地表示帮助牙买加英国人的缘故对美国抱有好感，我敢肯定，至少有一半英国的男人和女人在这个问题上形成了自己的看法，相信美国海军少将戴维斯在金斯顿如此之表现，致使牙买加总督斯韦特纳姆，一个富有爱国心的忠诚英国人，被迫将戴维斯率领的军舰驱逐出境"②。如果不对美国抱有不满情绪，只要是正常的人一般都不会支持斯韦特纳姆的，他们对这个事件所抱的态度说明了英国人并"不买美国的账"，大概美国对英国经济生活的影响在其中起了很重要的作用。

第一次世界大战之前，欧洲国家就出现了所谓的"美国化"现象，但这一时期的"美国化"主要局限于经济生活领域，尚没有大规模地涉及欧洲人思想意识的变化。欧洲精英们不愿意看到国内经济活动的"美国化"，

---

① "The Swettenham Incident," *New York Times*, January 22, 1907, p. 8.

② "London Letter," *New York Times*, February 10, 1907, p. X8.

他们对美国经济的"入侵"进行了渲染性描述，尽管很难阻挡住国内经济发展受美国影响的大趋势，但却会起到加强美国在欧洲人脑海中负面形象的作用。欧洲广大民众受民族主义情绪的感染也不希望各自国内到处充斥着异国他乡的氛围，他们不会停止对美国商品和服务的消费，但极易受媒体的引导。这些因素结合在一起，势必导致欧洲国家存在着一种潜在的反美主义情绪，美国对欧洲发展影响越大，这种反美情绪就越加高涨。以后历史的发展不断地证明了这一事实。

三　美国"合理化"管理方式在欧洲的传播

第一次世界大战是欧洲和美国关系的重要分水岭，这场战争大大改变了国际社会政治力量地图的分布。就欧洲人对美国的认识而言，这场战争促使了欧洲人加强对美国了解的欲望，据欧洲美国学的重要奠基者之一西格蒙·斯卡尔回忆，这场战争之后，美国"在我的脑海中第一次成为一个重要的因素"。他最初被美国深深吸引是因为美国总统威尔逊的魅力和充满幻想的国际主义。他还记得，在战争进行之时，"民主的欧洲和民主的美国之间存在一种普遍的合作伙伴感情"。在他看来，反对德意志帝国的这场战争使英国人、法国人和意大利人想起了与美国共同的政治遗产，同时也让欧洲盟国知道，美国再也不可能受到欧洲之忽视。[1] 斯卡尔的这番话反映出美国开始得到欧洲知识界的重视，一些欧洲大学成立了研究美国的机构。欧洲人在这场战争中算是真正地看到了美国战前发展起来的经济实力对战争进程的影响，他们对这个大陆上延续下来的古老文化尽管自豪感犹存，但与战前相比不可同日而语，很多精英人士有一种"昔日黄花正落去"的凄凉之感，格雷的"欧洲明灯正在熄灭"之说便是这种心情的真实写照。在很多欧洲政治精英看来，要是继续墨守成规，按照战前固有的经济模式

---

[1] 参见 Sigmund Skard, *Trans-Atlantica: Memoirs of a Norwegian Americanist*, Oslo: Universitetsforlaget, 1978, p. 17; Sigmund Skard, *American Studies in Europe: Their History and Present Organization*, Vol. 1, Philadelphia: University of Pennsylvania Press, 1958, pp. 34, 134, 156; Skard, *American Studies in Europe*, Vol. 2, p. 478. 转引自 Pells, *Not Like Us: How Europeans Have Loved, Hated, and Transformed American Culture Since World War II*, p. 7.

发展,"以不变应万变",欧洲对未来国际格局的影响力势必还会继续下降,毕竟经济实力是影响大小的主要基础。这种"变"的呼声或要求客观上加快了美国经济发展理念在欧洲国家影响的扩大,同时也加快了欧洲社会从"传统"向"现代"的转变进程。欧洲人在战争之后可谓是真正地迎来了他们早就给贴上"美国化"标签的时代。欧洲大国在战争中的殊死厮杀几乎让欧洲文明毁于一旦,美国在交战双方打得难解难分之时站在协约国方面参战,一方面改变了战争的进程,另一方面挽救了似乎代表欧洲文明发展"正确"方向的协约国一方。美国在战争中的行为远不会改变其在欧洲人脑海中早就形成的固定负面形象,尤其是那些掌握着文化资源的精英人士,他们绝不会因为美国的强大而"甘拜下风"。美国自恃着无国可敌的实力与战争带给其在国际社会前所未有的地位,颐指气使,骄横跋扈,根本不把欧洲国家放在眼中,按照自己的设想安排战后国际新秩序,这在很大程度上更是加剧了这些精英人士对这个"钱袋鼓囊"之国家的反感,维护本大陆文化不受外来文化"侵蚀"是他们面对"美国化"时的一种本能反应,他们对"美国化"大加挞伐,然而却无法阻止这一进程的加剧。欧洲国家需要强大,走美国的经济发展之路显然是迈向现代社会的大势所趋,美国对欧洲国家发展的影响几乎是难以避免的。在这种局面下,欧洲从19世纪末开始的"美国化"趋势在第一次世界大战之后必然呈现出了加剧的态势。

美国经济在进入20世纪之后能够得到迅猛发展,企业管理理念的改变是一个很重要的因素。机器化的大生产要求新的管理方式与之相配套,泰勒制和福特制的出现便反映了这种需求,带来了生产管理上的一场革命,标志着人类社会进入了科学化的管理时代。泰勒制的核心内容是标准化作业管理。简单讲,泰勒首创的科学管理方法主要体现在三个方面,一是标准的工作定额;二是训练有素的工人;三是标准的作业条件。这种制度的推广在大大降低了生产成本的基础上提高了劳动生产率,让资方利润成倍增长,劳方的工资报酬也得到了很大的提高,不过在很大程度上也会加剧工人的劳动强度,引发大规模的罢工浪潮。当然劳资双方收益的增加是泰勒科学管理制带来的直接结果,不过这种制度产生的意义远不止此。泰勒在美国众议院作证时谈到,科学管理不只是计件工作、工单制或时间研究,而是体现在劳资双方的一场心智革命。他指出:"这场发生在科学管理下劳资双方心智态度的伟大革命是,双方不再把眼睛盯在作为十分重要问题的盈余分配上,而是共同把注意力转向增加盈余的数量,直到盈余变得非常之多……致使给工人大幅度提高工资以及制造商的利润同样大幅度的增加留下广阔的空间。"[1] 泰勒制在生产领域的实际运用首先在美国引起了生产管理上的巨大变革,把机器文明焕发出的生产力大规模地推向了一个新的阶段,直接的结果之一是大量物美价廉的商品涌向市场,成为美国社会呈现出一派繁华富裕景象的重要因素之一。

"福特制"与总部设在底特律的福特汽车公司创始人亨利·福特的名字是连在一起的。福特为了降低汽车的生产成本,让汽车走出奢侈消费品的行列,成为大众的日常消费品,他对企业管理进行了大幅度的改革,在汽车的生产过程中实行了标准化的流水作业。"福特制"的标准化程度较"泰勒制"更进了一步,大力推广产品标准化、零件规格化、工厂专业化、作业固定化和机器及工具专门化等。"福特制"的推行大大提高了生产效率,把生产成本降低到最低限度。"福特制"旨在通过批量生产,降低生产成本,使美国民众都能有条件购买起小汽车和其他耐用消费品。在 20 世纪初,"合理化"(rationalization)这一术语流行于美国工商企业界,主要指企业通过生产工序的简化和标准化、对时间和动作的研究、市场分析、市场划分、广告、成本核算以及规模装配等来进行科学有效的生产。其实,生产经营"合理化"就是"福特制"的另外一个称谓。康涅狄格大学历史系教授弗兰克·科斯蒂廖拉认为,在 20 世纪 20 年代,亨利·福特在人们的眼中成为生产"合理化"的象征。"记者们和公共关系学者向渴望了解到繁荣秘密的数以百万计的美国人和欧洲人宣传福特的格言和忠告。福特相信美国能够教会世界'某些原则'。他敦促工人和资方之间形成合作关系,双方都致力于以最少的成本实现最大的生产。大规模生产要求大众消费,

---

[1] Frederick Winslow Taylor, *Scientific Management*, *Comprising Shop Management*, *The Principles of Scientific Management*, *Testimony before the Special House Committee*, New York:Harper,1911,pp. 27 – 30. 转引自 Charles S. Maier, "Between Taylorism and Technocracy:European Ideologies and Vision of Industrial Productivity in the 1920s," *Journal of Contemporary History*,Vol. 5,No. 2,1970,pp. 31 – 32.

福特实行并宣传高工资政策"①。福特制很快就在美国生产部门推广开来,美国第一次世界大战之后进入了现代大众消费社会,"福特制"可谓功不可没。

  "贝多制"是在泰勒制基础上形成的一种更为缜密的企业管理制度。这种管理方法的创始人为美籍法国移民夏尔·欧仁·贝多。贝多1886年出生在巴黎,1906年移居到美国,充满活力的美国经济让贝多见识大增,产生了研究科学管理方式的热情。泰勒和福特的管理理念对贝多的思想影响很大,他创设的"贝多制"并无多少新意,很大程度上是泰勒制和福特制的结合或深化。贝多制以时间单位为基础,以四十秒工作,二十秒休息。所有工作皆可按照其需要的时间单位数来测量。量化、管理责任、管理权限以及非人性化构成了贝多制的基本要素,其实质还是让生产过程更为"合理化"。一位学者总结说,贝多制是"根据测量的单一单位,即所谓的'时间单位',标准化了人的劳动,规定一分钟活动的时间加上一分钟休息的时间"②。1916年,贝多成立一家管理机构,四处游说生产单位采纳这种"按照结果支付报酬"的科学管理制度,在实践中推广他提出的功效测量方法。贝多制出现不久便为许多美国工厂所青睐,一些知名大公司开始将之运用到管理工作中,取得了很大的效益。这些公司包括斯威夫特公司、美国轧机公司、伊士曼柯达公司、古德里奇公司、杜邦公司以及通用电气公司等。据统计,1931年美国有52家企业采用了"贝多制"进行管理,到1937年增加到了500家。③ 美国学者史蒂文·克赖斯把贝多公司的成功评价为"是基于他与他的工程师把显然很少变化的普通见解应用于各种工业场景之中。贝多制把科学管理的理智原则从巍峨的宝座上带到地下,并让这些原则付诸行动"④。贝多本人成为继泰勒和福特之后推行"合理化"科学管理的代

---

  ① Frank Costigliola, *Awkward Dominion: American Political, Economic, and Cultural Relations with Europe, 1919 – 1933*, Ithaca and London: Cornell University Press, 1984, p. 156.

  ② Matthias Kipping, "American Management Consulting Companies in Western Europe, 1920 to 1990: Products, Reputation, and Relationships," *The Business History Review*, Vol. 73, No. 2, Summer, 1999, p. 197.

  ③ Kipping, "American Management Consulting Companies in Western Europe," *The Business History Review*, Vol. 73, No. 2, Summer 1999, p. 198.

  ④ Steven Kreis, "The Diffusion of Scientific Management: The Bedaux Company in America and Britain, 1926 – 1945," in Daniel Nelson, ed., *A Mental Revolution: Scientific Management since Taylor*, Columbus: Ohio State University Press, 1992, p. 156.

表人物。

合理化与标准化的科学管理在美国大获成功，较大的厂家和公司都先后采用了这种管理方式，而且在实践过程中进一步使之完善。不管是泰勒制、福特制，贝多制，还是其他科学管理方式，皆为现代机器大生产的产物，体现了工业文明发展到了一个新的阶段，这些所谓"合理化"的管理方式之所以源于美国，显然是因为美国在当时为现代机器大生产最为发达的国家。施勒特尔在评价泰勒制和福特制对20世纪20年代期间欧洲建筑业产生的巨大影响时说，这些制度"不只是管理意识形态，而且是美国现代性的意识形态"[①]。德国评论家冯·戈特尔—奥特利恩费尔德1924年出版了一本关于泰勒制和福特制对德国影响的书，他的基本观点是，泰勒制和福特制"似乎只是对美国整体上获得惊人之经济成就最独特的贡献"[②]。显而易见，这些科学管理方法起源于美国，但决不会局限于美国，势必会在现代性大潮的推动之下向全球传播，被那些欲要迈向现代化的国家所接受和采纳。在标准化管理出现之初，很多人对之抱着怀疑的态度，尤其是批评了把劳动者变成了没有思想的机器上的组成部分，只会机械性地重复着某种单一动作。好莱坞电影《摩登时代》很大程度上就反映了这一事实。因此，这种标准化的管理在美国一出现，即刻招来一片反对之声，欧洲国家尤甚。泰勒在美国国会作证时对科学管理一定会得到世人的认同充满信心，他宣称：

无论来自任何方面的反对，无论反对者的来历如何，我认为任何节约劳动的手段都将取得胜利。你们从工业界的历史中，就可以找到证据。先生们。科学管理也不过是一种节约劳动的手段而已。也就是说，科学管理只能使工人取得比现在高得多的效率的一种适当的、正确的手段而已。这种手段并不会大量增加比工人们现在的负担更大的负担。如果科学管理是一种提高工人效率的手段，则不管世界上的工人如何

---

① Schröter, *Americanization of the European Economy: A Compact Survey of American Economic Influence in Europe since the 1880s*, p. 28.

② 转引自 Maier, "Between Taylorism and Technocracy: European Ideologies and Vision of Industrial Productivity in the 1920s," *Journal of Contemporary History*, Vol. 5, No. 2, 1970, p. 27.

反对，科学管理还是要取得胜利的。无论在什么地方、有什么人、有哪一个阶级的人、采取什么方法来反对，科学管理总还是要胜利的。我认为科学管理是正确的。①

泰勒这番话没有明确表示反对之声只是来自美国，似乎是站在超出美国疆域来讲这番话的。他坚信科学管理制是正确的，必定会在世界范围内广为传播。欧洲国家接受科学管理制经历了一个过程。第一次世界大战之前，美国标准化生产模式在欧洲精英群中引起了不同的看法，反对者居多，把对美国经营理念的移植说成是"美国化"的表现。有些思想开放者主张把这种生产模式移植到欧洲工业，但经过实践成效甚微，成功的例子不多。追根溯源主要在于欧洲尚不具备像美国那样的消费大环境，对生活必需品之外的商品消费还是集中在由少数人构成的富裕阶层，大众消费市场尚未形成。战争之后，欧洲国家开始大力发展经济，大踏步地向以"现代性"为特征的大众消费社会迈进。按照葛兰西的观点，在20世纪20年代，美国技术的影响为理解欧洲的发展提供了非常重要的关键。他指出，欧洲对美国主义的反应"必须被详细考察。对这种反应的分析将提供不止一种必要的因素来理解一系列旧世界国家的现状和战后时期的政治事件"。因此，在葛兰西的眼中，这种所谓美国主义的流行证明了欧洲内部发生了重要的转变，这种转变"最直接地反映在对技术专业知识的强烈需求上，这种需求尤其受到第一次世界大战的刺激。然而，除战争之外，欧洲社会很容易拿技术效率学说做应急之用：20世纪经济结构的变化引发了对'合理化'的关注；艺术和建筑的创新显示了社会机械化可能性的魅力。泰勒制和福特制为分析什么为至关重要提供了很好的出发点"②。葛兰西在这里实际上谈到了欧洲国家需要"合理化"管理制度的基本原因。国际联盟国际劳工办公室的一份报告指出，到20世纪20年代，科学管理把泰勒制的独到观点延伸到劳动生产率、技术效率以及甚至公司管理，作为美国文明的一个

---

① 泰罗：《科学管理原理》，胡隆昶等译，中国社会科学出版社1984年版，第232页。
② 转引自 Maier, "Between Taylorism and Technocracy: European Ideologies and Vision of Industrial Productivity in the 1920s," *Journal of Contemporary History*, Vol. 5, No. 2, 1970, pp. 27 – 28.

特征，这种管理方式在欧洲效仿者中引起极大的热情。① 在这样的大背景下，尽管欧洲很多知识精英依然对美国机器文明持激烈批评态度，但欧洲企业或公司引进美国科学管理方式或理念势在必行，构成了这一时期所谓欧洲"美国化"的重要组成部分。

美国的管理方法在欧洲传播并不是一帆风顺的。加拿大约克大学商学院教授马赛厄斯·基平认为，在 20 世纪开始的前二十年，科学管理在西欧的实际传播范围不是太广。在法国，工程师对这些新方法热情很高，但大多数雇员依然持怀疑态度，尤其是由此而引起的一系列罢工使这种怀疑态度更为加剧。法国人更是赞成本国工程师亨利·法约提出的管理理念。② 因此，在法国，"泰勒制的合理化必须与亨利·法约提出的本土管理理论竞争。公司的实际组织是法约思想的核心，因为法约的重点与福特制的重点相类似，所以美国的做法向法国传输受到了限制"③。法国人抵制美国文化传播有着很长的传统，他们不愿意接受源于美国的"合理化"管理方式丝毫不足为奇，这在很大程度上表现为一种文化上的忧虑。法国埃塞克商学院教授玛丽—洛尔·杰利奇谈到这一点时断言，法国"对美国工业生产体系的主要反应是惊慌不已"④。然而，法国的企业或公司要生存和发展，其产品要参与在国际市场上与其他国家的竞争，更何况适应现代企业的新的管理方式并没有国界之限制，法国很多企业或公司在"摇摆不定"中最终还是接受了这种新型的管理方式。其实，"泰勒制"这个词在法国早就广为流传。1917 年 9 月，纽约《晚邮报》记者诺曼·哈普古德随同美国第一批远征部队来到巴黎。据他后来观察，泰勒制在这里是"相当自由地给予解

---

① League of Nations, International Labour Office, *International Economic Conference Geneva*, May 4, 1927, Documentation: Scientific Management in Europe, Geneva, 1926, pp. 7 – 8. 转引自 Maier, "Between Taylorism and Technocracy: European Ideologies and Vision of Industrial Productivity in the 1920s," *Journal of Contemporary History*, Vol. 5, No. 2, 1970, p. 27.

② Kipping, "American Management Consulting Companies in Western Europe, 1920 to 1990: Products, Reputation, and Relationships," *The Business History Review*, Vol. 73, No. 2, Summer 1999, p. 196.

③ Schröter, *Americanization of the European Economy: A Compact Survey of American Economic Influence in Europe since the 1880s*, p. 26.

④ Marie-Laure Djelic, *Exporting the American Model: The Post-war Transformation of European Business*, Oxford: Oxford University Press, 1998, p. 49.

释，与美国军营展示出的效率联系在一起。毋庸置疑，泰勒制与其说是一个美国词，还不如说是一个法国词"①。在1918年之前，法国战争部长便采取措施在其控制的各类工厂推行泰勒制。1918年2月26日法国总理乔治·克里蒙梭在签发的一份文件中要求，所有法国军事机构的领导"应该转而关注与此时紧急局势相适应的工作方法之研究和应用"，这是"刻不容缓之事"。克里蒙梭特别提请这些官员直接关注"泰勒制"的基本原则，他要"每个工厂，至少每种类型的工厂"应该成立推行泰勒制的"规划部门"，这是泰勒制机制的中心特征。他建议，"工厂和规划部的领导"应该协商泰勒制所描述的各类工作。② 克里蒙梭这道指令执行的结果最后如何，不得而知，但至少表明了官方对推行新管理方式的重视。"贝多制"是吸收泰勒制和福特制的产物，在法国被很多企业或公司采纳。据统计，贝多咨询公司1929年在法国开始受理业务，1931年就有16家企业采取了贝多制来进行管理，1937年上升到144家企业，这个数字远远高于德国同样两个年份的5家和25家。③ 两次世界大战期间，在欧洲企业或公司采用科学管理方法上，美国推行"合理化"管理方法的咨询机构扮演了更为广泛和重要的角色。吉平把这种结果归结为两个原因，一是"受到许多欧洲公司提高劳动生产率和降低生产成本的推动"；二是"与美国经济影响日益上升和美国跨国公司在西欧扩张密切联系在一起"④。吉平这里所谓的"欧洲公司"当中，理所当然地包括很多法国大公司。

德国是第一次世界大战的战败国，但在战后经济恢复和发展上却得到了美国的大力扶植，很快再次称雄欧洲，成为欧洲乃至世界和平与稳定的威胁。德国政治精英和知识精英很难认同美国文化，常常表现出了对在这种文化基础上形成的社会特征不屑一顾的态度，但他们对美国作为后发国家在国际社会的迅速崛起还是相当佩服，尤其对美国人在生产和管理领域的创新能力更是钦佩不已。1925年，德国西蒙子公司高级管理人员卡尔·

---

① Frank Barkley Copley, *Frederick W. Taylor: Father of Scientific Management*, Vol. I, New York and London: Harper and Brothers, Publishers, 1923, p. xxiii.

② Copley, *Frederick W. Taylor: Father of Scientific Management*, Vol. I, p. xxi.

③ 参见 Kipping, "American Management Consulting Companies in Western Europe," *The Business History Review*, Vol. 73, No. 2, Summer 1999, p. 198.

④ Ibid., p. 196.

克特根访问了美国,归国后出版了《经济美国》(*Economic America*),这本书有 180 余页,主要谈了他观感美国所得,通过他的观察探讨了美国繁荣和现代性的根源,提出了对"合理化意识形态"的赞成。克特根写这本书的目的是要揭示出美国经济成功的秘密所在,其中一个重要的原因是由于标准化、简单化、大规模生产和机械化等形式的合理化。在书的附录中,克特根详尽阐述了美国的创新能力,展现了效率的一般原则以及福特汽车公司生产的详情细节,他用很大篇幅强调美国机器工业的"合理化"管理程度要大大高于德国的同类行业。克特根在向读者介绍美国经济发展的状况时一直在与德国进行比较,认为美国经济优势的核心所在是自然资源和工作强度,由此强调了美国与德国之间的区别。[1] 这本书出版之后,读者面很广,引发了德国境内一场关于美国模式是否适应战后德国经济发展的大讨论,克特根等工业界人士强调德国经济发展的特殊性,但社会民主党人、经济自由主义者以及很多工程技术人员则坚持认为,美国与德国在经济发展上的类似性大大超过了差异性。参加辩论者的文章刊登在各类报刊杂志上,一时成为人们热议的重要话题,尤其是德国的大公司和经济组织对这个事关它们发展的问题尤为关注。这场大辩论很难说是哪一方占取了绝对的优势,但至少让德国人大大了解了美国的企业或公司运行模式,为德国在迈向"现代性"社会中模仿美国的发展模式打下了基础。

美国纽约大学历史系教授玛丽·诺兰是研究 20 世纪以来德国"美国化"的专家,她谈到 20 世纪德国人脑海中的美国形象时认为,他们把美国首先想象为"一种生产体系和一种生产主义意识形态。毋庸置疑,美国生产管理制度提供了为大众消费新形式中心所在的新产品,美国由速度、标准化、效率和可计算性等代表的生产主义价值观被提升为不仅是工作而且是生活的最高德行。美国的形象不可能局限于生产领域,但正是美国的生产方法才让德国人对之钦佩和试图模仿,而他们在其他方面几乎不认同美国"[2]。诺兰是根据她对两次世界大战之间德国社会迅速转变的观察得出这

---

[1] 对这本书的详细介绍参见 Mary Nolan, *Visions of Modernity: American Business and the Modernization of Germany*, New York and Oxford: Oxford University Press, 19994, pp. 59 – 64.

[2] Nolan, "America in the German Imagination," in Fehrenbach and Poiger, eds., *Transactions, Transgressions, Transformations: American Culture in Western Europe and Japan*, p. 14.

一结论的，表明了德国人对泰勒制等科学管理方法的看法，虽包含着否定的成分在内，但却不乏赞扬之语，暗含着德国企业对这种管理方式并不是一味地抵制。1923年11月，亨利·福特的自传《我的生活与工作》被译为德文在德国出版，成为受德国人青睐的畅销书之一。其后福特的作业流水线技术很快被德国大工厂采纳，泰勒的效率模式受到工业家的青睐。很多德国人认为，福特制在德国广有市场是因为它与德意志民族文化精神相一致。如以写《西方的没落》而著称的斯宾格勒指出，福特的商业伦理与他所谓的普鲁士社会主义相一致。"福特的方法只是象征着重新唤起了普鲁士服务和工作精神。……我们具有一种强烈的感情，即我们需要福特的这些方法，我们尤其感到它们适合我们的血液和灵魂。"[1] 斯宾格勒的这种观点不见得代表了多数德国文人对这种管理方式的认识，但至少反映出了这种管理方式已开始被德国企业普遍地接受，斯宾格勒只不过是为这种状况寻求合法性而已。诺兰在1994年出版的专著中详细地介绍了"泰勒制"和"福特制"等新的管理方式对德国在第一次世界大战之后现代化进程的影响，"探讨了关于美国主义和福特制话语如何形成了德国的经济和社会转变"[2]。施勒特尔研究了第一次世界大战之后欧洲国家对"泰勒制"和"福特制"管理方式的接受情况，结论是因国家而异。通常而言，诸如德国、奥地利和匈牙利以及诸如捷克斯洛伐克等新兴国家"接受的程度较高，因为战争向它们的经济和政治制度的有效性和合法性提出了挑战"[3]。德国对美国经济发展模式的模仿成为魏玛共和国时期"美国化"加剧的主要原因之一。

英国是工业革命的发源地，曾在人类从农业社会向工业社会的转变过程中独领百年"风骚"，其在工业革命初期形成的"工厂制"生产和管理理念在世界范围内产生了很大的影响，英国由此在经济发展上很长时期盘踞着世界首屈一指的地位。然而，英帝国在全球范围的过度扩张导致了其

---

[1] Philipp Gassert, "'Without Concessions to Marxist or Communist Thought': Fordism in Germany, 1923–1939," in David E. Barclay and Ellsaneth Claser-Schmidt, eds., *Transatlantic Images and Perceptions: Germany and America since 1776*, Washington, D. C., German Historical Institute, 1997, p. 227.

[2] Nolan, *Visions of Modernity: American Business and the Modernization of Germany*, pp. 11–12.

[3] Schröter, *Americanization of the European Economy: A Compact Survey of American Economic Influence in Europe since the 1880s*, p. 29.

最终走上了衰落之路。施勒特尔认为英国经济模式对欧洲大陆的影响从 19 世纪 70 年代便开始逐渐消失，英国的"世界工厂"的地位走向相对衰落。他把 1876 年费城世界博览会说成是转折点，此后越来越多的欧洲人目光转移到大西洋的彼岸，"开始认真地看待美国的工业和技术"①。进入 20 世纪之后，英国的衰落更为明显，特别在经济发展上远远地落到美国等后起的资本主义国家之后。第一次世界大战结束后，英国虽为战胜国，但丝毫不能遏制其经济衰落的过程。英国与美国有一种特殊的关系，两个国家其实在文化上的渊源最深，但英国人与大陆欧洲人一样，很难认同这个在本源上出自英国殖民扩张而导致的国家之文化。英国虽然在衰落，但英国人的"老大"心态却很难一下子根除，这种心态导致了英国对源于美国的新管理方式的接受显得不是很主动积极。用一个研究者的话来说，在第一次世界大战前的英国，"科学管理设计在工程师和管理人员中间没有引起兴趣。这不仅仅是反映了其以自己方式确定的工业领导地位，而且也反映出对分散生产的基本满意"②。到了战争结束之后，尽管英国的工程和经济杂志依旧刊登着批评"泰勒制"和"福特制"的文章，但此时英国企业已经很难抵制"合理化"科学管理的浪潮了。要是一味地坚持过去的老一套生产、管理和经营模式，英国的企业或公司就会在国际市场上失去竞争力，不要说是开拓国际市场了，能把国际市场的原有份额和国内市场保住就相当不错了。因此，英国的企业或公司也是在很少有选择的情况下开始推行源于美国的科学管理方式。此时，贝多咨询公司已经开始在欧洲设立办事处，向欧洲企业推行这种新的科学管理方式，1926 年贝多咨询公司在英国开设了办事处，英国企业和公司开始在生产管理中实行贝多制，1931 年有 21 家企业采用了这种科学管理方式，到 1937 年这一数字上升到 225 家，为欧洲国家中采取贝多制企业最多的国家，其数量仅次于美国，比其后的法国多出

---

① Schröter, *Americanization of the European Economy: A Compact Survey of American Economic Influence in Europe since the 1880s*, pp. 17 – 18.

② Maier, "Between Taylorism and Technocracy: European Ideologies and Vision of Industrial Productivity in the 1920s," *Journal of Contemporary History*, Vol. 5, No. 2, 1970, p. 37. 关于在第一次世界大战之前英国对美国科学管理方式的抵制详见 Lyndall Urwick, *The Development of Scientific Management in Great Britain: A Report Prepared on Behalf of the British Management Council*, London: Management Journals, 1938, p. 75 – 80.

81家，比德国的高出近10倍。① 克赖斯将之归结为两个原因，一是"诸如赫伯特·诺里斯·卡森、爱德华·普伦敦以及诺尔森等个人效率专家通过可读性的短篇小册子和指导手册提供了有关科学管理的平淡而热情的形式"。二是"在整个20世纪20年代和30年代，英国工业性理学家敦促生产管理者和雇主进行车间重组的实验。重组的新方法采取了工作划分和分析、时间与动作研究、职业指导和选择以及工资激励方案等形式。奖金制最为普遍"②。这些科学管理形式皆为从美国借鉴，至少在表面上打上了"泰勒制""福特制"和"贝多制"的深深烙印。从英国第一次世界大战后逐步采取源于美国的科学管理体系来看，英国人似乎更倾向于贝多制，采用贝多制的企业和公司持续增长，到第二次世界大战结束前夕超过了五百余家。一位历史学家甚至把科学管理在两次世界大战之间英国发展的历史说成主要是贝多制的历史。③ 如果说以"合理化"和"标准化"为主要特征的美国科学管理制度在两次世界大战之间的传播加剧了欧洲"美国化"的话，英国受美国影响的程度丝毫不必欧洲大陆国家低，甚至是有过之而无不及。

美国"合理化"和"标准化"的管理方式在两次世界大战之间对欧洲国家选择新的经济发展模式上影响比较大，欧洲企业或公司为了赚取更多的利润，产品在国际市场上具有更强的竞争力，不得不引进美国式的管理方法，使欧洲式的"合作资本主义"（cooperative capitalism）或"个人资本主义"（personal capitalism）逐渐向美国式的"竞争资本主义"（competitive capitalism）或"市场资本主义"（market capitalism）过渡。对欧洲国家来说，这是面向"现代性"社会的重大转变，似乎是一种难以抵制的大潮。欧洲企业或公司接受美国的现代管理理念或方式看起来只是个体的行为，但却会带来欧洲整个社会发生巨大的改变，成为欧洲迈向现代大众消费社

---

① Kipping, "American Management Consulting Companies in Western Europe," *The Business History Review*, Vol. 73, No. 2, Summer 1999, p. 198.

② Kreis, "The Diffusion of Scientific Management: The Bedaux Company in America and Britain, 1926–1945," in Nelson, ed., *A Mental Revolution: Scientific Management since Taylor*, pp. 157–158.

③ Craig Littler, *The Development of the Labour Process in Capitalist Societies: A Comparative Study of the Transformation of Work in Britain, Japan and the U.S.A*, . London: Heinemann Educational, 1982, p. 108.

会的先声。这种结果尽管难以避免，但显然是那些竭力维护欧洲文化传统的精英人士所不愿意看到的。美国式的"竞争资本主义"把企业的生存和发展与市场完全挂起了钩，无疑会带来了效率和利润，但把"人"变成"机器"的管理方式一方面抹杀了"人性"，用"一致性"代替了人在生产过程中"多样性"的发挥；另一方面通过所谓科学计算出的单位时间使劳动者能够发挥最大的效率，这种方法大大加重了他们的工作强度，让他们在高度紧张的状态下机械性地重复着单一的动作。这也是欧美大企业在推行科学管理制之后频繁出现工人罢工的主要原因之一。葛兰西曾在他的《狱中札记》这本书中站在劳动者的角度对"泰勒制"和"福特制"给予批评，指出在这种管理方式之下，"美国的工业家所关心的是保持工作者经常的体力效能，保持他的肌肉的和神经的作用"，把他们的劳动过程在没有任何选择的情况下完全"机械化"了。[①] 此外，推行这种科学管理制度之后，企业之间的竞争更为残酷无情，有的企业主成了亿万富翁，企业急剧扩大，产品也向多样化发展，有的企业主则在竞争中败北，关门倒闭，沦为穷人。这种缺乏"人性"的竞争机制很大程度上正是美国文化充满活力的源泉，但恰恰是欧洲文明在发展过程中竭力想要避免的东西。因此，在欧洲文化精英中出现批评和抨击美国所谓的"科学管理"制度的言论也就不足为奇了。

在很多欧洲精英看来，"合理化"和"标准化"的科学管理属于"美国主义"的重要组成部分，也是美国"机器文明"的核心所在。对他们来说，"合理化运动、泰勒制和福特制皆体现了美国化的变体"[②]。"泰勒制"和"福特制"出现在20世纪初期，在第一次世界大战爆发之前就已经风靡美国工商企业界了，但欧洲国家的企业或公司却很少受到这种新的管理方式的影响，只有不多的企业实验性地采用，取得很大效益，然而却很难为欧洲绝大多数企业所青睐。这种与大机器生产方式相适应的管理方式在欧洲难以传播开来固然存在着很多因素，但与欧洲文化发生冲突有很大的关系，欧洲精英们在20世纪最初十年著书撰文，从改变欧洲文化发展方向上

[①] 参见安东尼奥·葛兰西《狱中札记》，葆煦译，人民出版社1983年版，第404、407页。

[②] Schröter, *Americanization of the European Economy: A Compact Survey of American Economic Influence in Europe since the 1880s*, p. 29.

对美国机器文明"入侵"欧洲大张挞伐,这种抵制成为"泰勒制"和"福特制"在欧洲企业中难以大规模推广开的主要障碍。第一次世界大战之后,面对着来自国际市场上更为激烈的竞争,欧洲企业几乎没有选择,实际上多是在无可奈何的情况下采取美国的科学管理方法的,直接导致了欧洲"美国化"进程的加快。这也是很多欧洲精英拿起笔墨来批评这种缺乏人性的管理制度之原因。"合理化"是"泰勒制"和"福特制"的一个代名词。德国著名社会学家马克斯·韦伯把"合理化"说成是作为"弥漫于整个生活领域的东西"进入人的意识之中的。韦伯有个兄弟叫艾尔弗雷德·韦伯,后者名气虽没有前者大,但在当时也是一个很有名的社会学家。韦伯两兄弟都把"合理化"看作能够产生致命的后果,直到"油干灯尽",资本主义和官僚机构迫使人类进入了依附的"铁笼",预示着"世界驯服"的时代到来。[1] 马克斯·韦伯多次到美国考察,他曾对美国经济发展的速度从心底里发出了由衷的赞赏,但却从根子上很难认同这个让人"异化"为机器的管理制度。德国柏林自由大学教授哈佐·斯波德研究了两次世界大战时期德国人对美国科学管理的基本认识,认为"泰勒制"与工厂缺乏人性的约束密切联系在一起,多在诽谤意义上使用。"福特制"构成了大众消费的"一整套意识形态"。由此可见,"合理化"是一个流行词,让"公众焦虑不安,让工人感到恐惧,让管理人员产生激情,让政党和工会开始分裂"[2]。斯波德的研究表明了德国人还是很难认同这种可以带来效率的管理制度。当第一次世界大战之后"泰勒制"在德国工厂开始推行时,工会试图让工人从这种新的管理方式中获益,但生产一线的工人"对泰勒制继续不信任,把职工奖励制视为削减工资,把操作时间和动作研究视为强化劳动和危及工人们身体健康的手段"。1919年4月17日一份关于泰勒制推行的调查报告明确宣布,德国人不需要诸种"美国方法"[3]。工人们对美国"合理化"或"标准化"管理方式的抱怨不是仅存在于德国,在推行这种管理方式的其他欧洲国家都程度不同地存在。前章已经谈到欧洲文人对美国机器文明

---

[1] Hasso Spode, "Fordism, Mass Tourism and the Third Reich: The 'Strength Through Joy' Seaside Resort as an Index Fossil," *Journal of Social History*, Vol. 38, No. 1, Fall 2004, p. 128.

[2] Ibid., p. 129.

[3] Nolan, *Visions of Modernity: American Business and the Modernization of Germany*, p. 45.

的批评，其中一个矛头直指这种缺乏"人性关怀"的管理方式。

在两次世界大战之间，欧洲精英们对这种代表美国式资本主义的"科学管理"制批评与抨击可谓俯拾皆是。斯特劳斯的研究表明，到1927年，法国观察家们确信，古老的价值观在美国"新制度中已无一席之地了。独立自主的个人在美国生活中已不复存在，他们成为这一制度的装配线以及其他相关方面的受害者，这一制度包括标准化产品、广告、大众思想的产生以及电影。美国公民现在已无法逃避一个大众社会包罗万象的暴虐"①。这些观察家表面上是说美国，实际上是要欧洲不能"重蹈"美国之"覆辙"，这明显地体现出了他们对"美国主义"在欧洲传播的抵制，其中包含着"反资本主义和反技术主义"的因素在内，更主要担心欧洲国家在"美国化"的道路上越陷越深而不能自拔。他们的担忧并非空穴来风，而是面对现实所致。法国著名诗人夏尔·博德莱尔在19世纪中期在谈到美国机器文明的影响时说过一句话，即"迄今为止机器已将我们美国化"②。博德莱尔这句话已成名言。在博德莱尔所处的时代，欧洲被"美国化"只是一种想象中的未来之事，欧洲精英们还真没有料想到进入20世纪之后博德莱尔之语竟然开始成为他们生活中无法回避的重大现实问题，到了两次世界大战之间随着欧洲国家企业或公司对美国"合理化"和"标准化"管理方式的采用，这一进程明显加快。因此，到了1927年，"对流水作业线的敌对"在法国成为关于"美国化"作品的"主要特征"③。法国社会学家安德烈·西格弗里德认为，标准化和大规模生产的到来、几乎不可思议的战时繁荣以及20年代经济的急剧扩张构成了欧洲"美国化"的成熟阶段。在他看来，不管是工作方法，还是日常生活本身，没有什么能够避免这种以现代性为主要特征的生活方式的巨大冲击。美国化已经"转变了一切"④。西格弗里德在他的论著中阐述了美国现代管理方式在加剧欧洲"美国化"中所起到的巨大作用，但他与很多法国精英一样站在了抵制这种机器文明传播的前列。在他看来，法国应该在抵制美国机器文明传播中发挥特殊作用，

---

① Strauss, *Menace in the West: the Rise of French Anti-Americanism in Modern Times*, p. 176.
② 转引自 Roger, *The American Enemy: A Story of French Anti-Americanism*, p. 376.
③ Ibid., p. 377.
④ Allen, *French Views of America in the 1930s*, p. 71.

因为"法国是由个体组成的文明,与当代美国完全对立,后者是只注重生产的一致性社会"①。西格弗里德是在1927年说这番话的,此时正是欧洲"美国化"加剧之时,反映了法国文人甚或欧洲文人对"美国化"的看法。他们对美国把"人"变成"机器"的管理方式的批评只是体现出了他们传统的美国观,既阻止不了欧洲企业接受这种新的管理方式,更是难以遏制住不断加快的"美国化"进程,但却在欧洲社会产生了很大的影响,更加突出了美国在欧洲民众脑海中的负面形象,构成了这一时期欧洲反美主义的一个主要内容。

四 "美国化"的加剧与欧洲人的抵制

欧洲企业和公司对美国"合理化"和"标准化"生产管理方式的接受很大程度上是无可奈何之事,它们要生存与发展,实在没有比这更好的选择。这种管理方式是人类社会发展到大机器文明的产物,虽产生于美国,但应该说是没有国界限制的,体现出了与传统不同的现代社会理念。欧洲国家在第一次世界大战之前很少受到这种全新的管理理念的影响,表明"传统"的观念依然在社会上居于主导地位,第一次世界大战之后这种管理方式逐渐在欧洲国家"遍地开花",其产生的影响绝非仅仅限于企业本身的发展,可以说是带来一种全方位的效应,很大程度上说明了欧洲国家正在由传统社会向现代大众消费社会转变。这种转变是20世纪之后人类社会发展的一种大趋势,美国可谓是"独占鳌头",展示出现代大众消费社会的一切特征,欧洲国家的"美国化"正是这些特征在一种不同于美国文化场景下的再现,欧洲古老文化的传统实际上面临着来自美国与现代社会相一致的理念和方式的挑战。欧洲"美国化"的加剧正是采用这些理念和模仿这些方式产生的最直接结果。1928年2月,美国国家地理协会在一份报告指出:"无论你到哪里旅行,你很难避开美国的习惯和时尚。……美国的电影、汽车、牙医学校、打字机、留声机以及甚至它的职业拳击手导致在世界范围内传播了美国的时尚和习惯。美国的汽车传播了大众生产的福音。

---

① 转引自 Strauss, *Menace in the West: the Rise of French Anti-Americanism in Modern Times*, p. 252.

打字机为实现一整套办公设备装置开辟了新道路,这些设施使人们根据美国的模式做生意。"① 这份报告所涉及的美国影响虽为世界范围,但欧洲当为这种影响的最深之地区,欧洲精英所担忧的"美国化"现象比较显而易见。美国学者埃德加·莫勒1928年出版了《这个美国的世界》,详细地描述了进入20世纪之后美国对欧洲产生的巨大影响。莫勒认为,美国现在是地球上最富裕强大的国家,所以自然成为形成当代历史的最重要的单一因素,而欧洲正在逐渐失去对世界发展进程的支配,昔日的辉煌不仅不复存在,而且成为欧洲国家难以适应现代消费社会的负担。莫勒本人也许对美国生活方式体现出的主要特征持批评态度,但却明确承认这种生活方式代表了现代社会的发展方向。用他的话来说,"美国显然是一个受到多数人支配、缺乏教养、无审美情趣的功利主义社会。欧洲正朝着相同的目的走去,尽管比较缓慢,还戴上一幅正人君子的面具"。所以他在这本书中专章论述了欧洲社会在经济、娱乐、习俗、消费、金融等各个方面已经变得"美国化"。很有意思的是,莫勒对美国大众文化似乎有"不屑为伍"的口气,但对美国在进入20世纪之后对欧洲乃至对世界会产生强大影响却充满信心。他在最后一章谈到"美国的未来"时将"欧洲的美国化"与"两千年前左右的地中海世界的罗马化"进行了比较。他预言,美国将证明比罗马"更有力量、更为仁慈、更有教养、更为民主、更为辉煌"。不过他认为,欧洲的"美国化"只是一种表面的现象,历史已证明"希腊从未变成罗马",所以,"欧洲将不会从根本上被美国化"②。莫勒的这种观点也许主要针对欧洲精英人士对欧洲"美国化"的担忧,继而会采取一些不利于美国经济扩张的措施。说到底,莫勒还是从维护美国根本利益这个角度来论述这一在当时已被许多欧洲人炒得沸沸扬扬的问题。历史发展表明,欧洲国家不会完全"美国化",欧洲文化传统也不会在美国大众文化冲击之下失去其本质的特性,但欧洲社会呈现出"更像美国"的趋势却是一个不容置疑的事实。

第一次世界大战之后,美国借着战争带来的更为强大力量,加速了对

---

① 转引自 Ludwell Denny, *America Conquers Britain: A Record of Economic War*, New York: Alfred A. Knopf, 1930, pp. 405–406.

② Mowrer, *This American World*, pp. 126, 237, 226.

外经济扩张过程，欧洲与美国贸易关系向来密切，必然成为这种扩张首先针对的区域，美国的生活方式自然也伴随着欧洲人对美国商品和服务的消费在欧洲广为传播，适合现代大众消费社会的理念或方式被欧洲人接受显然是美国经济"入侵"欧洲必然带来的结果，在很大程度上又促进了美国在欧洲商品市场的扩大，给美国带来巨大的经济收益，这也是第一次世界大战之后美国一些颇有"远见"的企业家竭力把美国人信奉的价值观推向欧洲的主要原因之一。这里仅举一例便可加以说明。1905 年 2 月下旬，美国知名律师保罗·哈里斯与采矿工程师古斯塔夫·勒尔、煤商西尔维斯特·希尔以及裁缝海勒姆·肖里等几位志同道合者在芝加哥创立了一个名为"扶轮社"的组织，旨在促进提高行业标准，为会员提供相关服务，这个组织采用了"扶轮国际"的名字，意为扶轮社的活动并不限于美国境内。不到数年功夫，扶轮社遍及美国各大城市。1912 年 4 月，加拿大的曼尼托巴省省会温尼伯允许扶轮社设点服务，这标志着提供美国式服务的首个组织在美国境外建立。随后这个当时在美国工商企业界已经很有影响的组织成立了"扶轮社国际联盟"，以便更为名正言顺地在美国境外发展。1912 年 8 月，扶轮社在爱尔兰的都柏林成立了首家机构，其后很快便向欧洲其他城市发展。[①] 施勒特尔在其专著中谈到欧洲"美国化"时特此提到扶轮社在其中所起到的重要作用。在他看来，1922 年，欧洲出现了一场美国扶轮社在各大城市设立机构的运动，这场运动"声称目的是通过世界性的联谊服务推进国际理解与和平，强调诚实、合理性、个人主义和竞争，这些夸张华丽的词句打上了传播美国经济伦理的深刻烙印"。施勒特尔的研究表明，总体而言，扶轮社在欧洲扩张是相当成功的。在一些国家，该社能够建立在先前已有组织的基础之上。如在瑞士，两个商人在第一次世界大战结束时成立了瑞典美国交友社。国际扶轮社特别专员蒂尔 1923 年受命来到瑞士之后，就在这个组织的基础上成立了扶轮社。在只有四年的时间内，国际扶轮社在瑞典建立了 18 个分社，拥有会员 600 余人。在德国，由于扶轮社与美国价值观具有联系，致使纳粹在 1933 年掌权之后遭到禁止。扶轮社可以说是在欧洲有效地传播了美国文化价值观，促使了欧洲人对美国现

---

① 关于扶轮社早期在国外的发展参加 Thomas A. Wikle, "International Expansion of the American-Style Service Club," *Journal of American Culture*, Vol. 22, No. 22, Summer 1999, pp. 45 – 48.

代大众消费生活方式的进一步认识。施勒特尔由此得出结论,扶轮社在"对欧洲接受美国化的影响上几乎是不可估量的,但是无论如何它们的确至少让工商企业领袖和专业领袖的成员们开始接受美国的思想"①。扶轮社只是源于美国的国际组织在欧洲设点的一个代表性的例子,其实在这一时期,很多美国组织和机构借着美国经济新一轮扩张浪潮,加强了在欧洲国家的活动,它们在促使欧洲国家所谓的"美国化"上功不可没。

欧洲的"美国化"与第一次世界大战后欧洲人在现实生活中更有条件接触到美国人有很大的关系,他们近距离地观察到了美国人信奉的价值观,对美国人言谈举止的模仿自然促使了欧洲社会"美国化"的加深。美国远征部队在第一次世界大战后期被派往欧洲参战,欧洲人大概从来没有见过如此多的美国人登上欧洲大陆,他们最初可能是以一种陌生奇怪的眼光看着这些还停留在脑海中之人的行为,随后势必会对他们不同于欧洲的生活方式发生兴趣,继而潜移默化地受这种生活方式的影响。第一次世界大战结束之后,美国部队的大多数人返回国内,还有一小部分依然留在欧洲主要国家。德国学者马尔特·格贝尔认为,第一次世界大战后美国文化在欧洲的广泛传播表现为多种形式,美国的经济影响只是起着一种间接的作用,而驻扎在英国、法国和比利时等西欧国家的美国士兵则对美国文化进入这些国家扮演了更为直接的角色,他们的存在对当地人生活方式发生了很大的影响。② 这里以法国和德国为例来加以说明。美国远征部队主要驻扎在法国,对法国人来说,战争期间他们是作为"拯救者"的正面形象来到法国的。美国人的幽默感、善待孩子、不拘小节以及慷慨大方等,给接触他们的法国民众留下了深刻的印象。一些法国女郎出入美国军营,与美国士兵谈情说爱,结婚生子。战争结束后,大多数美国士兵携妻返回美国,但还有1500余人留在了法国。他们可以说是起了跨文化传播的桥梁作用,让与他们有接触的法国人真正地体验到了美国文化,自觉或不自觉地把美国人的价值观在他们的生活方式中体现出来。战争结束之后,美国部队作为战

---

① 以上引文详见 Schröter, *Americanization of the European Economy: A Compact Survey of American Economic Influence in Europe since the 1880s*, pp. 29 – 30.

② Malte Goebel, "The Americanisation of the Culture of Weimar Germany," April 7th, 1999. (http://www.informatik.hu-berlin.de/~goebel/ha/ha_weiku.htm)

胜国驻扎在德国的莱茵地区，与在法国一样，他们的做事方式自然传播了美国人的价值观，使与他们接触的德国人直接感受到现代大众消费文化的诱惑力。1931年，德国学者欧根·狄塞尔观察说："战争的胜利者总是成为被征服者的不知不觉的理想和模式：已经征服了整个世界的美国使其机械方式的幼稚形式成为我们时代的特征。"[1] 其实，即使美国人不是作为胜利者出现在德国，德国人也很难抵制代表"现代性"的美国大众文化对本国传统生活方式的冲击。

　　欧洲人直接感受到美国文化的主要途径之一是战后日益增多的美国观光客表现出的思维和行为方式。第一次世界大战之后，美国进入了历史上的一个经济繁荣时期，美国中产阶级到境外观光旅游成为这种繁荣的重要标志之一，同时也反映了现代大众消费社会的一个主要特征。欧洲大陆为美国人出境旅游的首选之地，前往观光者的数目与年俱增。据统计，1912年到欧洲观光的美国人约为1.5万人，到1929年，这一数字上升为25.1万人。另外一个统计数字表明，前往欧洲和地中海旅游观光的美国人1920年为19.6万人，到1929年增加到35万人。从1921年到1930年，平均每年有41.4万美国人出国旅游或处理业务，其中三分之二者来到欧洲。[2] 此外，出于很多原因，还有一些美国人移往欧洲定居生活。在欧洲经济处于第一次世界大战之后的恢复期间，欧洲国家非常欢迎这些美国人前来观光，他们一般属于中等阶级，比较富有，花钱大方，能够给欧洲国家带来可观的外汇收入。1929年，美国公民在欧洲的开销近3.23亿美元，仅在法国，美国观光者和定居者的各项开支共计1.37亿美元。这些美国人在欧洲的消费一方面给欧洲国家带来偿还战争期间欠下外债的收入，更为重要的是以自身的行为为欧洲人树立了现代大众消费的"形象"。因此，这一时期所谓欧洲的"美国化"与他们有很大的关系，他们实际上把美国生活方式带入了欧洲，刺激了许多欧洲人对美国消费品的追求。正如科斯蒂廖拉指出的那样，在这一时期，美国的观光者、移居国外者和电影扩大了欧洲对美国

---

[1] Costigliola, *Awkward Dominion: American Political, Economic, and Cultural Relations with Europe, 1919–1933*, p. 171.

[2] Alfred E. Eckes, Jr. and Thoms W. Zeiler, *Globalization and the American Century*, New York: Cambridge University Press, 2003, p. 77.

产品、生活方式和观念的理解。每年"多至 25 万观光客的远游,加上 8 万名移居国外者,刺激了欧洲对美国产品的消费。观光者和移居国外者要求他们在国内知道的相同商品,如可口可乐、口香糖、打字机和福特牌汽车等。他们的身体力行在好莱坞电影中描绘的消费模式映衬下更加突出,引起了欧洲人追求相同举动的欲望。乘飞机来到梅因街(Main Street)的观光者和移居国外者发现旧世界的很多人沉迷于华尔街和好莱坞。经济和文化交流是一个充满生气的过程。当欧洲越来越美国化时,更多的观光者在这里度假感到很舒适。同样,欧洲的美国化刺激了对美国出口品的需求,这又反过来促进了能够使观光者有钱到欧洲旅游的繁荣"[1]。在对美国人行为方式的模仿上,欧洲国家年轻人要比年龄大者更甚,欧洲中产阶级要比上层人士更甚。年轻人对本国文化的"反叛"心理直接导致了对美国生活方式的追求。中产阶级相对比较富裕,易于接受美国人的消费观,德国著名诗人和剧作家利翁·福伊希特万格通过观察得出结论,即"我想要对那些欧洲中产阶级当头一棒,他们越来越使自己接受了他们喜欢认为属于美国的各种特性,但使之适应了自己的嗜好。在今天的欧洲,不同阶层的人们比大多数美国居民可能更'美国'"[2]。在欧洲年轻人和中产阶级成员的身上,"美国化"比较明显,当然这种现象在其他社会各阶层的身上也程度不同地表现出来。

  两次世界大战期间欧洲国家的"美国化"进程明显加快,表现出一种似乎难以抵制的趋势。英国格拉斯高大学教授德莱尔·波恩斯在一次讲话中指出,欧洲文化担心美国化,但这种现象却会必然到来。所以,他把"欧洲的美国化"看作是不可避免的,"只是世界工业化的一个最新阶段"。欧洲迄今还认为自己是文明生活的中心,担心被美国所征服,[3] 但这种文化上的"征服"却伴随着美国文明在欧洲的广泛传播正在变成现实。波恩斯的观点暗含着传统的欧洲很难抵制来自大洋彼岸的新的生活方式。魏玛共

---

[1] Costigliola, *Awkward Dominion: American Political, Economic, and Cultural Relations with Europe, 1919–1933*, p. 172.

[2] Herbert Gorman, "Herr Feuchtwanger Jests at Europe's 'Americanization'," *New York Times*, August 18, 1929, p. BR2.

[3] "Asserts America Cannot Shun League," *New York Times*, August 1, 1930, p. 18.

和国是现代德国历史上的一个重要阶段,尽管这个共和国存在的时间不长,但却经历了其中包括文化在内的重大社会变革。在这一过程中,作为战争之后在国际舞台上崛起的美国,无论在经济和政治上,还是在文化上对魏玛共和国发生了举足轻重的影响,研究这一时期的学者很少不承认这一事实。[①] 作为战败国的德国,尽管在战胜国的面前受尽屈辱,但也与其他欧洲国家一样大踏步地迈向现代消费社会,已经走在前面的美国自然成为德国人效仿的"榜样"。因此,在许多德国人看来,美国成为他们的国家走出面临之困境的希望。他们"到美国旅游,参观了美国的工业核心地区,对纽约的文化以及可能还对好莱坞发表看法,考察了美国的家庭。更多的人阅读了亨利·福特的畅销自传或无数的旅游报告和更为学术性评论之一,这些报告和评论收录在书中或刊登在各种大众、专业和政治杂志的文章中"[②]。德国人对美国的了解尽管不会从根本上改变他们多少代形成的美国形象,但却从美国的发展中看到了自己国家的未来,原因在于美国的模式代表了现代社会发展的方向。这种认识让魏玛共和国时期的德国人在看待美国时处于一种矛盾的心态,他们希望德国能够模仿美国走上迅速强大之路,但面对着削弱本国文化凝聚力的美国生活方式,他们表露出一种对正在消失之岁月的留恋。就魏玛共和国官方而言,走美国式的现代化之路乃是国家强大的必然选择。美国学者尤塔·普瓦热尔的研究成果表明:

> 在魏玛共和国期间,许多德国人把美国等同于现代性——一种希望与恐惧同时出现的结合。德国人不只是着迷于美国的管理方法和自动化,在像柏林那样的大城市,美国的大众文化,尤其音乐和电影一直引起轰动。第一次世界大战之后,美国的军人和好莱坞电影把美国的产品和习气介绍给德国人,诸如查尔斯顿等受美国影响的时尚在一些

[①] 代表性的研究成果可参见 Thomas J. Saunders, *Weimar, Hollywood, and the Americanization of German Culture 1917 – 1933*, A Dissertation, The University of Toronto, May 1985. John Willett, *The New Sobriety* 1917 – 1933: Art and Politics in the Weimar Period, London: Thames and Hudson, 1978; Goebel, "The Americanisation of the Culture of Weimar Germany," April 7, 1999. (http://www.informatik.hu-berlin.de/~goebel/ha/ha_weiku.htm)

[②] Nolan, "America in the German Imagination," in Fehrenbach and Poiger, eds., *Transactions, Transgressions, Transformations: American Culture in Western Europe and Japan*, p. 15.

年轻人中间广为流行。到了 20 年代中期,随着道威斯计划和其他美国贷款计划的结束,"美国化"和"美国方式"成为流行术语:德国人展开辩论,适应了泰勒制和福特制,消费和讨论好莱坞电影和爵士音乐,构架和攻击类似美国"姑娘"的美国"风格"。[1]

魏玛共和国在所谓的"美国化"上可以说是走在了其他欧洲国家的前面,正如莫勒认为的那样,在所有欧洲国家中,魏玛共和国在沿着美国道路上走的最远。[2] 美国的影响在德国社会无处不在,成为魏玛共和国一度经济繁荣的重要因素之一。对魏玛共和国深有研究的美国学者杰弗里·赫夫认为,魏玛共和国时期相对稳定繁荣,正是在这一时期,"促进生产力扩大的美国化、福特制以及基于社团调解之上的各阶层和谐达到了登峰造极"[3]。很多欧洲精英人士对魏玛共和国"美国化"深感忧虑,法国学者西格弗里德在 1927 年出版的一本书中甚至主张把德国从欧洲整体中排除出去,他把德国描述为是欧洲的美国。用他的话来说:"德国人在很多方面与现代美国十分相似,正如他们一贯的做法,以满腔的热情把自己置于标准化进程。今天没有任何德国人不对'合理化'高唱赞歌;后者显然符合他们强调规矩的思想,让我们承认他们缺乏个性。"[4] 西格弗里德这里显然有贬低德国之意,但从一个角度说明了魏玛共和国时期所谓的"美国化"程度之深。一位很有名的德国宗教界人士宣称,"我们的文化现在正受到美国化的严重威胁"[5]。其实,魏玛共和国的"美国化"孕育了德国内部一股维护普鲁士文化完整的民族主义潜流,为纳粹在德国的崛起埋下了伏笔。

法国精英对本土文化情有独钟,任何时候他们都竭尽全力维护法兰西

---

[1] Uta G. Poiger, *Jazz, Rock, and Rebels: Cold War Politics and American Culture in a Divided Germany*, Ewing: University of California Press, 2000, pp. 13 – 14. 另见 Uta G. Poiger, "American Music, Cold War Liberalism, and German Identities," in Fehrenbach and Poiger, eds., *Transactions, Transgressions, Transformations: American Culture in Western Europe and Japan*, p. 128.

[2] Mowrer, *This American World*, p. 215.

[3] Jeffrey Herf, *Reactionary Modernism: Technology, Culture, and Politics in Weimar and the Third Reich*, Cambridge and New York: Cambridge University Press, 1984, p. 19.

[4] 转引自 Kroes, "America and the European Sense of History," *The Journal of American History*, Vol. 86, No. 3, December 1999, p. 1139.

[5] "Scopes Case Stirs Berlin," *New York Times*, July 19, 1925, p. 2.

文化不受到外来文化的"玷污","美国化"最早出现在法语中有"防患于未然"之意,然而当"美国化"像洪水猛兽真的来到法国时,法国文化精英们大概最不愿意见到的就是"美国化"这个术语描述的现象了,有些人甚至认为一些来自美国的粗俗之词夹杂于法语之中是对这个高贵典雅之语言的"亵渎"或"侮辱"。1911 年 8 月 26 日,一个自称为"法国语言之友"的协会在巴黎组织活动,抗议法语和法国习俗的"美国化",主张把那些来自美国的"粗俗"词汇从法语中彻底剔除出去,以保持法语的纯洁性。① 他们的抗议只是一种抵制的呼声,不可能产生多大效果,但却反映出第一次世界大战之前法国人生活方式的"美国化"就已经是一个很严重的现实问题了。第一次世界大战之后这一问题更为突出,美国学者埃伦·弗洛在他的论文中通过对法国小商店和艺术沙龙的变化展示出了 20 世纪 20 年代法国社会"美国化"的图景,他把法国的"美国化"与"现代性"联系在了一起,认为这是一个历史发展的大趋势,因此,"美国化"并不像一些欧洲人描绘的那样可怕,它"似乎不会破坏国家认同,相反会促进或更新现行的文化和经济特性"②。弗洛是站在现代人的角度来看待当时法国"美国化"的,这种观点无疑有其可取之处,但不会为两次世界大战之间的法国精英们所持有,不过弗洛在文中列出的详细事实证明了这一时期"美国化"在法国已经大大加剧了,其程度丝毫不亚于在魏玛共和国出现的情景。1929 年,艾尔弗雷德·布雷斯主编的一本书中收录了萨斯曼写的一篇文章,记录了巴黎当时"美国化"的现象。作者描述说,在法国首都,一个人能出生于美国医院,在美国人开办的学校上学,去美国教堂做礼拜,隶属于美国军团、基督教青年会、康奈尔、哈佛或美国妇女俱乐部;在偏爱的美国咖啡馆或美国图书馆阅读在巴黎美国人办的三家报纸之一;在许多美国式的小酒吧品尝着威士忌,喝着由美国牛奶工送来的牛奶,吃着当地美国人生产的甜玉米和冰激凌;去观看曲棍球比赛、拳击赛以及其他进

---

① "'American Manners' Deplored by French," *New York Times*, August 27, 1911, p. C3.
② Furlough, "Selling the American Way in Interwar France: Prix Unoques and the Salons des Arts Managers," *Journal of Social History*, Vol. 26, No. 3, Spring 1993, pp. 491, 510.

口的运动项目；得到美国牙医和医生的关照，最后被一个美国殡仪员所安葬。[1] 萨斯曼把生活在外国城市的一个人从生到死的经历描写为与美国国内并无多大差别，他的描述显然有些夸张，但也足见美国对法国的影响无处不在。让—皮埃尔·马克桑斯在1930年发表的文章中指出，法国已经变得非常"美国化"，在法国，美国的"力量每天都在上升，我们可以更准确地观察到我们反对的东西是什么，因为美国已经深入到我们的制度和我们的思想之中，无疑深入绝大多数法国人的心灵之中。当美国佬的银行家来到巴黎时，他们的行为就好像在参观被征服的土地"[2]。马克桑斯作为法国一个知名记者，他的描述把这一时期法国"美国化"体现得活灵活现、淋漓尽致。德国和法国的这种"美国化"趋势，在英国和意大利等欧洲国家皆程度不同地出现。美国小说家和诗人马尔科姆·考利20年代生活在法国，1934年出版了自传体小说《流亡归来》，他在书中描述了美国的文明是"效率、标准化、大规模生产和机器"。这种文明"对我们国家的控制远远超过了对其他国家的控制，但也影响了其他国家。德国已经屈从于它，英国正在屈从，甚至法国正在受到毒化"[3]。考利对美国文明持批评态度，他在法国的生活经历让他目睹了欧洲"美国化"正在加剧的情景。

面对着日渐加深的"美国化"，欧洲精英们自然不会自甘寂寞，袖手旁观任这种侵害欧洲文明的现象继续发展，他们必然会严加抨击，以便引起整个社会对美国生活方式传播的警觉，继而使民众在行动上予以抵制，遏制住"美国化"的加剧趋势。出生贵族世家的法国著名诗人安托万·德·圣埃克苏佩利对法国的"美国化"深感忧虑，他批评说法国已经感染上了工业疾病，即美国癌症，但法国依然是希望和生活的象征。这样他愿意为这种高贵生活的继续而战斗："因此，我将反对任何人试图把自己的习惯强加给其他人，反对一个民族凌驾于其他民族之上，一个种族凌驾于其他种

---

[1] Susman, "Pilgrimage to Paris," in Alfred M. Brace, ed., *Americans in France: A Directory*, Paris: American Chamber of Commerce in France, 1929, pp. 163 – 167.

[2] 转引自 Armus, *French Anti-Americanism（1930 – 1948）: Critical Moments in a Complex History*, p. 34.

[3] Malcolm Cowley, "Transatlantic Review," in Rahv, ed., *Discovery of Europe: the Story of American Experience in the Old World*, p. 532.

族之上，一种思想方式凌驾于所有其他思想方式之上。"① 圣埃克苏佩利这段话中没有明确点出美国之名，但他的批评矛头显然是直指美国的。法国著名诗人卡米耶·莫克莱对美国大众文化肆虐法国怒火万分，他在1931年义正词严地宣称，美国的"爵士乐、铺天盖地的广告、野蛮行为、对假神之极财神的狂热崇拜等让我震惊恐怖，我不管在内外都要抵制这些恐怖，以维护拉丁文化的优雅、秩序和情趣"②。法国哲学家和社会学家雷蒙·阿龙谈到美国与欧洲关系时直言不讳地指出欧洲文人对"美国化"的恐惧感以及竭尽全力予以抵制，他把美国称为第二人称"你们"。在欧洲文人的眼中，"你们广告公司的欧洲分社、你们大量出版的杂志在欧洲广为发行、成百上千万的欧洲人对你们的连环画、你们的电影、你们缩微文化的媒体和你们犯罪小说的欣赏，凡此种种相当真实地让欧洲知识分子惊恐不安，他们已将之视为对严肃的思想和无私的艺术构成了威胁。当他们看到锡杯取代了国内的烹饪方法时，可口可乐取代了这块土地出产的最高贵的产品（当然我指的是葡萄酒）时，破坏品味的冰箱预示着地窖面临着灭顶之灾时，他们的恐惧感与日俱增。摆在他们面前的是无可辩驳的证据，即人的科学新颖设计已超出了他的理智，有鉴于此，他们竭力谴责你们的技术带来的可悲结果，把你们视为一个由机器人组成的国家，你们自己已被标准化，狂热地打算把标准化传播到地球上最远的角落"③。欧洲文人对"美国化"的抨击带有很浓厚的感情色彩在内，他们无法阻止美国具有"现代性"特性的文化在欧洲的传播，但对这种传播的坚决抵制却是他们丝毫不肯放松之事。

当然，在欧洲知识精英当中也不乏头脑比较清醒者，批评或谴责并不是与坚决抵制完全画等号。1927年，德国著名心理学家理查德·穆勒·弗赖恩费尔斯出版了一本书，书名为《灵魂的秘密》，这本书在1929年翻译成英文在伦敦出版。在这本书中，弗赖恩费尔斯形成了对人们心理发展的

---

① Antoine de Saint-Exupéry, *Pilote de Guerre*, Paris, 1942, p. 143. 转引自 Judt, *Past Imperfect: French Intellectuals, 1944–1956*, p. 192.

② 转引自 Strauss, *Menace in the West: the Rise of French Anti-Americanism in Modern Times*, p. 175.

③ Raymond Aron, "Transatlantic Relations: Does Europe Welcome American Leadership?" in Raymond Aron and Others, *America and the Mind of Europe*, with an introduction by Lewis Galantiere, London: Hamish Hamilton, 1951, p. 25.

看法，并把这种理论运用到欧洲人当时面对着美国生活方式威胁时所产生的心理活动上。弗赖恩费尔斯专章谈到了"灵魂的美国化"，认为美国主义构成了一个抽象的概念，决定了20世纪整个全球的面貌和精神。他把西方文明的转变说成是"美国主义"的向外延伸，人们"已经习惯于把文明的这种转变形式看作'美国主义'，我们也认识到，这种'美国主义'不仅是位于纽约和旧金山之间领土的当地产物，而且是一种普遍的现象"。不管欧洲人把这种转变视为进步还是看作倒退，事实是，今天"美国正以一种很有代表性的方式决定整个欧美世界的生活方式，犹如18世纪法国文化决定整个欧洲生活方式一样。甚至在欧洲，我们可以看到我们的整个文明正在变得越来越美国化"。在作者看来，"美国主义"对欧洲生活方式的影响是不可避免的。美国主义的第一个特征是"生活的数量化"，这一特征导致在美国，"大量的见解总是与金钱观联系在一起，因为金钱是缺乏质量的某种东西，是一种纯粹数量上的价值标准"，这也正是欧洲人常常谴责美国人极端爱钱的原因。美国主义的第二个特征是"生活的机械化"，意指在美国一切都受到技术的控制，技术带来物质上的享受达到了登峰造极，但却包含着精神生活的日益肤浅，他称之为"心理的荒野"（psychological wilderness）。美国主义的第三个特征是"生活的标准化"，也就是说人们的一切活动失去了多样化的选择，完全陷于一种相同的固定模式之中。作为一个深受欧洲文化熏陶的精英人士，弗赖恩费尔斯显然不赞成美国生活方式在欧洲社会的广为传播，让具有自己文化传统的欧洲变得像美国一样，但在"现代性"浪潮的冲击下，这又是一个难以抵制的大潮流，这样，欧洲社会必然面临着政治、艺术、科学和宗教等方面的美国化。[①] 他在书中对这些方面进行了详尽的描述。

弗赖恩费尔斯思想倒是不保守，他知道"美国化"的大潮难以抵挡，不管欧洲人愿意与否，这股大潮已经不可避免地把欧洲国家卷了进来，欧洲人不可能置身其外。对欧洲人来说，关键在于如何在"美国化"浪潮的冲击下能够维护住自身的特性，这是弗赖恩费尔斯的关注之点。他的结论是，欧洲"整个文明的社会化依然在深化，或许会出现倒退，或许会回归

[①] Richard Müller-Freienfels, *Mysteries of the Soul*, London: G. Allen & Unwin ltd, 1929, pp. 235-292.

到一种彰显个性的新文明,二者都不否认文化的这些社会转变,而是要接受这些转变,继而对之超越"。他要欧洲人不要一味愚蠢地抵制"美国化"进程,为欧洲失去过去的辉煌而悲叹不已,而要面对现实,从容应对,最后超越"美国化",形成更具有鲜明特色的欧洲文化,把现代性融进这个古老的文化之中,由此焕发出新的活力。"灵魂的美国化"是欧洲人面对的一个现实问题,但解决这一问题不是靠来自外部的力量,这种力量应该来自欧洲自身。[①] 弗赖恩费尔斯不是文化学家和历史学家,但他从人们心理适应这个角度来提出解决欧洲社会的"美国化"问题,的确有耳目一新之感。他对"美国主义"的谴责没有一味地停留在恶语相加上,而是把对美国生活方式在欧洲传播的批评体现在笔墨之间,对如何解决欧洲人面对的"美国化"问题提出了深刻思考之后的看法。弗赖恩费尔斯对"美国主义"的批评尽管更为理性,富有积极的意义,但话里话外也流露出了无可奈何之意,从另一个侧面反映了很多欧洲知识精英对美国文化在欧洲广泛传播的一种复杂心理。弗赖恩费尔斯对美国文明的批评相比较而言还算是有有理有据。

官方对"美国化"的抵制当属德国和意大利法西斯政权。其实,在魏玛共和国期间正当德国高扬着"现代性"把"美国化"推向高潮时,一些保守的精英人士就开始反击这种侵害德意志文化的现象了。《纽约时报》1928年1月26日刊登了来自柏林的报道,作者声称在德国出现了反美主义日渐高涨的苗头,美国越来越不受到德国人的欢迎。柏林到处张贴着谴责美国驻德国赔款总代理西摩·帕克·吉尔伯特和道威斯计划的声明。除此之外,还有一些德国报纸刊登各种反美主义主题的文章,如《柏林午报》(*Der Berliner Mittag*)一直谈论英国和美国之间将爆发战争,"似乎这是一个不可避免的结局。暗示了欧洲对美国的攻击将是世界上最自然不过的事情了"[②]。有些右翼的德国文人把"美国主义"看作"大众生产和消费、泰勒制以及工业的合理化",这是"对德意志灵魂构成威胁的灾祸"[③]。《纽约

---

① Müller-Freienfels, *Mysteries of the Soul*, p. 292.
② T. R. Ybarra, "German Irritation with US Increases," *New York Times*, January 29, 1928, p. 51.
③ Herf, *Reactionary Modernism: Technology, Culture, and Politics in Weimar and the Third Reich*, p. 42.

时报》1929年8月12日刊文说,德国人赫尔·阿诺尔德·雷希贝格满怀激情地建议,英国工业家应该与欧洲大陆"卡特尔"联合起来营销本大陆生产的主打产品,这个建议与其说是表现了一种"反美主义"新形式,不如说是欧洲决定借鉴美国扩大工业联合做法的征兆,然而这一建议没有得到英国人的响应。英国人由于在传统上不信任通过联合来促进贸易,一直拒绝积极参与各种提议的"联合"。即使英国人现在改变了这种传统政策,能够与其他国家工业家在市场和价格上联合行动,这种做法是否达到许多欧洲人希望遏制住美国对外商业扩张的结果,还是令人怀疑。这篇文章实际上为美国经济扩张进行辩护,作者宣称,毋庸置疑,美国"对外贸易自1913年以来急剧上升。同样的事实是,美国与各个国家的贸易额比战前大为增加。然而这并不意味着发生各类直接'残酷'的竞争。南美洲即为一例。按照欧洲媒体的报道,美国正在图谋强行挤出欧洲的商人。美国大大上升的贸易主要集中在汽车、缝纫机、打字机和其他质美价廉的商品上。因此,这些商品不是对欧洲贸易的取代,而是对欧洲贸易的补充"[1]。诸如卡尔·施密特、恩斯特·荣格和斯宾格勒等守旧派在魏玛共和国掀起了抵制美国"现代性"的大规模运动,历史上称为"保守革命"(Conservative Revolution),这场运动的主体为德国保守文人,他们执笔为文,对"美国化"口诛笔伐,在社会上和政治上产生了广泛的影响。马尔科维茨等人的研究表明,这场运动整合与加强了各类针对"现代化"在文化上的一贯抱怨,尤其是针对德国的"美国化"。在反对这种"美国化"时,这场"保守革命"采用了"德国社会主义"的种族观念,即一种"人民社区"(volksgemeinschaft)乌托邦,旨在把德国军国主义和英雄主义与"不受颓废的非德国犹太和美国影响的德国技术"的思想相一致。[2] 这场运动在很大程度上讲促进了德国极端民族主义的泛滥,为纳粹上台执政起了大造宣传声势的作用。这也正是希特勒纳粹政权把反美主义推向高潮的主要原因。

在纳粹的意识形态中,民主美国表现出的特征成为这个极端民族主义政权实现其既定目标的障碍,希特勒等纳粹领袖可能对美国表现出的生产

---

[1] "Extending the 'Cartels'," *New York Times*, August 12, 1929, p. 12.
[2] Markovits and Rensmann, "Anti-Americanism in Germany," in O'Connor, ed., *Anti-Americanism: History, Causes, and Themes*, Vol. 3, p. 166.

效率很感兴趣，但他们决心要肃清魏玛共和国时期美国留下的无处不在的影响，全面禁止爵士音乐，禁止德国人与美国人接触，把美国视为在意识形态上与德国敌对，在本质上与德国另外一个敌人苏联没有任何区别，皆受到犹太人的强大影响。希特勒公开地表达了他的反美主义情绪。在他看来，美国是个"腐朽国家，种族和社会问题突出，没有任何思想"，希特勒说他"抵制美国的情绪是憎恨与厌恶的情绪；一半是犹太化，另一半是黑人化，一切都建立在美元之上"。美国人"有母鸡的脑子"，美国人"像奶牛一样生活"，住在奢侈豪华的"肮脏房子"中。① 希特勒把犹太民族视为不共戴天，必欲从种族上完全灭绝为后快。美国主义成为犹太主义滋生的温床，二者在本质上没有任何差别，因此必欲阻止其在德国的传播。1944年3月16日德国《黑军团》（*Das schwarze Korps*）杂志刊登的一篇文章宣称，美国主义的"扩张伴随着犹太人权力的日益增长，两者是同步进行的。像犹太人鼓动的任何事情一样，美国主义缺乏文化，缺乏优雅举止，其年轻人的腐化堕落被掩饰为'孩子世纪'的慷慨大方，凡此种种也是故意的装扮。……犹太人利用爵士乐、电影、杂志和淫秽书籍赞美了地痞流氓和自由性爱，让不正当的爱好无足轻重，由此成功地在其他领域使美国人民完全不能自拔，致使他们在形成其命运上根本发挥不了任何作用。……地球上几乎所有人靠着自我内省的力量已经面对或正在面对着制服美国主义的任务"。因为"美国主义无处不在，在令人舒适中逆转为野蛮的文化缺失"。这样，"使用非政治方法与美国主义战斗是毫无意义的，似乎它只是种族—文化堕落的某种标志。然而，当人们挖掘出美国主义的根源，发现其根源打上明确的'以色列制造'的记号时，美国主义便已得到了制服"②。马尔科维茨等人由此得出结论，美国总是纳粹意识形态最鄙视的目标之一。纳粹接受了不同的保守主义和种族优越传统，在文化上和政治上表现出强烈的反美主义，完全把山姆大叔转变成夏洛克大叔。纳粹政权全面加强反美主义例子是禁止爵士音乐，不允许与美国"敌人"接触，把反

---

① Diner, *America in the Eyes of the Germans: an Essay on Anti-Americanism*, p. 83.
② 转引自 Markovits, "European Anti-Americanism: A Brief Historical Overview," in O'Connor, ed., *American Foreign Policy Traditions*, Vol. III, 2010, p. 50. 另见 Markovits, *Uncouth Nation: Why Europe Dislikes America*, p. 67。

美主义全面融合进政府反犹太灭绝意识形态之中，在这种意识形态中，"犹太人"和"美国财团"完全与"犹太布尔什维克"形象相融合，表明美国和苏联只是犹太世界统治的两个变种。① 如果说在魏玛共和国时期"美国主义"概念在德国人心目中还具有正面的含义话，那么到了纳粹时期就完全变成了"十恶不赦"的术语了。

　　纳粹宣传极端种族优越论，把日耳曼文化视为至高无上。照此衡量，欧洲其他国家的文化在纳粹统治者的眼中皆为二流低等，美国自然就成为没有"文化"的国度了。这种看法本来就根深蒂固于保守的德国精英人士脑海中，到了纳粹统治德国时成为抵制"美国主义"的一个最好口碑。在英国成长后来到美国大学任教的著名历史学家伯纳德·刘易斯研究了欧洲反美主义，认为德国人对美国的否定构成了一个很有影响的学派，这个学派对美国的抨击先于纳粹形成，在纳粹统治时期达到高潮。这个学派的成员集合了很多学术大家，他们在哲学观点上可能有所不同，但在看待美国文明上却持一种基本相同的观点，即"美国是无文化之文明的最典型代表：富裕舒适，物质上发达，但却缺乏精神生活，矫揉造作；装配线充其量只是构造，而不是自然生长；是机械的，而不是接近自然的；技术上是复杂的，但缺乏灵性与活力，而后者则是德国人和其他'真正'民族的有根基的、人文的和民族的文化所具有的"②。在第二次世界大战中，美国陆军欧洲行动战区编辑出版了一本名为《军队话题》的杂志，主要供赴欧作战的美国士兵阅读，以"帮助他们见多识广，由此成为好士兵"。这份期刊1943年出版发行，直到欧洲战争结束，有时一周出一期，有时两周出一期，每期有一个固定的话题。有时还刊登一些欧洲对手污蔑美国或美国人的文章，大概是想激励起美国将士打击敌人的士气。一个名叫希克尔格鲁伯的德国人对美国人极尽污蔑之词，他写道："美国人是不成熟的。他们缺乏文化。他们没有修养，道德败坏，愚蠢不堪。美国人不能解决他们在国

---

　　① Markovits and Rensmann, "Anti-Americanism in Germany," in O'Connor, ed., *Anti-Americanism: History, Causes, and Themes*, Vol. 3, p. 167.

　　② Bernard Lewis, "The Roots of Muslim Rage," *The Atlantic Online*, September 1990, p. 4. 全文可在 http://f.hypotheses.org/wp-content/blogs.dir/166/files/2009/12/The-Atlantic-Online-_-September-1990-_-The-Roots-of-Muslim-Rage-_-Bernard-Lewis.pdf 网址上获得。

内遇到的问题,遂参加这场战争以逃避他们国内面对的问题。美国士兵好吹牛,很自负,愚昧无知。他们的兴趣只在于烈酒、女人和金钱。他们并不知道他们为什么参战。他们不相信上级,对其领导的品质有所怀疑"①。纳粹统治时期这种对美国的偏见有其文化根源,无疑推动了那些守旧者的极端反对美国的情绪。②

在意大利,法西斯政权的领导阶层对美国不是一味地完全否定,他们很欣赏美国先进的技术和生产效率,但却见不得打上"民主自由"烙印的生活方式,从根本上还是否定了美国文明。意大利与其他欧洲国家一样在第一次世界大战之后也经历了"美国化"过程,"美国主义"这一术语在意大利很流行,意大利1929年出版的百科全书把这一术语界定为,"不管出于无知,还是出于理性,很大程度上是对美国的思想或事物的过分赞赏;这种赞赏往往成为一种时尚,与欧洲文化传统反其道而行之"③。这是因为"美国主义"与欧洲文化传统悖逆,意大利的精英人士势必会举起反美主义大旗,以维护本国文化传统不受到来自美国生活方式的"侵犯"。1929年5月7日意大利学者路吉·巴兹尼致信墨索里尼说:"在意大利,某种美国式的附庸风雅开始出现,这是许多人相信模仿美国人是极其称心如意的结果。美国如何设法把其嚼口香糖的习惯输入到意大利,至今还是个谜。只有底层人士嚼口香糖被认为是一个很坏的习惯。在意大利,这种行为似乎成为时髦。许多意大利人购买味道难闻的美国香烟,其原因就是它们是美国产品。为什么意大利人购买在各个方面都不如我们的美国汽车,这是一种追逐时尚的邪恶现象。"④ 这是典型的意大利精英人士对美国文明的看法,墨索里尼是否接受了巴兹尼的建议,不得而知,墨索里尼尽管在抵制美国大众文化传播上还远不能望希特勒之项背,但无疑不希望来自美国的思想和方式威胁了他的独裁统治,这大概是他统治时期意大利反美主义抬头的一

---

① "This Is How Press Agents Work," *Army Talks*, Vol. II, No. 25. June 21, 1944, p. 3.
② 德裔以色列历史学家丹·迪内丹·迪内在他的专著中设专章阐述了纳粹统治时期德国的反美主义,详见 Diner, *America in the Eyes of the Germans: an Essay on Anti-Americanism*, pp. 81 – 103.
③ Emilio Gentile, "Impending Modernity: Fascism and the Ambivalent Image of the United States," *Journal of Contemporary History*, Vol. 28, No. 1, January 1993, pp. 8 – 9.
④ Ibid., p. 10.

个主要原因。①

  德国和意大利是法西斯国家,这两个国家在意识形态上与美国的对立乃是情理之中,他们对"美国的抵制能够总结为对现代性的恐惧。美国被指责为缺乏文化传统,是一个由机器和没有人性之技术构成的社会。因此,反美主义成为反物质主义、反技术和反现代主义的比喻"②。一种观点认为,法西斯的意识形态把"欧洲中心主义"发展到极致,如英国历史学家马克·马佐威尔 1998 年出版了一本名为《黑暗之大陆》的专著,描述了 20 世纪欧洲历史的发展,把法西斯主义视为所有欧洲意识形态中最"欧洲中心论的"。在作者看来,这是一种"既反美又反布尔什维克的信条",纳粹主义在某些方面是现代欧洲历史发展的顶点,"根深蒂固于基督教、资本主义、启蒙运动和大规模技术优越,鼓励了欧洲人很长时期把自己视为全球的文明模式。他们对欧洲世界使命的信赖在 17 世纪和 18 世纪已经是非常明显,在帝国主义时代达到了顶点。希特勒在许多方面是其终极人物,通过纳粹新秩序比任何其他人接近了这种使命的实现"。马佐威尔的观点富有创新,试图从"欧洲中心主义"中找到纳粹主义的根源,将之与欧洲历史上存在过的意识形态联系在了一起。③ 实际上,德意法西斯国家抵制美国主要体现了后者宣扬的那一套价值观对其统治构成了威胁。很有意思的是,法国等民主国家的反美情绪上升,其中一种理由是美国在外交政策上偏袒德国和意大利。费尔南·梅克斯是法国一家报刊的著名编辑,他发表了一篇题目为《欧洲情绪和美国政策》的文章,批评了美国政府的对欧洲政策,认为美国的外交政策偏向德国,而牺牲了法国、比利时和其他大陆国家的利益。导致了这些国家的反美主义情绪日益上升。作者宣称,自华盛顿以

---

① 关于墨索里尼统治时期的反美主义详见 Giennow-Hecht, "Always Blame the Americans: Anti-Americanism in Europe in the Twentieth Century," *American Historical Review*, Vol. III, No. 4, October 2006, pp. 1077 – 1078.

② Giulia Guarnieri, "The Impact of the American Myth in Postwar Italian Literature: Modernization, Postmodernity, or Homologation?" in Sabrina P. Ramet and Gordana P. Crnkovic, eds., *Kazaaam! Splat! Ploof! The American Impact on European Popular Culture since 1945*, Lanham: Rowman & Littlefield Publishers, Inc., 2003, p. 103.

③ Mark Mazower, *Dark Continent: Europe's Twentieth Century*, London: Penguin Books, 1998, p. 405. Krishan Kumar, "The Question of European Identity: Europe in the American Mirror," *European Journal of Social Theory*, Vol. 11, No. 1, February 2008, p. 91.

来，美国的传统政策一直是反对与外国结盟，这种理由现在"将不会让欧洲人相信美国不卷入欧洲的政治，不与德国建立密切联系致使德国在欧洲按照美国的旨意行事。尽管在比利时和法国两个国家政府不这样说，但人们感到美国对德国和意大利的扶植让比利时与法国处于钳夹之间"①。梅克斯这样指责美国不见得为实情，但却反映出了法国舆论试图想以这种新闻来吸引读者，与法国社会日渐上升的反美情绪保持一致。这种关于美国不知真假的新闻报道在欧洲报纸上较为常见。德国《柏林午报》总编辑保罗·厄斯特莱西博士以反美主义斗士闻名，他主管的报纸经常刊登反美主义文章，这在当时是柏林人喜欢谈论的一个题目。他撰写的相关文章通常作为头版新闻发表。1928年年初，他在文章中谈到，美国海军少将普伦基特最近毫不掩饰地声称，英国内阁绝大多数阁员要求向美国政府发出最后通牒，要华盛顿方面做出解释，如果美国政府不能给予满意的答复，英国和美国之间将自动处于战争状态。这篇文章还补充说，要不是外交大臣奥斯丁·张伯伦爵士的话，这对盎格鲁—撒克逊表兄弟之间早就处于战争状态了。张伯伦爵士说服英国内阁其他成员，对美国宣战将意味着在这场冲突中让其他国家卷入进来，也意味着国际联盟的崩溃。作者还推测，如果美国和英国开战，法国将必须迅速做出决定是站在英国一边对付美国和俄国，还是与美俄联合反对英国。作者以无可置疑的口气认为，在这场冲突中，俄国必然是反英国的，原因在于此时伦敦与莫斯科关系极为紧张。② 厄斯特莱西文章所涉及的内容肯定有主观臆想的成分在内，但他把美国置于与欧洲国家的对立面上倒是反映了很多人对美国不满的心态。

两次世界大战之间欧洲"美国化"的加剧刺激了欧洲人的民族自尊心，他们对美国的批评在各个方面体现出来，甚至包括对美国外交政策的抨击，当然这种批评的声音主要来自精英人士之口，民众的情绪自然也受到程度不同的影响。埃米莉·罗森堡研究表明，20世纪20年代对美国的批评是全球性的，保守主义右派和马克思主义左派都写了长篇声讨美国的文字，强烈谴责"美国大众生产和消费方式如何正在毁灭地方文化，如何正在以标准化的、浅薄的和女性化的非文化取代它们。对这种'美国化'的担忧，

---

① "Pictures Us in Plot to Weaken France," *New York Times*, May 1, 1932, p. N3.
② "Berlin Editor Storms over Threat of War," *New York Times*, January 27, 1928, p. 12.

诸如德国、法国和墨西哥等国试图对好莱坞电影进行限制"[1]。罗森堡这里涉及全球反美主义的基本原因,她只是开列了"保守主义右派和马克思主义左派"对美国的讨伐。其实,在这一时期的欧洲,抵制"美国化"的阵容远不是这两个派别,几乎包括了社会上各个阶层,构成了罗森堡所谓"全球性"批评和抵制美国的主体部分。

---

[1] Emily S. Rosenberg, "Twenties/Twenties Hindsight," *Foreign Policy*, No. 120, September-October 2000, p. 84.

第五章
美国娱乐文化的传播与欧洲的抵制

欧洲有些保守主义文化精英们常常讥讽美国"有文明而无文化",主要是站在他们对"文化"这个定义的解释之上。在他们看来,文化从来都是由社会上少数人享有,表现为对人类文明精神层面发展的贡献,传世的文学作品和艺术作品皆包含着能让人产生悲喜哀乐的共鸣,激发起对本国或本民族历史演变的一种自豪感,可把人们对"美"与"善"的追求提高到新的层次。没有历史积淀的国家或民族很难产生影响人类文明进程的艺术和文学旷世之作。文化在欧洲成为高贵气质的标志和体现,犹如在一座神圣殿堂中那些金碧辉煌的艺术作品,能够进入这个殿堂来享受这些作品者只是那些自幼就受到高雅文化熏陶的社会精英人士,只有他们才会产生心灵的冲击与艺术的享受。其实,与欧洲国家相比,美国历史很短是个不容置疑的事实,但也并非"无文化",充其量只是缺少欧洲精英眼里的那种体现深厚历史积淀的文化。美国从一开始就走上了与欧洲国家发展不大相同的道路,很大程度上在于美国没有沉重的历史包袱,这种状况才有可能使美国人在近乎一张白纸上绘出了与欧洲不同的文化形态,这种文化形态给美国社会带来勃勃生机,但却很难为欧洲保守精英们所认同,他们认为在这种"粗俗低劣"的文化形态上产生的文明威胁了数千年来形成的欧洲文化形态的存在与发展。美国是历史上最早采用现代民主制的国家,民众广泛的政治参与成为现代民主社会的一个最明显特征,在这种政治体制下,民众的重要性不言而喻,他们不再是受到位于社会上层的精英人士"愚弄"的群氓或无知者,而成为"主宰"社会发展的生力军。这种状况反映到文化领域的表现是,大众不再被排斥于文化之外,而是积极地参与其中,这样就自然而然地形成了主要服务于大众的文化形式，欧洲精英眼中深奥莫测的"文化"在美国被彻底地颠覆了。美国把"禁锢"在神圣殿堂中的"文化"赶下了由少数人来祭拜的神坛，使之堂而皇之地进入了大众的视野，文化对大众来说不再像在欧洲一样是可望而不可即的奢侈享受，而可为社会所有人所获得，成为人们在休闲时间的精神消遣，有效地缓解了现代社会带给人们的紧张压力感。文化的大众化或流行化是现代社会的一个重要特征，进入20世纪之后表现为一种方兴未艾的趋势，对古老的文化传统形成了很大的冲击，这也是那些享有文化特权的欧洲精英人士竭力抵制美国大众文化传播的基本原因。

在现代大众消费社会，文化"大众化"的很重要表现之一是文化成为市场上可交换的商品，这在很多欧洲文化精英们的眼中简直就是对"文化"本身的亵渎，的确有点"是可忍而孰不可忍"的味道。文化一旦变成商品，便具有了交换的特性。文化也只有成为商品才能在社会上流行开来，也才能为普通老百姓用金钱即可换来精神上的享受或放松。文化成为商品之后自然必须遵循商品市场的规则，制造文化产品的商家首先必须要考虑能从产品投入市场后赚取到可观的利润，其次大众花钱购买某种文化产品要感到物有所得，不至于花冤枉钱。在市场规律的作用下，商家提供给社会的文化产品既要体现出以娱乐为主的特性，又要在投放到市场之后能够让大众消费得起。这样，娱乐文化自然就成为大众文化的一个重要组成部分。大众文化在任何国家自古皆有，只不过是在前现代社会很难登上"文化"的大雅之堂，欧洲精英们多把大众文化排除在"文化"之外。作为一个在国际社会首先进入现代大众消费社会的国家，美国把文化的商业性发挥到了极致，在市场竞争机制的刺激下，把文化价值观念植入其内的各种娱乐形式应运而生，形成了一位研究者称之为把与"现代性"联系在一起"娱乐帝国"（Entertainment Empire）。[①] 从美国提供的影视大片、爵士乐、迪士尼乐园以及职业篮球赛等娱乐形式上来看，把美国形容为"娱乐帝国"丝毫不为过。人们在日常生活中钟情于这些娱乐形式，在消费这些文化产品的过程中达到了身心愉悦的体验。娱乐文化既然为人们喜闻乐见，自然特

[①] Abravanel, *Americanizing Britain: The Rise of Modernism in the Age of the Entertainment Empire*, p. 7.

别容易在社会上广为传播，只要是适合大众口味的娱乐形式，用不了多久就能风靡整个国家，有时还会显示出"时髦"的特征。美国从来都是靠着开拓境外市场来赚取利润的，这样，"国内娱乐帝国"必然会向"国际娱乐帝国"大踏步地迈进。进入20世纪之后，美国对外经济扩张掀起了历史上的一个高潮，已经风靡美国境内的文化产品必然也会借着这股大潮涌向境外国家，寻求新的消费人群，赚取更多的利润。欧洲国家与美国经济关系最为密切，自然成为美国娱乐文化向外传播的首当其冲之地。对娱乐产品的消费从过程上来讲与消费任何商品相同，在本质上没有多大区别，但长此以往势必会潜移默化地接受这些娱乐产品中内涵的价值观，生活方式也会发生相应的改变，甚至会导致人们对本国多少代流传下来的文化传统产生认同危机，这样的例子可谓不胜枚举，欧洲国家尤甚。美国从这种娱乐文化传播中获得的好处不仅是滚滚的财源，而且使美国文化观念被国外之人逐渐接受，有利于美国对他们来说产生一种具有难以抗拒的吸引力。因此，娱乐文化在国外的传播成为美国"软实力"资源中不可或缺的组成部分。美国大众娱乐文化在欧洲的传播从19世纪后半期便开始了，进入20世纪之后随着美国综合国力的强大和科学技术的进步逐渐呈加快趋势。尽管消费美国文化产品可以让欧洲大众与美国人一样从中满足精神愉悦的需求，让他们感受到现代消费文化强烈的诱惑力，但却会把源于美国的文化价值观灌输于他们的脑海之中，使他们的思维方式和言谈举止不知不觉发生很大的变化。欧洲文化保守主义者始终坚持维护本国文化传统的完整性与延续性，很难容忍他们一向感到骄傲自豪的本国文化受到美国娱乐文化产品的"侵蚀"，他们必然会在各种场合下大声疾呼抵制美国娱乐文化的传播，以唤起民众的警觉之心，同时也会敦促本国政府采取相关抵制措施。在欧洲，对美国娱乐文化的抵制与这种文化的传播几乎是同步进行的，在特定的时期甚至演变成政府的行为，以至于在很多情况下对发展与美国的正常关系产生了消极的影响。美国娱乐文化"入侵"欧洲是个循序渐进的过程，其对当地人生活方式的影响或对人们本国文化认同的削弱并不是即刻便可显现的。尽管当地精英人士从来没有停止过谴责美国娱乐文化的"入侵"，但他们的大声疾呼却很难激发起全社会抵制的民族主义情绪，更何况美国的娱乐文化通常受到欧洲广大民众的欢迎，只要国家与美国发生经济关系，那就很难阻止美国娱乐文化的长驱直入。从维护本国文化传统上来讲，对美国娱乐文化的抵制具有时代的合理性，但充其量只能够取一时之效，从长远来看很难真正奏效。

一　美国早期娱乐文化在欧洲的传播及其影响

娱乐文化从来都是与大众联系在一起，很多表现形式起源于民间，有着浓厚的生活气息。在早期历史上，美国并非不存在欧洲人所定义的"文化"形式，欧洲人所谓的美国"无文化"，很大程度上指美国在高雅文化领域只是欧洲文化在不同场景下的再现而已。葛兰西认为，美国文化只是"古老欧洲文化的翻版"，原因在于一种"新文化"和一种"新生活方式"的诸要素在第一个阶段就暴露无遗：美国主义只是"欧洲文明的有机延伸和强化，也就是说只是在美国的气候中穿上了新衣服"[1]。葛兰西是著名的马克思主义理论家，他提出了美国文化与欧洲文化并无本质上的区别，主要是从批评资本主义和帝国主义共性的角度来考虑，但美国"无本土文化"的确是一些欧洲学者持有的观点。美国不具备产生高雅文化的土壤和环境，在美国早期历史上，有些美国艺术家常常要迁居到欧洲国家，以寻求创作不朽之作的灵感，还有些美国有钱人家把子女送到欧洲古老的著名大学学习，以培养他们在生活方式上的"贵族"气质。美国建国之后很长时间内在文学、艺术、音乐以及戏剧等发展上受欧洲影响的痕迹明显可见，没有彰显出本国的独特文化。不过这种状况不会持续长久，美国人注定要摆脱欧洲文化的羁绊，发展出与欧洲文化完全不同的文化形态。高雅文化在美国属于阳春白雪，曲高和寡，并不像在欧洲大陆那样成为文化的主流，对人们的生活方式和言谈举止产生了至关重要的影响。民主制度保障了大众参与公众事务的各种权利，同时意味着某个特殊阶层享有的特殊权力的消失或减弱，文化开始走出了"象牙塔"，成为芸芸众生满足身心愉悦的主要途径。在民主制度的保证之下，文化在美国打上了"大众化"的烙印。托克维尔考察了美国社会之后，发现美国文化与欧洲文化存在着巨大的差异，

---

[1]　转引自 Gentile, "Impending Modernity: Fascism and the Ambivalent Image of the United States," *Journal of Contemporary History*, Vol. 28, No. 1, January 1993, p. 27.

他以对艺术品的占有为例说明了两者的区别。托克维尔认为,在"贵族制度的时代,艺术追求的目标是尽量做出精美的制品"。手艺人"只对人数有限的而且非常挑剔的顾客服务。他们之所以能够赚钱,全靠他们高超的手艺"。在民主社会,这种状况发生了巨大的变化,对艺术品享有的"特权正在消失",手艺人"不仅要使自己的有实用价值的制品能够售给全体公民,而且要设法使其全部制品具有它们本来并不具有的异彩"。托克维尔的结论是:"在贵族制度下,产生了很多幅伟大的绘画;而在民主国家,则出现了大量的平凡绘画。在前者,建造了一些青铜器,而在后者,则塑造了一些石膏像。"[①] 托克维尔的细微观察可谓入木三分,在与欧洲文化的对比中形象化地说明了美国文化的基本特性。其实,欧洲文化和美国文化之间最大的区别是,构造精美的昂贵艺术品是提供给社会上拥有特权的少数人使用和享受,而价格低廉的"平凡绘画"的消费对象却是大众。文化受众的不同,决定了文化表现出的形式存在着霄壤之别。在欧洲,文化的受众主要是王公贵族和精英人士,他们高贵的身份必然会让文化体现出"高雅"的特性,而在美国,文化的受众主要为大众,大众的喜好决定了文化发展的方向,文化由此表现出为大众服务的形式,娱乐文化便体现出这方面的最基本内容。

在美国早期历史上,娱乐文化没有像进入 20 世纪之后那样形式多样,能够传播到欧洲国家的则少之又少了,当然更是谈不上能够对改变欧洲人的生活方式发生巨大的影响了。在 19 世纪 20 年代,美国国内产生了一种称为"黑面乐队表演"(blackface minstrels)的大众娱乐形式,这种娱乐形式主要来源于非洲黑人文化,由白人演员加以改造而成。黑人文化有着很明显的种族特征,其主体对音乐有一种本能的敏感,创造出了很多能够让人身体放松的娱乐形式。黑面乐队的表演就是白人将自己的面部涂为黑色,身着古怪服装,在舞台上吹拉弹跳,语言幽默诙谐,把黑人的特性和生活方式在舞台上充分展示出来,常常还讲述一些讥讽调侃黑人的故事。黑面乐队表演可视为美国本土产生的第一种大众娱乐形式,观众主要是白人。白人之所以对这种娱乐形式感兴趣,一方面在于他们竭力寻求能够把美国

---

① 详见托克维尔《论美国的民主》(下卷),第 567—571 页。

与英国或欧洲区别开来的文化展示；另一方面还可以在贬低黑人中来满足白人的种族优越感。正如一个研究者指出的那样，这种娱乐形式通过把"荒唐可笑的黑面人物"带到舞台之上来使"所有白人观众能够享有一种优越感"①，不过同时也反映出白人对非洲黑人文化传统的着迷和模仿，这种着迷的程度在后来的爵士乐、摇滚乐和街舞等流行音乐中同样表现出来。黑面乐队表演在美国内战之前风靡美国社会，给观众带来愉悦的享受，使他们从观看节目中体验到音乐的魅力。马克·吐温在其自传中曾回忆说他在19世纪40年代初期首次观看黑面乐队表演时心灵产生了震撼感。②像诸如托马斯·赖斯、丹·埃米特、埃德温·克里斯蒂和斯蒂芬·福斯特等名角不断地把这种娱乐形式推向高潮，其在美国的兴盛持续了半个世纪多之久，直到19世纪80年代之后才逐渐衰落。

　　美国的大众娱乐形式从来不会局限在境内，这与美国社会"商业化"特性有很大的关系，只要条件成熟必然就会走向国外，就连黑面乐队表演这种比较初级的娱乐形式亦是如此。当然黑面乐队在不同文化场景下的表演首先受到了语言的限制，这种表演主要是演员坐在台上使用特定的乐器进行说唱，几乎没有肢体语言，大量的黑人俚语夹杂其间，讲述的故事情节自然很难为非英语世界的观众所理解，如果观众们连内容都听不懂，当然更谈不上能够对这种娱乐形式发生兴趣了。美国的黑面乐队在欧洲巡回演出时，在很多国家受到冷遇。德国人对白人装扮成黑人的做法十分恼怒，他们认为这是对白种人的不敬或侮辱，所以黑面乐队在德国演了几场之后便在一片谴责之声中匆匆离开了。在法国，由于语言上的差异，黑面乐队演出尽管并没有像在德国那样备受指责，但法国观众对表演反应平平，观看者寥寥无几，演出只好草草收场，打道回府。黑面乐队表演在英国大受欢迎，取得了意想不到的效果，演出场场爆满，观众欢呼雀跃，场面之热烈有时甚于在美国城市的演出。英国人之所以对黑面乐队表演感兴趣，固然与这种娱乐形式能够让观众产生激情有关，但更重要的是他们看到了一

---

① 参见 John G. Blair, "Blackface Minstrels in Cross-cultural Perspective," *American Studies International*, Vol. 28, No. 2, October 1990, pp. 52–65. 全文可在 Academic Search Premier 数据库中获得。

② Charles Neider, ed., *The Autobiography of Mark Twain*, New York: Washington Square Press, 1961, p. 64.

种不同于正统的盎格鲁—撒克逊文化的"他者"形象,在"黑"与"白"的对比中满足了英国白人的种族优越感,当然还有些英国人从演员的说唱中认识到了处于社会底层的黑人在美国南方蓄奴州的凄惨生活,从人道主义的角度对他们产生了同情心。英国学者迈克尔·皮克林在谈到这一问题时指出,黑面乐队的表演有助于英国人接受长期以来形成的"白对'黑'的调和",而这种调和恰恰与英帝国的发展和"向非洲的蔓延"相吻合。因此,黑面乐队演出与其他文化表演形式一道确立了那种"精力充沛"之感。总的来说,观看黑面乐队演出的英国白人认为,舞台上表演黑人这些稀奇古怪的夸张动作在现实中是真实存在的,而这种"真实性"正好与英国的国家认同以及以种族决定的英国特性形成了鲜明的对比。[1] 黑面乐队表演对英国的音乐发展产生了很大的影响,英国音乐家吸收了这种娱乐形式的表演风格,将之融入英国的传统音乐之中,产生了与黑面乐队表演不同的音乐形式。[2] 这种在英国经过改造的娱乐形式尽管还没有完全失去"大众性"的特征,但演员们却经常出入王室,为宫廷贵族提供娱乐享受。据记载,在19世纪40年代中期,黑面乐队演出"一度受到贵族阶层的青睐,维多利亚女王和阿尔伯特亲王曾要求御前演出"[3]。黑面乐队表演只是在讲英语的国家有所反响,观众们观看这种演出产生的体验大概完全是一种"他者"形象,并不会对他们奉行的文化价值观产生任何负面影响,相反在很大程度上还会加强对本国文化的自豪感,有些欧洲人对这种娱乐形式提出批评只是限于表演方式,并不会对表演体现的文化内涵提出质疑。当然黑面乐队表演只是反映了处于社会底层的非裔美国人的形象,不能展现出整个美国社会的全貌,实际上并不会对欧洲人了解一个真实的美国有所帮助。

---

[1] 参见 Michael Pickering, "Eugene Stratton and Early Ragtime in Britain," *Black Music Research Journal*, Vol. 20, No. 2, Autumn 2000, pp. 152 – 153. 关于黑面乐队表演对英国的影响,参见皮克林写的另一篇文章,Michael Pickering, "John Bull in Blackface," *Popular Music*, Vol. 16, No. 2, May 1997, pp. 190 – 191.

[2] Simon Frith, *Music for Pleasure: Essays in the Sociology of Pop*, New York: Routledge, 1988, pp. 49 – 50.

[3] John G. Blair, "Blackface Minstrels and *Buffalo Bill's Wild West*: Nineteenth-Century Entertainment Forms as Cultural Exports," in Dean and Gabilliet, eds., *European Readings of American Popular Culture*, p. 5.

就在黑面乐队表演逐渐趋向沉寂之时，一种新的娱乐表演形式在美国异军突起，很快就取代黑面乐队表演曾经拥有的地位，风靡全国。这种娱乐形式称为"野牛比尔的西大荒演出"（Buffalo Bill's Wild West Show），其创始人为威廉·弗雷德里克·科迪，他以"野牛比尔"而著称。1883 年科迪率领他的团队在内布拉斯加州哥伦布市进行了首场演出，取得了非同一般的效果，可谓是大获成功，此后就在美国各大城市巡回演出，所到之处，无不成为当地的头号新闻，人们携家带口，争相观看，一睹令人激情澎湃的西部真实生活。1886 年 7 月 26 日《纽约时报》报道了"西大荒表演"在一个城市成功演出的盛况。人们从四面八方前来观看，有的人乘船来，有的人乘火车来，他们下午就早早地进入了观看场地，直到天黑才离场。演出开始后，演员的精湛演技和宏大的场面一下子就吸引了观众的眼球，不时地爆发出阵阵热烈的掌声。印第安人和西部牛仔排列好阵势，一声炮响，他们跃马冲了出来，马蹄疾声，喊声震天，硝烟弥漫，场面惊心动魄，扣人心弦。这是一场模拟的战役，战役结束之时，印第安人和白人西部牛仔在场地上纵马奔驰，空气中弥漫着浓烈的火药味。"枪声越激烈和印第安人越抱头鼠窜，观众们就明显越对之喜欢。无人抱怨缺乏某种娱乐性。印第安人每次必须战败，但他们似乎已经习惯于这种结局"①。"西大荒表演"场面逼真，参加演出者有时高达 1200 余人，观众有一种亲临其境之感，仿佛置身于充满危险和机遇的西部边疆冒险生活之中。表演者不仅是男人，妇女也登台献技，成为演出的一大看点。诸如安妮·奥克利和卡拉米蒂·简为女性名角，她们与男人一样身着牛仔服装，英姿飒爽，马技娴熟，英勇善战，在与印第安人的作战中其凶狠程度丝毫不亚于男人。男性观众为她们精湛的表演鼓掌喝彩。这种演出对习惯于过着迁徙流动生活的美国人着实具有吸引力，同时有助于他们对西部边疆生活的深入了解。

科迪团队"西大荒演出"风靡美国之时，正是社会达尔文主义在美国达到了登峰造极，这种学说把美国盎格鲁—撒克逊白人说成是最适应社会环境变化的种族，注定对落后地区那些低劣的种族承担"拯救"的使命。1885 年美国著名公理会牧师和狂热的福音传教士乔赛亚·斯特朗出版了

---

① "Indians at Erastina: Successful Opening cf Buffalo Bill's 'Wild West' Show," *New York Times*, June 26, 1886, p. 8.

《我们的国家》一书。全书共有 15 章，第 14 章题目为"盎格鲁—撒克逊种族与世界的未来"，论述了世界的未来为什么掌握在盎格鲁—撒克逊种族手中的原因。他的基本命题是，美国由于控制着一片广大地区，拥有丰富的自然资源，所以注定成为统治世界的国家，这样一种未来之所以得到保证是因为美国人属于盎格鲁—撒克逊血统。他宣称："盎格鲁—撒克逊人手中掌握着未来人类的命运，这难道不是显而易见的吗？美国将成为这个种族的家园、其力量的主要源泉以及具有影响力的伟大中心，这些还需要加以怀疑吗？伟大的西部将支配这个国家的未来，这难道不是事实吗？这一代人确定了西部的特性由此而确定了西部的命运，这一点难道没有得到展现吗？"[①] 斯特朗毫不讳言地宣扬赤裸裸的社会达尔文主义，鼓吹适应国际竞争环境的种族将得以生存，乃至统治整个地球，而不适应的种族将被淘汰出局，自然消亡，或者接收适应种族的统治。照此逻辑推理，印第安人就是不适应环境变化的种族，要么被消灭要么接受白人种族的统治。斯特朗的白人种族优越观点在当时的美国政界和知识界很有市场，为美国白人移民消灭阻挡在向西部扩张路上的"劣等"种族提供了理论依据。"西大荒演出"实际上以一种大众娱乐的形式向观众展示了白人对印第安人讨伐的场面，"文明"对"野蛮"的征服作为一根主线贯穿于整个演出之中。印第安人在演出中扮演了与"文明"对抗的角色，尽管他们在与白人的对抗中表现出强悍勇猛之状，但最终还是难逃失败之命运，白人边疆移民清除了"文明"向西推进过程中的自然障碍和人为羁绊，实现了把"荒野"变成"文明"之地的目的。罗森堡教授描述了"西大荒表演"的基本"套路"，即"野牛比尔成功的套路是由对善与恶以及文明与野蛮之间的冲突的简单展示所构成。美国边疆的牛仔英雄成为观众能够认同的具有非凡美德和技艺的神话人物。（野牛比尔百发百中；事实上，他的确是弹无虚发，因为他使用的是大号铅弹。）西部牛仔把大众价值观简单化：他站在人造法律之上，但总是遵循更高的法律；他接近于大自然，然而却是野蛮人的敌人；他被文明化，具有教养，但却不屑于阴谋诡计，与腐败对抗。在经过一系列可预言的考验后，天生贵族的必然胜利提供了在合乎礼仪范围内的感情

---

① Josiah Strong, *Our Country: Its Possible Future and Its Present Crisis*, New York: the Caxton Press, 1891, p. 226.

净化"①。其实，美国牛仔在西部冒险生活中的真实活动与这种"理想化"的牛仔形象差别很大，他们为掠夺印第安人的土地无所不用其极，甚至通过大量地捕杀野牛切断印第安人的生活来源，迫使在他们眼中这个黄皮肤低劣种族向白人屈从，甘愿让出祖祖辈辈生活在其上的土地，迁徙到白人划定的保留地上苟延残喘。美国边疆移民对印第安人使用的手段实在是难以与"文明"相联系起来，倒是用"残酷"和"野蛮"等词来形容他们的行为一点也不过分。"西大荒演出"让观众看到了依然笼罩着一层神秘色彩的印第安人生活，在对这种"野蛮"生活的展现中把白人"文明"体现得淋漓尽致。这种娱乐形式之所以受到白人观众的欢迎，固然他们在观看中能够获得感官上的享受，但切合了时代的主题则起着至关重要的作用，他们体验到了白人种族征服印第安人这个"野蛮落后"种族成功后的喜悦，展示了美国白人移民在开拓西部边疆过程中形成的美利坚民族的特性，大大有助于美国人对国家认同的强化，美国的国民性在"西大荒表演"中得到充分展示。

科迪等人创作的"西大荒演出"是一种大众娱乐形式，主要是通过肢体语言来向观众传输信息，即使观众不懂演员们说的语言，也不妨碍他们看懂演出的内容。如果从传播的角度来讲，这种演出形式比黑面乐队表演大大前进了一步，要是从展现美国人特性上讲，前者更是后者所无法比拟。这两者的结合注定了"西大荒演出"在走向大西洋彼岸时能够在欧洲产生轰动效应。其实，"西大荒演出"在美国成功之后，很多有识之士向科迪建议率"西大荒"团队到欧洲巡回演出，以帮助欧洲人对美利坚民族特性的了解，因为这种娱乐形式展示了美国人开拓西部边疆时的真实画面。马克·吐温在给科迪的信中满怀激情地谈到他观看了"西大荒演出"的感想，说他完全陶醉在了边疆移民征服"荒野"的生活之中，对宏大场面展示出的西部边疆生活感到震撼，激情万分，仿佛在亲临其境中体验到了"文明"与"野蛮"的殊死较量。吐温特别对科迪扮演的角色印象深刻，声称"阁下那骑着小马的快递员引起了我巨大的兴趣，他只有23岁，通常飞驰在荒野上，传递着战争的消息。阁下那奔跑如飞的马使我犹如其境，因为我在

---

① Emily S. Rosenberg, *Spreading the American Dream: American Economic and Cultural Expansion 1890–1945*, New York: Hill and Wang, 1982, p. 35.

一匹暴烈的马背上只待了不到一分钟。大洋彼岸的人常常说，我们前往英格兰的演出无一是纯美国的以及展现美国特性的。如果阁下把西大荒演出带到那里，这种责备将不攻自破"①。吐温等人主要是从让欧洲人了解美国人特性这个角度来劝说科迪赴欧演出的。就科迪本人而言，他编导的"西大荒演出"纯粹是一种商业运作的行为，当然这也是大众娱乐形式的一个普遍特征，赚钱是演出的唯一目的，娱乐性越强，自然越能吸引观众，观众的多寡与喜好决定着演出赚取利润的大小。至于通过演出来有助于海外之人对美国民族特性的了解，那只是赚钱之外的副产品，科迪不会将之作为打算前往欧洲演出的主要原因。科迪在自传中说他决定到欧洲演出时听从了一位英国人的劝告，这位他没有记住名字的英国人告诉他，西大荒演出在美国已大获成功，"你绝不会想到，这种演出将在旧世界会产生多么大的轰动"②。科迪有着丰富的西部冒险经历，他深知赴欧演出意义非同小可，要是能够在欧洲国家一炮打响，这种结果也就意味着滚滚财源，要是失败，那将是血本无归。因此在赴欧之前，科迪率领的演出班底可以说是做了大量的准备工作，尤其在如何抓住欧洲观众的心理上下功夫，力争做到万无一失，一举成功。③

准备就绪之后，科迪先把赴欧首站放到英国，毕竟英国与美国在文化上有着亲缘关系，英国人对美国边疆移民开拓西部地区的冒险生活可能会更感兴趣，也更容易理解"西大荒演出"的剧情。1887年4月初，科迪率领庞大的演出班底浩浩荡荡地横渡大西洋抵达英国。此时美国博览会将在伦敦举办，"西大荒演出"自然列入博览会的组成部分。一位不具名的美国公民致信《纽约时报》编辑，称在这次博览会上，"野牛比尔"的演出是

---

① Alan Gallop, *Buffalo Bill's British Wild West*, Gloucestershire: Sutton Publishing, 2001, p. 38. Don Russell, *The Lives and Legends of Buffalo Bill*, Norman: University of Oklahoma Press, 1960, p. 321.

② Colonel W. F. Cody, *An Autobiography of Buffalo Bill*, New York: Cosmopolitan Book Corporation, 1920, p. 317.

③ 关于科迪赴欧演出准备情况参见"Buffalo Bill Going to London," *New York Times*, September 12, 1886, p. 5.

"唯一美国的东西"①。这位人士的观点不见得完全正确，但足见科迪导演的"西大荒演出"的确能够向欧洲展现出美国的特性，这在以往美国与欧洲交往史上几乎是没有的。科迪班底在英国的演出非常成功，受到各界人士的欢迎，他们被美国西部边疆的传奇经历所深深吸引，每天有三四万人观看演出。刚卸任的英国首相威廉·尤尔特·格莱斯顿4月28日携妻来到演员们的驻地，观看了他们的演出，他似乎对土著人更感兴趣，与一位称为"红杉"（Red Shirt）的印第安人亲切交谈，还应邀留下来与演员们共进午餐，在饭桌上发表了加强英美亲善的热情洋溢的讲话。②格莱斯顿在英国政界享有名望，他能屈尊来到演出现场，说明了"西大荒演出"不仅受到普通民众的喜爱，而且也引起了上层人士的关注。英国王室成员也未能置身其外。5月5日，英国王嗣威尔士亲王接受了观看西大荒演出的邀请，亲往演出地观赏，观看这场演出的重要人物还有丹麦国王、萨克森国王、希腊国王和奥地利国王。科迪本人很紧张，深知这是一次至关重要的演出，他们事先进行了精心的准备，唯恐出现差错。这次演出大获成功，威尔士亲王以及几位国王完全沉浸在演出所展现的美国荒野西部的故事情节之中。科迪后来在回忆录中给他的妻子的信中详细地谈到这次演出的经过以及成功后的喜悦心情。③维多利亚女王因艾伯特亲王早逝而深居简出，很少在公众场合露面，但为了观看"西大荒演出"也走出宫廷，她甚至为个人预定了专场演出。5月11日，维多利亚女王在亲王和公主等王室成员的陪同之下亲临现场，满怀激动的心情观看了令人惊心动魄的"西大荒演出"。演出结束之后，乐队即兴演奏了"上帝保佑女王"的曲子，以取悦于女王。④"西大荒演出"受到英国人如此热烈的欢迎，出乎了包括科迪在内的很多人预料之外，科迪在英国声名大振，路人皆知，他频频出入英国上流社会，

---

① "The 'American' Exhibition: 'Buffalo Bill's' Show the Only American Thing about It," *New York Times*, April 2, 1887, p. 6.

② "The Wild West Show Abroad: Mr. Gladstone Greatly Pleased with the Performance," *New York Times*, April 29, 1887, p. 1.

③ Louisa Frederick Cody, *Memories of Buffalo Bill*, New York: D. Appleton and Company, 1919, pp. 296 – 297.

④ "Victoria at the Wild West Show: from the London Daily News, May 12," *New York Times*, May 22, 1887, p. 17.

成为王室贵族聚会时的座上客。6 月 23 日科迪致信老友威廉·雷，谈到"西大荒演出"的成功使他在英国受到了王室贵族的"礼遇"，并自豪地宣称，他"已经让这个国家神魂颠倒，包括女王以下"的王室成员。科迪向这位老友透漏，以他在欧洲获得的声誉，"你能很容易猜想到当我返回到自己国家时我再做事"的情景。① 科迪的激动心情贯穿于这封信的字里行间。作为一种大众娱乐形式，"西大荒演出"受到英国人的青睐之程度，实属黑面乐队表演所难以望其项背，不仅在取悦英国观众上达到了新的高度，而且把美国白人征服西部的真实场景展现在他们的面前，让他们体验到了盎格鲁—撒克逊白人是世界上最优越的种族，他们将会把"文明"带到世界上的"落后野蛮"地区。格莱斯顿看完演出后大谈英国人和美国人之间的"兄弟关系"（brotherhood），言"全能的上帝使英国人和美国人成为同族之人，他们应该相互有情有义"②。格莱斯顿这番话可谓是很多英国人观看"西大荒演出"后心情的真实写照。英国是个殖民大国，殖民地遍及世界各个地区，这个"日不落"帝国此时已经显现出衰落的迹象。"西大荒演出"给盎格鲁—撒克逊英国人维持殖民地的统治做了一个最好的注脚，让他们深深地感到英国对落后地区的统治与美国白人移民征服西部边疆地区有异曲同工之妙。这大概是"西大荒演出"在英国受到王室贵族和政治精英欢迎的主要原因之一。

科迪的"西大荒演出"班底在英国巡回演出了一年之久，于 1888 年 5 月 20 日从欧洲乘船归来，上万人聚集在纽约的史坦顿岛，欢迎科迪率领的演出团队凯旋。科迪在给欢迎民众的讲话中高度赞扬了英国人民对"西大荒演出"的青睐，感谢英国王室贵族对他的热情款待，谈到整个演出"在各个方面大获成功"③。科迪丝毫没有掩饰这次英国之行取得如此轰动效应的喜悦心情。这次英国之行的成功决定了科迪还会重返欧洲，目标将会瞄准欧洲大陆国家。此时可携带的发电机已广泛投入使用，科迪的"西大荒

---

① "Buffalo Bill Happy: He Has Captured England from the Queen Down," *New York Times*, July 15 1887, p. 5.

② "The Wild West Show Abroad: Mr. Gladstone Greatly Pleased with the Performance," *New York Times*, April 29, 1887, p. 1.

③ "The Wild West Show: Buffalo Bill and His Company Return from Europe," *New York Times*, May 21, 1888, p. 8.

演出"告别了蜡烛和汽灯照明的时代,充分利用了最新的电力设施,把灯光效果引进了表演之中,使演出的观赏性更佳。1889年4月28日,科迪率领的"西大荒演出"班底再次起航赴欧,在欧洲大陆国家巡回演出,首站为法国巴黎。《纽约时报》当日刊发的文章对科迪演出班底出发到巴黎进行了详细的报道。① 这次赴欧准备更为充分,演出班底包括700名演员,500匹马,15—20头野牛以及其他设施,等等。为了扩大演出阵容,科迪吸收了不同国家的人员加盟,如墨西哥的牧民、阿拉伯的骑士、俄罗斯的哥萨克骑兵、阿根廷的牧人、布尔人以及加拿大的猎人。科迪将"西大荒"的演出队伍"国际化",目的在于展现代表"文明"的美国白人对不同的非盎格鲁—撒克逊民族的征服。在法国,西大荒演出受到观众异乎寻常的欢迎。据报纸报道,在首场演出当天,门票早就被一抢而空,数千人只好站在外面。法国总统亲莅剧场,高官显贵纷纷前来观看助兴。在德国,"西大荒演出"尤其在年轻人之间激起了模仿美国西部印第安人的狂热,通过接受这种美国西部形象的舶来品而加强了德国人对另外一个世界的向往。② "西大荒"在诸如西班牙、意大利、比利时、荷兰和奥匈帝国等国家演出时观众的反响与法国和德国大同小异,万人空巷,争相观看,取得了意想不到的效果。西大荒演出的目的"不是提供马戏表演,而是以活灵活现的人物展现了美国边疆生活的真实画面,在很快成为过去的美国大陆一部分的历史上,这些人物曾发挥过作用"③。这是一家法国报纸当时报道西大荒演出吸引观众的主要原因。科迪的这次欧洲大陆之行把"西大荒"在国外的演出推上了一个高潮。

科迪在随后的十几年内多次率演出班底赴欧洲大陆,欧洲人对观看"西大荒演出"乐此不疲。1892年科迪率"西大荒演出"班底再次来到伦敦,英国人观看表演的热情丝毫不减当年,演出场场爆满。6月20日,受维多利亚女王之邀,诸如希腊国王、萨克森国王、比利时国王和女王、丹

---

① 详见"Off for the Exposition: Buffalo Bill and His Wild West Show Sail for France," *New York Times*, April 28, 1889, p. 8.

② 在法国演出的报道参见"Buffalo Bill in Pairs," *The Washington Post*, May 19, 1889, p. 1. 在德国演出的报道参见"The Wild West Show in Berlin," *The Washington Post*, July 27, 1890, p. 6.

③ 转引自Joy S. Kasson, *Buffalo Bill's Wiid West: Celebrity, Memory, and Popular History*, New York: Hill and Wang, 2000, p. 85.

麦国王、奥地利王储、萨克森—迈宁根公国亲王及王妃、瑞典和挪威王储、普鲁士王妃、斯巴达公爵、俄罗斯大公爵、希腊亲王、巴登亲王、威尔士亲王与王妃等欧洲王室的成员云集伦敦观看了"西大荒演出",以此庆贺维多利亚女王的金婚纪念日。据来自伦敦的报道称,女王对这一精彩的演出印象深刻。在演出期间,"女王情绪极佳,对她观看到的许多不可思议的情景深感兴趣。她向西大荒演出经理纳特萨尔斯伯里询问了许多问题,说这是一场精彩的演出。她称赞了这些西部牛仔的勇敢卓越的骑术,尤其对他们能够驾驭活蹦乱跳的马兴奋不已"①。1902年12月27日,科迪的"西大荒演出"班底在圣诞节刚过便在伦敦开演,据报纸报道,前来观看的英国人可谓人头攒动,摩肩接踵。② 科迪的演出班底这次在英国巡回演出了近两年,直到1904年10月9日才满载着"金钱和荣誉"返回美国。1905年4月1日科迪率"西大荒演出"班底再次赴欧,首站为巴黎。法国总统埃米尔·法兰西斯·卢贝的代表、几位内阁部长以及许多外交使团的成员参加了在战神广场(Champ-de-Mars)举行的开演仪式,法国政府高官的到来表明美国的"牛仔和狂野骑手受到了热情的接待"③。欧洲大陆其他国家对"西大荒演出"的热情"有增无减",科迪的演出班底每到一个国家,皆会产生轰动效应,每场演出都是人山人海,在一个国家表演半载数月亦为常见。"西大荒演出"持续了30年,进入20世纪之后在欧洲国家演出居多。据研究这一问题的专家萨拉·布莱克斯通的统计,野牛比尔的西大荒演出足迹遍及12个国家1000个城市,约5000万人观看了这种展现美国西部边疆生活的演出。④ 佩尔斯总结了"西大荒演出"风行欧洲大陆的主要原因,认为这种演出"从1887年到1906年在英国、法国、西班牙、意大利和奥匈帝国的热情观众前一展风采。这种表演的确激发了欧洲人对远古自食其

---

① "Buffalo Bill at Windsor: Queen Victoria Presents Him with a Medal for Amusing Her," *New York Times*, June 26, 1892, p. 5.

② "'Boxing Day' in London: Big Crowd at Wild West Show," *New York Times*, December 28, 1902, p. 9.

③ "Paris Welcomes our Cowboys: Distinguished Gathering at Opening of Wild West Show," *New York Times*, April 2, 1905, p. 4.

④ Sarah J. Blackstone, *Buckskins, Bullets, and Business: A History of Buffalo Bill's Wild West*, Westport: Greenwood Press, 1986, p. 92.

力之个体主义者所居住的辽阔空间土地的奇思异想，也加强了欧洲人对法律和社会秩序的尊重，因为剧目中一个永恒不变的主题是，西部总是获胜，邪恶总是被征服"①。佩尔斯主要是站在美国人的角度来看待这一现象的，当时的欧洲人观看"西大荒演出"不一定会产生佩尔斯描述的想法，他们肯定不愿意看到美国的现在，而是希望看到美国的过去，而"西大荒演出"展示的场面正好是美国新近过去的历史，这恰恰正是"西大荒演出"在美国已经衰落而在欧洲则方兴未艾的主要原因。

欧洲人对"西大荒演出"具有如此持久的热情，除了这些异国情调的东西能够激发起丰富的想象力之外，他们在观看演出时还看到了不同于欧洲文化的"他者"形象，其中很多人对印第安人文化更是有着浓厚的兴趣。其实，在欧洲人对"西大荒演出"提供的场面深感兴趣之时，开拓西部边疆在美国已成为历史。正如科迪在其自传的结尾处写道，他展现的一切是属于"过去的伟大西部，一个永远消失的西部"②。"荒野"和"牛仔"开始淡出了美国人的视野，印第安人在保留地已生活了多年，一个真实的美国生活方式与"西大荒演出"展现的场面存在着很大的差距，而前者正在对欧洲文化的认同构成了威胁，后者只是作为一种娱乐文化为欧洲人提供了精神上的愉悦体验，远不会影响到对他们传统生活方式的改变，这也是欧洲精英很少对"西大荒演出"提出批评的原因，相反他们与普通民众一样为"西大荒演出"拍手叫好，试图把民众对已经崛起的美国之兴趣从体现"现代性"的真实生活方式引导到一种对遥远西部生活"过去"的记忆，以此来冲淡人们对美国现实生活的关注。因此，"西大荒演出"作为一种娱乐方式输出到欧洲其对美国的意义并不是内容本身，而是输出时所体现的商业理念。这种理念决定当文化纳入了商业运作的轨道时，其表现出的文化形式对追求身心愉悦的人们来说具有很难抵制的诱惑力，一旦这种娱乐形式反映出美国现实生活或美国人的价值观时，那对外国人生活方式的影响不仅是非常巨大的，而且很难表现为像"黑面乐队表演"或"西大荒演出"在达到高潮之后就开始衰落，乃至最后消失得无影无踪，只成为

---

① Pells, *Not Like Us: How Europeans Have Loved, Hated, and Transformed American Culture Since World War II*, p. 13.

② Cody, *An Autobiography of Buffalo Bill*, p. 326.

残存在那个时代人们脑海中的记忆。"西大荒演出"在美国的衰落伴随着一种新的娱乐方式的兴起,这种娱乐方式就是好莱坞电影。这种娱乐形式对人们的消遣生活可以说产生了"革命"性的影响,彻底改变了"西大荒演出"在内容上的单一性,把只要适合人们喜闻乐见的题材在荧幕上展现出来。对大洋彼岸的欧洲人来说,好莱坞影片不仅提供了闲暇时的愉悦,而且对改变他们的生活理念和思维方式发生了潜移默化的影响。欧洲人对美国大众娱乐方式传播的抵制,差不多始于好莱坞影片对欧洲娱乐市场占有份额的不断扩大。

二 爵士乐在欧洲的传播以及遭到的抵制

进入20世纪之后,美国娱乐文化朝着多样化的方向发展,出现了与现代社会相适应的多种娱乐形式,这也是曾经风靡美国的"西大荒演出"衰落的主要原因之一。新的娱乐形式不断涌现,随着无线电收音机和广播的出现,这些娱乐形式传播的速度越来越快。一种"时髦"的大众娱乐形式只要为人们喜闻乐见,很快就会遍及整个美国,继而走出国门,向境外蔓延,用不了多久就会在欧洲国家各大城市随处可见,有时连偏远乡村也难逃其影响。爵士乐以及伴随着这种舞曲的舞姿就是这方面的一个很好的例子。爵士乐本来是一种具有奇特节奏与非洲和声色彩的音乐形式,最早起源于美国新奥尔良等南部城市黑人的即兴表演,新奥尔良市由此被称为"爵士乐的摇篮"。初期的爵士乐乐器主要是短号、长号、单簧管、吉他、班卓琴、低音提琴以及鼓。[1] 著名爵士管弦乐队指挥文森特·洛佩斯详细地考察了"爵士"这个词的起源以及演变。[2] 爵士乐简单明快,节奏感强,令听众有激情奔放之感。这种音乐形式很大程度上是一种舞曲,在这种舞曲伴奏下的舞蹈称为爵士舞。爵士舞不像古典舞蹈那样循规蹈矩,步法平和,它以身体的颤抖和摇摆来表达内心的感受,充满着快乐、活泼、生气

---

[1] 关于早期爵士乐的表演,参见 Leroy Ostransky, "Early Jazz," *Music Educators Journal*, Vol. 64, No. 6, February 1978, pp. 34–39。

[2] "Thinks Ban on Jazz is An Insult to US: Vincent Lopez is Exercised at Report that France is Deporting Our Players," *New York Times*, June 1, 1924, p. E2.

以及蓬勃向上的气氛。因此，爵士乐注定会得到青春旺盛的年轻人喜爱。一位居住在新泽西州的美国人曾致信《纽约时报》编辑，称"爵士乐实质上是年轻人的音乐，他们焦躁好动。爵士乐必须有多种变化，是一种摆动的音调模式。人们如何能学会爵士乐呢？通过节拍吗？肯定不行。单调是爵士乐最大的敌人，节奏是其主要的方式。这样，多样的变化只能通过旋律的演奏来进行"[①]。这种娱乐形式虽起源于黑人文化，但却与现代社会的发展相适应，成为生活在机器文明之下的人们释放紧张工作压力的一种较好的消遣方式。这也是爵士乐能够在美国境内乃至欧洲迅速传播的一个主要原因，在国外之人的眼中也成为美国现代生活方式的主要象征之一。

爵士乐源于黑人文化，很少有人对此说法提出质疑，但爵士乐是否代表了美国现代生活方式的精神，是否为美国土壤所培育和成长的独特音乐形式，很多人在这个问题上看法不尽相同。20世纪20年代是爵士乐的"黄金时期"，不管是在美国，还是在欧洲，爵士乐舞皆风靡一时，但同时爵士乐在美国内外也引起了广泛的争执，主要涉及爵士乐的性质问题。爵士乐究竟只是一种简单的音乐形式，还是代表了现代文明的精神，要是前者，爵士乐必然在兴盛之后走向衰落，要是后者，爵士乐势必会展现出"光辉灿烂"的发展前景。对这个问题，美国人和欧洲人的回答显然是不同的。美国国内对爵士乐尽管也存在着不同的看法，但大多数人还是倾向于爵士乐只能产生于美国这块充满现代生机的土地，美国社会的生气勃勃造就了与这种活力相一致的音乐形式，爵士乐体现了美国的精神，是美国对人类文明进入现代社会之后的独特贡献，自然有着广阔的发展前景。1923年年底，《纽约时报》记者采访了美国几位权威人士，他们分别是美国作曲家欧文·柏林、管弦乐指挥保罗·怀特曼和乐队指挥路易斯·哈塞尔曼斯，这三个人在美国音乐界皆为名倾一时，知名度很高。采访他们的记者强调了三人在爵士乐上不同的主攻方向，柏林创作爵士乐，怀特曼演奏爵士乐，哈塞尔曼斯欣赏爵士乐。其实，这三个人很难以一个领域把他们的兴趣或贡献截然分开，柏林对爵士乐做了大量的评论，哈塞尔曼斯也是一个管弦乐队的著名指挥，这位记者之所以这样分类，无非是想表明这次采访的广

---

① P. K. S. "The Age of Jazz," *New York Times*, March 22, 1925, p. 132.

泛性。这几个著名人士对爵士乐无不情有独钟，他们关于爵士乐的观点不见得会得到整个美国音乐界的认同，但却反映出了美国音乐界的主流看法。据这位记者的报道，他们十分肯定了爵士乐就是美国这块土地上的产物，属于"美国对艺术上的贡献，已被世界各地承认为是这个国家音乐民俗学的组成部分。爵士乐完完全全是美国的产物，犹如门罗主义、七月四日或棒球一样。此外，爵士乐正在让世界安全地追求音乐民主"。关于爵士乐的未来前景，他们自然是充满着信心，把爵士乐的前景与 19 世纪末叶汽车的前景相提并论，汽车此时已成为推动美国经济发展的引擎之一，呈现出了方兴未艾之势。以汽车刚出现时的情景来比喻他们所处时代的爵士乐，其意不言自明，即这种音乐形式在数十年之后必然会遍及世界其他国家和地区的每个角落，就像汽车一样在当前美国人生活中占据着重要的地位。美国有些音乐家对爵士乐提出了批评，对爵士乐有广阔的前景表示怀疑，柏林针对这种观点指出：

> 爵士乐是对 20 世纪世界艺术编年史的唯一巨大贡献，我这样讲是非常严肃的。爵士乐出现的时间尚不长，很年轻，有缺陷，但任何缺陷都会给予纠正。爵士乐将会兴盛，原因在于它无任何矫揉造作之处。美国数百万人的特性都在这种音乐中表现出来。爵士乐被广泛地普遍接受是由于这个事实，即它弹出了美国人很敏感的音调。其他国家已承认爵士乐实质上是属于美国的，这些国家或许试图创造爵士乐，但它们不可能以我们国家表现出的热情触及爵士乐的精神。爵士乐是大熔炉的音乐。

柏林还强调，只要属于流行音乐，肯定就是出自美国。在美国这块土地上，很难培育出著名的古典作曲家。要是"一位很有作为的年轻作曲家被一位喜爱音乐的富翁发现，那么这位年轻人一定要被送到国外"学习。当这位年轻人经过国外音乐熏陶学成归来后，就他的音乐而言，他不再是美国人，而成为他所在学习国家的音乐阐述者。柏林的这番话的确耐人寻味。"现代性"的美国只能产生与之相适应的现代音乐，而爵士乐自然就成为美国向这个世界展示的唯一音乐。柏林认为这种看法在国外已被普遍接受。哈塞尔曼斯关于爵士乐的看法颇具新意，他所谓的爵士乐皆为音乐大师所创作，他们能够创作出令外国人第一次听到时都能产生感染力的音乐节奏。这样，爵士乐的发展前景实难估量，因为"当某些东西深刻地表现出了一个国家人民的特性时，它就不可能消失。它或许偶尔衰落，但将会以更大的力量卷土重来"①。这次采访带有明显的倾向性，有通过这几位著名音乐家之口以正对爵士乐理解的"视听"之意。

汽车是现代社会的重要标志之一，这种交通工具的出现在很大程度上改变了整个世界的面貌，对人们走出封闭的生活方式产生了很大的影响。美国不是汽车的发源之地，但却让汽车走进了千家万户，汽车对整个社会变化所发生的重要作用在美国最显而易见。柏林把爵士乐的节奏与汽车对现代音乐的影响联系在一起。在他看来，汽车的普及是爵士乐"速度与急促"的重要原因之一。现代美国音乐以其独特的方法表现出轻快活泼的动作，这几乎与汽车疾驶时发出的声音大同小异。汽车代表了人类进入新世纪之后的社会进步，进步是一种向前的运动，"总是在动"对现代音乐的产生与发展发挥了重要的作用。其实，古典音乐同样体现出"动"的价值，柏林以古典音乐的著名代表人物威廉·理查德·瓦格纳、贝多芬、费利克斯·门德尔松和弗朗茨·李斯特为例来说明，认为这些不朽的音乐大师创作出了流传千古的音乐旋律，这些旋律让听众感觉到了"习习和风，犹如轻拂着森林中的树木，听到了风暴的怒吼或夏天的溪流潺潺流过了田野。令我们感到震惊的是胜利王师的歌声，或可能还有描述曙光升起时变化莫测的音符，恋人们在音乐的伴奏之下在翠绿掩映下的村庄翩翩起舞。所有这些音调无不涉及'动'，然而，汽车采用了一种新的运动方式。所有旧的节奏皆消失不见了，取而代之的是我们听到了发动机的嗡嗡声，车轮的呼呼声以及排气管的砰砰声。人们嘴中哼着犹如马蹄嗒嗒跑的消遣歌曲不符合这种新的节奏，这个新时代要求适应新运动的新音乐"。柏林这里还有更深的一层意思，即爵士乐与世代不朽的古典音乐并无本质上的区别，区别之处是各自体现出了不同时代在人们生活中占据主导地位的声音。爵士乐与汽车运动时发出的声音相一致，汽车运动发出的声音渲染了现代工业文

---

① "Say Jazz Will Live: Experts Believe America's Offering to the World's Music Has a Bright Future," *New York Times*, December 23, 1923, p. XX4.

明的氛围，让浪漫主义时代的悠闲节奏成为历史，新时代要求新的音乐声音，爵士乐便应运而生，其急促变化的节奏适合了现代社会各个方面的快速"运动"。柏林引用一位国际艺术评论家的话说，现代美国音乐"是艺术世界唯一新东西，音乐和汽车！对一般的思想家来说，一种行业代表了艺术，而另一种行业代表了工业。将两者合为一起，它们表明了我们现代美国的艺术与工业之间的联系是多么的密切"①。这也正是怀特曼把爵士乐称为"这个新国家精神"的原因。② 柏林把爵士乐提高到时代需要的高度，这种观点很有新意，旨在反驳批评爵士乐的观点。当然他把爵士乐的节奏与汽车运动产生的声音两者挂起钩来未免有些牵强，两者之间实际上并无必然的联系。爵士乐是时代需要的产物，体现出现代人生活的"快节奏"，在这一点上，柏林无疑是抓住了爵士乐的本质。

美国是现代音乐的中心，爵士乐可谓是现代音乐的一个重要组成部分，在爵士乐的基础上自然会衍生出与现代社会相适应的各种音乐形式。音乐家要创作出能够反映现代社会特性的旋律，具有现实生活的体验无疑是创作的源泉。在这方面，匈牙利小提琴大师利奥波德·奥尔是个很好的例子，这位在国际音乐界颇负盛名的大师在82岁时毅然选择加入了美国国籍。奥尔在成为美国公民的那天接受了《纽约时报》记者的采访，他谈到了对爵士乐的看法。按照他的观点，爵士乐"只是一个短暂的阶段。如今的美国是世界音乐的中心，第一流的艺术家云集美国。在美国至少有200支一流的管弦乐队，美国人民正在迅速地实现对所有最佳音乐的欣赏"。他还特别提醒人们注意，英国著名交响乐指挥家托马斯·比彻姆爵士宣布他打算生活在美国，原因在于"英国普遍缺乏对音乐鉴赏"的氛围。③ 奥尔这里所涉及的"音乐"换成"现代音乐"可能更为准确。比彻姆最终没有移民于美国，奥尔与他两人私交甚好，奥尔通过媒体透漏出比彻姆的这种想法绝非空穴来风，无中生有，倒是反映出了一些音乐家到美国来寻求创作现代

---

① "Find Kinship between Music and Motor Cars," *New York Times*, August 17, 1924, p. XX10.
② M. Robert Rogers, "Jazz Influence on French Music," *The Musical Quarterly*, Vol. 21, No. 1, January 1935, p. 55.
③ "Leopold Auer, Violin Master, Become Citizen: Promptly Gives Views on Prohibition and Jazz," *New York Times*, November 9, 1926, p. 29.

音乐旋律灵感的原因。奥尔和比彻姆皆为欧洲音乐界举足轻重的人物，在古典音乐上造诣颇深，影响很大，他们感觉到了生活在欧洲创作现代音乐优雅旋律之灵感的贫乏，这从另一个角度表明富有生气活力的美国为创作像爵士乐这样的现代音乐提供了生活的素材。

爵士乐在美国社会受到称赞乃为主流，但也有美国人对这种音乐形式颇有微词。1924 年 12 月 10 日一位叫约翰·沃思的美国人致信《纽约时报》编辑，提出把爵士乐视为美国独有之音乐的观点是错误的，哪怕这种观点得到了大多数人的认同。在沃思看来，事实根本不是像他们所说的那样，爵士乐其实是"希伯来人对非洲和东方节拍的演奏"。沃思否定爵士乐不是起源于美国，其意显然是不赞成爵士乐代表了美国的精神，宣称"以爵士乐为中介展现不出这个国家奠基者的精神或伟大的山川、湖泊和平原"。他认为美国作曲家爱德华·麦克道尔"抓住了真正的美国精神。他的森林小品和新英格兰田园乐曲尤其体现出转变成音乐的美国。他已指明了路线，我们按照这个方向走下去即可"①。沃思对爵士乐还算是比较客气，没有恶语相加，只是从爵士乐不是美国之独特音乐的这个角度否认了这种音乐形式体现出美国人的特性。有些宗教情结很浓的美国人把爵士乐视为邪恶异端，必欲除之而后快。普林斯顿大学教授亨利·范·戴克兼做教会牧师，他在一次全国教育者集会上发表演讲，称撒旦发明了爵士乐，这是一种导致道德败坏的舞蹈，将会在世界上产生最邪恶的影响。② 帕西·格兰特博士在教会的讲话中提出了"爵士乐是我们国家的圣歌吗？"这个问题，他的回答显然是否定的，他把爵士乐说成是导致酗酒、男女不分、家庭毁灭和自杀等问题出现的原因。爵士乐是"倒退，让我们的音乐去了非洲的丛林。爵士乐是野蛮的噪声"③。1931 年 1 月 5 日，沃尔特·韦尔斯博士在美国大西洋城召开的学术讨论会上发言，批评了爵士乐给人们生活带来的危害，指出"对噪声的实际喜好在美国已司空见惯，令人担忧"。许多美国人"已习惯于噪声，依赖于噪声，致使没有噪声他们便难以过活。他们难

---

① John W. Worth, "Concerning Jazz," *New York Times*, December 24, 1924, p. X8.
② "Attacks Immoral Art: Dr. Van Dyke Also Tells Educators That Demon Invented Jazz," *New York Times*, February 28, 1921, p. 10.
③ "Rector Calls Jazz National Anthem," *New York Times*, January 30, 1922, p. 9.

以入眠、焦躁不安、愁眉苦脸，一旦他们能够听到城市街头的这种噪声，这种状况就完全改观"①。戴克、格兰特以及韦尔斯等人的看法在教职人员中很有代表性，他们坚持年轻人应该循规蹈矩，大概看不惯年轻人背离传统的任何做法。1923 年 8 月 6 日，美国国际舞蹈教师协会举行年会，会议主题为继续与爵士乐和不庄重舞蹈进行战斗。与会代表决定采取新措施来维护经典舞蹈。他们无一不确信，下流无耻的舞蹈将很快消失，低俗的舞蹈也将不复存在。美国舞蹈家沃尔兹女士近几年一直负责费城街头舞蹈，她在会上深有感触地谈到如何能让美国人"成为淑女和绅士"。途径是"如果我们能够教一些让每个人都具有这种抱负的东西，那我们就做了使这个社会更美好的事情。我相信，几乎很少人会当众跳拥抱舞，只要他们清楚和明白，公开展示感情违反了重要的习俗规则，只是趋向暴露原始的本能"②。这次会议可谓是发出了向爵士乐讨伐的声音。波士顿大学美学与艺术系教授奥古斯丁·史密斯 1925 年 6 月 26 日发表讲演警告，爵士音乐、爵士乐图片和爵士乐思维正在把现代男人、女人和孩子退回到野蛮人的阶段。美国人"必须意识到把'兴奋感'置于更优雅健康的音乐水平之上，在艺术作品和日常生活中表现出来"③。帕克斯·卡德曼博士把爵士乐和通俗小报相提并论，认为二者"将不能注重高雅音乐和艺术的任何社会存在。爵士乐是卓越天赋的堕落，让阿婆罗俱乐部的成员忙于向公众展示他们的灯光，而不是让公众可以尽情地享受"④。很有意思的是，为现代工业文明做出巨大贡献的亨利·福特夫妇也参加了抵制爵士乐的队伍之中，试图恢复昔日在美国流行的波尔卡舞、华尔兹舞和四对方舞。1925 年 7 月 10 日，福特夫妇在密西根的港海滩举办了化装舞会，邀请一伙亲朋好友参加，嘉宾们在古典舞曲的伴奏下翩翩起舞。福特在讲话中说："我对恢复老式舞曲很感兴趣。你们知道，这些舞曲实际上从来没有消亡。在远离城市的乡村

---

① "Fondness for Noise Called American Malady: Doctor Says It Explains Popularity of Jazz," *New York Times*, January 6, 1931, p. 26.

② "Home-Made Jazz for Italy: New Association Plans Substitute for American Product," *New York Times*, July 16, 1926, p. 3.

③ "Condemns Age of Jazz," *New York Times*, January 27, 1925, p. 12.

④ "Dr. Cadman Assaults Jazz: He Urges Apollo Choral Club to Help End A 'Degradation'," *New York Times*, May 3, 1927, p. 19.

地区，人们依然跳四步舞，跳弗吉尼亚旋转舞和加伏特舞。这次舞会不是今年夏天举行的唯一一次，我们还要举办多次，其中多数将是化装舞会，你们在这里看到的服装，大多数为上周才做出。你们喜欢这些服装吗？你们欣赏这种舞会吗？我想我们度过了一个愉快的夜晚。"① 古典舞曲有其魅力之处，福特等人恢复这些高雅舞曲所做出的努力丝毫没有什么过错，充其量只是对过去不可返回时代的留恋，至于想以此来阻止爵士乐在美国社会的流行，恐怕也只能是一厢情愿。

欧洲人对爵士乐的看法也是不尽相同。有些法国人独出心裁，在爵士乐的起源上别有新意，认为爵士乐起源于法国。法国《晨报》（*Le Matin*）1919 年 6 月 9 日刊文宣称，发明爵士乐队的名声不属于美国，而是属于法国。这篇文章说，爵士乐队的思想起源于督政府时代的巴黎，当时人们对参加舞会乐此不疲。② 法国著名评论家福蒂纳·斯特洛夫斯基 1928 年 3 月 24 日在接受记者采访时指出，爵士乐是古老的法国音乐，美国密西西比河的黑人将非洲手鼓节拍移植其上。由此可见，美国"只是爵士乐的培育之地，不是因为爵士乐而受到法国人的抨击"。因此，法国人批评这种美国的情趣时应该小心谨慎，"因为你也许同时正在批评你自己的人民创造的生活"③。其实，这只是法国人试图将爵士乐本土化的一种说法，以此来弱化国人在接受爵士乐时所面对的心理抗拒负担。不管怎么说，这种把爵士乐与法国古典音乐联系在一起的说法的确有些牵强，但还是出于维护爵士乐在法国合法性的考虑。对爵士乐在音乐界地位的肯定也不乏其人。1922年，菲利普·帕雷斯先生通过《树叶评论》（*Les Feuilles Critiques*）专栏，向很多作曲家询问他们对爵士乐的看法。诸如阿尔弗雷德·布吕诺、舍维亚尔、保罗·杜卡斯、勒瓦代、马塞尔·桑米尔—鲁索、富谢安和布朗库尔等著名人士对这一问题进行了回答。他们得出结论，爵士乐在音乐界应该有"一席之地"，要是一些人对爵士乐不屑一顾，那是因为他们并不真正了解这种音乐。1925 年，谢弗纳（Schaeffner）和克罗耶（Coeuroy）两人

---

① "Ford Wars on Jazz," *New York Times*, July 12, 1925, p. E2.

② "Robs US of Jazz Credit: Paris Paper Says French Cats Made Such Music 129 Years Ago," *New York Times*, June 11, 1919, p. 17.

③ "Says Jazz Originated in Old French Music," *New York Times*, March 25, 1928, p. 28.

向法国公众提出了相同的问题。绝大多数回答者赞成爵士乐，他们认为爵士乐"不仅在音乐上占据着一席之地，而且在公众的脑海中得到重视。法文出版的专题书目能够证明这一点。19世纪，贝多芬的交响曲刺激了一大批文学的交响曲。当室内音乐流行时，它及时地出现在这个时代的文学作品之中。现在爵士乐以同样的方式受到赞美。20世纪这一代人抛弃了瓦格纳，转向了舞曲。爵士乐在欧洲已经寻找到它的画家、它的评论家和它的历史学家。爵士乐把新的生命赋予了各种乐器之中"[1]。爵士乐在欧洲的传播引起了广泛的争执，这些对爵士乐的肯定看法很大程度上反映出了欧洲人对在工业文明占据主导地位下的现代生活方式的追求。

爵士乐是来自美国的音乐，在本质上代表了美国现代生活方式。怀特曼称爵士乐是机器时代的民间音乐。爵士乐是美国的偏好，是美国的精神。爵士乐是欧洲人有史以来从美国接受的唯一艺术。[2] 因此，欧洲人对爵士乐的批评丝毫不足为奇了。法国文人亨利·普吕尼埃在其撰写的文章中涉及了"爵士乐哲学"的话题，他谈到在爵士乐的前景上，意大利著名作曲家彼得罗·马斯卡尼对爵士乐的未来毫无信心，犹如法国总统阿道夫·梯也尔不相信蒸汽机的前景一样。因此，马斯卡尼建议欧洲"各国政府应该禁止爵士乐，正如它们禁止了吗啡因和可卡因一样，因为这种音乐腐蚀了公众的情趣和道德"[3]。马斯卡尼的观点有点极端，但在以弘扬古典音乐为荣的欧洲音乐家中找到知音并非难事。在有的欧洲人看来。爵士乐应该在欧洲各国遭到禁止，原因之一是这种音乐形式让白人的尊严扫地。英国著名音乐家亨利·科沃德爵士1927年9月19日在谢菲尔德扶轮社发表讲演，宣称白种人要是想维持尊严的话，他们必须禁止爵士乐。在他看来，爵士乐要对世风日下负主要责任，爵士乐从形式到内容上肯定是要禁止的，直到其有害的影响被消除殆尽。爵士乐"是一种低级的原始音乐，建立在通过跺脚和拍手形成的粗糙节奏之上。爵士乐强调，在特殊鼓的加强下，通

---

[1] Henry Prunieres, "Among the Musicians of France: Topics of Interest Reported By M. Prunieres," *New York Times*, November 7, 1926, p. X8.

[2] Paul Whiteman, "In Defense of Jazz and Its Makers," *New York Times*, March 13, 1927, p. SM4.

[3] Prunieres, "Among the Musicians of France: Topics of Interest Reported By M. Prunieres," *New York Times*, November 7, 1926, p. X8.

过猛击锅碗瓢盆或任何发亮的金属物来表现出荒诞不经的风格。爵士乐贬损了音乐和乐器，让二者表现为荒唐可笑"。因此，爵士乐"除了粗俗的本质之外不可能有任何东西。爵士乐的普遍化和随之而来的不庄重舞曲正在降低白种人的声誉"①。科沃德这里把爵士乐说成为"粗俗"显然是要欧洲人弘扬古典音乐的"高雅"。1927年约翰·范沃尔登在荷兰出版了一本小说，书名为《亚历山大的女人》，作者出此书之前鲜为人知，但这本书让他一举成名。评论家认为这本书主要是提供给年轻读者看的。它是文学上的爵士乐，打破了所有规则，只相信某些节奏。书中内容注重感官体验，通俗易懂，主要描述了对紧张激动的追求。一位评论家针对这本书说了这么一句话，即"当它是优美时，它就无任何爵士乐可言；当它是爵士乐时，它就无任何音乐可言"②。这位评论家之言耐人寻味，暗示爵士乐既不是"优美"的，又没有"音乐"的含量。

一些欧洲精英把爵士乐看作空有音乐之名，却无音乐之实，严格来讲不能划入音乐范畴之内。在1927年6月中旬法兰克福举行的音乐博览会的开幕式上，德国魏玛共和国的外交部长古斯塔夫·斯特莱斯曼发表讲话称，爵士乐不是音乐，黑人的"节奏已经压过了和声，对此我感到很遗憾。我们必须让我们的神经免遭持续猛烈的轰击，再次寻求庄严肃穆的交际舞时刻，所有以往创造的伟大事件皆出自于此"。斯特莱斯曼是对着受邀请参加出席开幕式的欧洲国家显赫人物说这番话的，嘉宾有法国前总理爱德华·赫里欧，比利时外交部长埃米尔·王德威尔得，还有来自奥地利、波兰、意大利、瑞典、捷克斯洛伐克以及匈牙利等国驻国际联盟理事会的代表，欧洲一些著名音乐家也应邀出席。③ 即使爵士乐勉强能归入"音乐"范畴，那也只能属于"等而下之"的音乐。被誉为丹麦最伟大的作曲家和小提琴家卡尔·尼尔森在接受美联社记者采访时猛烈抨击爵士乐，宣称"我的观点是，爵士乐毁灭了年轻音乐家的听觉和个性；爵士乐是毫无活力的下流音乐，总是一个样，原因在于爵士乐的创作者相互偷窃。我还认为，爵士

---

① "Warns White Races They Must Drop Jazz," *New York Times*, September 20, 1927, p. 4.
② Henriette Hendrix-Holst, "The Literature of Jazz Invade Holland," *New York Times*, October 9, 1927, p. BR2.
③ "Jazz Is Not Music, Stresemann Asserts," *New York Times*, June 12, 1927, p. 19.

乐是一种直接腐蚀人民的罪过，他们从本能上讲热爱健康向上的音乐，非常喜欢这类音乐"①。尼尔森把抵制爵士乐作为追求高雅音乐的前提条件在欧洲音乐界不乏支持者。艺术只能是古典的，打上"现代"烙印的"艺术"自然失去了其"高雅"的特性。英籍匈牙利著名艺术家菲利普·德·拉斯洛在一次讲话中对"现代艺术"这种提法颇有微词，反对把"现代"这一词运用于艺术，艺术家"不应该是时髦的追随者。艺术家不应该放弃品味而追求现代性，放弃文雅而追求爵士乐。现代性是对品味的蹩脚的取代，爵士乐不可能代替文雅"②。拉斯洛话里有话，爵士乐是"现代"的，那么爵士乐自然就不能称为"艺术"了。爵士乐不仅不是"艺术"，而且是"灾难"，有责任心的音乐家不能对之熟视无睹，任其泛滥。德国《大众音乐》（Allgemeine Musikzeitung）杂志刊文宣称，所有责任心强的"德国音乐家把爵士乐的疯狂视为瘟疫，我们焦急地等待着这场瘟疫的结束。一些人想要让这种畸形可怕的音乐发扬光大，使之代代相传，方法是将其种子种植在年青一代的肥沃土壤之中。只有饥饿才使我们的音乐家吞下这种令人作呕的食物"③。从不是"音乐"到"下流音乐"再到"瘟疫"，爵士乐在欧洲遭到的抨击从来没有偃旗息鼓，倒是越来越激烈了。

这一时期对爵士乐提出批评之激烈莫过于欧内斯特·纽曼了。纽曼为英国音乐理论家和评论家，被誉为"20世纪前半期最著名的音乐批评家"。纽曼针对怀特曼赞扬爵士乐的观点进行了语言尖刻的反驳。他带着嘲讽的语气宣称，爵士音乐家"阐述了他们节奏创新和他们节奏自由的伟大之点。如果他们了解节奏意味着什么的话，他们将明白，与从16世纪以来任何伟大作曲家的节奏相比，他们自己的节奏充其量是唱着摇篮曲而已"。这样，所谓的"爵士乐作曲家或爵士乐狂热者只是音乐盲，原因在于他们不知道他们是多么得渺小。如果他们拥有关于历史的任何知识，他们将明白爵士乐目前正在发生的一切早在许多世纪之前在声乐曲上已经发生。事实上，爵士乐正陷入困境，没有作曲家就不可能有音乐，从这个意义上来讲，爵

---

① "Jazz Bitterly Opposed in Germany," *New York Times*, March 11, 1928, p.114.
② "'Modern' or 'Jazz' Art Scored by De Laszlo," *New York Times*, February 17, 1932, p.218.
③ "Jazz Bitterly Opposed in Germany," *New York Times*, March 11, 1928, p.114.

士乐现在没有任何作曲家。整个这些作曲家的智力加在一起都不会塞满约翰·施特劳斯帽子的内层"。在纽曼看来,爵士乐并非新创,只不过是"旧瓶装新酒"罢了,这种"新酒"与"老酒"相比毫无滋味,关键还是缺乏能够酿造出"美酒"的条件和大师。因此,这种"新酒"只能"让人快乐片刻,就像一种新的鸡尾酒一样",但不会令人回味无穷,产生美感。音乐是文化的表现,是人类智慧的结晶,是艺术的形式。在纽曼的眼中,爵士乐不具备这样的特性,它"不是一种艺术,而是一种产业;标准化机器的隆隆声永无止境地生产着标准化的物品。拯救爵士乐丝毫没有希望,直到名副其实的作曲家开始创作,任何属于真正的作曲家将远离爵士乐,因为这种音乐是太脆弱了,受限为任何人有事要表达的表现工具"①。几个月之后,纽曼看到了美国音乐家奥斯古德出版的一本为爵士乐辩护的书,立即操笔撰文予以反驳。他连挖苦带讥讽地说,美国人真是"精神可嘉,就像其他国家一样对拥有属于自己的音乐焦急万分"。爵士乐"是一种无可争辩地属于美国的音乐形式,这样美国人自然而然地因为爵士乐而感到了一个年轻的母亲对她自己第一个孩子的赞赏情感",尽管超然的局外人对之抱有疑虑重重。纽曼甚至宣称就连美国人也开始羞于谈论爵士乐,他告诉读者他与美国人通了很多次信,他们同意他关于爵士乐的观点,认为爵士乐"起初足以让人感到欢快,但现在却成为音乐疯狂和厌倦的终结"②。纽曼觉得这种对爵士乐的批评多少带有意气用事的味道,皆为针对别人的观点有感而发,缺乏理论性。因此,经过几个月的思考,纽曼完成了一篇长文,从理论上和实践上系统地对爵士乐提出了批评,把"爵士乐称为是愚蠢之举,限制了严肃作曲家的想象力"③。纽曼在这篇刊登在《纽约时报》的长文中全面否定了爵士乐,其所提出的观点说实在只能算是一己之见,但却犹如石投水中,激起漪澜,在大西洋两岸的音乐界产生了很大的回响。

爵士乐舞在音乐形式上属于与现代生活相一致的新生事物,在大洋彼岸音乐界和社会上引起争论是太正常不过了。美国音乐学教授玛丽·赫

---

① "British Music Critic Excoriates Jazz: Newman, in Stinging Invective, Calls It an Industry Without Art," *New York Times*, September 12, 1926, p. 1.
② "Newman Resumes Attack on 'Jazz'," *New York Times*, December 26, 1926, p. 30.
③ "Summing Musics' Case Against Jazz," *New York Times*, March 6, 1927, p. SM3.

伦·杜普雷研究了 20 世纪 20 年代学术界对爵士乐的批评,一种观点认为爵士乐在审美上存在着很大缺陷,缺乏"严肃性、激情和深厚的情感"。因此,爵士乐艺术"很快被创造,很快被喜欢,但却很快被遗忘"①。爵士乐并未因为遭到批评而停止了向外蔓延,这种与"现代性"联系在一起的音乐形式为人们喜闻乐见,尤其受到青年男女的钟情。普林斯顿大学教授亚历山大·拉塞尔在谈到爵士乐为美国对音乐的贡献时说:"爵士乐曲家和管弦乐队抛弃了舞宫,冲进音乐厅,爵士乐队在世界各地巡回演奏,评论家文思如涌,公众兴奋地手舞足蹈,狂欢不已。"②拉塞尔比较形象地描绘了爵士乐受到欢迎的程度。爵士乐在第一次世界大战之后登陆欧洲,很快就在欧洲国家传播开来,成为两次世界大战之间美国生活方式对欧洲发生影响的标志之一。美国学者杰弗里·杰克逊把爵士乐风靡欧洲与代表"现代性"的美国联系在了一起。他以法国为例说明了爵士乐迅速传播的原因:

  尽管正如历史学家讨论的那样,欧洲美国化最强烈的深入发生在第二次世界大战之后,但在两次世界大战之间的时代,批评家已经看到了美国文化和金钱的力量在起着作用,他们把美国繁华的经济和批量生产的消费品视为衡量现代生活的标准。美国工商企业渴望投资于饱受战争蹂躏的欧洲,美国官员认为,美国消费品将发挥一种"膨胀剂"的作用,帮助欧洲在重建时提升其经济的活力和生活质量。按照法国观察家所言,来到法国的美国人,不管是观光客,还是美国公司的雇员,还是爵士乐队成员,他们都带来一种全新的文化。从吸引眼球的广告到打折商店再到工厂的"泰勒化",美国似乎是处于新世纪属于所有"现代的"东西的最前沿。正如是美国的音响一样,爵士乐也成为现代世界的音响。

  杰克逊明确断言爵士乐属于美国的音乐,但在现代化浪潮的冲击之下,这种音乐形式绝不会局限于其起源国,很快就会在"法国、英国、德国、

---

① Mary Herron Dupree, "'Jazz,' the Critics, and American Art Music in the 1920s," *American Music*, Vol. 4, No. 3, Autumn 1986, p. 299.

② "Jazz is Compared to Comic Cartoon," *New York Times*, February 18, 1927, p. 24.

意大利和欧洲其他地方受到广泛的欢迎,爵士乐对法国许多人构成了一个至关重要的挑战,昭示了一个时代的到来,在这个时代,古老的国家疆域和艺术家的范畴将比以前更加开放"[1]。爵士乐流行于欧洲国家并非这种音乐形式在旋律上与产生激情上一定强于古典音乐,而是适应了欧洲国家大踏步地迈向现代大众消费生活方式这一趋势。从这个意义上讲,杰克逊揭示了爵士乐能够在欧洲迅速传播的深层次原因。纽约音乐界的名流埃尔尼·戈尔登1926年9月发表讲演谈到了爵士乐已为"文明世界"的人们接受,宣称"爵士乐今天流行于整个文明的世界。爵士乐起源于这个国家,已经被介绍到世界的几乎每个地区。爵士乐在英国、法国和德国受到人们喜爱之大,犹如在纽约一般。任何喜爱爵士乐的人都不会说,爵士乐是对古典音乐的取代。古典音乐的赞赏者常常也是爵士乐的赞赏者。在这个国家,一些著名的交响乐指挥家对爵士乐深感兴趣"。因此,爵士乐的"普及性方兴未艾,正在发展与改善,已不同于和大大优越于十年前称为爵士乐的东西。那时爵士乐是有节奏的噪声,今天这种音乐不仅五彩缤纷,节奏感强,而且柔和平缓"[2]。戈尔登是针对纽曼对爵士乐批评而发这番议论的,难免夹杂着对立的感情色彩在内,但也足以说明爵士乐已经成为欧洲人所喜欢的一种音乐形式。

爵士乐在第一次世界大战之后传入英国,很快就在英国各大城市传播开来,为了满足民众的需求,英国人组建了自己的爵士乐队,在各大酒店和舞厅演奏。1919年4月16日,《纽约时报》刊登了来自驻伦敦记者3月24日发回的报道,称美国的爵士舞步毫无例外地非常流行于英国家庭派对中,受到当地人的青睐。[3] 纽约爵士乐队指挥保罗·施佩希特宣称,爵士乐在伦敦大受欢迎,"在世界上没有一座城市像在伦敦那样爵士乐受到人们的

---

[1] Jeffrey H. Jackson, *Making Jazz French: Music and Modern Life in Interwar Paris*, Durham: Duke University Press, 2003, pp. 6, 14. 另见 Jeffrey H. Jackson, "Making Jazz French: The Reception of Jazz Music in Paris, 1927 – 1934," *French Historical Studies*, Vol. 25, No. 1, Winter 2002, pp. 149 – 170.

[2] "Defend Jazz Music: Hit British Critic: Orchestra Leaders Here Say Popularity of Syncopated Tunes Answers Newman," *New York Times*, September 13, 1926, p. 23.

[3] "Dance Craze Grips London: American Jazz Steps Popular in Exclusive House Parties," *New York Times*, April 6, 1919, p. 25.

喜爱"①。施佩希特说这番话主要是针对纽曼对爵士乐的激烈抨击，既然爵士乐在英国如此流行，那纽曼的观点肯定不会得到大多数英国人的赞成。就连英国王室的一些成员对爵士乐也是钟爱有加。据媒体报道，威尔士亲王1921年6月28日晚上突然带着一大批人去参加一场大型爵士乐舞会，他的举措当时实在是出乎人们的预料。对这一事件，英国一位评论家说，一旦"威尔士亲王开始跳起这种舞蹈，他担心爵士乐将再也不会停止下来"。在这场舞会上，美国著名舞蹈演员多利姐妹向亲王表演了舞蹈，她们在伦敦舞台上大获成功。②威尔士亲王由此获得了"爵士乐亲王"的绰号。③1921年年底，美国很有名的记者托马斯·拉塞尔·伊巴拉在《纽约时报》发表了一篇文章，主要谈美国爵士乐作曲家如何击败其欧洲竞争者，爵士舞曲已经控制了欧洲的音乐厅，美国爵士乐联谊会在欧洲是"无冕之王"。他谈到了英国人接受爵士乐的状况，他们"并非慢慢腾腾地利用美国音乐在欧洲大陆上的狂热。他们充分利用了讲同一种语言的有利条件，成为美国歌曲的创作者，早于巴黎人和大陆其他国家人获得了这种狂热。英国人现在不仅在'爵士乐'歌手和舞蹈家上，而且在'爵士'曲调上，做数目很大的出口贸易，此时英国的作曲家在创作狐步舞和单步舞上获利甚丰，这些舞曲在特性上几乎与美国的无异"。④伦敦公众多次要求官方允许周日在公园举行爵士乐的演奏。在公众的压力之下，伦敦县议会1925年6月4日首次批准了在伦敦各大公园可举办周日爵士乐团音乐会。据媒体报道，英国音乐界对官方公开支持爵士乐感到吃惊不小，认为此举将会导致美国流行音乐泛滥。尽管这一举措遭到一些音乐家的非议，但首场爵士乐演奏确定下周在芬斯伯里公园如期举行，届时议会公园委员会将派人观察

---

① "Defend Jazz Music; Hit British Critic: Orchestra Leaders Here Say Popularity of Syncopated Tunes Answers Newman," *New York Times*, September 13, 1926, p. 23.

② "Prince of Wales Rides Wooden Horse to Jazz: London Actors and Actresses Besiege Him at Theatre Garden Party," *New York Times*, June 29, 1921, p. 3.

③ "Wales Informality Leaves Spain Cool," *New York Times*, May 4, 1927, p. 1.

④ T. R. Ybarra, "'Jazz' er Up! ' Broadways' Conquest of Europe," *New York Times*, December 18, 1921, p. 40.

对公众产生的影响，由此来决定是否把周日公园的爵士乐演奏广泛推广。①
1929 年 1 月 9 日，英国劳工部发布解禁令，允许美国爵士乐队进入英国，在夜总会演奏，但规定夜总会须雇佣与美国人同等数量的乐师。一位夜总会经理说："无论夜总会是多么的爱国，它被迫得出结论，我们从美国获得了我们的舞蹈和我们的舞曲。"② 说实在，英国官方对爵士乐网开一面也是无可奈何之事，还是出于满足广大民众之所需，也反映了爵士乐在英国的流行。无线电广播的普及促进了爵士乐的传播，英国广播电台播放爵士乐的演奏，甚至以此节目来吸引大洋彼岸的美国听众。据来自伦敦 1924 年 3 月 10 日的报道称，英国无线广播电台每周四晚上将向美国听众广播，节目包括美国管弦乐队在伦敦一家酒店演奏的爵士乐。③ 美国在这方面比英国占据着更大的优势，英国公众可以通过无线电广播收听到美国电台播放的"原汁原味"的爵士乐。据来自伦敦 1925 年 12 月 16 日的报道，英国数千人当日清晨聚集在公共大厅内随着匹茨堡电台播放的爵士音乐跳舞，时间持续了 45 分钟。伦敦、曼彻斯特以及伯明翰等几个其他大城市已经举行了狂欢舞会，享受着来自美国广播电台播放的晚间和清晨节目。④ 显而易见，爵士乐已成为英国人一种喜闻乐见的音乐形式。

爵士乐很早就传到法国，对法国的音乐发展也产生了一定的影响。⑤ 20 世纪初，美国乔治亚州的查尔斯·贝克率领一支由黑人音乐家组成的舞队来到巴黎，他们把步态舞和拉格泰姆音乐引入巴黎。爵士乐舞很快在法国境内传播开来，成为人们比较喜欢的一种舞曲。贝克不仅在法国家喻户晓，在欧洲也很有名气。1928 年 3 月 16 日他作为这支爵士乐队的最后留存者在巴黎赫然长逝，据媒体报道，25 年前，贝克带着由黑人歌手和舞手组成的

---

① "Sunday Jazz for London: County Council Agrees to Permit Concerts in the Parks," *New York Times*, June 5, 1925, p. 20.
② "British Lift Jazz Ban: First American Troupe in Three Years Gets Entry Permit," *New York Times*, January 10, 1929, p. 6.
③ "Britain to Radio Jazz Here," *New York Times*, March 11, 1924, p. 4.
④ "Dancers Abroad Get American Jazz by Air: Britain and Germany Hear Music Broadcast from New York, Pittsburgh and Schenectady," *New York Times*, December 16, 1925, p. 4.
⑤ 关于爵士乐在法国的传播及其影响详见 Rogers, "Jazz Influence on French Music," *The Musical Quarterly*, Vol. 21, No. 1, January 1935, pp. 53 – 68.

演奏队来到法国，把爵士乐舞引入法国，并在整个欧洲大陆巡回演出，大获成功，贝克由此成为在欧洲最广为人知的美国人物之一。① 爵士乐舞在法国很有市场，很多大酒店和舞厅经常举办爵士乐演奏，参加者络绎不绝，尤其受到青年男女的青睐。伊巴拉在他1921年年底的文章中特别强调，在巴黎等地，"狐步舞"和"一步舞"已频繁出现，成为当地语言的重要组成部分，当地人"只要默念两次便可记住这些最早从美国输进的词汇"。他描述了巴黎人对爵士乐舞的喜好，他们"对美国爵士乐的激情是非常之大，致使他们一旦掌握了喜爱的爵士曲调，他们便会随曲调起舞，就像'猫捉老鼠'那样着急，直到将之捉住为止"。作者说，他在几年前生活在巴黎时，美国的"爵士乐曲就在巴黎很流行，现在依然在大马路上随处可见"②。作为驻外记者，伊巴拉在法国生活了多年，目睹了爵士乐进入法国及其广泛传播的过程。一位驻守在叙尔达要塞的法国军官米勒上校等人接收了匹兹堡无线电台播出的爵士音乐会和伦敦沙威酒店演奏的爵士舞曲之后，感触良深。他在日记中写道，无线电广播成为几乎与外界隔绝的要塞"能够拥有的最好防御武器之一，其提供的服务有时比炮台或火炮还更重要，对部队的士气产生了很大的影响，驱散了很难克服的孤独遗弃之感"。他的一则日记表明，叙尔达要塞常常是通过无线电与外部世界联系。爵士乐给他们带来欢乐，"昨天，我们听了在伦敦沙威酒店爵士乐队的演奏，不值班的将士随着它的曲调跳起了舞"。另一则日记写道，他们在晚上收听了匹兹堡广播电台播放的音乐节目，他们想发电报表示感谢，但"很遗憾，我们的发射信号装置很弱，阻止了我们感谢美国人让我们度过了一个美好的夜晚"③。这个例子说明了爵士乐不仅得到法国人的喜欢，而且在法国流行很广。到了30年代，法国一些学者开始从学理上研究爵士乐，出版了数种关于爵士乐的书，如于格·帕纳西1934年出版的《热爵士：摇摆舞音乐指南》(*Hot Jazz: The Guide to Swing Music*) 和夏尔·德洛奈1936年出版的

---

① "Jazz Pioneer Dies in Paris: Charlie Baker Introduced American Music There 25 Years Ago," *New York Times*, March 17, 1928, p. 15.

② Ybarra, "'Jazz' er Up! ' Broadway's Conquest of Europe," *New York Times*, December 18, 1921, p. 40.

③ "French in Sueida Hear Pittsburgh on the Air," *New York Times*, October 10, 1925, p. 2.

《热唱片分类》(*Hot Discography*)等,帕纳西还发起创办了欧洲首份关于爵士乐的杂志,名为《爵士乐热》(*Jazz Hot*)。①

德国人对来自美国的大众音乐并不陌生。在魏玛共和国时期,爵士乐成为"现代性"生活方式的一种象征。有学者认为魏玛共和国的存在与爵士乐在德国的传播时间大致吻合,以此来说明爵士乐对这一时期德国社会生活的影响。② 尽管很少美国乐队前来演出,但爵士乐迷也能在大城市观看德国爵士乐队的表演,如魏因特劳布管弦乐队(Weintraub Syncopators)演出的"蓝色天使"深受德国年轻人的喜爱。他们也可从无线广播电台收听爵士音乐。德国音乐家把爵士乐引入了歌剧之中,使传统的歌剧表演更能吸引观众的眼球。1927年3月2日,在柏林国家歌剧院演出了库特·魏尔先生编写的超现代歌剧《皇宫》,爵士乐队参加了伴奏。演出结束之后,魏尔接受美联社记者采访时说,这出歌剧的"曲调表明了现代爵士乐对歌剧的影响。我不会为了自己的考虑坐下来创作爵士乐,相反为了自己的考虑而创作歌剧。在这样做的时候,我不由自主地发现我自己接触到我们时代表达的爵士乐"③。魏尔独钟于古典音乐,但也无法摆脱爵士乐对他创作歌剧时产生的诱惑力。一个著名剧作家尚且如此,更何况普通百姓,这也足见爵士乐对德国人生活方式发生的影响。在贝多芬逝世100周年时,德国举行了各种纪念活动,音乐演奏家把爵士乐带入了贝多芬交响曲的演奏。据来自柏林的报道称,德国音乐家认为演奏健康活泼的爵士乐比只提供给观众古典音乐要强多了。在纪念这位音乐大师的时候,据一篇文章描述,德国的年轻人对贝多芬的古典音乐不感兴趣,接受了爵士乐的狂欢乱舞,他们涌上街头,在跳爵士舞时引起骚乱,数人当场毙命,受伤者亦有很多。④ 这个事件无疑是个悲剧,但也从中折射出德国青年男女对爵士乐舞的

---

① John Gennari, "Jazz Criticism: Its Development and Ideologies," *Black American Literature Forum*, Vol. 25, No. 3, Autumn 1991, p. 466.

② Marc A. Weiner, "Urwaldmusik and the Borders of German Identity: Jazz in Literature of the Weimar Republic," *The German Quarterly*, Vol. 64, No. 4, Fall 1991, pp. 475-487.

③ "Berlin Opera Mingles Auto Horn, Film, Jazz," *New York Times*, March 2, 1927, p. 23.

④ "Jazz Beethoven in Berlin: Musicians Declare It Impossible to Keep the Classical Mood," *New York Times*, March 25, 1927, p. 24; Lincoln Nyre, "Younger Germany Ignores Beethoven: Accepts 'Jazz' and Martial Airs in Preference to Composers' Great Classics," *New York Times*, March 27, 1927, p. E9.

狂热追求。为了满足民众的需求，德国首先提倡爵士乐的埃里克·博尔夏德专程赴美，到纽约招募爵士乐歌手以满足德国人对爵士歌的需求。他在接受记者采访时说：

> 德国人着迷于美国的爵士歌，迄今为止他们只是在唱片中听到。我将给他们带来美国能够提供的最好的四重唱以及一种美国特别的新爵士乐。欧洲对爵士乐知之甚多，但最好的演奏家和最好的歌手依然在爵士乐的诞生之地。①

爵士乐在其他欧洲国家同样得到了很多人的喜爱。1924年4月，意大利首都罗马举办美国爵士音乐会，目的是为罗马美国学会筹措经费。据《纽约时报》刊文称，很多罗马人"认为爵士乐丝毫与艺术没有关系，但这场音乐会还是引起了那些致力于这种舞蹈的人的关注。显而易见，爵士乐在外国首都有很大的影响。保罗·怀特曼的管弦乐队首先具有吸引力，将演奏由这个城市一些重要的音乐家为这种场合谱写的爵士乐"②。在西班牙，一位21岁的小提琴手因为不能演奏爵士乐而难以找到工作，最后被迫自杀，从他所住的公寓窗户一跃而下，当场毙命。③ 这个事件说明了爵士乐当时在西班牙很受欢迎，乐师只有迎合时尚，才能赚钱养家。1929年3月18日，挪威皇室在首都奥斯陆举行了皇家婚礼，欧洲各国皇室代表前来祝贺，一支由挪威大学学生组成爵士管弦乐队在皇家宫殿为挪威皇室成员及其邀请来的200个贵宾进行表演。④ 在地处南欧的土耳其，爵士乐同样很流行，深受人们的欢迎，君士坦丁堡和首都安卡拉似乎正在西方化，咖啡馆和公共场所到处充斥着爵士乐的声音。土耳其总统凯末尔对爵士乐热情有加，

---

① "German Coming to Seek Jazz Singers Here to Satisfy Craze Started by Phonograph," *New York Times*, April 8, 1927, p. 4.

② "Dance of Coming Week: Jazz Concert to Raise Money for American Academy in Rome," *New York Times*, April 20, 1924, p. X9; 另见 "Jazz Music Concert for Rome Academy," *New York Times*, April 13, 1924, p. X9.

③ "Spanish Violinist, 21, Ends His Life in Leap; Jobless Because He Couldn't Play Jazz," *New York Times*, September 24, 1927, p. 19.

④ "Thousands Go To Oslo for Royal Wedding," *New York Times*, March 19, 1929, p. 2.

但也喜欢跳土耳其的传统舞蹈。因此，凯末尔领导的"安卡拉政府现在处于一种两难之境，一方面焦急地维护土耳其音乐，另一方面则倾向于爵士乐"①。上述这些媒体报道虽为片言只语，不足于反映全貌。但亦可从中窥视出爵士乐在两次世界大战间隔期间已成为欧洲人喜爱的音乐形式之一，至少可以说与当地传统音乐舞蹈并驾齐驱。塞缪尔·伍丁率领着他的爵士乐队 1925 年 8 月离开美国，在世界各地巡回演奏两年，大多数时间在欧洲国家表演。据报道，这支乐队发现，美国爵士乐在世界各地无不受到欢迎。② 另一位美国著名乐队指挥山多尔·哈马蒂从欧洲访问回国之后，对爵士乐在欧洲流行感触良深，他说，欧洲现在这一代人知道的唯一美国音乐就是爵士乐，在欧洲小村庄以及各大城市都可看到爵士乐的演奏。③ 哈马蒂为爵士乐的倡导者或传播者，他的观察难免有些浮光掠影，其实，欧洲人从来没有停息对爵士乐舞的抵制，但这种音乐形式在这一时期流行于欧洲却是一个不争的事实。

　　欧洲是古典音乐的家园，在这块具有深厚文化底蕴的土地上培育出了无数对人类文明进程发生影响的音乐大师。爵士乐源于美国，蕴含着美国人的文化价值观，其在欧洲的广泛传播无疑在一个方面体现了很多欧洲人对"现代性"的追求，同时使他们的休闲生活更加丰富多彩；但另一方面却让欧洲人的传统生活方式受到了挑战，尤其对那些保守的欧洲精英人士来说，这种多少有点"伤风败俗"的音乐形式把青年男女引到"邪恶"的路上，让他们抛弃了传统，改变了人们对音乐欣赏的口味。法国歌曲作家皮埃尔·马克·奥兰指责爵士乐把人们"大脑愉悦的节奏沦落到街头小巷，爵士乐是我们欲望的引擎，与我们公众生活方式密切联系在一起"④。奥兰这里显然认为爵士乐的流行对人们的生活方式发生了很大的影响。英国著名乐队指挥埃米尔·吉尔默把世风日下归因于"爵士的邪恶"，1927 年 11 月 13 日他宣布打算率领伦敦市管乐队进行一次世界之旅，以正确地解剖爵

---

① "Jazz Bands Popular in Turkey: Kemal Enjoys Western Music," *New York Times*, October 12, 1927, p. 27.

② "Jazz Band Back from World Tour," *New York Times*, August 11, 1927, p. 42.

③ "Jazz All Over Europe: Sandor Harmati Says It Is Only American Music Known There," *New York Times*, April 10, 1929, p. 14.

④ Prunieres, "Among the Musicians of France," *New York Times*, November 7, 1926, p. X8.

士乐,将其缺陷暴露在光天化日之下。按照他的计划,这次巡回演出初步定为一年,爵士乐的发源地美国也包括在内。他相信演出将会大获成功。①欧洲精英们对爵士乐的批评司空见惯,不绝于耳,就是政府也给爵士乐的演奏设置了很多障碍,以阻止其在民众中大规模的传播。

在爵士乐越流行的国家,抵制大概就会越为强烈。有的国家对美国爵士乐队采取了比较激烈的措施。在法国演出的美国爵士乐队尽管受到这种音乐爱好者的欢迎,但却是提心吊胆,主要是随时面临着被驱逐出境的危险。1924年5月30日,一支主要由美国乐师组成的爵士乐队接到巴黎警署的书面通知,限他们必须在五日之内离开法国境内。据报道,这道命令来自法国劳工部,很大程度上缘于法国音乐家的抗议。不过雇佣美国爵士乐队的俱乐部经理坦言承认,没有美国爵士乐师出场,俱乐部将会门可罗雀,法国乐师的演奏很难达到美国乐师的效果。② 美国音乐界对法国这一举措很生气,文森特·洛佩斯说法国驱逐美国爵士乐师是对美国的侮辱,如果这是官方的行为,那更是对美国的无礼。在他看来,爵士乐"在国外深受欢迎,正在作为真正的美国音乐赢得重视,而不是被视作异类。对某些乐师的攻击无疑不可能阻止爵士乐的传播"③。美国音乐家的"义愤填膺"反映出两国在爵士乐上完全不同的态度。其实,驱逐美国爵士乐手不光是发生在法国,德国也发生了同样之事。1924年12月10日,柏林某家报纸报道,德国政府有关部门打算驱逐美国的爵士乐队。报道称"在目前现代舞蹈流行期间,美国和英国爵士乐师在整个德国的剧院和咖啡馆演奏爵士音乐,德国乐师抗议他们垄断了这些工作,他们抱怨德国公众对从国外输进来的切分音曲调的喜好"④。英国不仅驱逐美国爵士乐队,而且还拒绝让美国爵士乐师入境。1930年3月18日,一支由美国黑人组成的爵士乐队接到伦敦警署和劳工部的命令,急匆匆地离开英国返国,驱逐的理由是这支爵士乐

---

① "To Crusade Against Jazz: London Band to Make World Tour and Expose Modernistic Music," *New York Times*, November 14, 1927, p. 21.

② "France Orders Our Jazz Players Expelled: Acts on Protests by French Musicians," *New York Times*, May 31, 1924, p. 1.

③ "Thinks Ban on Jazz is An Insult to US: Vincent Lopez is Exercised at Report that France is Deporting Our Players," *New York Times*, June 1, 1924, p. E2.

④ "Germans Would Oust American Jazz Bands," *New York Times*, December 11, 1924, p. 2.

队违反了英国劳工管理条例。《纽约时报》以《英国驱逐黑人乐队》为大幅标题给予了报道。① 1926年3月下旬，英国政府拒绝来自俄亥俄州的四位爵士乐师入境，劳工部通过了实际上禁止美国爵士乐演奏家入境的条例。这一举措激起了美国国会通过法案采取相应的报复措施。② 这种驱逐美国爵士乐队或拒绝让其入境的行为很大程度上反映出这些国家对本国音乐市场的保护，具有主权国家行为的合理性，但却让与美国的双边关系蒙上了深深的阴影。

欧洲国家对美国爵士乐舞的抵制表现出很多形式。1922年11月3日，法国作曲家协会宣布对已去世作曲家权利的维护期限超过50年。这一声明旨在保证这些艺术家的作品免遭肆无忌惮的剽窃。该协会打算直接向巴黎舞厅雇佣的乐师呼吁，希望他们拒绝演奏遭到剽窃的乐曲。如果出现剽窃事件的话，该协会将诉诸法庭来解决问题。这一声明显然是针对爵士乐的作曲家而言的。③ 1923年10月，法国警方颁布命令，禁止在葬礼上演奏爵士音乐。④ 1927年11月19日，巴黎警务总监让·夏普发布命令，禁止在大多数咖啡馆由艺术家、作曲家弹奏的爵士音乐、自动钢琴以及甚至五弦琴，在拉丁区脚穿懒汉鞋甚至也不被允许。⑤ 法国政府部门对爵士乐采取的"冒犯"措施很大程度上出于维护本国音乐家的利益考虑。匈牙利内务部长1925年12月1日下达命令，在12月30日之后禁止外国爵士乐队在匈牙利境内巡回演出。当然这一法令并不是直接针对爵士乐本身，相反旨在保护和鼓励提倡爵士艺术的当地人士，他们抱怨外国竞争者蜂拥而入布达佩斯，而匈牙利的爵士管弦乐队在国外未能成功地打开市场。⑥ 匈牙利政府采取的这一措施带有"报复"的性质。意大利想创造具有本国特色的爵士乐，来

---

① "British Oust Negro Band: Act Against American Jazz Players Present in Violation of Labor Laws," *New York Times*, March 19, 1930, p. 11.

② M. B. Levick, "Free Trade in Jazz Becomes A Mild Issue: British Refusal to Admit Ohio Band Leaders Stirs Talk of a War of Retaliation in Art," *New York Times*, March 28, 1926, p. XX15.

③ "Ban on Jazz Sacrilege," *New York Times*, November 4, 1922, p. 4.

④ "French Police Stop Jazz Band at Burial," *New York Times*, October 18, 1923, p. 3.

⑤ "Montparnasse Jazz Is Stilled By Police: Paris Bohemians Will Protest Against Ban on Music Which They Find Inspirational," *New York Times*, November 20, 1927, p. 2.

⑥ "Hungary Protect Home Jazz by Barring Foreign Bands," *New York Times*, December 1, 1925, p. 2.

取代美国的爵士乐。1926 年 7 月 15 日,新成立的意大利"音乐喜剧、流行音乐、歌曲和舞蹈作者协会"举行了第一次全国代表大会,决定采取措施把美国的爵士乐纳入到试图剔除掉的外国产品之列。翌年 4 月初,意大利政府颁布法令,对公共场合跳爵士舞严加管理,此举迫使爵士舞转入地下。据罗马报纸报道,"这个反爵士乐的法令在低收入阶层中产生了非常大的影响。随着跳舞的禁止,夜总会和舞厅正在陆续关门"。这些在媒体上称为的"意大利改革者"秉承法西斯政权的旨意,打算禁止爵士舞之后,推行一项纯洁罗马这座圣城的计划,这一计划已经提交给法西斯政权,要求关闭所有音乐厅和轻歌舞剧场,原因在于罗马人到这些地方听美国音乐演奏。据《纽约时报》来自罗马的报道,当地的报纸几乎每日都批评美国音乐和电影政治毒害年轻人纯洁的各种影响,宣称"某种果断的激进行动甚至能够实现在这个问题上国际共识,这是一种必须履行的责任"①。德国的反爵士力量从来没有停止活动,在一些城市他们为了阻止演出采取了一些破坏活动。如在德国的东部城市卡塞尔,一些人潜入剧院,专门进行捣乱,割断钢丝,破坏场景,让演出陷于尴尬之境,目的是让"爵士乐伴奏的歌剧不可能再继续演下去"②。研究爵士乐在德国传播的著名学者尤塔·普瓦热尔认为,从爵士乐传入德国开始从来不乏反对者的声音,他们把爵士乐"描述为过度色情化,由不值得尊重的非裔美国人所创造,由犹太人来推销"③。把这种音乐与犹太人挂上钩显然是牵强附会,无非是想寻找禁止其在德国传播的理由。因此,希特勒执掌德国政府后,建立了纳粹法西斯政权,纳粹政权对爵士乐十分反感,禁止在公众场合跳爵士舞,所有的舞蹈名称皆须改为德文称呼。在纳粹的统治下,公开的爵士乐演奏几乎销声匿迹了。

---

① "Home-Made Jazz for Italy: New Association Plans Substitute for American Product," *New York Times*, July 16, 1926, p. 3; "Speak-Easies for Dancing Evade Italy's Ban on Jazz," *New York Times*, April 3, 1927, p. E23; "Films and Jazz Hit in Clean-up at Rome," *New York Times*, April 24, 1927, p. 22.

② "Foes of German Jazz Opera Employ Sabotage in Theatre," *New York Times*, January 8, 1928, p. 55.

③ Uta G. Poiger, "Searching for Proper New Music: Jazz in Cold War Germany," in Agnes C. Mueller, ed., *German Pop Culture: How "American" Is It*? Ann Arbor: The University of Michigan Press, 2007, p. 83.

保守的宗教人士通常对爵士乐抱有很大的偏见，在美国和欧洲国家都没有太大差别。他们通常会积极参与到反爵士乐的活动之中，以阻止这种音乐形式在公众中间流传。如爱尔兰自由邦的盖尔联盟（Cumann nan Gaedhael）在1934年1月初发起了反对爵士舞的运动，主张禁止外国舞蹈和音乐在爱尔兰国内传播。这场运动在利特里姆的莫霍尔开始，数千人举行了公众集会，他们打着写上"不要爵士乐"和"驱逐异教"等文字的旗帜。红衣主教约瑟夫·麦克罗里和爱尔兰执行委员会主席埃蒙·德瓦莱拉发表讲话支持盖尔联盟的举措。麦克罗里说他"衷心希望你们反对整夜跳爵士舞的运动成功。我对爵士舞一无所知，但我知道爵士舞有伤风化，导致道德败坏"。德瓦莱拉说他"真诚地希望恢复国家舞蹈形式的努力将获得成功"。在这次集会上，一位讲演者宣称，爵士乐威胁了他们的文明遗迹与他们的宗教。另一位发言者把爵士乐视为比酗酒或地主所有制更有危害的大敌。[1] 更有甚者，有的医生从不利于身体健康角度来阻止人们跳爵士舞。一位英国医生宣称，随着爵士乐激烈地起舞会减少老年人的寿命。巴黎的一位医生从医学的角度把爵士乐说成是"危险的运动"，在他看来，爵士舞的剧激烈动作容易引起韧带受损，膝盖更容易受伤。[2] 他们的观点尽管有些"危言耸听"，但影响却很大，导致很多年纪大者不敢冒身体受损之险而跳爵士舞。

在爵士乐登陆欧洲之后，欧洲人对这种音乐形式便是喜爱和抵制交织在一起，成为同一过程的两个方面。有些人曾预言爵士乐很难在欧洲传播。据来自《纽约时报》驻伦敦1919年7月23日的报道，爵士乐注定在英国寿终正寝，英国帝国舞蹈教师协会的秘书宣称在下周召开的年会上将展现一些新创作的舞蹈，以取代爵士乐、狐步舞和所有其他舞蹈。[3] 德国一些人

---

[1] "Irish Denounce Jazz," *New York Times*, January 2, 1934, p.17; "Ban Against Jazz Sought in Ireland: Gaelic League's Campaign for National Dances Backed by President and Cardinal," *New York Times*, January 7, 1934, p. E3.

[2] "Declares Dancing to Jazz Cuts Lives of the Elderly," *New York Times*, April 3, 1927, p. E8; "Jazz Dances 'Dangerous Sports,' Say Doctor, Adding 'Charleston Knee' to Mankinds' Ills," *New York Times*, April 29, 1928, p. E1.

[3] "Jazz Doomed in Britain: Imperial Society of Dancing Teachers Promises New Dances," *New York Times*, July 25, 1919, p. 3.

也断言,随着现代爵士音乐起舞之后,人们的脚趾和脚跟将必须要全力以赴。这样,这种代价高的方式将不会让爵士舞持续下去。① 这些预言并没有变成现实,爵士乐在欧洲传播很快,对欧洲人的生活方式产生了很大的影响,这也是欧洲精英们抵制爵士乐的主要原因之一。爵士乐体现了现代社会的价值取向,然而并不意味着对古典音乐的取而代之。在"现代性"上,二三十年代的欧洲毕竟与美国还是存在着很大的差别,前者还保留了很多传统的价值观念,这些观念受到来自大洋彼岸美国"现代性"生活方式的影响,但却不会从欧洲人的脑海中完全消失。这自然导致爵士乐在欧洲的流行度与美国国内的流行度相比悬殊还很大。美国白宫儿童健康和保护联合会对全美 75 家无线电广播电台的调查表明,爵士乐占据了娱乐节目的大多数时间,音乐在全部播放小时中占 52.96%,而爵士乐占到其中的 33.9%。没有一个国家爵士乐所占音乐节目的比例如此之高。对欧洲服务于 12 个国家的 24 家无线广播电台的调查显示,音乐节目占整个播放时间的 58.81%,爵士乐仅占到 7%。② 这次调查说明欧洲很多人对爵士乐舞没有多大兴趣。来自伦敦 1925 年 11 月 7 日的报道称,很多人抵制在停战日的庆典上跳爵士舞,伦敦出现了普遍抵制各种形式爵士乐浪潮的先兆。一位著名戏剧家当日宣称,"正像美国正在对萨克斯管感到厌烦一样,英国人现在厌烦的是提不起热情的'蓝调'和'火热妈妈'。切分音的圈子几乎已告解体。对爵士乐的普遍厌恶似乎在整个国家蔓延。对带有时尚的美国音乐新节奏的着迷程度已经消退"③。英国广播公司代表接受《纽约时报》记者采访时说,英国听众"多喜欢广播中更为优雅的音乐。占比例很小的人喜欢在美国以爵士乐著称的狂欢表演"。他解释说,英国听众喜欢的"优雅音乐"为交响乐团演奏或著名合唱团和类似组织唱的歌曲。"英国无线电广播的听众从整体上讲明确不喜欢爵士乐或类似的音乐。"④ 法国也存在着

---

① "Spider Web Stocking Now: Berlins' Costly Style Won't Outlast One Dance to Jazz Music," *New York Times*, May 25, 1924, p. 16.

② "Jazz Rules American Ether, Analysis of Programs Reveals," *New York Times*, November 16, 1930, p. XX10.

③ "Score Armistice Day Jazz: British Want Quiet Celebration—Weary of American Rhythm," *New York Times*, November 2, 1925, p. E2.

④ "Says Jazz Displeases English Radio Public," *New York Times*, July 4, 1928, p. 11.

这种趋势，到了20年代后期，爵士乐开始呈现出衰落之势，在咖啡馆和饭店，人们"更多听到的是华尔兹舞曲和古老的音乐歌剧，而不是爵士乐"。因此，美国爵士乐已不能完全征服法国，越来越多的迹象表明，古典音乐为大众所青睐，他们对之偏好的程度，明显胜过了对爵士乐的喜爱。年轻人依然喜欢跳爵士舞，但数以百计的饭店和音乐厅已经恢复了怀旧音乐。一位评论家说，"实际上，对我们来说，某种美国音乐是过于郁郁寡欢，过于绝望脆弱，过于心灵悸动。我们的轻音乐极其肤浅，能够有效地阻止我们进行思考。相反，爵士乐在其明显疯狂的下面充满着萨克斯管的哭泣，深深地激发起我们潜意识的自我。美国人在听爵士乐时能够感到身心愉悦，但法国人却陷于困境，感到不安，产生不了愉悦感"①。对爵士乐产生的文化感体验不同，限制了爵士乐在这一时期不会在欧洲音乐界占据主导地位，当然欧洲人对爵士乐持续不懈的抵制也是导致这种结果的主要因素之一。

三 好莱坞对欧洲电影市场的占领及其影响

在美国的娱乐形式中，好莱坞电影可谓是"无冕之王"。这种娱乐形式对人们生活方式的影响广泛而深刻，如果把美国称为"娱乐帝国"② 的话，那么好莱坞电影在这个"娱乐帝国"的形成与发展过程中扮演了非常重要的角色。与其他娱乐形式相比，好莱坞既具有娱乐性和观赏性，又可以全面展示美国人的生活方式，把这个国家人民信奉的文化价值观体现于其中，尤其让国外的观众在享受到身心愉悦的同时潜移默化地向着好莱坞展示的生活方式趋同。产生这种结果与电影的特性有很大的关系，美国福克斯影业副总裁温菲尔德·希恩在20世纪20年代后期发表的一次讲话中谈到，电影"具有某些表现的特征，完全不同于书写语言或口头语言"③。希恩这里以自己从业电影多年的经验试图说明，只要导演能够抓住电影的表现特

---

① P. J. Philip, "Peace Pact Fervor Wears off in Paris," *New York Times*, September 30, 1928, p. 35; "French Find Our Jazz Too Soul-Disturbing," *New York Times*, February 3, 1929, p. 56.

② 关于"娱乐帝国"的称谓，参见 Abravanel, *Americanizing Britain: The Rise of Modernism in the Age of the Entertainment Empire*.

③ C. Clayton Hutton, "Hollywood to A Briton," *New York Times*, January 15, 1928, p. 110.

征，便能制作出人们喜爱观看的电影。这正是电影在传播文化价值观上比其他娱乐形式更具有优势的地方，好莱坞影片在这方面可谓是大获成功。在两次世界大战之间，好莱坞进军欧洲以及在欧洲电影市场上的"称霸"不仅给美国带来不菲的利润，而且让美国这个"娱乐帝国"名副其实，在促使欧洲人追求美国生活方式上功不可没。事实的确如此，好莱坞影片在这一时期对欧洲人的生活影响较大，欧洲精英们谈到的"美国化"在许多场合主要是针对好莱坞影片对他们传统生活方式的冲击。美国俄亥俄大学历史学教授小艾尔弗雷德·埃克斯等人也认为，在20世纪20年代，世界"美国化"的另一个有力的工具便是电影。电影"把美国的视觉形象、美国人民及其产品传递给全世界的观众。随着无线电的传播，电影不仅是美国的现象，而且也是全球的现象，即全世界之人都在听和看这种新的媒介，由此形成了一些共同的文化市场"[1]。埃克斯等人这里虽然所涉及的范围为整个世界，但在两次世界大战之间欧洲国家尤甚已成为一个不争的事实。欧洲学者和美国学者在这方面皆有大量的相关论述。美国学者阿布拉瓦内认为，好莱坞电影在第一次世界大战之后"开始在英国电影院控制了他们母国的人。好莱坞电影表现为日常生活中无所不在的特征，致使文化批评家对英国正在被美国电影内部殖民化而感到悲哀。对一些人来说，美国化似乎能够实现吉米·波特的预言：把英国人转变为美国人，或至少转变为对美国商品和媒体狂热愚蠢的消费者"[2]。阿布拉瓦内论及的是好莱坞对英国人生活方式的影响，但他的这种描述同样适应于这一时期的欧洲大陆，至少在与美国贸易关系密切的欧洲大国是这样，甚至是有过之而无不及。

　　第一次世界大战之前美国在电影业上并不具有优势，欧洲一些大国比美国可谓是先行一步，尤其是法国一度独领风骚，盘踞了电影制作的世界霸主地位。美国虽然差不多同时与法国、意大利、德国和英国等欧洲国家开始拍摄电影，但充其量也仅是满足国内电影市场之所需，尚未谈得上在国际市场上与欧洲电影生产大国展开竞争了。实际上，就是在美国大城市的影院里，法国人拍摄的电影也是风靡一时，纽约影院放映的电影曾有一

---

[1] Eckes, Jr. and Zeiler, *Globalization and the American Century*, p. 71.
[2] Abravanel, *Americanizing Britain: The Rise of Modernism in the Age of the Entertainment Empire*, p. 4.

半是从法国进口。法国当时云集了一批很有创意的导演,他们充分利用了最新的拍摄电影技术,把幻觉效应引进到电影的制作过程中,拍摄出艺术性很强且超越现实生活的科幻影片。最初电影为无声,全靠着演员的精湛演技和艺术效应来吸引观众。法国人具有很强的艺术表演才能,这是法国在艺术创作上很长时期能够引领世界潮流的一个主要原因。这种才能在最初电影的制作上同样表现出来,演员们的表演形象生动活泼,赋予了观众丰富的想象力,很受大西洋两岸国家观众的欢迎。至今世界电影界依然承认法国在早期电影发展上做出的巨大贡献。美国乔治·梅森大学著名经济学教授泰勒·考恩对此评论说,法国比任何其他国家对早期电影发展贡献都更大,他举出了在早期电影界赫赫有名的路易斯·吕米埃、奥古斯特·吕米埃以及乔治·梅列斯等法国籍人士,他们是世界电影的先驱者,在推动法国电影风靡全球上功不可没。正是在他们的不懈努力之下,从1906年至1913年,法国"控制了世界电影市场,此后没有哪一个国家能达到这样的辉煌。法国最主要的制片公司帕泰在1908年控制了世界电影生意的三分之一。一些估计数目令人信服地表明,法国占了世界早期电影交易的90%,这样一种支配地位是在没有政府帮助下实现的"[1]。美国西北大学教授比尔·格兰瑟姆在谈到法国电影初期辉煌时指出,到1908年,电影业只有13年的历史,以百代公司(Pathè)为首的法国电影发行占据了美国市场的70%。[2] 法国在早期电影业上一枝独秀与传统生活方式在欧洲依然居于优势地位有很大的关系,体现"现代性"的生活方式正在美国形成,一旦这种以大众消费为特征的生活方式开始影响欧洲国家时,法国以弘扬艺术性为主旨的电影业注定要走向衰落,以凸显现代大众消费生活方式的美国电影业必然对追求"现代性"生活的民众具有更大的吸引力。因此,美国电影业的崛起及其占领欧洲电影市场是伴随着美国现代大众消费生活方式的成型及其在欧洲国家的广泛传播,反过来美国电影对欧洲市场的控制又进一步加剧了所谓的"美国化"过程,两者是一种相辅相成的关系,这种关系

---

[1] Tyler Cowen, "French Kiss-off: How Protectionism Has Hurt French Films," *Reason*, Vol. 30, No. 3, July 1998, pp. 40 – 48. 全文可在 EBSCO 数据库得到。

[2] Grantham, "America the Menace: Frances' Feud with Hollywood," *World Policy Journal*, Vol. 15, No. 2, Summer 1998, p. 59.

至今依然没有改变。当然，法国等欧洲国家电影业风光不再与这些国家陷于一场争夺欧洲主导权的战争有关，它们无暇他顾，扩军备战，将几乎的全部财力和人力都投放到了突如其来的战争之中，以打赢这场战争为总目标，国内的一切活动皆围绕着这个目标而转动，谁还有心思制作提供人们娱乐的电影呢？即使能够投资制作出艺术性很高的电影，处于战争苦难中的民众能够有暇安然地坐在影院中观看吗？这些显然都是不可能的。因此，战争期间，欧洲大国的电影业几乎陷于停顿，战争结束之后百废待兴，电影业要想复振谈何容易。这种局面在客观上也为美国电影在战后占据欧洲市场提供了大好时机。法国电影业的早期领军人物之一夏尔·百代在战争进行期间就敏锐地预言：

> 在未来，人们必须承认……拥有无限潜力的美国将可能永远拥有全球市场。这场大战大大加速了这种优势的到来。美国国内市场巨大，单从票房收入上就是法国的40—50倍，一直占整个世界市场的四分之三左右。有此有利条件，美国人可以投入巨资制作电影，逐渐完全控制了他们的领土，然后再征服所有国家的出口市场。[1]

百代之言正是好莱坞电影制作公司占据的优势。法国学者皮埃尔·索尔兰评论说，好莱坞20世纪之初在与欧洲国家竞争占胜出，原因在于"好莱坞首先确定了套路，在资金上比其欧洲竞争对手更为强大"[2]。好莱坞本来是个地名，位于洛杉矶市的西北部。在美国电影业的起步阶段，美国电影制作厂家为了逃避大城市电影专利公司的高额分成和课税，纷纷由东部向经济正在突飞猛进的西海岸迁移，在好莱坞这个地方设营扎寨，建厂开业。好莱坞依山傍水，景色宜人，外景丰富多样，电影公司在这里制作电影，既远离了大城市的喧嚣，又避开电影专利公司的控制，还能大大降低电影制作的成本，使之更富有竞争力。因此，对电影公司来说，好莱坞真

---

[1] John Trumpbour, *Selling Hollywood to the World: U. S. and European Struggles for Mastery of the Global Film Industry, 1920–1950*, New York: Cambridge University Press, 2002, p. 227.

[2] David Hutchison, "The Atlantic Gulf of Comprehension: European Reponses to American Media Imperialism," *Canadian Review of American Studies*, Vol. 27, No. 3, 1997, p. 88.

是一块不可多得的风水宝地,它们可以在这里自由而独立的发展。在好莱坞获得了这些得天独厚的有利条件之后,这些电影公司很快就显现出了强劲的发展势头,好莱坞逐渐具有了双重的含义,既是一个电影公司驻扎的地名,又成为美国电影的代名词,随着时间的推移,后者在人们的脑海中占据了主要地位,只要一提起好莱坞,人们脑海中浮现的不是专门制作电影的地方,而是美国电影大片。与欧洲电影相比,早期美国电影商业化的色彩更为浓厚,电影完全是服从市场交换规则的商品,至今这一特征丝毫没有改变。这一时期法国著名电影导演勒·埃斯特兰奇·福西特认为,电影"被商业化对美国人来说一点都不新颖,但对外国人来说却是很吃惊了。在英国和大陆国家,人们依然相信娱乐至少在部分上还是一种艺术,对这种旧式思想的坚持可能是欧洲在制作电影上不能成功的原因之一"[①]。福西特经历和目睹了法国电影的衰落过程,他的观察至少从"商业性"的角度道出了美国电影必然崛起的一个重要因素。

事实的确如此,美国电影公司拍摄的任何电影,其目的不是将之打造成一件纯粹的高雅艺术作品,而是要从中赚取最大限度的利润。大众是电影观众的主体,到电影院观看影片的人越多,电影公司所获取的利润便会越大。因此,所拍摄的电影必须要适合大众的欣赏口味,美国电影在这方面远比欧洲电影表现得更为成功,故事情节尽管多为虚构,但现代生活的气息更浓,既可以满足大众对虚妄之事的好奇心理,又能从电影中体察到现实生活的影子。美国学者唐纳德·怀特在谈到这一点时指出:"好莱坞电影向为数最多的人提供了美国现代生活的最生动的画面。自第一次世界大战以来,几乎所有的海外地区一直需求美国的电影,在30年代它们继续维持比本土电影吸引更多观众的趋势。"[②] 卢西恩·布伦斯维格是定居在洛杉矶的法国富翁,他1928年11月下旬返回到法国,在一次聚会上非常坦率地谈到他对好莱坞这个电影之都的印象,他直言不讳地抨击了好莱坞电影

---

① L'Estrange Fawcett, "Hollywood Impressions of a British Journalist," *New York Times*, August 22, 1926, p. X2.

② Donald W. White, *The American Century: The Rise and Decline of the United States as a World Power*, New Haven: Yale University Press, 1996, p. 225. 中文译文见唐纳德·怀特《美国的兴盛与衰落》,徐朝友等译,江苏人民出版社2002年版,第321—322页。

的商业化，但却承认美国电影制作厂家有着世界上最强大的阵容，经济实力雄厚，能够"吞噬"掉所有其他国家的电影产业。在他看来，欧洲市场对美国电影业来说并不是十分重要的。美国"数目众多的电影院足以使好莱坞影片最为广泛的发行，赚取不菲利润成为可能"①。布伦斯维格强调了好莱坞的优势和美国国内电影市场的巨大，说欧洲市场不重要只是指好莱坞仅凭着国内庞大的观众群便可以赚个盆满钵满。其实，也正是对利润追求的最大化，美国电影从来不会满足于仅局限于国内电影市场，美国电影厂家制作绝大多数电影的投资仅国内市场便可收回投资或已有所赚，输往国外市场的影片当然属于纯赚，这也是好莱坞能够迅速发展的一个主要原因。

美国国内电影市场很大，当现代大众消费生活方式在美国社会占据了主导地位时，人们消遣娱乐的时间自然会相应增多，观看电影成为人们日常生活中的一件必做之事。1915年马萨诸塞州的伊普斯威奇（Ipswich）是一个拥有6000人的城市，每周观看电影的人数占全市整个人口的三分之一。1913年某一天的调查显示，辛辛那提拥有100299人，当日观看电影者占该市总人口的四分之一还多。在辛辛那提和密苏里的堪萨斯市，1912年每周观看电影者超过了两市的人口总和。② 威尔·海斯办公室提供的数据表明，1922年，美国每周到电影院的观众平均为4000万人次，到1926年这一数字上升到5000万人次，1927年为5700万人次，1929年这一数字据估计为1.15亿人次。③ 这些统计数字反映出了电影在美国人生活中占据的重要地位，在这方面，欧洲国家很难与美国相比。法国著名导演伊凡·诺尔1931年4月5日在《纽约时报》上发表了一篇长文，主要谈他访问美国的观感，他感到非常吃惊的是，电影在美国居然作用如此之大。诺尔是在与欧洲国家的比较中观察到这一现象的。在他看来，在欧洲，电影业并不像美国那样普遍。英国的精英不去看电影；法国的精英依然钟情于戏剧、美妙的音乐或社交活动；在德国，电影更多是朝着艺术方向发展，而不是

---

① "Frenchman Scores Hollywood Morals," *New York Times*, November 24, 1928, p. 4.

② Alan Havig, "The Commercial Amusement Audience in Early 20th-Century American Cities," *The Journal of American Culture*, Vol. 5, No. 1, Spring 1982, pp. 6–7.

③ Mordaunt Hall, "Movie A Magnet: 115000000 People in United States See Films Weekly," *New York Times*, November 9, 1930, p. E1.

朝着商业方向发展。因此,欧洲人"不能像美国人那样来评判美国电影,即使欧洲人一周有六七个晚上在电影院亦是如此"①。诺尔是个电影制作者,他只是谈到了一种现象,其实在这种现象的背后显然是人们对"现代性"生活方式追求的程度不同,欧洲很多精英依然陶醉于艺术性很强的古典娱乐形式之中,他们或许对大众喜好的电影不屑一顾,甚至嗤之以鼻,但却很难阻止欧洲国家在第一次世界大战之后向着现代大众消费社会的迈进,这种趋势注定了体现"现代性"的美国娱乐形式会对欧洲大众具有很强的吸引力,同时也给美国电影制作公司推行"国际化"战略提供了先决条件,百代的预言在第一次世界大战之后很快就变成了现实。

美国与欧洲国家之间贸易关系密切,第一次世界大战之后美国经济向欧洲的扩张达到了历史上的一个高潮,好莱坞影片既然具有商品的特性,那么势必也会随着美国经济的向外扩张挺进欧洲,把占取欧洲电影市场作为战略目标。美国电影制作公司大概很少考虑到通过电影这个媒介来传播美国的价值观念或生活方式,而是要制作出能够对欧洲观众产生吸引力的影片,让影片获取票房收入能够最大化。任何一个国家的民众对异国文化皆有一种好奇的心理,当美国在国际社会崛起之后,欧洲普通民众对这个大洋彼岸的国家更是抱着既敬畏又妒忌的复杂心态,他们并不十分清楚是什么原因造就了美国在国际社会的"横空出世"。老一辈欧洲人不会放弃已经习以为常的生活方式,但新一代年轻人大概不会循规蹈矩,尤其这场战争让他们对精英们一向自豪的欧洲文明产生了怀疑,对本国文化具有"反叛"心理本来就是青年人在成长过程中的一个明显特征,传统的生活方式对他们失去了吸引力。他们急切地希望过着一种不同于传统的"时尚"生活,美国为这种生活提供了一个模式,说到底这也是对异文化有着一种强烈感受的心理。无论如何,针对欧洲不同阶层需要了解美国的愿望,美国电影制作公司会拍摄一些把美国人生活展现出来的影片,以满足欧洲人了解对不同文化场景下的人们是如何生活的。因此,从对不同文化猎奇的心理上来讲,好莱坞影片本身对欧洲观众就具有很强的吸引力,再加上美国电影公司资金雄厚,以优厚的待遇让一流的导演和演员加盟,能够有条件

---

① Yvan Noé, "Hollywood the Golden and A French Critic: Visiting Playwright Discusses the Centre of the Industry and Art Standards," *New York Times*, April 5, 1931, p. 108.

利用最新的电影拍摄技术。这样,要是完全按照市场规则行事的话,美国影片占据欧洲电影市场就是自然而然的事情了。这些绝大多数反映美国社会以及美国人生活方式的影片体现了现代社会的发展潮流,势必会受到广大欧洲民众的青睐,他们从观看美国电影中获得了在感官上对异国文化有所体验的快感,达到了身心愉悦的目的,美国电影公司自然从中赚取了巨额的利润。欧洲大众对源于美国的现代生活方式之追求,显然是好莱坞影片能够在欧洲电影市场上居于主导地位的主要原因。

美国电影制作公司把占据海外市场作为一项长期的战略来推行,从来不敢有丝毫懈怠,他们拍摄的电影绝不是用来满足某一阶层之所需,可以说无论是国内还是国外,无论是城市还是乡村,皆为好莱坞电影所瞄准的对象。《纽约时报》有一篇文章报道了美国电影在法国影响时声称,尽管电影主要是在好莱坞制作,但显而易见,这些电影既可由纽约大城市人所欣赏,亦可由偏僻小镇的人所欣赏。① 作者这里主要谈好莱坞影片的广泛性而言,其实在这篇文章中体现了好莱坞影片不仅在美国境内广有市场,而且在国外同样受到欢迎。因此,好莱坞与其说是"美国电影",不如说是"世界电影",好莱坞电影在内容上肯定不会失去"美国性",但恰恰正是这种特性才让它们受到不同国家观众的喜爱,这也正是好莱坞影片能够占据欧洲电影市场的一个重要原因。其实,当美国电影风靡欧洲国家时,在人们的观念之中,好莱坞便自然成了"世界电影之都",在这个地方制作的影片源源不断地发行到世界各地。美国派拉蒙影业公司(Paramount Pictures)的创始人之一杰西·拉斯基说他访问了欧洲之后,其中一个感受就是好莱坞被视为"世界电影制作的中心"。他向美国电影制作和发行公司协会主席威尔·海斯汇报了访问观感,告诉海斯,人们"无论对好莱坞怎么评价,好莱坞都是世界上电影制作中心的唯一地方"②。拉斯基所言主要是指欧洲人对好莱坞的看法,他们的这种看法倒是反映出了美国电影公司推行"国际化"战略的成功。《纽约时报》驻伦敦记者约翰·麦科马克以自己在英国的亲身感受宣称,好莱坞"最引人注目之事就是它非常国际化。这便是让好

---

① "Paris and Hollywood," *New York Times*, May 4, 1929, p. 11.
② "Hays Says He Finds No 'Hollywood Horrors'," *New York Times*, July 30, 1929, p. 33.

莱坞成为电影业世界之家的原因"①。麦科马克这一时期在《纽约时报》上发表了几篇篇幅很长的关于好莱坞的文章，比较早地研究了好莱坞本身及其所产生的影响，其中涉及了欧洲人对好莱坞的看法，以翔实的材料揭示了好莱坞走向"国际化"的曲折进程。

在各种因素的综合作用下，好莱坞向欧洲国家挺进的步伐非常迅速，几乎是以迅雷不及掩耳之势占领了欧洲电影市场，特别是有声电影出现之后，美国的电影业远远走在欧洲大国电影业之前，后者根本没有条件与前者展开竞争，资金、拍摄技术和剧情等无法与前者匹敌，只能眼睁睁地看着本国电影市场拱手让给了美国电影。林肯·艾尔 1925 年 11 月 11 日在《纽约时报》发表的文章称，德国电影业在几个月之后将被美国同行所控制，这种可能性在明显增大。已经在德国站稳脚跟的美国大公司，要是不能和平地实现其目的，它们将会发动一场"降低价格和资金战略"的战争，以使德国在电影制作界沦落到与英国一样的地位，带来美国绝对地主宰欧洲大陆的电影。因此，"无论是 UFA，还是德国其他公司，都不能与美国竞争者长期抗衡。好莱坞大制作商在一部影片上花 20 万美元，仅在美国就可以保证赚取利润，而任何德国电影制作商在国内市场上连一半都赚不上。这种情况不仅发生在德国，而且发生在整个欧洲和斯堪的纳维亚国家"②。艾尔此时身居德国柏林，目睹了好莱坞影片占据德国电影市场的过程，他以德国为例表明了好莱坞控制欧洲电影市场已经是一个不可避免的趋势。艾尔在文章中还以很具体的数字说明了面对着好莱坞电影，德国电影制作公司已经"黔驴技穷"，就是连"疲于应付"的能力都快要丧失殆尽，更不用说与好莱坞电影竞争了。欧洲其他电影制作大国的情况与德国类似，甚至是有过之而无不及，面对的局面比德国更为"严峻"。

事实的确如此。统计数字显示，从 1918 年到 1921 年，好莱坞影片的出口增长了 300%。因此，"到 20 世纪 20 年代初，美国已经控制了大西洋

---

① John MacCormac, "British Film Rush: Internationalization of Industry on Other Side Proceeding Rapidly," *New York Times*, June 10, 1928, p. 110.

② Lincoln Eyre, "America Has Grip on German Movies: Possibility Is Soon That Hollywood Will Control Industry There in a Few Months," *New York Times*, November 11, 1925, p. 25.

两岸的电影屏幕"①。在美国电影的冲击之下,欧洲几个大国的电影业开始急剧衰落。根据巴克的研究,到 20 世纪 20 年代,"大多数较大的欧洲公司完全放弃了电影制作。百代和高蒙卖掉了它们的美国和国际生意,只留下电影制作,集中在法国发行。它们的主要竞争者闪电公司宣布破产。诺德作为一家无足轻重的丹麦电影公司继续存在,最终衰落破产。11 家最大的意大利电影厂家联合组建托拉斯,但效益极糟,一个接着一个地陷入了财务危机的深渊。到 1924 年末,英国几乎没有制作任何电影"②。这是当时的实际状况,好莱坞对几个欧洲大国电影市场的占领足以说明了这一事实。好莱坞进军德国市场最初受到德国配额制和高通货膨胀率导致的贸易壁垒的限制,德国电影业基本上保持了在国内市场的最大份额,不过这种状况并没有维持了几年。随着马克变得稳定,好莱坞在德国市场的占有份额急剧上升,1923 年占全部市场份额的四分之一,1924 年就达到三分之一,到 1925 年,美国影片在德国市场上占到 42%,首次超过德国本国拍摄的影片。1926 年,美国影片占 45%,而德国影片只占 36%。③ 英国在 1909 年之前是电影生产大国,许多拍摄电影的技术和设备来自英国。第一次世界大战之后,好莱坞把英国市场列为主要目标,英国电影业在美国影片的冲击下急剧衰落,1920 年,在英国电影院上映的电影只有 15% 属于英国厂家制作的,1925 年为最低,这一数字只有 5%,到 1928 年略有回升,但也未超过 8%。在英国放映的外国影片主要是美国制作的。用英国学者安妮·马西的话来说,"英国市场对好莱坞来说是无价的,提供了好莱坞海外总利润的 30%,到 1936 年每年超过了 3000 万美元"④。据统计,到 20 年代中期,美国电影占据了英国影院电影总放映量的 95%,德国总放映量的 60%,法

---

① Anne Massey, *Hollywood Beyond the Screen: Design and Material Culture*, Oxford: Berg Publishers, 2000, p. 22.

② Gerben Bakker, "The Decline and Fall of European Film Industry: Sunk Costs, Market Size, and Market Structure, 1890 – 1927," *Economic History Review*, Vol. LVIII, No. 2, May 2005, pp. 343 – 344.

③ Kristin Thompson, "The Rise and Fall of Film Europe," in Andrew Higson and Richard Maltby, eds., "*Film Europe*" and "*Film America*": *Cinema, Commerce and Cultural Exchange 1920 – 1939*, Exeter: University of Exeter Press, 1999, p. 58.

④ Massey, *Hollywood Beyond the Screen: Design and Material Culture*, p. 34.

国总放映量的70%，意大利总放映量的65%，澳大利亚和新西兰总放映量的95%。① 在这种局面下，欧洲许多国家的电影厂家或公司出现了不景气的征兆。按照1917年的水平，欧洲国家的影片数目下降了50%—90%。到1927年，在提交给法国审查批准上映的全部影片中，好莱坞影片占60%还多，法国制作的电影在国内市场上的收入比例跌到40%以下。② 即使欧洲国家政府采取了限制进口美国电影的措施，但好莱坞主宰欧洲电影市场的状况从根本上是难以改变的。据《纽约时报》1929年4月7日的报道，尽管几个欧洲国家对外国制作的电影采取了各种限制措施，但美国影片的发行在1928年依然保持了良好态势，只是略有下降，占到总发行影片的将近61%。美国影片在德国发行了205部，而1927年为192部，与此同时，德国国内电影发行数字从242部降到了221部。美国电影在德国全部电影发行中所占的份额从1927年的36.8%上升到39.4%。另一方面，美国影片在英国和法国发行数却在下降。1927年英国总共发行了892部影片，其中美国占558部，1928年英国总共发行778部影片，美国仅占到368部。在法国，美国故事片1927年上映了368部，1928年只上映了313部。同一时期，德国影片在法国从91部上升到122部，英国影片从8部上升到23部。③ 上述这些非常具体的数字表明了好莱坞电影已经牢牢地控制了欧洲电影市场，要是完全按照市场竞争法则的话，好莱坞的这种"霸主"地位是很难撼动的。

有声电影出现在20年代后期，在30年代就基本上很普遍了。从无声电影发展到有声电影是电影史上的一次技术上的大突破，这次突破带来制作电影过程的巨大变革，美国电影制作公司依靠雄厚的资金很快完成了从无声电影向有声电影的过渡，除了拍摄英语道白的电影之外，还尝试着拍摄诸如法语和西班牙语道白的电影，目的显然是不因为欧洲观众听不懂演员的道白而致使失去了市场。据来自巴黎1929年12月9日的报道，那些

---

① William Victor Strauss, "Foreign Distribution of American Motion Pictures," *Harvard Business Review*, No. 8, April 1930, p. 309. Pells, *Not Like Us: How Europeans Have Loved, Hated, and Transformed American Culture Since World War II*, p. 16. Rosenberg, *Spreading the American Dream*, p. 100.

② Grantham, "America the Menace: Frances' Feud with Hollywood," *World Policy Journal*, Vol. 15, No. 2, Summer 1998, p. 61.

③ "Here and There in Film Spheres," *New York Times*, April 7, 1929, p. X7.

听说和看过美国有声电影的成千上万名法国人现在渴望观看用法语拍摄的有声电影。面对着法国人对有声电影的需求,好莱坞电影导演罗伯特·凯恩宣布打算投资一千万美元制作道白完全是法语的有声电影。[1] 其实,这种完全用欧洲某国语言拍摄电影固然在最初时不失为一种吸引欧洲观众的方法,但成本太高,还会失去美国国内市场,常常是得不偿失,实际上并没有推广开。美国有些大电影公司尝试的另一种方法大获成功,即对原声电影采取外语配音,这样既保持了电影的原貌,又可使制作成本大大降低,还能够不会使国外观众流失。这种为原版电影的配音方式一直持续至今,从一开始就为美国电影大举进军欧洲提供了新的机遇。如在法国,配上法语的美国影片逐年攀升,1931 年为 25 部,1932 年上升为 60 部,1933 年达到了 142 部。[2] 30 年代初,美国驻巴塞罗那总领事克劳德·道森在给国务院的秘密报告中谈到了美国电影在西班牙的现状,强调在进入西班牙的 500 部故事片中,大约 300 部是有声电影,其中近 80% 是美国制作的。在 200 部无声影片中,60%—70% 属于美国的。[3] 欧洲其他国家的相关境况与法国和西班牙不差上下。有声电影的出现既给好莱坞的发展带来新的机遇,也使电影在传播美国文化价值观上的作用更为突出。许多历史学家认为,声音的影响不只是局限于严格的文本效果,而且改变了美国电影的文化角色。罗伯特·雷认为,"有声电影"使好莱坞在文化上比无声电影时代更为具体,因为无声电影在国际观众中不会遇到任何语言障碍。而"仅仅通过声音的补充,好莱坞电影一夜之间变得更为美国性的"[4]。莫尔特比等人说得更明白,在美国,有声电影使好莱坞更为公开地成为一种"官方"的文化形式,通过为国内许多地区不同的观众完全把电影故事标准化而"开发

---

[1] "R. T. Kane to Make Talkies in French," *New York Times*, December 10, 1929, p. 9.

[2] Martine Danan, "Hollywood's Hegemonic Strategies: Overcoming French Nationalism with the Advent of Sound," in Higson and Maltby, eds., *"Film Europe" and "Film America: Cinema, Commerce and Cultural Exchange 1920 – 1939"*, p. 240.

[3] Aurora Bosch and M. Fernanda del Rincón, "Dream in a Dictatorship: Hollywood and Franco's Spain, 1939 – 1956," in Reinhold Wagnleitner and Elaine Tyler May, eds., *"Here, There, and Everywhere": the Foreign Politics of American Popular Culture*, Hanovern: University Press of New England, 2000, p. 102.

[4] Robert B. Ray, *A Certain Tendency of the Hollywood Cinema, 1930 – 1980*, Princeton: Princeton University Press, 1985, p. 29.

了其促进一致的潜力"。在世界其他地区,好莱坞提供的美国文化成为国家文化的一种"替代",能够被接受为当地对"官方"文化抵制的一种姿态。① 有声电影让好莱坞在欧洲电影市场的"霸主"地位得到了强有力的巩固,从来没有被动摇过,至今依然如此,其对欧洲人产生的影响绝不是单纯用金钱所能衡量的。

在 20 世纪二三十年代,欧洲是好莱坞重点瞄准的市场,欧洲人对好莱坞影片的青睐成为美国电影制作公司巨大的海外收入来源。从欧洲影院滚滚流入美国电影制作公司和发行公司账上的钱只能算作美国影片的直接有形收入,有形收入尽管巨额,但毕竟是可以统计的或有限制的,无形收益则更大,是很难以用数字来计算的。欧洲保守文人对好莱坞"恨之入骨",很大程度上就是针对好莱坞给美国带来的无形收益而言的。通常来讲,好莱坞影片向国外观众提供的内容是虚构的,但展现出的背景素材却是真实的,在现实生活中是随处可见的,如男女演员的衣食住行、社会风貌、建筑风格以及大众生活等,尤其是影片中体现出的美国人信奉的文化价值观。在这一时期,很多好莱坞影片是描写现代美国生活的,实际上向国外观众提供了一个了解美国社会的"窗口",同时把与传统相对立的"现代性"体现于其中。当然,美国电影制作公司出于赚钱考虑,也会拍摄一些似乎与美国社会大相径庭的影片,造成了欧洲人对美国的误读,这样的例子不胜枚举。很多人对此提出了指责,认为好莱坞影片不能把一个真实的美国介绍给外国观众。《纽约时报》1925 年 11 月 29 日刊登的一篇报道称,在外国放映的好莱坞电影给外国观众"对美国人、他们的言谈举止以及他们的生活留下了完全错误的印象"②。《纽约时报》长期驻欧洲的记者安妮·奥黑尔·麦克考密克 1931 年 12 月 20 在《泰晤士时报》上发表的文章中指出,因为世界上三分之二的影片在好莱坞拍摄制作,所以世界各地以为现实中的美国就是好莱坞电影提供的美国形象。在他看来,电影向外国观众"展现的美国人富有、年轻、漂亮,在本质上却是粗鲁不堪的。实际上,美

---

① Richard Maltby and Ian Craven, *Hollywood Cinema: An Introduction*, Oxford: Blackwell Publishers Ltd., 1995, p.168.

② "Movies Blamed for Deferred Visit," *New York Times*, November 29, 1925, p. W17.

国人并非庸俗粗鲁,他们是非常真诚、非常朴实、非常谦和、非常善良"①。1932年11月5日,美国科罗拉多大学校长乔治·诺林在柏林用德文发表演讲,谈到了欧洲人的美国观并不能反映出一个真实的美国,其中一个原因应归咎于美国电影。在他看来,欧洲人的脑海中"很容易呈现一个关于美国偏见的或片面的画面。毋庸置疑,这样一种片面画面已经存在于大多数欧洲人的脑海之中"②。对好莱坞类似的批评在美国国内很常见。其实,很多电影展现的故事情节在现实生活中是不存在的或者是超现实的,如果完全以现实生活中发生的事情作为素材来拍摄电影,那通常是难以吸引观众的,很难激发起他们的激情或想象力。然而,无论如何,这一时期的好莱坞影片的内容绝不是胡编乱造,子虚乌有,完全与现实生活脱离。任何美国影片都会体现出美国人的文化价值观以及他们对这个世界的看法,导演们在拍摄影片时会潜意识地将美国人的好恶体现于其中,否则的话,美国电影与欧洲电影抑或其他国家电影有什么区别呢?正是这种区别才导致了外国观众对美国电影的喜爱,通过电影展现出的画面来了解美国人信奉的价值观念,这才有可能使欧洲很多人逐渐地接受体现"现代性"的美国生活方式。这种影响是潜移默化的或不自觉的,而不是个体的或部分的。这一时期欧洲国家呈现出欧洲知识精英描述的"美国化"现象,好莱坞电影在这一过程中显然起到了极其重要的作用。显而易见,这一时期好莱坞影片之所以受到欧洲观众的欢迎,一个重要原因就是满足了他们对现代物质生活的感官体验,特别对那些处于反叛传统年龄段的年轻人来说,他们自然会在现实生活中自觉和不自觉地模仿其看到并喜欢的生活方式。这种模仿带来了两个重要的结果:

一是对美国生产的消费品的需求加大,导致美国相关商品在国外市场上受到模仿者的青睐。这是一种自然而然的结果,很多美国商品出现在电影之中,包括演员们身着的服饰、房间摆放的家具和各种电器设施,还有公路上飞驰的汽车,等等。电影画面比商品广告对观众的影响要更大一些,广告是完全在推销商品,在电影中出现的商品却显得很自然,更容易被那些追求风尚的观众所接受。因此,美国对欧洲贸易在这一时

---

① "Before Hollywood Was," *New York Times*, December 21, 1931, p. 20.
② "Says Pioneer Spirit Is American Guide," *New York Times*, November 6, 1932, p. X6.

期大幅度地上升，很多人认为与美国电影称霸欧洲市场有很大的关系，好莱坞充当了美国对外经济扩张的"开路先锋"。20 世纪福克斯公司（20th Century Fox）总裁威廉·福克斯声称，美国的贸易跟随着美国的电影，而不是跟随着美国的旗帜。① 福克斯之言固然有所夸张，但足以表明电影对美国对外贸易的重要性。福克斯这种说法在当时很流行。英裔美国电影制片人克拉克上校 1926 年 8 月 17 日在"拉克尼亚号"（the Laconia）上接受记者采访时重复了这种观点，即"贸易不再跟随着旗帜，而是跟随着电影"②。海斯在一次讲演中详细地解释了"电影促进了贸易"这一提法。他宣称：

> 电影对人们的购买习惯产生了深远的影响。我们几乎没有一天不接收到购买新潮商品的确认单，这些新消费潮的出现是源于屏幕微妙暗示力量的结果。毋庸讳言，这种影响在娱乐帝国是用钱买不到的，犹如世界最大报纸的头版一样。世界各地数以百万计的人在电影中看到了确实不同的商品，他们对之完全是陌生的。他们逐渐理解了各种生活标准，大大不同于他们已经习以为常的标准，占有这些商品的欲望由此而生。这样新的业务便会出现，贸易的新潮便开始形成。因此，贸易的确追随着电影。③

海斯被媒体称为"电影沙皇"（Movie Czar），他在讲话中所谓的"电影"是泛泛而言的，并不是特指美国的电影，实际上，海斯显然是以好莱坞电影对国外观众的影响为例来说明电影与贸易之间存在着密切的联系，电影在刺激国外民众消费美国产品上起了非常重要的作用。美国政府官员内森·戈尔登说得更为明白，1928 年 11 月他在《国会文摘》上发表文章指出，美国电影已经成为美国商品非常强有力的间接推销商。美国商人"开始认识到，从服饰到汽车的许多美国产品构成了眼下每部电影的场景，

---

① Ralph Willett, *The Americanization of Germany, 1945–1949*, New York: Routledge, 1989, p. 28.
② "Trade Follows Films, Not the Flag, He Says," *New York Times*, August 18, 1926, p. 35.
③ "E. N. Hurley Warns on Foreign Trade," *New York Times*, May 23, 1930, p. 6.

在日常生活中已经引起上映美国影片的每个国家数以百万人的注意,他们进而认识到,羡慕常常是购买的前奏"①。1928年7月6日,美国政府宣布成立电影处,隶属于外国和国内商务局,克拉伦斯·诺斯被任命为首任处长,内森·戈尔登被任命为助理总监。这个新机构将主要致力于帮助美国电影业和相关行业开拓国外市场。外国和国内商务局局长霍普金斯宣称,除了从影片在国外发行和设备直接销售所赚取的利润之外,美国电影还可以向其他国家展示美国生活的舒适和便捷,这将大大有助于美国商品在外国的销售。② 好莱坞电影为美国对外贸易做出了很大的贡献,这已成为一个不争的事实,欧洲人对美国商品的需求随着好莱坞电影的风靡一时而上升,形成了对美国消费品的热追新潮,美国制造商和出口商从中大获其利。由此可见,好莱坞电影成为扩大商品出口的一个非常重要的手段。

二是欧洲人观看美国影片主要是为了达到身心愉悦的目的,但势必潜移默化地受到影片中所宣扬的生活方式的影响。因此,好莱坞影片不仅给美国带来滚滚财源,而且实际上是在向境外推广体现美国文化价值观的生活方式,在接受这些观念的欧洲人的意识中重塑美国形象。正如上文指出的那样,财源是有形的,而文化影响却是无形的。对美国政府来说,后者也许比前者更为重要。赫伯特·胡佛在20世纪20年代担任美国商务部部长,他当时明确指出电影出口的意义有两方面:一方面"作为一种直接的商品贸易";另一方面能够"代表美国商品的消费习惯产生强有力的影响"③。诺斯1926年6月12日在《独立报》上发表了一篇文章,把好莱坞电影称为"我们无声的大使",宣称"通过美国电影,美国的理想、文化、习惯和传统会逐渐地瓦解其他国家的文化基础",导致"不易觉察的美国化

---

① Nathan Golden, "Uncle Sam and the Movies," *Congressional Digest*, No. 7, November 1928, p. 297. 转引自 Kerry Segrave, *American Films Abroad: Hollywoods' Domination of the Worlds' Movie Screens from the 1890s to the Present*, Jefferson, N. C.: McFarland & Company, 1997, p. 60.

② "To Aid Film Business: Motion Picture Division Is Created in Foreign Commerce Bureau," *New York Times*, July 7, 1929, p. 12. 关于美国政府这一时期对好莱坞电影出口的支持,详见 Ulf Jonas Bjork, "The U. S. Commerce Department Aids Hollywood Exports, 1921 - 1933," *The Historian*, Vol. 62, No. 3, Spring 2000, pp. 575 - 587.

③ 转引自 Grantham, "America the Menace: France's Feud with Hollywood," *World Policy Journal*, Vol. 15, No. 2, Summer 1998, p. 61.

过程"①。诺斯是政府内主管电影的官员,他的这番话把好莱坞电影对传播美国文化价值观的巨大作用说得再明白不过了。1923 年 10 月 5 日海斯在伦敦发表演讲,把美国电影业的国际目的概括为向国外观众推销美国的生活方式。他宣称,美国电影制作和发行公司协会的成员"已采取明确的措施保证,从美国出口到国外的电影,无论被发行到哪里,都应该正确地把目的、理想、成就、机会和美国生活展现给世界"②。海斯宣称的"我们将用美国的电影向世界推销美国"成为这一时期致力于以美国文化改造世界的许多美国人所津津乐道的一句名言。关于好莱坞对美国境外生活方式的影响,置身于其中的欧洲人也许看得更清楚。法国驻美大使保罗·克洛德尔 1930 年 2 月对美国人宣称:

> 你们的无声电影和有声电影把美国的生活、方法和方式渗透到法国人的脑海中。英语和美国文学及历史越来越引起关注和研究。我们的报纸充满着美国的报道,美国的经济和社会生活的各个方面在最遥远地方的城市被热烈地讨论。美国的汽油和美国的观念在整个法国传播,带来对权力的新认识和对生活的新节奏。我在这方面只看到良好和健康的症状。发展不仅来自内部,而且也来自外部,没有一个国家像法国那样更渴望接受这些外部影响。在法国生活和文化中,主导地位最初由西班牙和意大利所拥有,19 世纪为英国所拥有,现在却属于美国。我们越来越以美国为榜样。③

作为驻美大使,克洛德尔这番话主要以加强美国与法国之间的友谊为基本出发点,显然以赞扬的口吻来博得美国人的好感,但话里也很难掩饰以好莱坞为首的美国文化产品对法国生活方式的影响。西班牙《大众电影杂志》(*Popular Film Magazine*)刊文说:"电影和爵士乐队大大转变了西班

---

① Clarence Jackson North, "Our Silent Ambassadors," *Independent*, June 12, 1926, p. 699. 转引自 Bjork, "The U. S. Commerce Department Aids Hollywood Exports," *The Historian*, Vol. 62, No. 3, Spring 2000, p. 578.

② Will H. Hays, "What Is Being Done for Motion Picture," October 5, 1923. 转引自 Trumpbour, *Selling Hollywood to the World*, p. 17.

③ "Sees France Eager for American Ideas," *New York Times*, February 7, 1930, p. 15.

牙新一代的心理。"[1] 这里所谓的"转变"其实就是美国电影中体现的文化价值观对西班牙年轻人的影响。英国一位名叫牛顿的勋爵向政府呼吁,美国好莱坞对大英帝国市场的占领将会产生远不是经济方面损失的后果。事实是,美国人"几乎很快认识到,电影是一种宣传他们自己、他们的国家、他们的方式、他们的制品、他们的思想以及甚至他们的语言的极好手段,他们紧紧抓住这种手段,劝告文明的和非文明的整个世界相信,美国的确是唯一可以信赖的国家"[2]。好莱坞电影对欧洲人思想意识的影响对树立美国在国外的形象不见得完全是正面的,有时还会起到一种相反的作用,造成了欧洲人对一个真实美国的误读,但对传播美国生活方式和文化价值观,很难有什么方式能够与好莱坞电影相比。这一点已经得到了历史事实的证明,即使在现在,好莱坞电影的这种作用不是在减弱,而是越来越在加强。

欧洲一些国家在20世纪二三十年代出现了所谓"美国化"的现象,欧洲人对美国生活方式的模仿达到了历史上的一个高潮,这是欧洲国家正在向现代大众消费国家迈进的很重要一环,好莱坞电影在很大程度上可以说对这一进程"推波助澜",其发挥的作用之巨大,很少有其他方式能够取而代之,这也是欧洲精英们抵制好莱坞电影的重要原因。

四 欧洲对好莱坞电影的抵制

1920年3月29日,伦敦街头爆发骚乱,阻止美国著名演员劳蕾特·泰勒女士演出《罗马一夜》(One Night in Rome)的戏剧。有人解释骚乱者故意企图煽动起美国和英国之间交恶。盖瑞克剧院(Garrick Theatre)的管理人员否定了这种说法,声称这场骚乱的原因无法解释,但显而易见的是,这场骚乱"既不是针对泰勒女士,也不是针对美国演员的"。原因在于"这出戏与美国没有多大关系,是泰勒女士的丈夫编写的,而他是英国人。公司也不是美国人经营的"。《派尔—麦尔新闻》(The Pall Mall Cazette)报道说,这个事件"令人非常遗憾,人们误认为这出戏是美国戏,由美国著名

---

[1] "The Screen in Madrid: Films and Jazz Bands Change Psychology of New Hispanic Generation," *New York Times*, November 16, 1930, p. X6.

[2] Jarvie, *Hollywood's Overseas Campaign: The North Atlantic Movie Trade, 1920 – 1950*, p. 111.

演员扮演主要角色。这些事实将被我们在美国的敌人所利用，在这样的时刻，促进两个国家关系恶化的任何事情将深受谴责。然而，我们认为，猜想这场骚乱有任何国际背景是没有任何理由的"。当时在伦敦的美国著名好莱坞电影导演莫里斯·格斯特接受了英国《见闻报》(The Daily Sketch) 记者的采访，他站在美国人的角度谈到了英国人对美国的不满情绪，认为在英国，"某些当地人的情绪似乎一直是伤人感情的。一个怨气十足的报纸编辑出于我不大清楚的动机，试图煽动起对他称之为'美国入侵'的不满。这位作者似乎反对美国姑娘正在不让英国姑娘在伦敦剧院扮演主角。这是很荒谬的。你们最好还是驱除普契尼的音乐，把巴甫洛娃和俄国的芭蕾舞剧送回到彼得格勒，告诉著名的莎拉·伯恩哈特英国不需要她，因为凡此种种皆会让某个英国天才失去了工作。三个美国人最近赢得了伦敦的认可，因为她们是聪明过人的女演员，伦敦将会看到更多聪慧的美国女演员。为了抵消这种所谓的'美国入侵'，我不得不说，前往纽约的英国明星将几乎都将受到极为热情的接待"①。这个事件的发生或许是偶然的和误判的，但却反映出英国人对美国娱乐节目的一种抵制情绪，他们可以到剧场观看美国戏剧，满足感官上的享受，然而很不情愿美国的娱乐文化对他们传统生活方式的冲击，所谓的"美国入侵"会激发他们的民族主义情怀。好莱坞电影对英国人生活的影响远非几处戏剧所能比拟，英国人对美国戏剧尚且有这样的情绪，那对好莱坞电影的抵制自然是在情理之中了。英国不是个案，在好莱坞电影泛滥的欧洲大陆国家同样存在着类似情况，甚至是有过之而无不及。

当好莱坞电影在欧洲电影市场居于优势时，欧洲国家就开始了对好莱坞电影的抵制。1924 年 11 月 24 日，诺斯的顶头上司沃伦·霍格兰要他手下的官员密切关注欧洲国家"实际或扬言要实行的新法律和限制措施；当地电影制作者的行动；审查制度条例，尤其是变化；电影发行商或剧院老板的合作或改组；新影院的修建或合并；公众或观众对美国和外国电影态

---

① 对这一事件评价的引文见 "London Befogged over Stage Riot," *New York Times*, May 1, 1920, p. 15.

度的变化,任何不管是政府还是公众将证明危及美国电影的任何行动"①。霍格兰的这番话足以说明欧洲国家政府此时已经开始采取措施限制好莱坞电影在本国的无限制发行。对好莱坞电影的抵制情绪在欧洲精英阶层更甚,他们未必不喜欢观看美国电影,但打心底不愿意看到电影中宣扬的生活方式在欧洲广为传播,对欧洲文明的存在与发展构成了威胁,进而使维系一个民族内聚力的国家认同不复存在,最终导致社会各阶层都认可的社会等级出现"无序"的状态。对这一时期欧洲精英美国观深有研究的美国学者安德烈·维松认为,欧洲精英们"感到诸如美国鸡尾酒、美国爵士乐以及美国电影等其他美国'进口品'带来令人恐惧的不祥之兆。如果马丁尼鸡尾酒和曼哈顿鸡尾酒取代了红葡萄酒和雪利酒,如果黑人爵士乐取代了维也纳的华尔兹舞,如果美国的电影把欧洲的电影挤出屏幕,很难预言美国的前进将在什么地方打住。美国的情趣和节奏也许代替欧洲的情趣和节奏;美国的流水线生产也许毁灭欧洲的工匠技艺;美国的受机器操作者也许征服欧洲的知识分子;欧洲的文明将处于濒危之中"②。维松这里谈的是体现"美国性"的文化产品对欧洲文明构成的巨大威胁,好莱坞电影在其中显然扮演了很重要的角色,这一点从维松的这段话中也明确体现出来。美国学者佩尔斯研究了这一时期好莱坞对欧洲的影响,他的结论是:

  在整个欧洲大陆,那些政治和文化精英们一致认为,美国的电影正在瓦解每个国家的民族"认同",各国政府在它们的公民如何打发消遣时间上不会再产生更大的影响,这种趋势必须加以抵制,否则整个欧洲将很快被美国的习俗和心境所吞没。③

有关好莱坞对欧洲文明构成威胁之语,常常见诸这一时期欧洲保守文人的著述中和媒体上。如梵蒂冈的官方报纸《罗马观察报》(Osservatore Ro-

---

① Bjork, "The U. S. Commerce Department Aids Hollywood Exports, 1921–1933," *The Historian*, Vol. 62, No. 3, Spring 2000, p. 578.
② Visson, *As Others See Us*, pp. 136–137.
③ Pells, *Not Like Us: How Europeans Have Loved, Hated, and Transformed American Culture Since World War II*, p. 16.

mano）刊文把好莱坞电影称为具有"致命毒素"的东西，是一种"粗糙文明"的产物。那些不喜欢电影娱乐的罗马人感到美国电影是乏味无趣的，对他们来说，美国电影既缺乏现实关怀，又没有浪漫情操。电影的美感、悲剧、乐趣、怜悯或爱情等似乎都是虚构的、空洞的、胡编乱造的和无聊的。在这篇文章中，作者罗列了梵蒂冈反对美国电影的各种理由，主要还是担心对"旧欧洲"文明的存在构成了威胁。因此，梵蒂冈希望"美国导演停止拍摄电影，至少不再把电影输往意大利"①。梵蒂冈是意大利首都罗马的国中之国，其领袖人物的保守性有目共睹，他们不愿意打着"现代性"烙印的好莱坞电影腐蚀了欧洲历史上形成的"传统"，但这种对好莱坞的看法绝不是孤立的，而是反映出当时存在于欧洲精英阶层的一种很流行的看法。法国作家克莱芒·沃特尔抱怨说，美国人"通过电影已经殖民化了我们"。言下之意，欧洲文明已被"美国化"。法国下院议员夏尔·波马雷尔在1931年出版的一本书中声称，欧洲人已经成为美国金融和文化的"苦力"，更为准确地讲，这是来自好莱坞宣传的美国形象。英国许多人担心，在整个帝国境内放映的好莱坞电影将导致"国家特性或特征发展中美国居于支配的地位"②。1929年5月，一些法国人高举着"法国被美国电影殖民化"的牌子，走上街头。《纽约时报》的报道称，这标志着法国人发起了对美国思想意识的攻击。他们提出，好莱坞电影"对法国影剧院的殖民化构成了对整个国家的威胁。我们竞争对手享有的这项特权无论如何不应该归因于他们作品的质量，而是由于虚张声势，靠着这种手段，他们唾手可得到法国影剧院，巨额的美元能使他们致力于粗俗喧闹的宣传或很容易获得我们的建筑和不动产"。因此，为了使自己的国家免遭好莱坞的"入侵，保护他们的文化，维护他们的贸易，英国人、德国人和意大利人等已经颁布了严格的配额措施"。法国人宣称，他们"打算获得对我们自己屏幕的控制，由此防止美国人影响法国的舆论"③。1935年丹麦保守党青年领袖之一

---

① "Rome and Hollywood," *New York Times*, July 23, 1927, p. 12.

② 以上引文见 Costigliola, *Awkward Dominion: American Political, Economic, and Cultural Relations with Europe, 1919–1933*, p. 177.

③ "French Criticize American Film Man: Posters Condemn Hollywood Stories as Dangerous to Culture and Youth of France," *New York Times*, May 3, 1929, p. 5.

保罗·梅耶抱怨说,由美国电影、爵士乐崇拜和宣传文学构成的肤浅文化是"通向文化退化的直接道路"。1939年丹麦著名电影评论家哈拉尔·恩伯格对好莱坞电影对丹麦观众,尤其是年轻人造成的"恶果"给予了抨击。① 他们对好莱坞电影的谴责或许不无夸张之处,但正是通过这种夸张性的描述,旨在让欧洲普通民众在脑海中树立起抵制意识,阻止住好莱坞影片宣扬的美国生活方式在欧洲的广泛传播。

好莱坞电影给欧洲精英带来的恐惧不只是对欧洲人生活方式的影响,他们中的很多人更为担忧美国会通过电影这种手段形成对国际社会的主宰,让欧洲国家"退避三舍",成为唯美国之命是从的无足轻重的"小卒"。莫里斯·格斯特1927年3月26日宣称,电影制作正在发生一场革命,他预言,在两年之内,世界上最伟大的思想将产生于好莱坞。在人类历史上,这是一场伟大的革命,刚刚在地平线上露出晨曦,将是"电影业历史上的里程碑,其重要性犹如法国革命在人类历史上的地位,将大大有助于进步和国际理解。这是美国拥有的最大财产。好莱坞的作品开始变得成熟,美国精神与聚集在好莱坞旗下的英国人、法国人、德国人、俄国人、匈牙利人和其他国籍的人提出的思想交织在一起。任何异邦国家将不会产生怨言,因为世界上每个国家在加利福尼亚的电影制片厂中皆有代表"②。格斯特所谓的这场革命显然是指好莱坞的"国际化",但话里话外却流露出了好莱坞将会给美国在国际社会带来思想意识的"霸权",而这恰恰正是欧洲精英们最不愿意看到的结果。美国社会学家罗伯特·帕克在1926年谈到文化传播和种族关系时特别强调了电影在全球文化共同体形成中的作用。用他的话来说,电影"也许被视为象征着我们国际关系和种族关系的新的一面,这种象征既不是经济的,也不是政治的,而是文化的"。电影的传播以及无线电广播的普及正在影响着"人们的思想",影响着"他们最终的个人经历"。电影"在几年前就不可思议地把地球的两端密切联系在一起"。③ 帕

---

① 以上引文转引自 Sørensen and Petersen, "Ameri-Danes and Pro-American Anti-Americanism: Cultural Americanization and Anti-Americanism in Denmark after 1945," in Stephan, ed., *The Americanization of Europe: Culture, Diplomacy, and Anti-Americanism after 1945*, p. 116。

② "Movie Revolution Predicted by Gust," *New York Times*, March 27, 1927, p. E3.

③ Robert Ezra Park, *Race and Culture*, Glencoe, Illinois: the Free Press, 1950, pp. 144 – 149.

克基于这种认识之上提出了"文化国际化"的观点,共同认可的文化势必会形成不同种族参与的"国际共同体"。按照这个逻辑推理,美国自然成为这个"共同体"的主宰了。《纽约晨邮报》(The New York Morning Post) 1923 年刊登的一篇文章警告说,即使"美国放弃了它的外交和领事业务,船只停靠在港口,观光旅游只限于国内,从世界市场上撤出,美国的公民、美国的问题、美国的城镇乡村、美国的道路、汽车、计财室和酒吧依然为世界最远的角落所熟悉。……电影对美国犹如旗舰曾经对英国一样。如果不受到及时遏制的话,靠着这种手段,山姆大叔也许希望某一天使世界美国化"[1]。上述这番话说实在只是作者的一种假设,那时的好莱坞电影正在积极地开拓欧洲市场,尚没有达到在 20 年代后期对欧洲社会那样的影响程度,但作者却暗示不能让这种趋势继续下去,要是放任自流,产生的后果将是不堪设想的。此外,欧洲精英们一直过着一种非常典雅的高品位生活,这种生活培养了他们的高贵气质,让他们享受着很少走到大众中间的文化特权。好莱坞电影实际上让欧洲精英们享受的高雅娱乐形式开始走向没落。挪威学者施勒特尔认为,电影是大众娱乐,而不是高雅文化。在他看来,电影不会取代歌剧、芭蕾舞和戏剧。[2] 施勒特尔是在谈 20 世纪二三十年代好莱坞电影对欧洲美国化所起的作用时提出这种看法的。无论如何,欧洲精英们不可能阻挡住作为大众娱乐形式的电影的流行,他们大概最希望看到的局面是,电影与歌剧等高雅艺术表演并存,相安无事,互为补充。实际上出现这种状况几乎是不可能的,好莱坞电影风靡欧洲肯定会导致高雅艺术表演形式的衰落,进而让他们享受的文化特权不复存在。面对着这种局面,欧洲精英们大概会产生"皮之不存,毛将焉附"的感觉。因此,欧洲精英们对好莱坞电影怨言甚深便是自然而然之事了。

好莱坞电影是一种文化产品,故事情节中内涵着很明显的文化价值取向,同时具有商品交换的一切特性,到了二三十年代在美国已成为一个很有发展潜力的产业,每年带来的经济收入是非常可观的。欧洲主要国家拍摄的电影相对来说比较注重艺术性,商品化的色彩没有美国影片那样浓厚。

---

[1] Maltby, ed., *Passing Parade: A History of Popular Culture in the Twentieth Century*, p. 11.

[2] Schröter, *Americanization of the European Economy: A Compact Survey of American Economic Influence in Europe since the 1880s*, p. 33.

在很多欧洲精英的眼中，好莱坞电影内容是乱七八糟，缺乏艺术性，只是为了满足普通观众的感官需求，太过于商业化必然带来电影中树立的形象与现实相距甚远，且多为负面。英国影片租赁协会主席乔治·史密斯给海斯发去一封电报，声称在英国放映的美国电影已经让这个行业声誉受损，对美国电影公司产生了极为有害的影响。史密斯的结论是，鉴于"目前美国电影在英国屏幕上占绝对优势，我确信，对美国整个贸易的抱怨有可能演变为伤及目前贸易法规的任何行动，尤其是被认为反映低级趣味和不考虑英国国民感情的那些影片"①。1927年法国驻美大使克洛德尔在纽约发表的一次讲话抱怨美国电影对法国人形象的扭曲。克洛德尔这个讲话后不久，法国电影参展商协会在巴黎举行了一个会议，通过了一个口气十分强硬的决议，要求好莱坞停止拍摄侮辱法国人的电影，声称这些电影为了满足人们的娱乐，把法国男人刻画为一贯邪恶淫荡，把法国女人刻画为十足的玩偶。② 就连美国人也看到了这一点，美国传教士协会秘书乔治·卢瑟·卡迪博士在1932年1月10日的讲话中称，对美国道德和精神恐惧主要是基于这个国家的"好莱坞化"之上，这种恐惧弥漫于整个世界，影响了美国与其他国家的国际关系。在卡迪的眼中，这种恐惧"比美国在国外的商业和投资所引起的经济恐惧还要大。我们不仅出口汽车，而且出口理想。美国的电影正在把美国的经历告诉给世界。电影最密切地展现我们整个的物质道德进而精神生活，使之传播到世界各个地区"③。他们对美国电影内容的谴责实际上就是好莱坞"商业化"的结果。

其实，即使欧洲电影制作公司注重影片的艺术性，说实在也是相对于好莱坞影片而言的，它们同样需要赚钱来谋得生存与发展。如此看来，它们在欧洲电影市场上必然与美国影片存在着一种"零和"竞争关系。好莱坞影片占据的份额越大，也就意味着欧洲电影占据的份额便越小，长此以往必然导致欧洲国家电影业的萧条甚至电影制作公司关门倒闭。从这个意

---

① "Ask Ban on Pictures of Troop-Guarded Film," *New York Times*, June 25, 1925, p. 21.

② R. Le Clerc Philips, "French Flirts and English Pops," *New York Times*, December 11, 1927, p. X7.

③ "Dr. Cady Say Hollywood Films Give World 'Spiritual and Moral Fear' of United States," *New York Times*, January 11, 1932, p. 26.

义上讲，欧洲精英们呼吁抵制好莱坞有着经济上的考虑，目的在于维护欧洲国家电影产业在与好莱坞争夺电影市场中具有竞争性，这种保护在国家政策层面上体现得更为明显。根据《纽约时报》报道，许多欧洲人抱怨，好莱坞的普及化导致了世界的美国化，如果欧洲人愿意促进自己的文明类型，美国人不能对他们加以指责。一些欧洲人甚至认为，美国制造品在电影中的展现造成了一种对这些商品的渴望，导致了他们国家商业蒙受损失。① 有作者以法国为例说明了这一点，称法国人对好莱坞的抵制"在本质上是一场经济战役，而不是道德战役。法国电影制造业处于起步阶段，受到了好莱坞强大能力和创新力的猛烈打击，因此通过关税形式保护自己，以便大大减少美国电影在法国赚取的利润"②。法国是这样，其他欧洲国家同样也是如此。关于这一点，二三十年代活跃于好莱坞的美国著名电影导演道格拉斯·丘吉尔观察说，只要美国电影控制着世界市场，这种在国外争夺电影市场的冲突就很难消除。一旦"任何国家控制了自己国境之内的商业，对美国便会采取手下留情的态度，正常的竞争力量将往往替代人为的限制和抑制。好莱坞认为，所有这些被说和被做时，商业竞争是争执的基础。欧洲和亚洲会担忧电影中展现的我们的思想，但它们更有充足理由担忧的是，我们将从他们自己电影生产商的嘴里抢饭吃"③。丘吉尔说的是实情。好莱坞电影对欧洲人生活方式的影响是潜移默化的，终归会在对美国商品和服务的消费中反映出来，当然思想意识的变化更是在一个长时段过程中综合因素的结果，与欧洲电影公司似乎无多大关系。欧洲国家采取一些措施保护国内电影市场，主要还是出于不让本国的电影产业遭到好莱坞的"吞噬"，经济上的考虑可能大于文化上的考虑，因为好莱坞电影对欧洲人在文化上的影响毕竟是间接的和无形的，而与欧洲电影业的冲突却是直接的和有形的。在这种局面下，欧洲精英们呼吁抵制好莱坞多是站在维护欧洲传统文化的层面上，而国家对好莱坞的抵制主要体现在对本国电影产业的保护。当然两者很难截然分开，只不过是强调的重点有所不同罢了，

---

① "Hollywood, Unlimited," *New York Times*, December 21, 1927, p. 24.
② "Paris and Hollywood," *New York Times*, May 4, 1929, p. 11.
③ Douglas W. Churchill, "Hollywoods' Censor Is All the World," *New York Times*, March 29, 1936, p. SM10.

总的目标是没有任何区别的，就是阻止好莱坞影片"肆虐"欧洲，一方面使欧洲人免受来自大洋彼岸生活方式的影响；另一方面保护欧洲国家的电影产业。这两个方面交织在一起，构成了欧洲国家这一时期抵制好莱坞的主要内容。

  欧洲国家在很多重大国际问题上存有异议，在很大程度上讲，第一次世界大战的结束并没有解决他们之间的根本冲突，历史上遗留下的相互之间的民族仇恨并没有完全消除，谁来主宰欧洲依然是大国争夺的焦点。然而这种内部的争执并没有对欧洲几个大国抵制好莱坞产生太大影响。好莱坞影片在20年代中期以后逐渐在欧洲电影市场上占据了主导地位，引起了欧洲精英阶层的深刻担忧，他们中的一些人提出几个欧洲大国联合起来共同抵制好莱坞的"入侵"。据《纽约时报》1926年10月10日来自柏林的一篇报道称，法国人抛弃了对德国的传统偏见，希望能够结成共同的联盟来抵制好莱坞。法国人的观点是，目前法国"在经济上和精神上受到美国野蛮电影作品的毒害。我们的机体不再能够抵制这种美国佬的入侵。德国必须成为我们的联盟，德国的精神文化、她的科学以及她的艺术将有助于清除到目前为止横亘在两国之间的所有障碍"[①]。法国的这种倡议并未受到冷落，尽管欧洲国家组成一个共同的联盟所面对的困难很大，但当好莱坞成为它们的"共同敌人"时，形成这种联盟的可能性就越来越大。据来自伦敦1928年1月17日的报道，欧洲国家对美国电影的抵制正在呈现出方兴未艾之势。大西洋彼岸的许多国家试图联合起来"继续反对好莱坞代表的共同敌人"。这篇报道称，欧洲各国出于各自利益的考虑没有结成抵制好莱坞进军欧洲的联盟，不过诸如英国、德国和法国等国都采取了保护本国电影市场的措施。这篇报道的结论是，虽然抵制好莱坞的欧洲"联盟"尚不存在，但"美国电影制造商将遭到这些保护措施最严厉的打击，因为只有美国的电影现在才拥有最大的市场"[②]。英国名流约翰·卡特1928年3月4日发表在《纽约时报》的长文中主张成立一个"欧洲电影联盟，明确针

---

  ① "France and German Films: French Critic Prefers Former Foes' Photoplays to 'Hollywood Banalities'," *New York Times*, October 10, 1926, p. X7.

  ② Ernest Marshall, "Fight on Our Films Hits Snag in Europe: Self-Interest Blocks Move for a General Cartel Against Hollywood Menace," *New York Times*, January 29, 1928, p. 56.

对美国电影在欧洲和欧洲附属地的放映。这种对好莱坞抵制的根源既是经济的和政治的，也是美学的"。因此，欧洲国家要在有利可图的基础上"形成国家电影业，此外利用本国电影来抵制不受欢迎的'美国思想'在欧洲人和'土著'民族中间传播"。最后，这种抵制的明确目的是"制作比好莱坞艺术性更高的电影"①。当然，这些人的努力并不是徒劳无功，法国电影业非官方发言人、法国最著名电影导演让·萨佩内4月12日通过一家法国电影公司与英国和德国电影公司签署了密切合作的协定，涉及电影交换和其他相互安排。这是法国、英国和德国长期提倡形成密切联盟的第一个成果，旨在"打破好莱坞的控制"②。欧洲国家抵制好莱坞的"联盟"只是非官方的民间举措，缺乏具有一种超国家权力机构的协调，很难发挥欧洲国家抵制好莱坞时采取统一行动的作用，不过对"联盟"的倡导以及付诸实践，倒是反映出好莱坞影片对欧洲的威胁已经使之成为欧洲国家的"共同敌人"。

欧洲国家保护国内电影市场采取的主要措施是限额制，被一些欧洲电影制作大国先后采取，一方面避免国内电影市场被好莱坞的独霸；另一方面为国内电影业的复振提供国家层面上的支持。卡特在他的文章中将之称为欧洲国家对好莱坞发起的一场"对外战争"。他这篇文章主要是关于配额制的，开篇就谈到法国赫里欧电影委员会正在试图为法国电影业奠定有利可图的基础，为达此目的采取了配额制。这样法国就"明确进入了与好莱坞敌对的欧洲国家之行列，这些国家包括英国、德国、法国、奥地利、匈牙利、捷克斯洛伐克、意大利、南斯拉夫、新西兰、澳大利亚和印度。所有这些国家都已经颁布立法或正在考虑立法，限制外国电影进入他们的国家"。卡特所谓的"欧洲国家"显然包括它们在世界各地的附属地。按照卡特的研究，欧洲国家对好莱坞影片采取的配额制有四种类型：一是"法令规定，每部国内制作的电影当通过了影片审查局的审查之后，便作为对通过审查的外国电影的补充影片。这一法令在德国实行，从1928年1月1日起生效"。二是"对每部国内制作的电影公司颁发可进口若干部外国电影的

---

① John Carter, "Hollywood Has A Foreign War: Maxim Gorky," *New York Times*, March 4, 1928, p. 149.

② "Hays and Wilson Confer on Films," *New York Times*, April 12, 1928, p. 30.

特许证。这个法令在奥地利生效,南斯拉夫也打算实行,将可能延及到其他国家,除非现存的条约协定阻止了其生效,南斯拉夫属于这种情况"。三是"在每年所有发行上映的电影中,国内制作的电影要占一定比例。英国从1928年1月1日起实行这一法令。新西兰议会提出了类似的法令,在澳大利亚的维多利亚省已经生效,可望在整个澳大利亚付诸执行"。四是"在一年内某个时段内,所有在所谓'首轮'剧院放映的电影,国内制作的电影要占一定的比例。意大利从1927年1月27日起推行这一法令"[1]。欧洲电影制作大国先后颁布了配额制,试图通过相关法令对好莱坞影片进行限制,在保护国内电影市场的大前提下促进本国电影业的复振。

配额制也就是通过法令对好莱坞影片实行限额进口,这种做法实际上从第一次世界大战结束后便在有些欧洲国家开始了。当时战败的德国为了保护国内电影市场和阻止马克外流,对美国电影采取了全面限额进口,但这一措施却导致了走私盛行,结果美国影片继续在国内泛滥成灾,造成了德国电影业依然走不出萧条的阴影。据报道,德国电影制作商抱怨说,美国电影在德国各地相当普遍,致使他们制作的影片无人问津,德国各影院依然放映走私过来的美国影片。[2] 1921年1月,德国首次对电影进口实行配额,允许每年进口相当于德国1919年制作的电影胶片长度的15%。这一举措立刻引起美国电影业的抗议,试图迫使德国政府取缔电影进口配额,以保证美国影片能够不受任何人为限制地进入德国市场,满足德国人观看美国影片之所需。当时正是好莱坞打算"国际化"的初始阶段,美国大概最担心其他欧洲国家会效仿德国的做法。作为战败国,德国在战后面对着重建任务,在经济复振上有求于钱财鼓囊的美国,面对着来自美国的压力,虽未完全屈从,但不得不对电影进口配额做出大幅度的调整,规定进口电影数目与国内制作电影数目持平。这一法令在实际执行中已经大打折扣,未能有效地遏制美国影片的进入。到1924年,德国每年制作约100部影片,但进口影片数目却在200—300部之间,远远超过了一比一的配额。

---

[1] Carter, "Hollywood Has A Foreign War: Maxim Gorky," *New York Times*, March 4, 1928, p. 149.

[2] "Germany Puts Ban on American Movies: Smuggled Films Have Taken the Place of Those Produced at Home," *New York Times*, December 12, 1920, p. E1.

1924 年 9 月初，德国电影业主联盟举行会议，讨论好莱坞影片对德国电影产业构成的巨大"威胁"。大多数与会者认为，为了维护德国电影业主的利益，对国内电影市场保护是绝对必要的。他们提议政府应该采取措施在 1925 年期间不允许进口任何外国电影。[①] 当然，完全禁止电影进口既不现实，也不可能，德国电影观众首先就不会答应，从放映好莱坞影片大获其利的影剧院老板更会强烈反对。不过德国政府对好莱坞影片的"泛滥"也不会袖手旁观，眼睁睁地看着本国这个很有潜力的文化产业衰落下去。因此，德国把"它的控制制度基于政府培养和保护一种幼稚工业之上，而美国公司却要求在互惠的基础上市场向公正竞争开放"[②]。对电影贸易两种完全不同的理念决定了德国必然会有效地保护国内电影市场。德国政府为此通过了相关法令，实行了电影进口许可证制，规定电影发行商购买一部德国电影方可得到一部进口电影的许可证，以此保证外国电影在德国市场上不超过 50%。这一法令在一定程度上获得了成功。据统计，1925 年，在通过德国电影审查办公室的全部影片中，40.9% 是德国的，41.7% 是美国的，17.4% 是其他国家的。到 1929 年，这一数字分别是德国影片为 45.1%，美国影片为 33.3%，其他国家为 21.6%。[③] 自第一次世界大战之后，好莱坞影片在德国市场上一直占有相当的比例，但德国政府从来没有放弃对国内电影业的保护，以此对进口美国影片进行限制，来保证德国影剧院能够放映本国电影厂家拍摄的电影。纳粹执掌德国政权后，德国国内民族主义情绪达到了狂热的地步，对来自美国的任何与文化有关的东西皆进行了限制或取缔，好莱坞影片当然不会是例外了。据 1932 年 7 月 1 日来自柏林的报道，纳粹德国颁布法令禁止进口德语配音的有声电影，外国电影尽管允许 50% 在德国剧院放映，但电影道白需为原声的德语，与拍摄电影同步进行，这种"声像同步"须在德国国内进行。这个新的法令标志着纳粹德国对好莱坞影片进入德国加强了严格限制。这篇报道称，尽管对外国电影的配额仍然没有改变，但让所有外国电影声像同步几乎是不可能，这样必然

[①] "Would Bar All Our Films: German Cinema Owners Want Stopped during 1925," *New York Times*, September 13, 1924, p. 26.
[②] "Germany Restricts Use of Our Films," *New York Times*, December 27, 1925, p. XX3.
[③] Thompson, *Exporting Entertainment: America in the World Film Market 1907–1934*, p. 107.

导致外国电影在德国市场的锐减。① 这项限制外国电影的法律执行数年之后，好莱坞影片在德国市场上占有的份额日渐缩小，美国电影公司决定放弃在德国市场上有所作为的努力，德国境内有6500万电影观众，这对好莱坞来说也是一大损失。② 纳粹德国还控制了奥地利电影市场，禁止美国影片上映。纳粹德国一向重视对本国文化优越的宣传，好莱坞影片传递的是另外一种价值观，其在德国遭到很大的限制乃至退出德国市场丝毫不足为奇，美国好莱坞重返德国影剧院那是第二次世界大战结束之后的事情了。

法国政府在保护国内电影市场上可谓是不遗余力，尽管恢复第一次世界大战之前法国在世界电影市场上的"霸主"地位几乎难成现实，但通过政府层面上的保护至少不会让这个曾给法国带来辉煌的产业在好莱坞的冲击下"奄奄一息"。好莱坞影片的"国际化"战略在法国电影市场上大获成功，致使法国电影业甚至在本国市场上都难得到一席之地，自然也就谈不上在国外市场具有竞争力了。这种状况到了20年代后期已经到了非常严重之地步。以1927年为例，在法国影剧院放映的影片中，只有5%是法国电影公司拍摄的，美国影片占了80%，当年368部美国影片在法国发行，而法国电影只有8部出口到美国，还不见得能够与美国电影观众见面，赚取利润也就无从谈起了。法国已经到了非采取措施不可的地步，其所担心的不仅是本国电影产业的一蹶不振，更重要的是对好莱坞影片带来国家传统生活方式改变的忧虑。政府面对着来自社会上的压力也很大，一些民间组织已开始对好莱坞影片采取了抵制的行为。如巴黎有一个称为"维护法国人激情联盟"的组织，它发动成员上街广泛张贴广告，攻击美国电影，广告上面写着："我们的目的在于使法国年轻人免遭这个过快增长国家主张之规则的影响，这个国家给我们留下了在火上跳舞的印象。"③ 法国很多精英人士向政府不断呼吁，要求对本国电影市场采取保护措施，阻止好莱坞影片的"长驱直入"。在这种局面下，法国政府肯定不会对好莱坞占领本国市场消极观望，势必通过配额制加以限制。1927年12月，法国主要电影公司代表云集巴黎，讨论了打破好莱坞对法国市场的垄断，提出法国每制作8

---

① "Reich Bans Import of German Talkies," *New York Times*, July 2, 1932, p. 18.
② "Americans Curtail Film Work in Film Work in Reich," *New York Times*, April 4, 1937, p. 4.
③ "Paris and Hollywood," *New York Times*, May 4, 1929, p. 11.

部电影方可允许进口 1 部美国电影。法国官方没有对这一提议明确表态，但法国实行配额制的苗头却引起美国国务院和各大电影公司的关注和忧虑。① 具有官方性质的赫里欧电影委员会也做出了积极的反应，打算向政府"建议采取配额制，如果法国这样做了，我们确信，欧洲大陆其他国家将尾随其后"②。面对着好莱坞影片"肆虐"欧洲，法国采取配额制无疑会在欧洲产生一种示范效应。有位作者曾这样预言："众所周知，包括英国、德国、西班牙、波兰、捷克斯洛伐克等其他国家一直等待着法美争执的结果，以便它们正式通过各自国家的电影管理条例。如果法国成功地迫使美国人接受了这一原则，几乎毋庸置疑的是，美国电影业将很快面对着其他国家类似的法律，从而即使不会实际完全失去来自外国这一领域非常有利可图的收入，但这种收入也会大大削减。"③ 作者的这一预言或许有些危言耸听，但也足以表明，法国对好莱坞电影在本国市场上采取的限制措施，对欧洲其他国家抵制好莱坞"入侵"具有重要的意义。

赫里欧当时任法国教育部长，他对好莱坞影片对法国青少年的"毒害"深感忧虑，在政府内是坚决主张对好莱坞影片进入法国给予限制的人士，以他名字命名的电影委员会主要致力于这方面的工作，被政府任命为"设计让法国电影业站稳脚跟的方法和手段"，其绝大多数成员赞成对进入法国的外国影片实行配额制。到了 1927 年年底，赫里欧电影委员会已经就配额制的具体内容开始进行讨论了，打算在翌年初付诸实行。如果法国执行了配额制，输入到法国的好莱坞影片必将会大大减少，因为美国电影制作公司"每年将被迫购买和发行相当多的法国、英国和德国的影片。无论如何这是英国、法国和德国电影制作者正在积极努力的目标"④。尽管配额制是对所有外国电影而言的，但目标显然是针对好莱坞影片的，法国大概也希望其他欧洲国家采取相同的限制措施，形成整个欧洲抵制好莱坞的浪潮。不过，赫里欧委员会的配额制法案经过国务委员会的讨论于 1928 年 2 月 9 日被批准，规定配额为九比一，即进口九部外国电影，必须要有一部法国

---

① "French Movie Plan Worries Americans," *New York Times*, December 13, 1927, p. 7.
② "Hollywood, Unlimited," *New York Times*, December 21, 1927, p. 24.
③ "American Accept French Film Plan," *New York Times*, May 5, 1928, p. 4.
④ "French Plan Quota to Limit Our Films," *New York Times*, December 24, 1927, p. 6.

电影在外国放映。这个法案的目的是"限制进口外国电影",主要是针对"实际垄断了法国市场的美国公司"①。配额法尚未宣布,便在国内外引起哗然,受到影响的相关行业反应激烈,美国给法国政府的压力自不待言,法国许多影院业主2月初举行会议,扬言如果赫里欧的配额制一旦生效,他们将关门停业。②法国影院业主协会主席布雷齐隆的话很值得玩味,他宣称,影院业主"想要帮助保护我们本国的电影制作者,但我们首先是生意人,我们有权利选择我们顾客情趣要求的电影"。在布雷齐隆看来,法国人的情趣似乎是明显倾向于美国的电影。③法国影剧院老板放映电影是为了赚钱谋生,如果影片吸引不到观众,结果必然会倒闭,美国电影能给他们带来丰厚的利润,要他们为了振兴法国电影业做赔钱买卖,除非政府给予相应补贴,否则他们才不会干这种"赔钱赚吆喝"的事情。

法国政府是从整个电影行业的利益来考虑问题的,更何况好莱坞影片宣扬的东西会逐渐瓦解法国传统的既定秩序,造成年轻人在文化认同上的无所适从,带来传统生活方式的瓦解。从这个角度来说,法国政府推行配额制就势在必行了。2月14日晚上,赫里欧电影委员会举行了会议,以48票赞成和1票反对投票通过了对外国电影限制的计划。按照该计划,美国电影在法国的发行量将削减25%—35%,或者说外国电影和本国电影的发行比例为九比一。这项计划颁布之后在美国电影界引起哗然,美国电影制作商把这项规定视为"赤裸裸的强制形式,迫使美国公司每年购买大量的法国电影,这样才能保证它们制作的电影进入法国"④。法国政府想通过配额来达到"互惠",以此打破好莱坞对电影市场的垄断,让法国电影制作商拍摄的电影能够有利可图。这一法案得到了大多数法国评论家的欢迎,但也有一些人提出质疑,如卢西恩·沃尔在《作品》(*L'Oeuvre*)上发文指出,法国人无疑希望他们的电影"大量地在外国上映。然而配额法的应急条款必然将会促进我们电影业的扩张吗?人们难道没有想到一个法国的查利·卓别林不也是世界各地需要的吗?只有通过我们的艺术家,我们的电

---

① "Film Restriction Approved in France," *New York Times*, February 10, 1928, p. 10.
② "Paris Movie Houses Threaten to Close," *New York Times*, February 2, 1928, p. 23.
③ "Film Restriction Approved in France," *New York Times*, February 10, 1928, p. 10.
④ "French Vote to Cut Our Movie Quota," *New York Times*, February 16, 1928, p. 15.

影才能获得认可。如果我们想要在国外销售出我们的电影话,我们必须鼓励我们的影剧作家和演员按照更为现代的方式重组我们这一行业。质量是对法国电影的最好保护"①。沃尔很希望法国电影业复振,主张人为的保护不利于这一行业的发展。这种观点在法国虽未居于主流地位,但却很有代表性。国内对配额制质疑的声音并未让法国政府有所动摇,配额比例在不断变化,3月初法国试图寻求与在法国放映的好莱坞电影三比一的配额,旋即又确定为四比一,亦即规定只要一家美国电影公司购买、发行和在美国实际放映每一部法国电影,该公司将被允许在法国发行四部美国电影。换句话说,"按照四比一的配额,美国人将不得不每年购买估计价值在100万到200万美元之间的法国影片"②。法国政府颁布的法令主要由三项内容构成:一是把电影法与剧院法合二为一,削弱地方政府随意为电影院颁发执照的权力;二是赋予新建立的电影控制委员会独特权力,对所有上映的影片进行审查;三是赋予该委员会一项权力。迫使外国电影制造商购买法国电影,以换取他们拍摄的电影在法国上映。③ 这个法案实际上并未真正付诸实行,主要原因是美国政府的干预,海斯3月28日到达巴黎与法国开始谈判。海斯深知法国的配额制不可能取消,只能通过交涉为美国电影业争取进入法国市场的更高配额。他在给美国总统胡佛的信中这样写道:

  您还记得,在法国,他们去年春天通过了一项限制,规定我们每输入到法国四部影片,我们在本国就得购买和发行一部法国影片。这是商业史上任何国家第一次试图通过内部立法强制出口。如您所知,我立刻前往法国,在商务部、国务院和美国驻法使馆的帮助下使之得到改变。他们放弃了强制出口原则,我们同意了这一规定,即我们每输入法国七部影片,我们将购买一部法国影片,由我们在法国或任何地

---

① "French Divided on Film Degree: Most Critics Welcome Measure, but a Large Minority Questions Some Provisions," *New York Times*, February 20, 1928, p. 5.

② "France Defer Curb on American Films," *New York Times*, March 29, 1928, p. 24.

③ Jens Ulff-Møller, "Hollywood's 'Foreign War': The Effect of National Commercial Policy on the Emergence of the American Film Hegemony in France, 1920 – 1929," in Higson and Maltby, eds., "*Film Europe*" and "*Film America*": *Cinema, Commerce and Cultural Exchange 1920 – 1939*, p. 194.

方发行，或者根本就不发行。①

在美国的压力之下，法国政府电影控制委员会在 4 月初宣布暂时停止四比一的配额，打算改为七比一的配额，以缓和与美国的关系。② 到 5 月初，与海斯谈判的赫里欧透漏，他不可能允诺中止电影配额法，但考虑向法国政府电影控制委员会提出一个新的配额法案。按照这个法案，"在法国每放映七部电影，美国人须购买一部仅在法国市场上上映的法国影片"。当时有人预计美国电影制作公司对这一新的配额法还是不会满意。③ 不过，海斯最终勉强地接受了法国方面对法案第四条款、第七条款和第十条款的修改。海斯在 5 月 4 日的讲话中宣称："我们确信，电影控制委员会将把一种自由之精神的运用在管理条款上体现出来，最终会促进和维持法美两国电影业之间最密切的相互支持，维持彼此行动的和谐。在这一竭尽全力的努力中，美国电影业将非常真诚地进行合作。导致今天尘埃落定的谈判在一种友善的氛围中宣告结束。"④ 美国电影业希望能够不受任何限制地进入法国市场，对海斯来说这一点绝难成为事实，他已尽最大努力为美国电影业争取到最好的条件。海斯满以为与法国的争执已告终结，两国可以在电影市场上实现"互惠"与"合作"了。其实，法国修改配额比例也只是权宜之策，还得要看执行情况来决定下一步的政策。法国电影作者协会主席夏尔·布尔格特针对海斯的乐观看法宣称，按照"海斯先生的说法，在这场法美电影争执中既没有胜利者，也没有被征服者。法国一直没有放弃其法令。法国只是在做英国人和德国人感到有利于自己的事情，也就是修改法令以便适应当前所需"。布尔格特尽管认为"法美合作将证明是一件非常愉快之事"，但言语中还是包含着这场争执尚未结束的意思。⑤ 布尔格特的看法在法国电影人中很具有普遍性。

这种七比一的配额制会对好莱坞影片在法国市场上的泛滥起到一定的

---

① Jarvie, *Hollywood's Overseas Campaign: The North Atlantic Movie Trade*, pp. 320 – 321.
② "France Abandons 4 – to-1 Film Quota: Offers Americans 40 Per Cent. Free Imports and a 7 – to-1 Ratio Thereafer," *New York Times*, May 4, 1928, p. 1.
③ "French Reconsider Film Restrictions," *New York Times*, May 2, 1928, p. 4.
④ "American Accept French Film Plan," *New York Times*, May 5, 1928, p. 4.
⑤ "French Film Men Bid Hays Good-bye," *New York Times*, May 6, 1928, p. 6.

抑制作用，但很难从根本上解决问题。照此比例执行，好莱坞影片依然会在法国影剧院居于"龙头老大"的地位，法国电影业还是难以走出不景气的境况。因此，与海斯谈判达成的对美国电影公司实行七比一的配额比例执行了不到一年之后，法国教育部发现这一比例对保护法国电影市场并未起到多大效果，更谈不上振兴法国电影业了，遂打算对美国电影公司实际推行三比一的配额规定。《纽约时报》驻巴黎记者1929年3月8日报道了这一消息，称"去年与海斯的妥协规定了七比一的配额。在法国电影制作商看来，这种临时约定的条款明显未能带来法国电影业所期待的改善，他们认为法国应该采取更为积极的措施。按照新计划，美国影片将被削减50%"①。这种新的配额比例自然遭到美国的强烈反对，美国电影制作商反应尤为激烈，因为这种新的配额比例一旦变成法律生效，便意味着进入法国的好莱坞影片将大大削减，美国电影公司还必须购买并不受美国观众青睐的法国影片。② 4月中旬，代表法国电影业各家公司的联合会举行了一个特别会议，讨论了如何解决好莱坞对法国电影业构成的威胁。与会者一致同意采取新的三比一配额，并敦促政府立即将之付诸实行。法国电影业的非官方发言人让·萨佩内宣称，如果法国电影业想要继续生存的话，三比一的配额是非常必要的。不过，法国人"不希望与美国人产生争执，我们将寻求与他们的愉快合作。然而，美国人要我们做的是取消配额"③。法国政府实际上接受了这一建议，打算推行新的配额比例，对好莱坞影片进入法国采取严格限制。5月27日下午，法国电影控制委员会举行了最后的会议，决定在法美电影争执上采取决断行为，委员们一致投票通过了对外国电影的四比一配额，以取代此前的七比一配额。④ 数日后法国内阁对这一问题进行了专门讨论，但没有发布相关公告，政府大概处于摇摆犹豫之中，观望国内外的反应而决定是否将这一配额付诸行动。

---

① "French Movies Ask More of Our Films," *New York Times*, March 9, 1929, p. 5.
② "Americans Protest French Film Quota," *New York Times*, April 12, 1929, p. 22.
③ Carlisle MacDonald, "Americans Protest French Film Quota," *New York Times*, April, 29, 1929, p. 22.
④ "French Recommend New 4 – 1 Film Quota," *New York Times*, May 28, 1929, p. 7.

面对法国修改电影配额的局面，美国驻法大使迈伦·赫里克早在3月1日给国务卿的电文中称，美国最好的策略是拒绝谈判，因为任何谈判将意味着美国的让步。在他看来，法国电影业是在"虚张声势"，不进口美国电影，它们将不可能够生存下去。代表官方的美国电影制片人和发行组织接受了这一建议，采取了对抗措施，甚至扬言好莱坞电影将退出法国市场。①美国这一招倒是很灵，要是好莱坞减少了出口到法国的影片，必然会导致法国影剧院的萧条，收入锐减，影剧院老板的强烈抗议配额制自然就在预料之中了。果然正如所料，1929年6月17日，法国地方影院经理代表团上书法国总理普安卡雷，抗议影响进口美国影片的紧急法规或配额制，建议这些紧急法规应该只适用于现在实行紧急法规相同措施的国家。法国电影制作者应该得到进口外国电影的四种许可证，但这些许可证只用于受紧急法规限制的电影。显而易见，如果这一建议被接受，进口美国电影的问题便可获得解决，因为美国一直没有实行任何对进口外国电影的紧急法规。美国在法国电影业雇佣的工人因担心失业起而抗议法国实行的电影配额。②面对着国内外的压力，到了9月下旬，法国电影控制委员会举行了多次会议，最后还是决定继续七比一的配额，随后这一配额获得了法国政府的批准。这场在配额比例上法国与美国的争执持续了半年，最后以法国的让步而告终，好莱坞影片进入法国电影市场恢复了正常。其实，法国采取的配额制尽管不会从根本上解决与美国在电影进口上的争执，但毕竟是通过强制性的手段试图突破好莱坞对本国电影市场的垄断，促进本国电影业的发展，至少在抑制好莱坞独霸法国电影市场上起过一定作用。据统计，出口到法国的美国电影从1924年的598部下降到1933年的250部。③法国一直没有停止对好莱坞电影的抵制。1931年7月初，法国宣布结束对美国电影的配额，新的法令规定对美国电影征收进口税。1934年5月，法国电影制作商向政府建议对美国电影实行三个月的禁止进口，以迫使美国对新建议

---

① Ulff-Møller, "Hollywood's 'Foreign War'," in Higson and Maltby, eds., "Film Europe" and "Film America: Cinema, Commerce and Cultural Exchange 1920 – 1939, p. 197.
② "Poincare Receives Foes of Film Quota," New York Times, June 18, 1929, p. 7. "5000 Workers Fight French Film Quota," New York Times, May 23, 1929, p. 10.
③ "Ban on Our Films Is Asked in Paris," New York Times, May 19, 1934, p. 6.

的配额比例的承认。① 凡此种种表明,只要好莱坞在法国电影市场上的优势地位得不到改变,法美在电影问题上的争执就不会偃旗息鼓。

好莱坞影片在英国电影市场上长期居于主导地位,对英国人的传统生活方式发生了很大的影响。1927 年 3 月 18 日,电影专栏作家阿特金森在伦敦《每日快报》上发表文章宣称,英国电影观众对美国电影的欣赏不可解脱地与他们对美国本身的赞扬联系在了一起,"关于英国电影局势,显而易见的事实是,我们的大多数影迷被美国化已达到了这样一种程度,致使他们把英国电影看作外国电影,这是在他们特别喜欢之娱乐中一件很有趣但常常令人愤慨的插曲。他们去看美国的影星。他们受到了美国电影广告的熏陶。他们谈论美国,想着美国和梦想美国"②。阿特金森这一评论形象地表明了好莱坞影片对英国人的影响。在好莱坞冲击之下,英国电影业很难发展起来,在 20 年代一度在国内电影市场上只占有 5% 的份额,来自电影的收入绝大多数流入了好莱坞老板的口袋。1925 年 6 月 20 日,英国一伙文化精英在致首相的信中写道,英国国内"有近 4000 个剧院和娱乐场放映电影,据估计,每周有 2000 万人观看'电影',年收益在 2000 万英镑左右。然而,令人屈辱的事实是,所上映的影片只有 5% 是英国制作的,其余均为主要来自美国的外国影片"。他们在信中尤其强调了电影作为一种流行的大众娱乐形式,对人们思想观念和行为方式会产生重要的影响。言下之意要求政府采取适当措施改变这种不利于英国本国电影发展的状况。③ 英国人要求对好莱坞做出限制,原因几乎与其他国家没有差别,无非是维护本国电影业的实际利益,让它们至少在本国市场上能够赚到足以发展的资金,让人们免遭好莱坞电影中宣扬的生活方式影响。这样,只要好莱坞影片在英国"泛滥",出于维护本国实际利益的考虑,英国政府不会任由这种局面发

---

① "French End Quota on American Films," *New York Times*, July 7, 1931, p. 30. "Ban on Our Films Is Asked in Paris," *New York Times*, May 19, 1934, p. 6. "French Quotas on Some Alien Films," *New York Times*, August 11, 1939, p. 12.

② 转引自 Mark Glancy, "Temporary American Citizens? British Audiences, Hollywood Films and the Threat of Americanization in the 1920s," *Historical Journal of Film, Radio and Television*, Vol. 26, No. 4, October 2006, p. 461.

③ 这封信全文见 Jarvie, *Hollywood's Overseas Campaign: The North Atlantic Movie Trade*, pp. 106 – 107.

展到难以控制之地步,袖手旁观地看着英国电影业"一落千丈",被好莱坞压得难以复振。1925年底,英国贸易委员会主席菲利普·坎利夫—利斯特公开宣布打算采取措施,以挽救英国影业于危机之中。英国影院经理联合会主席奥米斯顿敦促影院老板认识到在屏幕上放映英国电影的重要性,"如果我们在这件事上无动于衷,可能在两年时间内,我们将绝对地处在被美国垄断的支配之下"①。菲利普·坎利夫—利斯特1927年3月在托基城(Torquay)举行的政治聚会时发表了讲演,他很有针对性地询问听众:"要是你们没有英国文学你们将说什么?如果每日新闻中95%控制在外国人手中你们将有何感受?然而这种比新闻敏感多的中介更具渗透性和更隐秘有害,现在掌握在非英国人的手中。美国今天说,电影院是其最大的商业旅行家,让我们为了英国多进行一些此类旅行吧。"② 对好莱坞的批评之声在媒体上不绝于耳,使英国社会弥漫着抵制好莱坞的浓厚气氛,促使了英国政府决定对美国影片进入英国采取限制。

在欧洲国家中,英国人较早地认识到对好莱坞影片进入本国电影市场做出必要的限制,否则"贻害无穷",产生难以预料的可怕后果。1923年初,英国电影业开始游说政府,希望采取适当措施抵制好莱坞影片犹如洪水般涌入英国市场。在7月4日召开的英国下院会议上,阿瑟·霍尔布鲁克请求英国贸易委员会通过对美国影片征收33%的进口税的议案,以免本国电影业遭受毁灭性的打击。③ 他们的要求尽管不会完全变为现实,但却引起了英国政府的高度重视。此时对美国电影实行配额比例的议案已经提出,但未被英国议会所通过。媒体报道称,英国放弃了配额制,没有让这个严重限制购买美国影片的立法付诸实行。英国"中止了这一强制性的配额计划,原因是电影贸易使之确信,这种放弃将不会影响到其欲要达到的目的。

---

① "Seek to Save British Films: Industry Evolves New Plan to Meet our Competition," *New York Times*, December, 29, 1925, p. 5.

② Carter, "Hollywood Has A Foreign War: Maxim Gorky," *New York Times*, March 4, 1928, p. 149.

③ "Shun Tax on Our Films: British Government is against Import despite Flood of Our Pictures," *New York Times*, July 5, 1923, p. 14.

然而，英国可能会采取其他措施以鼓励英国电影制作"①。其实，这种放弃只是暂时的，英国政府一旦发现其他手段不能达到保护英国影业的目的时，便会通过立法推行配额制。事隔不到一个月，英国工业联合会于 2 月 8 日宣布了配额方案，不断给政府施加压力使之成为立法。到了此时，这一方案已经形成为议案，由英国贸易委员会向议会提出。按照这一方案，英国将成立一个拥有特殊权力的部门，对所有在英国上映的电影进行审查。该部门由六人组成，贸易委员会和教育委员会各任命为一名，其他四名分别为英剧作家、电影制作商、影片出租商和影院老板的代表。方案还详细规定了在具体年限内对外国电影实行的配额比例。② 10 月 6 日，英国工业联合会给政府提交了一份报告，称只要采取配额制，英国电影业便可具有与美国人竞争的可靠基础。根据这份报告，在配额制推行的第一年，最低配额为影院上映之全部电影的 12.5%，这样才能使英国电影业与美国竞争者抗衡。按照这个配额比例，英国电影厂家每年有能力制作 115 部电影，其中 90 部需在影院上映，而目前英国厂家每年只生产 15 部影片，美国的电影产量在 600 部到 800 部之间，在英国和海外附属国的市场上占到 90%。1913 年，美国电影胶片对英国的出口总量为 3200 万英尺，价值 225 万美元，到 1925 年，这一数字分别上升为 2.35 亿英尺和 850 万美元。③ 这份报告对英国决策者产生了很大的影响，英国政府内部尽管在配额制上存有异议，但对好莱坞影片采取限制措施显然是势在必行了。

  配额制在英国并非举国赞成，媒体也不是一致呼声。《伦敦时报》在 1926 年 2 月 9 日刊登的社论中认为，强制性的配额制不是最好的方法。英国电影业的复振不是求助于任何人为的有利条件，只有提高质量才能获得成功。④ 美国电影制造商也四处活动，到处游说英国议员，面陈配额制对英国经济带来的不利影响。他们在英国工党中找到了联盟，该党在投票中反对电影配额议案。不过，对配额制的不同声音并没有影响配额制在英国的

---

  ① "Britain Drops Film Quota: Abandons Legislation Which Would Have Curbed American Sales," *New York Times*, January 21, 1928, p. 18.
  ② "Draft Quota Plan for British Films," *New York Times*, February 9, 1928, p. 4.
  ③ "Urges Forced Use of British Films," *New York Times*, October 7, 1928, p. 4.
  ④ "Draft Quota Plan for British Films," *New York Times*, February 9, 1928, p. 4.

推行。菲利普·坎利夫—利斯特1927年3月15日在讲话中宣称,任何东西都不能诱导他放弃保护英国电影产业的措施,尤其是放弃争论很大的配额规定。① 在此之前,贸易委员会已向议会提出了支持英国电影的配额,首先禁止了好莱坞公司在英国投资购买自己的影院的做法,规定电影租赁商和影院老板必须执行配额,要求他们在指定日期之后放映一定比例的英国电影,不能只租不上映。从议案的内容上看,尽管尚未提出具体的配额比例,但贸易委员会势必会借助手中握有颁发许可证的权力迫使影院放映英国电影。议会对这一议案多次进行辩论,反复修改,到了1927年6月,新的议案规定,在英国影院放映的电影中,英国电影在第一年需占到7.5%,随后逐年提高,到1935年达到25%,此后就一直奉行这一比例。这一议案直到11月17日才被英国下院所通过,投票之前下议院辩论激烈,最终以223票赞成对125票反对获得通过。按照法案,1928年的配额确定为7.5%,以后逐年增加2.5%,到1935年达到25%。② 配额法付诸实行之后,即刻刺激了英国电影业制作电影的热潮,产量急剧上升。《纽约时报》来自伦敦11月22日的报道称,英国电影业"就像蘑菇一样茂盛起来"。英国学者西蒙·罗森当时做了一项调查,结果表明配额法的执行对于保护英国国内电影市场和刺激英国电影业拍摄电影的积极性很有成效。他在调查报告中宣称,事实强有力地表明,该法案"已经实现了建立一种产业的目的,如果没有这一立法的保护性援助,该产业也许永远不可能存在"③。配额法在实际执行中肯定存在着这样和那样的问题,甚至出现执行不力的情况,这样才出现英国贸易委员会要求强制执行配额法的事情,此时配额法已运行了两年多。④ 在第二次世界大战爆发之前,英国一直在完善配额法,

---

① "British Hollywood Is to Rise Near London," *New York Times*, March 16, 1927, p. 1.

② "To Fix British Film Quota," *New York Times*, February 3, 1927, p. 18; "Will Modify Film Bill," *New York Times*, June 14, 1927, p. 33; "British Film Bill Passed by Commons," *New York Times*, November 18, 1927, p. 18.

③ "British Films Spurred by Coming Quota Law," *New York Times*, November 23, 1927, p. 8; John Sedgwick and Michael Pokorny, "The Film Business in the United States and Britain during the 1930s," *Economic History Review*, Vol. LVIII, No. 1, February 2005, p. 86.

④ "London Screen Notes: Federated British Industries Hope to Put Teeth Into the Quota Act," *New York Times*, April 27, 1930, p. 122.

力图通过其他措施纠正该法案给英国影业带来的弊端,促使英国电影业能够制作出高质量的影片。英国维护国内电影市场的做法无论如何都很难改变好莱坞影片居于优势与主导的地位,但却对好莱坞影片进入英国市场起到了一定的抑制作用。

除了上述几个国家之外,奥地利、意大利、西班牙、匈牙利、波兰和捷克斯洛伐克等国先后实行了配额制。奥地利1926年9月3日宣布实行二十比一的配额,1927年1月1日将配额比例调整为十比一,1928年1月1日恢复为二十比一。匈牙利政府在从1928年1月1日起付诸实行的议案中给了美国电影公司两种选择,要么服从二十比一的配额制,要么对出口到匈牙利的影片缴纳很重的附加税。好莱坞影片在意大利遭到了强烈的抵制,罗马作为一座圣城,自然难以允许好莱坞影片对罗马人的生活方式发生影响,好莱坞影片被称为"异教的浮华",与爵士乐等列入禁止的名单。墨索里尼法西斯政权打算实行一个计划,关闭演奏美国音乐的所有音乐大厅和轻歌舞剧场,大大削减电影院的数目。意大利政府在1927年10月颁布法令实行十比一的电影配额。捷克斯洛伐克政府1932年2月16日宣布推行五比一的配额制,即进口五部外国电影,需上映一部国内制作的电影。南斯拉夫的配额法要求美国公司要么在这个国家制作电影,要么它们出口到南斯拉夫1000米电影胶卷,需购买该国有声电影70米胶卷。这项立法让美国电影公司非常恼怒,它们准备完全退出南斯拉夫电影市场,以此迫使该国政府取消这一侵犯美国电影公司利益的立法。西班牙推行配额制比较晚,但作为一个比较保守的国家,它通过其他措施对好莱坞影片的输入进行限制。[①] 除了配额制之外,欧洲国家对好莱坞影片的输入还采取了审查制,审查制比较灵活,只要认为某部影片不适合在本国上映,审查部门便可利用手中的权力拒绝给之颁发上映许可证,以此方法自然就可将该影片拒之国门外了。因此,对好莱坞影片的审查"这个武器既简单,又有效,

---

① Helen Ormsbee, "Europe's Film Quotas," *New York Times*, February 19, 1927, p. 111; "Films and Jazz Hit in Clean-up at Rome," *New York Times*, April 24, 1927, p. 22; "Prague for Film Quotas," *New York Times*, February 17, 1932, p. 18; "American Combat Yugoslav Film Curbs," *New York Times*, March 7, 1932, p. 13; "Quotas Instead of Castles in Spain," *New York Times*, November 19, 1929, p. X4.

如果一部电影不适合这个国家，该国就会通过禁止放映或拒绝颁发上映许可证而切断制片人的收入。因为仅靠着美国的市场将不会收回在大片制作上的利润，制片人甚至不可能制作仅供国内消费的影片"①。审查制在很大程度上杜绝了有害于欧洲国家形象的影片的输入。

欧洲国家抵制好莱坞影片从第一次世界大战之后就开始了，在二三十年代形成了高潮。爱德华·劳里1926年被英国政府派往布达佩斯，与匈牙利政府就贸易问题进行谈判，他于4月29日给英国政府提交了一份关于欧洲电影市场的报告，其中谈到欧洲各地弥漫着抵制好莱坞影片的浓厚氛围。他认为原因有多种，其中之一是"整个欧洲普遍存在着强烈的民族主义精神。出于爱国的和政治的原因，几个国家的政府正在试图限制美国电影的进口，希望在自己的国家建立国家电影业，把电影服务于宣传，反映出其人民的生活、习惯和爱好等"②。上述这番话表明欧洲国家限制好莱坞影片有着双重的目的，一是形成和发展自己国家的电影业；二是通过电影这个媒介使其国家的传统生活方式传递给下一代。从这个意义上讲，只要好莱坞影片在欧洲居于支配地位，欧洲国家的抵制不仅不会停止，而且还会越演越烈。到了第二次世界大战爆发之前，好莱坞在欧洲已处于"四面受敌"之境况。据1939年1月初的报道，好莱坞将从"意大利退出，原因在于总理墨索里尼成立了一个政府托拉斯发行全部电影。这件事让好莱坞认识到其国外业务受到的威胁。意识形态和政治审查制、配额法、货币禁用和其他法案已经限制了好莱坞在德国、意大利、俄国和日本的市场，大大减少了来自人口较少地区的收入。好莱坞绝大多数人认为，许多欧洲国家的市场对其产品已经关闭，尽管就整体而言，尚无国家完全禁止美国电影"③。好莱坞影片对欧洲人生活方式影响是巨大的，直接或间接地传播了美国人信奉的文化价值观，从这个意义上讲，它们对好莱坞的抵制具有时代的合理性。从振兴欧洲国家电影业上来讲，配额制等不是最好的方法，只能取

---

① Churchill, "Hollywoods' Censor Is All the World," *New York Times*, March 29, 1936, p. SM10.
② "Documents," in Higson and Maltby, eds., "*Film Europe*" and "*Film America*: *Cinema, Commerce and Cultural Exchange 1920 – 1939*", p. 366.
③ Douglas W. Churchill, "Film Bans Abroad Hurt Hollywood," *New York Times*, January 8, 1939, p. 75.

一时之效，难以长此以往，长期实行势必造成弊多利少。这也是欧洲国家在第二次世界大战之后另寻抵制好莱坞他径的主要原因。就欧洲国家而言，抵制好莱坞是一场远未结束的"对外战争"，将无限期地持续下去。

第六章
冷战时期欧洲反美主义的加剧

  第二次世界大战结束之后,世界格局发生了天翻地覆的变化。这场战争源于资本主义体系内部的裂变,给人类社会带来了一场损失难以估计的"大灾难",大战持续了六年之久,战火燃及欧洲、亚洲、非洲、大洋洲、太平洋、大西洋、印度洋以及北冰洋,60 余个国家和地区卷入了这场战争,交战双方投入的兵力高达 1.1 亿,全世界 20 亿人口不同程度地蒙受了战争的苦难。战败国自不待言,除了美国之外,就连战胜国也难逃其灾。欧洲保持几个世纪的国际政治经济中心随着这场战争的结束而荡然无存了。德、意、日三国作为战败国,退出了诸列强的竞争行列。英、法虽为战胜国,但在战争中国力消耗殆尽,战后国内问题丛生,无力在国际事务中再现昔日的"雄风"。美国无疑为打赢这场战争付出了巨大的代价,但其所得远远大于所失,第一次世界大战之后美国总统伍德罗·威尔逊为美国设计的主宰战后世界秩序的宏伟蓝图最终成为现实。新任总统哈里·杜鲁门在联合国成立大会的闭幕式上发表演说,称赞《联合国宪章》"实现了 30 年前那个伟大政治家——伍德罗·威尔逊的理想"和"第二次世界大战中那个英勇的领袖富兰克林·罗斯福的目标"[①]。杜鲁门这里所谓的"理想"和"目标"正是这场战争给美国带来的最大收益,美国成为西方资本主义世界公认的领袖,就连那些一向以自我为中心英法等欧洲政治家也不情愿承认这一事实,哀叹以欧洲为中心的时代成为历史,他们在维护国家安全和政治稳定上不得不仰仗美国的保护,经济发展上更是需要"财大气粗"的美国

---

  ① 哈里·杜鲁门:《杜鲁门回忆录》第 1 卷,李石译,生活·读书·新知三联书店 1974 年版,第 218 页。

提供"慷慨"援助，仅存的文化优越心态也面临着来自大洋彼岸的大众消费文化的挑战。"无可奈何花落去"成为战后初期很长时期欧洲很多政治精英和文化精英心情的真实写照。欧洲在国际政治舞台上中心地位的急剧衰落和消失伴随着美国全球霸权的崛起，欧洲之"弱"与美国之"强"形成了鲜明的对比。

在历史上，任何战争无论其性质属于"正义"还是"非正义"，无不具有巨大的破坏作用，对既定社会秩序而言尤为如此。旧秩序的解体必然意味着新秩序的出现，所谓通过战争方式"更朝换代"便有这方面的含义。第二次世界大战从根本上不会让已经形成的全球资本主义体系"危在旦夕"，只不过导致了主宰这一体系运行的国家从"多强并存"转为"一强独霸"的局面而已。"多强并存"会导致体系运行的分散以及效率低下，尤其是缺乏凝聚力，谁都可以说了算，谁也不服谁，必然会引起体系内国家争执不休，最后兵戎相见，以极端手段争夺体系的领导权。"一强独霸"会让体系充满着"独裁"的氛围，但却克服了体系内长期"一盘散沙"的状态，加强成员之间的凝聚力。从这个意义上来讲，当美国成为战后资本主义体系的"龙头老大"时，这一体系实际上也就进入了一个新的发展时期，呈现出与战前相比很多新的特征。美国在这个体系内"一言九鼎"，其他国家尽管不是被动地完全服从，但对美国设计好的战后全球政治经济新秩序也表示认同，主要原因当然是这种秩序最终同样有利于本国经济的恢复与发展。说实在，欧洲政治精英们服从美国对战后国际秩序的安排，并不完全是心服口服，而主要是羸弱所致，根本没有与美国抗衡的军事和经济力量，只能按照新秩序设计之方案的规定来调整本国的政策，特别是在"贸易自由化"的旗号下开放本国市场，致使美国的商品蜂拥而入，同时在战前已经在欧洲广泛传播的大众消费理念最终成为难以抵制的滔滔洪流，迅速冲垮了战前欧洲文化精英们试图把这些破坏欧洲传统生活方式之理念抵挡在疆域之外筑起的堤坝，以不可阻挡之势在与美国经济联系密切的欧洲国家横冲直撞，以外部的巨大力量推动着这些国家大踏步地迈入了现代大众消费社会。当然，这种结果绝非是一蹴而就之事，而是一个充满着接受与抵制的过程，表现出战前已经很明显的"美国化"程度迅速加深之特征。"接受"意味着源于美国的现代消费理念在很大程度上体现了这些国家的基本发展方向，迈向现代大众消费社会对欧洲国家来说已是适应外部国际环境变化的一个必然选择，通过提高了人们的生活水平来达到国家内部的稳定，这对国家的发展客观上说应该是利远远大于弊。"抵制"则表明这种转变带来生活方式和文化观念的改变，维系一个国家凝聚力的传统文化认同受到了严重的威胁。对那些一向享有文化特权的精英们来说，对社会趋向"更像美国"的抵制几乎成为引发欧洲人反美主义的主要根源之一，他们在媒体上对维护本国文化认同的大声疾呼会对公众的情绪发生很大的影响，让很多对消费美国文化产品很感兴趣的公众加入到抵制美国的行列中来。当然，对美国文化的抵制虽然不会改变欧洲国家社会发展的大趋势，但这种抵制从根本上还是反映出欧洲人传统上对美国文化的厌恶心理，尤其当美国借着强大的军事和经济力量，在国际舞台上颐指气使时，欧洲人对这种霸道做法更是难以忍气吞声，必欲加以抵制，来维护本国传统文化免遭来势凶猛的美国文化之侵蚀。从这个意义上来讲，欧洲人在文化上的反美主义既有着文化保护主义因素，也包含着对美国霸权行径的抵制，其时代的合理性也是显而易见的。

一　美国与战后欧洲"美国化"加剧的因素

战后欧洲国家（主要指与美国结盟的国家）所谓"美国化"的加剧与美国经济实力和美国在国际社会地位的变化密切联系在一起。如前所述，欧洲文化精英在19世纪中期便提出了"美国化"这一术语，用来表明他们对美国崛起的深刻担忧，唯恐这个大洋彼岸的"暴发户"国家会对欧洲国家的正常发展产生不利影响，由此改变欧洲人传统的生活方式，对精英们享受的文化特权构成了威胁。此时，美国正在集中精力于国内发展，对国际上所发生的重大事件尽管难免会说三道四，但终究只是流于嘴上，未能付诸行动。究其原因，美国还是缺乏在国际社会与欧洲大国抗衡的经济和军事实力。因此，"美国化"仅为欧洲文化精英们提出的一个概念而已，既没有引起欧美社会的广泛关注，也丝毫没有影响到欧洲在国际政治舞台上的中心地位，说不定还会被大西洋两岸的很多人认为，这些欧洲文人"吃饱了撑着"没事干，进行一些"无中生有"的鼓噪，结果只是自寻烦恼，贻笑大方。然而，历史的发展却证明了他们的"先见之明"。进入20世纪之后，美国在经济发展上成为资本主义体系内首屈一指的国家，美国生产的消费品开始越过大洋进入欧洲国家的千家万户，欧洲人从消费美国商品过程中体验到了便利、舒适和愉悦。美国消费文化在欧洲国家的传播必然导致传统生活方式逐渐发生改变，向着"更像美国"的方向发展。到了此时，欧洲文人数十年前提出的"美国化"才开始具有实际的含义，成为欧洲文化精英用来放大美国生活方式对欧洲国家影响的术语。毋庸置疑，在第二次世界大战之前，欧洲国家感受到了体现"现代性"文化的美国生活方式的巨大冲击，但它们依然具有能够支撑本国精英文化对抗美国大众文化的强大力量，源于美国的生产和消费理念遭受到欧洲文化精英们的强烈抵制，他们对"美国化"的恐怖描述很大程度上阻碍了欧洲国家迈向与美国相同的大众消费社会。当然，欧洲人在生产和消费上的传统认识在其中也起着非常重要的作用。

其实，与美国联系密切的欧洲国家迈向现代大众消费社会乃是20世纪以来的一个必然趋势，欧洲文化精英通过对"现代性"的批判可以延缓这种结果的到来，但无论如何是无法阻止这种趋势的发展。第二次世界大战之前，这种向美国社会的"趋同"已渐显端倪，只不过是遭遇到欧洲国家的激烈抵制。此时，欧洲大国尽管在经济发展上已远远落在美国之后，但尚没有衰微到对美国消费文化"侵入"毫无还手之力的地步，而美国也没有足够的力量来促使欧洲国家迈入现代大众消费国家，为美国的商品打开更为广阔的消费市场。因此，在这一时期，以传播"现代性"生活方式为特征的"美国化"在欧洲国家掀起过高潮，但并没有从根本上改变欧洲人在生活上所持的基本理念，传统的生活方式依然具有强大的生命力，顽强地抵制着美国"现代性"消费文化的传播。欧洲人从总体上讲还没有认同来自大西洋彼岸的这种新的生活方式，他们对传统的眷恋限制了美国大众文化的影响。理查德·佩尔斯在谈到这一点时指出："尽管欧洲知识分子的警告，但美国在20世纪20年代实际经济和社会影响却是十分有限的。普通欧洲人会购买美国的产品，与越来越多的美国观光客相遇，但他们既不会像美国人那样生活，也不会接受'美国'的价值观。"① 佩尔斯是美国研究欧洲"美国化"的大家,他提出的这种结论基于比较权威的研究之上。笔者以为,抵制与接受混淆在一起,构成了第二次世界大战前欧洲人对美国大众文化在本国传播的基本特征。对于欧洲保守文化精英来说,美国大众文化是"吞噬"欧洲高雅文化的"洪水猛兽",两者不可共存,必会表现为"彼消此长"的"零和"关系,不过要想扭转这种"趋同"美国的大势,他们的大声疾呼会影响到民众的情绪,但最终亦是"心有余而力不足",欧洲国家还是在本国精英们发出的抵制呼声中缓慢地向着现代大众消费社会迈进。第二次世界大战的爆发基本上中断了这一进程,但战争的结束却使这一进程大大加快,主要原因是美国成为西方资本主义体系内无可争议的"领头羊",具备了向外推行其文化价值观的强大力量,而欧洲的羸弱也给美国的经济扩张提供了一个非常好的机会,原因在于向外推行美国的生活方式总是与经济扩张密切联系在一起。这样,欧洲国家,尤其是与美国结盟的国家,在美国生产理念和消费理念的强大冲击之下,必然会大踏步地迈向现代大众消费社会。

在第二次世界大战之前的很长时期内,欧洲文化精英们多不承认美国有文化,认为按照欧洲的文化标准,美国只是个有文明而无文化的国度,大众文化在他们的眼中实在是与严格意义上的文化定义"风马牛不相及",甚至背道而驰,不能划入真正的文化范畴之内。这实际上是一种文化的偏见,广泛地存在于欧洲上流社会,让他们面对着"腰缠万贯"的美国人时具有了可以炫耀的资本,满足了他们从上一代那里继承下来的文化优越心理。要是用一幅漫画来形容的话,欧洲人没有美国人钱多,但却是风度翩翩的儒雅之士,美国人有钱,但却是挺着大肚皮的粗鲁之人。德国学者斯特凡·保罗斯一针见血地指出,欧洲上层把想象上的"无文化"的美国大众社会看作低劣的,与经过历史演化的欧洲"文化"不可同日而语。② 欧洲上流社会的高雅生活方式的确体现了很深文化底蕴的传统,具有一套规范人们言谈举止的繁文缛节。这是经过很长时期的历史演变而形成的,就

---

① Pells, *Not Like Us: How Europeans Have Loved, Hated, and Transformed American Culture Since World War II*, p. 12.
② Paulus, "The Americanisation of Europe after 1945? The Case of the German Universities," *European Review of History*, Vol. 9, No. 2, 2002, p. 243.

是普通欧洲人的生活，同样受到这些规范的影响。凡是受这种文化熏陶的人，无论其钱财多少，皆会在社会交往中表现出一种高贵的气质，而这种气质既有先天基因的成分，又得到了后天环境的熏陶和培养。欧洲这块具有深厚文化底蕴的大陆能够产生出对人类精神生活做出巨大贡献的艺术家和人文学家，概因于此。在这种文化环境下成长起来的欧洲文人打心眼里瞧不起美国人，乃是这种文化优越心理作祟，他们对美国社会的批评很大程度上也是以此作为基础的。到了第二次世界大战结束之后，欧洲文化精英这种对美国的鄙视心理逐渐弱化，很少有人再谈到美国无文化了，他们开始承认美国具有与欧洲文化不同的文化，在他们的视野中，大众文化进入了文化的范畴，美国人创作的文学和艺术也开始引起了欧洲同行的注意。① 对一向在文化上孤芳自傲的欧洲知识精英来说，这在观念上的确是个很大的转变，明显包含着"无可奈何"的因素，但却表明了他们在蛮不情愿中对源于美国的现代大众消费生活方式的认可。说到底，这种认可主要是欧洲孱弱和美国强大所致。面对经过战争蹂躏的满目疮痍之大陆，欧洲人能够作何感想？在饥肠辘辘中再炫耀文化上的优越已失去了任何实际意义。他们需要让国家从战争的废墟中恢复过来，变得强大，而要实现这个目标，大洋彼岸的美国提供了一个很好的借鉴之路。当然，这种认识不会从根子上消除欧洲文人在文化上对美国抱有的传统鄙视心理，但却有利于美国生活方式在欧洲的广泛传播，大大促进了欧洲国家迈向现代大众消费社会。其实，要欧洲知识精英改变历史上形成的对美国文化态度，在任何情况下几乎都是不可能的。因此，他们不会长期容忍欧洲传统生活方式在美国文明肆无忌惮的"入侵"中遭到破坏，甚至不复存在。一旦欧洲国家从战争带来的巨大苦难中恢复如常，对美国生活方式的抵制就会再次成为欧洲左右翼文人对美国态度的主旋律。

美国人同样经历了文化角色的转变。在历史上很长时期，美国人对欧洲的批评丝毫不亚于欧洲人对美国的批评，美国把专制、腐败、堕落等极端贬义词加在欧洲国家身上，用来形容欧洲的政治文化与社会，实际上也是在树立一个与美国文明相对立的"他者"，凸显出美国代表"自由、民主

---

① Mead, *Atlantic Legacy: Essays American-European Cultural History*, p. 92.

和平等"的形象。美国人的文化优越感丝毫不比欧洲人差,甚至是有过之而无不及,略有不同的是,美国人在很多情况下把文化优越感体现在对非西方世界的政策中,使文化中心主义发挥到极致。对欧洲知识精英在文化上抨击美国,美国人多处于被动应战的状态。他们大概也很清楚,美国毕竟是个历史很短的新国家,与有悠久文明史的欧洲国家相比的确是缺乏厚实的文化底蕴,与他们在文化上进行论战无异于"以己之短攻彼所长",得不偿失。美国人只能通过弘扬自己的国家是全世界追求自由者的"乐土"或远离专制压迫的"避难所",来略胜欧洲国家一筹,但总是不敢在文化上与欧洲人叫板。许多美国人,尤其是处于上层社会的一些美国人,在接触欧洲文化时在心灵深处具有一种文化上的"自卑感",历史上美国一些有钱人家把子女送到欧洲名校接受教育,目的之一大概是想培养他们的绅士风度或贵族气质,其实这便是文化"自卑感"的一个突出表现。很多想在艺术上有所成就的美国人也来到欧洲,试图在这片具有深厚文化底蕴的土地上寻找激发起创作灵感的资源。这样的例子在19世纪可谓不胜枚举,这一时期在艺术上和文学创作上很著名美国人很少没有到过欧洲。很多美国人甚至在文化上把美国与欧洲有机地联系在一起,很大程度上无非是想以此弥补欧洲人常常批评美国文化在形成上的"先天不足",试图以此来堵住欧洲知识精英对美国文化大肆抨击之口。第一次世界大战之后,美国加快了对欧洲国家市场占领的步伐,体现在文化产品中的大众文化在欧洲国家广泛传播,给美国带来巨大的经济利益,但尤其是一些身处上流社会的美国人并不以为然,毕竟在这些文化精英的眼中,大众文化很难登上纯粹意义上的神圣文化殿堂。所以他们对这一时期欧洲文人激烈批评美国大众文化很少做出正面的回应。相反,"很多美国知识分子继续感到,他们生活在缺乏欧洲伟大过去的文化荒野之中。就文化和传统而言,有教养的美国人普遍把目光转向欧洲,许多人越过大西洋寻找激情和更为精致的生活方式"[1]。他们这样做,目的很明显,在一种充满高雅文化的氛围内陶冶情操,为自己的知识创新寻求新的激励资源。

美国人的文化"自卑感"只是相对欧洲文化而言,当欧洲文明呈现出

---

[1] Duignan and Gann, *The Rebirth of the West: The Americanization of the Democratic World, 1945–1958*, p. 408.

衰落之势以及美国国力的日益强盛之时，这种"自卑感"逐渐地趋向弱化。第一次世界大战的爆发使很多欧美人意识到长期主宰国际社会的欧洲文明开始走向衰落。欧洲文明的危机成为美国迅速崛起的有利契机，也使很多美国人开始慢慢地走出文化自卑的阴影。就连一向自豪于本国文化的法国文人也有这种感觉，在第二次世界大战爆发之前，他们一方面告诫国人应竭尽全力保持国家经济发展不受充满"铜臭味"的美国商业利益的影响；另一方面他们也意识到，"无论美国人愿意与否，美国巨大的经济优势将直接或间接地把欧洲和世界带到政治、社会和文化生活的新的道路上"①。美国人感到自身文化具有缺憾的这种状况到第二次世界大战结束后就完全改观，美国人看到自己国家在文化上占据的不可替代优势。在西方资本主义大国中，只有美国是这场战争的赢家，欧洲国家遭受战争重创，不仅再也难以恢复到昔日的辉煌，而且还需仰仗美国才能走出战争所造成的困境。在这样一种局面下，美国人开始对自己的文化越来越充满了自信。用斯坦福大学胡佛研究所研究员彼得·杜伊格南等人的话来说，美国人的"文化自卑感在第二次世界大战期间和之后经历了重大的改变。只有美国和苏联是战争的赢者，所有欧洲大陆的其他交战国都遭受重创。美国在大西洋共同体新建立的领导地位、美国艺术家、作家、学者、科学家和工程师等取得的经济和文化成就带来对'美国方式'的信心和自豪，此后美国试图以自己的形象来塑造欧洲"②。文化自卑感的消失必然伴随着对本国文化的弘扬，本来难登文化大雅之堂的大众文化由此也被很多美国人津津乐道，在他们的眼中成为美国带给世界的"福音"。研究美欧文化关系史的美国学者福尔克·伯格哈恩2001年出版了一本著作，主要研究了冷战期间美国和欧洲文化关系中的一些带有争议性的重大问题，重点放到了美国和西欧国家的关系上，涉及美国政府和大基金会开展各类交流项目以促进美国文化在欧洲的传播。伯格哈恩认为，美国精英们想要为欧洲设计一个美国文化霸权的形象，犹如其军事和经济力量的形象一样。美国人想要削弱在欧洲左

---

① Gagnon, "French Views of the Second American Revolution," *French Historical Studies*, Vol. 2, No. 4, Fall 1962, p. 436.

② Duignan and Gann, *The Rebirth of the West: The Americanization of the Democratic World 1945 – 1958*, p. 409.

右翼人士中间对美国文化存在的一种特别强烈的反感情绪，即抵制他们眼中的美国资本主义庸俗的大众文化。伯格哈恩把大量的笔墨放到了欧洲高雅文化和美国大众文化的比较上，目的主要在于说明美国人试图把大众文化解释成为一个社会提供了各种自由选择的机会以及广泛传播了创造力和享乐的可能性，大众文化由此被正当化与合法化。① 美国人对大众文化态度的转变势必会导致他们以比过去更为积极的态度促进其在全球范围内广泛的传播，结果必然是欧洲"美国化"的加剧。

进入20世纪之后，美国大众文化对欧洲国家的发展产生了很大的影响，但在第二次世界大战之前很大程度上只是伴随着美国对外经济扩张的一种无意识结果，多为出于谋取更大的利润来考虑，美国政府并没有介入其中。第二次世界大战爆发之后这种情况发生了很大的改变，美国要实现和维护世界领袖之地位，文化的作用不可或缺。在美国尚未介入第二次世界大战之前，美国传媒巨子亨利·卢斯以其在媒体滚打多年的敏感性，意识到了以美国为中心的新时代即将到来，世界将进入"美国的世纪"。卢斯这篇文章发表在他旗下的《生活》（*Life*）杂志上，字数不多，但影响很大，从正反两方面论述了美国承担历史赋予其世界领袖地位之时机的到来，错过了这一时机，将会使人类蒙受灾难，美国也会深受其害。卢斯在文章中特别强调了美国大众文化在"美国世纪"中的作用：

> 我们将惊奇地发现，这里已经存在一种巨大的美国式的国际主义。美国的爵士乐、好莱坞电影、美国的俚语，美国的机器和专利产品，事实上已成为从桑给巴尔到汉堡的世界中每个社会共识的独特事物。我们盲目地、不知不觉地、意外地以及确实是在不由自主的情况下，以极人性化的方式，已经在所有细小的事物中成了世界大国。但情况远不止此。美国已成为世界的知识、科学和艺术之都。②

---

① Volker R. Berghahn, *America and the Intellectual Cold Wars in Europe: Shepard Stone Between Philanthropy, Academy, and Diplomacy*, Princeton: Princeton University Press, 2001.

② Henry R. Luce, "The American Century," *Diplomatic History*, Vol. 23, No. 2, Spring 1999, p. 169.

卢斯提出的"美国世纪"之说在当时美国社会引起过轩然大波，但上述之言却表明了美国人对大众文化在实现美国外交目的之作用上的新认识。这种认识绝不是卢斯一人在孤芳自赏，而是反映出了包括政府决策者在内的精英人士对美国大众文化态度的变化。在此之前，除了在像第一次世界大战的特定时期之外，由美国政府出面牵头来促进美国文化在国外传播的行为很少，政府很多官员似乎不屑于这种做法。欧洲的"美国化"与政府也没有太直接的关系，其在美国政府实现对外政策目的中所发挥的重要作用基本上处在一种不自觉的过程中。德国法兰克福大学历史学教授杰西卡·吉诺—黑希特指出："从历史上讲，美国人总是觉得他们的独特性主要在于政治制度，而不在于他们的诗人、艺术家和小说家。他们把美国的大众文化视为私人娱乐的来源，而不是外交政策的工具。他们从来没有认真考虑在联邦政府内建立文化部。"① 这种态度到第二次世界大战爆发之后逐渐发生了改变，卢斯强调发挥美国大众文化在实现美国世界领袖地位中的作用，恰恰是反映了这种变化。卢斯的这一观点到第二次世界大战结束之后差不多成为美国政府决策层的一种共识。第二次世界大战之后欧洲国家"美国化"的加剧与美国政府的直接介入有很大的关系。

卢斯的"美国世纪"到了第二次世界大战结束之后才变成了现实，正如一个学者的研究所表明的那样："战争的结束将标志着美国世纪的开始，即美国商业、美国技术、美国政治领导地位和美国价值观的最终胜利。"② 这位学者之言未免有些夸张，美国力量超乎异常的强大是个不可否认的事实，但离"最终胜利"恐怕尚有距离，不过他的话中隐含了美国经济力量和大众文化在"美国世纪"所占据的重要地位。在冷战期间，美国除了使用强大的军事力量与敌对意识形态国家抗衡之外，很大程度上是想依靠自身的经济优势和外延性很强的文化价值观重构这个日益复杂的世界，控制国际社会的话语权，而欧洲自然成为美国所关注的最重要地区。让欧洲臣服于美国，很大程度上意味着美国世界领袖地位的确立和巩固，如果欧洲

---

① Gienow-Hecht, "Shame on US? Academics, Cultural Transfer, and the Cold War: A Critical Review," *Diplomatic History*, Vol. 24, No. 3, Summer 2000, p. 466.

② Frank W. Fox, *Madison Avenue Goes to War: The Strange Military Career of American Advertising 1941 – 1945*, Provo: Brigham Young University Press, 1975, p. 96.

发生不利于美国的动荡或者倒向美国的竞争对手苏联,那美国自然也就谈不上世界领袖了,用美国的商业和文化价值观来重构世界的设想更是成为一纸空文。这样,战后美国政府把"文化外交"的重点放到了欧洲,试图在欧洲展开一场潜移默化地影响人们心灵和思想的运动。这方面的例子很多。战后初期美国国会通过的"富布赖特法案"最初主要是针对欧洲的,在这个法案的框架下,比利时、英国、法国、希腊、意大利、卢森堡、荷兰、挪威、丹麦、芬兰、西班牙、瑞典和西德等欧洲国家先后与美国达成了交换学者的协定。这种文化交流项目目的有二,一是消除欧洲文化精英对美国抱有的传统偏见;二是传播美国的文化价值观,体现出"输出美国"的明显意图。当时这个项目被称为"文化上的马歇尔计划"。荷兰罗斯福中心高级研究人员贾尔斯·斯科特—史密斯认为,富布赖特法案表明了一种正在变化的情绪,实施重点集中在欧洲,交流项目在学术上明显独立于官方的目的很快就屈从于国务院更直接的冷战政策。这样,该法案就成为某种文化上的马歇尔计划,有助于恢复和维护欧洲学术界知识分子的活力。[①] 1946年,国务院组织了一次"促进美国艺术"展览,在欧洲国家巡回展出,有效地宣扬了美国在国际艺术上所取得的成就,让欧洲文化精英对美国艺术的承认。在50年代,许多这样的展览得到了美国新闻署的资助。美国把重塑欧洲人"心灵和思想"作为重点主要是出于与苏联争夺欧洲的考虑,阻止欧洲国家内部政治舞台上很活跃的左翼力量得势,影响政府制定和执行一些不利于美国"控制"欧洲的政策。由此可见,美国大众文化在欧洲的传播具有了服务于美国外交目标的政治含义,以文化的力量来影响欧洲国家在与苏联的冷战中坚定地站在美国这一边,用研究者的话来说,与苏联的冷战"加剧了美国大众文化传播的政治含义和经济含义。艺术、音乐和电影成为把美国资本主义与言论自由、消费主义和优越生活联系在一起的最重要的出口品"[②]。显而易见,美国政府在欧洲发起的文化外交,

---

[①] Giles Scott-Smith, *Politics of Apolitical Culture: Congress for Cultural Freedom, and the CI and Post-War American Hegemony*, Florence: Routledge, 2002, p. 61.

[②] Reinhold Wagnleitner and Elaine Tyler May, "Here, There, and Everywhere," in Wagnleitner and Tyler May, eds., *"Here, There, and Everywhere": the Foreign Politics of American Popular Culture*, p. 6.

其本意是出于打赢冷战的目的，但却传播了美国的文化价值观和生活方式，结果必然带来战后欧洲"美国化"的进一步加剧。

在第二次世界大战之前，美国就已经迈入了比较成熟的大众消费社会，支撑这种社会运行的基本理念已经形成。这些理念之所以具有很强的外延性，恰恰在于体现了现代社会发展的基本方向，满足了人们在"丰裕社会"追求物质享受的欲望。现代大众消费社会源于美国，但绝不会局限于美国。从经济发展上来讲，欧洲国家落后于美国，但生活标准却大大高于非西方国家，尤其是与美国联系密切的英国、法国和德国等西欧国家，已经把现代化作为国家走上强大的一个必然选择。这些国家的精英人士极力阻止美国消费文化的传播，恰恰说明了这种文化对他们国家发展的影响。如果欧洲国家依然为农耕文明居于主导地位的话，那么体现"现代性"的美国生活方式自然难以有市场，也不会对广大民众具有无法抗拒的吸引力，只要这些国家开始走上现代化之路，美国的生产和消费理念就会产生影响。欧洲精英们对美国文化"入侵"的激烈抵制只是延缓了欧洲国家迈向现代大众消费社会的进程，但不可能从根本上扭转这一进程。即使排除掉受美国因素的影响，欧洲国家也会先后进入到现代大众消费社会的，美国的影响只是加快了这一进程。这是进入20世纪之后至少是欧洲国家无法超出其外的一个趋势。为什么能够由美国来引领这一趋势呢？与经济相对发达的欧洲大国相比，美国没有传统的沉重包袱，可以不受任何牵制地把与旧式传统对立的"现代性"发挥到极致，形成全新的生活方式，包括与之相适应的生产和消费理念。大众消费社会必须以物质丰裕作为基础，人们的生活已经很难摆脱追求物质享受的诱惑，生产和消费通过市场密切地联系在一起，互为因果，物美价廉的商品刺激了消费，大量的消费又为生产再扩大提供了资金来源和原动力。即使是技术革命，很大程度上也是源于市场对生产品的需求。美国形成的生产→消费→再生产→再消费的循环体系注定会在与美国联系密切的欧洲国家重演，而且会在美国生产和消费理念的影响之下愈演愈烈，呈现出"美国化"加剧的趋势。

第二次世界大战之后，美国调整了战时特殊时期奉行的特殊政策，很快回到了正常轨道，在战前的基础上把现代大众消费社会发展到一个新的阶段，这种结果主要得益于战后新技术革命的兴起。新技术革命带来新发明不断涌现，这些发明在生产过程中的应用极大地提高了劳动生产率，同时使生产成本大大降低，可供大众消费的商品既丰富又廉价，走出战争阴影的美国人尽情地享受着科技革命带来的物质丰裕，整个社会呈现出了繁华兴旺的景象，导致美国的现代大众消费社会更为成熟，美国生活方式由此体现出更多的内容，呈现出新的特征。理查德·凯塞尔谈到这一时期美国大众消费社会的特征时指出，第二次世界大战之后的美国尤其在"生活标准和技术力量"上反映了繁荣，代表了正在来临的现代"消费社会"。这种消费社会同时意味着一种比过去更为成熟的"生活方式"，其特征主要体现在"新的消费模式、更高的工资水平以及更大范围内的社会流动"，是围绕着消费者的"购买行为和物质至上的哲学"所确定一种"生活"。所谓的消费社会"注重生产力和技术，伴随着从好莱坞电影和连环漫画到家用设备和快餐等新大众文化产品"[①]。行文至此，凯塞尔展现了战后美国社会发生的一系列引人注目的变化，不过他的本意不是重点阐释美国现代大众消费社会的诸方面及其在国内的影响，而是想说明由于这种新的生活方式在本质上代表了现代社会的发展趋势，必然会对欧洲国家在战后的发展产生影响。凯塞尔是美国研究欧洲"美国化"的著名学者，他的著述中揭示了欧洲国家的左右翼文人对"美国化"的抵制，但却暗示这是欧洲国家在战后必须走的一条"不归"之路。欧洲国家想要尽快医治战争带来的巨大创伤，走出遭受战争破坏的困境，美国现代大众消费社会为它们提供了可效仿的榜样，支撑这种社会运行的基本理念必然会伴随着美国与欧洲国家经济、政治、军事和文化关系的加强再次"肆虐"欧洲，促进了欧洲国家向着与美国"相同"的社会迈进。因此，正是欧洲国家自身发展的需要，才能够为美国的生产和消费理念在欧洲的传播提供了条件。

第二次世界大战之前，欧洲国家的文化精英和政治精英从心底里对美国抱有一种矛盾的心理，他们中的很多人赞赏美国社会的繁荣富裕，但却不希望走美国之路来实现本国经济发展的目的，主要原因在于这条道路很大程度上意味着对传统生活方式的破坏或放弃，这对于一向以本大陆文化自豪的他们来说无论如何是难以接受的。这也是他们在寻求自身发展道路

[①] Kuisel, *Seducing the French: The Dilemma of Americanization*, p. 3.

时对美国模式激烈抵制的主要原因之一。第二次世界大战之后，欧洲成为美国与苏联争夺势力范围的主要区域，除了通过激烈对抗的争夺之外。这两大阵营之首的国家皆宣扬本国发展道路和生活方式的优越，在这方面，美国占据着明显的优势。客观上讲，受文化传统的影响，欧洲国家的左翼力量非常强大，在民众中间有着广泛的影响力。他们竭力提倡走苏联式的社会主义发展道路，对美国的外交给予强烈的谴责。这里主要指西欧国家而言，左翼对国家政治生活的影响力一度引起美国政府的深刻忧虑。实际上，当时摆在这些欧洲国家面前有两种选择，要么追随苏联，要么追随美国，一些欧洲人提倡走"中间道路"在当时美苏冷战日益加剧的局面下很难付诸实践。他们最终选择了美国，一方面有"两害相权取其轻"的意思；另一方面也是看到了美国雄厚的经济实力，希望能从美国那里获得支持他们国家经济恢复的援助，后者恐怕要比前者重要多了。瑞士欧洲文化中心主任德尼·德·鲁热蒙在战后初期谈到了欧洲如何从主宰世界事务的显赫地位衰落到第二次世界大战之后处在俄国和美国竞争的夹缝中生存。当时，欧洲可谓是百孔千疮，混乱不堪，犹如一个身患重病之人，急需要来自美国的帮助以摆脱困境。鲁热蒙在文章结尾处写道："欧洲是病态，因为它一直荒唐地试图不让你们知道真相，现在我补充说，不要对欧洲绝望，因为这将意味着对你们自己文明实质的绝望。我们需要更好地了解你们，但你们同样需要更好地了解我们，这是为了你们自己的利益。我的最大愿望是，我们两个大陆之间开展某种大西洋对话，在对话中，每一方将告诉另一方它们的希望和期待。"鲁热蒙这里谈到的"你们"，显然是指美国人。鲁热蒙把欧洲比喻为"岌岌可危之人"，意在表明要是没有获得来自美国的紧急救助的话，欧洲大概就面临着崩溃的危机。其实，美国救助欧洲完全是出于与苏联竞争的考虑，当欧洲人的耳边传来了美国人"我们需要你们"的低沉声音时，他们最终"得救了"①。鲁热蒙是个学者，他的描述显然不无夸大之处，但却反映了当时欧洲国家面对的困境，很多欧洲国家义无反顾地成为美国阵营的成员，目的是尽快能从美国得到援助，走出危机，重振

---

① Denis de Rougemont, "Minds and Morals: The Conquest of Anarchy," in Raymond Aron and Others, *America and the Mind of Europe*, with an introduction by Lewis Galantiere, London: Hamish Hamilton, 1951, pp. 45 – 46.

昔日雄风。当然维护西方基督教文明也是一个重要的考虑。联邦德国首任总理康拉德·阿登纳在一次讲话中宣称，如果"苏俄将成功地成为整个欧洲的统治者，那它也会成为美国最严重的对手。世界分裂为苏联和美国势力范围将是极有可能的，我们欧洲人，还有英国人，将属于俄国的势力范围。这将无疑是基督教西方的末日"①。阿登纳之所见只是一种设想，目的是想唤起国人对苏联控制欧洲的警惕，实际上也讲出了联邦德国选择追随美国的原因，其他西欧国家大概皆有此考虑。出于维护欧洲安全以及获得美国经济援助的考虑，诸如法国、联邦德国、英国和意大利等欧洲国家在一种几乎没有选择的情况下使自己紧紧地绑在了美国与苏联抗衡的冷战战车上，把美国作为重建所依赖的主要国家和效仿的"榜样"②。这种对美国的依赖势必导致遵循美国在国际上确定的游戏规则，使国门对美国完全开放，美国的产品和消费方式蜂拥而入，以一种巨大的外力推动着这些与美国结盟的欧洲国家走上了美国式的发展道路。

战后欧洲"民主"国家的"美国化"在表现形式上与战前的"美国化"没有多大差别，皆体现了源于美国的现代大众消费理念的广泛传播所带来的一种趋势或结果，本质没有发生改变，所不同的是迎合了这些欧洲国家发展经济的需要，致使美国大众文化的传播呈现出规模更大、范围更广和速度更快之特征，这些国家的"美国化"程度更为明显。美国政府有意识地利用文化的力量来实现其在冷战中的目的，导致这些国家的"美国化"蒙上了浓厚的意识形态色彩。正是在美国各种因素的影响之下，这些欧洲国家在"无可奈何"中把美国选择为效仿的榜样，利用来自美国的援助来走出战争带来的巨大破坏。对欧洲一些文化精英和政治精英来说，这种刻意的效仿绝非是"心甘情愿"，多少有点勉为其难，纯属于"不得已而为之"。"美国化"的加剧必然导致人们对传统生活方式的放弃，因此，这些国家在迈向现代大众消费社会的同时无疑埋下了对美国抱怨和不满的

---

① Hans-Jürgen Schröder, "Chancellor of the Allies? the Significance of the United States in Adenauers' Foreign Policy," in Barclay and Claser-Schmidt, eds., *Transatlantic Images and Perceptions: Germany and America since 1776*, p. 329.

② Duignan and Gann, *The Rebirth of the West: The Americanization of the Democratic World 1945 – 1958*, p. 203.

根源。

二 战后欧洲国家"美国化"加剧的表现

第二次世界大战结束之后,在战争炮火的洗劫之下,欧洲一片狼藉。战前经济比较发达的西欧地区遭受战争破坏更大,整个西欧满目疮痍,生产凋敝,工厂寂然无声,农村田园荒芜,黄金外汇储备枯竭,人们赖以生存的生活必需品稀缺。1946年冬,西欧又赶上了百年不遇的严寒袭击,连续两个月,气温一直在零度以下,暴风雪之后又是洪水泛滥。天灾接连的降临对于饥肠辘辘和衣不蔽体的西欧人来说,无疑是"雪上加霜"。英国路透社报道说:"自从一个帝国的心脏——君士坦丁堡——没落以来,当代最大的崩溃已迫在眉睫。这不仅仅是几场暴风雪的问题。这是可怕的衰落,因为几场暴风雪就能影响到如此程度。"① 人们面带饥色,整日为了填饱肚子而奔波,社会秩序陷于混乱。对于这些国家的当政者来说,要是短期内不能解决这些迫在眉睫的问题,西欧国家将会发生严重的社会动荡,导致政权更迭,还有可能使在政坛上很活跃的左翼党派执掌政权。西欧在战前为资本主义世界的中心之一,受文化传统的影响,很多国家并不像美国那样十分强调"市场和竞争"在经济发展中的作用,更加注重人在生产过程中扮演的重要角色,非常反感将一切经济活动都"商品化",完全受市场控制。这是西欧资本主义与美国资本主义的主要区别,这些国家的精英不希望走美国式的道路,但绝不愿意看到与资本主义对立的意识形态占据了主导地位,取资本主义制度而代之。到了此时,这些国家的决策者只能求助于美国,希望这个在资本主义体系中经济最为强大的国家能够伸出援助之手,帮助西欧国家度过战后初期的难关,实现经济复兴。西欧国家的破败状况以及如何解决这些国家所面临的生存问题,实际上为美国商品占据西欧国家市场继而左右这些国家的发展提供了一个非常好的机会。

西欧国家"美国化"的加剧与美国对欧洲国家提供经济援助的"马歇尔计划"有很大关系。美国大规模地援助欧洲,很大程度上是出于与敌对

---

① J. 斯帕尼尔:《第二次世界大战后的美国外交政策》,段若石译,商务印书馆1992年版,第45页。

意识形态竞争的考虑,只有西欧获得了经济复兴,才能实现社会稳定,保住这块与苏联直接对抗的前沿阵地,而且还可借此从经济上和政治上控制西欧,这对美国打赢这场冷战可以说是意义非同小可。1947年6月5日,国务卿乔治·马歇尔在哈佛大学发表演说,在一种非正式的场合表达了美国政府援助欧洲的必要性和重要性,他希望欧洲人应该首先提出倡议和方案,然后美国再视需要给予援助。马歇尔的讲话立刻在欧洲引起强烈反响,几个月后英法等16个欧洲国家正式联合提出一份总报告,要求美国在四年内提供224亿美元的援助和贷款。1948年4月3日,杜鲁门签署了《1948年援助法》,援外金额共60.98亿美元,其中53亿用于"欧洲复兴计划"。从1948年4月到1952年6月,美国国会为马歇尔计划共计拨款132亿美元,资金主要流向英国、法国、意大利和西德等欧洲国家。从结果上来看,马歇尔计划无疑是成功的,达到了预期的目的。接受美国援助的欧洲国家开始走出经济困境,为进而实现复兴奠定了基础,但这些国家在经济发展上更加依赖美国。在马歇尔计划执行期间,西欧国家和美国各种交流频繁,大批的美国技术人员和管理者来到欧洲,帮助西欧国家的企业采用新的技术和管理方式。西欧国家也派出各种代表团赴美访问和学习。这里以法国为例来加以说明,1949年夏,在马歇尔计划的资助下,由16名法国商人、工程师和专业人员组成的访问团抵达美国,对生产大型电动设备的工厂进行了为期六周的考察,了解了美国繁荣的秘诀。类似这样的考察活动很多。据统计,到50年代后期马歇尔计划结束时,法国组织了500个团队到美国的工厂、农场、商店和办公室参观学习,总共有4700名法国人参与这些考察活动。[①] 西欧其他国家同样如此,这些专业技术人员从美国访问归来后,很快将美国学到的东西应运到生产和管理之中,基本上实现了大规模生产。因此,美国的管理模式对西欧国家的工商企业产生了巨大的影响。[②]《纽约时报》驻法国记者亨利·吉尼格当时发表的一篇报道中宣称,几个法国工

[①] International Cooperation Administration, *European Productivity and Technical Assistance Programs: A Summing Up*, Paris: ICA, Technical Cooperation Division, 1959, p. 139. 转引自 Kuisel, *Seducing the French: The Dilemma of Americanization*, p. 70.

[②] Matthias Kipping and Ove Bjarnar, eds., *The Americanization of European Business: The Marshall Plan and the Transfer of US Management Models*, London: Routledge, 1998.

业部门采用了美国供给、生产和推销等现代方法之后，降低了成本，增加了利润，改善了工作条件。在法国，工业生产力的整个观念从美国输入。①杜伊格南等人通过对第二次世界大战后西欧复兴的研究得出结论：

> 1945年之后欧洲的复兴很大程度上是受到美国慷慨、价值观和繁荣的促动、支持和指导。西欧在经济上、精神上和军事上得到了恢复，而且不断走向繁荣，这在战争结束之时是任何人都不曾梦想到的。马歇尔计划使西欧得到了重建，美国发起的北大西洋公约组织使西欧得到了防护，尽管一些西欧国家的领导人，尤其知识分子，并不欣赏美国的成就，接受欧洲的美国化。美国人成千上万地访问欧洲，他们作为救济官员、作为外交家和士兵、作为商人和分析家以及作为学生和学者前来。美国人带来立宪民主的新形式、科学技术、流行文化、消费社会和跨国公司。他们的生活方式、习俗、食品、服饰、音乐以及电影加剧了第一次世界大战之后开始的欧洲的部分美国化。这是许多人哀叹，很少人将改变和无人能够终结的一个进程。②

杜伊格南等人是研究战后欧洲经济复兴的专家，他们赞成"马歇尔计划"所取得的巨大成就，将之归因于美国政府的"慷慨解囊"，认为美国正在按照自己的形象重构欧洲，让受援国家的民众获得了享受舒适生活的好处。这种观点在美国学术界很有代表性，对"马歇尔计划"的赞扬远远高于批评。其实，"马歇尔计划"在促进欧洲复兴的同时给美国带来巨大的实际利益。美国基本上实现了这一计划执行时所设想的主要目的，让这些国家远离了国际共产主义，加强了"民主世界"的稳定，使它们成为与敌对意识形态较量中的坚定力量。这对于美国实现其冷战战略有着非常重要的意义。此外，美国不是对西欧国家提供无条件援助，受援国在获得援助资金或物品时必须接受美国提出的附加条件。正如挪威历史学家吉尔·伦德

---

① Henry Giniger, "Europes' 'Americanization': France: 'A kind of Cultural Coexistence'," *New York Times*, April 6, 1958, p. SM19.

② Duignan and Gann, *The Rebirth of the West: The Americanization of the Democratic World 1945 – 1958*, p. 713.

斯塔德强调的那样，在正常情况下，获得美国经济援助有附加条件，法国"必须同意促进与世界其他地区的贸易，阻止建立地区贸易集团"。因此，这种援助"表现出拥有巨大潜力的干涉工具，因为各个国家只有得到美国的同意方可使用这些资金"①。欧洲国家的领导人对美国的傲慢可能会感到不快，但他们已无更好的选择之路，只能接受美国对援助的安排。这样，受援国的市场完全向美国的商品开放，美国公司蜂拥而入欧洲，建立子公司或设立办事处，美国的跨国企业由此开始形成。耶鲁大学著名教授约瑟夫·拉帕拉姆巴拉的研究表明，在"马歇尔计划"执行的那些年月里，美国公司机构纷至沓来西欧。这些公司"绝大多数不是所谓的新建企业，白手起家，致力于创建新的工业企业。相反，在美国政府的帮助之下，美国公司能够在遭受战争破坏的欧洲以低廉的价格获得工业资产。毋庸置疑，通过与涉及欧洲的美国经济和军事项目相联系在一起的各个联邦政府机构，国家政府扮演了主要的直接角色，说服在国内已干得相当不错的美国产业走向国际，成为跨国企业"②。美国跨国公司后来在全球经济中扮演重要的角色，很大程度上始于"马歇尔计划"给它们进军欧洲市场提供的非常有利条件。美国从"马歇尔计划"实施中所得远非数字可以统计的。

　　战后西欧国家"美国化"的加剧既与"马歇尔计划"的实施有着非常密切的关系，也可以说是始于"马歇尔计划"的实施。这一计划奠定了欧洲迈向现代大众消费社会的基础。这次对欧洲国家大规模的经济援助在美国历史上史无前例，无疑让受援国受益匪浅，但带来的结果之一是促使了美国大众文化在欧洲的广泛传播，加剧了在第二次世界大战前业已开始的"美国化"进程。欧洲大众成为美国商品和服务的"忠实"消费者，欧洲的大小企业采纳了美国的生产和管理理念，欧洲的商业公司接受了美国的营销方式，欧洲社会的运转笼罩在铺天盖地的美国影响之中。这样，美国"在大规模生产发展和消费导向的经济上，以及在分期付款购货和精致的消

---

① Geir Lundestad, "Empire by Invitation? The United States and Western Europe, 1945 – 1952," in Charles Maier, ed., *The Cold War in Europe: Era of a Divided Continent*, New York: M. Wiener, 1991, p. 158.

② Joseph LaPalombara, "Anti-Americanism in Europe: Corporate and National Dimensions," *American Foreign Policy Interests*, Vol. 26, No. 4, August 2004, p. 320.

费广告等所有辅助技术上，为欧洲经济的现代化提供了一个很重要的模式"①。欧洲国家是否为不折不扣地照搬美国的发展模式，在学术界还存在着争论，就是对这一时期欧洲的"美国化"，学者们也存在着不同的看法，但美国的生产和消费模式对欧洲国家产生了很大的影响，这一点应该是无可置疑的。美国在第一次世界大战之前形成所谓"科学化"的生产和管理方式在传入欧洲之后一直遭到欧洲精英们的激烈抵制，尽管欧洲有些企业出于竞争的考虑有选择性地采用，但总的来说美国的生产和管理方式并没有在欧洲生产活动中占据了主导地位。至于大众消费，那首先取决于本国企业的大规模生产，缺乏足够的消费品，社会很难掀起消费高潮。当然多数欧洲人坚持传统的消费理念也阻止了美国现代生产和管理方式的大规模传播。所有这一切在"马歇尔计划"执行年间皆发生了天翻地覆的改变，欧洲出现了与战前完全不同的局面，接受美国援助的国家市场完全开放，物美价廉的美国商品潮水般地涌了进来，美国人的生活方式和消费理念自然也会伴随而入。丹尼斯·普罗文彻是研究法国问题的专家，他的研究表明，法国战后的现代化某种程度上受到"美国化"和"可口可乐化"的激励，法国人由此获得和享受了全新范围的家用电器和个人便利。在这种背景之下，在诸如"美孚石油、泛士通轮胎、列维—斯特劳斯的蓝色牛仔裤、汰渍肥皂、Q牌棉签、高露洁、万宝路香烟、宝丽来相机、摇滚乐和好莱坞电影等美国产品的帮助之下"，法国人形成了对美国消费品的欣赏。他们由此面对着"消费社会的正在来临"，掀起了"一种在法国战后数十年持续的趋势"②。诺兰的研究表明联邦德国第二次世界大战之后向着大众消费社会的大踏步迈进。在诺兰看来，从20世纪之初开始，消费"常常萦绕着德国的反美主义。大众消费被认为是导致和促进所有邪恶之源的物质主义；消费要求工资、社会等级和文化价值的重构，预示着传统性角色的不复存在"。1945年之后，德国人不是没有这样的担忧，而是更加关注所谓"美国主义"带来的好处，形成了新的话语。这些话语"同时合法和规范了大

---

① G. D. Lillibridge, "The American Impact Abroad: Past and Present," *The American Scholar*, Vol. 35, No. 1, December 1965/1966, p. 52.

② Denis M. Provencher, *Queer French: Globalization, Language, and Sexual Citizenship in France*, Aldershot: Ashgate, 2007, p. 6.

众消费。路德维希·艾哈德信奉的这样一种话语提倡消费对复兴至关重要，发挥了社会市场经济的适当功能。资方以前坚持大众消费在德国是不可能的，现在却逐渐接受了不仅生产技术和管理做法美国化的必要，而且生产线和购买力美国化的必然性"①。英国、意大利和西班牙等国的情况与法国与德国实际上并没有多大差别。欧洲民众对以物质享受之生活的追求也大大刺激了本国企业对现代生产和管理方式的接受，欧洲企业实际上采纳了以市场为导向通过竞争而生存的美国资本主义法则。客观上讲，在欧洲的文化和政治精英之中，很多人不希望传统生活方式理念的弱化或消失，但面对着来自大洋彼岸的现代大众消费生活方式之冲击，他们的抵制呼吁在一段时期内基本上无济于事，这些欧洲国家还是在"现代性"大潮的涌动下朝着"更像美国"的方向走去。

在美国生产和消费理念的巨大推动下，经过十几年的发展，西欧国家顺利地完成了向现代大众消费社会的转变。《纽约时报》经济学专家小埃德温·戴尔将之称为"向耐用品经济的转变"。在他看来，战后欧洲已成为"暴发户"产生的土地。欧洲语境中的"暴发户"以前主要用来描述一个多世纪之前从新工业社会获得财富的资产阶级，现在则可能用来描述劳动人民，因为"自第二次世界大战以来，西欧劳动人民的生活标准一直在缓慢地提高，他们现在逐渐越过了多年来一直为美国特征的'耐用品经济'的门槛。最初的暴发户术语包含着不屑一顾的意思，反映了旧式贵族阶层面对着对他们权力和影响受到威胁而发出的哀叹。新的暴发户术语略有不同，但其描述的发展不是受到普遍的欢迎。出于各种原因，不是所有欧洲人对现在看来似乎是不可避免的趋势表示满意，这一趋势在经济意义上就是欧洲的'美国化'"②。戴尔的描述是否确切，还可以进行讨论，但他却揭示了西欧国家向着消费社会的转变，普通民众成了消费经济的主体。这里以法国为例来加以说明。在西欧国家中，法国在经济上应该算是比较发达，但实际上在第二次世界大战之前现代工业文明并没有覆盖整个国家，

---

① Nolan, "America in the German Imagination," in Fehrenbach and Poiger, eds., *Transactions, Transgressions, Transformations: American Culture in Western Europe and Japan*, p. 19.

② Edwin L. Dale Jr., "Europeans Greet Era of Affluence As Mixed Blessing," *New York Times*, December 24, 1959, p. 1.

传统的生活方式依然居于主导地位，只是在几个大城市才能体验到现代人"灯红酒绿"的生活。这种状况到第二次世界大战之后发生了根本的改变，在美国现代大众消费生活方式的影响下，法国民众开始把追求物质享受作为生活中的要务之一。大众消费社会具有很多与农业社会不同的特性，如劳动者有足够的收入来消费除生活必需品之外的耐用品或奢侈品，市场上充斥着物美价廉的产品，企业通过采用新的技术和新的管理方式能够生产出满足民众消费的物品，这是消费社会之"硬"的方面，"软"的方面为人们具有了对物品占有的渴望心理，形成赚钱→消费→享受的良性循环。不管是"硬"方面，还是"软"方面，皆有机地联系在一起，互为因果，相得益彰。这是成熟的现代大众消费社会之表现，美国最具有代表性。法国等国尽管离成熟的大众消费社会尚有距离，但随着物品供应的丰富和人们消费理念的改变，这些现代大众消费社会的特征也逐渐地显现出来。1967年，美国著名记者哈罗德·金写了一篇文章，发表在《华盛顿邮报》上，以翔实的统计数字反映了法国社会的变化。在他看来，法国农村人口的急剧萎缩与"美国化"加剧有着直接的关系，保守人士对之忧心忡忡，原因在于"发生在一个农业曾居于优势国家的工业化正在导致生活模式发生深刻的变革"。40年前，法国有850万农村人口，当时法国的总人口为3900万。现在，法国人口已经上升到5000万，而农业人口萎缩到340万。在相同的40年期间，法国生活标准实际上翻了一番，法国经济规划者估计，在未来20年内，生活标准将再次成倍提高，同时来自农村的人力将继续流向城镇和工厂。他们预计，到1990年，法国农业人口将降低到不到170万人，矿工数1926年为32.7万人，现在为18.5万人，1990年将缩减为13.5万人。40年前，近100万人在纺织厂工作，现在只有50万人，20年之后将只有25万人。① 这些数字尽管没有涉及五六十年代，但显然这二十年是法国社会转变的最重要的时期，农村和城市人口构成以及所从事职业的变化最能反映出社会的转变。法国学者兼政府高官的于贝尔·韦德里纳认为，第二次世界大战之后法国"三十年发展黄金岁月"（Les trentes glorieuses）代表了迈向现代化的时期，在这一时期，法国从一个农村和主要为

---

① Harold King, "Americanization Trend Worries Paris Idealists," *The Washington Post*, June 7, 1967, p. A16.

农业社会向拥有大量服务部门的工业大国迈进。① 其他西欧国家同样有着与法国类似的经历,虽快慢有别,规模不一,但皆朝着大众消费社会的方向走去,形成了战后欧洲发展的一个主要趋势。

　　法国何时进入现代大众消费社会,学者们很难给出一个准确的界标或某某年,但一般都认为在 50 年代到 60 年代期间。德格拉西亚把这一转变确定在 50 年代中期前后,认为在这一时间段内,法国呈现了一片繁荣的景象,迅速进入现代大众消费社会。② 纽约大学研究法国文化的教授克里斯廷·罗斯在 1995 年出版的一本专著中提出了法国从 50 年代到 60 年代期间向着新的消费社会转变的观点,认为这一转变既受到美国外部因素的影响,同时又有着国内需求因素的促动。在她看来,法国差不多没有一点喘气的功夫从"一个定位帝国的以农业为主的天主教国家转变为一个完全工业化的非殖民化的城市国家"③。消费社会的一个主要特征是民众对耐用品或奢侈品的占有。在农业社会,绝大多数人充其量只能满足温饱,没有多余之钱来消费生活必需品之外的物品,更谈不上有度假游玩的"闲情逸致"了。第二次世界大战之后在来自美国各种因素的影响之下,法国人的消费理念有了很大的改变。随着他们收入的提高,他们不再满足于维持生存的最基本的物品消费,而对耐用品或奢侈品的占有逐年提高。据国际合作署 1958 年发布的一份报告称,1950 年,法国私家车有 170 万辆,十年之后达到 550 万辆,1966 年这一数字再次翻了一倍。1950 年,法国人共拥有电视机 4000 台,10 年之后这一数字达到 190 万台。④ 另有统计表明,从 1951 年到 1958 年期间,法国私人拥有的轿车总数翻了一倍还多,其中一半是新车。到 1958 年,平均每 7 个法国公民有一辆汽车。法国家庭对电视的拥有量 50

---

① Hubert Védrine and Dominique Moisi, *France in an Age of Globalization*, translated by Philip H. Gordon, Washington, D. C.: Brookings Institution Press, 2001, p. 29.

② Victoria de Grazia, "Americanization and Changing Paradigms of Consumer Modernity: France, 1930 – 1990," *Journal of the Twentieth-Century/Contemporary French Studies*, Vol. 1, No. 1, Spring 1997, p. 209.

③ 参见 Kristin Ross, *Fast Cars, Clean Bodies: Decolonization and the Reordering of French Culture*, Cambridge: MIT Press, 1995, p. 77.

④ 参见 William I. Hitchcock, *Struggle for Europe: The Turbulent History of a Divided Continent, 1945 – Present*, Westminster: Knopf Publishing Group, 2004, p. 133.

年代初只有 24 万台，到 1958 年这一数字上升为近 100 万台。从 1949 年到 1957 年，法国用于家庭器具的开支增长了 400%。从法国人的支出来看，排在首位的是家庭商品，其次是追求舒适的汽车拥有，再次是闲暇享受。他们花在收音机、电视机、录音机、观看比赛、照相和运动器材上的钱呈迅速增长的趋势。1963 年，美国西尔斯·罗巴克大型零售连锁店一个经理作为美国商业代表团的成员访问了法国，他在八年前曾来过法国，此时对法国人购买力的变化感到很吃惊，用他的话来说：

> 我对分配给厨房用具、洗衣机以及尤其是闲暇的空间感到惊讶不已。法国人正在每年改变他们的生活方式。他们养成了花 45 分钟吃午饭和一周工作 5 天的习惯。办公室比住宅更为迅速的现代化。服务部门的效率正在改善。……法国人正在开始让自己更为舒适。……他们开始喜欢美国特有的物品，我们认为我们能销售更多的休闲产品：露营设施、奢侈品、科学玩具以及运动服。①

法国进入大众消费社会尽管遭到许多文化精英的非议，但却是一个很难抵制的趋势。法国基督教思想家让—玛丽·多姆纳克 60 年代初写道："10 年前，我们可能依然对快餐店、超市、表演脱衣舞的剧院和整个为利奔波的社会不屑一顾。现在所有这些或多或少地已在欧洲开始出现。这个社会尚不属于我们的，但它——或类似的社会——却属于我们的孩子的。美国是一个展现这些生活形式的实验室，不管我们愿意与否，我们都已经进入这种社会。"② 多姆纳克的话中多少有些无可奈何的味道。《纽约时报》驻法国记者亨利·吉尼格描述了 50 年代法国的美国化现象，即美国爵士乐和流行音乐在法国总是受到人们的青睐，当然尤其受年轻人的喜爱。在无数地方，猫王埃尔维斯·普雷斯利和其他摇滚乐手的演唱在顾客投币于自动电唱机后开始播放。吉尼格指出，一个法国人走进了咖啡馆，在传统上目的是阅读报纸、玩牌、思考问题、观察生活、喝杯咖啡、远离他的妻子

---

① 以上数据和引文见 Kuisel, *Seducing the French: The Dilemma of Americanization*, pp. 105, 150.
② 转引自 Kuisel, *Seducing the French: The Dilemma of Americanization*, p. 109.

或给他的情人写封信,他现在必须不仅满足于自动唱片点唱机,而且满足于"美国制造"的弹球机。法国妇女现在梦想有一个美国的厨房。① 60 年代之后这一趋势更为加快了。据统计,从 1954 年到 1975 年,法国家庭花在食品和住房上的开支由一半降低到四分之一,而用在保健、舒适、通讯和闲暇等上面的开支却大大增加。1960 年,法国 4 户人家中只有 1 户拥有电冰箱,15 年之后,十分之九的家庭拥有冰箱。1960 年,法国家庭拥有汽车的比率是十分之三,到 1973 年,这一数字上升为十分之六。该年 85% 的家户拥有电视机,四分之一的家庭拥有电话。从 60 年代起,法国的农村开始感受到这场消费革命的冲击,农民在生活方式上以城里人为楷模,室内卫生间、冰箱、洗衣机和电视等进入了农村家庭。法国《新观察家》(*Le Nouvel Observateur*) 在 20 世纪 80 年代曾载文指出,法国人对美国文化出口品变得越来越放松,该文把美国称为是"时髦的",对法国人的生活方式发生了很大的影响。法国人身着美国的时尚服饰,观看美国的电影,阅读美国的小说。在该文发表的本月举办的一个艺术展览会致力于"最美丽的可口可乐广告"。甚至美国的食品在这个以烹饪闻名的国土上取得一席之地,即与汉堡连锁店及快餐店并驾齐驱。② 法国著名记者多米尼克·雅梅写道,法国新生代的人数越来越多,他们衣食住行无不使用英语。在这些追求时髦者的眼中,"快餐与可口可乐是我们文化遗产中的有机组成部分。到了我们不能出口我们的电影、我们的图书、我们的时尚和我们的生活方式之程度时,我们便降低到了简单消费者的水平,陶醉于美国文化之中"③。雅梅之言固然有所夸张,但却反映出了法国年轻一代受美国文化之影响生活方式的改变。一位法国小镇的社会学家通过对农村地区消费状况调查后指出,在 50 年代,对消费品的追求仍然被看作是件"很丢脸的事情",人们把这种追求与"海员的放荡不羁"联系在一起。在普通人的眼里,海员们把先被视为"奢侈生活"、后被视为"舒适生活"的东西介绍进来,但这种追

---

① Giniger, "Europes' 'Americanization': France: 'A kind of Cultural Coexistence'," *New York Times*, April 6, 1958, p. SM19.

② Michael Dobbs, "Of Two Minds about America: 100 Years after their Gift, the French still Hate to Love Us," *The Washington Post*, July 2, 1986, p. A1.

③ Michael Dobbs, "A French Disneyland? Oui, Avec Grand Plaisir," *The Washington Post*, January 22, 1986, p. A1.

求"越来越被年轻人视为正常的生活"。人们观念的变化体现在对待金钱的态度上,消费取代了储蓄。① 这种观念上的变化反映了法国人对生活享乐的追求,正是这种追求,不断地刺激了企业对生产技术的革新,以求降低生产成本,为市场提供更多民众需要的产品。内需的不断扩大表明了法国消费社会日渐成熟,显现出了所谓"美国化"的趋势。

法国迈向现代大众消费社会的经历只是"马歇尔计划"受援国家之缩影,这些国家程度不一地先后迈入了这种由源于美国文化价值观占据主导地位的消费社会,不仅给美国带来巨大的经济所得,而且让美国有效地实现了对欧洲盟国的控制,把这些国家紧紧地绑在了与苏联进行冷战的战车上。1967年11月罗马《文学公平》周刊(The Literary Fair)邀请了一伙意大利著名人士举行了座谈,主题为"你们为什么反对美国?"意大利著名文人佛朗哥·弗尔蒂尼曾绝望地大声疾呼,我们意大利人"已经变成了半个美国人,纽约成为我们的耶路撒冷"。另外几个与会者谈到了意大利的"美国化",认为意大利正在迅速地成为以消费者为主体的工业社会,在技术成就和小发明上模仿美国,但与此同时意大利拒绝接受美国的"物质主义、机械式的生活方式以及对个人及其隐私的毁灭"②。这次座谈会主题尽管是谈意大利反美主义的原因,但与会者的发言也足见战后意大利的"美国化"程度,这是激发起意大利人对美国不满的主要因素之一。一个比利时商人从与美国贸易往来中获利颇丰,但却对比利时和比利时经济的"美国化"忧心忡忡。③ 联邦德国战后"美国化"与法国相比可谓是有过之而无不及。原因除了与法国相同的因素之外,美国军队驻扎在联邦德国也起了非常大的作用。联邦德国的民众通过近距离与美国人的接触观察了他们的生活方式,继而开始对之模仿。保罗斯认为,解释联邦德国"美国化"的一个"重要先决条件是美国部队长期以及一直驻扎在德国境内。尤其是在20世

---

① Edgar Morin, *The Red and the White: Report from A French Village*, Translated by A. M. Sheridan-Smith, New York: Pantheon Books, 1970, p. 58. 转引自 Kuisel, *Seducing the French: The Dilemma of Americanization*, p. 150.

② Marc Slonim, "European Notebook: Anti-Americanism," *New York Times*, November 26, 1967, p. BR52.

③ Anthony Lewis, "Why Humphrey Got That Abuse in Europe," *New York Times*, April 16, 1967, p. E4.

纪40年代、50年代和60年代，正是这些士兵、他们的生活方式以及社会行为影响了德国人的生活方式。首先是通过这种生机勃勃的文化，美国人的生活习惯和社交方式席卷德国社会，逐渐地取代了关于德国战时和战前那一代人对生活所持有的价值和观念"[1]。一个西德人曾回忆说："人们从美国士兵身上看到了拥有他们并不知道的生活方式的国家之象征，但非常渴望地追求它。"[2] 因此，美国士兵"常常成为许多德国人，尤其的年轻德国人，极其向往之'美国生活方式'的象征"[3]。这些美国士兵对妇女的消费行为影响比较大，他们经常把巧克力、口香糖、尼龙袜和其他精美食品送给到军营游玩的德国小姐，让她们的整个家庭一块享用。著名学者赖因霍尔德·瓦根雷特纳当时还是个小孩，美国士兵经常给他一些好吃的东西。他回忆说，不久之后，"这些小姐和许多其他欧洲妇女穿戴开始像她们的美国姐妹，身着五颜六色的服装，此前欧洲妇女可不这样穿戴，使用美国生产的化妆品，像美国女人那样系上乳罩，使她们的体型更富有性感，形成了巨大的双乳，甚至使真正的乳房看起来是人造的"。因此，在整个欧洲，美国被欧洲人视为妇女的消费天堂。瓦根雷特纳对当时的情景进行了描述，"不仅保守的出版物，而且社会主义和工会杂志，无不坚持认为，在美国，普通妇女能够消费得起漂亮的服装，整日是浓妆艳抹，每日可洗个澡，管理着拥有洗衣机和真空吸尘器等功能齐全的家庭，拥有一个包括煤气炉或电炉、搅拌器、电冰箱甚至洗碗机等样样齐全的现代厨房；她们的工作强度很小，因为美国主妇使用在超市大批购买的罐装或冷冻食品，开车带回到她们在的郊区别墅"[4]。德国家庭主妇对美国生活方式的模仿乃是现代消费社会的一个重要表现。

---

[1] Paulus, "The Americanisation of Europe after 1945? The Case of the German Universities," *European Review of History*, Vol. 9, No. 2, 2002, pp. 245 – 246.

[2] Maria Höhn, *GIs and Fraüleins: the German-American Encounter in 1950s West Germany*, Chapel Hill: University of North Carolina Press, 2002, pp. 226 – 227.

[3] Christoph Hendrik Müller, *West Germans Against The West: Anti-Americanism in Media and Public Opinion in the Federal Republic of Germany 1949 – 1968*, Hampshire: Palgrave Macmillan, 2010, p. 30.

[4] Reinhold Wagnleitner, "Propagating the American Dream: Cultural Policies as Means of Integration," in Richard P. Horwitz, ed., *Exporting America: Essays on American Studies Abroad*, New York: Garland, 1993, p. 329.

在战后很长时期，联邦德国的"美国化"非常严重，这种现象皆源于美国对联邦德国的刻意所为。美国占领当局为了更好地改造德国人的"心灵"，把联邦德国打造成与苏联抗衡的前哨基地，不惜花费钱财，邀请联邦德国各行各业的头面人物和技术精英组团访问美国，在联邦德国举办各种文化展览、音乐会和电影周等，创办旨在宣传美国生活方式的报纸，通过广播电台向这个国家的民众宣扬美国等。正是在美国发起的各种文化活动的"狂轰滥炸"之下，联邦德国民众逐渐认同了源于美国的生产和消费理念，开始有意识地模仿这种能够带来"舒适愉悦"的生活方式。《纽约时报》1956年6月14日驻波恩记者报道，只要人们这些天"把头伸到户外"，就会看到对其生活方式构成威胁的大西洋彼岸的巨大影响。最为明显的是"快餐店、投币式自动电唱机、电视天线、可口可乐以及身着宽松长裤招摇过市的年轻女人"①。这位记者是从消极方面来看待美国之影响的。其实，这些只是受美国消费文化之影响浮在表面上的东西，美国消费文化深层次的影响主要体现在西德人生活理念的改变上，这是联邦德国社会转向大众消费社会的关键。玛丽·诺兰认为，战后联邦德国在迈向现代消费社会过程中受到围绕着大众消费、商业化闲暇以及大众文化的美国生活方式的影响。美国消费品在西德人的生活中举足轻重，"瓶装可乐占据了自豪的地位，牛仔裤也不甘落在其后。从轿车到洗衣机、冰箱和吸尘器等各种耐用消费品并非必然由美国制造——或像可乐一样属于美国的秘密配方，但却象征着美国主义成为一种生活方式和价值体系。美国主义成为日常生活的组成部分，与之相联系的商品逐渐形成了社会关系。在德国。这些消费品本身是由美国人，尤其是驻德美军作为媒介来传递的"②。诺兰为研究德国"美国化"历史的著名专家，她在一系列论著中列举了很多翔实的数字来阐明这种带有结论性的观点。诺兰在研究这一重要问题上已成一家之言，她提出的很多看法具有有益的参照价值，当然还存在着进一步的讨论余地，例如如何看待联邦德国的"美国化"，这一现象对当地人来说究竟是利大于弊还是弊大于利等。不过，她在论著中阐述的美国大众文化的广泛

---

① Michael L. Hoffman, "Americanization of Widens," *New York Times*, June 24, 1956, p. 14.
② Nolan, "America in the German Imagination," in Fehrenbach and Poiger, eds., *Transactions, Transgressions, Transformations: American Culture in Western Europe and Japan*, pp. 18 – 19.

传播对联邦德国形成现代大众消费社会产生了重要的影响，应该是一个不争的事实。

联邦德国的"美国化"进程表现出与其他欧洲国家大致类似的趋势，但还是有其不同于其他国家的特性。德国在战前处于希特勒法西斯的统治之下，整个社会完全笼罩在一种独裁专制的氛围之中，人们对元首希特勒盲从的民族主义情绪让这个国家陷入了一场大灾难之中。德国人是个善于反思的民族，非常注重产品的质量，在技术创新上有着传统优势。一旦他们接受了来自大洋彼岸的生产和消费理念，使之与本国的传统结合起来，便会焕发出巨大的生产能动性，创造出令其他国家望而兴叹的经济奇迹。联邦德国是个战败国，但作为抵制苏联的前沿阵地得到了美国政府的大力扶植，来自美国源源不断的援助资金和物品流入了联邦德国，给处于遭受战争巨大破坏的这个国家输入了"救命之血"，大大促进了其经济的迅速复兴。联邦德国在战后创造出了经济发展的奇迹，除了得到美国的巨额援助之外，显然与这个民族一向注重生产效率也有很大的关系。在美国生产和消费理念的影响下，联邦德国经济的迅速恢复也就意味着这个国家开始跨过了现代大众消费社会的门槛。德国学者阿克塞尔·希尔德特在1995年出版的一本专著中认为，"经济奇迹"有效地把联邦德国转变为拥有一种成熟消费文化的社会，在这种消费文化的氛围中，个人和社会的身份不是由工作和生产形成的，而是取决于舒适和消费主义。希尔德特并不否认现代消费文化开始于第二次世界大战之前的魏玛共和国时期，但却以很有说服力的材料表明，战后联邦德国经历了这种"闲暇文化"的真正普遍化。因此，联邦德国出现所谓的"美国化"丝毫不足为奇，原因首先在于美国社会是"现代消费的先驱"，这样，联邦德国现代化的迅速追赶自然会具有相当多的美国文化特征了。[1] 作为一个德国人，希尔德特也许目睹了联邦德国的社会转型过程，他置身于其中会有很深的感受。显而易见，联邦德国迈向现代大众消费社会受到美国生产和消费理念的巨大影响，但从根本上讲还是反映出了联邦德国内部适应外部世界变化的一种发展趋势。英国学者埃丽卡·卡特通过对战后初期联邦德国女性角色的转化，展现了西德以美国为

---

[1] Paul Betts, "German Modernity as New Historical Object," *Journal of Urban History*, Vol. 25, No. 6, September 1999, p. 878.

模式向现代消费社会的转变。① 在任何现代社会中，女性总是消费的主力，厨房设施的现代化属于大众消费社会很重要的组成部分，从女性的消费中可以窥视到社会的转变，这一观点已得到学界的广泛认可。

其他与美国结盟的国家也大致经历了这一过程。英国为"马歇尔计划"援助的重点，在美国的援助之下，英国经济也在缓慢地恢复，但随着市场完全向美国商品开放，体现了美国消费文化的产品像潮水一样涌入了英国市场，给英国民众带来更多的消费选择，长此以往必会导致人们消费理念的改变，致使英国在战后同样出现了"美国化"加剧的趋势。到了60年代之后，美国消费品对英国人的影响依然是与日俱增。1963年4月14日，《纽约时报》转载了刊登在英国报纸上的两幅漫画，比较形象生动地揭示出了温斯顿·丘吉尔爵士已被"美国化"的形象。一张漫画画的是，一位个头高大的军官抓住一位瘦小老头的衣领，生气地喊道，"听着，英国佬，当你提到这位还活着的伟大美国人的名字时要面带笑容！"另一幅漫画画的是在一个大客厅，有人坐着，有人站着，站着的一位军官正在读报，报纸上写着"温斯顿爵士成为美国荣誉公民"，在场之人脸上表露出茫然之态。漫画下面的文字是："不要再把他说成是'赢得这场战争的杰出年老美国人'。"② 这两幅漫画尽管为搞笑之作，但却有着深刻的含义，表明了英国"美国化"的加剧，连英国人引以为豪的民族英雄丘吉尔都变成了美国人，何谈其他英国人。还有一篇刊登在《纽约时报》上的文章表明，首次到伦敦游玩的美国观光客会有一种宾至如归的感觉，也就是感到与美国国内大城市没有多大差别，汉堡牛排三明治店随处可见。英国人每年消费五千万份汉堡牛排三明治，对埃索润滑油、可口可乐以及百事可乐等美国商品的消费同样如此，超市和便利店到处都是。作者由此得出结论，欧洲的"美国化很大程度上源于长达数年的美国出口品或投资的猛增。然而，美国产品和交易的数目日增只是欧洲人模仿美国佬做事诀窍扩展的结果"③。《伦

---

① Erica Carter, *How German Is She? Postwar West German Reconstruction and the Consuming Woman*, Ann Arbor: University of Michigan Press, 1997, pp. 176 – 179.

② "British Comments on the Americanization of Sir Winston Churchill," *New York Times*, April 14, 1963, p. 158.

③ Robert A. Wright, "In London, Berlin and Milan, Too, Its' Business American-Style," *New York Times*, January 15, 1968, p. 63.

敦标准晚报》（London Evening Standard）财经编辑威廉·戴维斯描述了一位英国家庭主妇的下午生活，她"开着一辆福特系列的科迪纳去逛超市，她熄灭了菲利普·莫里斯香烟，检查了一下是否携带了蜜丝佛陀化妆品，然后走进了超市。莫扎克的音乐欢迎她到来。想起弗立吉代电冰箱几乎是空空如也，她购买了阿穆尔咸牛肉、亨氏烤豆、可口可乐和几听加利福尼亚水果罐头"。美国产品充斥于超市，琳琅满目。当这位家庭主妇离开超市时，她的账单由美国制造的收银机来结算。① 戴维斯描述的是60年代中期英国的状况，虽有所夸张，但足也见英国人生活中对美国消费品"趋之若鹜"之程度。英国自诩为与美国有着一种"特殊的关系"，这种关系无疑也是基于双方利益之上，在这种特殊关系中美国显然是居于主导地位，当然维持这种关系也会给英国带来不少的好处，但同时也促进了英国人对美国生产和消费理念的接受，大踏步地迈向了现代大众消费社会。

  第二次世界大战之后美国对与自己结盟之欧洲国家的影响几乎是全方位的，政治、经济和军事上的影响自不待言，单就在生活方面差不多把产生于美国的东西皆照搬过来。一个西欧人在讨论欧洲生活方式"美国化"时说，"美国化"以前的象征是爵士乐、好莱坞和可口可乐，现在是"超市和汽车旅馆，是公司合并和暴涨的城郊地价，是难以解决的交通堵塞和价格下降的面包消费，是分期付款购货和打折商店，是电视和冷冻食品"②。其实，欧洲国家成为现代大众消费社会，必然需要有与这种社会相适应的消费习惯和理念。如当人们有闲暇时间外出旅游观光时，如果还是只提供价格昂贵的豪华宾馆，那显然是不利于大众的外出休闲。这样，价格低廉的汽车旅馆必然会从美国引入，以满足大众旅游的需求。1967年5月29日，《纽约时报》刊登出了两幅图片，一幅为在瑞典中南部风景如画的湖边修建的国际饭店，饭店门前停满了小汽车，文字解释为"在瑞典的中南部，黄金水獭酒店把古堡与旅馆住宿和国际饭店结合在一起"。另一幅为英国汽车旅馆的五层建筑。这两幅图片表明了欧洲人生活受到美国的影响。《纽约

---

  ① Clyde H. Farnsworth, "British Business Piqued with U. S.: Anti-Americanism Mounting again as Britons Seek," *New York Times*, April 19, 1965, p. 45.

  ② Edwin L. Dale Jr., "Europe at Dawn of Affluent Age: Accepts U. S. -Style Benefits but Clings to Old Ways," *New York Times*, July 16, 1961, p. 15.

时报》给这两幅图片加了个题目,即"欧洲的美国化:汽车旅馆是最新的进口"①。从美国引入的超市和便利店同样体现出了这方面的取向。追求舒适愉悦之生活乃是人的本性,现代大众消费的生活方式恰恰就是这种本性的最大化,即使没有美国生产和消费理念的影响,西欧国家也会随着经济的恢复与发展逐渐实现大众消费社会的转变。

这里就提出了如何看待欧洲国家"美国化"加剧的问题。社会总是在不断变化,墨守成规肯定不会有益于国家的发展,变化在很大程度上就是对过去既定的习惯和风俗的扬弃。现代大众消费社会必然会带来传统生活方式的改变,社会向着"美国"的趋同很大程度上只是因为这个从一开始就体现出了"现代性"的国家"先行一步",确定了现代大众消费社会运行的基本方式和理念。这些方式和理念在欧洲国家的传播,有时是伴随着美国对外经济扩张带来的一种无意识的结果,有时则受到美国政府的有意促进,不管是自觉还是不自觉,美国皆会从中获得巨大的经济利益,到了第二次世界大战之后美国的政治所得日益明显。然而,就欧洲国家而言,所谓的"美国化"真的会改变把一个欧洲国家与其他国家区别开来的生活理念吗?对这个问题,学者们给予了不同的回答,强调美国文化威胁的学者会给欧洲民众勾画出一幅恐怖的图景,传统的生活方式将会淹没于滚滚而来的"美国化"大潮之中。他们之所以这样描述,目的大概是要"防患于未然",让欧洲人脑海中自觉地建立起对美国大众文化抵制的堤坝。很多比较理性的学者则根据欧洲历史发展的经历,得出了"美国化"很难改变欧洲文化中最根本东西的结论。凯塞尔的《诱惑法国人:美国化的窘境》出版后在国内外学术界产生了广泛的影响。作者的结论是:"美国化的历史确认了法国文明恢复和吸收的能力。法国似乎赢得了这场如何变革以及仍然在变革的斗争。竞争与辩论还在继续下去。然而,到现在为止,美国化已经转变了法国——使它更像美国,但法国并没有相应地丧失认同。法国还是法国,法国人还是法国人。"②凯塞尔的这一结论基于他对法国"美国化"的研究之上,旨在表明"美国化"对法国社会转型产生了很大的影响,但却很难改变让法国屹立于世界民族之林中的观念,这些观念根深蒂固于

---

① "Americanization of Europe: Motel Is Latest Import," *New York Times*, May 29, 1967, p. 49.
② Kuisel, *Seducing the French: The Dilemma of Americanization*, p. 237.

法国文化之中，把法国人与其他国家之人区别开来。凯塞尔行文至此，"美国化"这一术语显然具有了新的含义。在西欧国家的"美国化"如火如荼之际，小埃德温·戴尔在刊发于1961年7月16日《纽约时报》的文章中指出，在西欧国家，许多观察细微的学者逐渐得出了这种结论，即"丰裕社会"带来纯粹的物质变化，影响了普通人生活各个方面。这些变化漫无止境，随时不可阻挡地到来。美国的"文化"渗透是实际存在的，但可能仅限于此，在很大程度上，这种渗透已经发生了。尽管"欧洲人很早就接受了爵士乐，但几乎没有证据表明，欧洲人正在以任何重要的方式改变他们教育体系的理念，改变他们吃食物和吃饭时间，改变他们关于人际关系的看法以及甚至他们社会'阶层'的深层意识，凡此种种在个别欧洲国家是迥然相异的"。因此，"大众消费汽车郊区时代的物质结果不论好坏，几乎是不可避免的。准确说这不是'美国化'，而只是追随着首先在美国走出的趋向富裕的经济道路"[1]。戴尔在这篇文章中举出了这些欧洲观察家的看法，一方面说明了"美国化"不会改变欧洲国家与美国区别开来的本质；另一方面也表明这些欧洲人早就为本国的"美国化"寻求合法的解释依据了。

奥地利学者赖因霍尔德·瓦根雷特纳从另外一个角度阐述了欧洲"美国化"的基本含义。在他看来，"美国化"概念体现的内涵已经超越了美国本身，而成为西方国家社会发展的一个基本方向或趋势。这一过程可以被"称为'美国化'。这样，'美国化'将只能意味着，没有欧洲人对美国的消费，以消费为导向的现代社会的发展是不可能理解的；在欧洲能够被美国化之前，美国必须首先被'美国化'。在这种意义上，我们无疑都是美国人——换言之，一个陌生土地上的陌生人"。瓦根雷特纳在这里把"美国化"等同于"文化转变"[2]。因此，瓦根雷特纳这所谓的"美国化"显然是指现代社会发展的一种趋势，包括美国在内的国家都必须经历这种转变。

---

[1] Dale Jr., "Europe at Dawn of Affluent Age: Accepts U. S. -Style Benefits but Clings to Old Ways," *New York Times*, July 16, 1961, p. 15.

[2] Reinhold Wagnleitner, *Coca-Colonization and Cold War: The Cultural Mission of the United States in Austria after the Second World War*, translated by Diana M. Wolf, Chapel Hill: University of North Carolina Press, 1994, p. 7.

从这个角度来理解欧洲的"美国化",这一现象显然是欧洲国家迈向现代社会的必经之路。挪威卑尔根大学教授施勒特尔把"美国化"界定为源于"美国的价值观、行为、制度、技术、组织模式、符号和标准向其他国家经济生活有选择性的和适应性的转变。美国化是所有文化转移的一个范例,有选择性地缓慢发生,从来没有包括生活的所有方面"。他从这种界定出发研究了欧洲企业的"美国化",得出了这样的结论,即"在 20 世纪期间,欧洲社会和经济日益变得类似于美国社会和经济,这种美国化不是一个持续不断的过程,而是一个时间滞后的不稳定发展,常常表现出波涛汹涌和寂静无声的特征。实质上,美国化代表了欧洲生产者、消费者以及政治和经济决策者接受基本的美国组织形式、程序、制度、态度和价值观,他们的接受是有选择性的、适应性的和自愿性的"。这样欧洲的"美国化"表现出了两个规则,一是"当市场自由化时,美国化就更甚,反之亦然"。二是在市场自由化处于萎缩时,美国化就会"停止了甚或出现倒退"。这样,欧洲的美国化"总是与增长阶段联系在一起"[①]。施勒特尔在研究欧洲企业如何接受美国的生产和管理方式上成果斐然,他对"美国化"的解释很少涉及欧洲人生活方式的变化,但他的看法对理解欧洲现代大众消费社会的实质还是具有启迪意义的。

学者们对欧洲"美国化"的不同看法有助于人们对战后这一发生在欧洲乃至世界其他地区或国家现象的了解。第二次世界大战之后,与美国结盟之欧洲国家的确在美国生产和消费理念的影响之下,顺利地实现了向现代大众消费社会的转变。这种转变是这些国家顺应历史发展大潮的一个必然选择,但却带来欧洲传统生活方式向美国趋同的变化。在欧洲知识精英中间,很多人本来就对美国抱有一种根深蒂固的文化偏见,尤其那些文化保守人士绝不希望看到欧洲社会变成与美国一样,更是难以容忍美国借着本国大众文化的力量,在经济和政治上控制了他们的国家。他们对欧洲国家转变成大众消费社会表现出了"无可奈何",但不会停止对美国文化"入侵"的谴责和抵制,继续在民众中间构建美国负面的"他者"形象。他们的抵制构成了欧洲"美国化"加剧过程中一个很重要的组成部分。

[①] Schröter, "Economic Culture and Its Transfer: Americanization and European Enterprise, 1900 – 2005," *Revue économique*, Vol. 58, No. 1, January 2007, pp. 217 – 218, 228, 229.

三 欧洲文化精英对传统消失的忧虑

　　第二次世界大战之后,与美国有结盟关系的欧洲国家开始陆续地迈向了现代大众消费社会,这种适应现代社会发展的转变成为很难阻止的大趋势。伴随着这种消费社会的来临和进一步的发展,维系欧洲传统社会运行的文化价值观和生活方式面临着被新的价值观和生活方式取而代之的威胁,后者打上了明显"美国"色彩的烙印。作为现代大众消费社会的发源地,美国最早形成了支撑这种社会运行的基本生产和消费理念。这些理念可以说是起源于美国,但绝不能说只属于美国,美国充其量只是比欧洲国家走在了前边。历史的经验表明,任何国家进行的每次较大社会转型通常不是风平浪静的和一帆风顺的,一方面人们要为社会转型付出失去与新社会发展格格不入之传统[①]的代价,造成老一辈人对传统的依恋和对新事物的抱怨;另一方面在社会转型过渡期内人们无法分清优劣,难免泥沙俱下,更有甚者还会造成人们无所适从的心理混战。欧洲国家转向大众消费社会应该说是很成功的,其中来自美国的推力起了非常大的作用,美国人的消费行为成为追求物质享乐的欧洲人,尤其是年轻人所模仿的榜样。作为一向把自己的行为规范和价值观念视为普世性的国家,美国也借此向欧洲国家输出本国的发展模式,试图通过文化的广泛传播来使欧洲人认同美国在国际社会采取的行为,以此形成以美国为中心与苏联敌对意识形态对抗的西方世界阵营。这是美国政府在战后大力促进美国大众文化在欧洲传播的主要原因,也导致了这些欧洲国家在迈向大众消费社会时很多经济活动与人们的生活方式笼罩在受美国左右的阴影之下,这种阴影伴随着所谓"美国化"的加剧越来越明显。

　　客观上讲,反美主义在欧洲文化中有着深刻的根源,欧洲精英们在战后默认了大众文化属于文化之范畴,很少再宣传美国是"无文化"的国度,

---

① 特里·纳尔丁认为,严格来讲,传统被界定为一方面是从一代到一代的"传承过程";另一方面是"传承的东西,即从一代到另一代传递的信仰或习俗"。马丁·怀特提出了一个模糊的概念,把传统看作多少有些类似于一个范式,按照这种范式,一套观念被其"逻辑内在联系"所确定。参见 Renee Jeffery, "Tradition as Invention," *Millennium*, Vol. 34, No. 1, 2005, p. 61。

甚至还从美国的模式中看到了他们国家的未来。法国当代著名思想家埃德加·莫兰1964年在为一本译著写的序言中提出了"新世界不再是另外一个世界"的观点，原因在于"我们的美国化已经导致我们拒绝了欧洲人蔑视美国的最恶劣方面"，通过对美国的"粗野的贬低"来凸显"我们自己的文雅"。到了此时，对欧洲人来说，美国社会不再是一个"难以忍受"的社会，这个社会"缺乏结构性意识形态的党派，没有任何激烈的抗议，只是在'人际关系'和'公共关系'中包含着技术官僚"。美国社会的变化让"我们意识到，从文明的观点来讲，美国不仅维护了西方文明的现在，而且也是人类的未来"[1]。莫兰的这番话暗含着欧洲精英们对美国文化的重新认识，在战后欧洲文人阶层很有代表性。其实，美国留在他们脑海中的文化负面形象很难彻底消失，当然一些极端的文化保守人士继续竭力贬抑美国文化，绝然不愿意让这种粗俗低劣的大众文化与欧洲的高雅文化相提并论。布鲁塞尔大学的莱奥·穆兰教授的研究表明，战后欧洲知识分子有意识地夸大关于美国的概念。他们喜欢在"佛罗伦萨工匠"和"局限于生产线上的美国机器人的非人性化"进行错误的比较。在欧洲大陆知识界，许多人喜欢把美国生活方式等同于"某些过度放纵的痛苦表现：摇滚乐、自动电唱机、脱衣舞、改装车比赛、西部影片和惊悚小说、爵士乐和棒球球迷的狂人、偶像崇拜、家养宠物以及未成年人犯罪"[2]。总的来看，在欧洲文化精英阶层，很多人不愿意放弃传统的生活方式，更不愿意美国主宰他们国家的命运，自然把美国视为战后欧洲社会转型的"罪魁祸首"，他们把抨击的矛头直指美国丝毫不足为奇。就是对欧洲普通公众而言，他们是大众消费社会的主体，只是在消费过程中无意识地接受了美国的生活方式，即使是模仿，在很多情况下也是不自觉的和潜意识的。这样，来自美国的文化产品和消费方式可以为大众生活提供很大的便利和身心愉悦，但并不必然意味着大众一定会对在国际社会颐指气使的美国抱有好感。法国新闻记者让—马里耶·科隆巴尼提出了这样一种观点，即法国人皆为"反美人士"，

---

[1] 转引自 Nora, "America and the French Intellectuals," translated by Michael Taylor, *Daedalus*, Vol. 107, No. 1, Winter 1978, p. 330.

[2] C. L. Sulzberger, "Foreign Affairs: Anti-Americanism and Its Origins," *New York Times*, April 19, 1958, p. 20.

在某种程度上讲,他们又皆为"美国人"。科隆巴尼这样说的意思是,法国人已经把美国融入他们的日常生活之中,从电视到食品,从商业惯例到说唱音乐等。这种"美国化"是"理所当然的,不会成为头条新闻,但却解释了法国人美国观的复杂性和矛盾性"①。科隆巴尼的观点有点绝对化,但却说明了法国人的"美国化"并不会影响他们对美国的抵制。一位消费者直言不讳地宣称,他"憎恨这个国家,但却喜爱他们的产品"②。这位消费者尽管是南非人,但他这种看法同样存在于欧洲民众中间。实际上,欧洲民众永远是用钱来购买美国的产品和服务的,他们从中能够体验到便利和愉悦,但却不会对美国产生"心存感激"的压力。因此,他们脑海中的"美国"形象主要还是受到本国媒体宣传和重要人物言论的操纵,对美国的傲慢同样会产生不满情绪和厌恶心理。这也是精英们对"美国化"提出批评时并不会引起消费美国产品之公众反感的主要原因。

在与美国联系密切的欧洲国家,很多文化精英打心眼里对美国不会有好感,这是多少代留下的文化传统观念使然,但他们很清楚,战后他们的国家已经牢牢地拴在了美国与苏联冷战的战车上,美国帮助他们国家实现经济复兴,完全是出于自身利益的考虑,带来的结果证明了这一点。美国学者阿诺德·罗斯 50 年代初作为富布莱特学者在法国讲学,他竟然吃惊地发现,马歇尔计划旨在通过美国的援助促进遭到战争破坏的法国经济恢复,但这一计划的实施并没有使法国人对美国更为友好。对此罗斯总结出了五个原因,一个原因为马歇尔计划"是对俄国人的反应,带来可能爆发一场新战争的恐怖"。另一个原因为马歇尔计划"姗姗来迟,因而未被视为是慷慨之举,而被视为是实现美国私利的一个行为"。当时法国民意测验表明,足足有一半成年人把马歇尔计划解释成是为摇摇晃晃的美国经济打开欧洲市场的一种手段。另外三个原因与美国和法国富人从该计划获得巨大利益

---

① Sophie Meunier, "The Distinctiveness of French Anti-Americanism," in Peter J. Katzenstein and Robert O. Keohane, eds., *Anti-Americanisms in World Politics*, Ithaca: Cornell University Press, 2007, p. 156.

② Singh, "Are We all Americans Now? Explaining Anti-Americanisms," in O'Connor and Griffiths, eds., *The Rise of Anti-Americanism*, p. 42.

有关。① 法国中立的天主教杂志《基督教见证》(Temoignage Chretien) 把法国的复兴归因于马歇尔计划，但强调在法国文人中间存在着一种恐惧，即"美国人正在利用他们作为领导者的角色把他们的鼻子紧紧地粘在我们的国内事务上"。该杂志举出了许多事件来说明美国的威胁将"直接导致法国完全被征服，如果我们不进行抵制的话"。美国人对待我们犹如"一无所知的孩子，因为我们不知道'美国的生活方式'。就像护士学校教孩子一样，美国人用喝阿司匹林药片的形式教我们关于口香糖、可口可乐和文学的文明，这种做法即使不致令人恼怒，但却是十分幼稚的"②。这种情况同样也存在于其他接受美国经济援助的国家。英国历史学家丹尼斯·威廉·布罗根是研究现代美国的专家，出版了很多部关于美国的专著，代表性的著作有《美国政治制度》(The American Political System)、《美国特性》(The American Character)、《富兰克林·罗斯福时代》(The Era of Franklin D. Roosevelt) 以及《现代世界的美国》(America in the Modern World) 等。1948 年 11 月 14 日，他撰写的文章刊发在《纽约时报》上，此时正是马歇尔计划在欧洲大力推进之际。按照布罗根的说法，这种大规模对欧洲盟国的援助并没有在欧洲人中间引起对美国的"慷慨"表示"感激涕零"，相反"许多欧洲人并不以纯粹的热情尊重美国。我们必须承认，他们对美国力量的尊重多少带上了嫉妒与批评。因为美国生活中的某些奢侈和愚行，也是因为美国不能不厌其烦地向欧洲人解释其力量的真正根源，欧洲人倾向于说，好运是美国现状（1948 年）的原因。因此，对美国人和欧洲人来说要搞清楚这一点是非常重要的，即美国力量的答案在于来自美国政治和社会土壤的优势……而不是来自物质力量本身"③。布罗根大概感到美国有些"冤枉"，掏了钱还不能落个"好名声"。其实，这些欧洲人不满这一计划及其带来的结果还存在着更深层的原因，尤其是很难容忍他们国家失去传统，朝着更像"美国"的方向走去。

---

① Arnold M. Rose, "Anti-Americanism in France," *The Antioch Review*, Vol. 12, No. 4, Winter 1952, pp. 479 – 480.

② Richard F. Kuisel, "Coca-Cola and the Cold War: The French Face Americanization, 1948 – 1953," *French Historical Studies*, Vol. 17, No. 1, Spring 1991, p. 112.

③ D. W. Brogan, "A Plea to America Not to Undersell Itself: A Briton Says We can Offer the World Much More Than Our Economic and Material Strength," *New York Times*, November 14, 1948, p. SM11.

马歇尔计划的实施奠定了受援国迈向现代大众消费社会的基础,来自大洋彼岸的生产和管理理念、营销战略以及生活方式潮水般地涌入了这些欧洲国家。尽管战前欧洲国家已经历了"美国化"的冲击,但与战后相比真是"小巫见大巫"。战后这些国家的"美国化"无论从规模上还是深度上皆为战前所无法比拟的,它们在巨大外力的推动之下迈入了大众消费社会。对欧洲精英们来说,他们自知难以抵制住这一趋势,顺应这一趋势又于心不甘,遂产生了如何在这种趋势的发展中维护本国的传统,使之不至于在新生活方式浪潮的冲击之下荡然无存。其实,这是一个历史的问题,只不过是第二次世界大战之后这一问题更为凸显出来了。佩尔斯认为,从19世纪末叶以来,许多欧洲知识分子就激烈地抨击美国资本主义,他们并非全是马克思主义者。因此,在第二次世界大战之后,"对西欧人来说,中心问题是如何同时在两个世界生存,一个是由大众生产、现代技术和通讯以及无节制的消费主义构成的美国世界,一个是由其文化和价值观看来几乎是前工业的欧洲世界。对一些人来说,答案是适应美国的未来,同时尽可能地保持欧洲的遗产和独立"①。实际上,游刃于"两个世界"几乎是很难实现的,一方面很多文化精英无法把美国作为欧洲国家效仿的模式,因为这种模式也就意味着传统的消失;另一方面他们对传统社会的依恋决定了会对美国生活方式的抵制。法国著名历史学家马克·布洛克1944年被纳粹德国人杀害,他在生前出版了一本书,书名为《陌生的失败》(*The Strange Defeat*),其中有一段话很让人回味无穷:

回归乡村生活的建议不完全是个失败的现象。在战前存在着完全放弃的文学。它指责"美国主义",谴责机器和进步带来的危险。相反,它赞美我们乡村的和谐宁静,赞美我们小城镇文明的纯洁优雅,赞美适宜的环境,赞美一个社会藏而不露的力量,凡此种种让人们越来越坚决地保持着对过去生活的信念。

布洛克所言在欧洲文人中很有代表性,他们不愿意喧嚣的城市生活扰

---

① Pells, *Not Like Us: How Europeans Have Loved, Hated, and Transformed American Culture Since World War II*, p. 193.

乱了田园般的宁静生活,尤其是很难容忍社会的"商业化"带来人们无所不用其极来追逐钱财。罗斯由此感言,传统主义是法国文化中最重要的内容之一,解释了对一个不断变化之国家的根本敌对,这种敌对"也许是无意识的。美国越强调其进步主义,法国人就越会感到反感"①。意大利心理学家佛朗哥·福尔纳里认为,反美主义的这种标签不仅是对现代世界发展趋势的抗议,而且是一些欧洲人的本能反应。他们希望保持传统的"神圣价值观",潜意识里表现出与在习惯和态度上发生的任何迅速激烈变革的敌对。因此,老欧洲维护的"秩序是封闭的,半封建的,常常是贵族政治的"②。这种文化感知存在于很多欧洲文人的身上,当消费主义弥漫于欧洲国家时,他们保持传统生活方式的愿望便会更为强烈。1957年9月中旬,欧洲与美国的教育家和编辑云集比利时风景如画的佛兰芒市,花了整整一周时间讨论北大西洋共同体的未来。受到邀请的与会者本来兴趣在于加强大西洋两岸国家之间的关系,但与会欧洲人无一例外地表明了反美主义的深度和持续性。正如一个比利时教授指出的那样,"欧洲的感觉就像生活在古代的老妇人一样,住在一所18世纪的美国别墅之中。她别无所求,只想享受着自己的生活方式,但这种生活方式从她身边悄然消失,她对此已有所知"③。欧洲的传统生活方式在美国霸权和文化的冲击之下早已失去了昔日的光环。《纽约时报》驻比利时记者詹姆斯·赖思顿从这次会议发回的报道称,美国宣布明日德国选举,美国的观光客随处可见,美国的标准化被采纳,美国的歌曲和批评之声充斥在欧洲的上空,凡此种种为欧洲知识分子,尤其为左翼知识分子提供了保持反美情绪活力的武器。④ 一位来自瑞典城市哥德堡的教授夫人总结说,战后欧洲经济的发展"无疑是令人惊奇的。我的确是这样的意思。我不嫉妒他们拥有汽车和电视机。然而生活已经发生了改变,出现了我不喜欢的一些东西。我确实有这样一种情绪,即我们

---

① Rose, "Anti-Americanism in France," *The Antioch Review*, Vol. 12, No. 4, Winter 1952, p. 481.
② Slonim, "European Notebook: Anti-Americanism," *New York Times*, November 26, 1967, p. BR52.
③ James Reston, "Bruges, Belgium: Hey, Mark! Hot Dogs at the Cafe de la Paix," *New York Times*, September 15, 1957, p. E12.
④ Reston, "Bruges, Belgium: Hey, Mark! Hot Dogs at the Cafe de la Paix," *New York Times*, September 15, 1957, p. E12.

正在离以前非常重要的价值观渐行渐远"①。因此,他们对美国的不满,显然大众消费社会带来传统的消失是主要原因之一,也是他们在"美国化"加剧过程中深为忧虑的问题。

在大众消费社会,民众是消费的主体,而年轻的一代则是新生活的"弄潮儿"。年轻人富有活力,没有身背传统的压力,对来自外部传入的新生活方式比较敏感,很容易受到"感染",找到"共鸣",在生活方式上更接近于美国人。他们这样做一方面是一个特定年龄阶段对传统文化反叛的表现;另一方面在很大程度上是为了彰显与他们父辈的不同,也试图想证明他们不是在循规蹈矩,唯父辈之命是从。其实,只要社会不是封闭性发展,处于"骚动"阶段的青少年最易于受到外来文化的影响,他们会主动地接受能够对传统社会产生冲击的价值观和生活方式,接受程度与这些外来文化成分与传统价值观的区别度成正比,区别越大,接受就越快,接受的程度也就越高。客观上讲,他们追求的是一种标新立异,并非必然意识到他们的行为方式可能会带来社会的文化变迁。他们身穿牛仔裤,喝着可口可乐,到美国的快餐店就餐,在爵士乐的伴奏下跳着摇滚舞,在电影院观看好莱坞电影,追求愉悦享受成为他们生活的主要目的,从来不惜花钱来达到这一目的。对这一年龄群体来说,他们可以通过吸收来自美国的消费文化来填补不愿意接受传统文化后的精神真空,试图实现对传统的抵制或取代。荷兰研究美国文化在欧洲传播及其影响的著名学者罗布·克罗斯认为,在 20 世纪期间,欧洲国家"年轻的一代不愿意逆来顺受地重复他们国家的文化,或者至少说不愿意重复父辈强加给他们的文化,而常常宁愿有选择性地利用美国大众文化作为文化抵制和反抗的工具"②。丹麦奥登塞大学社会科学研究所教授彼得·汉森认为,美国之形象尽管受六七十年代国内外所发生之事的影响处于下降之中,但美国的"年轻文化和生活方式一直对欧洲和丹麦年轻人发生了重大的影响,很大程度上讲是一种拒绝欧美关于美国既定形象的反正统文化"。当时美国的生活标准成为他们"努力

---

① Dale Jr., "Europeans Greet Era of Affluence As Mixed Blessing," *New York Times*, December 24, 1959, p. 1.

② Rob Kroes, "World Wars and Watersheds: The Problem of Continuity in the Process of Americanization," *Diplomatic History*, Vol. 23, No. 1, Winter 1999, p. 76.

实现的目标"①。德国学者海因茨·阿伯斯克在 50 年代末期写道：

> 如果说西德毫无疑问是美国之外更像美国的国家，那么正是年轻的德国人被完全美国化了。如果晚上在美国式的平台酒吧和他们相遇或他们骑着噪音很大的摩托车四处兜风，你还以为碰见了很多詹姆斯·迪恩、马龙·布兰多和玛里琳·门罗，以至于你都不大清楚你是处在哪个国家！②

年轻人的"美国化"自然引起了老一代人的担忧，那些文化精英尤其担忧延续多少代的传统生活方式在下一代人身上大大弱化或不复存在，他们中的很多人总是以恐惧的眼光来看待体现在年轻人身上的这些与传统格格不入之变化。一个西德人回忆起他在 50 年代孩提时期的情景，那时正是美国大众文化风行之际，他"钻在羽绒被中，用国内产的矿石收音机偷听美国'黑人'音乐，因为即使看到有色美国士兵也会引起我母亲和祖父母的恐惧和敌对。然而对我们来说，他们是带来一个新时代之人"③。他的回忆真实地再现了那个时代老一辈人对子女受美国文化影响的忧虑。他们把德国传统家庭生活的变化归因于年轻人的"美国化"。一位美国教育专家 1956 年参观了汉堡，留下了这种印象，即许多德国父母谴责爵士乐（而不是摇滚乐）要对他们子女日益"美国化"负责。这位教育专家在 1958 年 8 月提交的报告中写道，在 1956 年的德国，"许多社会习俗对我来说似乎是'成规旧习'。家庭成员看起来依然是非常密切，孩子们彬彬有礼。然而，德国人自己感到，他们的生活方式正在迅速变得'美国化'，尤其是在年轻人中间。对诸如日用电器、轿车和电动自行车等物质拥有的极度渴望作为这方面引证的例子。事实可能是，德国人的生活尽管依然是旧世界传统的很大组成部分，但正在迅速地打上美国的特性。……许多父母抱怨说，他

---

① Peter Hansen, "Explaining Foreign Policy Attitudes: The Case of Danish Attitudes toward America," *Cooperation and Conflict*, Vol. 12, No. 3, September 1977, p. 166.

② Heins Abosch, *The Menace of the Miracle: Germany from Hitler to Adenauer*, New York: Monthly Review Press, 1963, p. 109. 转引自 Willett, *The Americanization of Germany, 1945 – 1949*, p. 122.

③ Müller, *West Germans Against The West: Anti-Americanism in Media and Public Opinion in the Federal Republic of Germany 1949 – 1968*, p. 29.

们的子女受到电影和爵士乐的腐蚀,而对电影和爵士乐的巨大兴趣存在于年轻人中间"①。出于维护传统,老一辈人谴责大众消费社会带来的种种弊端,试图让子女重新回归传统。他们深知是在做"回天无力"之事,但总是不愿意甘心任其发展,让传统生活方式遭致"灭顶之灾"。用德国学者希尔德特的话来说,这种新兴的消费文化被认为是"一种危险的趋势,对年轻人的影响尤其大。令战后评论者忧心忡忡的是,父辈教育的缺失、传统教育和道德规范的崩溃、所谓饥饿年代饥不择食的氛围等与注重经济恢复的甚嚣尘上的消费享乐难以解开地结合在了一起"②。这里只是以西德为例,这种状况同样存在于英国和其他西欧国家,有些国家年轻人背离传统之程度,与西德年轻人相比可谓是有过之而无不及。瓦根雷特纳认为,欧洲"老一代人竭力抵制美国流行音乐和爵士乐的传播,谴责把粗俗物质主义掩盖起来以及普遍缺乏文化的美国文明,所有这一切挖掘了一道道消费前参照的文化深沟,所有这一切都不可能掩盖这一事实:绝大多数欧洲年轻人迷恋于美国的厨房和汽车、摩天大楼和罐装食品、流行音乐和米老鼠、尼龙长袜和香烟、洗衣机和联合收割机、超市和信息高速公路、可口可乐和威士忌酒、女装和呼啦圈、浴室和化妆品"③。他的意思是,从长远看,年轻人的行为举止乃是大势所趋,老一辈人的担忧也是无济于事的。实际上,他的话中也流露出了年轻人对美国物品和生活方式的追求并没有得到父辈们的认同。这既是欧洲文化精英们面对着"美国化"加剧所产生的主要忧虑之一,也是他们不断地对美国大众文化"肆虐"本国发出抵制呼声的主要原因。

美国的强大以及为其他国家提供了未来发展模式,让过去一直对美国抱有鄙视态度的欧洲精英们也不得不放下高傲的文化优越感,来正面看待这个在战后雄踞在欧洲之上的国家了。从根本上讲,他们是不愿意让美国发展模式在自己国家"泛滥",使他们过去享有的文化特权不复存在。用意

---

① Müller, *West Germans Against The West: Anti-Americanism in Media and Public Opinion in the Federal Republic of Germany 1949 - 1968*, p. 151.

② Betts, "German Modernity as New Historical Object," *Journal of Urban History*, Vol. 25, No. 6, September 1999, p. 878.

③ Wagnleitner, "American Cultural Diplomacy, the Cinema, and the Cold War in Central Europe," April 1992, Working Paper 92 - 4, p. 10.

大利博罗尼亚大学历史学教授戴维·埃尔伍德的话来说:"泰勒主义、好莱坞、爵士乐、舞厅、酒吧、连锁店、新的广告形式、消遣和角色模式以异常的效率无情地横扫战后的欧洲,而那些怨气冲天的传统精英人士在这场大灾难之后非常困难地重构他们的权力与合法性。"① 埃尔伍德把他们称为"传统精英人士"显然是有其用意,表明美国"横扫"欧洲的一切皆体现了与传统对立的现代性,属于现代社会的象征。欧洲"显然被这个社会大大改变,甚至是逆欧洲的愿望"②。这是《纽约时报》驻比利时记者赖思顿的话,他这里所谓的"欧洲"应该主要指欧洲精英人士。尽管"重构他们的权力与合法性"困难重重,甚至几无可能,但这些精英们绝对不会保持沉默,任其发展,最后让他们的"文化特权"荡然无存。在他们看来,这不仅是他们这个阶层的悲哀,而且也是欧洲文化的灾难。如何来维护他们享有的文化特权或地位,途径只有一条,即竭力维护欧洲传统的生活方式,这是"精英文化"或"高雅文化"存在的根基。在美国大众文化的不断冲击之下,这个根基显然已开始动摇,不过毕竟尚未被彻底铲除,他们的目的就是再次让这一根基牢牢稳定。虽知达到这一目的谈何容易,但他们亦要努力一拼。舍此之外,别无他途。

欧洲精英中的文化保守人士维护传统的方式之一是强调来自美国的一切与传统的对立,伦敦《星期日电讯报》编辑佩里格林·沃索姆在一篇文章中指出,英国人经常说的一句话是,"哦,你知道,这是美国方式"。换句话说,这只是很明显的现代方式。③ 沃索姆把美国方式等同于"现代方式"包含着与"传统方式"的对立。1977年8月一家法国报刊刊文指出了法国人的两难之境,即"欲要现代就须模仿美国人。这就是法国人的困境:凡属法国的就不存在现代的方式"④。这段话说得有些绝对,但足以说明了法国的传统价值观与现代生活方式的对立。一位法国人在讲演中宣称,反

---

① Ellwood, "Comparative Anti-Americanism in Western Europe," in Fehrenbach and Poiger, eds., *Transactions, Transgressions, Transformations: American Culture in Western Europe and Japan*, p. 30

② Reston, "Bruges, Belgium: Hey, Mark! Hot Dogs at the Cafe de la Paix," *New York Times*, September 15, 1957, p. E12.

③ Perdorixe Worsthorme, "Anti-Americanism Is Now Non-U," *New York Times*, April 9, 1967, p. 232.

④ 转引自 Kuisel, *Seducing the French: The Dilemma of Americanization*, p. 219.

美主义常常为这些人所具有，他们"不喜欢 20 世纪，担心 20 世纪将毁灭了 18 世纪法国形成的东西"①。因此，在某种意义上说，对来自美国这些"舶来品"的接受将意味着传统的消失，而后者却是绝大多数欧洲人所不愿意看到的结果，即使他们对消费美国的产品乐此不疲，因为他们并没有意识到这些消费行为会导致传统生活方式的丧失。其实，从历史发展进程来看，所谓的"美国化"会带来人们观念的转变，但并不会从根本上让传统不复存在，对此前文已有所论。50 年代后期，《纽约时报杂志》总部要驻欧洲记者报告英、法、德三个主要欧洲国家的美国化状况以及人们对这种状况的反应。他们的调查表明，美国化的范围从诸如电视喜剧节目等微不足道之事到美国生产技术的输入。然而，在任何地方，美国化显然没有从根本上改变欧洲人，反而到处充斥着对美国影响的抗议。记者对英国报告的题目为《英国：其特性依然是本土》（Britain：Its Character Is Still Home-grown）。报告表明，从表面上看，来到英国观光的美国人会"发现很多美国化的迹象。人们开着一家美国制造商在英国开办的工厂制造的汽车前往坎特伯里，在途中停下来购买汉堡，痛饮可口可乐。在街角放映的电影也需要在好莱坞制作。杰克·本尼或佩里·科莫会出现在电视屏幕上，冷冻食品在自助市场可以购买到。成群结队进入一家当地舞厅的少男俊女衣着非常像美国国内前往高中健身房的学生"。然而事实是，在根本上"美国化"并不存在任何可靠的证据。尽管电影院放映好莱坞电影和电视台播放美国的节目，尽管英国报纸复制美国模式的趋势，尽管廉价杂志美国化，但人们必须得出结论，"英国人特性的根本方面不会发生改变。这方面不存在着任何引人注目之事。在传统上，英国人总是不屈从于外部的影响"②。记者对另外两个国家法国和德国的调查同样得出了类似结论。这三份报告皆为美国记者所撰写，或许他们观察的角度与欧洲文化精英们有所不同，主要是想搞清楚欧洲人对美国心怀不满的原因，不过的确道出了一个为很多学者认可的历史事实。在所谓"美国化"加剧的情况下，这些精英人士

---

① Gloria Emerson, "New Kind of Anti-Americanism Is Increasing among the French," *New York Times*, March 19, 1967, p. 18.

② Drew Middleton, "Europes' 'Americanization' Is Skin-Deep," *New York Times*, April 6, 1958, p. SM17.

维护传统生活方式无疑具有时代的合理性，在本国也有广泛的社会基础，他们的一些"危言耸听"之语显然有夸大面对来自美国"威胁"之嫌，说实在也具有"防患于未然"之意，目的还是担忧传统的消失会瓦解了欧洲"高雅文化"存在的基础，造成了他们所享有的文化特权丧失殆尽。这样，他们强调现代与传统的对立自然会导致对美国社会与文化的批评，以达到维护欧洲传统之目的。

第二次世界大战后，美国的大众消费社会更为成熟，人们在灯红酒绿中享受着物品极度丰富所带来的愉悦，把物质主义的生活方式发展到了一个新的阶段，但同时也导致社会问题丛生，如性开放、酗酒以及吸毒等，传统的清教徒精神已被现代主义的自我无限膨胀所取代，勤奋节俭让位于纵情声色，贪图享乐，崇尚消费等等，美国青少年对传统的反叛更是让其他国家的同年龄段人有"望尘莫及"之感。50年代的"麦卡锡主义"在美国政界掀起了大规模的迫害进步人士活动，造成了美国民主制度经受了一场严峻的考验，其带来的恶果很长时期难以消除。60年代初美国开始卷入越南战争，财力和人力耗费巨大，致使国内政治与经济危机迭出，社会动荡不安，犹如掉入泥潭，难以自拔。美国有着高度发达的生产和管理方式，有着物品供应非常丰富的市场，有着世界一流的教育体系和科研机构，还有着能够把美国生活方式传播到国外的各种手段。这些皆为欧洲国家所不及，但美国社会问题亦为客观存在，为欧洲文化精英抨击美国提供了基本的素材。约翰·卢卡什为匈牙利人，1946年移民于美国，在这个国家生活了25个年头。卢卡什说他在美国看到了未来，有时"达到了难以置信的几乎缺乏精神的效率"。他发表在《纽约时报》上的文章非常长，通篇都是谈他生活在美国的感受，难免与欧洲进行一些比较。他的最后一段话是：

> 欧洲人对美国最尖锐的批评常常是，这种文明在经历了较长的幼年期后也许会陷于衰落。诚哉斯言，这是一种危险：随着每年的流逝，它成为一种更大的危险，因为这个西方世界的巨大孩子越来越接近其旷日持久的青少年的结束。当年轻的美国突然映射出死亡的异常阴影时，很多令人恐惧的场面便会出现。这些场面表明，这个国家遭受着低烧的痛苦，正在挣扎着通过也许是幻想破灭的青春期的最后阶段，

在这个阶段结束之时,一个国家成熟的苦痛和愉悦召唤着新的考验和新的奖赏,这就是美国自己。①

卢卡什虽生活在美国,但视野却是跳出美国之外来描述美国社会的,他没有涉及这个国家所面临的具体问题,但却感悟出这个社会必将走向衰落,话语中流露出了对欧洲文明的赞赏。第二次世界大战之后,很多新闻记者和知识分子被邀请访问美国,美国之本意是让他们通过实地考察这个国家来改变他们脑海中的扭曲美国形象,继而影响他们国家民众的美国观。瑞士历史学家雅克·弗雷蒙在1954年发表的文章中讲述说,访问美国的法国记者和文人不仅没有改变他们头脑中的美国形象,而且还给国人带来对美国社会印象不佳的印象。这些人归国之后撰写的观感集册出版,书名为《美国归来》(retour d'Amerique),从这本书收集的文章来看,作者们对美国的看法有着相当广泛的共识。他们"发现的美国并非与他们期望发现的美国有多少不同:富裕、强大、乐观主义、明显自豪于其物质成就。但对那些正在寻求解决时代精神危机的那些人不能给予具有正面价值的回答。美国是一种大众文明,高度的机械化和合理化。在这种文明中,人们显然能够发现一定的物质享受。然而,除了感官上的满足之外,没有个性发展的任何空间。个人牺牲于大众,被迫遵循比法律更有强制性的惯例和习惯"。弗雷蒙借用了瑞士学者阿尔贝特·贝甘在其名著《精神》一书中把美国描述为"没有独裁者的独裁制"。因此,欧洲人比较广泛认可的美国形象为,美国"是一个容易冲动的国家,由毫无疑问是不成熟的人组成。舆论的谣传四起、国会的争吵不休以及政府成员破绽百出的讲话等,皆被视为不稳定和缺乏公民精神的很多迹象"。此时正是马歇尔计划在法国实施之际,这些访美归来的人士之所以对美国留下良好影响还是对美国"乘人之危"的担忧。用弗雷蒙的话来说,这些法国人"唯恐美国利用其以前竞争者的衰弱,通过控制市场,强行推广美国方式,简言之,以一种新文明取代更为古老的文明,而后者却是法国人不仅通过时间和传统的纽带而且通过热爱

---

① John Lukacs, "America May Be in Its Last Phase of Adolescence," *New York Times*, December 5, 1971, p. SM48.

的纽带坚决给予维护的"①。弗雷蒙行文至此,他们对美国社会的负面描述从根本上讲还是不愿意本国"古老文明"被美国"新文明"取而代之。

  一些英国文人不仅贬抑美国社会,而且把美国人描述为智力低下,无法与欧洲人相提并论。英国记者尼娜·利恩把美国人说成是"喜欢小动物,吃无数的冰激凌。他们做事笨手笨脚。他们对连环漫画非常感兴趣。汽车是他们最珍爱的个人财产。他们喝牛奶。他们与女服务员打情骂俏。在市场上,他们携带着妻子的大包小包。他们认为自己是富有幽默,喜欢玩没有智力含量的游戏,而在英国,这些游戏只是儿童们来玩"。伦敦《每日邮报》加了一句评语,尼娜·利恩"言之有理"。英国广播公司(简称 BBC)记者戈登·沃特菲尔德认为,在纽约和在美国其他地方,思考不受到鼓励,他发现美国人的社交才能是令人悲哀的。英国讽刺作家帕特里克·坎贝尔信誓旦旦地说他绝不是对美国人有任何偏见,但他个人就是认为,美国人以家庭为主,他们的智力从反应速度上讲不及欧洲人的十分之一。他宣称这种看法在欧洲很普遍。还有人认为美国人之所以晚上外出酗酒,就是不能忍受妻子的管束。② 英国著名小说家约翰·博因顿·普利斯特里通过观察大量地记录下了英美人的生活。60 年代后期他在《新政治家》上发表文章指出,美国"作为一个基于崇高革命思想之上的大国,现在确实是混乱分裂,或许在其能够医治自身之前要经历更多的愤懑、暴力、羞辱和悲痛。我作为其中一员是感到绝对的遗憾"。安东尼·刘易斯由此评论说,这种对当代美国批评观点与其说是愤怒,还不如说是遗憾,在欧洲比较常见。③ 在英国上层社会,对美国消费主义带来传统价值观的破坏很愤懑。莱斯利·汉农是个英国人,他讲述了他的亲自经历。有一次他与妻子参加了一次在英国乡间别墅举行的派对,客人中有一位退休的海军中将。海军中将误把他当成了美国人,在派对结束之后对他有点情绪失控地指着他的坐车大声喊道:"难道你们美国人成批地购买这些东西吗?"汉农由此得出结论,这

---

① Jacques Freymond, "America in European Eyes," *Annals of the American Academy of Political and Social Science*, Vol. 295, September 1954, pp. 35–37.

② 以上引文见 F. Hannon, "American Culture? Qu'est-ce que c'est?" *New York Times*, February 16, 1964, p. SM10.

③ Anthony Lewis, "Europe and America at the Decade," *New York Times*, December 29, 1968, p. 28.

位海军中将"在正常的情况下对美国人、加拿大人或任何人不会粗鲁无礼。他只是瞬间失态,把作者视为一个来自新大陆的闯入者,搅乱了他对旧世界社会环境中价值观念的把握"①。上述之人对美国人以及美国社会的贬抑,显然与实际情况有很大的出入,但目的却很明确,美国人的行为方式不值得效仿,说到底还是出于维护本国之传统的考虑。面对着英国无可遏止地进入大众消费社会,英国一位老派的工党政治家在50年代末的一次讲话中悲哀地评论说,欧洲"现在已经进入了可以称之为的'丰裕社会'。我们的任务是防止一个丰裕社会变成全然物质的贪得无厌之社会,在这个社会,报酬给了贪恋,而不是给予服务。应该让工业人性化,保证工人们既被视为人,也被视为生产者。这种分期付款的繁荣正在使我们的道德义愤感变得迟钝吗?如果是,那么英国正处在失去远比昨日力量和权力更为珍贵的东西之危险中"②。欧洲普通大众无疑欢迎"丰裕社会"的到来,但这种社会不可避免地带来人们对物质享受的追求,导致维系旧世界文明之传统价值观的弱化或丧失。这位工党政治家之言表明,英法德等西欧国家迈向"丰裕社会"不可避免,如何能够在这种物欲横流的社会维护本国的传统,则是这些精英们所面临的一个主要任务。

这些欧洲文化精英对美国社会的批评和贬抑并不纯粹为杜撰,美国的确存在着很多社会问题,他们担忧对美国的效仿会让这些问题在欧洲国家再现,致使欧洲的"高雅文化"被低劣粗俗的"大众文化"取而代之。欧洲文化精英贬抑美国文化的历史很长,可以说是从美国立国时期就开始了,主要原因是担忧这种"朝气蓬勃"的文化会对彰显欧洲人之特性的"高雅文化"构成了威胁,说到底还是出于维护欧洲传统生活方式的考虑。第二次世界大战结束之初,欧洲一些文化精英尽管放下了文化优越感的架子,在无可奈何中开始重新审视大西洋彼岸为什么如此具有活力,要是缺乏文化支撑的话,决然不会形成美国比任何其他国家都强大的局面。他们中有人认为,美国的文化之根还是在欧洲,生搬硬套地把大西洋两岸的文化联系在了一起。法国历史学家皮埃尔·诺拉的研究表

---

① Hannon, "American Culture? Qu'est-ce que c'est?" *New York Times*, February 16, 1964, p. SM10.
② Dale Jr., "Europeans Greet Era of Affluence As Mixed Blessing," *New York Times*, December 24, 1959, p. 1.

明，第二次世界大战结束之后，法国知识分子试图"否定美国是世界文化遗产的断言"。据一份不具名的文献记载，他们的理由是美国丝毫"没有明确属于美国的任何文化；那是欧洲人的创造。……一旦欧洲被消灭，美国文化就会成为技术知识的领域，失去了有机文化的方面。……正是欧洲才维护了世界最高的理智价值观。……在苏联结构中欧洲的命运如何？大西洋文明求助于体现文化的欧洲，在根本上依然尊重体现文化的欧洲；苏联的结构鄙视其历史，憎恨其现在，只是接受绝对没有保留一点欧洲痕迹的未来。……只有到了欧洲退出大西洋文明的那样程度，才可能出现与我们文化相对立的一种美国特有文化的假设"[1]。按照这份文献，如果剔除掉欧洲的因素，那美国文化中也就没有真正的文化成分可言，即使美国可以有一种文化的话，那也是与欧洲文化对立的本土文化，明显会打上这个国家缺乏历史底蕴的特性。

在这些欧洲文化精英的眼中，美国文化之所以能够广泛传播，除了这种文化包含的"现代性"所促成的现代消费社会代表了一种与传统对立的新生活方式，很大程度上是以其"低级庸俗"的内容满足了大众的趣味，致使他们对这种文化趋之若鹜，给其进入欧洲国家提供了机会。这样，这种文化本身毫无真正品位可言，无法与欧洲高雅文化所并论。美籍德裔历史学家福尔克·伯格哈恩以研究20世纪美欧文化关系见长，他在一篇文章中指出，在欧洲"许多左右翼知识分子的眼中，而且在有文化的中产阶级中间，美国从根本上讲并没有真正意义上的文化。美国似乎更接近于文明的终结。凡是出自美国的东西皆无质量意识可言，被断定为是最恶劣的粗俗大众文化，不可能与欧洲取得的高雅文化成就同日而语"[2]。伯格哈恩虽长期在美国大学任教，但他却有着欧洲文化的背景，一针见血地点出了存在于欧洲上流社会对美国文化的一种观念。这种观念在第二次世界大战之后有所弱化，但并未完全消失，还会被一些欧洲文化保守人士用来抨击美

---

[1] Nora, "America and the French Intellectuals," translated by Michael Taylor, *Daedalus*, Vol. 107, No. 1, Winter 1978, p. 326.

[2] Volker R. Berghahn, "Philanthropy and Diplomacy in the 'American Century,'" in Michael Hogan, ed., *The Ambiguous Legacy: U. S. Foreign Relations in the 'American Century'*, New York: Cambridge University Press, 1999, p. 396.

国及其社会的武器。在第二次世界大战后非常活跃的德国著名小说家彼得·乔特耶维茨谈到德国流行的一种说法,即"美国人是地球上唯一从石器时代跳跃到文明的民族,缺乏创建一种文化的曲折性"[①]。美国学者库欣·斯特劳特50年代总结了欧洲人对面对美国的霸权而产生的烦恼,即"作为一种伟大文化的继承者,欧洲人对他们失去控制事件的能力深感苦恼。他们在经济上、政治上和军事上依赖于一个对他们来说具有低劣文化的傲慢强国"[②]。欧洲精英们不愿意受制于美国,很大程度上在文化上对美国表现出"不屑一顾",羞于与缺乏文化教养的美国人为伍。由这种"低劣文化"产生出来的东西自然会表现为与欧洲文明的对立。因此,在西欧,所谓美国"已成为无所不在的消极象征,美国的正常成为对欧洲人来说的反常。……美国被视为危险的、商业的、民族主义的、非民主的、不容忍的、反福利的、缺乏教养的、迷恋宗教的、清教主义的和浅薄无知的,恰恰是欧洲如何考虑自己的对立面,也是他们想象和描绘自己的对立面"[③]。这些精英们把美国文化置于欧洲文化的对立面,无非是想通过对前者低劣的描述来突出后者的高雅品位,说到底还是警告欧洲人不要沉迷于无精神生活的低俗物质主义享乐之中,失去了自己的文化之根。这些精英人士对欧洲传统的维护可谓是用心良苦。

欧洲左右翼文人在欧洲民众中树立起美国的负面形象,目的之一是想阻止破坏传统方式的"美国化"在欧洲国家加剧。其实,他们无法阻止欧洲国家迈向现代大众消费社会,但他们对美国文化和社会的批评或贬抑的确会激发起人们对美国的愤懑之情,进而影响到美国在欧洲人脑海中的形象。西德《南德日报》(Sueddeutsche Zeitung)编辑迪特尔·施罗德在一篇文章中写道,美国因其"肤浅文明"而受到欧洲人的鄙视,现在也"正在失去其作为自由保护者的形象"。美国目前"被视为捣乱因素,视为麻烦制

[①] Ickstadt, "Uniting A Divided Nation: Americanism and Anti-Americanism in Post-war Germany," *European Journal of American Culture*, Vol. 23, No. 2, 2004, p. 166.

[②] Cushing Strout, "America, the Menace of the Future: A European Fantasy," *The Virginia Quarterly Review*, Vol. 33, No. 4, Autumn 1957, p. 570.

[③] Markovits, *Uncouth Nation: Why Europe Dislikes America*, pp. 85 – 86.

造者，视为一个帝国主义列强"①。长此以往，体现美国生活方式对欧洲人产生巨大影响的"美国化"逐渐遭到人们的厌恶，变成了为欧洲很多精英人士所不齿的术语。在德国的通行用法中，"美国化"（Amerikanisierung）和"美国现状"（Amerikanische Bedingungen）总是"象征着某些负面的、低劣的以及首先视为威胁的东西，象征着绝对必须避免的某些东西，或者如果欧洲病人已经染上了这种疾病的话，如何想法需要缓解和减轻"。德国最重要的媒介研究专家卢茨·埃布林认为，在德国公众话语中，"美国化"这一术语已经转变为"恶意的粗鲁之词"②。在奥地利，"美国化"向公众展现出了一种消极的内涵。在英国，"美国化"和"美国方式"几乎毫不例外地象征着消极的发展。③ 实际上，面对着美国文化在欧洲之影响与日俱增，欧洲精英和民众多面临着两难选择之境，对美国文化和社会的抨击包含着让欧洲国家避免受到其"感染"之意，以达到维护欧洲传统生活方式的目的，但这并不能阻止他们对美国产品和服务的消费，而后者却会潜移默化地改变他们的传统。1953年美国法庭以间谍案审讯了罗森伯格夫妇，并于当年6月19日执行了死刑。这个事件即刻在一些欧洲国家引起哗然。法国存在主义哲学家让—保罗·萨特义愤填膺地宣称："如果我们从欧洲这一边向另一边大声疾呼，请不要感到吃惊：美国有狂犬病、让我们切断使我们从属于这个国家的一切联系；否则我们将继而被咬，自身由此患上了狂犬病。"④ 萨特把美国批得体无完肤，但他本人却很喜欢美国文学、美国电影和美国的爵士乐。法国学者丹尼斯·拉克内和雅克·吕普尼克在1986年出版的一本书中写道："一个人能够仇视里根，但却喜欢美国的爵士乐；一个人不同意美国入侵格拉纳达，但却穿着牛仔裤。"⑤ 当然，欧洲很多人对美国的不满甚至仇视有着多种因素，显然与作为一种符号或象征之美国

---

① Bradley Graham, "West Germans See Indications of Growing Anti-Americanism," *The Washington Post*, July 4, 1981, p. A14.

② Markovits, *Uncouth Nation: Why Europe Dislikes America*, pp. 84 - 85.

③ Ibid., p. 88.

④ Dobbs, "Of Two Minds about America: 100 Years after their Gift, the French still Hate to Love Us," *The Washington Post*, July 2, 1986, p. A1.

⑤ Marie-France Toinet, "French Pique and Piques Francaises," *Annals of the American Academy of Political and Social Science*, Vol. 497, May 1988, p. 135.

在欧洲生活中广泛存在有很大的关系。现代大众消费社会不会改变英国、法国和德国等欧洲国家的根本特性，结果一定会带来人们生活方式趋向更适应现代社会发展潮流的变化，对欧洲国家来说是"好事"抑或"坏事"，至今人们还是争执不已，但对于欧洲左右翼文人和一些文化保护主义者来说，那对欧洲传统的保持肯定是"不祥之兆"甚或"灾难"。这就决定了他们会持之以恒地抨击"美国化"以维护欧洲传统的生活方式。

匈牙利人费伦茨说过这样的话，即"文化意味着一切。如果你失去了你的文化或变得相当标准化，你就失去了你的身份"[①]。费伦茨是有感而发的，的确不无道理。文化是一个民族的灵魂，但文化的延续和富有活力不单是靠着自身机体产生的能量，很大程度上是靠着对外来文化有益成分的不断汲取。这是很多学者主张重新审视"美国化"的主要原因。欧洲国家"美国化"的不断加剧无疑给维护传统带来很大的挑战，也会导致社会巨大的变迁和人们生活理念和方式的改变，然而这些只是给欧洲人的生活带来更多选择的机会，并不会从根本上动摇体现出欧洲不同国家之特性的基础。欧洲文化精英对传统之丧失的忧虑不能说完全是"杞人忧天"，而是反映出了他们面对美国大众文化大举"入侵"欧洲所产生的焦虑心理，唯恐追求物质享乐的消费主义浪潮淹没了对文学和艺术等高雅文化的欣赏。他们之忧虑其实正是欧洲国家正在发生之事，尽管从长远看这些变化不会危及欧洲的文化之根，但很多欧洲精英人士却认为一定会，他们不想让大众文化在欧洲居于主导地位，固然希望文化永远保留在只有少数人能走进去的神圣殿堂之意，但丝毫不排除其主要目的是要维护欧洲人的传统文化认同感。他们在第二次世界大战之后长时期对美国文化和发展模式给予抨击，不断地掀起反美主义的浪潮，同样体现出了这方面的含义。

四　欧洲反美主义情绪的上升

从上面所论来看，"美国化"概念很宽泛，主要指源于美国的生产、管

[①] Beverly James, "Two Cheers for the Red, White, and Blue: Hungarian Assessments of American Popular Culture," in Ramet and Crnkovic, eds., *Kazaaam! Splat! Ploof! The American Impact on European Popular Culture since 1945*, p. 157.

理和消费理念对美国境外之人的影响，产生了一种使他们的社会朝着"更像美国"方向发展的趋势。如果再把范围缩小和更加具体的话，"美国化"是指美国大众文化对欧洲人生活方式的影响，导致他们在消费美国各种产品中潜移默化地接受了美国人的生活理念。美国得克萨斯大学历史系教授理查德·佩尔斯的研究表明，"美匡化"总是意味着美国电影、爵士乐、摇滚乐、发行量大的时尚杂志、畅销书、广告、连环漫画、主题公园、购物中心、快餐、电视节目以及互联网等。在许多外国人眼里，这种文化创造出来不是为了贵族，而是为了老百姓。①佩尔斯这里实际上把"美国化"与美国大众文化的传播联系在一起，这无疑是很有道理的。不过，佩尔斯这里少说了一句，这种文化"创造出来"不仅不是为了贵族，而且会导致贵族特权地位的消失。他这里所谓的"贵族"主要指享有文化特权的欧洲上流社会人士。因此，欧洲精英们为了维护他们在"高雅文化"的氛围中享有特权的合法性，对这种"为了老百姓"而创造出来的文化进行坚决抵制也就势在必然了。他们任何时候都自诩为在文化上应居于领导潮流的地位，很难容忍这种地位受到来自外部的威胁。在法国生活很多年的俄裔美国人尼古拉斯·纳波科夫认为，战后欧洲知识分子面对的另一个问题是担忧在西方世界失去了文化领导地位，就像失去了政治和意识形态领导地位一样。正如每个人所知的那样，欧洲人，主要是"大陆欧洲人，极其自豪他们伟大的文化传统，他们今天不敢想象在这一领域失去领导地位的可能性。对这种结果的担忧是恼怒美国的根源之一，也是他们有时冷嘲热讽、失望泄气、自我封闭，甚至对美国抱有强烈敌视态度"的原因。②纳波科夫以自己与欧洲文人打交道的经历道出了他们仇视美国的根源。

反美主义情绪从来没有在欧洲精英阶层中消失，"一直是欧洲大陆统治阶级中存在的一种特殊现象"③。在欧洲上层社会，只要美国在欧洲的影响存在，反美主义便会成为一种常态，其强烈程度与美国影响大小成正比。

---

① Richard Pells, "From Modernism to the Movies: The Globalization of American Culture in the Twentieth Century," *European Journal of American Culture*, Vol. 23, No. 2, 2004, p. 144.

② Nicolas Nabokov, "Performers and Composers: Festival and Twelve-Tone Row," in Lewis Galantière, ed., *America and the Mind of Europe*, London: Hamish Hamilton. 1951, p. 98.

③ Spiro, "Anti-Americanism in Western Europe," *Annals of the American Academy of Political and Social Science*, Vol. 497. May 1988, p. 124.

每个时期的反美主义尽管表现形式不尽相同,但根源都是一样的,通常与对美国文化抵制有关。第二次世界大战后,随着美国在大西洋联盟体系中对欧洲国家政治、经济和军事的控制,欧洲人很不满意美国对他们国家的颐指气使,在外交事务上完全按照本国的意志行事,全然不考虑其他国家的利益。美国的霸道行为势必激起欧洲人的民族主义情绪,加强了与美国对立的意识。这样,这一时期的欧洲反美主义打上了很浓厚的政治色彩,有抵制美国霸权行径之意。欧洲精英们不愿意美国凌驾于自己头上发号施令,说到底还是从根子上瞧不起缺乏文化底蕴的美国。这里可举个例子来说明。在欧洲经济复兴期间,美国派遣了很多技术人员和管理人员到欧洲企业任职。这些美国人在欧洲企业中往往表现出过度追求物质主义的价值观,完全受只考虑工作的泰勒制和福特制的驱动,欧洲的同行会对美国人这种工作方式感到不快。他们"把美国的管理人员视为傲慢,缺乏文化。他们持这种态度的原因或许在于这一事实,即欧洲人与他们的美国同事不同,来自眼界比较狭窄但地位更为高贵的社会经济阶层。这类精英自命不凡,往往瞧不起缺乏类似品质的他人。在某种程度上讲,这些欧洲人在美国是闻所未闻,他们常常是具有相同的教育背景,在诸如牛津和剑桥、法国的大学以及整个欧洲大陆类似的著名院校受过教育。这些上层男女在进入经理办公室和董事室之前早就相互认识,彼此知道名字"[1]。欧洲精英看不起美国人在其他领域同样体现出来。著名学者安德里·马尔科维茨认为,德国知识分子对美国产生的憎恶情绪多是文化的,而不是政治的。他们的确"代表了相当真正'反美'的长期传统"[2]。美国的傲慢会刺激他们的文化优越感,美国有形力量的强大会让他们对只追求满足物质欲望之生活的不屑一顾,更加强调古典高雅之生活对人的精神享受的重要性,美国粗俗之大众文化的传播更会加强他们维护欧洲传统生活方式的决心。冷战期间英国、法国和西德等西欧国家尽管与美国结为政治、经济和军事联盟,在国际社会中有共同对抗的敌人,但丝毫不意味着在这些国家民众中具有很

---

[1] LaPalombara, "Anti-Americanism in Europe: Corporate and National Dimensions," *American Foreign Policy Interests*, Vol. 26, No. 4, August 2004, p. 321.

[2] Andrei S. Markovits, "On Anti-Americanism in West Germany," *New German Critique*, No. 34, Winter 1985, pp. 4 – 5, 10.

大影响的左右翼人士会减弱对美国的批评和抵制,"美国化"的不断加剧更是把这些国家的反美情绪推向了高潮。

在第二次世界大战期间,美国的参战对于改变战争的进程举足轻重,特别是美国军队登陆欧洲大陆对于改变欧洲战局起了很大的作用。按照常理,遭受德国法西斯侵略的欧洲人应该对美国表示感谢,但事实并非完全如此,特别是一些文化精英人士还是像过去一样对美国抱有很大的偏见,有的人甚至说出一些带有侮辱性的词来贬低美国。伊夫·贝尔热是法国一位著名学者,他曾举例说明了这一点。1945年法国从维希傀儡政权下解放时,贝尔热还是个孩子,美国军人登陆欧洲后作战英勇,流血牺牲,救法国人于法西斯统治的水火之中。一些法国文人并未由此改变脑海中的负面形象。与贝尔热家关系甚好的一位邻居告诉他,"哼,美国人,他们个个都是白痴"。这位邻居是个文人,在德国占领法国期间没日没夜地期盼着美军到来帮助解放法国。① 贝尔热大概想以此例说明法国文人对美国社会的偏颇之见根深蒂固,非朝夕之间能够消除或转变。后成为英国保守党政府的首相哈罗德·麦克米兰1943年在阿尔及尔盟军司令部对以后担任劳工大臣的理查德·克罗斯曼坦言:"我亲爱的克罗斯曼,我们在这个美国帝国中是希腊人。你将发现美国人非常像希腊人观察罗马人,异常强大,庸俗粗鲁,人们忙忙碌碌,比我们精力更为充沛,也更为懒惰,具有更自然的美德,但也更为腐败。我们必须管理盟军联合司令部,犹如希腊奴隶管理克劳狄乌斯皇帝的业务一样。"② 麦克米兰这里大概提醒当时还很年轻的克罗斯曼不要对美国人存有任何幻想,话语中也体现出了对美国人抱有的传统偏见。战争期间尚且如此,到了战争之后要想改变这些欧洲文人和政治家脑海中的美国形象更是难上加难了,这种形象还会随着美国影响在欧洲的与日俱增更加负面化了。皮埃尔·埃马纽埃尔是一位法国观察家,他总结了战后西欧知识分子和自由派脑海中的美国形象:

---

① David Lawday, "Now French Intellectuals Love America," *New Statesman*, Vol. 132, No. 4656, September 22, 2003, p. 33.

② Patrick Deer, "The Dogs of War: Myths of British Anti-Americanism," in Andrew Ross and Kristin Ross, ed., *Anti-Americanism*, New York: New York University Press, 2004, p. 162.

一个机器人;一个对机器的崇拜者,脑子受到电影、广告和电视的控制,缺乏传统、家庭生活和自我情感;一个只会赚钱者,对他们来说,美元是唯一具有普遍的价值;是一个超卫生的食品洗涤者,他们用氯清洗蔬菜,完全失去了个性,习惯生活于精神空虚之中;简言之,是一种科幻小说梦魇和一个令人厌恶的形象。①

埃马纽埃尔的总结难免有点夸大其词,但绝不是乱说一气,想以别人之口吻达到丑化美国人之目的。把美国视为"机器文明"在第二次世界大战前就是欧洲知识界一种很流行的说法,战后随着美国生产和管理理念在欧洲工商企业中的广泛传播,欧洲文人对这种"机器文明"有了更深的感受,他们勾画出美国人受"机器"控制的形象,目的是要防止欧洲国家重蹈美国之覆辙。生活在巴黎的罗马尼亚作家康斯坦丁·维尔吉尔·乔治乌对德国占领区的一位美国官员说,阁下称为这场第三次世界大战的战争不应该是西方反对东方的战争。原因是俄国在革命之后学习西方最有成效,成为"西方技术文明最进步的分支。俄国宣扬的所有理论皆来自西方,只是将之付诸实行即可。俄国把人简化为零,这是她从西方学来的。俄国把整个社会转变为一台巨大的机器,这是她从西方学来的。俄国尽可能地模仿西方,只是成为一个野蛮的未开化者"②。乔治乌这里的"西方"显然是指美国,因为他是对着美国官员讲这番话的,担心引起双方的尴尬,所以才以"西方"取而代之了"美国"。乔治乌这里以俄国为例谈了模仿"机器文明"的后果,其意不言自明,就是要西欧国家避免这种"机器文明"的危害。在很多欧洲文化精英的眼中,机器主导一切是美国文明的实质,这种文明对欧洲高雅文化的威胁甚至大于共产党的威胁。一旦"机器文明"在欧洲居于主导地位,人们的生活会变得单一化、同质化和标准化,那也就意味着古老典雅的欧洲文明走到了历史尽头。从这个意义上来讲,抵制美国文明依然是这一时期欧洲反美主义的一个主要内容。马尔科维茨在论述西德的反美主义时谈及德国文人的对美国的看法。在他们的眼中,美国

---

① Lillibridge, "The American Impact Abroad: Past and Present," *The American Scholar*, Vol. 35, No. 1, December 1965/1966, p. 52.

② Joseph A. Barry, "A Letter From Paris," *New York Times*, February 19, 1950, p. BR16.

是"毫无灵魂的世界主宰,威胁只有长期历史才能创造的'文化'和真正的贵族性。这个暴富之国家的本质是对他们'文化'和贵族性的毁灭"①。因此,西欧的文化精英们"瞧不起美国文化",将之视为表现为"暴发户"的特性。② 法国著名新闻记者路易斯·保弗尔斯 1946 年年底在法国一家杂志上发表了一篇文章,宣称美国"令我们感兴趣的不是一种文明,因为我不相信美国的文明,只是基督教文明。对我们来说,正如莱奥·费雷罗所言,美国是一面放大的镜子,透过这面镜子,我们能够观察到基督教文明的腐朽与衰落"③。这段话的意思显然是,西欧和美国皆属于基督教文明的范畴。西欧代表了基督教文明的"兴盛与进步",而美国却代表着"腐朽与衰落"。两者相比,孰优孰劣,不言自明。1964 年 3 月,法国新闻周刊《快报》(L'Express)刊文宣布,共产主义不再是一种威胁,欧洲现在"只面临着一种迫在眉睫的威胁,这就是美国文明"④。西德历史学家彼·本德 1981 年初出版了《意识形态时代的结束》,作者敦促欧洲人在文化上奋起自卫,抵制美国文化的渗透。他把这种威胁称为"文明化的蛊惑人心"⑤。《华盛顿邮报》驻欧洲记者布拉德利·格雷厄姆以自己亲身见闻,感受到在西德文人圈子里存在着对美国文化否定的情绪,他们"有时把美国的情趣视为某种易感染的堕落,把美国社会看作正在退化,暴力横行,瘾君子遍地,过度竞争和道德败坏"⑥。在西欧国家的文化精英阶层,类似这样对美国文明否定的言论俯拾皆是,这是他们抵制"美国化"的基础,他们的反美主义表现往往就是以否定美国文明作为出发点。

第二次世界大战前,欧洲的反美主义通常表现为单个国家中部分人的行为,诸如英国、法国和德国等国的反美主义尽管皆为针对美国生活方式

---

① Markovits, "On Anti-Americanism in West Germany," *New German Critique*, No. 34, Winter 1985, p. 11.

② Spiro, "Anti-Americanism in Western Europe," *Annals of the American Academy of Political and Social Science*, Vol. 497. May 1988, p. 130.

③ Armus, *French Anti-Americanism (1930–1948): Critical Moments in a Complex History*, p. 80.

④ Stam & Shohat, *Flagging Patriotism: Crises of Narcissism and Anti-Americanism*, p. 77.

⑤ 转引自 Graham, "West Germans See Indications of Growing Anti-Americanism," *The Washington Post*, July 4, 1981, p. A14.

⑥ Ibid..

在本国传播而言，但在多数情况下并未形成多个国家的联合抵制，原因主要在于这些国家本身就矛盾重重，无不在为积极争夺主宰欧洲话语权做准备。在这种情况下，欧洲作为一个抵制美国文化传播之整体的功效很难发挥出来。第二次世界大战之后，这种局面有所改变，单个国家文化精英的反美主义依然为主体，但开始出现了西欧国家共同抵制美国的趋势，这与战后西欧趋向联合有很大的关系。1954年，柏林自由大学社会政治学教授汉娜·阿伦特在普林斯顿大学做了一场关于欧洲美国形象的讲演，她告诫听众欧洲存在一种政治—文化潜流，她将之称为日益上升的"泛欧洲民族主义"（Pan-European Nationalism）。阿伦特声称，这种民族主义的基础既不是一种共同的欧洲历史和经历，也不是业已存在的欧洲认同，而首先表现为反美主义，即对美国和美国公民的普遍敌对，这种现象与欧洲的"泛民族主义"密切联系在一起。阿伦特据此认为，按照居于支配地位的欧洲形象，美国主义实质上起到三方面的作用：一是充当了一个共同的敌人，在形成欧洲本身认同过程中一个反面形象；二是伴随着美国化，它体现了进步的、日益全球化的社会文化和技术现代化的所有消极方面；三是成为欧洲极权主义传统的象征，常常被认为是其继承者。[①] 阿伦特的这一演讲收录在她的讲演集中，题目为"梦想与梦魇"。她解释说，多少年来，美国一直是欧洲低等阶层和热爱自由者的梦想。与此同时，美国却是欧洲富有的资产者、贵族和某类知识分子的梦魇。到了第一次世界大战之后这两个阶层皆把美国看作对欧洲文化的威胁，而不是自由的土地，这种状况到了第二次世界大战之后更甚。到了此时，美国的负面形象不只是视为仅仅对美国现状的反应，而且为美国在国际社会之行为所促成。她称之为的"欧洲意识形态"与反美情绪密切联系在一起。这种反美情绪会"受到了共产党宣传的利用，但将之视为宣传的产物却严重低估了其普遍的根源。在欧洲，这种情绪很顺利地演变成一种新的'主义'。反美主义预示着成为一场欧洲运动的内容"。在阿伦特看来，这是民族主义情绪导致的结果，如果"每种民族主义开始于一个真正的或虚构的共同敌人为真的话，那么目前美国在

---

① Rensmann, "Europeanism and Americanism in the Age of Globalization: Hannah Arendt on the Europe and America and Implications for a post-National Identity of the EU Polity," *European Journal Political Theory*, Vol. 5, No. 2, 2006, p. 141.

欧洲的形象很可能成为一种新的泛欧洲民族主义的开端"。这种普遍反美情绪的存在决定了欧洲不再把美国看作自己的未来,将导致"美国主义"和"欧洲主义"犹如所有敌对意识形态那样对立和斗争。① 阿伦特在当年的另外一场讲演中谈到了以"奉从主义"(conformism)为圭臬的"大众社会"对欧洲"古老阶层或具有严格等级差别之体系"的威胁,欧洲精英们对欧洲正在迅速转变为"大众社会"感到惊恐不安。他们恐惧的"美国化"进程是"伴随着困惑和纠结之现代世界的出现。欧洲联盟可能是加速了这一进程,而不是对之形成障碍,因为这一进程很可能是欧洲存在的必不可少之条件。无论有无欧洲联盟,反美的泛欧洲民族主义将随之兴起"②。阿伦特在西方学界是个影响很大的学者,她的本意是警告欧洲和美国在意识形态上对立的危险,尤其是针对反美形成的"泛欧洲民族主义"或"欧洲意识形态"对大西洋共同体的威胁,但她的话语中明显指出了战后欧洲反美主义将朝着"联合"方向发展的趋势,同时也揭示出了战后欧洲反美主义兴起的基本原因。

欧洲很多文化精英对美国物质主义文明的抵制可谓是殚精竭虑,旨在防止这种文明在欧洲占据了主导地位。实际上,在他们的眼中,欧洲在战后已出现的复制美国物质主义文明的趋势,表现为"在伦敦是千篇一律的粗劣摩天大楼。在意大利是衣着过于讲究的孩子,他们要是男性的话,长大之后就会成为只考虑衣着的人。在巴黎和罗马是扼杀人类精神的像盒子般的单调住房"。曾获得普利策奖的美国记者拉塞尔·贝克在60年代是《纽约时报》专栏作家,他认为一些欧洲人对这种趋势非常憎恨,称之为"欧洲的美国化"。这种趋势表明"欧洲自己的未来已经预演于洛杉矶、芝加哥和纽约的大街上,但欧洲却不能看到。一些人必须赶快告诉欧洲,历史不再是从旧世界向新大陆流动,这种流动呈现出相反的趋势"③。赖思顿

---

① Hannah Arendt, "Dream and Nightmare," in Hannah Arendt, *Essays in Understanding, 1930 – 1954: Formation, Exile, and Totalitarianism*, edited by Jerome Kohn, New York: Schocken Books, 1994, pp. 409 – 417.

② Arendt, "The Threat of Conformism," in Arendt, *Essays in Understanding, 1930 – 1954: Formation, Exile, and Totalitarianism*, pp. 425 – 427.

③ Russell Baker, "Observer: Europe Bungles Its Chance," *New York Times*, November 10, 1966, p. 46.

将之归于时代的变化,美国人不再"哀叹美国的欧洲化",而欧洲人"则悲叹欧洲的美国化"①。"悲叹"只是对现状的消极反应,丝毫无助于解决他们所面临的困境。这些竭力阻止"美国化"的文化精英只有借助于他们在社会上享有的地位,对美国文化和社会口诛笔伐,告诫欧洲人这种只追求物质享受之文明会带来"真正文明"的毁灭。对美国文化的抨击在欧洲文化精英阶层中以左右翼人士最为激烈。马科尔维茨总结了第二次世界大战之后这两个阵营对美国文化的态度。欧洲左翼人士认为,美国文化"反映了一个异化野蛮的资本主义社会,毫无例外地代表着大公司的利润。这个社会产生了乏味呆板、缺乏形式之美的虚假大众文化,这种文化从来不能产生真实可靠的东西,更不用说艺术了。美国文化产业生产完全没有价值的廉价产品,以在大众市场上迅速谋取利润,那些被误导、被控制和被剥削的个人被一个资本主义社会的异化力量剥夺了他们对真实性的认同。麦当劳、《朱门恩怨》(*Dallas*)家庭连续剧、可口可乐等是没有价值的商品,除了能让统治阶级的收银机钱满为患之外别无任何用途"。欧洲右翼人士多认为,美国文化"名不副实。美国从来不能产生具有永恒价值的东西。更为严重的是,美国利用其财力购买属于欧洲的真正文化,或者肤浅地模仿欧洲文化。顾名思义,美国文化是无文化,因为美国人没有真正的历史,对传统不屑一顾。美国'文化'充其量是浮在表面上的。……美国文化的危险在于其对欧洲大众具有吸引力。这种文化无所不在的引力正是构成其腐败堕落的东西。最重要的是,美国文化具有破坏力量,毁灭了人们对真伪的辨别力,让文化凝聚力不复存在"②。欧洲左右翼在政治主张上明显存在着意识形态的对立,在国内很多问题上产生了激烈的争执,但面对着美国文化"入侵"欧洲,他们对美国批评的言语极为尖刻,有时甚至失去了理智的思考,表现出明显的非理性的偏见,足见他们对"美国化"的憎恨已到了无法容忍之地步。

欧洲左翼对美国文化的批评归根结底在于对美国经济运行之制度的否定,把这种制度说成是资本主义的缩影,受既得利益的权力阶层控制,为

---

① Reston, "Bruges, Belgium: Hey, Mark! Hot Dogs at the Cafe de la Paix," *New York Times*, September 15, 1957, p. E12.

② Markovits, *Uncouth Nation: Why Europe Dislikes America*, pp. 30 – 31.

拥有整个美国绝大多数财富的少数人服务。美国文化与这种制度的运行是相适应的。英国的左翼力量很强大,他们在反美主义上丝毫不亚于欧洲大陆的同行。一位英国学者以英国左翼为例说明了这个派别的反美特征。首先,许多左翼人士把"美国看作头号资本主义国家,受大工业家、华尔街银行家、军人以及所有其他权力精英所控制。因为他们反资本主义,所以必然是反美的"。其次,美国"没有大规模的国有化而实现了大众生活的高标准",这在左翼人士看来与他们奉行的理论或原则相悖。美国在这方面获得成功"实际上是对他们传统观念的挑战,这样,他们必然会对美国产生了怨恨情绪"[1]。另一位英国媒体人谈到英国左翼抵制美国"很大程度上是对美国资本主义制度的激烈反应,同时也是对英国社会主义的维护。工党依然真心地相信国有制等社会主义经济理论,而美国人却是真心地信奉自由放任,这样两者必然会发生固有的对抗,每一方视另一方为意识形态上的敌人"[2]。在战后很长时间内,西欧国家的左翼力量在民众中很有影响力,这是一个有着悠久历史的传统,也可以解释为什么马克思主义能够产生于西欧的原因。他们的国家无疑是西方资本主义体系的主要成员,但在他们看来,只有美国才可以称为名副其实的资本主义国家,即使西欧国家属于西方资本主义阵营,那这些国家的资本主义与美国资本主义还是存在很大区别的。这种思想不仅为左翼人士所持有,而且欧洲多数文化精英都具有这样的看法。当然这些国家也存在一些极端左翼人士,他们把美国视为你死我活的敌人,同时也对本国制度持批评态度,行动上与西方冷战的敌人苏联有着密切的联系。欧洲左翼人士会随着局势的变化改变对美国的看法,但极端左翼人士永远把美国视为意识形态上对抗的敌人。如法国著名文人让—保罗·萨特和西蒙娜·德·波伏娃夫妇从主张上看应划入极端左翼分子的行列,他们在冷战期间基本上支持莫斯科,把"苏联看作未来的社会。美国等同于原子弹、麦卡锡主义、资本主义剥削和种族主义"[3]。法国著名历史学家雷蒙·阿龙的研究表明,像萨特这样的反美文人并不见得真正了

---

[1] "Six Britons Debate Anti-Americanism," *New York Times*, July 22, 1961, p. 145.

[2] Worsthorne, "Anti-Americanism Is Now Non-U," *New York Times*, April 9, 1967, p. 232.

[3] Dobbs, "Of Two Minds about America: 100 Years after their Gift, the French still Hate to Love Us," *The Washington Post*, July 2, 1986, p. A1.

解美国。如果"我们问他们反对美国什么,回答是美国资本主义和低劣的美国文化"[①]。萨特的存在主义哲学和波伏娃的女性主义文学批评在学术界影响很大,他们的反美主义观点尤其在具有反叛精神的青年学生中间很有影响力。冷战期间,法国左翼在政坛上也比较活跃,戴高乐主义能够激发起法国的民族主义情绪,很大程度上吸收了左翼的思想。这也是很多人把戴高乐主义视为与美国敌对的一个主要原因。英国和法国等西欧国家的左翼人士对美国制度和社会的抨击旨在抵制美国文化在欧洲的传播,他们的描述尽管有不实之处,但在民众中却有着一定的号召力,对他们强化脑海中美国的负面形象产生了很大的影响。

　　欧洲右翼很少否定美国制度本身,但认为美国制度确定的自由和平等与实际状况相距甚远,美国成为"一个扭曲了自由新政民主制的形象"[②]。右翼人士对第二次世界大战后欧洲失去世界政治经济中心地位耿耿于怀,尤其是不愿意看到他们在文化上一向瞧不起的美国成为西方世界的领袖,占据了以前欧洲曾经居于的地位。杜伊格南等人认为,战后初期欧洲反美主义有许多因素,其中之一是欧洲右翼人士"对世界权力从柏林、伦敦和巴黎转移到华盛顿具有根深蒂固的抱怨"[③]。随着美国与苏联冷战的加剧,右翼人士尽管对美国文化依然持很激烈的批评态度,但从意识形态角度讲他们还是从根本上认同美国的政治制度,绝不愿意看到苏联模式在世界范围内居于支配地位。因此,"对自由民主体制合法性的接受结束了右翼在政治上的反美主义,自此以后就成为美国的重要支持者"[④]。按照诺兰的观点,在20世纪50年代,在西德政坛上居于支配地位的右翼反美主义者"支持美国的外交政策和美国强大军队在西德的存在,但对美国文化深感忧虑,

---

① Aron, "Transatlantic Relations: Does Europe Welcome American Leadership?" in Aron and Others, *America and the Mind of Europe*, p. 22.

② C. L. Sulzberger, "Foreign Affairs: Anti-Americanism and Its Origins," *New York Times*, April 19, 1958, p. 20.

③ Duignan and Gann, *The Rebirth of the West: The Americanization of the Democratic World, 1945 – 1958*, p. 411.

④ Markovits, "On Anti-Americanism in West Germany," *New German Critique*, No. 34, Winter 1985, p. 13.

对美国式的消费资本主义抱有矛盾心理"①。西欧很多国家的右翼所持观点基本上如出一辙。他们多只限于对美国社会的批评，尤其对美国低俗的文化和美国人的不良嗜好极端鄙视，对美国社会体现不出阶层等级也是不以为然。英国媒体人沃索姆认为，就社会和文化而言，英国右翼"把美国视为一个主张人人平等的炼狱，在这个炼狱内，有教养的人别指望能够生存下去"②。他们对美国社会的批评旨在阻止本国或本地区"美国化"的加剧，防止对他们的生活方式构成威胁。在这点上，他们的主张与欧洲左翼有异曲同工之妙。欧洲右翼人士的文化优越感非常强烈，那些极端文化保守主义右翼更甚。意大利政府在第二次世界大战后基本上追随美国，成为美国在国际社会的可靠盟国之一。然而意大利同样存在着右翼反美主义的潜流，那些"极端保守分子、右翼保守派以及数目众多的贵族继承了墨索里尼对由民主制度支撑的美国的敌对，而共产党人重复着莫斯科的口号，攻击美国是资本主义和帝国主义的堡垒。毋庸置疑，越南战争大大加剧了知识分子中间的反美主义情绪"。③ 这段话就提到了意大利极端保守派右翼对美国的敌对。1958 年 7 月，雅克·苏斯戴尔出任法兰西第五共和国新闻部部长，负责新闻、电台和电视。法国媒体通常把苏斯戴尔说成是法国右翼反美集团中最引人注目的领导人之一。苏斯戴尔未上任之前对这种说法不置可否，但上任后却不承认这一点，主要是担心引起美国的不快，影响到两国官方关系。他对记者说，你们在报道中把"我描述为右翼人士。我将向你们证明这是不正确的，我希望你们再不要称我为右翼分子"④。苏斯戴尔是戴高乐将军的密友，他对美国的态度一向很明确，发表了不少反美言论，媒体把他描述为右翼领袖绝不是毫无道理的。总的来说，欧洲右翼有着很强的民族主义情绪，对本国文化有着天然的依恋，不像左翼那样在青年人中间有影响，但他们像左翼一样同样在文化上举起了反美的大旗，竭尽全力抵制在他们眼中"粗俗低劣"的美国文化在欧洲的传播，阻止他

---

① Nolan, "Anti-Americanization in Germany," in Ross and Ross, ed., *Anti-Americanism*, p. 138.
② Worsthorne, "Anti-Americanism Is Now Non-U," *New York Times*, April 9, 1967, p. 232.
③ Slonim, "European Notebook: Anti-Americanism," *New York Times*, November 26, 1967, p. BR52.
④ David Schoenbunparis, "In France to Be 'Right' Is Wrong," *New York Times*, August 10, 1958, p. SM14.

们国家"美国化"的进一步加深。

尽管欧洲左右翼在对待美国的态度和主张上不尽相同，但在抵制美国文化"入侵"上却有着惊人的相似，当然左翼和右翼在批评美国的理由上还是各执一词。意大利学者塞尔焦·法布里尼观察到欧洲的左翼和右翼在拒绝美国上是一致的，尽管"每一方拒绝的原因一直与另一方拒绝的原因相对立。虽然双方皆拒绝美国的民主，但左翼是因其（推测的）公民投票而加以拒绝，右翼是因为其（设想的）无政府主义而加以拒绝。虽然双方都拒绝美国的资本主义，但左翼的拒绝是因为其产生的不平等，右翼却是因为其鼓励的平等主义程度。最重要的是，左翼和右翼在各自激进地拒绝'美国个人主义'上是一致的，尽管左翼以个人主义威胁了社会团结为名使其拒绝正当化，而右翼却以个人主义瓦解了有机国家之名使其拒绝正当化"[1]。其实，把美国文化的传播视为威胁了本土生活方式的正常发展，在西欧国家文人中也是大有人在，他们既不是左翼，也不是右翼，只是自由主义文人。在这些国家，对美国文化的抵制或对美国的厌恶与抱怨早就超越了左右翼人士。一篇文章指出，欧洲左右翼不喜欢美国为众所周知，但很多知识分子"宁愿把我们视为缺乏文明。穷人对我们的富裕忿忿不平。富人宁愿相信我们旨在从诸如阿尔及利亚石油界等领域剥夺他们的财产权"[2]。这些无不导致了人们对美国的不满，50年代"美国化"的加剧更是促进了这种情绪在欧洲的普遍化。1956年12月，法国著名诗人克洛德·罗伊在为《精神》(*Esprit*)杂志写的社论中指出："我们谴责社会主义意识形态把人给理想化，将其缺陷隐藏起来，但是普通美国人隐藏的更深。这种文明对西方精神传统极尽蔑视讥讽，正在把人类推进到一种相同的生活，让超然和深厚不复存在，我们期望从这种文明中获得什么呢？"[3] 罗伊这里意思很明确，欧洲人不仅不会从美国文明中获得有益于身心健康之营养，而且还会丧失掉优秀的传统，沉浸于追求满足物质欲望的生活之中。这也

---

[1] Sergio Fabbrini, "The Domestic Sources of European Anti-Americanism," *Government and Opposition*, Vol. 37, No. 1, January 2002, pp. 3 – 14.

[2] Sulzberger, "Foreign Affairs: Anti-Americanism and Its Origins," *New York Times*, April 19, 1958, p. 20.

[3] Judt, *Past Imperfect: French intellectuals, 1944 – 1956*, p. 196.

正是欧洲文人抵制美国物质主义文明的原因。50年代初期，在马歇尔计划的推动下，美国商品潮水般地涌入西欧国家，其中包括可口可乐。可口可乐在战后的形象是"美国生活方式的普遍象征"。1948年在美国大西洋城召开的可口可乐会议上，可口可乐广告商提出的口号揭示了冷战意识形态，即"可口可乐有助于向世界表明美国方式的友好"。当人们"拥有可乐时，便听见了美国的声音"①。英国学者拉尔夫·威利特认为，可口可乐战后初期在欧洲"逐渐象征着美国和美国文化：到1948年，这种认同感的确是非常强烈，致使当非美国人想到民主时，据称他们脑海中通常会浮现出可口可乐"②。这也是法国人抵制可口可乐输入法国的主要原因。法国国民议会就可口可乐是否有益于国民的健康展开辩论，授权政府核查这种饮料是否含有有毒成分。法国文人借助媒体推波助澜，一篇发表在《世界报》上的文章指出：

> 那些试图同化其他民族的征服者一般攻击他们的语言、他们的学校和他们的宗教。这些征服者错了。最脆弱点是民族的饮料。葡萄酒是最具法国的古老特征。它先于宗教和语言，经历了各种政权的更替存活下来。它把这个民族维系起来。③

还有的法国文人把可口可乐看作法国高雅文化的克星，威胁了法国文化的存在与发展。④ 这场抵制可口可乐运动在法国如火如荼，表面上看是可口可乐对法国酿酒业构成了威胁，实际上是对美国生活方式在法国传播的抵制。这种看法在其他西欧国家也存在，如对于比利时从事啤酒行业的人来说，美国式的"软饮料将毁灭比利时的啤酒业，逐渐瓦解了人们的品性，

---

① Steinar Bryn, "The Coca-Cola Co. and the Olympic Movement Global or American?" in Ramet and Crnkovic, eds., *Kazaaam! Splat! Ploof! The American Impact on European Popular Culture since 1945*, p. 90.
② Willett, *The Americanization of Germany, 1945–1949*, p. 99.
③ Bryn, "The Coca-Cola Co. and the Olympic Movement Global or American?" in Ramet and Crnkovic, eds., *Kazaaam! Splat! Ploof! The American Impact on European Popular Culture since 1945*, p. 91.
④ Barry, "A Letter from Paris," *New York Times*, February 19, 1950, p. BR16.

一般而言传播了灾难"①。这里所谓的"灾难"应该是指对当地文化的毁灭。1950 年《纽约时报》刊登的一篇文章描述了法国人对"美国化"和"可口可乐化"的激烈抵制,把这种抵制与"美国化"联系在了一起。作者写道,巴黎阳光明媚,但"对美国人来说并不是像以前那样温暖如春,左右翼人士大谈'可口可乐化','可口可乐'的情况对法国文化构成了威胁"②。尽管这场运动以法院判定可口可乐在法国销售合法化而告终,但却加强了欧洲人对美国的厌恶情绪。1953 年在柏林自由大学任教的哈里·普吕斯从美国访学归来之后发现欧洲的反美主义呈上升趋势。据他观察,在过去两年期间,欧洲的反美情绪与日俱增,一方面"起源于共产党的影响";另一方面"由来自美国的道德说教和威胁所引起"③。这一年在巴黎还发生了民众反美的骚乱。《生活》杂志发表的文章将之称为"轮子上的反美主义"。事件的经过是这样的,美国滑冰队员在巴黎的室内滑冰馆与挥舞着法国、英国、意大利、比利时、西班牙、瑞士和瑞典等国国旗的滑冰者进行对抗赛。据《生活》杂志发表的一篇相关文章的描述,一连几个晚上,美国滑冰手冲撞、挤压、使绊、脚踢和猛击他们的欧洲对手,而两个裁判员明显为事先所安排好,帮助美国滑冰队恫吓正儿八经比赛的欧洲人。美国队的傲慢和裁判的偏向激怒了观众,义愤填膺的法国人情绪有些失控,他们拥进滑冰馆,一边怒骂一边投掷鸡蛋、蔬菜和椅子。有的人甚至冲向冰球场殴打仗势欺人的美国队员。法国《周六晚报》(*Samedi Soir*)宣称,绰号为"硬手"的美国女队队长布拉苏恩就像埃里克·冯·施特罗海姆一样丑陋不堪。美国人"是有点疯狂,但法国人更是疯狂"④。这个事件很快就平息了,但也反映出在法国等国民众中与美国的对立情绪,而此时正是"马歇尔计划"的实施促进了西欧国家在恢复经济的过程中"美国化"进而加深。这大概是普吕斯感到这些国家反美情绪上升的主要原因之一。

---

① Hoffman, "Americanization of Widens," *New York Times*, June 24, 1956, p. 14.

② Anne O'Hare McCormick, "Abroad: It's Still a Long Way from Paris to Rome," *New York Times*, July 8, 1950, p. 12.

③ Müller, *West Germans Against The West: Anti-Americanism in Media and Public Opinion in the Federal Republic of Germany 1949 - 1968*, p. 3.

④ "Anti-Americanism on Wheels: U. S. Skaters Provoke Paris Riot and Prove that 15000 French can be Wrong about Roller Derbies," *Life*, October 5, 1953, p. 41.

法国是马歇尔计划重点援助的国家，经济援助丝毫没有改变法国左右翼和一些自由主义文人对美国的基本看法。这个国家有着悠久的反美主义传统，广泛存在于法国人的脑海之中，在他们的政治思想中体现出来。法国学者让·弗朗索瓦·勒韦尔说过这样一句话，即如果人们"消除掉反美主义，无论是对左翼而言还是对右翼而言，如今的法国政治思想就什么也没有了"①。勒韦尔在法国学术界地位很高，身为法兰西学院院士，他绝不是随意而言，而是研究了法国各个时期反美主义所得出的结论。一位法国人说，法国总是存在着非常强烈的潜在反美主义。② 凯塞尔的研究表明，在50年代，法国知识分子有着浓烈的反美情绪，他们激烈地抨击了"伴随着美国政治和经济霸权而来的美国垃圾文化产品。在文化上对大众文化的蔑视，对资本主义的憎恶，对美国和美国人的成见，对美国霸权和法国衰落的焦虑，凡此种种导致许多著名知识分子以及有影响的报纸发表评论攻击美国文化的威胁"③。凯塞尔讲的是50年代法国文人的美国观，这种状况在冷战余下的年月里也没有多大变化。美国弗吉尼亚大学政治学教授詹姆斯·凯撒对勒韦尔上面那番话很有感触，宣称勒韦尔的这一结论同样"存在于德国政治思想中或几乎任何西欧国家的政治思想中。在西欧，反美主义作为知识分子阶层的通用语占据了支配地位"④。凯撒研究了欧洲反美主义历史的演变，借勒韦尔之言阐发了他的观点。这种观点尽管在学术界只能算作是一家之言，尚存有争论，但也足见西欧文人中间的反美情绪一直是高涨不衰的。马尔科维茨认为，在德国社会内部，知识分子这个亚群体表现出的真正反美主义情绪昌盛了几个世纪。⑤ 德国学者京特·莫尔特曼以自己的亲身感受指出，德国的反美主义是显而易见的，时有加剧。对那些仍然记得从20世纪50年代到60年代中期德美关系和谐的人来说，这是一

---

① Ceaser, "A Genealogy of Anti-Americanism," *The Public Interest*, Summer 2003, p. 4.
② Drew Middleton, "Bias Against U. S. Rising in France," *New York Times*, February 25, 1964, p. 9.
③ Richard F. Kuisel, "The Fernandel Factor: The Rivalry between the French and American Cinema in the 1950s," *Yale French Studies*, No. 98, 2000, p. 125.
④ Ceaser, "A Genealogy of Anti-Americanism," *The Public Interest*, Summer 2003, p. 4.
⑤ Markovits, "On Anti-Americanism in West Germany," *New German Critique*, No. 34, Winter 1985, pp. 4 – 5.

种明显不易解释的现象。① 其实，所谓的"德美和谐"大概只是仅限于两国之间的官方关系，联邦德国政府绝不敢得罪给本国安全提供保护的美国，这种状况往往会加强民间对美国的不满情绪。

　　德国文人从来没有停止对美国文化和社会的谴责，他们中间的反美情绪一直很高，在冷战时期丝毫没有呈现出减弱的迹象。这种对美国消极的看法在联邦德国既是一种传统，也体现出了他们对美国生活方式在本国广为传播的厌恶和抵制。在与美国结盟的西欧国家中，法国和联邦德国"美国化"程度最深，自然反美主义情绪也就比较强烈。这两个国家在欧洲政治舞台上举足轻重，其文人对美国文化的抵制可谓是其他西欧国家的"表率"，这种反美情绪同样存在于西班牙、意大利、荷兰以及比利时等国，其激烈之表现与"美国化"程度成正比，"美国化"程度越高，抵制就越激烈，反之亦然。在整个欧洲大陆上，加入苏联阵营的社会主义国家从意识形态上讲必然把美国视为敌手，官方不时地会强调抵制对年轻人具有吸引力的美国大众文化之"入侵"，用国家的权力强行把美国文化抵挡在疆域之外。西欧国家为美国之盟国，政府须遵从美国战后制定的国际游戏规则，市场完全向美国开放，导致了国家不可避免地走向大众消费社会，呈现出"美国化"加剧的特征，由此引发了对高雅文化有着深刻依恋的文人们的大力抵制，他们对民族文化的高扬和对美国文化的贬抑也影响了民众对美国的看法，很多人受民族主义情绪的影响，自觉或不自觉地加入到了抵制美国文化"入侵"的活动中。从整个欧洲大陆来看，东欧国家对美国的抵制多是政治的，而西欧国家对美国的抵制多是文化的。

　　英国是欧洲国家，但地理位置却在大陆之外，与美国有着一种特殊的渊源关系。美国是英国海外殖民扩张的产物，两国在文化上似乎总是有着难以解脱的关系，至少两国之人讲着相同的语言，美国白人多属于盎格鲁—撒克逊种族。语言是文化的载体，很多文化信息主要包含在语言之中。讲相同语言但又分属于不同国家的人很少产生距离感，这实际上就是文化亲和的作用。英国和美国之所以能够有着特殊的关系，这方面是一个重要的原因。不过，两个国家在发展过程中文化上不是越走越近，而是渐行渐

---

① Günter Moltmann, "Anti-Americanism in Germany: Historical Perspectives," *Australian Journal of Politics & History*, Vol. 21, No. 2, August 1975, p. 13.

远，形同陌路，形成了两种不同的文化体系。英国人很传统，绅士味十足，比较保守，在处理人际关系上讲究一套繁文缛节的礼仪。实际上英国在文化上更接近于西欧主要国家的文化。《华盛顿邮报》记者罗伯特·埃斯塔布鲁克认为，尽管英美两国讲"相同的语言，拥有从相同根源上演变的法律体系，但它们在气质上和心理上是非常不同的，英国人或威尔士人或苏格兰人或北爱尔兰人很珍视他们的个人主义。他们通常比美国人更为保守和更少反复无常"①。因此，英国人在文化上同样瞧不起美国人，像西欧人一样把美国文化视为缺乏历史底蕴，扶浅粗俗，体现不出文化的博大精深。在英国人的眼中，美国人往往是愚昧自傲、浅薄无知、华而不实和自以为是，以追求灯红酒绿的物质生活享受为目的，他们的生活主要是围绕着如何赚钱而转动。英国人类学家杰弗里·戈里尔1948年出版了一本关于美国人的著作，言美国人对生活的态度是，人活着就是为了追求商业上的成功。② 在外国人看来，英国人同样善于经商，但英国上层却不这样认为。在他们的眼中，追逐钱财者只限于曼彻斯特，曼彻斯特人的确是只追求金钱的商人，缺乏精神闲暇的享受，对文化不屑一顾，其言谈举止缺乏老派英国人的文化品位。美国人和曼彻斯特人没有多大区别。这种对美国文化以及美国人的鄙视在英国上层尤甚。英国名人罗素曾谈到他母亲在一次花园派对上遇见了一位很熟悉的公爵夫人，她对其母亲宽容美国人惊讶不已，说"我听说你只是喜欢肮脏之人和肮脏的美国人。整个伦敦都知道了这件事，所有的俱乐部都谈论这件事。我必须看一下你的衣裙，看看他们是否为肮脏的"③。这位公爵夫人对美国人的看法可能有些极端，未必能够得到同一阶层人士的认同，但从文化上瞧不起美国人在英国贵族阶层十分普遍。然而，就是这种为英国贵族"不屑一顾"的文化在进入20世纪之后以"排山倒海"之势涌向国外，与美国经济联系比较密切的英国自然是"在劫难逃"，"美国化"成为英国人所面对的一个重大问题。第二次世界大战之

---

① Robert H. Estabrook, "Does an Invasion Threaten Britain?" *The Washington Post*, April 26, 1962, p. A26.

② Hannon, "American Culture? Qu'est-ce que c'est?" *New York Times*, February 16, 1964, p. SM10.

③ Bertrand Russell, "Three Reasons Why They Dislike Us," *New York Times*, September 8, 1957, p. SM11.

后，英国与西欧国家一样，"美国化"呈现出了加剧的趋势。英国乐意成为追随美国的可靠盟国，但那些保守的英国人却很难容忍美国文化在英国广为传播和美国人的傲慢，这些成为战后英国反美情绪高涨的主要原因。

英国和其他欧洲国家的反美主义有着大致相同的根源，主要体现在英国文化精英的身上。罗素在1957年英国人反美情绪高涨之时曾撰文探讨了英国反美主义的根源。在罗素看来，根源主要有三：一是对美国"贵族式的文化蔑视"；二是"嫉妒和怀旧"，可归因于英国丧失了美国占据了世界的统治地位，这是一种存在于保守派身上的非常强烈的情绪；三是英国自由主义者明显"不喜欢美国对少数人意见的偏执，导致对个人自由缺乏尊重"。罗素由此得出了结论，在英国，数目众多的人对美国抱有一种敌对情绪是无可置疑的事实。① 罗素不赞成与美国敌对，他撰写这篇文章实际上是向本国同胞呼吁停止这种不明智的行为，但也可见当时英国存在着强烈的反美主义情绪。20世纪50年代，新闻记者阿特·布赫瓦尔德突发奇想，决定调查英国日益上升的与美国对立的根源。他在伦敦《泰晤士报》上发布了一则广告以求得民众的反应，广告要民众告诉他为什么不喜欢美国。他对民众的应答进行了分析，最后得出结论，如果"美国人将停止花钱，不在公众场合大声喧哗，不再告诉英国人谁赢得了这场战争，不再采纳亲殖民政策，不再支持英国未来对苏伊士运河的远征……停止嚼口香糖，衣着整齐得体，扔掉他们的照相机，从英国撤走空军基地……把氢弹交给英国……不再输出摇滚音乐，讲标准的英语"，那么两个民族也许会再次相互喜欢。② 布赫瓦尔德的调查表明了英国人憎恶美国的原因，其中很多因素涉及在生活方式上美国人的做法为英国人难以容忍。1950年圣诞节前夕，英国《卫报》(*The Guardian*) 刊登了一封读者来信，表明了英国存在着"普遍的反美主义暗流"，这种情绪可能是"自我不满的非理性表述"。《卫报》就这个问题组织读者发表看法。一些人认为，美国的粗鲁无礼和"至高无上"、好莱坞解释的美国道义、美国公开宣布的个人自由和种族歧视之间的反差、对任何新颖事物的着迷、集体歇斯底里、对解决世界问题采取非现

---

① Russell, "Three Reasons Why They Dislike Us," *New York Times*, September 8, 1957, p. SM11.

② Kuisel, *Seducing the French: The Dilemma of Americanization*, p. 6.

实的误导方式、对微妙局面无能处理、不可救药的胡乱夸张以及不承认国外信息源等是英国反美主义情绪高涨的主要原因。还有人认为英国的反美主义源于对美国力量强大的嫉妒。① 英国学者巴巴拉·沃德认为，美国是世界上最强大的国家，也是最富有的国家。这两个因素最容易引起英国人对过去辉煌的留恋，自然会对美国产生嫉妒，这样很容易在英国人的脑海中和媒体上展现出美国扭曲的画面，美国自己政策的某些方面造成了不可否定的紧张。沃德把包括英国在内的欧洲国家憎恨美国说成是受"一批死硬的共产主义狂热分子"四处活动所致，他们歪曲美国所做的一切，把事实加以扭曲以便使之与他们事先设想的描绘对号入座，按照这种描绘，美国的财富是"从事血汗劳动的资本主义帝国主义"，美国的权力是"法西斯主义入侵"，美国的民主是"麦卡锡骗局"②。沃德显然不赞成英国人拥有反美情绪，但却指出了这种现象在英国的普遍存在。

对英国人的反美情绪，《纽约时报》常驻英国记者德鲁·米德尔顿对此深有体会。在他看来，反美主义"成为英国政治中的一个因素，自1945年以来周期性的出现，这是一种可以理解的趋势，归因于嫉妒、担忧、傲慢和其他根深蒂固的情绪"③。英国人憎恶美国是多种因素的，这些调查多是涉及普通公众的观点，他们只是根据个人的观察和对美国的了解来谈自己的看法，很少涉及美国文化在英国传播引起传统变化这一问题。在任何国家，绝大多数普通公众会在媒体或其他渠道的影响之下对美国抱有怨言，但他们不会是处于常态的反美主义，反美主义者总是处于上层社会的少数人。英国也不是例外，主管英国盖洛普民意测验的亨鲁·杜兰特认为，他总是惊奇地发现，置身于英国社会的阶层越高，越会感到更为强烈的反美主义情绪。④ 1954年9月5日，一位名叫艾伦·威利斯的英国人致信《纽约时报》编辑，称在英国反美主义这个问题上，只是某些政治家和新闻媒

---

① Clifton Daniel, "Anti-U. S. Talk Persists in Britain; Washington Policy Is Challenged," *New York Times*, December 29, 1950, p. 6.

② Barbara Ward, "Do the British Really Dislike Us?" *New York Times*, September 19, 1954, p. SM13.

③ Drew Middleton, "The Anti-U. S. Sentiment," *New York Times*, January 6, 1958, p. 16.

④ Hannon, "American Culture? Qu'est-ce que c'est?" *New York Times*, February 16, 1964, p. SM10.

体所煽动，并不能反映普通老百姓对美国的情绪。威利斯写这封信的目的就是希望美国"不要被误导"，对英国"公民情绪"产生不正确的认识。①公众通常不大理会美国大众文化对他们生活方式的影响，对这一问题比较关注的大概主要是处于英国上层社会的人，生活在这个阶层的老派英国人极不愿意看到低俗的美国文化潜移默化地影响了人们观念的改变，最终导致支撑英国保守社会的柱子轰然倒塌。当然，他们的担忧很难变成现实，但绝非一点根据都没有。有一个极端的例子很能说明他们对美国的仇视。据米德尔顿撰写的报道称，有两个英国老贵妇看了古典戏剧《吕西斯特剌忒》（Lysistrata）演出，把在公元前5世纪雅典发生的整个可耻情景归罪于美国。她们认为应该制定法律来抵制美国的不当行为。同样的例子是，年轻人倾向睡得很晚，在喧闹的音乐声中跳舞，过度饮酒以及性尝试等，凡此种种皆归因于"美国的影响"②。这些文化精英们长期所处的优越社会地位能使他们看到了这种变化的危害性，这才是他们对美国处处挑剔而又大加抨击的主要原因。

  在美国大众文化的冲击之下，英国人的生活观念和方式发生了趋向现代大众消费社会的变化。普通人根本意识不到这种变化，有些精英人士对此深感忧虑。英国知名人士巴巴拉·沃德在1954年发表的文章中借用了19世纪英国著名编辑沃尔特·贝奇霍特的话来谈自己的看法，即没有什么比思想发生改变再为痛苦的事了。③沃德极力谴责欧洲左右翼歪曲和丑化美国，但却敏锐地意识到了英国人的观念或思想正发生变化，这种变化恰恰是受美国消费文化影响的结果。50年代英国的反美主义开始升温，甚至一些政治家利用这种情绪来达到自己的政治目的。据《纽约时报》1957年7月21日刊文描述，英国保守党议员警告美国驻英大使约翰·海·惠特尼说，以他们之见，反美主义在英国是一种强有力的政治因素，将发挥至关重要的作用。④ 这些议员之语显然有警告美国之意，告诫美国不要做得太

---

① Alan E. Willis, "British Anti-Americanism Denied," *New York Times*, October 1, 1954, p. 22.
② Middleton, "Europes' 'Americanization' Is Skin-Deep," *New York Times*, April 6, 1958, p. SM17.
③ Ward, "Do the British Really Dislike Us?" *New York Times*, September 19, 1954, p. SM13.
④ Drew Middleton, "British Discount Anti-U. S. Attitude," *New York Times*, July 11, 1957, p. 7.

过，处处牺牲英国利益来达到自己的目的，不然的话将会在英国燃烧起反美的熊熊大火。到了60年代，英国的反美主义丝毫没有降温的迹象，反而随着所谓"美国化"结果的显现出现了加剧的趋势。米德尔顿60年代初在牛津撰写的报道称，每到周三晚上，牛津大学的学生自发组织起来，就"美国要为在西方社会传播庸俗行为负责"的论题展开辩论。米德尔顿指出，无论辩论的结果如何，这一动议的措辞表明，美国的形象在英国正在变得受到危险的玷污。英国对美国的态度正在经历一个特殊的时期，在这个时期，文化问题比外交政策或军事政策都产生了更大的影响。一个原因是，美国制作的电视节目现在把电影扩大为信息的主要渠道。[1] 牛津学生在辩论中肯定持不同的看法，但对美国文化的批评占据了主导。这是当时英国社会很有影响的声音。弗朗西斯·威廉斯爵士1962年出版了《美国入侵》(The American Invasion)一书，用作者威廉斯的话来说，这本书言之凿凿地报告了美国工业、商业和通讯对英国的入侵，再加上对支持这种入侵之文明的某些方面的激烈抨击。威廉斯在书中列举了美国在工业、商业、广告业、宣传资料、通讯业和社会习俗等领域对英国的入侵，对英国生活发生了极为劣质性的影响。他认为联合王国不适应美国生活的某些方面，强调了英国社会的美国形象及其真实状况之间的不一致之处。[2] 这本书只有158页，但却展现了这一时期美国经济之"入侵"对英国社会产生的负面效用。发表在60年代中期的一篇文章称，英国工商企业界掀起了反美主义的浪潮，主要原因是美国的商品充斥于英国的市场，让英国公司或企业难以生存与发展。美国人控制了在英国的1000家公司，绝大多数试图融合进英国的生活。一位英国企业家说，诸位皆知，美国人"不是公平行事。我只是希望我们更多地利用你们的欺诈。当然，对我们来说。这将是小人之举"[3]。英国《经济学家》(The Economist)杂志刊登了一篇题目为《反美主义》的文章，作者认为越来越多的英国人现在宁愿他们国家依靠自己或与

---

[1] Drew Middleton, "Cowboys and Indians: British Image of U. S. Being Blurred by TV When Allies Cannot Afford It," *New York Times*, January 19, 1960, p. 71.

[2] Drew Middleton, "Our Most Controversial Export Is Our Civilization," *New York Times*, October 28, 1962, p. 269.

[3] Farnsworth, "British Business Piqued with U. S.: Anti-Americanism Mounting again as Britons Seek," *New York Times*, April 19, 1965, p. 45.

其他欧洲人合作"效率低下地做事",而不愿意"与美国人合作有效地做事"。这是因为美国人被视为"外来者",总是在各个方面表现出与欧洲人有所不同,"刻意与欧洲经济利益敌对"①。这些文章说明了美国商品在英国市场上的泛滥已经威胁了英国企业的生存与发展,激起了工商企业界的反美主义情绪。这种情绪与英国上层社会对所谓"美国化"的不满结合在一切,再加上美国诸如对南非的外交等伤害了英国的利益,形成了60年代英国反美主义的高潮。

在冷战期间,与美国结盟的欧洲国家在意识形态上与美国有一个共同的敌人,这些国家与美国的官方关系上尽管会时而出现摩擦,但并没有影响到北大西洋公约组织在对抗苏联上统一行动步伐。美国与这些国家的冲突主要发生在经济和文化领域,表现为欧洲文化精英对蜂拥而入的美国生活方式一下子难以适应。南非开普敦市议员伊斯特1958年3月谈了他访问欧洲国家的一些感想,认为美国提供的美元援助并不能换回对美国的好感,反而在欧洲一些国家反美情绪很强烈。按照作者的观点,原因主要是"美国的民主原则健全合理,行之有效,但美国的生活方式对许多欧洲国家来说依然是很陌生的"②。据米德尔顿的观察,在西欧国家,抵制"美国化"的呼声此起彼伏。用英国剧作家约翰·奥斯本的话来说,"生活在美国时代是太枯燥无味了,当然除非你是个美国人"③。这些国家的反美主义成为这一时期媒体所关注的一个话题,欧美报刊杂志经常刊登这方面内容的文章,分析欧洲反美主义产生的根源。作者们提出的看法虽然不尽一致,但很少有人否认与时下美国"粗俗低劣"之文化在这些国家广为传播没有关系。1962年7月,为了搞清楚欧洲的反美主义程度如何以及反美主义究竟基于何种因素之上等问题,英国广播公司推出了一个节目,内容为"反美主义态度专题讨论",邀请六位英国名人来谈这一现象。这六人分别是曼彻斯特大学美国史教授马库斯·坎利夫、人类学家杰弗里·戈里尔、剑桥大学政

---

① Farnsworth, "British Business Piqued with U. S. Anti-Americanism Mounting again as Britons Seek," New York Times, April 19, 1965, p. 45.

② A. S. A. East, "Dollar Diplomacy Queried: Inflation Resulting from Aid Said to Breed Anti-Americanism," New York Times, March 13, 1958, p. 28.

③ Middleton, "Europes' 'Americanization' Is Skin-Deep," New York Times, April 6, 1958, p. SM17.

治学教授丹尼斯·布罗根、《星期日电讯报》助理主编佩里格林·沃索姆、小说家安东尼·克罗斯兰和金斯利·埃米斯等。戈里尔在开场白中讲到，我们几乎每个人都认为，美国人"傲慢无礼""歇斯底里"，与他们相比，我们在"本质上"更为明智、更富有远见、更加谨小慎微、更为庄重。我们断言，这是我们自认为的更为成熟。他在随后的插言中更是明确地谈到，美国被许多当代英国人视为"一种道义上的威胁。美国的娱乐工业和与之相关的制造业极为富有创新能力，成功地为闲暇娱乐发明和探索出适合青少年的情趣与偏好。……在整个世界，城市的年轻人身着美国款式的衣服，听美国式的音乐，在相同音乐的伴奏下跳舞，可能喝美国式的软饮料，按照美国式的反传统方式获取知识，学会了美国的疯狂"。戈里尔把对美国人的偏见和英国"美国化"视为反美主义的原因。布罗根把英国的反美主义追溯到美国革命时期，在历史上英国左右翼尽管对美国的看法在不断地变化，但现在"来自右翼和左翼两个方面对美国的抱怨已合二为一了"。坎利夫谈到学术界被滥用的术语"美国化"把一些相当恐怖的东西强加给了欧洲，尤其强加给英国文化，例如人们把不喜欢的一栋新建筑便被描述为属于美国的。克罗斯兰认为，一部分英国左派对物质繁荣持强烈怀疑态度。这些人怀疑他们称之为的由不断涌出新消费品构成的富裕社会。他们尤其对这种社会抱着敌对的态度，因为这种社会是靠着大众广告实现的，靠着他们早就称之为的大众文化来实现的，英国和其他欧洲国家在美国影响的推动下朝着这个方向走去。其他发言人谈到反美主义是非理性的，为如何能够消除这一现象提出了个人的看法。[①] 这几位皆为英国文化精英人士，其观点很有代表性，他们在采访中也发生了争论，但却表明了反美主义是英国社会一个很引人瞩目的现象，这一现象不仅存在于英国，而且存在于西欧国家。反美主义不为他们所赞成，但他们采访中谈到的这些现象只要存在，反美主义就不会消失，随时都会因为美国在外交上的不当行为而引发。在英国是这样，在西欧国家同样如此，很多事实证明了这一点。

反美主义是欧洲上层社会面对美国各方面影响日增而做出的一种反应，表明了他们对美国文化或经济"入侵"他们国家的严重不满。反美主义其

[①] "Six Britons Debate Anti-Americanism," *New York Times*, July 22, 1961, p. 145.

实是一种消极的态度,无法从根本上解决西欧国家面对的"美国化"问题。倒是有一些学者提出了不要老是一味地抨击美国的模式或对之持激烈批评的态度,应该吸收其适合欧洲国家发展的有益成分。这种观点有点"以其人之身还治其人之道"的味道。1967年,法国学者塞尔旺—施赖布出版了《美国的挑战》一书,很快就被翻译成英文出版。塞尔旺—施赖布在书中警告说,如果包括法国在内的欧洲国家不迅速采取行动以重新确立对其经济和社会的控制,欧洲也许会繁荣昌盛,但"我们将在我们的历史上第一次被更为发达的文明所摧垮,并受到它的统治"。这个"更为发达的文明"显然是指美国。美国人将最终控制欧洲的出版业、新闻界、电视和其他文化产业,法国的"文化密码"、"习俗"和"生活与思维方式"将受到外部的控制。[1] 这本书出版后影响很大,三个月之内销售了50万册。马赛市市长加斯东·德费尔称《美国的挑战》一书是"振聋发聩的呼声",让"我们的心灵感到了震惊"[2]。塞尔旺—施赖布承认美国作为"更为发达的文明"主要体现在技术进步上,这种文明越发达,越会被欧洲精英阶层文化保守人士所小觑,然而西欧国家已经走在了追求物质发达的轨道上,过去的时代只能是残留在他们脑海中的美好回忆而已。在这种情况下,充分认识到美国之"入侵"给这些国家带来的挑战,在挑战中寻求发展机遇。从这个意义上讲,面对着"美国化"的加剧,塞尔旺—施赖布开出的"药方"不失为一种明智的选择。

---

[1] J. J. Servan-Schreiber, *The American Challenge*, New York: Atheneum, 1968, pp. 45, 192.
[2] David Caute, "New Frontier, European Style," *New York Times*, July 28, 1968, p. 247.

第七章
战后欧洲对美国娱乐文化的抵制

　　在大众文化中，人们喜闻乐见的各种娱乐形式占据了主导地位。大众文化自古皆有，但只是进入现代社会之后才对社会发展产生了重要的影响。美国是影响现代社会发展的大众文化之发源地，娱乐文化自然非常发达。美国娱乐文化从 19 世纪末便开始大规模地延伸到大西洋彼岸，虽说未对欧洲人（主要与美国关系密切的欧洲国家）的生活方式发生影响，但给他们的生活增添了欣赏异域文化色彩的愉悦。在那个时代，美国娱乐文化比较单一，只是展现出了美国白人对西部征服的宏大场面，"野牛比尔的西大荒"剧组浩浩荡荡远赴欧洲演出纯粹是出于赚钱考虑，难以在欧洲大众中形成规模效应，其风靡一时很大程度上也是局限于欧洲有钱人阶层。欧洲精英人士对之大加欣赏，充其量只是博得一乐而已，满足了白人征服"荒野"和土著人的种族优越心态，对欧洲人的生活并不会产生其他效应，因此自然也就谈不上他们对之敌对或抵制了。美国是个始终与"现代性"联系在一起的国家，其在西方资本主义体系中率先进入现代大众消费社会乃为情理之中。在现代大众消费社会，人们工作紧张单调，但却可以赚到更多的钱，大众手上钱多了自然会刺激对物品占有的欲望，在闲暇时间开始追求除生活必需品之外的消费了。为了满足大众身心愉悦的需要，在市场竞争机制的刺激下，各种能够赚钱的娱乐形式如雨后春笋般地在美国出现，形成了大众消费社会不可或缺的娱乐文化。诸如电影、爵士乐、唱片和休闲度假等娱乐形式深得大众青睐，给他们紧张工作之余提供了缓和身心疲惫和享受愉悦的环境和氛围。

　　娱乐文化总是有形的，以文化产品形式体现出来，能够通过视觉或听觉的感受产生刺激感官的力量，达到让欣赏者身心满足的效应。此外，娱乐文化既然体现在文化产品中，那么其产生与发展必然与市场联系在一起，一种娱乐形式消费的人群越多，其发展也就越快和越加趋向完善。好莱坞电影便是一个明显的例子，其发展历程在第五章中已有所述，此处不再赘言。当然，美国的娱乐文化不会老是重复着某些形式或某些种形式，只有不断地创新才不会让大众产生"审美疲劳"的厌恶感，而技术的飞速进步为创新提供了非常有利的客观条件。按照西方"新马克思主义的文化帝国主义框架，世界其他地区被视为受害于美国对文化、工业和经济世界霸权的难以抵制的追求。收音机、电视、好莱坞、音乐和广告业以及技术改进等，无一不产生了更多地消费主要为美国生产之消费品的渴望，这种渴望是难以抑制的，美国愿意利用这种渴望"[1]。因此，美国在娱乐文化创新上具备了很大的优势，不仅有技术和人才，而且还有财力和市场，进入20世纪之后很快就成为"鹤立鸡群"的娱乐文化"帝国"，这个"帝国"一直没有呈现出衰落的迹象，到了第二次世界大战之后迅速"膨胀"。正如一位研究者所描绘的那样："毫不吃惊，20世纪50年代新消费主义带来的一个至关重要之后果是休闲的高度商业化，在前几十年逐渐形成的由好莱坞电影、无线电和电视网络、广告公司、报社集团、唱片公司和杂志出版社等组成的连锁结构现在一下子繁荣兴盛起来。'文化产业'迅速地控制了战后美国的娱乐和信息的传播。大公司靠着工业技术大规模地生产文化商品，然后推向市场，做广告，把它们销售给全国数目众多的观众。"[2] 欧洲迪士尼乐园总裁罗伯特·菲茨帕特里克把迪士尼乐园视为"文化"，声称"娱乐也是一种文化形式"，迪士尼公司是为广大游客提供"高质量的产品，而此前这些产品只为精英们所享有"[3]。菲茨帕特里克之言暗含着美国的文化产品主要是为大众服务的。在战后的美国，为适应大众的口味和市场的需求，

---

[1] Müller, *West Germans Against The West: Anti-Americanism in Media and Public Opinion in the Federal Republic of Germany 1949 – 1968*, p. 172.

[2] Steven Watts, *The Magic Kingdom: Walt Disney and the American Way of Life*, Boston: Houghton Mifflin Company, 1997, p. 362.

[3] Marianne Debouzy, "Does Mickey Mouse Threaten French Culture? The French Debate about Euro-Disneyland," in Ramet and Crnkovic, eds., *Kazaaam! Splat! Ploof! The American Impact on European Popular Culture since 1945*, p. 28.

旧的娱乐形式持续更新，新的娱乐形式不断涌现，促进美国大众消费社会迈向更加成熟的阶段。时至今日，美国"娱乐帝国"之名依然与实相符，尚无国家能够与之比肩匹敌，当然更是难以谈得上撼动这个"帝国"的基础和地位了。

美国娱乐文化的外延性很强，一方面其内容不局限于打上浓厚"传统"色彩的地方娱乐形式，另一方面其是现代大众消费社会的产物，适应了境外之人追求现代生活的需求，更为重要的是，娱乐文化属于商业范畴，以追求利润最大化为主要目的，仅局限于美国市场是远远不够的，势必会在国外寻求更为广阔的市场，以谋取更多的利润。欧洲成为美国娱乐文化的市场与大西洋两岸经济关系密切有着直接的关系。美国从19世纪末叶以来一直是全球名列首位的经济强国，至今这一首屈一指的位置也没有发生改变。向外经济扩张是美国世界经济"霸主"持续不衰的主要原因之一，欧洲市场从来都是美国经济体关注的重点，它们从欧洲国家赚取的巨额利润源源不断地流入了国内，为扩大再生产提供了必不可少的资金来源，其中娱乐文化产业功不可没。宾夕法尼亚大学赫伯特·甘斯教授的研究表明，自第一次世界大战以来，美国娱乐形式"一直受到英国和其他欧洲国家受众的青睐。美国电影、小说、歌曲和现在的电视节目变得非常受欢迎，致使这些娱乐形式把欧洲人从传统的娱乐形式和国内商业娱乐中吸引过来"[①]。在与欧洲国家的贸易往来中，娱乐文化产品是美国占据的绝对优势，尽管美国也向欧洲国家开放本国文化产品市场，但除了电影最初出现时的法国电影之外，很少有欧洲文化产品能够真正地进入美国娱乐市场，即使有的产品能够领风骚一时，然而很快就会销声匿迹。在文化产品贸易中，美国与欧洲实际上是走在一条"单行道"上，只有美国"来"，而无欧洲"往"。这种状况到了第二次世界大战之后更为明显，至今尚无根本的改变。

第二次世界大战之后，西欧国家在美国的影响之下大踏步地迈向了大众消费社会，民众对于这种社会相适应的娱乐文化的需求可谓是与日俱增。受身背古老悠久之传统的限制，更为重要的是受长期控制文化生活的精英们的阻扰，这些国家很难形成刺激大众消费社会的现代文化产品。这种状

[①] Herbert J. Gans, "Hollywood Films on British Screens: An Analysis of the Functions of American Popular Culture Abroad," *Social Problems*, Vol. 9, No. 4, Spring 1962, p. 324.

况直接导致了美国文化产品长驱直入,占据了欧洲娱乐文化市场的很大份额,与美国的其他消费品一样成为欧洲普通人生活中不可或缺的东西。战后欧洲大众对美国文化产品的消费比战前更甚,带来的结果不仅仅只是满足了身心上的愉悦,而且潜移默化地改变了他们关于生活的理念,加剧了他们对美国生活方式的模仿,导致了从古代延续下来的传统面临着"丧失"的局面。法国著名学者雷蒙·阿龙 1955 年出版了专著《知识分子鸦片》,他在这本书中强调,包含着《读者文摘》(Readers Digest)、大众娱乐以及喧嚣的低俗广告等"美国生活方式"理应对侵犯优越的文化形式负有责任,这种情绪普遍存在于日本和法国知识分子中间,尽管前者没有后者表示得那样露骨。这样,这些知识分子很容易把所有的邪恶归因于"资本主义"。事实上,他们"仇恨美国主义不是因为麦卡锡或资本家,而是因为他们受辱于美国的权力,感到他们的文化价值观受到大众的威胁"[①]。阿龙置身于法国知识分子之中,他的观察应该是很具有说服力的。

前章主要论述了西欧主要国家精英们面对这一问题所产生的忧虑与抵制反应,很少涉及美国娱乐文化在这些国家所谓"美国化"过程中所扮演的重要角色,意在专章论述。美国的文化产品与其他消费品有着明显的不同,更能直观地向消费者传递了不同于他们本国传统的文化"信息",更易于让消费者的思想发生潜移默化的改变,同时能刺激对输出国其他产品的消费。美国娱乐文化的绝对优势地位不仅在于压制了欧洲国家发展本国的文化产业,引起相关行业的激烈抗议,而且让欧洲精英们一向自豪的"高雅文化"风光不再,很大程度上改变了文化发展的方向,这是很多欧洲文化精英所难以容忍的,他们举起抵制的大旗丝毫不足为奇,甚至国家出于保护本国文化产业和传统文化的需要,也会介入其中,颁布相关法律,采取一些措施,抑制或限制美国某些娱乐文化形式在本国市场上所占有的绝对优势份额。这些国家皆为美国的盟国,无论如何都不会走到与美国官方公开冲突或敌对之地步,充其量只是在某些经济问题上发生意见不一致的争执。对美国娱乐文化持敌对态度的还是那些激进的或保守的左右翼文人,还有一些持自由主义观点的文化精英,极端文化保守主义者当然更是不用

[①] Raymond Aron, *The Opium of the Intellectuals*, New Brunswick: Transaction Publishers, 2009, p. 252.

说了。他们对美国文化产品的抵制几乎是出于本能，在文化上只要是属于美国的，那必然是粗俗低劣的，与古典高雅的欧洲文化不可同日而语。用研究者的话来说："从好莱坞音乐片到杰里·斯普林格的美国大众文化受到欧洲贵族精英的强烈抵制。例如，平民主义的好莱坞音乐剧几乎总是支持杂耍或爵士等'低劣'文化，与歌剧和芭蕾等'高雅'的欧洲文化相对立。"① 这是欧洲精英们抵制美国娱乐文化的根本原因。尽管他们的大声疾呼很难从根本上减弱民众对美国文化产品一如既往的消费热度，但他们会依靠着所控制的媒体对大众情绪产生很大的影响，有时还会激发起大众的爱国情怀和民族主义的热情，使他们在消费美国文化产品的同时加入到抵制美国"娱乐帝国"的队伍中来，形成了由这些文化精英所操纵的强烈反美情绪。

一 好莱坞电影的"霸主"地位及其遭到的限制

在第二次世界大战之前，好莱坞影片已占据了欧洲国家的电影市场，成为普通欧洲人消遣娱乐的主要形式之一。好莱坞影片有效地传播了美国人的生活理念和价值观，促进了欧洲人对美国商品的消费，在欧洲国家趋向"更像美国"的进程中发挥了至关重要的作用。这也是很多欧洲国家采取强制措施限制好莱坞影片的主要原因之一。不过，美国政府很少介入文化外交活动之中，尽管很多人已认识到美国文化的传播对于实现外交目标起着非常重要的作用。好莱坞电影是文化产品，具有与其他商品一样的特性，但不同的是，外国人在消费这种商品的同时不知不觉地受到影片中宣传的文化价值观的影响。他们"通过美国的媒介，尤其是通过好莱坞影片来了解和体验美国的文化，好莱坞作品形成于美国的意识和观点"②。在美国政府看来，好莱坞影片只是一种商品，官方介入进来只是想促进这种商品能够像其他商品一样在欧洲市场上畅通无阻地销售。战前美国官员与欧洲国家就好莱坞影片受到限制的交涉从表面上看主要体现在经济方面，很

---

① Stam & Shohat, *Flagging Patriotism: Crises of Narcissism and Anti-Americanism*, p. 184.
② Ziauddin Sardar and Merryl Wyn Davies, *Why Do People Hate America?* Cambridge: Icon Books Ltd., 2003, p. 11.

少涉及好莱坞影片在文化传播上的作用,至少美国官方是这样表现的。第二次世界大战之后,这种状况可以说是完全改变。正如奥地利学者瓦根雷特纳所言,美国文化产品"在第二次世界大战之前对欧洲已经产生了强劲的影响,但这些产品(通常)是通过商业渠道传播的。然而自1945年以来,外国人面对着一种新的局面,即强大的美国政府支持美国的形象和价值观在国外传播"[1]。事实的确是这样,"冷战"的爆发使美国政府决策者进而认识到,在这场全球性两种意识形态或生活方式的斗争中,单靠战争手段已难以实现美国外交所确定的目标,而"争取人的思想"成为取得冷战最后胜利的关键。在"争取人的思想"的文化外交中,好莱坞电影显然会扮演重要的角色,对传播美国文化价值观将起着举足轻重的角色。战后美国政府把文化在与其他国家交往中所发挥的作用提到了官方的议事日程之上,这在美国历史上尚属首次,意义可谓重大,不仅表明了官方对美国大众文化在国外传播持支持态度,而且还会采取积极措施促进好莱坞影片宣传的文化价值观得到国外之人的认同,以让这种媒介在促进美国对外战略实现上起着"软实力"的功能。

电影作为一种影响人们思想的有效手段在第二次世界大战期间得到了很好的展示,好莱坞拍摄的一些影片在配合美国政府发起的宣传战中效果甚佳,观众在得到身心愉悦的同时更为直观地感受到了美国人生活方式的诱惑力,自觉或不自觉地对美国战争目标产生了认同感。富兰克林·罗斯福总统认为,在对人们思想观念的影响上,电影是最有效的手段。战时新闻局首任局长埃尔默·戴维斯宣称,电影可能是"世界上最强有力的宣传工具,不管它试图是还是不是"[2]。戴维斯在谈到好莱坞电影的作用时说,把一种宣传注入进大多数人脑海中最便利的方式是,让这种宣传通过一种

---

[1] Reinhold Wagnleitner, "The Irony of American Culture Abroad: Austria and the Cold War," in Lary May, ed., *Recasting America: Culture and Politics in the Age of Cold War*, Chicago: University of Chicago Press, 1989, p. 285.

[2] Clayton R. Koppes and Gregory D. Black, "What to Show the World: The Office of War Information and Hollywood, 1942-1945," *The Journal of American History*, Vol. 64, No. 1, June 1977, p. 89. 关于好莱坞在推销美国及其理想的作用,详见 Fred Stanley, "Hollywood Looks Overseas," *New York Times*, September 17, 1944, p. X1.

娱乐影片这个媒介，使他们不会意识到，他们正在受到宣传的影响。[1] 戴维斯为战争期间发动美国对外宣传战的决策人物之一，对好莱坞在其中作用的认识乃是实践经验之谈。美国战时新闻局还经常安排好莱坞影星进入战地阵营，通过演出既丰富了战场上的文化生活，更重要的是鼓舞了士气，提高了将士们的作战斗志。此外，在被盟国解放的地区发放数十部展现美国生活某些积极特征的电影，向诸如意大利和法国等国的人民宣传美国的生活方式，试图达到让他们认同美国战后对世界安排的目的。[2] 杜鲁门政府负责战时宣传的官员威廉·本顿对电影在外交中的作用十分重视，他在战后初期担任助理国务卿，为发动文化外交而奔走呼吁。本顿50年代初担任美国国会参议员，伙同十几位同僚在国会提出了扩大对外宣传的议案，他们将之称为"思想领域的马歇尔计划"[3]。在这一计划中，好莱坞电影将会起着举足轻重的作用。1950年秋，美国一家电影公司总裁沃尔特·万格在《舆论季刊》杂志上发表了一篇题目为《唐老鸭与外交》的文章，阐释了本顿等人提出的美国电影业代表了"思想领域的马歇尔计划"的概念，认为好莱坞向外推销了美国，促进了美国产品的销售。因为外国观众受到从电影中直接看到的生活方式的激励，他们自然偏好从厨房风格到家具、从收音机到汽车的美国产品。在他看来，美国电影明星的影响是超乎寻常的，一个访问外国首都的明星产生的效应相当于12个政治家相同行为的总和。万格由此得出结论，他相信，只要得到官方的大力支持，"好莱坞将被承认为是思想上的马歇尔计划的逻辑中心——好莱坞拥有一大批像沃尔特·迪斯尼、约翰·福特、埃塞尔·巴里莫尔、鲍勃·霍普、达利·扎努克、阿尔·卡普、欧文·柏林以及米尔顿·卡尼夫这样的政治家和人道主义者，

---

[1] 转引自 Koppes and Black, "What to Show the World: The Office of War Information and Hollywood, 1942－1945," *Journal of American History*, Vol. 64, No. 1, July 1977, p. 89.

[2] 关于第二次世界大战期间美国战争信息办公室与好莱坞之间的关系，可参见 Koppes and Black, "What to Show the World: The Office of War Information and Hollywood, 1942－1945," *The Journal of American History*, Vol. 64, No. 1, June 1977, pp. 87－105.

[3] Walter L. Hixson, *Parting the Curtain: Propaganda, Culture, and the Cold War, 1945－1961*, Houndmills, London: Macmillan Press Ltd., 1997, p. 15.

拥有作为世界外交家的唐老鸭"①。万格是个电影人,他鼓吹电影会对外国观众产生巨大影响,目的还是希望能够引起政府对之足够的重视,支持好莱坞在国外的扩张。电影在实现美国国外现实利益上的确非一般商品所能取代。关于这一点,美国电影协会国际处处长杰拉尔德·迈耶说得很明白,即"现代美国电影是任何其他出口品所无法比拟的,同时具有经济、文化和政治意义的重要性"②。显而易见,当战后世界进入了冷战之后,美国朝野皆认识到在打赢这场战争中争取人的思想意识的重要性,好莱坞电影在这方面取得的效果尤佳。美国不仅从好莱坞向外扩张中获得了巨额的经济利益,而且也能通过人们难以觉察到的方式实现用政治和军事等手段所难以达到的目的。这是美国在战后继续通过商业方式试图维持好莱坞电影在西欧国家占据绝对优势地位的主要原因。

与战前相比,战后好莱坞电影在一些主要欧洲国家的市场占有率有所下降,原因不在于好莱坞影片本身失去了对外国观众的吸引力,主要是这些国家为了维护本国电影业的利益,对进口好莱坞影片给予限制,不过好莱坞电影在欧洲电影市场上占据的优势地位依然没有从根本上被动摇。研究电影哲学很有名的学者伊恩·贾维认为,在第二次世界大战结束之后,美国电影业在国际贸易中比所有欧洲潜在竞争对手至少拥有五个独特的优势:一是美国"在欧洲拥有大量投资,意欲恢复对这些财产的控制"。二是"一些当地影院老板和发行商对美国电影抱有好感,原因在于美国电影供货比较可靠,对公众的吸引力没有变化,拥有预售和定价的某些优势"。三是"管制通货刺激了美国人多样化他们的产品,加大在欧洲外景拍摄上的花费,进而投资于海外企业和海外明星培养"。四是"作为西方在军事、政治和经济上居于支配地位的大国,美国制定了实现战后世界更自由贸易的明确计划"。五是"美国在大众娱乐制造业上展现出堪称楷模的技能"③。这

---

① Walter F. Wanger, "Donald Duck and Diplomacy," *The Public Opinion Quarterly*, Vol. 14, No. 3, Autumn 1950, p. 452.

② Gerald M. Mayer, "American Motion Pictures in World Trade," *Annals of American Academy of Political and Social Science*, Vol. 254, November 1947, p. 31.

③ Ian Jarvie, "Free Trade as Cultural Threat: American Film and TV Exports in the Post-War Period," in Geoffrey Nowell-Smith and Steven Ricci, eds., *Hollywood and Europe: Economics, Culture, National Identity: 1945 – 95*, London: BFI Publishing, 1998, p. 44.

些优势有的为好莱坞电影本身所具有,有的则依靠着美国在战后西方世界享有的独特领导地位。其实,好莱坞电影的真正优势还是在于其商业性质,市场竞争法则迫使好莱坞必须拍摄出能够带来票房的电影,欧洲影院老板觉得放映美国影片可以吸引更多的民众前来观看,这样自然能够从中获利。1954年美国娱乐刊物《综艺》(Variety) 刊文指出,美国电影"在影院营运商上有着最强大的国外联盟,他们喜欢放映利润不菲的美国影片。这些外国影院老板日益大声疾呼反对他们本国政府靠着配额制限制进口美国影片以努力振兴地方电影制作"①。资金雄厚、技术先进、明星阵营、一流导演、激烈竞争以及政府支持等造就了好莱坞能够拍摄出适合海外市场的大片,这些大片不仅能使美国电影制作商获得巨额利润,而且也使放映它们的欧洲影剧院从中分享杯羹,至少在表面上达到了"双赢"或"多赢"的效益。好莱坞从拍摄电影到赚取利润,实际上处于了一种"良性循环"的状态之下。

正是具有上述优势,好莱坞电影在战后西欧电影市场上依旧像战前一样拥有无冕之王的地位。在战后初期的联邦德国,好莱坞影片的市场占有率不仅远远在其他国家之上,而且呈逐年上升的趋势。有统计数字表明,1948—1949年度,联邦德国总共放映了215部电影,其中本国影片为33部、奥地利影片为18部、法国影片为47部、英国影片为42部、意大利影片为5部、其他国家影片为6部、美国影片为64部,美国电影占总放映数的29.8%;1949—1950年度,联邦德国总共放映了374部电影,其中本国影片65部、奥地利29部、法国50部、英国50部、意大利4部、其他国家31部、美国145部,美国电影占总放映数的38.8%;1950—1951年度,联邦德国总共放映了435部电影,其中本国影片75部、奥地利32部、法国31部、英国28部、意大利33部、其他国家34部、美国202部,美国电影占总放映数的46.4%;1951—1952年度,联邦德国总共放映了438部电影,其中本国影片64部、奥地利22部、法国44部、英国21部、意大利

---

① Segrave, *American Films Abroad: Hollywoods' Domination of the Worlds' Movie Screens from the 1890s to the Present*, p. 187. 好莱坞在战后重建欧洲市场的优势,详见 Sylvie L. Waskiewicz, *Negotiating Culture: Hollywood and the Renewal of French Cinema, 1945 – 1954*, a dissertation, New York University, September 2003, pp. 79 – 80.

24部、其他国家37部、美国226部,美国电影占总放映数的51.6%。① 另一个统计数字表明,到1951年,西欧电影市场上放映的美国电影平均为61%,高于平均数的国家是,爱尔兰为85%,比利时、丹麦和卢森堡为75%,英国、芬兰、希腊和荷兰为70%,意大利和葡萄牙为65%,挪威为63%;低于平均数的国家是,瑞典为60%,法国和瑞士为50%。② 这些统计数字没有计算票房收入,通常而言,好莱坞影片的票房在总票房中占到的份额应该更大。意大利的情况比联邦德国更甚。从第二次世界大战结束到整个50年代,意大利影院放映了数以百计的各类美国影片。仅在1945年和1946年两年内,约六百部好莱坞电影在意大利全国各地影院上映,这足以表明好莱坞影片对意大利电影市场的有效控制。意大利帕杜亚大学教授丘利亚钠·穆斯乔对此评论说,好莱坞"入侵了意大利的电影屏幕"。在穆斯乔看来,从1945年到1955年这十年期间,意大利民众对电影的消费经历了不可思议的上升。整个国家电影院的数量从五千家增加到一万家,还不包括五千家只在周末营业的小剧院。电影院遍及全国,电影广告和海报到处都是,电影明星的艳照随处可见。因此,在意大利从一个农村国家向城市化社会转变时,美国电影的普遍化向传统地方文化提出了挑战。③ 在50年代,意大利是欧洲国家中美国电影最大的输入国之一。美国电影展现出的现代生活方式对意大利社会转型产生了很大的影响。意大利博罗尼亚大学历史学教授戴维·埃尔伍德在对这一时期好莱坞电影研究时特此强调了这一点,认为好莱坞电影展现出的"美国神话和美国模式20世纪50年代在形成和指导意大利喧嚣的现代化经历中扮演的主要角色"④。西班牙在弗朗西斯科·佛朗哥独裁统治之下,一度对好莱坞实行了严格的审查制度,

---

① Trumpbour, *Selling Hollywood to the World: U. S. and European Struggles for Mastery of the Global Film Industry, 1920 – 1950*, p. 227.

② Pells, *Not Like Us: How Europeans Have Loved, Hated, and Transformed American Culture since World War II*, p. 219.

③ Ciuliana Muscio, "Invasion and Counterattack: Italian and American Film Relations in the Postwar Period," in Wagnleitner and May, eds., *"Here, There, and Everywhere": the Foreign Politics of American Popular Culture*, p. 119.

④ 转引自 Muscio, "Invasion and Counterattack," in Wagnleitner and May, eds., *"Here, There, and Everywhere": the Foreign Politics of American Popular Culture*, p. 122.

很长时间不允许好莱坞影片在西班牙剧院上映。战后佛朗哥政权对美国表示亲善，愿意在冷战中追随美国对付苏联。两国关系的改善自然使这个独裁政权放松了对进口电影的审查，有限制地允许好莱坞影片进入，美国电影由此很快占据了西班牙各大小影剧院的屏幕。西班牙瓦伦西亚大学历史系高级讲师奥罗拉·博施等人研究了好莱坞和佛朗哥统治下的西班牙，得出这样的结论：

> 从执政开始直到50年代中期，佛朗哥政权实行了审查制度和配音的双重过滤，通过这些措施首先试图让自身免于受到好莱坞更为"有害"的价值观之影响。尽管如此，美国电影依然是公众私下观看的主要形式。这些电影在屏幕上展现的道德观和社会角色在40年代和50年代被少数享有特权的年轻人所模仿，开始在对抗教会和现政权的道德观和社会角色上缓慢地取得进展。这种局面在60年代变得日益明显，当时经济增长导致了一个消费社会到来时，这些价值观开始得到大多数人认可，致使拉大了真实的西班牙和官方的西班牙之间的差距。①

这里虽然没有统计数字来更为具体地说明上述这一结论，但显而易见，在战后的西班牙，好莱坞影片受到审查制度的影响并不大，成为西班牙人休闲之余的主要娱乐形式，并对西班牙社会转型产生了举足轻重的影响。因为语言相同，好莱坞电影长期以来在英国电影市场一直占据着绝对的优势。赫伯特·甘斯在1962年发表了一篇文章，对好莱坞影片到此时为止通常占到英国"法令许可的影院放映时间的70%"进行了分析。② 佩尔斯对50年代初期好莱坞在一些欧洲国家电影市场份额的统计表明，爱尔兰为85%，比利时、丹麦和卢森堡为75%，英国、芬兰、希腊和荷兰为70%，

---

① Bosch and Rincón, "Dream in a Dictatorship: Hollywood and Franco's Spain, 1939–1956," in Wagnleitner and May, eds., "Here, There, and Everywhere": the Foreign Politics of American Popular Culture, p. 114.

② Gans, "Hollywood Films on British Screens: An Analysis of the Functions of American Popular Culture Abroad," Social Problems, Vol. 9, No. 4, Spring 1962, pp. 324–328.

意大利和葡萄牙为65%，挪威为63%，瑞士为60%，法国和瑞典为50%。到1958年，好莱坞的利润近一半来自国外，而1937年只有40%，欧洲国家的票房所得占据了这一收入的主要部分。① 另外一个统计表明，在好莱坞电影1963年前15位票房收入最高的国家中，前四位为欧洲国家，分别是来自英国的票房为3270万美元，意大利为2890万美元，西德为2540万美元，法国为2280万美元，另有西班牙、比利时和瑞典名列其内；十年之后，这个排名略有变化，但排在前五位的国家除了加拿大之外，还是这四个欧洲国家，意大利为4310万美元，西德为3220万美元，英国为3190万美元，法国为3160万美元，另有西班牙、瑞典和瑞士名列其内。② 这些数字说明，好莱坞电影在欧洲一些国家市场上的优势地位受到了挑战，但并没有从根本上被动摇，从票房收入上就可以看出这一点。

好莱坞影片在国外宣传美国主流文化价值观上功不可没，这一点已得到美国朝野的认同，一些欧洲国家对好莱坞电影做出限制同样是基于这种认识。不过，就美国政府而言，它希望好莱坞影业能够拍摄出反映美国真实生活的影片，尤其是能从正面宣传美国民主价值观的影片。一份相关文件这样写道："国务院希望在保护国外美国电影业上通力合作，反过来也期望该业与政府真心实意的合作，保证在国外发行的电影应该反映该国及其制度的好名声与声誉。"③ 客观上讲，好莱坞影业拍摄的这方面影片也很多，有效地向国外观众传递了美国人的真实生活和民主自由观念，但好莱坞毕竟是以赚取最大的利润作为拍摄影片的目的，这种商业性决定了好莱坞为了吸引观众的眼球，满足他们感官上的需要，会拍摄大量故事情节离奇且充满着强烈刺激性的影片。这类影片集惊悚、凶杀和色情于一身，虽然迎合了现代人在紧张工作之余放松身心的需要，但却向观众传递了有关美国社会的"负能量"，既不利于他们了解一个真实的美国，也会诱发一些人模仿，进而走向犯罪。欧洲一些人对好莱坞影片的强烈谴责，主要原因之一

---

① Pells, *Not Like Us: How Europeans Have Loved, Hated, and Transformed American Culture Since World War II*, p. 219.

② Segrave, *American Films Abroad: Hollywoods' Domination of the Worlds' Movie Screens from the 1890s to the Present*, p. 289.

③ 转引自 Ian Jarvie, "The Postwar Economic Foreign Policy of the American Film Industry: Europe 1945 - 1950," *Film History*, Vol. 4, No. 4, 1990, p. 280.

是这类影片会成为引发社会问题的根源。1947年1月9日，美国助理国务卿本顿在芝加哥对外关系委员会的讲话中谈到，一些国家担心美国的"文化帝国主义"行为给它们的文化传统造成了伤害，矛头直指好莱坞。在本顿看来：

> 好莱坞的技术创新使其拍摄的影片受到世界各国民众的追求和喜爱，但却使这些国家的学者和知识分子感到恐惧，他们听到他们的子女讲美国口音的英语，美国的俚语随口而出，讨论好莱坞情节中的性爱、离婚和谋杀。①

本顿所言为实，是在为好莱坞影片在国外遭到的"不公正"进行辩护，意在提醒政府密切注意这种不利于好莱坞影片在国外发行的倾向，应该"防患于未然"。欧洲很多人无疑比较喜欢好莱坞影片，主要体现在故事情节对感官的刺激之上，但看过之后会感到一些影片既无助于了解美国，还会带来一些严重的社会问题。1949年，一位在美国学习的欧洲学生接受一次相关调查时回答说："对美国威望造成最大毁坏的因素不是大量的俄国和其他反美主义宣传，而是来自美国本身的东西。源于好莱坞的垃圾作品已经成功地使越来越多的欧洲人确信，美国是由劫匪、色情狂、性感女孩、牛仔和摩天大楼所构成。"② 这位学生发出这种愤怒之声大概是因为他看到的美国与好莱坞影片所展现的美国迥然相异，要是绝大多数欧洲人通过好莱坞影片了解美国的话，那真是有些"南辕北辙"了。美国著名历史学家亨利·斯蒂尔·康马杰1951年6月24日在《纽约时报》上发表文章批评美国对欧洲文化造成了很恶劣的影响。他以好莱坞电影为例来加以说明，认为"好莱坞象征着美国的电影，好莱坞的确是非常邪恶的。好莱坞电影展现出了不真实的画面，让每个人都受到了蒙蔽。它们传播了错误的标准，这就是美国标准如此低劣的原因。它们对国外也造成了伤害。它们降低了欣赏情趣，在英国，法律规定每个人每周要看三四部美国电影，这对英国

---

① "Nations' Fear of Hollywood Influence Cited," *The Washington Post*, January 10, 1947, p. 6.
② Henry L. Munson, *European Beliefs Regarding the United States*, New York: Common Council for American Unity, 1949, p. 23.

的品位产生了可悲的影响"①。他在这里没有明确涉及这类影片对欧洲社会造成的具体恶劣影响,但话里话外显然有此含义。倒是身处欧洲的人在这方面感觉比较强烈,他们对好莱坞影片给社会造成的不良后果感触颇深。1959 年,来自联邦德国迪伦县的里亚·贝克尔致信德国内政部长,谈到好莱坞电影对德国社会产生的恶劣影响,提出"阻止美国低劣肮脏的电影蜂拥而入德国难道没有可能吗?一个人完全同意与美国的政治经济合作,然而应该以西方文化为荣,不应该试图将其连根铲除,把来自一个文化上非常低劣之国家的最原始的东西强加给我们。如果人们对这些东西保持高度的警惕,诸如柏林体育馆和杜伊斯堡由于美国爵士乐之王而出现的混乱不堪场景将不会发生"。1967 年,汉堡一个极端组织把德国青年人轻浮的"性解放"归因于好莱坞电影,认为美国电影构成了"非道德的威胁"。正是在这些电影和相关图书的影响之下,德国年轻人置传统道德观念于不顾,变得完全性开放。这样,道德秩序的松弛和破坏"导致了 1962 年出现了 13 岁到 18 岁年龄段的母亲,仅 1964 年就有 1.5 万名年龄为 13 岁或 15 岁的母亲"。德国著名记者汉斯·策雷尔写了一篇题目为《如何成为一个合法罪犯》的文章,认为好莱坞电影没有让生活变得更为充实,而是相反,使生活"更为空洞贫乏"。他引用了几个青少年犯罪的恐怖案例来加以说明,这些施暴者在法庭上坦率地承认,他们欣赏美国的电影,其中一人供认,他以"在美国电影中看到的方式"杀死了他的女友。另一名少年犯告诉法庭,成为恶棍"一直是我生活的理想,就像我在美国电影中看到的恶棍一样"②。在其他好莱坞影片受到大众青睐的欧洲国家,类似的情况同样出现,只是程度有所区别而已。这种道德沦丧的"世风日下"实际上是由很多原因造成的,很多欧洲人将之完全归结于好莱坞电影多少有些寻求"替罪羊"的味道。不过在传统道德观丧失的过程中,好莱坞电影终究扮演了不光彩的角色。

好莱坞电影在欧洲国家风行之后,既丰富了当地人休闲时间的娱乐生

---

① Henry Steele Commager, "So We're a 'Bad Influence'," *New York Times*, June 24, 1951, p. 175.

② 以上引文见 Müller, *West Germans Against The West: Anti-Americanism in Media and Public Opinion in the Federal Republic of Germany 1949 – 1968*, pp. 130, 131.

活，同时也伴随着欧洲人对美国社会的激烈批评。一位记者在60年代发表文章称好莱坞在古老的欧洲文化转变中起了很大的作用，因为"好莱坞电影描述了一幅艳丽多彩的海市蜃楼图景，一个充满着暴力和个人无限制自由的世界，爵士乐风靡，黑帮歹徒横行，新型美女花枝招展。对欧洲知识分子来说，美国展现出了一个由年轻野蛮人构成的社会，其不受约束的活力将把旧欧洲从历史和文化的负担中解放出来，以野蛮的新感觉恢复淫荡的欲望"[1]。这位记者的这番描述尽管涉及的只是20年代好莱坞电影展现出的场景，但到了作者撰写这篇文章之时，好莱坞电影描绘的这样场面不仅没有改变，而且还由于技术的进步更是有过之而无不及了。英国作家卡罗琳·勒琼在《观察家》(*The Observer*) 报刊上发表文章，强调了好莱坞对那些"不能形成成熟判断"之人的影响。勒琼指出，大多数好莱坞电影给人的印象是，在这样一个国家，结婚就"只是离婚的前奏"，在中学女生中怀孕率很高，教育是"男女亲密接吻的代名词"，喝酒是"男性和女性所享有的重要国家习俗"。这种印象让勒琼感到是"很危险的"。如果这种印象是错误的话，那就多少接近对"一个国家的诽谤"。如果属实，那就"预示着一个国家的危险"[2]。奥地利学者瓦根雷特纳把好莱坞称为"电影帝国"，认为这个"帝国"意味着"不只是对国际娱乐的经济控制。在欧洲，这种状况不仅表明了巨大的经济损失，而且也象征着认知身份受到破坏，意味着对文化和符号资本的创造和传播缺乏控制，意味着对生产这些形象和图像之主权的丧失，这些可能已成为20世纪文化自我诠释和自我界定的原动力和媒介"[3]。瓦根雷特纳这里谈到了好莱坞电影对欧洲国家重构文化形象过程中产生的破坏性影响，实际上瓦解了这些国家在这方面的能动性，让文化的发展受到"邪恶"力量的控制。德国电影制作者维姆·文德斯甚至宣称，好莱坞成功地殖民化了欧洲人的潜在意识。[4] 因此，正如一位研究者

---

[1] John L. Brown, "The Impact of a Legend," *New York Times*, March 14, 1965, p. BR50.

[2] Middleton, "Cowboys and Indians: British Image of U. S. Being Blurred by TV When Allies Cannot Afford It," *New York Times*, January 19, 1960, p. 71.

[3] Wagnleitner, "American Cultural Diplomacy, the Cinema, and the Cold War in Central Europe," April 1992, Working Paper 92-4, p. 11.

[4] 转引自 Winfried Fluck, "The Americanization of German Culture: The Strange, Paradoxical Ways of Modernity," in Mueller, ed., *German Pop Culture: How "American" Is it*? p. 32.

强调的那样，在这个世界，其他国家和地区的民族电影"长期处于美国电影投射的经济和文化阴影之下，与电影有关的文化政策含蓄地把美国电影视为民族电影的'他者'"[1]。好莱坞电影的"他者"形象自然意味着与欧洲国家制作的电影对立，前者之兴必然意味着后者之衰，反之亦然。为了振兴民族电影业，维护本国的传统道德价值观免遭好莱坞电影的负面影响，很多欧洲国家对美国电影采取了限制性的措施，有的国家取得了明显的成效，有的国家却成效甚微。总的来说，无论结果如何，这些国家采取的措施无疑是对好莱坞在欧洲市场上优势地位的挑战。

  法国在第二次世界大战前对进口美国电影采取了配额制，但好莱坞影片始终在法国电影市场上占据着优势地位，是美国电影在欧洲国家的最大市场。战争结束之后，从维希政权下解放出来的法国人希望美国电影能够重返法国，以满足他们对娱乐的需求。当时法国人把观赏美国电影看作这个国家再次获得"自由"的象征。法国电影导演尼科勒·韦德尔1945年7月在一份左翼杂志《行动》（Action）周刊上发表文章呼吁"我们美国电影"返回法国，埃德加·莫兰此前宣称，法国人"需要美国的电影，犹如欢迎从远方归来的老朋友一样"[2]。好莱坞电影在战后法国的确很受民众的欢迎，但法国政府还是希望维持战前对美国电影的配额制，主要是出于对振兴本国电影行业的考虑。两国为此展开谈判。1946年3月15日，法国临时政府高官莱昂·布鲁姆（法国著名的政治家和作家，曾为法国首位社会党籍的总理——作者注）率队赴华盛顿，经与美国国务卿詹姆斯·贝尔纳斯的谈判很快签署了两国之间一系列商业协定，有关电影进出口的规定放在协定的附录中。按照相关规定，法国政府尽管对电影进口实行配额制，但却为好莱坞大举进军法国打开了大门。美国电影制片公司即刻在巴黎等城市重开办事处，在行业刊物上大做广告。配额制最初并没有起到太大作用，法国影剧院充斥着好莱坞影片，法国观众对之趋之若鹜。法国共产党

---

[1] 转引自 Richard de Zoysa and Otto Newman, "Globalization, Soft Power and the Challenge of Hollywood," *Contemporary Politics*, Vol. 8, No. 3, September 2002, p. 198.

[2] 转引自 Jean-Pierre Jeancolas, "From the Blum-Byrnes Agreement to the GATT Affairs," in Nowell-Smith and Ricci, eds., *Hollywood and Europe: Economics, Culture, National Identity: 1945 - 95*, p. 48.

领导人莫里斯·多列士1948年4月18日在一次集会上谴责了布鲁姆把法国电影市场拱手让给了美国：

> 正是由于莱昂·布鲁姆，美国电影正在入侵了我们屏幕，不只是剥夺了我们的艺术家、音乐家、工人和技师的每日面包，也不折不扣地毒害了我们孩子、年轻人和年轻姑娘的灵魂，他们将变成美国千万富翁的温顺奴隶，不会成长为具有构成我们国家伟大和辉煌的道义与理性价值观的法国公民。①

多列士的谴责不无夸张之处，但也彰显出了好莱坞影片战后初期在法国电影市场上依旧占据着优势地位。也正是好莱坞影片对法国人的生活方式产生了很大影响，尤其是对法国电影产业发展构成了威胁，很多法国文化精英要求政府将配额制落实到位，对好莱坞影片进入法国给予限制，振兴以反映艺术性的民族电影业。用凯塞尔的话来说，法国精英人士坚持，"电影是一种民族艺术，表明了一个国家的历史和想象"，同时他们声称，他们正在不使艺术沦于商业。② 其实，在战争尚未结束之前，复国的法国政府就开始考虑对好莱坞电影进口做出限制了。1944年10月28日，时任美国政府某部门官员的L. W. 卡斯特纳在致里斯金的信中写道："法国人正在制订对电影进口做出各种限制，当然这些限制主要是针对美国电影的。"③ 根据《纽约时报》记者1948年3月7日从巴黎发回的报道称，法国政府和电影官员打算削减好莱坞电影进入法国的数量。一位法国官员解释说，好莱坞电影正在"淹没国内企业"，法国电影制作已下降了30%，而好莱坞影片的进口将近翻了一番。④ 法国人绝不会甘愿让这种状况继续下去。50

---

① Jeancolas, "From the Blum-Byrnes Agreement to the GATT Affairs," in Nowell-Smith and Ricci, eds., *Hollywood and Europe: Economics, Culture, National Identity: 1945 – 95*, p. 51.

② Richard F. Kuisel, "The French Cinema and Hollywood: A Case Study of Americanization," in Fehrenbach and Poiger, eds., *Transactions, Transgressions, Transformations: American Culture in Western Europe and Japan*, pp. 219 – 220.

③ 转引自 Jarvie, "The Postwar Economic Foreign Policy of the American Film Industry: Europe 1945 – 1950," *Film History*, Vol. 4, No. 4, 1990, p. 279.

④ "U. S. Film Exports Worrying France," *New York Times*, March 8, 1948, p. 16.

年代之后法国向好莱坞在本国电影市场上的霸权地位提出了挑战，逐渐让本土电影占据了主导地位，使好莱坞影片在法国电影市场上所占据的份额逐年下降。法国通过扶植民族电影业成功地减弱了好莱坞电影所占据的优势，这在西欧国家中也算是一个成功的范例。凯塞尔的研究表明，战后初期法国影剧院上映的影片差不多一半来自美国，但在国家政策的扶植之下，民族电影业迅速恢复，很快占据了本国市场。在整个50年代，法国人能够维持电影票房的一半左右，把好莱坞的票房份额限制在三分之一，好莱坞由此陷于困境。更令人瞩目的是，法国人在使他们的电影屏幕免受美国人的影响上实际上是独一无二的。在这些年月里，包括英国人、比利时人、丹麦人、瑞典人和意大利人在内的绝大多数西欧人将其国家一半多的观众让给了美国人。凯塞尔还引用了法国媒体人韦罗尼克·舍姆拉的描述，即在20世纪50年代后期，美国电影的观众数稳定在30%到32%，1962年下降至28%，而法国电影徘徊在48%到52%之间。舍姆拉对法国电影市场上全部票房收入的统计表明，美国电影所得为31%到32%，而法国的份额为49%到50%。关于发行的电影数量，舍姆拉强调，美国占有的份额从33%减少到23%，而法国占有的份额却从23%上升到38%。[1] 到了70年代，法国电影基本上维持在占本国电影市场的一半左右，好莱坞电影占有的份额在四分之一到三分之一之间徘徊。具体的数字如下：1970年法国电影的市场占有额为49.03%，美国为25.98%；1971年法国为52.99%，美国为24.79%；1972年法国为53.51%，美国为24.32%；1973年法国为58.32%，美国为19.72%；1974年法国为53.87%，美国为21.28%；1975年法国为50.64%，美国为26.94%；1976年法国为51.12%，美国为27.71%；1977年法国为46.53%，美国为30.38%；1978年法国为46.02%，美国为32.55%；1979年法国为50.11%，美国为29.25%。[2]
电影这种娱乐形式最早起源于法国，法国电影业在初创时期曾辉煌一时，好莱坞电影在欧洲娱乐市场上的霸主地位让法国电影业风光不再，但法国

---

[1] Kuisel, "The Fernandel Factor: The Rivalry between the French and American Cinema in the 1950s," *Yale French Studies*, No. 98, 2000, pp. 119–120, 121.

[2] Jeancolas, "From the Blum-Byrnes Agreement to the GATT Affairs," in Nowell-Smith and Ricci, eds., *Hollywood and Europe: Economics, Culture, National Identity: 1945–95*, p. 53.

人从来没有停止过抵制好莱坞电影的"入侵",这种抵制只是到了第二次世界大战后才取得了明显的效果。

战后好莱坞电影在法国电影市场上失去了优势,一方面在于一些文化精英在媒体上不断向民众呼吁抵制好莱坞影片对人们生活的"毒化";另一方面在于政府为了重振法国电影业过去的辉煌对好莱坞电影进入法国市场采取的限制措施,当然也与法国电影业能够运用现代电影技术拍摄出民众喜欢观看的影片。1946 年 6 月 15 日,法国的电影演员、厂商、工会代表和专家云集巴黎,强烈要求成立一个全国性的保护法国电影委员会。根据美国驻法大使杰斐逊·卡弗里所言,这次会议请求把"前敌人和通敌分子"的电影企业国有化,退还电影制作商已征收的 17% 的奢侈品税,给予电影出口补贴,禁止"买片花"行为,每年为法国影片的制作提供 3 亿法郎的信贷以及调整电影业的贷款利率。他们把保护法国电影业看作与保护法国同样重要。[①] 1954 年法国出版了一本书,书名为《对法国电影的威胁》(*Menaces sur le cinéma fançais*),作者的结论是,让美国电影成为法国屏幕的主人,将不仅意味着一种产业的消失,而且将意味着法国人屈从于来自外部持续不断的压力,造成了他们"像美国人那样思考",像麦卡锡参议员那样思考。法国人不需要这个。法国人"不能支持受一种政策激发的电影,因为这种政策宣扬对那些不像艾森豪威尔总统那样思考的人的仇恨,不支持其内容通常诱因战争、野蛮、种族主义和厌世主义的电影,更不用说内容是宣扬色情的电影了"[②]。法国政府由此对好莱坞电影采取了限制进口的政策。1952 年 5 月 12 日,美国电影协会主席埃利克·约翰斯顿代表好莱坞影业指责法国政府限制美国影片的进口,宣称在铁幕国家之外的世界,法国是限制最为严厉的电影市场。法国政府每年允许进口 121 部美国电影,还要求每个电影院定期必须放映法国影片,对每部原版好莱坞影片征收 4000 美元的胶片长度税。[③] 1961 年 6 月 14 日,法国政府颁布法令,提高了对在法国上映的外国电影数量的限制。外国电影无论道白"为本地语言还

[①] Trumpbour, *Selling Hollywood to the World*s, p. 267.

[②] Jeancolas, "From the Blum-Byrnes Agreement to the GATT Affairs," in Nowell-Smith and Ricci, eds., *Hollywood and Europe: Economics, Culture, National Identity: 1945 – 95*, p. 52.

[③] "Johnston Decries French Film Bars," *New York Times*, May 13, 1952, p. 19.

是采取配音,自 1948 年 11 月以来在数量上一直受到限制,意在保护法国的电影工业"①。这个法令显然主要是针对好莱坞电影的。

美国电影业对这种限制十分不满,美国政府随即派代表与法国举行谈判,希望法国能够取消对好莱坞的限制,开放法国电影市场。两国经过谈判,法国迫于美国的压力尽管提高了进口好莱坞影片的数量,但无论如何不会开放国内电影市场,让美国电影自由进入法国。当然,只要法国影业能够拍摄出质量高的电影,法国观众还是会优先选择本国电影,毕竟这些电影反映了他们熟悉的生活场景和文化,更易于产生认同感。民意调查证实了法国人偏爱本国的电影。当问到他们喜欢哪个国家的电影时,参与调查的法国人在 1954 年回答说,本国电影 76% 是优秀的或良好的,只有很小一部分电影是平庸的或劣质的。参与调查的法国人给美国电影评价很低,只有 21% 认为它们是优秀的或良好的,24% 把美国电影列为平庸的或劣质的。四年之后,民意调查再次表明了法国人同样的偏好。② 观众的喜好是法国电影占据市场优势的主要原因。80 年代之后,这种状况逐渐发生变化,从 1980 年到 1993 年,美国电影的票房份额从 35% 跃至 57%,而法国电影的国内市场份额几乎按照完全相同的比例下降。③ 好莱坞影片尽管战后很长时期在法国电影市场上没有居于主导地位,但其高扬的价值观与生活方式对很多法国人,尤其是年轻人产生了很大的影响,在促使法国进入现代大众消费社会上起了不容忽视的作用,而这恰恰正是一些法国人抵制好莱坞影片的重要原因之一。

很多国家通过各种措施对好莱坞电影给予限制。1960 年 3 月 1 日,美国电影界的最高发言人约翰斯顿请求政府帮助缓解美国电影在世界各地面对着的"对外壁垒、配额制和限制"等。他列举了 17 种限制类型,范围从

---

① "France Lifts Foreign Film Curb," *New York Times*, June 15, 1961, p. 51.
② Kuisel, "The Fernandel Factor: The Rivalry between the French and American Cinema in the 1950s," *Yale French Studies*, No. 98, 2000, p. 122.
③ Kuisel, "The French Cinema and Hollywood: A Case Study of Americanization," in Fehrenbach and Poiger, eds., *Transactions, Transgressions, Transformations: American Culture in Western Europe and Japan*, p. 211.

进口配额和歧视性关税到特别税收和阻止美国海外公司赚取利润汇出境外等。[1] 1971 年，美国电影协会主席杰克·瓦伦蒂宣称，好莱坞影业丧失的海外市场占 10%—15%，这"将暗示着一个行业和好莱坞的灾难"。他列举了外国采取的限制措施对好莱坞影片构成的十大威胁：一是出口配额（19 个国家）；二是屏幕时间配额（19 个国家）；三是歧视性通行税（4 个国家）；四是电影租赁控制给发行商最多为 50%（12 个国家）；五是货币兑换限制（15 个国家）；六是要求字母应该打印在屏幕上（6 个国家）；七是配音应在当地进行（3 个国家）或禁止用字幕代替配音（4 个国家）；八是对外禁止外国发行商（6 个国家）；九是征收高收入税（6 个国家）；十是当地影片补贴或奖励（20 个国家）。[2] 在瓦伦蒂列举的这些国家中，欧洲国家应该不占少数。法国在限制好莱坞电影上算是比较成功的，有些国家慑于美国的压力，并没有强行推行类似配额制等措施。联邦德国就是一例。在 20 世纪 50 年代中期，西德人试图把美国进口影片限制在每年 150 部；他们试图对美国电影收入征收某些税；对进口电影确定一个时间上的限制，以防进口以前没有在西德放映的旧影片。由于来自美国电影出口协会和国务院的压力，德国人的这些措施无一见效。当时德国电影导演和制片人非常生气，敦促政府通过了一项屏幕配额立法，要求本国影片每三个月放映 35 天，影院老板设法阻止这项立法付诸实行。1960 年，美国电影出口协会的一位代表告诉记者，尽管德国继续努力限制美国的影片，但是"我们有理由确信，我们能够挫败任何诸种举措"[3]。这位代表有这样的自信显然是来自美国政府的大力支持。60 年代中期，贷款给电影厂家的一家美国银行副总裁 A. H. 豪花了五个月时间考察了英国、法国、联邦德国、意大利和西班牙等国的电影经营状况，他发现在这五个欧洲国家中，只有联邦德国没有为国内电影业提供补贴，在有的国家，补贴占到几乎电影投资的一半。他把"较低的劳动力成本和政府补贴"视为促进欧洲电影发展的其中两个

---

[1] "Movies Seek U. S. Help: Eric Johnston Calls for Aid in Easing Foreign Barriers," *New York Times*, March 2, 1960, p. 40.

[2] Segrave, *American Films Abroad: Hollywoods' Domination of the Worlds' Movie Screens from the 1890s to the Present*, pp. 202 – 203.

[3] 以上引文引自 Segrave, *American Films Abroad: Hollywoods' Domination of the Worlds' Movie Screens from the 1890s to the Present*, pp. 209 – 210.

原因。① 联邦德国政府没有给本国电影业提供补贴，自然会造成了好莱坞电影居于优势。根据《纽约时报》记者1965年1月1日发自波恩的报道，1964年，211部美国电影在西德影院上映，1965年这一数字上升为237部，而德国电影业每年才拍摄130部电影。因此，德国影业要求政府提供保护，尤其是不受来自美国电影竞争的影响。② 这则报道表明联邦德国影业从来没有停止过抵制好莱坞电影的呼吁。这个国家屡次掀起反美浪潮固然有很多因素，但好莱坞电影控制了西德影院的屏幕无疑也引发了人们的不满。

英国在战争结束之后就开始对外国电影进入本国市场实行了配额制，1948年6月英国政府宣布，从当年10月1日开始，英国影剧院必须把它们放映时间的45%分配给本国拍摄的电影，取代了当前的20%。约翰斯顿要求美国国务院采取措施迫使英国取消这一"过分的、没有必要的和不可履行的"新配额法令。③ 随后美国政府派代表与英国政府展开谈判。1950年3月30日，英国下议院投票批准了一个新的法令，把对英国电影业制作之故事片的配额从40%削减至30%。④ 英国电影业一直游说议会提高对好莱坞电影的配额，1963年，英国电影制作者联盟敦促英国政府将配额从30%提高至50%，但并未被政府采纳。当然，英国政府对本国电影业还是采取了资金补贴，鼓励它们拍摄出能够吸引观众的高品位影片。面对着英国的限制措施，好莱坞也通过各种方式钻法律的空子，基本上维持了在英国电影市场上的绝对优势地位。西班牙对进口美国电影也采取了限制性措施。50年代初，西班牙把进口美国电影确定在每年100部，美国在西班牙的电影公司享有60部电影的进口配额，西班牙公司享有40部的进口配额。1953年11月22日，西班牙商务部发布公告，宣布重新订立一年前与美国电影协会签署的电影协定，按照新协定的规定，在西班牙的美国电影公司

---

① Richard L. Vanderveld, "Europe Posing a Stern Threat to Hollywood, Banker Asserts," *Los Angeles Times*, January 16, 1967, p. C13.
② Albion Ross, "Bonn Film Group Asks Import Curb," *New York Times*, January 2, 1955, p. 65.
③ Mary Hornaday, "Hollywood Criticizes New British Film Quota," *The Christian Science Monitor*, June 22, 1948, p. 13.
④ "Britain Approves Movie Quota Cut," *New York Times*, March 32, 1950, p. 43.

也许拿出地方票房所得的 40% 交给该国。① 随后美国电影协会与西班牙政府就电影配额展开谈判，西班牙方面要求，每进口 4 部外国电影，发行商必须发行 1 部西班牙制作的电影。美国电影协会对此要求拒绝让步，决定停止对西班牙出口好莱坞电影。美国方面担心，如果美国生产商接受了这一要求，这将会为其他国家树立一个示范效应，他们会纷纷采取类似措施限制美国电影在其境内发行。此外，这一要求实际上"将把外国电影发行商置于任凭西班牙生产商的摆布之下"②。显而易见，西班牙这一要求的目的在于迫使发行商购买西班牙制作的电影。西班牙政府内部对这种四比一配额也有不同看法，再加上当时西班牙正与美国谈判欲获得国会批准 5000 万美元的经济援助，这种配额制暂时没有付诸实行。到了 60 年代初，西班牙使用比较复杂的点数制对进口美国电影进行限制，也就是根据积累的点数发给某些外国电影发行商进口电影许可证。此外，在特殊情况下，西班牙推行上文提到的四比一配额比例。70 年代初，西班牙政府放弃了点数制和四比一配额制，取而代之的是一种新的方法，即根据本国拍摄之电影在西班牙的票房收入来给发行商颁发进口许可证。这种方法实际上大大降低了限制进口外国电影的标准，此前西班牙每年进口外国电影被限制在 120 部左右，根据新的方法，每年 300 部左右的外国电影进入西班牙，外国电影中绝大多数为美国电影。③ 来自美国的压力是西班牙降低进口外国电影标准的主要因素之一。

　　上述以几个欧洲主要国家为例说明了好莱坞电影进入它们国家遭受到的限制情况，这些国家采取的措施尽管最终很难改变好莱坞电影的优势地位，但毕竟在一定的时段内遏止了好莱坞电影在本国市场上的泛滥，再加上国家对本地电影业的巨额补贴，很大程度上促进了民族电影业的发展。美国著名记者彼得·巴特 1965 年 9 月 20 日发表文章称，欧洲电影业的成

---

① "Spain Renews Film Pact: U. S. Companies Still May Take Out 40% of Earnings," *New York Times*, November 23, 1953, p. 32.

② Camille M. Cianfarras, "U. S. Film Exports to Spain Halted," *New York Times*, August 21, 1955, p. 95.

③ Segrave, *American Films Abroad: Hollywoods' Domination of the Worlds' Movie Screens from the 1890s to the Present*, pp. 211–212.

功让好莱坞意识到了自己世界电影中心的地位受到挑战和威胁。①巴特随后成为电影制作者,他的话难免有些夸大,不过目的是引起政府对好莱坞在欧洲电影市场上面临之境况的重视。上面提到的 A. H. 豪考察了英国等国的电影市场状况之后得出结论,在欧洲,制作电影的专家日益增多,威胁了好莱坞作为世界电影中心的地位。在他看来,好莱坞电影长期具有优势很大程度上是拥有"一大帮子顶尖的技术专家",再加上"无与伦比的电影摄制设施"。欧洲国家在这两方面正在赶了上来,这些国家的"电影业正在迅速走向成熟,在工艺精巧上取得了明显的进步。它们拥有一大批技术娴熟的人员,电影摄制设备正在添置和改善"②。他们的观察在一定程度上揭示出了欧洲国家的限制措施所取得的成效,不过,受文化传统的限制,欧洲国家影业在创新上难以与好莱坞抗衡,后者还是能够拍摄出迎合现代人口味的大片。因此,进入 80 年代之后,好莱坞大片"横扫"欧洲电影市场,西欧国家的电影业再次面临着生存危机的挑战。随着西欧国家联合的加深,以共同体名义集体抵制好莱坞电影的"入侵"提上了议事日程。

二 作为大众传播媒介的美国电视之威胁

在电影成为人们主要娱乐形式时,电视便发明出来了。其实,通过有线和无线电波来传输图像的想法在 19 世纪末便开始付诸实践了,在科研人员的不断努力之下,这项技术取得了很大的进展。世界上第一台电视接收机出现在 1927 年,出自美国发明者菲洛·泰勒·法恩斯沃思之手,他 1928 年 9 月向媒体展示了这一成果,在当时引起很大的轰动。电视是传输文化符号的新媒介,在第二次世界大战之前尽管大西洋两岸很多国家已经拥有了播放节目的电视台,但并未广为流行,原因主要在于电视机还是一种奢侈品,尚未进入大众之家。电视作为一种大众传播媒介与大众消费社会密切联系在一起。美国率先进入了大众消费社会,电视自然首先在这个国家

---

① Peter Bart, "Europes' Successes Worry Hollywood," *New York Times*, September 20, 1965, p. 5.

② Vanderveld, "Europe Posing a Stern Threat to Hollywood, Banker Asserts," *Los Angeles Times*, January 16, 1967, p. C13.

成为中等阶层家庭的消费品，美国几大广播公司投资于电视，它们播放出的电视节目以及广告有效地促进了大众消费社会不断地走向成熟。不过，美国真正地走向世界上最大的电视大国则是在第二次世界大战之后的事情了。① 出现这种状况主要由以下几个因素决定的：一是随着相关技术的飞速进步，电视接收器的功能和效果不断得到改善，在美国先后发明了晶体管电视接收机、集成电路电视接收机和彩色电视接收机等。二是战后电视技术的不断改进导致各种类型的电视接收器大规模生产成为可能，既可以降低了生产成本，又能产生吸引大众消费的效果。三是在大众消费社会，电视展现出了具有无限潜力的发展前景，投资电视节目可以获得巨额的利润。四是电视节目娱乐性强，具有多元化的特征，人们足不出户外便可达到身心愉悦的效果，尤其是电视新闻让观众即刻了解到天下或身边发生的大事。五是美国在战后出现了一批著名电视主持人，如道格拉斯·爱德华兹、约翰·斯韦兹、切特·亨特利、戴维·布林克利、沃尔特·克朗凯特等。他们主持的电视新闻和其他节目深受民众之喜爱，这大大有利于电视的普及。六是大众可以在同一时间有选择地观看不同节目的自由，这表明电视能够满足不同消费群体对节目爱好不同的需要，有利于扩大对电视节目的消费人群。七是电视为人们提供了不再受时空局限的娱乐形式，只要休闲在家，人们随时可以打开电视接收器收看自己喜欢的节目。正是在这些因素的综合作用之下，电视的普及成为大众消费社会的主要标志之一。美国是个成熟的大众消费社会，因此在第二次世界大战后自然而然地成为无国能与之抗衡的一个电视大国了。

  电视节目与电影一样，属于地地道道的文化产品，民众消费这种产品不是消费结束之后就完事了，他们在消费过程中不仅达到了身心愉悦的直接效果，而且在消费之后通常会产生意犹未尽之感，脑海中还会不断地浮现出所观赏的画面或场景。因此，电视节目中所宣扬的价值观易于被观众自觉或不自觉的接受，其展现出的场景在一定程度上会引导社会的消费潮流，演员们的言谈举止会受到很多人的模仿。电视节目和电影在影响观众的思想意识和生活方式上没有本质上的区别，但从影响范围和深度上讲，

---

① 关于战后初期美国电视业的发展，详见 Albert Abramson, *The History of Television, 1942 to 2000*, Jefferson: McFarland & Company, Inc., Publishers, 2003, pp. 18 – 36.

电视要比电影广泛得多。在电视走进了千家万户之后,有人可能一年四季不会光顾电影院一次,但不可能不看电视节目,除非自己家里没有电视机或对电视节目有一种本能的厌恶。电视节目与电影还存在着一个重要的区别,即电影只是一种娱乐形式,为了获得票房,故事情节有时会胡编乱造,纯粹是博得观众一悦而已,往往会造成人们对一个国家社会或文化的曲解或误解,即使是从正面宣扬主流价值观的影片,其制作初衷首先考虑其娱乐性和商业性。电视节目的娱乐性比电影更为多样化,只要属于娱乐性的东西,皆可在电视上尽情表演。娱乐性只是电视节目的一个方面,另一个重要方面是其纪实性,很多电视节目要么属于实况转播,要么属于对一个国家风土民情、历史事件、文化观念以及社会现状的介绍,要么为新闻访谈,除了实况转播的之外,这些纪实性的节目本身已经有了选择性,然而毕竟不是虚构编造,实为社会的真实一面,特别是对境外观众了解不同文化场景下人们如何生活很有帮助。因此,从对观众的思想观念和行为方式的影响上看,电视要比电影更为广泛,效果更佳。1953年6月30日,成立不久的国际信息活动总统委员会,亦称杰克逊委员会,给艾森豪威尔总统提交了一份报告,就如何加强美国对外宣传提出了一些设想和建议,其中谈到电视正在美国境外迅速扩大,提供了一种具有潜在效应的新的宣传手段,而政府信息机构迄今为止尚未在利用这一新的宣传工具上做出大的举动。[①] 美国政府在战后非常重视发挥大众传媒的作用,以此来使境外之人在潜移默化的影响下认同美国的行为,扭转他们脑海中长期形成的美国负面形象,最终构建以美国文化为中心的全球"帝国"大厦。电视、电影、广播、报刊和图书等皆能在这方面扮演重要角色,但电视在其中应该位居其首。

  电视节目同样是一种在市场上销售的商品,具有商品的一切特性。美国没有由国家经营的非营利公益电视台,电视节目尽管不一定为广播公司所拍摄,但一定为具有商业性质的电视台所播放,好莱坞电影厂家也纷纷介入了电视剧的拍摄和制作,然后由电视台购买其播放权,根据对全天电

[①] Shawn J. Parry-Giles, "Militarizing America's Propaganda Program, 1945–1955," in Martin J. Medhurst and H. W. Brands, eds., *Critical Reflections on the Cold War: Linking Rhetoric and History*, College Station: Texas A & M University Press, 2000, p. 112.

视节目的安排在某一时段向公众播放。当然有些大广播公司本身就具有制作各种电视节目的班底和设施。新闻是每个大电视台每日必须反复播放的节目,把国内外和当地发生的大事及时地向老百姓传输,是能够吸引他们观看电视节目的主要方式之一。商业电视台的收入来源靠着收视率,如果节目为大众喜闻乐见,收视率自然就会高,企业或公司便会拿出巨额资金赞助或做广告。在这样一种竞争非常激烈的情况下,电视节目的制作首先是以盈利为目的,观众越多,制作电视节目的厂家或广播公司获得的利润必然就会越大。因此,电视节目的盈利多寡与市场的大小有机地联系在了一起。在西方国家中,美国最推崇市场竞争法则,有时看似比较残酷,但生产企业在巨大的压力之下,为了生存与发展必须生产出物美价廉的商品,为的是在市场上能够受到消费者的青睐。制作电视节目同样不会是例外,电视节目的优劣关系到生产厂家和电视台的生存与发展。第二次世界大战之后,美国逐渐步入了电视成为以家庭为单位的主要娱乐形式的时代,美国国内广阔的电视市场有效地促进了这个行业的振兴,甚至带动了一系列实体产业的发展。当然,在美国生产的任何商品都不会只是满足于国内市场,那些在国内市场上已经赚了个钵盆满溢的商品通常都会在美国开拓国外市场过程中发挥较大的作用。美国的电视节目,尤其是电视剧,实际上与好莱坞电影一样,也需要进军国外娱乐市场,寻找能够给制作节目厂家带来不菲利润的观众。欧洲是美国传统的娱乐市场,好莱坞电影长期占据着主导地位,多数欧洲观众已经习惯于好莱坞电影的表演风格,他们对好莱坞的著名导演和演员耳熟能详,如数家珍。美国很多电视连续剧本身就由好莱坞厂家制作,在表演风格上与好莱坞电影没有太大区别,很多电视剧由好莱坞影星担任主角,由名导演执导。关于电视与电影之间的关系,正如佩尔斯指出的那样,在20世纪60年代之后,美国"电视节目对世界观众的影响与美国电影并驾齐驱,有时甚至是有过之而无不及。好莱坞影视公司与电视网之间的关系最初是敌对的。然而在实现其国际声望和流行性上,电视业依赖美国电影制作者所使用的许多相同的经济和艺术战略。最终,在美国和全球市场上,电影公司和电视网变得实质上难以区分"[1]。

---

[1] Pells, *Not Like Us: How Europeans Have Loved, Hated, and Transformed American Culture since World War II*, p. 230.

因此，当与美国联系密切的欧洲国家在战后逐渐实现了向现代大众消费社会转变之后，电视接收器对普通百姓而言已不再是价格昂贵的奢侈品了，他们中间拥有电视机的家庭与年俱增。拥有电视机的家庭愈多，电视节目的市场自然就愈大，两者是成正比例发展的。随着欧洲人拥有电视机数量的增多，美国电视剧制作团队和广播公司势必把目光转向了大西洋彼岸具有很大潜力的娱乐市场了。

美国在战后电视业开始向全球扩张时，从一开始就把欧洲作为能够为美国这一行业带来很大收益的市场。1954年，美国著名影视喜剧演员鲍勃·霍普在欧洲考察了六周之后返回美国。霍普很有自信地告诉采访他的记者，在未来十年内，靠着越洋电缆，全球电视网络将会变为现实。霍普的预言绝不是无的放矢，他已经看到了电视走向国际化的前景。尽管此时通过电缆实现全球电视网络依然是一些有先见之明者津津乐道的梦想，但美国实际上已经开始为此梦想转变为现实在做好充分的准备了。就在霍普发出这一预言的当年，美国国会成立了国际电信委员会，由两位参议员和美国总统任命的五位代表组成，任务是调查越洋电视网络的可行性。参议员亚历山大·威利对全球电视网络的前景表示非常乐观，认为这是人类获得的具有无限潜力之"绝好机会"，这个机会"将有助于改善生活标准，激励教育和文化，增进贸易，增强理解"[1]。威利参议员是站在有利于人类文明发展的角度说这番话的，似乎美国促进全球电视网络不是出于美国之利益考虑。其实，这种冠冕堂皇的语言背后隐藏着美国发展全球电视网络的利益追求。同一年，美国全国广播公司总裁西尔维斯特·韦弗宣称，电视将很快成为"家庭的闪耀中心"，图像用彩色传输，记录在磁带上，提供"世界各地新闻服务"，播放"交响乐团和歌剧队"的演奏，实况转播"做梦都想不到的宏大场面"，播放的娱乐节目"在某种程度上已包含着高度的文化素养"，以"有价值的和有益的节目服务于我们人口的各个部分"[2]。因此，美国成立国际电信委员会，主要是为美国电视节目寻求境外市场，

---

[1] 以上引文见 Segrave, *American Television Abroad：Hollywood's Attempt to Dominate World Television*, p. 3.

[2] 转引自 Thomas Doherty, *Cold War, Cool Medium：Television, McCarthyism, and American Culture*, New York：Columbia University Press, 2003, p. 5.

保持美国在全球娱乐市场上的霸主地位,让电视这个新媒介成为宣传美国文化和扩大美国影响的有效武器,更不用说能够给美国相关产业带来不菲的利润了。在冷战的大背景下,美国政府在战后加强了对外文化宣传的力度,欧洲是两种敌对意识形态激烈交锋的主战场,自然成为美国实施文化外交的重点区域之一。这样,美国电视制作厂家或大广播公司为电视节目在欧洲寻求市场主要是出于赚取利润来考虑,但无疑会得到美国政府的大力支持,其中一个原因就是这些电视节目能够让欧洲观众受到美国文化价值观的影响,导致出现对美国生活方式认同的趋势。有一个例子很能说明政府的态度。1953年9月初,纽约电视顾问鲁道夫·布雷茨受德国西北无线广播网公司邀请,为该公司在电视节目播放和制作上提出咨询建议。美国国务院随即通知布雷茨,他这次德国之行以教育交流项目的名义已经获得了政府的资助。[1] 类似这样的例子很多,说明美国政府很重视大众传媒对美国实现其外交目的过程中的重要作用。文化的影响是一个潜移默化的过程,在诸如美国电影、电视、广播、报刊和图书等媒介的影响下,欧洲人的生活方式和思想观念的确发生了更适应现代大众消费社会的变化,其中电视的作用不容忽视。这也是欧洲文化精英抵制美国电视节目在欧洲娱乐市场"泛滥"的原因。

客观上讲,美国娱乐文化适应了大众消费社会各种人群的需求,影视作品的导演很清楚公众的观赏嗜好是什么,也就是他们拍摄出的电视剧必须能够对大众具有吸引力,让他们产生"欲罢不能"的感觉。理查德·史蒂文森曾撰写了一份报告,这份报告刊登在《纽约时报》上,揭示了当欧洲电影从国家所有制和枯燥无味的节目转向商业电视时代时,美国娱乐界对欧洲电视行业便会迅速入侵。一位读者读了这份报告之后,致信《纽约时报》编辑部,感叹说,收音机和电视的早期开发者将之视为教育的手段,导致了社会更加文明。一些欧洲国家一直试图坚持这种观点,同时美国却把这些媒介几乎完全转变成娱乐,服务于营销目的。在吸引观众上教育简直不能与娱乐竞争,因此教育的作用便降低到无足轻重。显而易见,再没有什么比色情和暴力更能满足大众观众的口味了。因为色情和暴力逐渐地

---

[1] "Adviser to Go to Germany," *New York Times*, September 5, 1953, p. 4.

成为欧洲电视中占据支配地位的题材,所以欧洲在暴力犯罪率上赶上美国为时不会太久了。① 这位作者尽管说得是 90 年代发生的事情,但也足以说明了美国影视作品的内容在商业化时代对观众的吸引力。埃里克·普法纳是《国际先驱论坛报》(*International Herald Tribune*)驻欧洲的记者,他研究了 80 年代以来英国观众对美国电视剧的态度,得出了这样的结论,即美国在国外遭到诅咒,但美国的电视却魅力诱人。② 电视剧与电影有所不同,电影放映的时间长度通常不会超过两个小时,电视剧有长有短,长者每周播放一集,可达数年,甚至数十年,短者也有几十集,一旦迷上了某一电视剧的故事情节,只要没有什么意外,观众通常是每集必看。美国娱乐市场很大,凡是能够在美国观众中受到欢迎的电视剧,在其他国家必会有大量观众喜欢其故事情节和表演风格。从这一意义上讲,美国的"国内市场就是世界市场的实验室和缩影"③。佩尔斯这里是针对美国影视作品和图书杂志风靡欧洲国家有感而发的,但同样适合于美国电视剧进军国外市场。20 世纪 60 年代是美国电视节目向全球急剧扩张时期。伦敦城市大学社会学教授杰里米·滕斯托尔引用美国著名媒介批评家赫伯特·席勒的一个命题,即 60 年代前后包括设备、节目和广告等美国电视向世界的大扩张是美国军事工业综合体做出广泛努力的组成部分,目的是让世界臣服于军事控制、电子监控和同质化的美国商业文化。滕斯托尔由此认为:

> 美国电视节目的出口,通过与电视接收机的制造商和美国广告机构的密切联系,也被视为美国消费商品入侵世界的先锋。这种出口的繁荣产生了和打算产生弱化世界上大多数国家政治抗议的影响;在许多国家,地方本土文化受同质化的美国文化所迫处于防御状态。传统的国家戏剧和民族音乐在电视连续剧《冷暖人间》(*Peyton Place*)和《好运》(*Bonanza*)面前退却。美国商业电视的推力如此强有力,致使

---

① Edwin W. Fellows, "The Americanization of Video Europe," *New York Times*, October 16, 2006, p. C5.

② Eric Pfanner, "As U. S. Is Reviled Abroad, American TV Charms," *New York Times*, February 27, 1994, p. F11.

③ Pells, *Not Like Us: How Europeans Have Loved, Hated, and Transformed American Culture Since World War II*, p. 219.

很少有国家能够给予抵制。甚至那些有意不设商业电视播放节目的国家发现,它们的政策被设在其境内的美国广告公司和外部的非法广播电台完全改变。①

席勒和滕斯托尔关于美国电视节目全球扩张的观点深受法兰克福学派的影响,对美国媒介文化产品在海外的扩张持强烈批评态度,代表了当时西方学界左翼的基本看法。在这方面,席勒的学术影响更为广泛。1969年,席勒出版了《大众传播与美利坚帝国》一书,通过批判大众传媒与信息技术领域中的权力运用对美国媒介文化产品肆虐海外进行了详尽的分析。席勒的结论是,美国传播媒介联合体"不仅在影响国内人民生活和日常行为中有着极其重要的作用。在国内并不明显而在国外日益显著的意义就是其与国际社会的联系。国内传播机构的结果、性质和管理不再完全是国内关注的事情,尽管它们曾经是。这种强大的机构现在已经直接冲击着世界各地的人们的生活"②。席勒从理论上阐释了美国如何借助包括电视在内的大众传播媒介来影响世界,实现美国的全球文化霸权。在席勒撰写这本书期间,美国的影视作品风靡全球,其携带的文化观念对人们的生活方式产生了很大的影响。席勒也正是从中获得了灵感,提出了令人耳目一新的观点和结论。关于美国电视节目在全球电视市场上的优势,正如前美国新闻署官员威尔逊·迪扎德在1964年发表的文章中指出的那样,无论好坏,美国的电视产品确定了整个电视节目的风格,就像40年前好莱坞确立了世界电影风格一样。③ 欧洲娱乐市场是美国影视界瞄准的重点,美国人制作的各类电视节目蜂拥而入西欧国家,由于满足了这些国家观众的需求,出于赚

---

① Jeremy Tunstall, "Media Imperialism?" in Donald Lazere, ed., *American Media and Mass Culture: Left Perspectives*, Berkeley: University of California Press, 1987, pp. 540 – 541. 另见 Jeremy Tunstall, *The Media are American: Anglo-American Media in the World*, New York: Columbia University Press, 1977, p. 38.

② Herbert I. Schiller, *Mass Communications and American Empire*, section edition, Boulder: Westview Press, 1991, pp. 58 – 62. 中译本见赫伯特·席勒《大众传播与美利坚帝国》,刘晓红译,上海译文出版社 2006 年版,第 12—15 页。

③ Wilson P. Dizard, "American Television's Foreign Markets," *Television Quarterly*, Vol. III, No. 3, Summer 1964, p. 58. 转引自 Schiller, *Mass Communications and American Empire*, p. 129.

取更多利润的考虑，美国的电视节目通常占据了电视台的黄金播放时间。席勒提出的命题不仅在发展中国家得到了部分印证，而且在欧洲发达国家中也产生了几乎相同的效应。因此，美国媒介的作用和功能在于"把美国的正面形象和核心价值观传递给世界其他地区"，目的是以美国的形象重塑这个世界。这样，"美国大众文化在意识形态上打上了美国价值观的烙印，外国消费者没有选择，只能使这些价值观变为他们思想中的组成部分"①。这是以"文化帝国主义"理论来解释美国媒介产品对观众思想的征服，只是反映了欧洲左翼的观点，虽难以得到学者们的完全认同，但却揭示出了美国媒介产品对观众思想意识产生的潜移默化影响。

其实，在美国电视节目开始进军欧洲市场时，一些欧洲国家的娱乐业人士担心过多地进口美国影视作品会对本国相同产业的发展造成威胁，呼吁政府采取强有力的措施以阻止这种局面的发展。据《纽约时报》记者1954年3月22日从伦敦发回的报道称，英国影视业的代表当晚冲进下议院，试图阻止美国娱乐业控制英国商业电视播放。他们中间有女演员戴姆·伊迪丝·埃文斯和电影明星杰克·霍金斯等。这些英国影视界的名人结队来到议会大厅，要求本国电视台播放的节目中至少80%应该为英国人制作的。英国影视界领袖戈登·桑迪森宣称，对英国影视业的主要威胁来自影视片的进口，基本上是美国影视片的进口，这些影视片"已经在美国赚取了生产费用，其低廉的价格吸引了英国广告商"②。英国影视界的这次抵制活动尽管主要是针对好莱坞影片的进口，但他们显然已经意识到了美国电视节目对本国将兴起的电视业的威胁。随着英国进入了大众消费社会，电视成为许多人日常消费的必需品。英国电视台为了吸引观众，出于赚取广告利润的考虑，必然会大量购买美国电视节目在黄金时间播放。这种结果自然引发了很多英国人的不满，他们担心美国电视节目宣扬的文化价值观会对英国青少年产生不良影响。在50年代末，英国许多读者致信报社，

---

① 参见 Cheryl Hudson, "American Popular Culture and Anti-Americanism," in O'Connor, ed., *Anti-Americanism: History, Causes, and Themes*, Vol. 1, p. 248.

② "Curb on U. S. TV Asked by British Stage Folk," *New York Times*, March 23, 1954, p. 34.

抱怨从美国进口的电视节目中充斥着暴力和虐待狂。① 他们发出的呼吁的确为实情，不能不引起英国当局的重视。据《纽约时报》1965 年 10 月 11 日从伦敦发回的报告称，英国独立电视管理局主席希尔勋爵表示，独立电视管理局近期决定削减晚上黄金时段在英国独立频道上播放美国制作的电视节目，但他否认这一举措有任何反美主义的倾向。希尔勋爵这里所谓的"反美主义"主要是针对美国一些人的危言耸听，但他与很多英国人一样，显然不愿意来自美国的凶杀片和惊悚片继续泛滥于英国电视频道。他明确表示，以他之见，英国进口美国影视片的数量是合理的，但很多人却认为英国电视处于被美国节目淹没的危险之中。② 这次削减在晚上八点至九点黄金时段播放美国电视节目的决定引起了美国影视界的极大不满，他们攻击英国故意与美国作对，呼吁政府对英国之行为进行报复。希尔勋爵的言语丝毫没有谴责美国之意，只是就事论事，多少有点代表官方对这次削减决定做出解释的味道，但话里也透漏出在黄金时段热播的美国电视节目对英国影视业构成的威胁，进而使美国的粗俗文化在民众中广为传播，对英国人的高雅生活方式产生了恶劣的影响。这是英国对美国电视节目在英国电视台播放做出限制的主要原因，目的是在电视黄金时段期间播放英国人制作的电视节目。对美国电视节目在黄金时间播出做出限制在西欧一些国家也广为存在。

  欧洲国家的一些精英人士深知美国影视作品在电视上的热播会带来什么样的后果，虽不是不堪设想，但的确很令他们忧虑，一方面造成了本国相关行业发展的缓慢，难以在同等条件下与美国影视作品竞争；另一方面导致他们眼中的美国粗俗大众文化在他们国家广为传播，对欧洲高雅文化构成了严重威胁。西欧一些国家对在电视上播放美国节目做出限制乃是情理之中的事，丝毫不足为奇。然而，在进口美国影视剧的问题上，毕竟不只是美国制作商和出口商从中获得收益，播放这些影视剧的欧洲国家电视台同样靠着这些收视率很高的节目赚取了巨额的广告所得。电视台出于利

---

① Middleton, "Cowboys and Indians: British Image of U. S. Being Blurred by TV When Allies Cannot Afford It," *New York Times*, January 19, 1960, p. 71.

② W. Granger Blair, "Briton Explains Curbs on U. S. TV," *New York Times*, October 12, 1965, p. 93.

润的考虑会变着法来抵制政府相关部门对美国影视作品播放做出的限制。这样很可能导致限制措施只会取得一时之效,难以从根本上遏制这股从大西洋彼岸越洋而来的滚滚洪流。据统计,自1970年以来,美国拍摄的电视娱乐节目出口上升了300%还多,据估计1980年达到3.65亿美元。① 这是指全球状况而言,但欧洲占据了这一数目至少一半以上。到了80年代,美国影视剧和其他节目更是"肆虐"于欧洲国家的电视台。这里以意大利为例来加以说明。1982年,意大利进口了1827部故事片和电视电影,其中1418部来自美国,占总进口的77.6%,意大利总共支付了3666万美元,其中3140万为美国所得,占总支付额的85.8%。同一年,意大利进口18928集电视剧,其中12865集来自美国,占总进口的68%,总共支付了9880万美元,其中8210万美元支付给了美国,占总支付额的83%。这一年,意大利为进口全部电视节目支付了1.356亿美元,其中美国获得1.135亿美元,占总支付款项的83.7%。这个数字引起了意大利官方的重视,如果任这种状况持续,这些本来就已经很高的数字还会呈现出上升之势。意大利政府通讯部部长雷莫·加斯帕里宣布,通讯部将再次向议会试图提出管理商业广播的法律。他想通过规定强有力的国内配额和广告时间上限,来结束他称之为的"广播无序"状态。加斯帕里目的是要控制电视节目进口,以维护"属于我们文化、我们传统和我们生活方式的显著特性,避免因为大量从其他国家进口影视节目而带来的文化殖民化,这些节目宣扬的东西在社会结构和文化观念上与我们的截然不同"。加斯帕里无疑代表了意大利政府内部一种强有力的声音,但实际上并没有起到太大的作用,美国影视作品依然在意大利商业电视台播出的节目中占据着主导地位。1987年,意大利电视台进口外国电视产品总支出超过了3亿美元,其中80%的电视产品来自美国。② 意大利是美国影视作品相当"泛滥"的国家,这种状况在其他欧共体国家程度不同地存在。据统计,1987年,美国电视节目向欧洲出口总额为6.75亿美元,占总出口额的56%。在12个欧共体国家

---

① Kenneth N. Gilpin, "American TV Abroad," *New York Times*, January 18, 1981, p. F18.
② Segrave, *American Television Abroad: Hollywood's Attempt to Dominate World Television*, pp. 205, 206.

电视台播放的25万小时节目中,至少25%来自美国的供货商。① 这些统计数字表明了美国影视作品和其他节目依然在欧共体国家电视播放中占据着相当重要的地位。

美国影视剧之所以在欧洲一些国家得到青睐,主要原因是适应了大众消费社会民众在闲暇时间放松身心的口味。这些国家对美国影视剧和其他节目在电视黄金时段播出做出限制无疑具有合理性,然而要是缺乏强有力的法律措施作为保障,限制措施只会流于表面,很难取得明显效果。令很多欧洲精英人士不安的局面依然故我,甚至有恶化之趋势。《朱门恩怨》电视剧由美国哥伦比亚广播公司制作,1978年3月开始在电视台播放,13年间播出了357集。剧中讲述了在达拉斯的美国石油大亨尤鹰家族与另一个石油大亨巴恩之间的恩恩怨怨,爱情、权力、竞争、阴谋以及创伤等情感活动体现得淋漓尽致,故事情节复杂多变,扣人心弦,让观众的好奇心得到了一次又一次的满足。制片人伦纳德·卡茨曼宣称,这部电视剧的"诱惑力是好奇心。观众们喜欢坐下来幻想要是他们为富翁、帅哥靓女和贪婪之人时会干出什么事"②。这部电视剧的故事情节尽管是围绕着美国石油家族的恩怨展开,但从文化上来讲却超越了美国的疆界,得到了境外观众的认同,每到这部电视剧播放的时间,可谓是万人空巷,连当日夜间犯罪率都降低了不少。对这部电视剧深有研究的塔马尔·利布斯和伊莱休·卡茨认为,《朱门恩怨》"变成了通用语言,为没有共同语言的陌生人提供了共享特性和相同情景"③。因此,这部电视剧从开播起便受到观众的热逐,在国内外电视台黄金时段播出,乃至80年代风靡全球,尤其在与美国经济联系密切的欧洲国家广有市场。美国从中不仅赚取了巨额的利润,而且再次让境外观众领略了高扬物质主义生活方式的诱惑力,引发了欧洲文化精英们对美国娱乐文化"入侵"的深刻忧虑。

有些欧洲文化精英从"文化帝国主义"角度来评判《朱门恩怨》对观

---

① Segrave, *American Television Abroad: Hollywood's Attempt to Dominate World Television*, p. 207.
② Joel Swerdlow, "Dallas: TV's Smash Prime-Time Soap Opera Has the Characters America Loves to Hate," *The Washington Post*, December 23, 1979, p. H1.
③ Tamar Liebes and Elihu Katz, *The Export of Meaning: Cross-Cultural Readings of Dallas*, New York: Oxford University Press, 1990, p. 5.

众产生的影响，意为这部电视剧宣扬的消费主义价值观实现了对欧洲人思想上的"征服"。英国学者克里斯托弗·邓克利在这部电视剧热播期间发表文章表明，一些欧洲人对美国电视节目施加的"文化帝国主义"感到十分忧虑。在诸如《朱门恩怨》等许多美国制作的电视节目中，暴力倾向和物质主义明显体现于其中。然而，美国节目的市场日益扩大，外国观众与日俱增。包括英国在内的许多国家甚至对《朱门恩怨》大加谴责时购买这部电视剧的播放权，原因在于很少有广播公司能够出资拍摄这种投资巨大的节目。对英国广播公司而言，《朱门恩怨》可谓是大获成功。广播公司购买了这部系列剧，显然是它们认识到英国观众很喜欢观看。电视节目的竞争性质保证，很受欢迎的美国电视节目将继续在欧洲国家可以观看到。[1] 邓克利的观点在英国文人中很有代表性，他们显然不愿意看到美国影视作品在英国电视台"泛滥成灾"，但又显得没有良策可施。法国文化精英们把《朱门恩怨》视为美国文化帝国主义的象征，构成了对法兰西文明的威胁。法国文化部长雅克·朗将之作为美国文化帝国主义最新和最令人不安的例子，对法国以及对西欧所有其他国家的国家认同构成了威胁，是把美国商业文化意识形态传输到其他国家的又一次尝试。[2] 为了抵制美国肥皂剧宣扬的伦理观对法国人产生的不良影响，维护法国高雅的生活方式继续，法国投资拍摄了电视连续剧《金钱与权力》(Chateauvallon)。这部 26 集的电视剧宣扬了法国人在花钱、爱情和行使权力上的传统观念，与《朱门恩怨》在这几个方面宣扬的观念形成了鲜明的对比。这部电视剧的执行制片人雅克·德库尔认为，在美国，"金钱是成功的象征，每个人对之毫不遮掩。在法国，金钱是件神秘之事。在《金钱与权力》中有大量的金钱场景，但我们从未发现金钱身在何处。在这个国家，金钱带有不诚实的味道。每个人都想得到金钱，但金钱如何被商人赚到总是隐藏起来"。《金钱与权力》的主要编剧让—皮尔埃·彼得罗拉西补充说，美国人"似乎在整个一生中致力

---

[1] Christopher Dunkley, "Why Europeans Love to Hate 'Dallas'," *Advertising Age*, Vol. 56, No. 93, December 2, 1985, p. 58.

[2] Pells, *Not Like Us: How Europeans Have Loved, Hated, and Transformed American Culture Since World War II*, p. 259; Elizabeth C. Hirschman, "The Ideology of Consumption: A Structural-Syntactical Analysis of 'Dallas'and 'Dynasty'," *Journal of Consumer Research*, Vol. 15, No. 3, December 1988, p. 345.

于赚钱这个任务。法国人则更多地关心设计保持住他们已有的金钱之方式"。法国人把他们对金钱的态度归因于他们的天主教传统。[①] 德国研究基金会为研究《朱门恩怨》对德国社会产生有害影响的项目提供大笔资助。该基金会宣称,现在应该把对美国化的批评置于系统科学的严谨基础之上,以便让德国公众确信,这种威胁是实际存在的,德国社会美国化的危险绝非危言耸听,而是近在眼前的。这些受到德国研究基金会资助的研究项目随后以专著或论文出版或发表。如伊恩·昂 1985 年出版的《观看"朱门恩怨"》(Watching Dallas: Soap Opera and the Melodramatic Imagination),卡茨和利布斯 1986 年发表的论文《破译"朱门恩怨"的相互援助:来自跨文化研究的初步观察》,埃伦·赛特尔等人 1989 年主编的《远程遥控:电视、观众和文化权力》(Remote Control: Television, Audiences, and Cultural Power) 一书等。[②] 这些成果在文化帝国主义命题上对《朱门恩怨》的研究提出了不同的观点,表明了欧洲人对其产生之效应的不同看法,但这部电视剧对观众的广泛影响却是他们的共识,对人们理解美国大众文化的全球扩张无疑很有启迪。

有些学者以"媒介帝国主义"来说明美国如何通过大众媒介控制国外媒体,达到有效地传播美国文化观念和生活方式的目的。美国明尼苏达大学新闻与大众传播学院教授李金铨根据普遍性的四个层次界定了"媒介帝国主义":一是电视节目出口到外国;二是媒介出口由外国人所有并被其牢牢控制;三是传递了占支配地位国家的规范以及媒介商业主义;四是资本主义世界价值观的入侵以及侵犯了被采纳社会的本土生活方式。[③] 以色列海法大学传播系教授迈科尔·贾菲等人认为,美国大众文化风靡全球,除了强有力的文化、经济和政治作为坚强的后盾之外,还可包括四种不容忽视

[①] Michael Dobbs, "Love on the Loire: French Televisions' Version of 'Dallas'," *The Washington Post*, February 13, 1985, p. B1.

[②] Fluck, "The Americanization of German Culture: The Strange, Paradoxical Ways of Modernity," in Mueller, ed., *German Pop Culture: How "American" Is it?*, pp. 19–20.

[③] Chin-Chuan Lee, *Media Imperialism Reconsidered: The Homogenizing of Television Culture*, Beverly Hills: Sage, 1980. 转引自 J. Oliver Boyd-Barrett, "Western News Agencies and the 'Media Imperialism' Debate: What Kind of Date-Base?" *Journal of International Affairs*, Vol. 35, No. 2, Fall 1981/Winter 1982, p. 248.

的因素在内，其中之一为"大多数美国媒介具有竞争性的市场导向结构：撇开其艺术的和文化的价值，能够在美国电视网的严格测评标准下存活下来的一部电视连续剧在其大众吸引力上已经经受了考验。这些风靡一时的美国作品很少例外地也在其他国家喜闻乐见"[1]。《朱门恩怨》只是学者们说明美国"媒介帝国主义"的一个比较明显的例子，类似的例子很多，充斥于八九十年代欧共体国家电视台播放的节目之中。实际上，"媒介帝国主义"的说法比较形象，简单讲就是美国能够通过传输文化观念的大众媒介对国外娱乐生活的控制。不管这样一种说法是否与实情相符，但美国在这方面无疑是非常成功的，让电视节目在传播美国文化价值观和生活方式上发挥了举足轻重的作用。正如一些学者指出的那样：

> 电影和电视是美国"软实力"的组成部分，毫不费劲地赞扬归因于美国生活方式的美德，包括其负面影响。美国自诩为第一个"全球性国家"，由熟悉文化交流的移民们所构成，这意味着美国能够轻而易举地与其他传统发生关系。在一个"赢者通吃"的市场上，美国早期的支配地位以及胜过其他文化的能力从来没有受到严重的挑战。[2]

这些学者所言正是美国所具有的"优势"，这些优势决定了美国在国际影视界的"霸权"地位之根基很难被撼动。前面提到的席勒几十年来一直关注美国大众传播媒介在国内外社会扮演的角色，发现这种角色对人们生活发生的作用不是在减弱，而是越来越大。20余年之后，席勒《大众传播与美利坚帝国》再版，作者写了一个很长的说明，回顾了这本书从成书时间到再版25年期间世界局势的变化。在他看来，美国传媒对世界的影响力不是在下降，而是在加大，其影响的力度与强度是过去时代所无法比拟的。世界到处充斥着美国制造的影像与信息，各国的青年人沉迷于美国的大众

---

[1] J. Michael Jaffe and Gabriel Weimann, "New Lords of the Global Village? Theories of Media Domination in the Internet Era," in Wagnleitner and May, eds., "*Here, There, and Everywhere*": *the Foreign Politics of American Popular Culture*, p. 290.

[2] Richard de Zoysa and Otto Newman, "Globalization, Soft Power and the Challenge of Hollywood," *Contemporary Politics*, Vol. 8, No. 3, 2002, p. 189.

文化，"这种文化所固有的、所提倡的产品与服务不是被世界各地的人们所接受，就是被人们所期盼"。所不同的是，这种状况"最初可以看作是美国的文化帝国主义。但近来，它已经发展为跨国公司文化的支配"①。席勒所涉及的范围为所有美国媒介产品，不过从实际情况来看，影视作品在传输美国"影像与信息"上效果最佳，远在其他媒介之上，原因主要是观众能够在赏心悦目的欣赏中不知不觉地接受了体现在这些作品中的"影像与信息"。在美国影视作品充斥于电视屏幕的欧洲国家，一些文化精英们大声呼吁抵制美国粗俗文化的入侵。正如美国《外交政策》杂志主编莫伊赛斯·奈伊姆在一篇文章中所言，国外"文化上的反美主义是由美国文化有能力影响而且常常取代地方文化所引起。向海外播放美国电视以及吸引数以亿计消费者的商业品牌的卫星也引起了对这种文化入侵的焦虑和不满"②。奈伊姆讲的是进入21世纪之初的状况，但这种状况早已在欧洲国家存在了。这些国家主管文化教育信息的部门同样意识到了这种状况对本国民众产生背离传统的消极影响，但在很长时期却显得无可奈何，所采取的限制措施多是无果而终。不过，这些国家绝不会任美国影视产品在本国娱乐市场上泛滥成灾。进入90年代之后，它们对美国影视作品的抵制实际上进入了一个新的阶段，尤其是欧共体国家联合起来向美国的娱乐文化"入侵"提出了挑战。

三 美国其他娱乐形式的传播以及受到的抵制

美国娱乐文化包罗万象，除了影视作品之外，还有多种表现形式，诸如音乐舞蹈、与娱乐有关的图书杂志以及能够给人们带来身心愉悦体验的文化产品。任何社会都存在着形式不同的娱乐文化形式，这些形式通常为本国人所享有，属于传统文化的组成部分，很少有国家像美国那样能够把本国的娱乐文化大规模地传递到境外。美国娱乐文化是现代大众消费社会

---

① Schiller, *Mass Communications and American Empire*, pp. 39 – 40；中文译文见席勒《大众传播与美利坚帝国》，第37—40页。

② Moises Naim, "Missing Links: Anti-Americanisms," *Foreign Policy*, No. 128, January-February 2002, p. 103.

的产物,反过来又促进了打上浓厚商业气息烙印的社会不断走向成熟。因此,美国娱乐文化不只是纯粹的娱乐而已,其包含了代表现代社会发展方向的生活方式和思想意识。当其他国家大踏步地迈向现代大众消费社会时,传统的娱乐文化形式已经很难满足民众闲暇生活之余放松身心的需求,甚至已不能适应社会发展的整个大趋势。这样,美国娱乐文化便会趁虚而入,以其对现代生活的适应形式来填充传统娱乐形式所留下的"空间"。美国娱乐文化从第一次世界大战之后便开始大规模地向国外输出,第二次世界大战之后达到了高潮,旧的娱乐形式不断创新,新的娱乐形式层出不穷,在给国外大众带来身心愉悦之际不仅让美国赚取了巨额的利润,而且逐渐瓦解了传统社会所赖以存在的基础,导致了美国大众文化在人们的生活中占据了很重要的地位。滕斯托尔谈到,美国娱乐文化出口到境外的形式"主要是流行音乐唱片、剧情影片、录制的电视连续剧以及录制的娱乐节目。这种素材多采用了虚构情节的形式,即儿童节目、连环画、女性杂志小说和平装书等。在这些虚构的故事中,美国媒介展现出了富有特性的地位、成功、个人特性、性别角色、年轻人和种族优越等主题,外国消费者的反应某种程度上将取决于他们自己的种族、年龄和性别。在欧洲,进口的素材波及整个人口"[①]。其实,出口到境外的美国娱乐文化形式远不止此,只要存在于美国境内的娱乐形式,很少只局限于国内民众的消费,皆会在国外找到庞大的消费人群,除了我们上文谈及的影视片之外,美国的音乐舞蹈和迪士尼主题公园也是很引人注目的例子。

爵士乐在第一次世界大战之后就开始登陆欧洲,在一些与美国经济关系密切的国家广为传播,成为很多人喜爱的一种音乐形式,但由于受到了那些维护欧洲高雅传统音乐的精英人士的强烈抵制,爵士乐实际上并没有传播开来,在欧洲国家依然是传统的本土音乐形式居于主导地位。第二次世界大战之后,这种状况逐渐得到改变,美国的音乐形式在爵士乐的基础上趋于多样化,内容更加丰富多彩,诱惑力和吸引力更强,很大程度上给生活在竞争激烈之现代社会的人提供了放松渠道,适应了迈入大众消费社会之欧洲国家的需要,很快获得了那些追求新奇的年轻人的认同,成为他

---

① Tunstall, "Media Imperialism?" in Lazere, ed., *American Media and Mass Culture: Left Perspectives*, p. 544.

们喜闻乐见的音乐形式，在社会上广为传播。奥地利学者瓦根雷特纳坦率地承认："如果没有阿瑟·米勒和玛里琳·门罗，没有库尔特·冯内古特和菲利普·迪克，没有雷·查尔斯和马迪·沃特斯，没有迈尔斯·戴维斯和劳里·安德松，没有布鲁斯舞曲、爵士乐、黑人音乐中的激情、摇摆乐、疯克音乐以及唐老鸭，我的生活将是非常平淡无味的。"① 瓦根雷特纳是研究美国大众文化在欧洲传播的专家，上述这番话至少说出了他所处时代的一个特征。一位丹麦文学批评家以后回忆说，在第二次世界大战后的年代，他们那代人购买的第一批唱片是英语的，在十几岁期间，他们"特崇拜詹姆斯·迪恩和玛里琳·门罗，我们对埃尔维斯·普雷斯利、布伦达·李和杰里·里·刘易斯唱的歌如醉如痴"。一位意大利学者也指出，很多人甚至没有感到美国大众文化是从外边进来的舶来品，这种文化的惯例和套路牢牢地印在欧洲年轻人的意识和日常生活的经历之中。② 他们所讲皆为自身的真实感受。客观上讲，这些音乐形式包含的文化内涵尽管起源于美国，但之所以得到很多具有不同文化背景的人的欣赏、认同或喜爱便说明了它们适应了现代社会发展的大潮流。

　　美国音乐形式在第二次世界大战后能够在西欧国家广为传播与这些国家民众的需要密切联系在一起。随着这些国家经济的恢复与发展，他们在美国的影响下多少有些无可奈何地选择了与传统有些格格不入的新生活方式，社会趋向进一步的商业化。特别是处于反叛年龄阶段的年轻人，他们急于摆脱传统的羁绊，向往着能张扬个性的生活，自然而然地成为美国文化产品的庞大消费人群。1959年10月8日，《纽约时报》发表了英国学者杰弗里·戈里尔从伦敦发来的文章，题目为《欧洲趋向美国》。戈里尔在文章中指出，在战后，西欧人必须寻找一种重塑生活的模式，这种模式便是他们在美国生活中获得的图景。在这种心理的作用下，他们势必会在大众娱乐领域对美国的娱乐形式进行模仿。这样，在美国风行一时的"流行音乐"歌手，必然受到欧洲人的欢迎，出现了相同狂热激情的模仿，英国歌

---

　　① Wagnleitner, *Coca-Colonization and the Cold War: The Cultural Mission of the United States in Austria after the Second World War*, p. 2.
　　② 以上引文转引自 Pells, *Not Like Us: How Europeans Have Loved, Hated, and Transformed American Culture Since World War II*, p. 205.

手模仿美国歌手的腔调登台演唱。对英国人来说，美国的腔调充满着愉悦，致使大多数年轻的演艺人员试图采用这种腔调。在年轻人的服饰和饮食上，人们追求的是美国人表现出的情趣，这些情趣被接受为快乐生活的标志。作者指出："总的来讲，在使闲暇生活为普通男女更舒服和更感兴趣上，美国人比任何其他国家之人都更为成功。当闲暇生活眼下（不是更遥远的未来）享受成为西欧绝大多数年轻人的目的时，美国人的嗜好便在西欧工人收入的范围内成为制造商和消费者的明显指南。"[1] 美国的流行音乐为欧洲年轻人所喜好，城市生活中弥漫着来自大西洋彼岸的音乐曲调，至于诸如爵士乐或摇滚乐等，甚至在街头巷尾或公园广场常常也能看到年轻人在尽情地结伴表演。

爵士乐等音乐形式在欧洲国家的传播得到了美国官方的大力支持。1955年7月，捷克卡雷尔·弗拉奇爵士乐队在布达佩斯玛格丽特岛网球馆进行演出。美国驻匈牙利布达佩斯领馆副领事欧内斯特·纳吉应邀观看。纳吉观看演出之后公开宣称，美国文化影响力依然是显而易见的，美国可以利用其文化的普遍吸引力来实现其对外战略目标。在纳吉看来，捷克爵士乐队演出的成功体现出这种音乐形式在世界范围内的年轻人中间具有广泛的吸引力或诱惑力。因此，国务院应该利用爵士乐来支持美国的对外文化活动。他断言，爵士乐"这种美国产品是美国对世界艺术形式的重大贡献之一，可能是我们最受欢迎的出口品，但至今尚未得到充分之利用。我担忧，我们大多数领导人出于各种原因不喜欢或不了解爵士乐，事实上他们以爵士乐感到为耻"。他认为在宣传和公共关系上，爵士乐队要比美国之音广播或高层会谈效果更佳。[2] 纳吉身处国外，迫切希望政府能够支持爵士乐在国外的广泛传播。其实，爵士乐在音乐之外能够起到的巨大作用已被美国政府所认识。很多美国官员认为，在两种意识形态的冷战斗争中，美国的音乐代表了国外民众对自由世界的向往，其体现出的文化内涵是西方自由意识形态的表现，年轻人如果喜欢爵士乐或摇滚乐或其他美国音乐形式，那必然会远离共产主义意识形态。这样，在争取人的思想方面，美国

---

[1] Geoffrey Gorer, "Europe Goes American," *New York Times*, October 18, 1959, p. SM15.
[2] 转引自 Lisa E. Davenport, *Jazz Diplomacy: Promoting America in the Cold War Era*, Jackson: University Press of Mississippi, 2009, pp. 44–45.

音乐将会扮演非常重要的作用。从这个意义上讲,爵士乐等已超越了纯粹的音乐形式,在特定的年代体现出了对美国"自由平等"之生活方式的追求。在与美国结盟的欧洲国家中,很多决策者认为,共产主义不仅是对西方社会的一个严重威胁,而且很容易向全球输出其主张,尤其对下层民众具有一定的吸引力。来自美国的爵士乐等音乐形式的流行会转移人们的视线,从意识形态上使他们更加认同西方资本主义社会。在这种思想意识的主导下,尽管欧洲国家的传统音乐受到了来自美国大众音乐形式的威胁,但政府很少采取措施来加以干预,原因主要在于美国的欧洲盟国在冷战的根本目的上与美国是一致的。因此,在与苏联竞争日益激烈的局势下,美国政府支持爵士乐等在欧洲国家的传播自然是再正常不过了,多次资助美国爵士乐团到欧洲国家巡回演出,美国新闻署还在西欧国家举办爵士音乐会,邀请当地的爵士乐手前来捧场助兴。[1] 这样,爵士乐等音乐形式在冷战期间成为反共产主义斗争中的一个组成部分,发挥了"争取人的思想"的主要作用。在冷战高峰,爵士乐"提供了一种关于美国容忍和自由的有效形象"[2]。爵士乐评论家伦纳德·费瑟认为,"强节奏的爵士表演"能够"融化斯大林的铁幕",这种音乐形式"一夜之间能够把冷战变成冷静的战争"[3]。1957年7月,"美国爵士乐"的展览在法兰克福的美国会所举办,吸引了很多西德爵士乐迷前来参观。1958年1月,有关爵士乐历史变迁的图片展在柏林美国会所举办,时间长达一个月之久,吸引了很多当地观众前来参观。1955年和1956年,美国媒体报道,铁幕两边的欧洲观众热情地接待来自美国的爵士音乐家。《纽约时报》发表了题目为《美国拥有秘密声音武器——爵士乐》的文章,把美国著名的爵士乐表演家路易斯·阿姆斯特朗称为"最有效的大使"[4]。因此,爵士乐等音乐形式在战后能够在与美

---

[1] 美国政府在冷战期间对爵士乐在国外传播的支持详见 Penny M. Von Eschen, "Satchmo Blows Up the World: Jazz, Race, and Empire during the Cold War," in Wagnleitner and May, eds., "*Here, There, and Everywhere*": *the Foreign Politics of American Popular Culture*, pp. 163 – 174.

[2] Willett, *The Americanization of Germany, 1945 – 1949*, p. 91.

[3] 转引自 Ann Douglas, "Peridizing the American Century: Modernism, Postmodernism, and Postcolonialism in the Cold War Context," *Modernism/modernity*, Vol. 5, No. 3, September 1998, p. 79.

[4] Felix Belair, Jr., "United States Has Secret Sonic Weapon—Jazz," *New York Times*, November 6, 1955, pp. 1, 2.

国结盟的欧洲国家传播与官方的支持是密不可分的。

在第二次世界大战前，爵士乐在德国已开始传播，但尚未成为德国音乐的主流。第二次世界大战之后，这种已为人们很熟悉的音乐形式成为联邦德国年轻人追求时尚的标志之一。1953年，奥地利学者卡尔·贝德纳立克出版了一本书，对他称为"新类型"的西德男性年轻工人为个案进行了研究。在他看来，这些年轻人的身上首先体现出两大特征：一是钟情于西部片和其他轰动一时的影片；二是热心于爵士音乐。① 他们表现出的这两种特征显然是源于对美国生活方式的追求，同时表明了在他们的身上体现出对传统文化的反叛倾向。事实的确如此，在五六十年代的联邦德国大城市，爵士乐俱乐部随处可见，爵士乐迷和爵士歌手不定期地举行聚会，相互切磋，以求共进，常常会即兴在快节奏的音乐中无拘无束地又跳又唱。每次聚会皆为乘兴而来，尽兴而散。如"柏林爵士俱乐部"共有600个参与者，领导人是汉斯—沃尔夫·施奈德。施奈德在当地小有名气，是西柏林爵士即兴表演乐队的长号吹奏者，还拥有一家爵士乐俱乐部。在俱乐部成员中，许多是男女在校学生，自认为是放荡不羁者，尤其爵士乐迷在一起狂欢时更是无所顾忌。许多俱乐部联合在一起成立了西德爵士乐联盟，出版自己的杂志，在许多方面以美国的爵士乐杂志《敲击》（*Downbeat*）为效仿的模式。西柏林的美国会所成为这些爵士乐迷经常聚会的地方。联邦德国老一辈人看不惯年轻人对美国生活的模仿，对他们的"狂歌乱舞"心存芥蒂。那些传统的表演艺术家更是对这种状况大为不满，他们不希望来自外国的音乐侵犯了本国的这块"领地"，导致传统音乐的衰落。斯蒂芬·斯彭德为英国诗人，他曾在一篇文章中讲述了在联邦德国观看卡巴莱歌舞表演时的经历。斯彭德在联邦德国的斯图加特市遇见了一位战前老友，这位老友在希特勒掌权之前曾是柏林最受欢迎的卡巴莱歌舞表演者之一。这种表演以幽默的语言讥讽时政，逗人乐笑，让观众回味无穷。这位朋友因在表演中以元首希特勒逗乐取笑而被关进了集中营。斯彭德认为他这位朋友具有表演天赋，不仅能让观众捧腹大笑，而且也能让观众们在笑声中进行思考。斯彭德与这位老友战后相遇时，战争的磨难使后者显得有些老态龙钟，脸

---

① Poiger, *Jazz, Rock, and Rebels: Cold War Politics and American Culture in a Divided Germany*, p. 31.

上的笑容难以掩饰住悲哀的情绪,但他似乎并没有失去他那固有的哲学睿智,依然活跃在舞台之上。斯彭德应邀观看了这位朋友的最新演出。斯彭德感到表演平平,有几处表演想让观众开怀一乐,但斯彭德说他怎么也笑不起来。因为这场表演"对爵士乐、可口可乐、好莱坞和议会民主的缺陷之攻击充其量是肤浅表面的,最坏也就是集权主义宣传作坊中的流水。为了攻击社会和政治状况,为了用嘲笑奚落让他们的议员备受折磨,一个人至少要有欲要实现目的之视野,对一个更大和更好的事业抱有信念。这场表演却是相反"。他倒是承认西德观众是"哄堂大笑,欢呼雀跃。从他们的眼睛中,我能够觉察到恶意欣喜的病态眼神"①。斯彭德是个外国人,缺乏他这位朋友此刻的内心感受,觉得他对现状之抨击的表演十分牵强,令人难以接受。不过对他这位朋友来说,正是这种对美国批评的诙谐幽默表演能够在西德观众中找到共鸣。当然,欣赏斯彭德朋友表演的观众大多是老一代人,在听到对美国文化产品批评时表现出多少有些"疯狂"的欢呼的确是斯彭德很难理解的。

在联邦德国,一些固守传统的家长对自己的子女严加看管,不让他们加入到爵士乐队之中,甚至都不允许他们收听收音机中的爵士乐节目。在这些老一代人的眼中,美国音乐刺激性的"快节奏"或电影明星表现出的"性感度"不利于青少年的健康成长,对德国的文化传统和家庭结构构成了威胁,尤其是对德国的"性别角色和核心家庭"产生了不利影响。如 50 年代初,西德当局攻击美国的舞曲像"布吉伍吉舞"(Boogie-Woogie)。在这些极力维护本国传统的人看来,布吉和其他快节奏的舞乐与原始主义联系在一起,极大地扭曲了传统的正当性别角色。一位西德官员把这种新舞曲描写为令人"如醉如痴",这样的形式对女孩尤其是危险的。因此,在很多德国人看来,"西部牛仔、枪杀电影和爵士乐是东、西德人把与美国化危险联系在一起的一组文化形象的主要部分"②。西德老一代人尽管对年轻人沉迷于爵士乐感到不满,但很难扭转这种不利于德国传统音乐发展的趋势。

---

① Stephen Spender, "Britain: Culture in Official Channels," in Lewis Galantière, ed., *America and the Mind of Europe*, London: Hamish Hamilton, 1951, pp. 78 – 79.

② Uta G. Poiger, "Rock 'n' Roll, Female Sexuality, and the Cold War Battle over German Identities," *The Journal of Modern History*, Vol. 68, No. 3, September 1996, p. 590.

倒是与西德一墙之隔的东德政府对爵士乐传播采取了很严厉的措施。在1961年柏林墙修建之前，东西柏林之间的大批人员来回走动。大量的东柏林人和东德人前往西柏林购物，享受消费主义的生活。有时整个东柏林学校班级学生到西方占领区观看电影，追求新奇生活的年轻人自然会受到爵士乐的影响。1957年8月，东德文化部的一位官员明确下令禁止人们演奏摇滚乐，理由是这种音乐和舞蹈代表了固存于美国生活方式中的"堕落"。有些年轻人俱乐部和酒吧门口竖着的牌子上写着："穿牛仔裤者不得入内"，"禁止跳舞"。在整个50年代，东德当局把年轻人消费很有影响的美国大众文化视为潜在的政治威胁。[1] 在反美主义的传统上，西德和东德的精英人士没有实质上的区别，他们都会对弱化德国文化传统的爵士乐或摇滚乐等美国音乐形式持强烈批评态度，只不过是东德当局会采取强硬的法律措施加以禁止，而西德当局尽管也抱有爵士乐或摇滚乐的传播会动摇传统的忧虑，但出于意识形态的考虑，不会像东德当局那样强行禁止这些来自美国"有失大雅"的音乐形式。这样，爵士乐等自然就在联邦德国获得了存在与传播的合法性，成为年轻人喜闻乐见的音乐形式。

  联邦德国的这种情况也存在于法国和英国等欧洲国家。法国人一向是欧洲国家中反美主义的先锋，其文化精英很难容忍低俗的美国大众文化对法国高雅文化的侵犯，曾对爵士乐在法国的传播给予了强烈的抵制。这种状况到了第二次世界大战之后逐渐发生了改变，爵士乐在法国成为人们喜欢的一种音乐形式，就连精英人士也不排斥爵士乐，爵士乐给了他们消遣的娱乐生活中增添了欢乐的作料。法国的爵士乐迷多为男性，教育背景良好，收入不薄，处于中等阶层的地位，甚至还包括在政见上持激进态度的人。法国的报刊经常刊登与爵士乐相关的文章，尤其是当美国著名爵士音乐家来法表演时，新闻媒体便大做广告，吸引人们前来观看。法国也出版爵士乐的专业杂志，最流行的两份是《爵士热》（*Jazz Hot*）和《爵士杂志》（*Jazz Magazine*），这些期刊介绍诸如查利·帕克、迈尔斯·戴维斯、迪兹·吉莱斯皮、路易斯·阿姆斯特朗、巴德·鲍威尔、阿特·塔特姆、

---

[1] Uta G. Poiger, "Fear and Fascination: American Popular Culture in a Divided Germany, 1945 – 1968," in Ramet and Crnkovic, eds., *Kazaaam! Splat! Ploof! The American Impact on European Popular Culture since 1945*, pp. 56 – 60.

杜克·埃林顿以及悉尼·贝谢等美国爵士音乐家，讨论与爵士乐有关的问题，为爵士乐的演出提前广而告之。法国人实际上吸收了爵士乐轻快放松的节奏，将之融合到法国传统音乐之中，试图形成一种基于爵士乐之上的新的音乐形式，法国人在音乐上的这种创新试图表明这个在艺术上一向领导世界潮流的国家对爵士乐界产生的重要影响。爵士乐在法国获得了发展，巴黎成为欧洲爵士乐之都，法国成为欧洲最重要的爵士乐中心。① 在美国的欧洲盟国中，法国精英对美国大众文化的批评最烈，但却有选择地接受了爵士乐，主要原因是，在很多法国人眼中，爵士乐不属于美国主流文化的范围，与白人文化相距甚远，美国政府尽管利用爵士乐在国外的传播来实现其外交目的，但爵士乐从根本上还是反映出了美国社会种族不平等与黑人脱离主流社会，用一位研究者的话来说，爵士乐"常常象征着美国黑人对美国社会的疏远"②。美国学者伊丽莎白·维赫朗对这一问题很有研究，她的博士论文是关于战后法国爵士乐的兴起与影响。在她看来：

> 爵士乐尽管不同于法国古典或民间传统的音乐，但却成为法国战后文化身份的重要组成部分。这种音乐源于大大不同于法国文化的非裔美国人文化，然而这种音乐所具有的创造力、新颖和情感等特征对法国评论家和爱好者却有着很重要的结果，他们声称比大多数美国人更懂得爵士乐。爵士乐教给了法国人新的音乐创新。……在经历了第二次世界大战惨痛之后的一段自我怀疑时期，法国人寻求丰富他们文化而又不危及法国民族独特性的新方法。就可口可乐、好莱坞和美国跨国公司优势的开端而言，法国人必须找到减弱"美国入侵"的方法。文化是一个重要的仲裁场所，他们能够利用文化与"美国"谈判以及在国际场景中提高自己的地位。法国提倡爵士乐者承认这种音乐丰富了被视为行将就木的与时代不合的欧洲文化，抨击了美国的霸权。爵士乐的结构要求它是激起感情的、富有性感的和节奏较快的，与沉闷

---

① 关于爵士乐第二次世界大战后在法国的广泛传播与发展详见 Elizabeth Vihlen, "Jammin' on the Champs-Elysees: Jazz, France, and the 1950s," in Wagnleitner and May, eds., *"Here, There, and Everywhere": the Foreign Politics of American Popular Culture*, pp. 149 – 159。

② Davenport, *Jazz Diplomacy: Promoting America in the Cold War Era*, p. 16.

单调的欧洲古典和民间文化直接形成对比。通过爵士乐，法国狂迷能够抨击美国的社会、经济和政治做法：种族主义、猖獗的消费主义和商业主义以及把美国文化强加给其他国家。①

维赫朗的研究表明，法国人接受爵士乐并不意味着接受了美国的大众文化，相反成为批评美国社会的一个很好的武器。美国政府在战后大力促进爵士乐的传播，让境外之人能够接受体现在这种音乐形式中的"自由民主"精神，法国人却反其道而为之，利用爵士乐来抨击美国，这大概是美国政府所始料未及的。80年代，源于美国的希荷普音乐和说唱音乐（Rap and Hip Hop）开始在法国出现，很快就在法国流行开来。② 当然，法国人利用爵士乐来抨击美国社会，但爵士乐毕竟为外来音乐，不见得完全见容于法国传统音乐，尤其是这种音乐形式与现代大众消费社会相适应，得到了很多反叛传统的年轻人青睐，最终会侵蚀法国传统生活方式赖以存在的基础。因此，法国人对爵士乐的看法也不是完全一致的，赞扬和批评交织在一起。实际上，爵士乐在法国的广为流行，必然会带来一些维护传统文化者的批评，这种批评之声可以说是从来没有间断过。③

英国与法国在接受美国大众音乐上同样具有广泛性，但不同之处在于英国人没有利用爵士乐或摇滚乐来抨击美国，反而在这些黑人音乐的基础上形成带有自己国家特色的音乐形式。50年代中后期之后，摇滚乐在英国大城市广为传播，到处弥漫着摇滚乐的曲调，随处可见英国的年轻人在节奏感很强的舞曲伴奏下跳舞。英国的一些官方部门不希望看到国人对原汁原味的摇滚乐兴趣日益浓厚，遂让电视台播放一些展现出由英国乐队表演的最新击打乐节目，其中包括"Oh Boy"、"Juke Box Jury"以及"6.5

---

① Vihlen, "Jammin' on the Champs-Elysees: Jazz, France, and the 1950s," in Wagnleitner and May, eds., "*Here, There, and Everywhere*": *the Foreign Politics of American Popular Culture*, pp. 158 – 159.

② 关于说唱乐在法国的流行详见 André J. M. Prévos, "Rap and Hip Hop in France: The Americanization of Popular Music in Europe," in Melling and Roper, eds., *Americanization and the Transformation of World Cultures*, pp. 98 – 115.

③ Eric Drott, "Free Jazz and the French Critic," *Journal of the American Musicological Society*, Vol. 61, No. 3, Fall 2008, pp. 541 – 581.

Special"。这些乐队的表演与摇滚乐相差不大，但已经包含着英国音乐家的创新在内，受到了英国民众的欢迎，在社会上流行甚广。英国人还创办了两份音乐杂志，分别为《旋律制造者》（Melody Maker）和《新音乐快讯》（New Musical Express），向读者介绍这些流行音乐形式的发展和最新状况，刊登英国音乐家对它们的看法以及相关评价。英国人试图发展带有本国特色的流行音乐，但还是无法阻挡来自美国音乐的影响，到了50年代后期，美国摇滚乐已经成为英国音乐中的重要组成部分。当然，英国乐队的表演"吸收同化了美国流行音乐的音调，开始形成自己独特的表演方式"。如当时非常有名的甲壳虫乐队和滚石乐队，这两个英国本土乐队"表演了不同类型的音乐，很大程度上吸取了20世纪50年代和60年代美国艺术家的歌曲和表演方式。它们成功地使美国的审美模式与自己的音乐融为一体"[①]。甲壳虫乐队的表演对当时的流行音乐发生了很广泛的影响，用美国记者杰夫·格林菲尔德的话来说，甲壳虫乐队"在音乐和大众文化上产生了强有力的影响。他们的成功源于他们不断地变化方式；他们总是在运动"[②]。英国人很少激烈地抨击美国流行音乐，不过，摇滚乐在英国的本土化实际上既反映出了英国音乐家对摇滚乐的发展，也体现出了他们不愿意看到纯粹的摇滚乐在英国流行的倾向。

英国、法国和西德等西欧国家在战后先后迈入了大众消费社会之后，与这种社会相适应的美国流行音乐得到这些国家民众喜欢是太正常不过了，即使是欧洲传统的芭蕾舞蹈也受到美国现代舞蹈的影响，而且这种影响日益上升。克莱夫·巴恩斯从丹麦首都哥本哈根发回的报道表明，在这个欧洲古典舞蹈的中心，人们"可以看到美国对欧洲古典芭蕾舞影响的证据。自诸如葛兰姆舞团和李蒙舞蹈团在19世纪50年代期间第一次出现在欧洲以来，欧洲人对美国现代舞蹈产生的兴趣与日俱增。现在相当多的美国剧

[①] Laura E. Cooper and B. Lee Cooper, "The Pendulum of Cultural Imperialism: Popular Music Interchanges between the United States and Britain, 1943 – 1967," in Ramet and Crnkovic, eds., *Kazaaam! Splat! Ploof! The American Impact on European Popular Culture since 1945*, pp. 72 – 77.

[②] Jeff Greenfield, "They Changed Rock, Which Changed the Culture, Which Changed Us," *New York Times Magazine*, February 16, 1975, p. 12.

团，包括艾利舞团、康宁汉舞团和保罗泰勒舞团经常在欧洲巡回演出"①。这些频繁的演出表明了欧洲人对美国现代舞蹈的兴趣，但要他们全盘接受这种与欧洲传统不大相配的舞蹈几乎是不可能的，对专业人士来说更是这样。丹麦音乐导演瓦根·卡普尔在 60 年代宣称，对他来说，流行音乐是"最恶心肮脏的乏味现象之一，这里乏味不是在色情意义上，因为色情几乎不会像流行音乐产品制造背后之思想那样玩世不恭。我意在强调，把这种令人厌恶之产业抵挡在丹麦国家电台门外无论如何是没有任何害处，相反还是有益的"②。他们对欧洲古典音乐的自豪与偏爱决定了他们从根本上还是看不起没有悠久传统的美国音乐，这个国家终归还是缺乏产生音乐天才的文化土壤，更不用说能够产生流传百世的音乐形式了。尼古拉斯·纳博科夫是俄国出生的音乐家，后移民美国。他以比较的眼光极力赞扬欧洲音乐对人类文明发展的贡献，称"欧洲音乐节最重要的方面是真切地希望鼓励人们对欧洲伟大音乐传统的理解、复兴和热爱"。在他看来，欧洲人对他们的音乐传统感到特别自豪。"无论你走在欧洲哪个地方，你都可以发现有令人感兴趣的歌剧表演、交响曲音乐会、合唱节或第一流的乐器表演者独奏会"。这是欧洲文化的传统，只有在这种文化氛围下才能在音乐上产生伟大的天才。与欧洲相比，美国就不存在着这样的传统和氛围了。第二次世界大战之后，一些欧洲年轻的钢琴家前往美国发展，他们非常具有音乐天赋，但到了美国之后就变得默默无闻了。用纳博科夫的话来说。十分遗憾，"这批新生代的最重要人物，即罗马尼亚年轻的钢琴家迪努·李帕蒂，在美国从来没有显露名气，只是近期，他死于一种残忍的疾病，即某种血癌。李帕蒂的短暂一生经历是个悲剧"。这位音乐天才在美国的遭遇说明了这个国家既不具备产生伟大音乐节的文化土壤，也没有为音乐家健康发展提供有利的环境。③ 纳博科夫在这种对比中弘扬了欧洲文化的博大精深，他的这

---

① Clive Barnes, "Dance: Americans Leave Mark on Old World Ballet," *New York Times*, September 24, 1968, p. 56.

② 转引自 Sørensen and Petersen, "Ameri-Danes and Pro-American Anti-Americanism: Cultural Americanization and Anti-Americanism in Denmark after 1945," in Stephan, ed., *The Americanization of Europe: Culture, Diplomacy, and Anti-Americanism after 1945*, p. 133.

③ Nabokov, "Performers and Composers: Festival and Twelve-Tone Row," in Galantière, ed., *America and the Mind of Europe*, pp. 95 – 96.

种看法在欧洲音乐界和精英阶层中很有代表性,反映了他们对美国流行音乐的基本看法。

在欧洲国家中,法国人的反美主义情绪最为激烈,很多文化精英对美国大众文化传播抵制的强烈程度,可谓是远远走到了其他国家之前,这与他们对本国文明感到自豪有很大的关系。然而,这个国家在战后一方面激烈抵制美国低俗的文化对法国人生活方式的影响;另一方面却出现了接受美国爵士乐的情况,更有甚者允许美国迪士尼公司在巴黎近郊建立迪士尼乐园。《纽约时报》驻欧洲的记者艾伦·赖丁斯认为,法国具有建立迪士尼乐园的基础,原因在于"在法国,如果没有异议的声音,任何知识分子的辩论都是不完整的。实际上,美国的电影、电视肥皂剧、快餐、摇摆乐和牛仔裤等早就为在法国开办迪士尼乐园铺平了道路"[1]。赖丁斯的这种看法大概不会得到法国文化精英的认同,但却说明美国娱乐文化对法国人的巨大影响。这件事的启动发生在弗朗西斯·莱奥塔尔担任法国文化部长期间。法国文化部长一职多由激烈反对美国文化对本国文化侵蚀的人士来担任,"几乎始终不一地支持法国文化精英的主张,他们对来自美国的威胁,尤其是对法国电影的威胁十分着急。正如他们有时声称的那样,他们的忧虑不是一个暴发的美国会把 MeliAes 和 LumiAeres 等法兰西民族创造的东西洗劫一空,而是忧虑好莱坞就像一匹特洛伊木马,把迪士尼乐园、快餐连锁店和为美国服饰到爵士音乐所做的免费广告携带到巴黎"[2]。莱奥塔尔算是个例外,他不赞成前任雅克·朗的"文化帝国主义"提法,主张缓和与美国之间发生的"文化战"。他上任后即出访美国,与美国负责文化的高官会晤,商谈两国之间开展文化交流等事宜。他在美国的讲演中宣称,他"希望在文化领域法国与美国之间具有和谐的正常关系。我们拥有相同的问题和相同的使命。两国人民之间的关系是如此丰富多彩,致使我们有必要在这一领域进行通力合作"[3]。正是在这种背景之下,美国迪士尼公司产生了

---

[1] Alan Ridings, "Only the French Elite Scorn Mickeys' Debut," *New York Times*, April 13, 1992, p. A1.

[2] "Culture Wars," *The Economist*, Vol. 348, Issue 8085, September 12, 1998, pp. 97 – 100. 全文可在 EBSCO 数据库中得到。

[3] Leslie Bennetts, "French Culture Minister Finds Empathy in U. S. ," *New York Times*, October 29, 1986, p. C19.

将欧洲迪士尼乐园选址在巴黎的想法,并就此事与法国政府相关部门展开谈判。

迪士尼公司管理层从开始就认为选择在法国修建主题公园具有很大的冒险性,原因"不仅是这个国家有能够制造麻烦的共产党领导的劳工联盟,而且巴黎左翼知识分子精英对美国大众文化抱有明显的厌恶"[1]。然而,这件事竟然很顺利地谈成了。法国允许迪士尼公司在巴黎郊外建立欧洲迪士尼乐园很大程度上出于扩大就业的考虑。当时法国失业率居高不下,迪士尼乐园的建立可以帮助解决部分巴黎人的失业问题。迪士尼公司与法国1987 年签订的合同中规定提供 10375 人的就业,其中 6550 人为全职,2400 人为半职,2025 人为季节工。就业者中一半以上将受雇于酒店和主题公园,余下之人受雇于配套的商店、饭店、高尔夫球场和露营地等工作场所。法国媒体经常引用的数字接近 1.3 万个工作岗位,其中 1 万为全职,2000 为半职,1000 为季节工。1992 年 1 月,欧洲迪士尼乐园总裁罗伯特·菲茨帕特里克谈到有 9000 个工作岗位,其中 4000 人已经上班,其余人将陆续被雇佣。在 1992 年 7 月 4 日对股东的第一次报告中,菲茨帕特里克自豪地宣称已雇佣了 1.6 万人,包括全职和季节工,属于 86 个国籍,讲 34 种语言。根据 1992 年 7 月 8 日法国《世界报》的报道,在酒店员工中,65% 为法国人,11% 为英国人,4% 为荷兰人,3% 为爱尔兰人,3% 为德国人。[2] 当然欧洲迪士尼乐园开业之后也可给当地政府带来可观的税收。佩尔斯认为,法国政府"渴望赢得欧洲迪士尼的竞争",原因在于政府主要决策者认为,在巴黎近郊建立迪士尼乐园"能够为法国工人创造就业,加强巴黎成为西欧高技术和大众娱乐领袖的要求"[3]。从经济利益上讲,欧洲迪士尼乐园的开张无疑会给法国带来好处,尤其是在经济利益上,但迪士尼乐园是美国能够吸引外国人的重要文化产品,其中内涵的文化倾向也是十分

---

[1] Ridings, "Only the French Elite Scorn Mickeys' Debut," *New York Times*, April 13, 1992, pp. A1, A13.

[2] Debouzy, "Does Mickey Mouse Threaten French Culture? The French Debate about EuroDisneyland," in Ramet and Crnkovic, eds., *Kazaaam! Splat! Ploof! The American Impact on European Popular Culture since 1945*, p. 18.

[3] Pells, *Not Like Us: How Europeans Have Loved, Hated, and Transformed American Culture Since World War II*, p. 308.

显而易见的。因此，从迪士尼公司启动这件事开始，法国一些文化精英对巴黎近郊建立迪士尼乐园就给予激烈的抨击，批评之声不绝于耳，还引发了法国文化界关于迪士尼乐园是否有利于法国文化存在与发展的大辩论。

1987 年，美国迪士尼公司经过与法方的谈判，达成了在巴黎西边的马恩河谷（Marne valley）建造一座美国式的迪士尼乐园的协定，迪士尼公司董事长迈克尔·艾斯纳与法国总理雅克·希拉克会晤签字。这个消息一经媒体透露，即刻在法国知识界引起轩然大波，很多文化精英把这件事说成是法国政府屈从了美国这个商业帝国的压力，不惜以牺牲法兰西文明的特性来满足一些人对物质主义享受的追求，让美国低廉粗俗的文化大举入侵法国。他们将之称为"文化上的滑铁卢"（Cultural Waterloo），这是法国名人保罗—马里耶·库特的一种形象说法。1986 年 7 月 10 日，库特在《世界报》上发表文章批评法国政府打算与美国迪士尼公司谈判在巴黎建立迪士尼乐园，他的结论是，法国政治家有"一种奴隶心态"，他们的屈膝投降带来了"文化上的滑铁卢"①。这种说法意为历史上发生在法国和英国之间的"滑铁卢战役"以法国大败而告终，这是法兰西民族的屈辱，要是在巴黎近郊建造迪士尼乐园，将意味着美国人在文化上击败法国，让法国人蒙受与滑铁卢之战同样的羞辱。法语总署把美国对法国文化殖民化的威胁描述为相当真实的，该机构在迪士尼乐园合同签订之际提交给法国总理一份综合报告，抗议把法国文化的宽广领域拱手交给了外国人，其中指责把主题公园让渡给迪士尼，因为这是对国家文化遗产和认同的侵犯。报告把迪士尼乐园说成是"反传统文化的怪兽"和"反法国文化的怪兽"。报告的中心观点是，"每种文化模式都是经济和政治影响的决定因素，甚至在一些方面是占据支配地位的决定因素"。迪士尼在政治上和经济上是个错误。这个主题公园将与法国科学与工业博物馆等法国文化企业进行竞争，并试图排除它们。因此，法国与迪士尼公司签订合同将是一场文化灾难。美国文化帝国主义将导致法国文化认同的丧失，法国文化认同的一个根本方面是语言。法语专署发起了在迪士尼乐园使用法语的大战，要求指示牌和景点名称应

---

① 详见 Debouzy, "Does Mickey Mouse Threaten French Culture?" in Ramet and Crnkovic, eds., *Kazaaam! Splat! Ploof! The American Impact on European Popular Culture since 1945*, p. 23.

该用法语。①《新观察家》周刊的封面赫然醒目地画了一只米老鼠,它得意扬扬地飞跃了埃菲尔铁塔。这期杂志刊登了《美国文化入侵》以及《这只老鼠是危险的吗?》的文章,其中一个作者把迪士尼乐园比作"堕落的乌托邦"。《世界报》载文警告说,欧洲的迪士尼乐园将"腐蚀法国几代儿童"。路易斯·保弗尔斯把米老鼠的到来称为"欧洲的失败"。让—埃德恩·哈里耶说得更玄乎,他告诫说,如果不对美国大众文化"入侵"采取措施的话,法国有可能变成"继夏威夷之后的第52个州"②。法国记者多米尼克·雅梅1987年3月25日在《巴黎日报》(Le Quotidien de Paris)上发表了一篇文章,宣称美国"文化帝国主义"已兵临城下,批评左右翼人士不能给予坚决抵制。他对法国文化未来持悲观态度,认为此时此刻"没有一种障碍能够抵挡住波涛汹涌的巨浪,巨浪来自大西洋的另一边,正在横扫整个世界"。他对这一事实感到悲哀不已,即诸如圣女贞德、贝阿德、路易十四和拿破仑等法国历史英雄在一只美国老鼠的面前退却了。非常遗憾,人们不能有所作为以阻止世界趋向一致性,他得出结论,在排山倒海的美元压力之下,法国人"为了得到少许的美元不惜卖掉一部分我们的文化认同"③。类似的说法在法国报刊杂志上俯拾皆是,法国文人的"危言耸听"呼吁丝毫不足为奇,乃是根深蒂固的反美主义传统使然,尤其是当美国人把体现消费主义文化的迪士尼乐园建造在家门口时,对他们来说有点"是可忍孰不可忍"的味道。他们的抗议并没有阻止迪士尼乐园在巴黎郊外的修建计划,但却反映了在法国知识界对美国大众文化的抵制心理远没有消除。莱奥塔尔担任文化部长不到两年时间,以坚决维护法国文化认同和抵制美国文化在法国传播而闻名的雅克·朗于1988年5月再次接任这一职务。这种人事的变动固然有很多因素在内,最重要的还是法国社会党重新执政组阁,不过莱奥塔尔对美国文化进入法国采取温和的妥协态度显然激怒了掌握权

---

① Debouzy, "Does Mickey Mouse Threaten French Culture? The French Debate about EuroDisneyland," in Ramet and Crnkovic, eds., *Kazaaam! Splat! Ploof! The American Impact on European Popular Culture since 1945*, p. 23.

② Dobbs, "A French Disneyland? Oui, Avec Grand Plaisir," *The Washington Post*, January 22, 1986, p. A1.

③ Debouzy, "Does Mickey Mouse Threaten French Culture?" in Ramet and Crnkovic, eds., *Kazaaam! Splat! Ploof! The American Impact on European Popular Culture since 1945*, pp. 23–24.

力资源的很多精英人士，他们的反对大概注定了莱奥塔尔不会在文化部长的职务上持续太长。雅克·朗执掌文化部之后，在多次场合表明了维护法国文化认同的决心，再次把对法国文化正常发展产生消极作用的罪魁祸首指向美国。① 不过，在巴黎近郊修建欧洲迪士尼乐园依然在法国文人的批评谴责之声中渐趋完工。

1992年4月12日，沃尔特迪士尼公司在法国建成的第一家欧洲迪士尼主题公园隆重开业，菲茨帕特里克自豪地宣布，这是"我们有史以来创建的最令人惊叹的公园"。作为文化部长，雅克·朗接到邀请代表法国官方出席欧洲迪士尼乐园开园仪式，但他以工作太忙为由婉言谢绝，雅克·朗无论如何都不会出席这样的开园庆典仪式的。在这位法国文化部长看来，欧洲迪士尼乐园标志着美国娱乐业接管法国休闲业的开始。② 作为法国政府的官员，雅克·朗不便对欧洲迪士尼乐园说出更为激烈抨击的词语，但他不愿意宣扬美国文化的迪士尼乐园在他的眼皮底下存在，对法国文化的发展构成威胁。至于那些左翼和保守主义文人可就没有这么多的顾虑了，他们对欧洲迪士尼乐园大加挞伐，用最为引人瞩目的消极字眼来抨击迪士尼乐园的开张。法国发行量很广的时尚杂志《当代》（Actuel）出了一期关于美国的专号，主要是针对欧洲迪士尼的开张。这期杂志的封面赫然醒目地写着这样一个问题，即"美国人完全成为白痴了吗？"编者按对这个问题做了简短的回答。"是的，诚哉斯言……令人作呕的肥皂剧、游戏和真人秀，让我们不要忘掉清教主义。米奇狂欢节使一切变得更加糟糕"③。让—马里耶·鲁阿尔是保守报纸《费加罗报》（Le Figaro）的评论专栏作家，他的批评更是一针见血，指责"欧洲迪士尼是人们文化标准降低和金钱变得所向无敌之象征"。他敦促"法国应该从来不支持这种项目，这个国家必须支持普遍的文化价值观，而不支持普遍的非价值观。我相信每个法国人的身上都

---

① Mervyn Rothsteins, "Jack Lang, Creatively Engage, Plots Frances' Cultural Future," *New York Times*, July 26, 1988, p. C17; Alan Ridings, "Jack Lang Warns of Danger to Movies," *New York Times*, August 8, 1990, p. C11.

② Ridings, "Only the French Elite Scorn Mickeys' Debut," *New York Times*, April 13, 1992, pp. A1, A13. Kuisel, *Seducing the French：The Dilemma of Americanization*, p. 228.

③ Sharon Waxman, "Mickey Go Home：Why France is Having a Bout of Anti-Americanism," *The Washington Post*, July 12, 1992, p. C1.

体现出法国尊严的观念以及对法国过去成就的认识。这是欧洲迪士尼受到欢迎之程度远不及预料的部分原因。我是羞于去迪士尼"[1]。法国作家让·戈的警告危言耸听，把欧洲迪士尼主题公园说成是由"纸板、塑料和五颜六色构成的恐怖场景"，展示了"直接出自为肥胖美国人而创作之连环漫画中的难嚼的口香糖和愚蠢的民间传说"。法国作家雅克·朱利阿德宣称，他希望"一把火把欧洲迪士尼乐园"烧掉。另一个作家阿兰·芬克尔考说，这个主题公园是"一个令人恐惧的巨人的铁蹄，大踏步地迈向了世界同质化"。鲁阿尔宣称，欧洲迪士尼乐园象征着文化从工艺向产业的转变，"如果我们对之不加以抵制，这个利润的王国将创建一个世界，具有文明的一切外观和野蛮状态的残忍现实"[2]。法国著名评论家伊夫·厄德在占有大量文件的基础上深入地分析了迪士尼文化及其给法国带来的潜在威胁，把迪士尼乐园提供的想象描述为"学校校长、家庭顾问以及公民生活的监护"。他从张扬美国历史和优越性的角度论述了迪士尼乐园的景观以及庆祝活动所包含的文化意义。这样，迪士尼乐园在国外的版本自然在全球传播了美国的价值观，对法国文化构成了严重的威胁。法国《观点》（Le Point）杂志驻美国记者让—塞巴斯蒂安·斯特利认为，欧洲迪士尼带来的最大危险是"文化同质化"[3]。这些文人对欧洲迪士尼乐园的批评很少涉及经济方面，多是谈到这个主题公园的开张对法国文化认同产生的极为严重后果，迪士尼公司把迪士尼乐园选在了巴黎近郊，其目的不是要消除法国的文化特性，而是希望能够带来可观的利润。一位欧洲迪士尼乐园的官员针对法国人的抗议说："我们除了消遣娱乐之外不推销任何东西。"[4] 正是这种娱乐性才必然会以吸引欧洲人前来参观作为主要目的，参观者越多，利润自然就越高，而这种结果恰恰就是引起一些法国文人的担忧之处。

---

[1] 转引自 Roger Cohen, "A Not So Magic Kingdom," *International Herald Tribune*, July, 19 1993, p. 12.

[2] 以上引文见 Ridings, "Only the French Elite Scorn Mickeys' Debut," *New York Times*, April 13, 1992, pp. A1, A13.

[3] 以上引文见 Janis Forman, "Corporate Image and the Establishment of Euro Disney: Mickey Mouse and the French Press," *Technical Communication Quarterly*, Vol. 7, No. 3, Summer 1998, p. 248.

[4] Todd Gitlin, "World Leaders: Mickey, et. al.," *New York Times*, May 3, 1992, p. 58.

欧洲迪士尼乐园吸引了大批欧洲人前来参观,法国人是"近水楼台先得月",居于不同国籍参观者人数之首。欧洲迪士尼乐园发言人尼古拉斯·德·舍南在开张数月后宣布,事实是,在迪士尼乐园开张之初,法国游客之少出乎了我们的预料,但是现在"他们成为前来游览之人数最多的群体"[①]。从以后的统计数字来看,法国参观者占总参观人数的38%左右。迪士尼乐园的游乐节目对儿童特别具有吸引力,就是大人们入园之后也是流连忘返,惊叹于美国娱乐文化的创新性。即使那些憎恶美国大众文化的人也未必不喜欢这个充满神奇的乐园给他们身心带来的愉悦享受。一位来自英国的参观者宣称:"我喜欢巴黎的迪士尼乐园。与我的所有更好的判断相反,我的确喜欢它。我与十个在校儿童一块前来,我的确期望恨它。……我来时就抱有'迪士尼,血腥的迪士尼'、文化美国化和文化标准化这些设想,但是它的确很有意思。我有一个愉快的时间,我实实在在地玩得很开心。"[②] 他的这番话的确反映了绝大多数参观者的真实心绪。因此,对欧洲迪士尼的看法,除了批评的一面之外,还有一些法国文人认为,迪士尼乐园只是为人们提供了休闲娱乐的场所,并不会带来上述批评者所描述的可怕结果。一些人声称,迪士尼是"他们"文化的组成部分,作为孩子,他们早就享受了米奇卡通,经常读《米奇杂志》(*Le Journal de Mickey*)。一位法国城市规划师宣称,通过好莱坞电影、音乐和许多其他文化产品,美国文化在法国无处不在,但并没有毁灭法国文化。为什么担心迪士尼乐园呢?它只是一个主题公园而已。法国著名哲学家让·弗朗索瓦·勒韦尔在接受记者采访时断言,美国的影响不应该受到担忧。剧作家亚莉安·莫努虚金使用的"文化切尔诺贝利"这一术语完全是不适当的。这一术语忽视了欧洲人从迪士尼主题公园中带来的灵感和"民间文学所走的不可预测之路"。在他看来,文化史必须被视为正常的"传播和相互渗透,以便模仿创新";文化互动优势看似矛盾其实很有道理的。关于大众文化,法国知识分子应该承认。美国人比欧洲人更为成功地把古老的通俗剧情节、童话、神秘之

[①] Waxman, "Mickey Go Home: Why France is Having a Bout of Anti-Americanism," *The Washington Post*, July 12, 1992, p. C1.

[②] 转引自 Alan Bryman, *The Disneyization of Society*, London: Sage Publications Ltd, 2004, p. 142.

事和暴力转变为媒介语言。如果"我们最终还是认为公众的情趣是很低劣的话，我们应该教育公众，但不是试图阻止公众享受美国大众文化"。勒韦尔表示强烈反对任何形式的"文化保护主义"。那些反对迪士尼公园的人正是要文化保护。事实是，迪士尼利用了欧洲的童话和神话，正在把它们带回到欧洲，这一点已被为迪士尼辩护的人屡屡提及。① 民俗学家弗朗克·德卡罗谈到了迪士尼乐园的表演与文化之间的密切关系，"世界橱窗向观众展示文化和文化表演。民俗学家的兴趣越来越在于文化如何被展示，例如通过电影、博物馆展览和传统节日。……未来世界呈现出了对文化几乎完全为模拟的重新配置，然而却提供了文化展示的另一番景象，这是富有启迪意义的"②。他们的观点与批评者针锋相对，或许会被事实所证明是很有道理的，但却很难成为法国知识界的主流，更难对法国人关于美国大众文化的基本看法发生根本性的影响。

欧洲迪士尼乐园的开张引发了法国知识界的一场大辩论，谴责者不遗余力，肯定者竭力维护，谁对谁错，很难下个准确的判断，但值得注意的一点是，欧洲迪士尼乐园从开园以来便经营火爆，前来参观者络绎不绝，很快就在欧洲形成了迪士尼产品"热潮"。正如瓦根雷特纳指出的那样，迪士尼产品"简直是无处不在，我们处在来自电视、电影、视频、录音、杂志、广告、快餐连锁店以及很多商店的信息包围之中，这些信息是由迪士尼出版物、沃尔特·迪士尼视频、沃尔特·迪士尼影片、沃尔特·迪士尼的唱片、迪士尼商店、迪士尼频道、沃尔特·迪士尼电视、迪士尼乐园、沃尔特·迪士尼世界、欧洲迪士尼、迪士尼互动和迪士尼主页所提供"③。瓦根雷特纳是奥地利学者，这是他对所见所闻的描述。迪士尼文化究竟对欧洲人生活影响有多大，并没有具体的量化指标来加以说明，但在欧洲人的脑海中迪士尼乐园无疑是美国的象征之一，只要法国和美国在某些重大问题上出现争执，民众多会到迪士尼乐园门口进行抗议。1992年6月，法

---

① 以上引文引自 Debouzy, "Does Mickey Mouse Threaten French Culture?" in Ramet and Crnkovic, eds., *Kazaaam! Splat! Ploof! The American Impact on European Popular Culture since 1945*, p. 22.

② 转引自 Virginia A. Salamone and Frank A. Salamone, "Images of Main Street: Disney World and the American Adventure," *Journal of American Culture*, Vol. 22, No. 1, Spring 1999, p. 88.

③ Reinhold Wagnleitner, "Where's the Coke? There's the Coke!" in Cristina Giorcelli and Rob Kroes, eds., *Living with America, 1946–1996*, Amsterdam: VU University Press, 1997, p. 69.

国农民抗议欧共体农业政策改革和削减农业补贴,在迪士尼乐园门口举行示威活动。农民组织领导人解释说,对农民来说,迪士尼是"美国在法国国家疆土上存在的象征,而美国想要把欧洲人逐出世界市场"。农民们选择在迪士尼乐园门口举行抗议,以此表明他们拒绝美国强制要欧共体进行农业政策改革。① 这一例子说明欧洲迪士尼乐园能够给欧洲人提供消遣娱乐,其内涵的消费主义价值观可能会潜移默化地影响了他们的生活,但他们中的很多人至少在表面上不会认同体现出美国生活方式的东西,潜意识里还是把美国视为在文化上对立的"他者"。农民尚且如此,更不用说那些竭力维护本国文化认同的知识分子了。

四 "文化例外"与欧共体/欧盟对美国影视作品的抵制

据有关专家考证,"文化例外"为法国人首先提出,在20世纪80年代首次在法国文化部的文件中出现,后来这一术语被援引到1994年以来世界贸易组织的谈判中。② 不过,在国际贸易中自由流动的产品存在着"例外"的情况并非是法国人首创,1947年由美国等50余个国家签署的《关税与贸易总协定》第20条款对"一般例外"的情况做出了相关规定,其中就涉及"为维护公共道德",以及"为保护本国具有艺术、历史或考古价值的文物"所必须采取的措施。③ 关贸总协定的相关条款没有出现"文化例外"的字样,但显然已经包含着这方面的内容。对"文化例外"的解释比较简单,其体现出的基本内容主要是,文化产品属于特殊商品,与普通商品有着本质上的区别,不能包括在全球自由贸易谈判的范围之内。雅克·朗1993年10月谈到"文化例外"概念时指出:"这种精神的形成不是商品,

---

① Debouzy, "Does Mickey Mouse Threaten French Culture?" in Ramet and Crnkovic, eds., *Kaza-aam! Splat! Ploof! The American Impact on European Popular Culture since 1945*, pp. 29 – 30.

② 关于"文化例外"的详细解释,参见 Marc-Olivier Padis, "France and Cultural Globalization," *Political Quarterly*, Vol. 73, No. 3, July 2002, p. 275.

③ The General Agreement on Tariffs and Trade, Article XIV, Exceptions to the Rule of Non-discrimination, 全文可在 http://pacific.commerce.ubc.ca/trade/GATT.html#XIV 上获得。

文化服务不仅仅是商业。"① 雅克·朗这里实际上道出了"文化例外"的实质。坚持这一主张的人显然是想通过强调文化产品的"特殊性"或"精神性"将之从自由贸易谈判中排除出去，最终达到保护国内文化产品市场的目的。

在欧共体国家，法国战后对美国影视产品所采取的限制算是比较成功的，带来的结果是法国电影和电视剧在本国娱乐市场上的占有率持续上升，好莱坞影片和美国电视节目的市场占有率相应降低。然而进入80年代之后，美国影视作品在全球娱乐市场再掀"狂澜"，其他国家的影视作品根本难以抵制来自美国的这股狂潮。1984年，一份为行将召开的欧共体国家文化部长会议准备的报告强调，在欧洲，电影院放映的两部电影中有一部是美国的，电视台播放的每三个节目中有两个是美国的。② 有一篇刊登在《纽约时报》上的文章描述了地方影视产业很难与美国同类产品进行竞争。作者在文章中写道，在"自由市场原则中，最残酷者莫过于格雷欣法则（劣币驱逐良币法则），这一法则在电影界开始发挥作用。原始的娱乐驱逐了发行很不顺利的地方电影和高雅的电影。地方电影产业通常不可能与好莱坞竞争，尽管它们会试图竞争，中欧的电影厂家处于破产的状态。像挪威和瑞典这样的小国一年只做几部电影，淹没在美国电影之中，欧洲和第三世界年轻的电影导演发现很难在美国进口片的压力之下有所作为"③。在这种局面下，法国自然也不是例外了，法国对此从来不会掉以轻心，但也很难公开与美国叫板，在娱乐市场开放的情况下，美国影视作品在法国市场上的占有率再次超过了50%，而且呈现出了与年俱增的趋势。在欧共体的其他国家，美国影视作品的市场占有率比法国的情况要高得多。欧共体（1993年之后更名为欧洲联盟）是一个维护本地区国家共同利益的经济组织，虽不享有超越成员国国家主权的权力，内部在很多问题上也不是"一个声音"说话，但在与美国贸易自由化的谈判中却有着共同的利益，这一

---

① 转引自 James Petterson, "No More Song and Dance: French Radio Broadcast Quotas, *Chansons*, and Cultural Exceptions," in Fehrenbach and Poiger, eds., *Transactions, Transgressions, Transformations: American Culture in Western Europe and Japan*, p. 115.

② David Fouquet, "Europes' Troubled Film Industry Tries to Hold the Line against Hollywood Imports," *The Christian Science Monitor*, December 3, 1984, p. 36.

③ "Cultural Fast Food Goes Global," *New York Times*, May 3, 1992, p. 87.

点尤其在共同抵制美国影视作品在欧洲泛滥上体现出来。法国在欧共体/欧盟中地位举足轻重,属于核心国家之一。在法国的"身先士卒"之下,欧共体/欧盟与美国在20世纪90年代展开了一场涉及文化产品是否为"例外"的争执。

欧共体/欧盟对美国影视产品播放做出限制首先是出于对成员国相关行业的保护。影视产品是美国第三大出口产业,仅次于航空与航天业和化学产业,其中60%的产品出口到欧洲。欧共体/欧盟国家与美国在影视产品上存在着巨大的贸易逆差。据统计数字显示,1988年,欧共体/欧盟从美国进口影视产品为23.37亿美元,出口到美国的同类产品仅为3.59亿美元,贸易逆差为19.78亿美元;1989年进口为30.28亿美元,出口为4.04亿美元,逆差为26.24亿美元;1990年进口为37.19亿美元,出口为2.79亿美元,逆差为39.21美元;1991年进口为42亿美元,出口为2.79亿美元,逆差为39.21亿美元;1992年进口为50亿美元,出口为3亿美元,贸易逆差为47亿美元;1993年进口为57.76亿美元,出口为4.29亿美元,逆差为53.47亿美元;1994年进口为60.36亿美元,出口为5.85亿美元,逆差为54.51亿美元;1995年进口为67.95亿美元,出口为5.32亿美元,逆差为62.63亿美元。[①]《纽约时报》的专栏作者罗杰·科恩以1993年好莱坞影片在欧洲所得来说明美国影视作品占据的绝对优势地位。1993年,美国好莱坞电影成为仅次于航空和航天业的第二大出口产业,仅1992年好莱坞影片出口欧洲所得就为37亿美元。法国人据此宣称,好莱坞正在从在世界娱乐界占据的支配地位向着垄断地位转变。好莱坞已经拥有欧洲市场的80%,而欧洲电影业只拥有美国市场的2%。[②] 根据另一个统计数字,1997年美国电影占欧洲票房收入的80%,而欧洲电影只拥有美国市场的5%。在100部收益最高的电影中,88部电影属于美国,7部是由包括美国

[①] 数字来源于 European Audiovisual Observatory, 1996. 转引自 Hernan Galperin, "Cultural Industries in the Age of Free-Trade Agreements," *Canadian Journal of Communication*, Volume 24, No. 1, 1999. 全文可在 http://www.wlu.ca/~wwwpress/jrls/cjc/BackIssues/24.1/galperin.pap.html 网址上获得。

[②] Roger Cohen, "Europeans Back French Curbs on U. S. Movies," *New York Times*, December 12, 1993, p. 25.

制作者在内合作拍摄的。① 还有一个数字表明，1993 年，欧盟国家制作了502 部电影，美国制作了 450 部电影。然而，与绝大多数美国电影不同，欧盟国家的电影只有 20% 在其原产国之外上映，其中没有几部能够越过大西洋。美国电影占据了欧盟票房的 75% 份额，而国产电影只占 15% 份额。1994 年在欧盟国家内部 88 个电视频道上播放的包括电影在内的娱乐节目中，69% 的节目来自美国。② 其实，就是美国反对欧盟国家采取诸如配额等限制性措施，经济利益的考虑同样是很重要的因素。一位研究者谈到欧洲文化认同困境时指出，美国的"视听大亨在美国政府的支持之下，代表了自由市场的远景，从根本上向地方认同文化的生存能力和社会价值观提出了挑战。诚然，对美国谈判者施加提高对电影保护的压力有经济原因，因为美国对欧洲的电影出口额在价值上仅次于航天技术和农产品。为了消除对电影上自由贸易的抵制，美国谈判者旨在打破对美国公司可望在有线数字电视、信息和其他视听经济领域拥有巨大市场的抵制，因为上述领域发展非常迅速"③。就是在维护文化认同时，经济也在其中起着举足轻重的作用。弗兰克·特洛梅勒尔认为，法国政府组织国际上的力量抵制美国文化帝国主义，目的主要是解决对电影和电视经济控制的问题。在密特朗总统的领导下，法国在欧洲率先维护媒介文化和高雅文化的国家传统，把对美国文化的国际抵制推向高峰。在此过程中，"文化认同"成为法国人所使用的一个重要概念。1983 年在巴黎大学召开的国际会议上，法国文化部长雅克·朗把"文化认同"与"文化民主"观念联系在一起，不过密特朗更加强调促进文化的经济方面，认为"投资于文化便意味着投资于经济，使未来不受到任何束缚，由此有助于把生活的全部含义回归于生活"。因此，密特朗提倡的国际文化政策应该是"防止市场机制和经济权力争夺把其他国家在文化上毫无意义的千篇一律产品强加给个人"。当时与会者同意用"文化民主"观作为对"文化认同"观的补充，他们意识到了这一事实，文化

---

① Cowen, "French Kiss-off: How Protectionism Has Hurt French Films," *Reason*, Vol. 30, No. 3, July 1998, pp. 40 – 48.

② Hutchison, "The Atlantic Gulf of Comprehension: European Reponses to American Media Imperialism," *Canadian Review of American Studies*, Vol. 27, No. 3, 1997, p. 90.

③ Victoria de Grazia, "European Cinema and the Idea of Europe, 1925 – 95," in Nowell-Smith and Ricci, eds., *Hollywood and Europe: Economics, Culture, National Identity, 1945 – 95*, p. 30.

自我表现对经济所得具有非常大的潜力，或者不时地是对经济收益之不足的补偿。因此，在文化认同上与美国冲突的核心毫无疑问是经济的。[1] 特洛梅勒把维护"文化认同"归因于经济冲突无疑很有说服力的，这也是美国不惜一切代价维护美国视听业在欧洲利益的主要原因。英国学者弗朗西丝·凯恩克罗斯的研究表明，好莱坞影片铺天盖地而来引起的担忧"在欧洲最甚"，在90年代初，欧洲本地制作的电影票房收入下降到1957年的六分之一。在她看来，两种趋势使欧洲人焦虑，一是"地方文化产业的衰退"；二是"美国文化进口品的上升"[2]。一篇发表在《纽约时报》的文章描述了"好莱坞开始入侵欧洲蓬勃发展的市场"[3]。如果这种趋势不加以遏止，那么欧共体/欧盟国家的影视业将因无法与美国影视业竞争而衰落下去，这也就意味着拱手把本地区或本国市场让给了美国。当然这种结果只是对一种趋势的假设，欧共体/欧盟绝不会在这个问题上"顺其自然"，必会采取措施来加以限制，以使成员国的影视业具有复振的希望。

实际上，欧共体/欧盟在与美国影视产品进出口上不断加剧的贸易逆差并不单纯是一个经济问题，影视产品有着与任何商品一样的基本特性，但又表现出与普通商品在本质上的不同。人们对普通商品的消费只是满足物质生活需要而已，消费的结束不会对人们思想意识变化产生影响。对美国影视产品的消费会使观众在身心愉悦的过程中受到其宣扬的文化价值观的影响，他们对本国传统生活方式的认同也会发生潜移默化的改变，这种变化尤其体现在处于"反叛"年龄段的年轻人身上，导致他们很少区分良莠地模仿美国人生活方式。这种局面引起了本地区或本国的文化保护主义者对传统消失的堪忧。要是诸如影视作品等文化产品与普通商品无异，市场完全自由化，对欧洲文化保护主义者来说，其带来的后果的确是不堪设想。这并不完全意味着这些欧洲国家影视业退出本地区或本国市场，更令他们不安的是延续了多少代的文化观念和生活方式最终淹没在从大西洋彼岸滚

---

[1] Frank Trommler, "Mixing High and Popular Culture: The Impact of the Communication Revolution," in Mueller, ed., *German Pop Culture: How "American" Is It?* p. 43.

[2] Frances Cairncross, *The Death of Distance: How the Communications Revolution Will Change Our Lives*, Boston: Harvard Business School Press, 1997, pp. 249–251.

[3] Aljean Harmetz, "Hollywood Starts an Invasion of Europes' Booming Market," *New York Times*, January 11, 1990, p. C19.

滚而来的大众文化浪潮之中。英国学者安妮·马西以好莱坞为例谈到了她一家四代人受美国生活方式的影响。她的祖母和外祖母把崇拜的好莱坞明星印在衣服上,打扮和发式都以这些影星为楷模;她的父母对好莱坞电影中描绘的时尚、发式和行为印象深刻,并深受这种生活方式的影响;她本人更是倾向于诸如《逍遥骑士》(*Easy Rider*)和《风月俏佳人》(*Pretty Woman*)等影片宣扬的生活方式;她的几个女儿对《泰坦尼克号》(*Titanic*)这种好莱坞大片简直是有些着迷了。① 1994 年出任意大利总理的西尔维奥·贝卢斯科尼在竞选此职之前是意大利的传媒大王,他在电视讲话中毫不掩饰地宣扬他竞选成功的秘诀,认为年轻人之所以把票投向他原因很简单,即感谢他的电视帝国向他们引进或宣扬的美国价值观:"我很清楚年轻的一代。他们是通过我带给欧洲的电视节目认识美国的。他们逐渐地相信能人统治的哲学,这种哲学将帮助我们形成一种更加开放的自由市场社会,而又不丧失我们的文化之根或传统。……现在各地的年轻人享有相同的政治价值观。"② 贝卢斯科尼是从正面的角度谈美国价值观的引进对意大利产生积极的作用,显然有为自己开脱"宣扬美国文化"之嫌,但却反映出影视作品对人们思想观念变化的巨大影响。法国电影导演协会副会长罗贝尔·恩里克在接受媒体采访时声称存在着威胁"反映我们文化和我们差异的欧洲电影"的危险。他提醒听众,美国电影业"在欧洲电影市场上无处不在",要大家注意一个此时尚未引起媒体关注的事实,即"此时此刻,我们在欧洲共同体内部和国际贸易谈判中从事一场真正的战役,以维护多元主义的欧洲电影"③。显而易见,人们消费影视作品能够产生与消费普通商品完全不同的结果,具有了一种文化上的感受。因此,为了寻求对国内娱乐市场的保护,把文化产品视为与普通商品不同无疑具有说服力的理由,这也是欧共体/欧盟在与美国贸易谈判时坚持的一个基本观点。

在欧洲文化精英中,赞成"文化例外"说不乏其人,当地从事文化产

---

① Massey, *Hollywood Beyond the Screen: Design and Material Culture*, p. 3.

② 转引自 David W. Ellwood, "American Challenge, European Response: The Cultural Confrontation in a Historical Perspective," p. 50. 全文可在 http://www.europeanstudies.ox.ac.uk/EU-US_ Conference. pdf 网址上获得。

③ Jeancolas, "From the Blum-Byrnes Agreement to the GATT Affair," in Nowell-Smith and Ricci, eds., *Hollywood and Europe: Economics, Culture, National Identity, 1945 - 95*, p. 55.

业的名人和本国文化的维护者竭力促使本国政府坚持这种观点,不能让本国娱乐市场服从于商品自由流动的原则,说到底还是为了保护本国文化产业发展壮大到能够与美国文化产业竞争抗衡的地步,把他们眼中"粗俗低劣"的美国大众文化抵挡在疆域之外。欧洲国家有些在影视界摸爬滚打多年的名流根据实践经验,试图总结出文化产品与普通产品在本质上存在着不同。英国著名电影导演戴维·帕特南由此得出结论,有些人把好莱坞称为《黑色总动员》(*Tinseltown*),似乎多少有点满不在乎的味道。有些人坚持认为,电影和电视像其他任何商品一样只是在市场上的交易,其实不然。电影和电视对观众的态度产生了影响,形成了他们做事风格的惯例,加强或瓦解了社会上更广泛的价值观。因此,这些媒介造成的影响不能受到忽视,"创造性的艺术家及其他们的作品具有发起挑战、激发激情、提出质疑、证明事实以及带来娱乐等很浓厚的道德责任。电影不只是娱乐,也不只是大企业。它们是权力"[①]。帕特南这里所谓"权力"的意思显然是,影视作品能够对观众形成无形的控制,左右了他们在生活上的情趣与嗜好,让他们不由自主地背离了传统的生活方式。当然,帕特南主要是针对美国影视作品风靡世界说这番话的,反映出了这位大导演的切身感受。因此,影视产品的播放"构成了一个国家文化生活的极为重要的组成部分",是"支撑和发展国家文化最有效和普遍接受的手段"[②]。法国高蒙影视公司董事长尼古拉斯·塞杜忧心忡忡地说,当人们"认识到孩子们在电视机前花费的时间超过了在学校的时间时,要是电视使他们失去了与其父辈和祖父辈文化的所有联系,人们怎么不会感到惊恐不安呢?"[③] 英国学者彼得·柯温认为,在现代世界,文化主要通过电视媒介传递到其他国家。美国是世界上最大的电视节目出口的国家,其制作的电视作品在自由市场原则下将会充满在美国境外电视台的节目单上。在欧盟内部,一些国家这种状况可

[①] David Puttnam with Neil Watson, *The Undeclared War: The Struggle for the World's Film Industry*, London: Harper Collins, 1997, p.350.

[②] 参见 Shaun P. O'Connell, "Television Without Frontiers: The European Unions' Continuing Struggle for Cultural Survival," *Case Western Reserve Journal of International Law*, Vol. 28, No. 2, Spring 1996, pp. 501–530. 全文可在 EBSCO 数据库中得到。

[③] Steven Greenhouse, "Ideas & Trends: The Television Europeans Love, and Love to Hate," *New York Times*, August 13, 1989, p. E24.

以接受，而另一些国家却竭力抵制，担心它们国家的文化将遭到毁灭。① 美国影视作品风靡欧洲，无异于正在吞噬当地的文化传统，对此欧共体的领导人早有认识。80 年代中期担任欧洲委员会主席的法国经济学家雅克·德洛尔就任后不久以激情的口吻质问美国人："我们有权利生存吗？我们有权利维护我们的传统、我们的遗产和我们的语言吗？一个拥有 1000 万居民的国家面对着卫星提供的普遍性如何能够维护其语言？而语言是文化的关键。"② 德洛尔这里显然是为欧共体采取的对美国影视作品在成员国电视台上播放做出限制进行辩护，也反映出欧共体不会对美国影视产品泛滥而侵蚀欧洲文化赖以存在的基础无动于衷，"文化例外"说为法国政府所提出，但得到欧盟国家的认可，成为保护成员国文化娱乐市场免遭美国影视产品垄断的一个很有说服力的武器。

美国影视作品在第二次世界大战后对与其结盟的欧洲国家生活方式的转变产生了很大的影响，这些国家从来没有停止过抵制美国的文化"渗透"，以维护本国文化传统不受到侵蚀。当 60 年代中期欧洲共同体建立之后，欧洲有了一个能够维护成员国共同利益的地区组织，在法国等国的呼吁之下，欧共体从一开始就把维护本地区文化认同作为一项重要的考虑。1973 年欧共体在哥本哈根举行了会议之后，欧洲理事会发布公告强调文化和文化认同对促进欧洲层面上进一步一体化的重要性。1974 年，欧洲议会通过了一项决议，要求加强对欧洲共同文化遗产的保护。1982 年，欧共体成员国文化部长举行了第一次会议，探讨了促进文化合作的可能性，特别强调了在视听媒介领域的合作；在促进和保护文化遗产合作上达成了共识；加强成员国艺术家和作家之间的联系；致力于促进他们在共同体内外的活动；协调成员国与共同体之外国家文化合作。这次会议通过的公告于翌年在斯图加特签字生效。1984 年年初，欧洲委员会颁布了关于建立欧洲电视播放共同市场的"绿皮书"（Green Paper）。这份文件强调需要协调成员国

---

① Peter Curwen, "Television Without Frontiers – Can Culture Be Harmonized?" *European Business Review*, Vol. 99, No. 6, 1999, pp. 368 – 375.
② 转引自 C. Anthony Gifard, "Culture versus Commerce Europe Strives to Keep Hollywood at Bay," in Ramet and Crnkovic, eds., *Kazaaam! Splat! Ploof! The American Impact on European Popular Culture since 1945*, p. 43.

在电视播放上许多完全不同的国家法规,宣称电视已经进入成员国的千家万户,因此具有非同寻常的文化意义。更为重要的是,这份文件很有远见地认识到,电视播放将"在形成和培育丰富多彩的欧洲共同文化和历史遗产上发挥重要作用",有助于一种"更为普遍的欧洲认同"的形成与发展。这份文件还承认美国控制了欧洲电视屏幕上绝大多数电影播放的"文化霸权"这一事实。[1]"绿皮书"对成员国尚不具备法律约束力,但却为随后欧共体国家在这方面通过相关规定奠定了基础。1989年10月3日,欧共体12国颁布了"无国界电视指令"(Television Without Frontiers Directive),对欧共体作为一个统一的电视市场的运作做出了比较具体的规定。该指令目的很明显,即通过保护欧共体电视市场来刺激本地电视业的发展,抵制在欧共体国家看来属于不健康的影视作品在电视台播放。按照指令第四款规定,成员国必须确保50%的时间播放欧洲本地制作的节目,这些节目主要指包含故事情节的节目,新闻、时事和体育节目不受此规定之限。这条规定显然是为了对付来自非欧共体成员国家的电视节目竞争。按照指令的第五款规定,电视播放机构被要求给独立制片人制作的欧洲节目留下至少10%的播放时间或者给他们10%以上的节目预算经费。"无国界电视指令"是欧共体视听政策的基石,它奠定在两个基本原则之上,一是欧共体国家制作的电视节目在内部市场上的自由流动;二是要求开播的电视频道为欧洲作品保留一半以上的播放时间。[2]"无国界电视指令"是一份很长的文件,全篇几乎没有出现"美国"二字,但美国却是这一指令提出的主要动因。

欧共体颁布"无国界电视指令"时正是诸如《朱门恩怨》等美国影视

---

[1] O'Connell, "Television Without Frontiers: The European Unions' Continuing Struggle for Cultural Survival," *Case Western Reserve Journal of International Law*, Vol. 28, No. 2, Spring 1996, pp. 501–530. 关于"绿皮书"的目的和意义参见 George Wedell, "The Establishment of the Common Market for Broadcasting in Western Europe," *International Political Science Review*, Vol. 7, No. 3, 1986, pp. 285–286.

[2] Commission of the European Communities, *Television without Frontiers: Green Paper on the Establishment of the Common Market for Broadcasting, Especially by Satellite and Cable*, Luxembourg: ECC, 1989; 对"无国界电视指令"分析见 Patrice Aubry, "The 'Television Without Frontiers' Directive: Cornerstone of the European Broadcasting Policy." 全文可在 http://www.obs.coe.int/online_publication/reports/TWF.pdf.en 网址上获得。

作品在欧洲"肆虐"之时,欧共体国家自然担心痴迷于美国影视剧的欧洲观众最终很难不受美国文化价值观的影响。因此,维护欧洲文化认同自然就提上了欧共体的议事日程。一位学者谈到"无国界电视指令"通过的背景时指出:"1989 年 9 月,任何在布鲁塞尔市中心大广场一家称为 Chaloupe d' Or 餐馆里放松的欧共体官员必须恐怖地看着他们面前正在展现的场面。在一个超大的户外屏幕上为一家美国电影电视频道所做的广告让熙熙攘攘的人群流连忘返,年轻的妇女散发着印着诸如美国电影《洛奇四》(*Rocky IV*)、《辣身舞》(*More Dirty Dancing*)以及《黑寡妇》(*Black Widow*)等美国电影剧照的小册子。类似这样的场面近些年来在整个欧共体再现太司空见惯了。作为回应,欧盟部长理事会报之于在全球贸易共同体引起反响的反击。"① 在当年巴黎召开的一次会议闭幕时,德洛尔表明了自己的观点,声称"文化不像其他东西那样是件商品,欧洲市场将既不存在着保护,但也将不是自由放任。我对美国说:'我们有权利生存吗?我们有权利保持我们的传统吗?'"② 由此可见,对欧共体官员来说,要是任由这种状况持续下去,那么不出几年,来自大西洋彼岸的低劣粗俗文化将逐渐地改变欧洲人的思想意识以及他们的生活方式,届时何谈欧洲文化认同!欧共体本来就把对欧洲整体的认同作为这个地区性组织凝聚力的基础之一,只有这个基础牢靠,欧洲联合才能呈现出广阔的前景,否则只能是"纸上谈兵",难以形成一致对外的声音。这些欧共体官员或许是"杞人忧天",欧洲人无论如何都不会对美国文化的认同,但可能会导致欧洲文化价值观中的美国因素的权重增加,这一点同样是他们难以容忍的。当然,欧共体官员还忧虑,在电视成为普及的时代,欧洲这个广阔的娱乐市场不能拱手让给美国人,应该由欧洲本土制作的影视作品占据主导地位。因此,欧共体此时出台的"无国界电视指令",其主要目的之一显然是要对欧共体国家电视台播放来自美国的电视节目给予限制。

---

① O'Connell, "Television Without Frontiers: The European Union's Continuing Struggle for Cultural Survival," *Case Western Reserve Journal of International Law*, Vol. 28, No. 2, Spring 1996, pp. 501 – 530.

② Steven Greenhouse, "Europe Reaches TV Compromise; U. S. Officials Fear Protectionism," *New York Times*, October 4, 1989, p. A1.

欧共体的"无国界电视指令"是"项公舞剑，意在沛公"，文件虽未表明针对美国，但欧共体和美国双方皆心知肚明，所以这份文件引起美国人大为不满也是预料之中了。美国政府对此做出的反应比较激烈，抗议这一指令绝不是一项保护欧共体文化的措施，而是开了一个"阴险狡诈"的经济保护主义之先例。美国政府还是惯用的一套，在媒体上对这一指令进行反驳，进而通过各种途径给欧共体形成压力，迫使其继续对美国影视作品开放成员国的市场。美国电影协会主席杰克·瓦伦蒂针对欧共体的这一保护主义措施讥讽说，如果欧洲担心一部电视剧会瓦解其文化，那么这种文化就不值得保护。[1] 美国贸易代表卡拉·希尔斯认为，欧共体的这一措施限制了选择的自由，其关于该指令的文化理由是完全错误的。[2] 一位美国贸易官员在接受电话采访时说，欧共体通过的这份文件"导致了对欧洲节目的偏向，由此而造成了对美国和其他非欧洲节目的歧视"[3]。在这份文件通过之前，希尔斯"义正词严"地宣称，美国对欧共体针对美国电视节目建议的配额提出"非常强烈的抗议"[4]。美国政府将欧共体的这一措施指责为"保护主义"，与关贸总协定所规定的原则相悖。[5] 美国影视业自然也会游说政府采取报复措施，阻止欧共体配额制付诸实行，以保护美国影视业在海外的利益。当然，在美国也存在着不同的意见。一位美国读者看到了瓦伦蒂的批评后于1989年10月26日给《纽约时报》的编辑写了一封信，为欧共体12国对外国电视节目在其境内播放采取限制措施辩护。他对瓦伦蒂的观点很不以为然，认为来自美国的电视节目反映了美国商业主义对世界各地文化的肆无忌惮的攻击，其他国家不像美国人那样喜欢他们的孩子每周40个小时坐在电视机前观看《朱门恩怨》以及《罗西尼》（*Roseanne*）

---

[1] 瓦伦蒂在这一问题上的基本观点详见他此前发表的一篇文章 Jack Valenti，"Fair Trade for Film Trade，" *Los Angeles Times*，January 19，1986，p. G5.

[2] O'Connell，"Television Without Frontiers：The European Union's Continuing Struggle for Cultural Survival，" *Case Western Reserve Journal of International Law*，Vol. 28，No. 2，Spring 1996，pp. 501 – 530.

[3] Greenhouse，"Europe Reaches TV Compromise；U. S. Officials Fear Protectionism，" *New York Times*，October 4，1989，p. A1.

[4] Clyde H. Farnsworth，"U. S. Fights Europe TV-Show Quota，" *New York Times*，June 9，1989，p. D1.

[5] "Rationing 'Dallas'in Europe，" *New York Times*，October 24，1989，p. A26.

等电视剧节目。因此，美国电视节目"对其他文化的影响很大程度上是腐蚀了这些文化，尤其是伤害了它们的年轻人。这一点是最不可原谅的"。作者在信的结尾特别强调，美国政府"有权控告欧共体违反了关贸总协定，但对另一个社会文化的尊重正是我们正在忽视的东西"[1]。这位美国读者实际上讲出了欧共体不愿意在"无国界电视指令"中公开表明的看法。《纽约时报》将这封读者来函全文照登，说明了在这个问题上美国国内同样存在着很大的争论。还有的欧洲人认为欧共体的电视配额不会让好莱坞"惊慌失措"，意为很难改变美国影视作品在欧共体国家占据的主导地位。[2] 不管"无国界电视指令"在大西洋两岸国家的反响如何，其意义在于欧共体国家意识到了在美国大众文化风靡全球的时代维护本地区文化不受或少受这种商业消费文化"侵蚀"的重要性和必要性，也为后来在全球自由贸易谈判中支持法国提出的"文化例外"埋下了伏笔。

这场关于"文化例外"的争论到了1993年最终全面爆发了，是年正是"乌拉圭"多边贸易谈判接近尾声之时。法国领导人心里很清楚，一旦文化产品与普通商品没有区别地写入多年谈判达成的最后协定之中，法国实际上也就失去了在合法性上抵制美国视听产品进入法国娱乐市场的最后屏障，不仅会导致与美国在文化产品贸易上的逆差进一步加大，更重要的是不得不放弃多年来坚持实行的配额制，结果必然造成不仅法国的相关产业难以复振，而且法国的文化认同陷入难以走出的危机之中。1993年9月21日法国总统弗朗西斯·密特朗在波兰的格丹斯克市发表了讲演，明确阐述了在这场争执中法国的立场，认为"精神的创造不只是商品；文化的要素不是纯粹的交易。维护艺术作品的多元性与公众选择的自由是一个责任。处于危急关头的是我们所有国家的文化认同。认同他们自己的文化是所有民族的权利。我们有自由创作和选择我们形象的自由。一个社会要是把展现自身的方式（也就是说向自己展现自己的方式）让渡给其他国家，那这就是

---

[1] Douglas R. Hood, "Why Shouldn't Europe Resist American TV?" *New York Times*, November 7, 1989, p. A22.

[2] Dennis McDougal, "Europe TV Quota Doesn't Rattle Hollywood," *Los Angeles Times*, October 10, 1989, p. E1.

一个遭受奴役的社会"①。法国著名导演克洛德·贝里警告说，如果"关贸总协定谈判按照建议的通过，欧洲文化将不复存在"②。法国政府甚至扬言对不包括对影视作品实行保护的任何谈判达成的协定投否决票。美国在这个问题上也表现出了强硬的态度。瓦伦蒂代表美国方面为本国文化产品进入欧洲市场寻找理由，他认为欧盟国家实行配额制，无非是想设立一道围墙，将美国的文化产品抵挡在疆域之外，以解除他们国家"文化危在旦夕"之忧。瓦伦蒂由此一连质问了欧盟国家几个问题，即"难道事实真是这样吗？难道拥有一两千年历史的一个国家之文化会因为美国电视节目的播放而遭致毁灭吗？难道任何欧洲国家文化之根基竟然如此脆弱易撼吗？难道必须要把欧洲观众封闭起来吗？难道要使他们看不到自己与过去可尊重辉煌之间的联系吗？"1993年3月11日，法国《世界报》刊登了对瓦伦蒂的采访。当记者问到瓦伦蒂的相关问题时。他口气十分强硬，宣称"美国将不会在使文化成为一个例外领域的关贸总协定上签字。我们将不会签字画押。我们将不是这样一个协定的合作伙伴。……如果我们不形成竞争和自由进入这些市场，那么将会爆发一场商业战"③。瓦伦蒂是美国电影协会主席，他的观点表明在"文化例外"这个问题上将有一番激烈的斗争。

瓦伦蒂不是"乌拉圭回合"的谈判代表，但也非等闲之辈，他的话很大程度代表了美国政府的看法，自然在法国引起了轩然大波。3月26日，法国导演阿兰·塔齐安代表法国电影导演联盟对瓦伦蒂的观点进行了反驳，宣称"法国电影导演联盟对瓦伦蒂的威胁性言论不会无动于衷。瓦伦蒂实际上说：'如果欧洲人不放弃保护音像媒介的法律，我们将对他们开战。'要是瓦伦蒂先生被'文化'这一词搅得心神不定，那么我们准备回答他；因为文化不能买来卖去，文化不是大笔一挥就能使之消除的问题。瓦伦蒂

---

① 转引自 Jeancolas, "From the Blum-Byrnes Agreement to the GATT Affair," in Nowell-Smith and Ricci, eds., *Hollywood and Europe: Economics, Culture, National Identity: 1945 – 95*, pp. 57 – 59. 另见 David W. Ellwood, "Hollywood's Star Wars," *History Today*, Vol. 44, No. 4, April 1994, p. 9.

② 转引自 Cowen, "French Kiss-Off: How Protectionism Has Hurt French Films," *Reason*, Vol. 30, No. 3, July 1998, pp. 40 – 48.

③ 以上引文见 Jarvie, "Free Trade as Cultural Threat: American Film and TV Exports in the Post-War Period," in Nowell-Smith and Ricci, eds., *Hollywood and Europe: Economics, Culture, National Identity, 1945 – 95*, pp. 42, 55.

先生若要战争，他将如愿以偿。"3月24日，法国《世界报》刊登了一整页法国文化界名人对瓦伦蒂观点的反驳，其中包括时任文化部部长的雅克·朗，他宣称，就文化而言，"自由交换与多元主义死亡无异"。著名编剧路易斯·布努埃尔认为欧洲与美国处于一种"文化战争"的状态，"欧洲的作者和制片人最初是难以置信，一直很难做出回应来维护自己，但是现在他们已采取行动了。几乎每个地方，一周接着一周，我们正在组织起来。瓦伦蒂先生的生气可能是这种抵制的结果"①。显而易见，在这样一种法国人看来对本国文化"生死攸关"的形势下，法国自然不会在"文化例外"上有任何松动，甚至宁愿让艰苦谈判八年之久的"乌拉圭回合"毁于一旦也在所不惜。凯塞尔分析了法国在乌拉圭回合中坚持"文化例外"的主要原因。他指出，"诚然，视听部门涉及巨额的利润，但法国官员不是把经济考虑放在首位，而把这一问题看作是保护欧洲免遭文化美国化之事"。他引用了雅克·朗的警告来表明法国官方的决心，即"为了维护国家的文化，时间已经到了'宣战'的时候了。法国影视制作者、导演和演员与他们在40年代后期一样要求保护以抵制好莱坞。当一种解决方案达成时，把视听部门排除在外是艺术和艺术家对文化商业化的胜利"②。法国朝野群情激奋，支持"文化例外"的文章在报刊上连篇累牍，电视媒体也不失时机地抓住这个"热点"问题进行报道，在法国国内掀起了新一轮抗议美国的浪潮。

  法国谈判代表坚持的"文化例外"得到了包括欧盟国家在内的很多国家的响应，这些国家在这一问题上可以说是结成了一个共同对付美国的统一战线。因此，对欧盟国家而言，这场斗争是"继续让美国的电影和视听产品服从配额和其他限制"③。欧共体领导人明确表明态度，表示全力支持

---

  ① 以上引文见 Jarvie, "Free Trade as Cultural Threat: American Film and TV Exports in the Post-War Period," in Nowell-Smith and Ricci, eds., *Hollywood and Europe: Economics, Culture, National Identity, 1945–95*, p. 55.

  ② Kuisel, "The French Cinema and Hollywood: A Case Study of Americanization," in Fehrenbach and Poiger, eds., *Transactions, Transgressions, Transformations: American Culture in Western Europe and Japan*, p. 221.

  ③ Daniel Singer, "GATT & the Shape of Our Dreams," *Nation*, Vol. 258, No. 2, January 17, 1994, p. 54.

法国的要求，即法国保护和补贴其电影业应该受到任何世界贸易协定的保护。① 欧洲议会公开承认法国"文化例外"的合法性。有了欧共体的支持，法国更不会在"文化例外"问题上向美国妥协了。欧共体其他国家基本上都支持"文化例外"之说，那些从事文化产业的艺术家和企业家更是表现出少有的激情，坚持文化产品与普通商品在本质上不同这一主张，抵制美国粗俗文化的"入侵"。1993年9月，4000余名欧洲知识分子、艺术家和生产商在六家主要欧洲报纸上公布了一份请愿书，要求"乌拉圭回合"多边贸易谈判达成的最后协定不把"文化产品"包括在自由贸易范围内。这次活动是由长期以来对"美国化"持尖锐批评的法国知识分子发起，旨在针对好莱坞全球性的优势对其他国家影视业构成的"蓄意性"威胁，维护欧洲视听产业的正常发展。一些欧洲知名影视导演对法国的"文化例外"做出了支持性回应。12月，意大利的贝纳多·贝托鲁奇、德国的维姆·文德斯以及西班牙的佩德罗·阿尔莫多瓦在亲笔签名的致美国同行史蒂文·斯皮尔伯格和马丁·斯科西斯的公开信中宣称，他们正在不惜一切地试图把他们国家的电影从被好莱坞的"灭绝"中拯救出来，坚持认为配额和补贴仍然是他们生存的手段，"我们只是绝望地维护留给我们极小的自由空间"。任何单一国家都不"应该被允许控制这个世界的形象"。他们警告说，如果美国的电影继续压得当地产品难以抬头，到2000年欧洲电影业将不复存在。贝托鲁奇在接受意大利记者采访时甚至预言，美国电影的世界霸权将导致形成"一种可怕的单一文化"，即"某种文化极权主义"②。这些在社会上很有影响的人物的呼吁尽管多少带有"危言耸听"的味道，但形成了一种支持法国"文化例外"说强有力的外围力量。

在欧盟各国朝野的强烈呼吁之下，这场发生在1993年年底的斗争最终

---

① Cohen, "Europeans Back French Curbs on U. S. Movies," *New York Times*, December 12, 1993, p. 25.

② Mel van Elteren, "Conceptualizing the Impact of US Popular Culture Globally," *Journal of Popular Culture*, Vol. 30, No. 1, Summer 1996, p. 47; David W. Ellwood, "The Workings of American Power in Contemporary France," *Diplomatic History*, Vol. 18, No. 4, Fall 1994, pp. 581 – 582; Ellwood, "Hollywood's Star Wars," *History Today*, Vol. 44, No. 4, April 1994, p. 9; Pells, *Not Like Us: How Europeans Have Loved, Hated, and Transformed American Culture Since World War II*, p. 275.

以美国的妥协而告终,① 美国尽管依然坚持文化产品与普通产品没有任何区别,但为了"乌拉圭回合"达成的最后协定能够顺利签署,不得不屈从了欧盟国家在文化产品上提出的动议,把文化产品的贸易排除在签署的最后协定之中,使欧盟诸国至少在国际法上对美国文化产品采取限定性的措施具有合法性,这对于保护这些国家的文化市场有着很重要的意义。法国著名导演让·雅克斯在协定签署之后自豪地宣称:"我们消除了欧洲文化将完全被灭绝的威胁。"② 雅克斯的这句话倒是真实地反映出很多欧洲导演此刻的心绪,真是有点"劫后余生"的意味,随后法国等国对美国影视作品进入本国"理直气壮"地实行了配额制,提高了本国制作影视作品的市场占有率。"文化例外"对保护国家文化市场以及文化认同究竟能起多大作用,是否能够达到预期的目的,人们的看法是不尽相同的。在杰克·戈洛德纳看来,欧盟委员会要其成员国执行新的配额制,至少51%的电视播放时间应该播放欧洲国家制作的节目,法国更高,为60%。这是欧洲人在贸易谈判中成功地试图坚持的体系。他对这种配额体系能否促进当地文化提出了质疑,认为"在这种体系之下,西班牙电视公司必须安排播放更多法国人、德国人和其他欧洲人制作的电影,墨西哥或南美洲国家制作的西班牙语电影则少之又少。问题是:这种安排如何促进了西语世界的文化?答案是:丝毫没有。同样,其他欧洲节目主管受欧洲委员会指令的强制,被迫安排播放节目表,不是因为这些节目促进了国家的文化,也不是受到他们和他们的观众喜爱,而只是因为不管好坏它们为欧洲人制作。如果欧洲委员会各国政府真正关心其公民的文化偏好,那么应该允许他们有选择视听作品的自由;如果它们真正地关注一个国家的文化遗产,那么它们应该鼓励发行反映这种遗产的节目"③。配额制肯定有其弊端,长此以往必会带来很多问题,这也是欧盟内部诸如荷兰、卢森堡、丹麦和瑞士等国不赞成配额制的原因之一,但至少在短期内让欧盟诸国限制了美国影视作品的泛滥,有

---

① 关于欧盟与美国把争执问题搁置起来详见 Keith Bradsher, "Big Cut in Tariffs: Movies, TV and Financial Services Are Some of the Areas Left Out," *New York Times*, December 15, 1993, p. A1.

② 转引自 Cowen, "French Kiss-Off: How Protectionism Has Hurt French Films," *Reason*, Vol. 30, No. 3, July 1998, pp. 40 – 48.

③ Jack Golodner, "The Downside of Protectionism," *New York Times*, February 27, 1994, p. H6.

效地保护了国内的文化市场。

然而,"文化例外"只能是对美国影视作品进入欧盟国家的市场做出有条件的限制,决然不能越出多边贸易体系的规定关闭本国的文化市场,美国的影视作品依然凭借着其对大众的吸引力在这些国家的市场上占据着主导地位。美国只是对欧盟国家做出了有条件的妥协,并没有承认"文化例外"的合法性,欧盟国家依然没有从根本上消除美国影视产品构成的威胁。《纽约时报》编辑理查德·斯蒂文森发表文章称,法国等国"在世界贸易谈判中赢得了巨大的胜利,阻止了美国要求欧盟终止其配额和补贴以及开放其电影和电视节目的市场。然而,欧洲人不能够万无一失地得到保证,他们的传统现在没有受到《正义前锋》(*Dukes of Hazzard*)无限制重新上映的影响。他们刚刚认识到了美国入侵的规模,这场入侵悄然无声,但意义更为深远。来自美国的公司几乎渗透到欧洲电视生意的每个角落"[1]。显而易见,这种"渗透"不是短时间内所能消除的,很有可能还会呈现出加剧的趋势。关于这一点,有些欧盟国家官员倒是看得很清楚,如法国通讯部部长阿兰·加里农 1994 年 2 月 6 日在《世界报》发表文章指出,从欧洲上空发射美国节目的卫星是"一个真正的战争机器"。美国娱乐业的收购热,电缆和远程通讯的结合,新技术领域的巨额投资,凡此种种对欧洲来说皆为美国威胁正在逼近的警报信号。在他看来,"视听业是 21 世纪美国通讯集团执行重大战略的奖品,欧洲市场则为它们的主要目标"[2]。此外,美国绝对不会心甘情愿地放弃欧盟国家的广阔影视市场,也会采取各种措施来抵制欧盟国家的限制。正如一位研究者所表明的那样:"美国电影和电视节目制作商把欧洲内容规定视为一种威胁,尽管美国国内市场很大,但出口所得常常对好莱坞制片厂家收支平衡非常重要。在近些年,电影院放映的一半多收入来自美国之外。国外市场创造了电视和视频收入的大约 40%。此外,美国电影和电视节目在国外的销售是第二大出口产业,仅次于武器的出口,大大有助于美国的贸易平衡。仅在欧洲市场,美国可从电影和电视节目销售中获得 56 亿美元的收入,大大高于欧洲国家相同领域在美国之所

---

[1] Richard W. Stevenson, "Moving beyond Selling TV Reruns, U. S. Media Giants Are Building Networks, Stations and Production Alliance," *New York Times*, February 6, 1994, p. F1.

[2] Ibid. .

得。美国制作商把欧洲市场视为在未来十年内具有最大的增长潜力，不仅在出口上，而且在兼并和收购上。因此，他们决心保护他们的利益。"① 这样一种状况意味着在"文化例外"上得到国际社会的一致认同还是个漫长的过程，与美国在文化产品上的争执依然是欧盟国家面临的一个重要问题。

　　欧盟国家采取措施对本国文化市场实行保护尽管依然面对着巨大的挑战，但无疑具有合理性和必要性。欧洲议会中的英国成员卡罗尔·汤格1995 年 2 月致信伦敦《金融时报》，呼吁"为欧洲节目的发行创造空间，以此促进我们的文化，增加相互理解，在我们的创造艺术领域增加数以千计的工作。此外，广播节目配额和投资额度是促进这一目的实现的方法。在一个高达十年的过渡期内，两者皆为需要，以便为欧洲工业调整和为刺激投资提供喘息的机会。欧洲工业调整之后或许能够具有美国公司的力量，美国公司现在能够在二级市场上销售他们制作的电影，价格仅为制作有品位的欧洲情景剧和纪录片所花费用的十分之一。在一种不完善的市场竞争的局面下，特殊政策是必需的，以确保所有欧洲的声音能被听到，所有欧洲的故事能够被讲述，确保欧洲人在经济上和文化上从一个日益增长的产业中有所收益"②。因此，法国等国不会放弃与美国在"文化例外"上的斗争，力求得到国际组织支持这种保护当地文化市场的说法。在这些国家的不懈努力下，2003 年 7 月，"文化例外"写入了欧盟宪章，负责起草欧盟第一部宪法的大会决策主席团同意在即将完成的文件中加入一个巴黎要求的条款，即所谓的"文化例外"。联合国教科文组织关于文化多元化公约得到了以加拿大和法国为首的约 60 个欧洲国家和发展中国家的支持，该公约规定电影、戏剧和音乐等文化产品不包括在贸易谈判范围内，使这些商品不受自由贸易规则的限制，允许各国政府保护和支持它们的文化产业，把欧洲国家维护的"文化例外"置于国际法之内。法国总统雅克·希拉克2003 年 10 月在联合国教科文大会的讲话中指出，如果这样一个条约被通

---

① Gifard, "Culture versus Commerce Europe Strives to Keep Hollywood at Bay," in Ramet and Crnkovic, eds., *Kazaaam! Splat! Ploof! The American Impact on European Popular Culture since 1945*, p. 47.

② Ibid., p. 44.

过,"对它们身份忧虑的民族和国家将以更大的信心向世界开放"[1]。经过两年的谈判,联合国教科文组织大会通过了保护和促进文化表述多样性公约,规定成员国有权采取正常手段促进文化多样性,在某种文化遇到灭绝威胁时,它们可以采取各种合适的措施加以保护。这个公约2007年生效,成为欧盟国家抵制美国文化产品"肆虐"其成员国的合法化依据。不过,美国影视产品在全球"泛滥"绝不是一纸公约所能完全消除的,欧盟国家显然不能靠着保护主义来把本国的文化市场封闭起来,文化市场开放乃是一个大趋势,只有发展壮大本国的文化产业,制作出质量品位皆佳又能体现民族文化价值观的影视作品,才能首先把本国观众吸引过来,然后逐渐地走出国门。当然达到这个目标并非易事,但这是能够实现与美国影视作品抗衡的唯一可行之路,只有坚持不懈地走下去,吸取好莱坞电影制作的技术,才能取得比"保护"更为可行的成效。欧盟很多国家已经在这方面做出努力,效果很明显,既提高了本国影视作品的市场占有率,又加强了本国民众的文化认同,把抵制美国文化"入侵"由消极被动转变成积极主动,在与美国这个全球"娱乐帝国"的抗衡上迈出了重要的一步。

---

[1] Peter Ford,"UN Fights U. S. Cultural Imperialism," *Colorado Daily*, October 23, 2003. 全文可在http://coloradodaily.com/articles/2003/10/23/news/arts/arts03.tx网址上获得。

第八章
后冷战时代欧洲反美主义的加剧

  以美国和苏联为首的东西方阵营持续了四十余年的"冷战"在20世纪90年代初便告结束，标志着80年代末东欧社会主义国家巨变和1991年年底苏联的解体，世界随即进入了主要由美国唱主角的"后冷战时代"。从表面上来看，以美国为首的西方阵营"打赢"了这场没有硝烟的战争，显然不是靠着经济和军事等"硬实力"，很大程度上是依赖着能够吸引苏东国家民众的文化力量。在冷战后期的80年代，全球化的浪潮让社会主义国家不可避免地受到了冲击，特别是携带着物质主义享受观念的美国大众文化开始冲破了这些国家原来构筑的意识形态堤坝，在民众中间得到了广泛的传播，一定程度上瓦解了社会主义政权赖以存在的合法性基础。当然，苏东国家内部长期积重难返的问题是它们易旗改制的根本原因，美国文化的传播只是造成了当地人思想意识的混乱和对西方社会的向往，客观上起到了加速解体的作用。冷战的结束让美国一下子成为没有一个国家能够与之抗衡的唯一超级大国，美国借着无国能够比肩的强大实力，在国际社会耀武扬威，颐指气使，游戏规则似乎只能由美国说了算。对于尚存的敌对意识形态国家，美国以打压为主，试图通过让美国文化价值观的逐渐渗透使它们重蹈苏东国家的覆辙，走上西方民主化和市场经济之路。这种做法既是美国的长远战略，也得到了其他西方国家的大力支持。然而，美国在执行这种战略的过程中主要是出于本国的利益考虑，不可避免地与其欧洲盟国在具体问题上出现争执，甚至发生激烈的冲突。这些欧洲国家绝不会心甘情愿地在国际社会尾随美国之后，屈从于一个缺乏文化的国家，这对精英人士来说无异于是"自取其辱"。因此，美国的硬实力越强大，越会引起欧洲国家对美国在国际社会滥用"权力"的不安，当然这里面也包含着对美国超强大地位的嫉妒因素在内。冷战期间，美国受竞争对手苏联的牵制，把大量的人力、物力和财力用来对付国际共产主义的威胁，为了谋得欧洲盟国的支持，美国往往会对它们礼让三分，力戒避免采取一些令盟国有所不满的过激行为，以免内部起火，造成西方阵营出现裂痕，给敌手扩大势力范围提供可乘之机。世界进入后冷战时代之后，国际局面发生了根本的改变，美国面前至少在短时期内不再存在着敢向其"权力"挑战的国家。这种状况自然滋生了美国政府决策者的傲慢心理，就是对欧洲盟国，美国也难免采取居高临下的姿态，结果必然会引起民族自豪感尤为强烈的欧洲大国精英们的极为不快。后冷战时代欧洲反美主义的高涨与美国在国际社会有恃无恐关系很大，许多欧洲人对大洋彼岸这个"富得流油"的国家本来就不抱有好感，这是历史遗留下来的心态，当美国在国际社会恣意妄为时，他们对美国的"恶感"便会进一步加强，脑海中自然形成了后冷战时代美国的负面形象。

在后冷战时代，随着信息技术革命的不断深化，全球化呈现出日益加剧的态势，人类生存的地球越来越成为一个联系密切的整体。美国是信息技术革命的主要发源地，自然成为全球化的许多机制与规则向外辐射的中心，弘扬消费主义的美国文化也借着全球化不断加快的趋势掀起了向外传播的一个又一个高潮，尤其是各个国家互联网用户的不断扩大带来了信息传递的一场"革命"，来自美国的各种信息瞬息即得，遍布全球，携带着美国文化价值观迅速覆盖了全世界的每一个角落。在后冷战时代，美国是全球化加速的主要推手，没有一个国家能够抵挡住美国文化的大规模"入侵"，尤其是生活在城市中的人，无不感到美国文化在自己身边的存在，他们的思想观念和行为方式也很少不受到美国文化的影响。在这方面，发展中国家的状况尤为突出，但欧洲国家同样难以避免再次受到来自大洋彼岸文化的更猛烈冲击，维系国家文化认同的凝聚力逐渐被弱化，致使当地文化的存在与发展面临着前所未有的威胁。正如英国经济学家菲利普·勒格兰所言，很多人"对全球化正在强行推行一种僵硬的文化一致的担忧与可口可乐、麦当劳和米老鼠一样是无所不在的。不管是欧洲人还是拉丁美洲人，不管是左翼人士还是右翼人士，不管是富人和穷人，他们无不担心，地方文化和民族认同正在融化成一种完全彻底的美国消费主义。这种文化帝国主义据说正在强行推行美国的价值观以及产品,在牺牲货真价实的东西的情况下促进商业,以肤浅的喜悦来取代身心的满足"①。勒格兰是就全球状况而言,但欧洲向来是美国大众文化传播的"重灾区",法国著名电视主持人克里斯蒂娜·奥科朗特甚至宣称,唯一名副其实的"泛欧洲文化便是美国文化"。此话显然有些夸张,但足以表明第二次世界大战之后美国大众文化对欧洲文化发展产生了巨大的影响。② 正是出于这个原因,欧洲左右翼精英人士对美国所谓"低劣粗俗"文化的抵制从来没有停止过,当全球化以更便捷和更猛烈的形式使美国文化在欧洲广为传播时,他们显然不会熟视无睹,让本国文化"坐以待毙",必然会呼吁抵制犹如"洪水猛兽"般地在欧洲"横冲直撞"的美国大众文化,以加强民众对欧洲文化认同的凝聚力。他们呼吁抵制的声音不管是否具有成效,但这至少是后冷战时代欧洲反美主义高涨的主要原因之一。

在冷战时期,反美主义情绪主要体现在竭力维护欧洲高雅文化的左右翼精英人士身上,这是历史留下的一个很难逆转的传统。就政治精英而言,他们尽管对美国的傲慢甚为不满,但毕竟在抵制共产主义意识形态上与美国有着基本一致的目标,更何况西欧国家的安全还需要仰仗美国强大的军事力量来加以保护。因此,冷战期间美国欧洲盟国的政治精英无论心里对美国有多么的不满,通常不会把这种不满情绪在相关政策上明显体现出来,以便维持与美国的良好关系,一致对付苏联这个共同敌人。冷战结束之后,共同的主要敌人已经消失,维系美国与这些国家关系密切的这根纽带亦随之不复存在,它们之间的关系必然经历了一个复杂的转变过程,尽管美国与它们的盟国关系依存,但与冷战时期相比不仅松散了很多,而且过去掩盖的矛盾开始逐渐暴露出来,西欧诸国摆脱这个超级大国控制的倾向越来越明显。英国东安格利亚大学教授理查德·克罗卡特认为,在后

---

① Philippe Legrain, "Cultural Globalization Is Not Americanization," *Chronicle of Higher Education*, Vol. 49, No. 35, May 9, 2003, pp. 7 – 10. 全文可在 EBSCO 全文数据库中得到。

② Sabrina E. Ramet, "Americanization, Anti-Americanism, and Commercial Aggression against Culture: An Introduction," in Ramet and Crnkovic, eds., *Kazaaam! Splat! Ploof! The American Impact on European Popular Culture since 1945*, p. 5.

冷战的世界，欧洲人在美欧文明之间的差别上有了新的看法。他并不避讳"文化差异一直是欧美关系长期历史的组成部分，反美主义又是这一历史的组成部分。然而，冷战的崩溃允许诸种情绪更为充分的表达，原因在于冷战加强的地缘政治牢不可松的纽带不再支撑欧美关系了"①。美国著名报纸专栏作者乔纳·戈德堡也持类似观点，他比较了冷战期间和冷战之后欧洲政治精英对美国态度的明显变化。在他看来，在冷战后期的80年代，欧洲国家的"反美主义同样是一个大问题，但很幸运，欧洲精英们除了个别者之外都明白，让美国成为朋友比让苏联成为统治者更好。现在冷战已宣告结束，欧洲精英们从与美国处好关系之需要中解脱出来。近些年德国和法国的选举很大程度上是抵制美国的竞选者胜出。美国是唯一超级大国，欧洲精英认为，除他们之外，任何人都不应该拥有超级力量"②。在后冷战时代，美国展现了无国可以牵制的"超级力量"，自然为欧洲政治精英所忧虑不安，尤其是当美国利用这种"超级力量"在国际社会"横行霸道"时，其行为更是令他们难以容忍。欧洲政治精英不会像文化精英那样公开发表激烈的反美言论，毕竟他们代表了政府，为了国家的利益不愿意与美国关系出现较大的裂痕，但他们对美国态度的变化势必会影响到民众的情绪。后冷战时代欧洲反美主义进入一个高涨期显然与政治精英们的美国观有着微妙的联系。

  欧洲国家的反美主义是一种传统，不同时期会有不同的表现形式，但根源基本上是相同的，几乎不会因为局势的变化而发生根本改变。对很多欧洲人来说，美国虽为大西洋共同体一员，在很大程度上担负着这个共同体的领导责任，但在文化上是个异类，与他们的生活方式格格不入，属于毁灭"传统"的始作俑者。这种美国负面的"他者"形象一旦在欧洲人脑海中形成，要想彻底改变或用正面的形象取而代之便极为困难了。在后冷战时代，欧洲人的这种文化心理不是在弱化，反而有所加强，致使美国的"他者"形象更为突出。卡内基国际和平基金会高级研究员罗伯特·凯根在

---

① Richard Crockatt, "Anti-Americanism and the Clash of Civilizations," in O'Connor and Griffiths, eds., *The Rise of Anti-Americanism*, p. 133.

② Jonah Goldberg, "European Anti-Americanism Not Likely to End Soon," *Saratogian*, September 16, 2005, p. 6A.

2003年出版的专著中借"火星"和"金星"的比喻来表明美国人和欧洲人之间存在着本质上的差异,即"美国人来自火星,而欧洲人来自金星"[①]。"火星"是战争的象征,而"金星"却代表着爱和美。把美国置于欧洲对立面上的类似描述很多,说明了欧洲人无论如何还是难以认同处于大西洋共同体中的这位已经异化的"亲戚"。冷战结束之后,世界呈现出了很多新的特征,反美主义在全球范围内的加剧便是其中的主要表现之一。难怪很多学者把"反美主义"视为这个时代的特征。保加利亚学者伊万·克拉斯特夫振振有词地宣称"反美主义成为我们时代的一个明确特征"[②]。英国历史学家托尼·朱特则称反美主义是"这个时代的主导叙事"[③]。类似这样说法还可以举出很多。上述两位学者所谓的"反美主义"显然是指全球而言,但他们作为欧洲学者,其观察范围自然少不了他们居住生活的欧洲。在后冷战时代,世界各地反美主义风起云涌,欧洲的反美主义既表现出了全球的共性,又有着本地区的特征,既体现了历史上遗留下来的传统,又反映了时代现实的需要,虽呈现出了多种表现形式,但归根结底还是美国在文化上的负面"他者"形象在起着举足轻重的作用。这是欧洲人抵制美国的本源所在,历史上是这样,就是到了当代,这一点也没有发生根本的改变。

一 冷战后美国主宰国际事务"权力"的上升

冷战结束之后,美国在国际社会享有实力无国可比之地位,履行"世界警察"的"权力"可谓是达到登峰造极。根据《经济学家》2002年6月发布的关于美国世界作用的调查报告,美国在境外拥有725个军事设施,

---

[①] Robert Kagan, *Of Paradise and Power: America and Europe in the New World Order*, New York: Knopf, 2003. 转引自 Leon T. Hadar, "The New American Imperialism vs. the Old Europe," *Journal of Palestine Studies*, Vol. 32, No. 4, Summer 2003, p. 79.

[②] Ivan Krastev, "Introduction," in Ivan Krastev and Alan McPherson, ed., *The Anti-American Century*, Budapest: Central European University Press, 2007, p. 1; 另见 Ivan Krastev, "The Anti-American Century?" *Journal of Democracy*, Vol. 15, No. 2, 2004, p. 5.

[③] Tony Judt, "A New Master Narrative? Reflections on Contemporary Anti-Americanism," in Tony Judt and Denis Lacorne, eds., *With Us or Against Us: Studies in Global Anti-Americanism*, New York: Palgrave Macmillan, 2005, p. 11.

其中 17 个设施是一流的基地,大约有 25 万现役军人被派驻在海外。① 美国军费开支连年攀升,1997 年美国财政年度在武器装备上就花掉 760 亿美元。2000 年,美国的国防支出总额为 2946 亿美元,占全球国防总支出的 36.3%,而英国、俄国、日本、法国和中国该年度的国防支出加在一起仅为美国的 82%。2001 年 2 月 18 日,美国新任总统乔治·布什向国会提交了总额达 3189 亿美元的 2002 财政年度的国防预算。这个数字相当于俄国、英国、法国、德国、日本和中国等六个世界上主要国家军费总和的 1.67 倍。2003 年美国政府的国防预算更是高达 3930 亿美元,创下了后冷战时代美国军费预算的最高纪录。耶鲁大学历史学家保罗·肯尼迪 2002 年在刊登于《金融时报》的文章中指出,美国的军事预算"相当于美国之后的 12 个或 15 个国家军事预算的总和。换言之,在世界上 189 个国家的全部国防支出中,美国占 40%—45%"②。英国伦敦国际战略研究所副所长亚当斯得出这样的结论,即没有一个国家的军费、军队、武器装备能与美国相比。欧洲所有的军队加在一起还需要十年才能赶上美国现有的水平,而中国要改造自己的军队,俄罗斯要恢复往日强大的军事力量,则需要更长的时间。

显而易见,美国试图主宰国际事务的"权力"主要来源于超强大的经济和军事"硬实力",但来自文化的"软实力"无疑会大大加强了美国在国际社会的超强地位,既是对"硬实力"的有效补充,又可实现"硬实力"所难以达到的目的,有点"不战而屈人之兵"的意思,这是美国与其他国家相比所具有的一个很大优势。"软实力"的概念是由美国著名学者小约瑟夫·奈在东欧国家发生巨变之后提出来的,用来说明文化等因素在国家之间交往中所起的巨大作用。他在 1999 年发表的一篇文章中对这一概念进行了详细的解释,即"软实力是一个国家文化和意识形态的吸引力,是通过吸引而不是通过武力来得到理想结果的能力。它之所以发生作用是靠着使其他人确信,他们应该追随着你,或者使他们与导致你欲要之行动的规范和制度保持一致。软实力很大程度上取决于信息的诱惑。如果一个国

---

① Survey: Americas' World Role, the Acceptability of American Power, June 27, 2002, From the Economist Print Edition. 可从 http://www.economist.com/surveys/displayStory.cfm?story_id=1188823 网址上获得。

② Niall Ferguson, "Power," *Foreign Policy*, No. 134, January/February 2003, p. 18.

家能够使其地位在他国人眼中具有吸引力,而且能够加强鼓励他国以适当的方式确立其利益的国际制度,它也许就不需要花费更多的传统经济或军事资源。在今天的全球信息时代,软实力正在变得日益重要"[1]。每个国家可能都有能够吸引境外之人的"软实力",但像美国具有这么强大的"软实力",至少在后冷战时代尚无国能够与之相提并论。其实,小约瑟夫·奈正是根据美国具有很强的文化吸引力来阐述"软实力"的,希望美国政府在国际事务中尽可能地利用这种不可多得的资源,"兵不血刃"地实现其战略目的。

从历史的经验来看,单纯依靠"软实力"是很难奏效的,其之所以能够充分发挥作用必须要有强大的"硬实力"作为后盾。只有两种"实力"的有效结合,互为作用,才能把一国实现对他国具有影响力的文化资源最大限度地发挥出来。美国可谓是这两种"实力"结合"完美"的典范。德国著名学者约瑟夫·约菲把"软实力"形成美国主宰国际政治的能力视为比"经济和军事资源"还要重要,即"美国的文化,不论是粗俗的还是高雅的,都强烈地向外散射,类似于罗马帝国时代,但表现出一种新奇的扭曲。罗马和苏俄的文化影响仅限于它们的军事疆域,而美国的软实力统治了一个太阳永远不落的帝国"[2]。约菲所言固然有些夸张,但也足见美国文化在世界各地的影响力。1997年,于贝尔·韦德里纳就任法国外交部长之初与美国国务卿玛德琳·奥尔布赖特就美法关系进行了电话沟通,韦德里纳谈到了美国具有超乎寻常的力量,即这个国家"拥有任何其他大国尚不具备的很多优势:政治影响、美元霸权、对通信网络的控制、'梦工厂'、新技术,还要加上五角大楼、波音飞机、可口可乐、微软、好莱坞、CNN、互联网以及英语这些东西,这种局面实际上是前所未有的"[3]。韦德里纳这里谈到的美国优势主要是指"软实力"而言的,虽无批评之意,但却表明了美国超级强大的力量很大程度上来自"硬实力"之外的东西。意大利博罗尼亚大学历史学教授戴维·埃尔伍德在其文章中表明,美国前国务卿詹姆斯·贝克及其继任者承认,在冷战结束之后初期,大多数欧洲人认为,

---

[1] Joseph S. Nye Jr., "The Challenge of Soft Power," *Time*, February 22, 1999, p. 30.
[2] Josef Joffe, "Whos' Afraid of Mr. Big?" *The National Interest*, No. 64, Summer 2001, p. 43.
[3] Jim Hoagland, "The New French Diplomatic Style," *The Washington Post*, September 25, 1997.

美国的力量"不是飞行在英国湖泊地区或巴伐利亚甚或波斯尼亚上空的F-15战斗机,而是美国锲而不舍地发明、生产和发行大众文化之独特能力在当地的展示。美国电影和电视占据了欧洲市场的80%—90%;麦当劳帝国近期打算每年仅在法国就要开张80家连锁店。富乐客鞋店在每个城市中心纷纷挂牌营业"。他称这些产品能够带来境外之人的"下意识的殖民化"[1]。土耳其比尔肯特大学教授古阿里兹·布肯把美国文化的传播视为美国扩张主义政策的必然方面,认为美国"通过确立其大众文化在世界许多地区的霸权而拥有足够的机会以传播消费主义来促进其市场经济。20世纪80年代末苏联集团解体使这种传教士的做法受到更大的促进。在20世纪90年代,美国持续不衰的消费文化霸权以及美国生活方式在全球范围内的适应,不仅在西欧,而且在整个世界都是显而易见的"[2]。美国大众文化在国外的传播非常有效地发挥了"软实力"的作用。在后冷战时代,"软实力"成为解释美国能够在国际社会产生很大影响的理论之一,这种无处不在的"实力"具有非常强的穿透性,他国之人在不知不觉的过程中便产生了向往美国生活方式的冲动或欲望,愿意接受来自美国的信息和消费美国的产品。"软实力"是美国履行"国际警察"很重要的资源,既可让美国在国际社会攀登上"权力"的巅峰,又有助于美国现实利益的实现,其给美国带来的利益很是难用数字来衡量的。

冷战期间美国影响国际事务的力量也是非常大,但只能算作"权力"一极,冷战在很长时间呈现出美苏两个超级大国争夺势力范围的两极格局之下。20世纪70年代之后,世界开始呈现出趋向"多极化"发展的势头。所谓"多极化",在当时主要指世界政治经济发展的一种基本趋势,其出现并不是对战后初期所形成的雅尔塔两极格局的根本改变,只是说在美苏全球冷战中涌现出了多种影响世界局势发展的政治和经济力量。用亨利·基辛格的话来说,战后国际关系秩序在20世纪60年代就已经终结,"冷战的

---

[1] David W. Ellwood, "The American Challenge Renewed: U. S. Cultural Power and Europes' Identity Debates," *The Brown Journal of World Affairs*, Vol. 4, No. 1, Winter/Spring 1997, p. 271.

[2] Gülriz Büken, "Backlash: An Argument against the Spread of American Popular Culture in Turkey," in Wagnleitner and May, eds., *"Here, There, and Everywhere": the Foreign Politics of American Popular Culture*, p. 242.

激烈两极对立已不复存在,取而代之的是一个变化莫测和错综复杂的世界,拥有许多权力中心"①。前美国总统理查德·尼克松等人就是在此基础上提出了"五大力量中心说"。两极格局解体后,国际社会开始处在急剧的变动当中,美国凭借着无国可敌的强大实力试图形成以自己为中心的新的世界格局,实现美国政府长期追求的"美国治下的和平"。当然,美国这种"单边主义"的全球战略毕竟只是"一厢情愿"而已,并不会得到世界各国,尤其是其他大国的认同。俄罗斯前外长叶夫根尼·普里马科夫1996年9月在联合国安理会上发言说:

> 实现持久和平的基本条件之一是从"领导者"和"被领导者"的思想中解放出来。这样一种思想产生了这种幻想,即一些国家以冷战的赢者出现,而另一些国家却是冷战的失败者。然而,事实完全不是这样。铁幕双方的人民共同废除了对抗政策。与此同时,这一思想……直接为建立一个单极世界趋势铺平了道路。这样一个世界秩序是国际社会绝大多数国家所难以接受的。②

多极权力的世界存在着一种相互牵制,可在一定程度上达到权力的平衡,致使美国也不敢过分地依赖强大的实力在国际社会为所欲为。单极权力本身就是对世界和平与稳定的威胁,美国奉行单边全球主义的基础是没有对之形成制约的其他权力中心,当然这也意味着其他大国不会心甘情愿地任凭美国恣意妄为,当这些国家对美国在国际社会的"权力"提出质疑时,势必会引起美国的不满或报复,产生的结果之一是加剧了国际局势的不稳定因素。美国学者戴维·卡列奥指出了冷战之后国际社会出现单极世界的危险以及可能带来美国与其他大国的冲突,原因在于"美国式的全球主义意味着一个单极的美国治下的和平,并不是权力必须被分享的多样化的多元世界。在现实世界里,一种固执的单极想象与日益多元主义趋势之

---

① 转引自 Simon Serfaty, *American Foreign Policy in A Hostile World*, New York: Praeger, 1984, p. 240.

② Peter W. Rodman, "The Worlds' Resentment: Anti-Americanism as a Global Phenomenon," *The National Interest*, No. 60, Summer 2000, p. 34.

间的差距反映了不断加剧的危险。这种危险在抵制美国而同时符合俄罗斯、中国甚至欧洲利益的政治路线中是十分显而易见的"①。美国凯托研究所的特德·盖伦·卡彭特给美国在国际社会奉行单边主义政策大泼冷水,告诫美国政府不要被似乎打赢了冷战而冲昏头脑,因为"在过去40余年期间,几个主要权力中心已经实现或重新崛起。西欧国家早就不再是遭受战争蹂躏的弃儿,不能防卫欧洲大陆的安全。日本现在拥有世界第二大经济,在远东能够扮演更为积极的政治和军事角色。中国、印度和其他国家在它们的政治、经济和安全日程上已经成为重要的地区行动者。美国不仅再也不必维持这个星球的治安,而且越来越可能的是,它在这样做的时候无一不侵犯其他大国的利益,因此造成了不必要的摩擦和冲突"②。显而易见,"单极化"的国际格局不会是世界的"福音",而"多极化"却会形成相对稳定的以多种国际力量为中心的开放型世界,前者尽管对后者构成了严峻的挑战,但并不会从根本上扭转世界多极化的发展趋势。不过,美国作为冷战后国际社会"硬实力"和"软实力"最为强大的国家,其奉行的单边全球主义外交必然会带来其他国家的抱怨,就是其欧洲盟国对美国的做法也给予了激烈的批评。

美国是冷战后遗留下来的唯一超级大国,堪称世界头号强国。它在战后很长时间以其强大的政治、经济、军事实力成为资本主义世界中的"无冕之王","无所不能"的意识左右了美国领导人的决策过程,世界上无论什么地方发生引人注目的政治事件,只要它认为与自己有关,通常会过问和干预。美国的这种以"老大"自居的强权做法就是要使它在国际事务中显示出自己的"权力",更重要的是想使战后错综复杂的世界按照它所设计好的方向发展,实现"美国治下的和平"。1991年7月29日,美国《华盛顿邮报》著名专栏作家查尔斯·克劳撒默在《新共和》周刊发表了题为《孤独的超级大国》的文章,鼓吹美国应利用其现在"唯一超级大国的独特

---

① David Calleo, "The United States and the Great Powers," *World Policy Journal*, Vol. XVI, No. 3, Fall 1999, p. 12.

② Ted Galen Carpenter, "An Independent Course," in Owen Harries, ed., *America's Purpose: New Visions of U. S. Foreign Policy*, San Francisco: ICS Press, 1991, pp. 82 – 83.

地位"领导世界,"建立美国治下的和平",世界新秩序应为"美国化的秩序"①。在他看来,美国在后冷战时代之所以能够扮演这种角色主要来源于美国力量的强大。他以后以自豪的语气写道,无论从哪个方面讲,美国占据的优势程度都是令人吃惊的,在各个方面皆表现出来。在军事上,"过去几千年第一世界强国和第二世界强国之间的差距从来没有像现在这么大。甚至英帝国在其最强盛时也没有展现出今天美国军队所显现的优势"。在经济上,"美国经济是离其最近的竞争对手的两倍还多。我们几乎是独一无二地享有低通货膨胀、低失业和强劲的增长"。在文化上,"从美国蜂拥而出的T恤衫和牛仔裤、音乐和电影、录像带和软件等形成了潮流,世界各地的父母徒然地抵制着这股潮流,而他们的子女又渴望得到它们。一直存在着大众文化,但以前从来没有世界大众文化。现在这种文化正在形成,它就是独具特色的美国大众文化。甚至未来的知识和商业大道,即互联网,已经是靠着我们的语言和习语来建立。每个人都讲美国的语言"。在外交上,"没有我们将一事无成。真的是这样……直到美国人到达波斯尼亚,战争才停了下来。当美国人在中东开始袖手旁观时,什么也取得不了进展。我们决定是否北约扩张,哪个国家加入进来"。所以,在他看来,"美国的支配地位是福音,因为它给世界带来美国统治下的和平,一个在20世纪没有见到的、在人类历史上很少出现的国际和平与宁静的时代。大国被拴进了美国的'和平区',以致中国和俄国受到了约束或者遏制。小国不敢发动地区性的战争,它们看到了伊拉克的下场"②。美国副国务卿理查德·阿米蒂奇也持类似看法,他对美国在国际事务中"权力"之大的描述几乎与克劳撒默如出一辙,认为"在21世纪来临时,只有美国享有无可匹敌的外交、经济、军事和文化力量。作为一个民族,我们比我们历史上任何时候都有更大的能力维护和推进我们的利益。作为一个国家,我们比我们历史上的任何时候都有更大的责任行使领导权"③。克劳撒默与阿米蒂奇的观点

---

① Charles Krauthammer, "Lonely Superpower," *New Republic*, Vol. 205, No. 5, July 29, 1991, pp. 23 – 27.

② Charles Krauthammer, "America Rules: Thank God," *Time Australia*, No. 32, November 8, 1997, pp. 60 – 61.

③ Richard L. Armitage, "Allies, Friends, and Partners on Every Page: International Cooperation in the National Security Strategy," *U. S. Foreign Policy Agenda*, Vol. 7, No. 4, December 2002, p. 10.

在美国学界和政界很有代表性，反映出了冷战结束之后对美国在国际社会"权力"重新认识的一种倾向。

　　类似这样的描述在美国并不鲜见。他们从政治、经济、文化和军事上谈到了美国在后冷战时代具有任何其他国家所无法比拟的强大实力，主张美国应该在国际社会发挥特殊的领导作用，竭力要求美国采取单边行动以确立一个"仁慈的全球霸权"或"美国治下的和平"。在后冷战世界，美国具有超强大的"权力"是个事实，尚无国可以与之抗衡，但美国拥有这种无国可敌的"权力"并非必然意味着其可以在国际事务中为所欲为了。基辛格在2001年出版的一本专著中对美国政界的右翼新保守主义分子的观点提出了批评，认为尽管这些人意识到实力的重要性，但他们没有认识到对美国强大力量存在的各种限制，在任何时候和任何情况下，其他国家都不会把美国的霸权视为仁慈的。在国际社会单边地使用权力会刺激其他大国联合起来，结成一个抵制美国过分强大的联盟，"迫使美国采取一些将最终使它受到孤立和耗尽力量的强制措施"。所以，在基辛格看来，那些来自左翼和右翼的"精英"正在促使美国奉行将瓦解像北约等多边机制的单边主义政策。这对美国来说无疑是一种"不祥之兆"[①]。基辛格长期致力于国际事务工作多年，有着丰富的外交经验。他看到了美国的超强大力量有可能导致其在国际事务中"滥用"权力，最终会"众叛亲离"，走上"孤独"的霸权之路。基辛格话里流露出来的隐忧并非"杞人忧天"，而是他根据历史的经验和多年的观察得出的一种很有启迪性的结论。

　　"美国治下的和平"是冷战期间美国外交所确定的一个总目标，形象地表明了美国在国际事务中履行霸权角色所导致的一种结果，这种结果在冷战期间并未出现。冷战结束之后美国主宰国际社会的"权力"可谓达到了顶峰，满以为实现这一目标的时刻正在到来。事实并非如此，在这方面历史已经提供了很多活生生的案例。在人类文明史上，大国谋求对世界支配地位的做法并非鲜见，但结果都难以遂愿，反而竭力实现这一目标的帝国不可避免地走上了衰落之路。"罗马治下的和平"、"英国治下的和平"最

[①] Henry A. Kisssinger, *Does America Need A Foreign Policy? Toward a Diplomacy for the 21st Century*, New York: Simon & Schuster, 2001. John J. Mearsheimer, "Kissinger's Wisdom…and Advice," *The National Interest*, No. 65, Fall 2001, p. 125.

终都成为"过眼烟云",留下的只是那个时代政治家的无尽"遗憾"。美国与过去的帝国相比尽管已大相径庭,但追求一种以自己的模式把复杂之世界统一起来的目标本身就不现实,从一开始就隐含着与其他国家发生冲突的预兆。即使在以美国为中心的资本主义阵营,美国的领导地位也不是绝对的稳固,与美国结盟的国家承认美国的领袖地位实在是出于无奈,客观条件使然。美国的强大与它们的衰弱形成了鲜明的对比,它们无不希望通过追随美国而从这个国家获得经济上的好处。在这方面美国也会"慷慨解囊",帮助与美国具有战略关系的盟国走出经济困境。不过,美国的政策总是从本国的利益出发,尽管在一定的时空范围内也许与其盟国的利益相吻合,但绝不是出于对它们的利益考虑,目的是要支配它们,让它们围绕着自己的政策而转动,以最终保证美国利益的顺利实现,必要时还要以牺牲或侵犯它们的利益为前提。这样,从维护各自利益的角度讲,美国拥有的支配地位并不会得到他国的真正认同,其领导地位从一开始就面临来自各方面的挑战。因此,美国在世界各地履行"警察"职责并不会给世界带来"秩序","美国治下的和平"包含着难以克服的矛盾,充其量只是美国政府追求的一种难以实现的目标而已,战后世界历史的发展足以证明了这一点。

美国政府从来不会以历史为戒,眼光总是盯着"前边",很少"后顾"。强大的实力让美国政府领导人似乎毫无后顾之忧地扮演了"世界警察"的角色,有恃无恐地在世界各地耀武扬威。许多美国政要和学者纷纷鼓吹美国居于世界领袖地位是理所当然的,因为美国打赢了两次世界大战和冷战,有权得到战胜品,国际体系的权力机构必须由一个主要强国来建立和维持,美国必须设法把自己的信条强加给其他国家,带来在美国主导下的世界和平与安全。这种观点显然过高地估计了美国对冷战后世界的影响和作用,但却反映出美国领导人欲要借助美国前所未有的强大力量实现一个"单极世界"的勃勃野心。这样一种倾向在冷战后美国政府的外交战略中表现得十分明显。美国乔治敦大学著名国际关系学教授约翰·伊肯伯瑞将布什政府的对外政策称为"新的大战略"。按照他的分析,这种大战略主要包括七项内容:一是维持一个美国没有任何竞争对手的单极世界;二是对全球威胁以及如何对付全球威胁做出一种全新的分析;三是在潜在的国际威胁形成之前就将之彻底消灭，也就是说"先发制人"地使用军事力量打击美国认为对其安全构成威胁的国家或组织；四是重新确定"主权"的意义，以便不受传统边界的制约来有效地打击国际恐怖主义；五是对国际准则、条约和安全合作关系的普遍轻视；六是美国在对恐怖威胁做出反应方面需要发挥"直接和不受约束的"作用；七是不重视国际稳定。[1] 伊肯伯瑞对这种"新的帝国战略"给予了严厉的抨击，认为这种战略将给世界的稳定与和平带来"后患无穷"的影响，但小布什政府却在"单边主义"的路上越走越远了。

美国政府绕过联合国对伊拉克直接动武便是"单边主义"的一个明显例子。在美国发起的强大军事打击下，伊拉克萨达姆政权很快土崩瓦解，美国可以说是轻而易举地取得了军事上的胜利。在许多美国政要的眼中，"美国统治下的和平"似乎很快就能成为现实。其实，尽管美国可以凭借着自己的实力在世界上耀武扬威，但不买美国"账"的事例比比皆是。法国、德国以及俄罗斯等国始终反对美国出兵伊拉克。全世界掀起的大规模的反战浪潮也说明了美国在国际社会奉行的单边主义战略不得人心。美国皮尤研究中心2003年3月18日发布的一份调查报告显示，在所调查的九个国家，对美国抱有好感的比率在大幅度地下降，反对美国对伊拉克动武的人在这些国家占绝大多数。其中英国为51%，意大利为81%，西班牙为81%，波兰为73%，法国为75%，德国为69%，俄罗斯为87%，土耳其为86%。因此，"一般而言，对美国外交政策的批评几乎是普遍的。绝大多数人不赞成布什总统的外交政策，9·11之后布什支持率的小幅度提高如今已不复存在了。结果，在8个被调查的国家，7个国家的公众认为，美国的政策对他们各自国家产生消极后果，只有英国人在美国外交政策对他们国家的影响上意见不一"[2]。位于纽约的卡内基国际和平研究院院长戴维·马隆等人2003年主编了一本关于单边主义与美国外交政策的论文集，收录了不同国家的学者在这一问题上的看法。大多数作者批评美国的单边主义

---

[1] G. John Ikenberry, "American Imperial Ambition," *Foreign Affairs*, Vol. 81, No. 5, September/October 2002, pp. 49 – 55.

[2] 详见 The Pew Research Center for the People & Press, *A Nine-Country Survey*, March 18, 2003, 全文可在 http://www.people-press.org 网址上获得。

是一种短视的行为,认为美国系统地转向单边主义将会给现存的国际秩序带来严重的后果,也不符合美国的长远战略利益。在欧洲,很多人把欧盟的扩大看作是对付美国霸权的挑战。法国国际关系研究所是法国政府的主要思想库,该研究所在一份关于欧洲经济未来的报告中警告,如果欧洲不想被美国控制,它必须形成一个向北延伸到俄罗斯和向南延伸到阿拉伯北非的经济集团。[1] 法国政论家乔治·蒙比奥特谴责美国"似乎正在破坏全球的规则手册。如果它这样做,那些一直与当前世界上形形色色的不公正进行不懈斗争的人就会很快发现,一个没有制度的世界要比被一个错误制度所统治的世界更加可怕。尽管多边主义可能存在不公平,但它要求各国对其他国家做出某些让步。而单边主义意味着海盗行为,即富国对穷国的武装掠夺。当今的世界秩序与美国准备建立的世界秩序的不同之处在于,前者可以调停而后者不可调停"[2]。蒙比奥特的观点具有代表性,反映出国际社会对美国奉行"单边主义"外交的一种强烈抵触情绪。

对美国单边主义外交的抵制情绪在欧洲国家尤甚,其中有欧洲人在对待国际危机处理上与美国人的思维迥然相异。罗伯特·卡根是一个在欧洲生活多年的美国人,自认为很容易比较欧洲人和美国人之间的差异。根据他的观察,欧洲人更敏感地意识到和美国的分歧与日俱增,这令他们十分担忧。欧洲知识分子几乎毫无例外地确信,美国人和欧洲人不再拥有一种共同的"战略文化"。欧洲最极端的漫画描绘了一个受"死亡文化"控制的美国,美国的好战性是一个暴力社会的自然产物,在这个社会,每个人都有枪,死刑很盛行。甚至那些不做出这种简单联系的人也同意,美国和欧洲在执行对外政策的方式上存在着严重的分歧。他们认为,与欧洲国家相比,美国更倾向迅速地诉诸武力,对外交方式很少有耐心。美国人一般把世界看作是分为善与恶之间以及朋友与敌人之间,而欧洲人看到了一幅更为复杂的画面。当面对真正潜在的敌手时,美国人一般赞成使用威压政策,而不是劝说妥协。美国强调惩罚性制裁高于改善行为的诱惑,大棒高于胡萝卜。美国人往往在国际事务中寻求最终结果,想要问题得以解决,

---

[1] John B. Judis, "What Woodrow Wilson Can Teach Today's Imperialists: History Lesson," *New Republic*, Vol. 228, No. 22, June 9, 2003, p. 23.

[2] George Monbiot, "Out of the Wreckage," *The Guardian*, February 25, 2003.

威胁消除，然而使用的方式很难得到欧洲人的认可。当然，美国人在国际事务中越来越倾向于单边主义。他们不愿意通过诸如联合国这样的国际机构采取行动，更不愿意与追求相同目的的其他国家合作共事，对国际法疑心重重，但他们认为必要时更愿意在其结构之外采取行动。欧洲人坚持认为，他们应该用更细微复杂的方法来处理问题，试图通过细微之处和间接迂回来影响其他人。他们可以容忍失败，当解决方案不能达成时表现出了更有耐心。他们通常赞成对欲要解决之问题做出心平气和的反应，愿意通过谈判、外交和劝说等手段来平息事端，不主张使用强制手段。他们会更迅速地诉诸国际法、国际公约和国际舆论来裁决争端。[1] 卡根对美国人和欧洲人在处理国际问题上不同态度的比较基于其多年的观察之上，对认识欧洲人抵制美国在国际社会动辄便以强权干预深有启迪。瑞士著名人士让·齐格勒针对美国在国际社会之所为激烈谴责说，美利坚帝国"应对这一凶残荒唐的世界秩序负有主要责任"，他大声疾呼与"美国的金融寡头"不懈进行斗争，坚决反对这个新美国的"世界统治者"表现出的帝国灭绝和傲慢。[2] 尼古拉斯·弗雷泽是英国广播公司的记者和编辑。他是个混血儿，法国和英国血统各半，在欧洲生活的经历使他深深地感到美国与欧洲的关系并不总是很好，他本人是抱着对美国爱恨交加的矛盾心理长大的。2002年，他作为英国广播公司的代表来到巴黎，寻找关于"合作的新欧洲精神"的非英语文献。他的感受是"现在欧洲人对美国似乎并没有矛盾心理，他们对美国是彻头彻尾的敌对。美国和欧洲似乎义无反顾地相互疏远了"[3]。就连喜欢美国文化产品的欧洲国家学生们也对美国强权表示了极度不满。法国学者德尼·拉科内等人谈到，在法国一所非常著名的公立学校，一些高中生是这样评论美国的，他们选了六个学生的评论，分别是：美国"是一个极端国家，是一个新国家，在这个国家，对一半以上的人口来说，现实往往很残酷和很艰辛。美国是（世界上）力量最强大的国家，但也是最

---

[1] Robert Kagan, *Of Paradise and Power: America and Europe in the New World Order*, New York: Vintage Books, 2004, pp. 4 – 5.

[2] Markovits and Rensmann, "Anti-Americanism in Germany," in O'Connor, ed., *Anti-Americanism: History, Causes, and Themes*, Vol. 3, pp. 177 – 178.

[3] Fraser, "Le Divorce: Do Europe and America Have Irreconcilable Differences?" *Harpers' Magazine*, Vol. 305, No. 1828, September 2002, p. 58.

危险的国家";美国"想要看起来像上帝,因为他们(美国政府)想要决定谁必须死谁必须活";乔治·布什"想要控制世界。他不是一位好总统。……美国存在着非常强烈的种族主义,因为这个社会受盎格鲁—撒克逊白人新教徒的控制。……美国不是一个民主国家";"我恨的就是美国的政治";"我恨美国总统,因为他滥用权力,使战争遍及全球";"我恨美国,因为美国为了石油发动了对伊拉克的战争"。作者由此得出结论,上述这些对美国的评论表明了愤怒、抱怨以及甚至仇恨的持续不衰之程度,为新一代欧洲高中学生普遍享有。① 年轻的中学生尚且如此,这足以表明美国靠着实力在国际社会肆意妄为成为欧洲人对美国不满的根源之一。

  美国在国际社会过度地把自己的"权力"施加给其他主权国家,这是后冷战时代美国外交的一个基本走向。"权力的傲慢"让美国付出了很大的代价,其中之一就是引发了世界范围内的反美主义浪潮,拥有反美主义传统的欧洲国家自然也在其中了。在法国出生长大的美国学者索菲·默尼耶将之称为欧洲新一轮的反美主义浪潮,开始于冷战结束之初,到了克林顿政府结束之时。她以法国为例来加以说明,认为"法国对美国的信任度已经受到严重侵蚀。在国内问题上,法国知识分子谴责美国政治家信誓旦旦维护的价值观与诸如犯罪、枪支、监狱、种族主义、死刑、普遍卫生保健和基础公立教育的缺乏等美国社会的暴力现实之间存在着自相矛盾。在国际问题上,法国反美人士在20世纪90年代期间的批评集中在美国超级大国的日益单边的行动上"②。实际上,进入21世纪之后,欧洲的反美主义丝毫没有呈减弱之势。2003年5月,英国外交大臣杰克·斯特劳谴责"老生常谈的反美主义"如何在英国变得"时髦"。北约秘书长乔治·罗伯逊甚至把反美主义说成"不是对个别政策或个别总统的批评,而是某种种族主义观点,即美国在原则上是错误的,在实践上是错误的"③。他们话里包含着对欧洲反美主义的反感,但却难以掩饰这种思潮主要由美国的强权做法所

---

  ① Denis Lacorne and Tony Judt, "Introduction: The Banality of Anti-Americanism," in Judt and Lacorne, eds., *With Us or Against Us: Studies in Global Anti-Americanism*, p. 3.
  ② Meunier, "Anti-Americanisms in France," *European Studies Newsletter*, Vol. XXXIV, No. 3/4, January 2005, p. 2.
  ③ Singh, "Anti-Americanism in the United Kingdom," in O'Connor, ed., *Anti-Americanism: History, Causes, and Themes*, Vol. 3, p. 185.

引发。英国历史学家托尼·贾德特是研究欧洲反美主义的专家,他注意到了冷战结束之后导致欧洲反美主义因素的变化,美国政府奉行的外交政策越来越引起欧洲人的不满,成为他们抵制或抗议美国的一个主要原因。在贾德特看来,当代的反美主义是由一种新的考虑所激起,不再仅仅局限于知识分子。如今,大多数欧洲人和其他外国人不再困扰于美国的产品,在很多情况下,这些产品中许多是在海外制造和营销,他们熟悉美国人的"生活方式",但他们常常嫉妒和厌恶这种生活方式。他们中的大多数人"不蔑视美国,他们的确不仇视美国人。让他们感到不安的是美国的外交政策,他们不信任美国当前的总统。这是新的变化。即使在冷战期间,很多美国政治敌人实际上相当喜欢和信任美国领导人。今天,甚至美国的朋友也不喜欢布什总统:部分是因为他奉行的政策,部分是他奉行政策的方式"[1]。贾德特谈到了欧洲人厌恶难以逃避的美国生活方式的影响,这无疑是正确的。美国文化在冷战后借着全球化的大潮无处不在,这同样是引发欧洲人反美主义情绪的重要因素。

欧洲人对美国在国际社会过度使用权力的不满与他们抵制美国大众文化的传播并不存在着此起彼伏的关系,两者往往是密切联系在一起的。美国有的非政府组织比较关注欧洲反美主义的发展,组织相关人士召开会议探讨其中之原委。美国全国外交政策委员会资助举办了系列的圆桌会议,讨论欧洲的反美主义及其产生的根源,与会者包括来自美国和欧洲的外交政策分析家、学者以及前任和现任外交家。这个论题的圆桌会议开始于2002年5月,当时美国全国外交政策委员会三位成员与五名欧洲研究者会晤,谈及此事,他们均表示同意参加这个论题的讨论。第一次圆桌会议于2002年10月在纽约举行,第二次于2003年6月在日内瓦举行,第三次于2004年5月举行。在第三次圆桌会议上,美国全国外交政策委员会主席乔治·施瓦布在开场白的讲话中指出,对美国文化、社会、经济和政治的憎恶总是欧洲的一个强大思潮,尤其体现在极左和极右派人士的身上,成为本土民族主义的组成部分。举例来说,法国的反美主义属于正常,亲美主义反而显得异常,必须要做出解释,法国反美主义情绪的核心力量约占法

---

[1] Tony Judt, "Anti-Americans abroad," in O'Connor and Griffiths, eds., *The Rise of Anti-Americanism*, p. 205.

国人口的三分之二，这个数字是根据赞成对美国敌对之党派的投票得出的。另外三分之一也可能加进来，他们鄙视包括美国在内的所有国家。[①] 施瓦布这里谈到后冷战时代欧洲人对美国的负面态度主要源于对美国文化和社会的传统仇视。与会者皆为研究美国外交的学者或从事外交的人士，他们自然会把讨论的重点放到美国外交政策与欧洲反美主义之间的联系上，同样不可避免地涉及美国文化的传播在导致欧洲人反美情绪上升中所起的重要作用，两者是一个相辅相成的关系，只不过在后冷战时代，美国在国际社会"滥用权力"更会加剧欧洲人对美国本来就存在的不满。这是当代欧洲反美主义的一种新的特征，很多学者敏锐地观察到这种变化，把美国在国际社会的所作所为视为欧洲的反美主义主要引发因素，贾特德就是其中之一。这正是美国主宰国际事务"权力"上升所带来的一种结果。

二 欧洲反美主义情绪的加剧

在国际社会，主张国家不分大小强弱享受权利和义务一律平等的呼声从来没有间断过，这是针对大国依靠其强大实力推行霸权的一种尖锐批评。"强权即公理，弱国无外交"的时代尽管早已成为历史，但实力决定在国际社会的地位并没有发生根本性的改变，实力越强，地位便越高，决定国际事务发展走向的分量便越举足轻重，反之亦然。从实力上讲，美国是国际社会的"老大"，无论是"硬实力"，还是"软实力"，尚无国家能够与之相提并论，更谈不上有国家敢与美国公开叫板了。正是有超强大的"软硬"实力作为后盾，美国才能在国际社会肆无忌惮，随心所欲，顺我者昌，逆我者亡。美国这种强大的实力赋予了其在国际社会不可一世的地位，很大程度上满足了美国领导人对待他国的傲慢优越心理，使许多美国人自诩为全球"公民"，地位似乎远远高于其他国家民众之上。其实，美国在国际社会的超群地位以及依靠着这种地位无所顾忌的霸权行径最容易引起其他国

---

① George D. Schwab, "A Framework for Discussion," in *The National Committee on American Foreign Policy, Roundtable on Anti-Americanism in Europe: Summary and Policy Recommendations*, May 10, 2004, p. 5. 这次圆桌会议的纪要全文可在 http://www.ncafp.org/articles/04%20Roundtable%20on%20Anti-Americanism%20in%20Europe%203_04.pdf 网址上获得。

家的不满，再加上全球化让美国的文化价值观横扫世界，其他国家的民众尽管从消费美国文化产品中获得了身心的愉悦，但国家的政治和文化精英们却很难容忍本国传统文化受到侵蚀，他们对舆论的左右无疑会对民众的态度产生很大的影响。姆福·达尔德等人得出结论，即"美国的霸权和全球化既给美国带来很大的好处，同时也导致很大的危险。霸权赋予了美国在国际事务中一意孤行的卓越能力，而全球化则大大增强了美国经济，传播了美国价值观。然而，美国的强大力量及其文化、产品和影响向其他社会大规模的渗透引起了极大的不满和抱怨。强大的力量和巨大的财富并非必然带来更大的尊重和更大的安全"[1]。达尔德出生于荷兰海牙，后在美国求学，成为美国公民，并投身于政界，成为美国常驻北约代表，对欧洲安全颇有研究。他实际上以自己在欧洲经历道出了后冷战时代一个不容忽视的事实。艾伦·迈尔森认为，冷战结束之后，美国的产品和文化风靡全球。数年前"美国公司经理、决策者和记者把西欧称为的堡垒欧洲，现在则最大限度地吸收了美国资本，数额有了绝对的最大增加。甚至法国和英国最大的殡仪连锁馆已被总部设在休斯敦的公司买下，该公司决心把美国渴望获得的精雕细琢的棺木销售给欧洲人"[2]。迈尔森的描述形象地表明了美国经济对欧洲的影响。美国遭到国外"嫉恨"与本身超强大有很大的关系，但美国依赖着这种强大行国际霸主之事才是遭到其他国家"嫉恨"的真正根源。

欧洲有反美主义的传统，主要体现在文化上，美国在很多欧洲人的脑海中总是一个与欧洲对立的"他者"形象，这显然是欧洲大多数人从来看不起美国文化使然。其实，在20世纪，大概只有美国文化对现代文明进程的发展影响最大了，没有一个国家的文化能够与之相比。与此同时，美国文化遭到其他国家的激烈抵制，与美国经济联系密切的欧洲国家尤甚。在后冷战时代，文化是美国"软实力"的重要资源，在实现美国现实利益过

---

[1] Ivo H. Daalser and James M. Lindsay, "Power and Cooperation: An American Foreign Policy for the Age of Global Politics," in Henry J. Aaron, James M. Lindsay, and Pietro S. Nivola, eds., *Agenda for the Nation*, Brookings Institution Press, 2003, p. 288.

[2] Allen R. Myerson, "American Money Makes the Whole World Sing," *New York Times*, December 17, 1995, p. XX35.

程中发挥了极大的作用,这也恰恰是美国文化遭到抵制的主要原因之一。实际上,这种抵制与美国文化对境外之人影响力日增几乎是同步的。冷战时期欧洲的反美主义主要体现在对美国文化产品的抵制上,这种抵制在后冷战时代更为剧烈了,其中夹杂着对美国超强力量"滥用"的担忧。1992年,美国马萨诸塞大学社会学教授保罗·霍兰德提出了一份关于国际上反美主义的全面调查,特别分析了西欧反美主义表现出来的特征是"一种对美国权力嫉妒、对美国文化轻蔑以及对美国军事力量和军事存在担忧的混合"[1]。霍兰德是研究国际上反美主义的著名学者,在这一论题上出版和发表了大量的论著。他特别关注美国西欧盟国的状况,相关研究表明,在文化上反美主义情绪强烈地存于西欧地区,只是各国程度不同,分布不匀。一方面,这种情绪在新教国家比在诸如意大利和法国这样的天主教国家更为普遍。另一方面,在年轻人中这种情绪远没有在他们的长辈中间明显。在知识分子阶层,这种情绪比较广泛,形成了反美情绪十分激烈的傲慢形式。在知识分子圈内,这种情绪显然是几种因素的混合,其中包括对美国文化的蔑视、对美国实力的嫉妒以及对美国军事和外交政策的不安。欧洲年轻人和普通百姓通常抱怨"文化帝国主义",原因在于"这表明了诸如音乐、生活方式、伦理道德、服饰以及娱乐等美国大众文化的普遍性"[2]。其实,在西欧国家中,法国的反美主义情绪最为激烈,很少有国家能与之相比。因此,"在像法国这样的国家,反美主义十分普遍,这既反映了对美国神话和象征的拒绝,也表明不接受美国的社会模式和国际政治模式"[3]。这些研究成果表明,在冷战后的西欧国家,历史上遗留下来的反美主义丝毫没有减弱,反而由于美国在国际社会的霸道行为呈现出了加剧的态势。

自20世纪以来,美国的发展的确令世人瞩目,对全球发展走向的影响越来越大,境外之人对美国的关注程度也是越来越高。20世纪以来全球发生的重大事件,作为很有实力的大国之一,美国多卷入其中,发挥了很难有国家能够替代的作用。美国文化在全球范围内的广泛传播让其他国家的

---

[1] Hollander, *Anti-Americanism: Critiques at Home and Abroad 1965 - 1990*, p. 369.
[2] Woodward, *The Old World's New World*, p. 38.
[3] David W. Ellwood, "The Workings of American Power in Contemporary France," *Diplomatic History*, Vol. 18, No. 4, Fall 1994, p. 578.

民众体验到一种全新的生活方式,使他们在生活中有了多样化的选择,给生活增添了与现代人相匹配的乐趣,同时却潜移默化地改变了多少代留下的传统,遭到了维护传统人士的激烈抵制。对境外之人来说,很多人对美国抱有一种爱恨交加的态度,欧洲人在这方面尤为突出。他们欣赏来自美国的文化产品,但又不愿意美国庸俗的生活方式取欧洲高雅的生活方式而代之。施密特承认美国的戏剧、小说、爵士乐和其他音乐丰富了世界文化,但却指出,性和犯罪场面是"美国娱乐工业所提供的不良的、有些甚至是十分危险的内容。目前,娱乐工业正所向披靡,不仅席卷德国,而且席卷全球,冲击整个世界的任何地方,直到中国、日本和印度尼西亚的边远城市。电信也是全球化不可缺少的方面之一。娱乐工业所促成的低档次电视节目,尤其是极其廉价的乃至十分不良的节目的全球化正在危害各国的文化传统"[1]。施密特曾任德国总理,他的这番话实际上反映了欧洲精英们对美国文化产品的基本看法。其实,就是欧洲普通民众同样抱有这种心理。因此,从美国文化产品中获得精神愉悦的人并非必然愿意抛弃传统的生活,接受美国生活方式的人并非必然是亲美的。欧洲很多精英抵制美国的生活方式,但他们也很清楚体现美国文化价值观的产品具有强烈的诱惑力,很难完全拒绝。这样就会出现阿格内斯·米勒称为"公开拒绝,隐蔽接受"的现象。米勒是德国人,在德国读完了本科,后在美国范登堡大学获得了博士学位,留在美国大学任教,成为研究德美文化关系的著名学者。米勒在著述中谈到他在大学期间的一次亲身经历。当时她课余时间在一家麦当劳店打工,一位研究英国比较文学的女教授在午休时间到麦当劳店吃快餐。这位女教授很有名,事业有成。米勒选修过她的课,自然与她相识。当这位女教授看到米勒在前台的后面忙碌着,她立即匆匆出去,显然不希望米勒看见她到麦当劳吃快餐。米勒由此认为,这位女教授来到麦当劳吃饭看见相识之人便"引发了这种尴尬",产生了"负疚感"。这种现象让米勒想到了"她反应的文化和政治含义"。作为研究莎士比亚的学者,她"是在理智上反对美国'低劣'的文化?还是她更为关注瓦解对美国资本主义和消费文化在政治上正确抵制的基础?无论哪种方式,她的反应表明了一种双

---

[1] 赫尔穆特·施密特:《全球化与道德重建》,柴方国译,社会科学文献出版社2001年版,附录,第61—62页。

重标准,与德国知识分子对宽泛理解的美国主义联系在一起,一种将值得进一步研究的双重标准"①。这是一个很典型的例子,在消费美国其他文化产品上同样表现出来。米勒的研究对欧洲精英而言究竟有无普遍性,尚无定论,但至少表明了他们中的一部分人并不是打心眼里抵触消费美国文化产品,但他们的确从根本上对美国的产品有抵触情绪,消费美国文化产品也许会给他们带来不同的文化体验,但却会产生"内疚感"或"负罪感"或"羞耻感"。这说明他们在心理上还是难以接受这种最终会"毁灭"传统的文化或生活方式。因此,面对着能够给生活带来多样化选择的美国文化产品,欧洲一些精英可能会有一种矛盾的心态,但为了维护本地文化不受到美国文化的侵蚀,他们还是会义无反顾地站在抵制这种文化在欧洲广为传播的行列之中。这种态度至少是他们在公开场合的选择。

对欧洲国家普通民众来说,他们是消费美国文化产品的主体,可以大张旗鼓地消费美国文化产品而不会产生任何"内疚感",还能体验到生活的便捷或精神的愉悦。皮尤研究中心对不同国家关于美国态度的调查结果显示,世界各国公众一般接受美国的音乐、电影和电视。美国大众文化尤其在年轻人中间广有市场。在几乎每个国家,喜欢美国电影、音乐和电视的年轻人所占的比例都大大高于年纪大者的比例。在西欧和加拿大,公众对美国大众文化持强烈赞成的态度。甚至在法国,尽管政府试图阻止对美国文化产品的消费,但三分之二的人还是喜欢美国的电影、音乐和电视。发展中国家的公众对美国影视作品和音乐的进入基本上持肯定的态度。② 一位学者把法国描述为"成为消费社会的一员。法国进行了极为迅速的转变,从大多数人在过去过着非常简朴的生活到拥有现代厨房、汽车、机械化的农场设备以及文雅地称为'周末'的某些东西的转变,在周末期间,人们优哉游哉地陶醉于这一切的新舒服之中"③。德国记者亚历克斯·沃尔夫斯格鲁伯恩在 2000 年 11 月出版的德国《焦点》周刊 (Focus) 中刊文指出,

---

① Agnes C. Mueller, "Introduction," in Mueller, ed., German Pop Culture: How "American" Is It? pp. 3, 4.

② 相关统计数字详见 The Pew Global Attitudes Project, What the World Thinks in 2002, How Global Publics View: Their Lives, Their Countries, pp. 66 – 67. 全文可在 http://people-press.org/reports/pdf/165.pdf 网址上获得。

③ Judson Gooding, "Our French Connection," A Cross the Board, September 1993, p. 54.

不管是汉堡、好莱坞影星,还是街舞,皆为德国年轻人所喜爱。显而易见,它们"必须来自大西洋彼岸。美国是我们年轻人的行为榜样。只要是来自那里的东西都是极好的"。沃尔夫斯格鲁伯恩通过对这种现象的评估来反驳美国大众文化进口品对德国文化和德国年轻人构成了明显威胁的观点。很多德国精英人士把"美国化"通常界定为文化帝国主义的最有害形式,认为美国大众文化产品"入侵和玷污了真正的文化",因此对这些产品必欲除之而后快。沃尔夫斯格鲁伯恩对这种观点提出质疑。[①] 沃尔夫斯格鲁伯恩或许谈的为实情,对美国文化产品的消费主要是为了满足物质和精神生活上的需求,普通公众并非必然清楚这样做会带来本土文化凝聚力的削弱和美国影响的日益上升,这种结果显然不是短时期内能够形成的,而是经历了一个相对较长的过程。他们可以说是形成这一结果的主要当事一方,但却不希望在本国日常生活中看到美国影响的日益增大。按照皮尤研究中心2002年发布的全球态度调查报告,大多数国家的公众继续赞赏美国所取得的科技进步,其中许多国家的绝大多数人也喜欢美国的音乐、电影和电视。然而,在大多数国家,多数人不喜欢美国在他们国家的影响日益增长。[②] 欧洲民众对消费美国文化产品的心理很坦然,与消费普通商品并无多大区别,他们并不会意识到这种消费行为会带来社会巨大的变化,尤其是本地的传统文化面临着衰落的挑战。与此同时,民众容易受舆论的感染,要是媒体连篇累牍地就某事或某些事抨击美国,很容易在民众中间引起共鸣,在社会上形成反美浪潮,这种表现在后冷战时代尤为突出。

民众对美国的态度不可能是划一的,如果问他们是否喜欢美国音乐或电影,他们很多人可能会做出肯定的答复,如果同时问这些人是否喜欢美国或美国文化,他们也许会做出否定的回答。他们厌恶美国或美国文化丝毫不影响他们喜欢消费美国文化产品,这就是民众与精英的区别所在。凯塞尔对法国民意调查的总结显示出了这种结果。在他看来,自1998年以来,大多数法国人一直认为,他们对美国音乐、电视节目和电影抱有好感。

[①] Sabine von Dirke, "Hip-Hop Made in Germany: From Old School to the Kanaksta Movement," in Mueller, ed., *German Pop Culture: How "American" Is It*? p. 96.

[②] The Pew Research Center, *Views of a Changing World*, Washington D. C., June 2003, p. 23. 全文可在http://www.pewtrusts.com/pdf/vf_pew_research_global_attitudes_0603.pdf网上获得。

绝大多数英国人、德国人和意大利人也是这样认为的。2003年，一次民意调查表明，法国三分之二的人宣称，他们"喜欢"而不是"厌恶"这些美国进口品，这一数字与其他西欧国家类似。法国人对美国电影、电视系列节目、时尚、音乐和快餐表现出的强烈欲望与这些民意调查相一致。2000年夏，在巴黎上映的电影中，四分之三由好莱坞制作。然而，相同的民意测验表明，在西欧人口中，法国人往往对美国文化的好感最低。2000年的民意调查表明，英国人、德国人和意大利人中有三分之一对美国文化表示了不利的意见，法国人有接近一半人（46%）表明了类似的态度。同一年进行的另外一次民意调查显示，65%的法国人认为美国电视节目的数量"过多"，57%的法国人认为好莱坞电影"过多"。来自美国的诸如互联网、音乐、广告、箱包、食品和衣服等其他文化进口品似乎只对少数人来说是过于普遍了。2003年的民意测验表明，几乎四分之三的法国人、德国人和西班牙人认为，"美国思想和习俗"的传播不受欢迎。这一数字在意大利和英国只有一半人持这种看法。凯塞尔由此得出结论，在德国、英国和意大利，尤其在法国，大多数人说，称为"美国思想和习俗"等庸俗东西的传播是"有害"的。不过这种看法"并不妨碍相同人口中三分之二以上者在回答另外一个问题时宣称，他们喜欢诸如传播这些思想的好莱坞等美国进口品。当西欧国家大多数人抨击快餐带来社会更恶劣的变化时，这种难解之谜同样出现，正是在这些相同的国家，金色拱门却是巨大商业成功的象征。当然，这些统计数据也许描述了人口中的不同部分。人们可以说一套做一套。显而易见的是，法国人中只有少数人强烈抵制诸如好莱坞电影等美国进口品，可能大多数人如果给一个问题的具体措辞，他们会说不喜欢这些进口品"[①]。

2000年5月，法国美国基金会进行了民意调查，以便了解冷战后法国民众对美国的态度。对抽样调查对象所问的问题是："当你想到美国时，你脑海中涌现的词和形象是什么？"给予肯定回答者占43%，具体项目如下，肯定美国"伟大/巨大"占14%，"美国权力"占12%，"财富"占4%，

---

① Richard F. Kuisel, "What Do the Trench Think of Us? The Deteriorating Image of the United States, 2000 - 2004," *French Politics, Culture & Society*, Vol. 22, No. 3, Fall 2004, pp. 96, 100 - 101.

"自由"占4%,"卓越技术"占4%,"现代主义"占3%,"我喜欢这个国家"占1%,"充满活力"占1%;对"经济"肯定的占6%,其中"经济力量/强劲经济"占4%,"坚挺货币/强势美元"占1%;对"政治"肯定的占4%,其中"给其他国家提供军事支持"占3%;"其他积极方面"占3%。给予否定回答者占57%,具体项目如下,"我不喜欢美国"占2%,认为美国存在"暴力"的占21%,其中"(未指明的)暴力"占14%,"犯罪、不端行为、吸毒"占7%,"死刑"占2%,"武器随意买卖"占2%;认为美国人有"负面心理特性"的占14%,其中"美国人纵欲无度"占3%,"自负傲慢"占2%,"个人主义"占2%,"极端主义"占1%,"清教主义"占1%,"狂热性/一个疯狂的民族"占1%,"自私自利"占1%,"不容忍"占1%;"对美国影响的批评"占11%,其中"他们控制其他国家"占9%,"他们自认为是世界警察"占2%,"他们想要强行推广自己的生活方式"占2%;对美国"经济"否定的占7%,其中"美国帝国主义"占3%,"经济霸权"占2%,"资本主义/追求利润"占2%;对美国"食物"否定的占3%,其中"粗劣食品"占2%,"美国人的肥胖"占1%;"其他消极方面"占2%。对美国持中性态度的占47%。由于调查是多项选择回答,所以各项指标加起来超过了100%。[1] 这次民意调查项目很细,几乎涉及了美国社会、政治、经济和文化的各个方面。调查显示的结果表明了法国人对美国抱着一种非常复杂的心理,不同的人群或不同的阶层对美国的态度可能会差别很大,但对美国的否定观还是占据了上风。2003年3月皮尤研究中心发布的在欧洲九国的调查报告表明,这些国家的反美情绪急剧上升,美国的形象大大降低。2002年德国人中赞成美国观点的为61%,2003年为28%。[2] 这些数字主要是针对美国在国际上的单边主义行为引起了德国人的强烈不满,当然这里面也包括对美国生活方式和价值观广泛传播的怨言。玛德莱娜·奥尔布莱特从国务卿职务上退

---

[1] 详见 Denis Lacorne, "Anti-Americanism and Americanophobia: A French Perspective," in Judt and Lacorne, eds., *With Us or Against Us: Studies in Global Anti-Americanism*, p. 37.

[2] The Pew Research Center, *Americas' Image Further Erodes, Europeans Want Weaker Ties: A Nine-Country Survey*, March 18, 2003, p. 2. 全文可在 http://people-press.org/reports/pdf/175.pdf 网址上获得。

下之后曾担任皮尤中心主席，她在对2002年期间皮尤中心调查的反美主义有上升趋势的结果解释说，反美主义态度"只是伴随着美国是世界上唯一超级大国，具有无可匹敌的经济和文化影响。在许多方面，我们被视为生活在山巅上的富翁"[①]。奥尔布莱特这番话表明了国外反美主义情绪上升的原因，有对这种情绪的指责含义，但话里也流露出国外之人对这位高高在上之"富翁"的不满，这样，美国人生活方式在国外"横行无忌"自然会引起他们激烈的抵制。

从总体上来讲，欧洲民众是消费美国文化产品的主体，年轻人尤甚，这恰恰就是引起欧洲文化精英的忧虑所在，但他们受传统和媒体的影响，很难在脑海中树立起美国的正面形象。因此，大多数人至少在文化上或与文化相关的问题上对美国持否定态度，美国在国际社会的霸权行为又使对美国否定进而加剧。1996年10月31日，法国《世界报》公布了关于美国的民意调查，所询问的问题仅限于美国在法国人脑海中的形象以及美国对法国大众文化现代化的影响。该报记者对这次民意调查的结果评论说："无论CNN存在于许多公共地方，无论法国年轻人脚穿运动耐克鞋，身着牛仔服，头戴棒球帽，还是纽约是法国旅游者首选目的地，美国充其量只是得到了法国人的漠不关心，而不是热情。……美国的形象在恶化，这与其大众文化在法国的成功是相一致的。"不少于70%的被采访者对美国文化对法国电视屏幕的"过度"影响扼腕痛惜；59%的人对美国电影有同样的感觉。[②] 凯塞尔的调查表明，2001年秋，五分之四的法国男女认为，美国一般不考虑其他国家的观点，只是按照自己利益之所需而采取行动。这一数字高于英国人、意大利人和德国人。"专横跋扈"是1995年四个欧洲大国绝大多数人用来描述美国的一个词，2002年再次用这个词来描绘美国，法国为92%，意大利为91%，英国为83%，德国为68%。当问他们为什么不喜欢美国的影响时，应答者说原因主要是，美国"对其他国家的控制"，美国"扮演了世界警察的角色"，美国人"强制推行其生活方式"，"美国

---

① Gérard Grunberg, "Anti-Americanism in French and European Public Opinion," in Judt and Lacorne, eds., *With or Against Us: Studies in Global Anti-Americanism*, p. 61.

② Ellwood, "Comparative Anti-Americanism in Western Europe," in Fehrenbach and Poiger, eds., *Transactions, Transgressions, Transformations: American Culture in Western Europe and Japan*, p. 38.

帝国主义"或美国"经济霸权"。凯塞尔的文章中引用了 2003 年民意测验结果，统计数字表明几乎四分之三的法国人、德国人和西班牙人认为，"美国思想和习俗"的传播在这些国家不受到欢迎。这一数字在意大利和英国只有一半人持这种看法。① 吕特·哈特拉帕等人用数据描述了德国人对美国文化影响的观点，持否定态度者不仅超过了持肯定态度者，而且从前奥巴马时代以来一直没有任何变化。这样，36%的德国人把美国文化影响视为消极的，只有 16%的人认为是积极的。德国人认为美国的食品影响特别恐怖：52%的人把美国在这一领域的出口视为美国对世界文化绝对最坏的贡献。数据表明，占比例极低的德国人赞赏诸如艺术、建筑和文学等美国的高雅文化，只有 3%—7%的人认为，美国文化在这个方面具有少许的全球性影响。② 客观上讲，在整个 20 世纪，对世界各国生活方式产生影响的莫过于美国大众文化，很少有国家能够避免这种"无孔不入"之文化的冲击，全球化的不断加剧更是让美国大众文化遍及全球。这种文化尽管给欧洲人带来了生活的便利与精神上的愉悦，但却很难在他们的脑海中留下正面积极的形象，反而成为欧洲一些国家反美主义情绪强烈的主要原因之一。对这些欧洲国家的相关民意调查很清楚地表明了这种趋势。

冷战后欧洲反美情绪的上升固然与美国在国际社会"耀武扬威"有很大的关系，但说到底还是那些欧洲左右翼精英们很难认同美国的文化，他们脑海中美国文化的"他者"形象会因为美国各方面强大而有所弱化，然而却不会从根本上荡然无存，"欧优美劣"的传统依然根深蒂固于一些欧洲人的脑海之中，不时地表露出来。瑞士法学家格雷特·哈勒在 2002 年出版的一本专著中认为，美国从建立之日起便在根本上不同于欧洲，当然主要是在文化上低劣于欧洲，两者常常是相互对立。在美国，构建和解释国家、社会、法律和宗教之间关系的方式非常明显地与欧洲相对应的领域背道而驰，致使在这两种关于生活的深刻不同观点之间架起和解的桥梁既不可能，也不受人们的欢迎。因此，欧洲应该划一条把自己与美国截然分开的明确

---

① Kuisel, "What Do the Trench Think of Us? The Deteriorating Image of the United States, 2000 – 2004," *French Politics, Culture & Society*, Vol. 22, No. 3, Fall 2004, pp. 95, 100.

② Hatlapa and Markovits, "Obamamania and Anti-Americanism as Complementary Concept in Contemporary German Discourse," *German Politics and Society*, Vol. 28, No. 94, Spring 2010, p. 78.

界限。马尔科维茨在一篇文章中谈到,2005 年 4 月 29 日,他出席了在奥地利维也纳举办的欧洲反美主义学术会议,与哈勒相遇,哈勒毫不隐讳地再次详细地阐释了她这种观点。① 哈勒这种观点绝不是孤立的,尽管不会完全得到学术界的认同,但在欧洲知识精英中却很有代表性,反映出了欧洲传统的美国观在当代依然具有强大的影响力。西班牙学者蒙乔·塔马梅斯 2005 年出版了一本书,书名为《邪恶的文化:反美主义指南》(La Cultura del Mal: Una Guía del Antiamericanismo)。在他看来,反美主义"目前实际上是主要意识形态潮流,没有边界,比历史上任何社会运动规模都更大。……美国人通过物质财富的棱镜来衡量每件事情,尽管他们认为反美主义的动机出于嫉妒,但事实上,反美主义是由美国恶劣之行为和美国人强加在我们的文化殖民主义所激发,恶劣之行为伴随着这个国家彰显的各个方面"②。塔马梅斯这里涉及了欧洲反美主义高涨的主要原因,欧洲人脑海中"邪恶"的美国文化显然扮演了举足轻重的作用。前希腊政府官员乔治·曼加基斯在 1999 年 11 月美国总统比尔·克林顿确定访问希腊前夕写道:"一想到美国总统的出现将玷污我们祖国的神圣土壤,我们愤怒万分。我们禁止他踏上视为民主圣庙的普尼卡山(Pnyka),走进妙不可言之美的帕得嫩神庙(Parthenon)。希腊政府忽视希腊人对人民、价值观、美丽和生活的谋杀者的感情,我们对此感到很遗憾。希腊人民再次抵制野蛮的威胁,并与之斗争,他们将动员起来反对这个星球上的君主来访,我们对此感到自豪。"③ 曼加基斯这里实际上把美国总统作为"邪恶"文化的代表,不希望看到克林顿的造访玷污了希腊这块神圣的"净土"。挪威学者乔恩·埃尔斯特是哲学家,在巴黎攻读博士学位时师从著名人士雷蒙·阿龙,在阿龙的指导下研究马克思。埃尔斯特在 1999 年出版的一本书中谈到了"愤怒"和"仇视"之间的区别,声称在他处于愤怒时,他的"敌对是针对另外一个人的行为,随着心情的平静完全消除,这是一种重构平衡的行为。在仇视中,我的敌对是针对另外一个人或一类个人(在本研究中的美国人或犹

---

① Markovits, *Uncouth Nation: Why Europe Dislikes America*, pp. 20 – 21.
② Stam & Shohat, *Flagging Patriotism: Crises of Narcissism and Anti-Americanism*, p. xii.
③ Martin Walker, "What Europeans Think of America," *World Policy Journal*, Vol. 17, No. 2, Summer 2000, p. 27.

太人或以色列人),他们被认为低劣是本质上的和不可救药的。对于锻造成整体的这个世界来说,他们必须消失"①。欧洲人的反美主义是"愤怒"还是"仇视",埃尔斯特没有明确表明,但却指出了对美国人的"仇视"从根本上是很难消除的,原因主要在于美国人的"低劣粗俗",当然"低劣粗俗"主要体现在文化上或生活方式上,只有与欧洲文化相比较时才显示出了这种特性。这种观点显然有些极端,但却形象地表明了欧洲知识精英层中的一种很有代表性的看法。

在后冷战时代,美国大众文化的传播达到了历史上的一个高潮,对各国的文化存在与发展构成很大的挑战和威胁,也促使了对美国抵制的加剧。2003年,两位研究全球反美主义的学者出版了《为什么人们仇恨美国》一书,探讨了冷战结束之后全球反美主义上升的原因。2001年12月12日,他们通过电子邮件采访了生活在洛杉矶的澳大利亚文化批评家玛格丽特·沃特海姆。沃特海姆在回复邮件中谈到了美国文化对其他国家的危害。在他看来,对于世界绝大多数国家来说,美国文化"看起来就像一种病毒,而且是一种特殊病态的病毒。我们可以有某些正当理由把美国文化与艾滋病病毒来比较。美国文化就像极为适应的微生物一样,无穷无尽地自我复制,惊人地擅长把其寄生在体内的生产机制聚合在一起。艾滋病毒很难阻止的原因恰恰是它压抑寄主的细胞产生功能,把身体机能转变成抵制自身,以产生更多复制的病毒侵入物。如此看来,美国快餐文化、流行音乐、电视和电影让其他国家的文化机体受到感染,把当地的生产机器聚合在一起以便专心致志于模仿。这种病毒复制模式在世界范围内重复自己,犹如美国的流行文化标准窒息和扼杀了当地动植物群一样"②。沃特海姆谈的是全球状况,但欧洲可谓是美国大众文化传播的"重灾区"之一。这种状况的存在与不断加剧势必导致欧洲人反美主义情绪的上升,政治和文化精英呼吁维护本国文化不受到美国文化"侵蚀"的声音不绝于耳,报刊杂志刊发批评美国的文章可谓是吸引读者眼球的热点问题之一,就连对消费美国文化产品颇为热心的很多大众也加入到反美行列之中。马尔科维茨是研究欧

---

① Jon Elster, *Alchemies of the Mind: Rationality and the Emotions*, Cambridge: Cambridge University Press, 1999, p. 65.

② Sardar and Davies, *Why Do People Hate America*? p. 117.

洲反美主义的专家,他在一篇文章中声称他从事一个关于欧洲反美主义的项目时,在诸如德国、法国、意大利、英国、奥地利、西班牙和葡萄牙等七个欧洲主要国家搜集了近1500篇关于美国的文章。他对这些文章进行分析后得出结论,即美国文化的几乎所有表现形式,包括其高雅方面,至少都遭到了一种讥讽或轻蔑的评论。75%以上的文章在论述上是完全消极的。这些文章中的绝大多数表现了作者称之为的"没有必要的"或"多余的"反美主义。[①] 作为美国学者,马尔科维茨大概觉得很多关于美国的文章不见得与事实相符,但却以实实在在的数字表明了这些国家存在着非常强烈的反美情绪。在一些学者看来,"20世纪是欧洲的反美世纪"已为历史事实所证明,这种状况在21世纪并未出现任何改观的迹象,反而呈现出日益加剧的趋势。

三 欧洲的联合以及对文化认同的构建

欧洲联合是个古老的梦想,在历史上一些先后兴起的欧洲大国试图通过征战来使这个多民族的大陆统一到帝国的旗帜之下,不仅是无果而终,而且导致了这些帝国最终走到了历史的尽头,成为它们消亡的一个主要原因。拿破仑一世首次提出了建立"欧罗巴合众国"的设想,并通过武力试图将之变为现实,然而最终成为"一枕黄粱"。两次世界大战皆发生在欧洲,发动战争的元凶国家无疑正在重蹈历史上的帝国之路,无非是想依靠武力来征服整个欧洲乃至世界,但皆是"搬起石头砸了自己的脚",不仅让欧洲国家的民众饱受了战争灾难之苦,而且发动战争者最终受到了正义的审判,永远地钉在了历史耻辱柱上,成为千古罪人,遭后世摈弃。从历史发展来看,欧洲很长时期是一个四分五裂的大陆,居于中心地位的几个大国也是长期不和,但多少还有着亲缘关系,在文化特性上很难截然分开,尤其是在针对欧洲之外的国家时,总是有一条无形的纽带把它们联系在一起,彰显出了它们与外部国家区别开的整体性。这根纽带很大程度上是"欧洲意识"。欧洲意识是历史的产物,存在于欧洲很多人的观念之中,这

---

① 详见 Andrei S. Markovits, "Americanisation and Anti-Americanism," in O'Connor, ed., *Anti-Americanism: History, Causes, and Themes*, Vol. 1, pp. 41, 48.

是欧洲有可能联合在一起的思想基础。瑞士学者阿道夫·穆希格将之称为"共同的记忆与习惯"①。历史证明,凡是想通过武力征服这个大陆的国家,无不以失败画上了句号。联合只能通过其他方式来实现,尤其是要培养欧洲人共同的文化认同或文化身份。欧洲文化不是一个"严丝合缝"的整体,国家之间文化的差异性体现得也是非常明显。不过在与大陆之外的文化进行比较时,欧洲文化在很多方面显示出了整体性,明显展现出了不同于非欧洲文化的一些基本特性。意大利著名学者翁贝托·艾柯深有感触地谈道:

> 在西方文明本身内部,我们日益认识到一种欧洲认同。当我们作为欧洲人访问另一个欧洲国家时,这种认同并非表现得很强烈,在此情况下,我们往往不是意识到差异性,尽管这些差异犹如某个人从米兰到巴勒莫或是从卡拉比里亚到都灵注意到的差异一样。当然,只要我们与包括美国文化在内的非欧洲文化接触,一种欧洲认同感马上就油然而生了。②

艾柯还举例说,他参加会议或旅游观光,只要与法国、西班牙和德国人相遇,便很快能够打成一片,聊天甚欢,言谈举止,很投脾气,基本上没有陌生感,而对来自欧洲之外的人很少能够产生这种亲近的感觉。这大概就是所谓的欧洲认同在起着作用。艾柯在文中没有明确说明这一点,但字里行间却明显体现出了这方面的含义。这些欧洲国家共同具有的特性正是把欧洲人与非欧洲人区别开来的文化身份或文化认同。究竟是否存在着欧洲文化认同,本身就是一个很有争议性的问题,欧美学术界存在着不同的看法,即便是欧洲学者同样是众说纷纭。不过,欧洲的联合的确要有一种共同意识作为基础,联合在一起的国家应该有意识地培养和加强这种"共同的记忆"。从整个历史发展上看,欧洲存在一条能够对欧洲人的生活方式以及思想观念产生重大影响的线索,德国著名哲学家尤尔根·哈贝马

---

① Adolf Muschg, "'Core Europe': Thoughts about the European Identity," in Levy, Pensky, and Torpey, *Old Europe, New Europe, Core Europe: Transatlantic Relations After the Iraq War*, p. 26.
② Umberto Eco, "An Uncertain Europe Between Rebirth and Decline," in Levy, Pensky, and Torpey, *Old Europe, New Europe, Core Europe: Transatlantic Relations After the Iraq War*, p. 15.

斯和法国哲学家雅克·德里达试图厘清这条线索，提出了欧洲的世俗主义、启蒙思想、社会民主、基督教信仰以及资本主义等为影响欧洲国家发展的传统遗产，通过对这些传统的强调来形成所谓的"欧洲认同"[①]。哈贝马斯与德里达皆为欧洲名人，其见解虽可产生一呼百应之效，但持异议者甚多，不过很多人还是主张不要让外来的东西抹杀掉欧洲文明的共同特性。1949年4月11日，丹麦首相汉斯·海德托福特在一次讲话中强调，西欧"有自己独特的方式。我们无不对之熟知。我们想要保持这种方式。我们最不愿意屈从于东方强制性文明，但是我们同样不愿意变得美国化。我们想要同样远离着两种极端的某些东西。……如果我们适当地利用了马歇尔计划，我们由此拥有重建西欧和维持我们独立的工具"[②]。海德托福特是在丹麦签署了北大西洋条约之后说这番话的，意在表明西欧在美国的干预下不能失去历史上形成的特性，也就是对本地区的文化认同。无论如何，对把欧洲与其他国家区别开来的"欧洲认同"尽管在认识上尚未达成一致，但欧洲的联合却在冷战结束之后紧锣密鼓地展开。显而易见，只有不断加强欧洲人在整体上的文化认同，才能为欧洲走上名副其实的联合铺平道路。这个过程的实现一方面通过经济上的密切合作来培养；另一方面是面对着"他文化"对欧洲文化的"侵蚀"而激起内部凝聚力的加强。

欧洲联合历经坎坷，第二次世界大战之后才算真正迈出了重要的一步，开始于文化上有着共同起源的西欧国家。冷战期间，西欧很长一段时期是美国在与苏联全球抗衡时的最重要政治附庸，在对付与自己意识形态不同的国家时，它们与美国有着利益上的一致之处，但对美国试图主宰整个世界的战略并不是打心眼里认同，只不过是在力量十分悬殊和有求于美国的情况下"不敢言"而已。一旦这些国家从战争破坏而导致的经济困境中走出，就必然会强调独立自主性。况且对于这些极富民族自尊心的国家来说，维持这种对美国的屈从关系并不完全符合自身的利益。它们在许多方面与

[①] Jürgen Habermas and Jaques Derrida, "February 15, Or, What Binds Europeans Together: Plea for a Common Foreign Policy, Beginning in Core Europe," in Levy, Pensky, and Torpey, *Old Europe, New Europe, Core Europe: Transatlantic Relations After the Iraq War*, pp. 3–13.

[②] 转引自 Sørensen and Petersen, "Ameri-Danes and Pro-American Anti-Americanism: Cultural Americanization and Anti-Americanism in Denmark after 1945," in Stephan, ed., *The Americanization of Europe: Culture, Diplomacy, and Anti-Americanism after 1945*, p. 134.

试图主宰欧洲和日本命运的美国发生了冲突，如西欧国家拒绝对美国农产品敞开市场，批评美国的中东政策和越南政策，逐步改善与原苏东国家之间的关系，积极开展与发展中国家的外交，等等。这种与美国关系的改变显然是欧洲国家对外政策的一种趋势。英国卡迪夫大学德国问题专家赫里特—扬·贝伦德斯的研究表明，在20世纪90年代，欧洲与美国之间从未衰落的爱恨关系之平衡发生了变化，"尽管美国成为一个占据更大优势的大国，但1989年到1990年政治局面突变之后，为了重新形成未来的认同，后冷战的欧洲提出了新的抵制模式。在这一过程中，西欧具有影响的代表人物开始放松与美国的联系。……在国际共产主义崩溃之后，现代欧洲明确需要激进的战略保证在一个面对着意识形态真空的大陆重建主权和自治。这的确是前东德和前西德的情况"①。贝伦德斯以东西德为例来说明整个西欧国家对美国抵制方式的改变，表明在此之前东西方意识形态起决定作用的时代大概是一去不复返了。

在冷战期间，美国援助欧洲盟国强大原本是增强与苏联全球抗衡中的力量，但它们强大起来后却不再愿意听命于美国，在处理一些重大的国际问题上甚至与美国产生严重的对立，这一点大概是战后初期美国领导人所始料未及的。德国学者英戈·施米特在2003年发表的文章中坦言，后冷战时代的局面"与在第二次世界大战刚结束时一样，人们普遍设想，美国的全球经济和政治霸权注定永远持续下去，但是历史并没有静止不动。随着其他资本主义大国力量的恢复，它们成为积极的经济竞争者，对美国工业、贸易和金融优势构成了很大的挑战。此外，那些从战争浩劫中恢复过来的大国最终成为动摇美国领袖地位的关键因素，迫使美国放弃了布雷顿森林协定中有关美元等于黄金的规定"②。西欧国家尽管一直在争取实现对美国的"平等伙伴"地位，但东西方的冷战格局使其无法在国际事务中彻底摆脱美国的"阴影"，尤其是西欧的安全还需要仰仗美国强大的军事力量来加以维护。不过到了70年代以后，西欧无疑已作为重要的政治经济力量活跃

---

① Gerrit-Jan Berendse, "German Anti-Americanism in Context," *Journal of European Studies*, Vol. 33, No. 3/4, December 2003, p. 334.

② Ingo Schmidt, "Europe: on the Rise to Hegemony or Caught in Crisis?" *Monthly Review*, Vol. 54, No. 9, February 2003, p. 41.

在国际舞台上，成为尼克松等人提出的"五大力量中心"之一。随着冷战的结束，西欧在国际社会的地位发生了显著的改变。也正是在逐渐摆脱受美国控制的过程中，西欧国家认识到联合的重要性，不断地把欧洲联合推上新的阶段。到冷战结束之前，西欧国家的联合已经初具规模，具有了实质性的内容。在此过程中，这些活动在一个共同体之内的国家不断加强了彼此之间的相互了解，在应对整个国际局势的大变动中共同利益的纽带把它们密切地联系在一起，而在实现共同利益的过程中自然会加强了作为一个整体的文化认同，它们甚至联合起来共同抵制来自美国大众文化的"入侵"，取得了一定的成效。

欧洲的联合主要发生在共同利益很明显的西欧国家，冷战期间形成的欧洲共同体是欧洲联合的主要表现形式，在维护成员国共同的经济、政治和文化利益过程中不断地使联合进入了新的阶段。当世界进入了90年代之后，国际局势发生了根本性的变化，欧洲主要国家并没有因为冷战的结束而各奔东西，在英德法等国的积极推动下，欧共体以新的姿态向欧洲联盟迈进。1991年12月，欧洲12国首脑在荷兰的马斯特里赫特举行了会议，通过了《欧洲联盟条约》，决定在20世纪末建立欧洲货币联盟。1993年1月1日，欧洲统一市场如期建成，基本上实现了商品、人员、劳务和资本的自由流通。1994年1月1日。欧共体12国与5个欧洲自由贸易联盟国家组成了欧洲经济区。1994年欧盟完成了第四次扩大谈判，从翌年1月1日起，欧盟从12国扩大到15国，新入盟的奥地利、芬兰和瑞典均为经济比较发达的国家，三国的国民生产总值都名列世界前20位，它们的入盟进一步增强了欧洲这个"经济中心"的力量。进入21世纪之后，关于欧洲其他一些国家加入欧盟的谈判取得了很大的进展。根据欧洲委员会2003年2月7日发布的总报告，2002年是欧盟扩大进程中的历史转折点，取得了一系列决定性的进展。从2004年5月1日起，波兰、匈牙利、捷克、斯洛伐克、斯洛文尼亚、立陶宛、拉脱维亚、爱沙尼亚、马耳他和塞浦路斯10国将成为欧盟的正式成员国。[1] 当然欧洲实现完全联合还是一个漫长的过程，分歧摩擦在所难免，有时还会出现停滞，甚至倒退，但欧洲一体化已成为

---

[1] 参见 European Commission, *General Report on the Activities of the European Union in 2002*, 全文可在 http://europa.eu.int/abc/doc/off/rg/en/2002/index.htm 网址上获得。

大势所趋，其在近些年所取得的进展或成绩有目共睹。欧盟正作为世界经济的中心之一在国际经济舞台上发挥着越来越重要的作用，成员国的文化认同正是在维护共同利益的过程中得到不断强化。

在历史上，欧洲很长时期为国际经济和政治的中心，但在第一次世界大战之后，这种中心地位开始无可挽回地衰落下去，乃至到了第二次世界大战之后完全被美国取而代之。很多欧洲政治精英和文化精英对此扼腕叹息，无时不想恢复欧洲昔日的雄风，然而单凭一国之力量很难做到这一点，尤其是美国对欧洲经济和政治的强大影响让他们感到了联合起来的重要性。只有联合起来，才有可能摆脱美国的左右，也才能在国际事务中发挥更大的作用，这应该是第二次世界大战之后欧洲国家很多政治精英和文化精英的一种共识。在当代国际政治中，经济是国力的基础，只有国力的强大才能增加在国际社会说话的分量。冷战期间欧共体促进了成员国的共同经济利益，在西方世界中形成了与美国和日本三足鼎立的态势，经济上的独立和强大必然导致西欧大国不愿意对美国亦步亦趋，奉行有利于西欧自身安全与发展的独立外交政策。这种趋势在冷战结束之后更加明显了。此时，欧洲一体化得到了进一步的发展，经济上变得更为强大，积极发展与西方国家之外的对外贸易关系，取得了很大的成效。强大的经济后盾使欧盟的政治雄心随之增强，在国际社会也力图"承担起它的责任，以一个声音说话"，至少在成员国之间表现出步调一致，从它们对美国的态度上就可以看到这种变化。冷战期间，西欧国家尽管对美国的离心倾向日益明显，但出于维护自身安全或利益的考虑，总体上还能承认美国在西方世界的领导地位，在很多重大国际问题上基本上追随美国，针对西方共同敌人苏联时尤为如此。苏联的消失使西方盟国共同对敌的凝聚力迅速弱化，美国已无法用昔日的理由将它们紧紧地维系在一个共同的阵营之内，美国试图这样做，但很难说起多大作用。用美国尼克松研究中心国家安全项目主任彼得·罗德曼的话来说：

> 目前，在某种程度上说，欧洲至少是通过与美国区别开来试图确立自己的身份。欧洲即使是我们最友好的联盟，但欧洲具有一个共同的话题，即欧洲使自己与美国平等相处的时间到了，欧洲是对美国力量

的抵消，欧洲应摆脱美国实现更大的自治，欧洲将减少对美国的依赖等等。①

罗德曼所言很有道理。冷战的结束使欧洲国家没有必要在美国或苏联之间做出选择，美国的欧洲盟国自然产生了离心美国的倾向。玛丽·诺兰认为，冷战结束之后，国际社会行为规范"不再需要被规定是美国的或俄国的，资本主义的或共产主义的。为了确定他们自己的身份，德国人不再需要在东方和西方之间定位自己；即使他们努力确定自己与不同的东方'他者'——斯拉夫人和穆斯林——的关系时，他们不必使自己与美国保持一致"②。诺兰这里以德国人为例来说明，欧洲在后冷战时代加强本地区身份的认同很大程度上是以摆脱美国控制作为参照系的，这样的例子不胜枚举。自1995年以后，在美国的坚持之下，北约东扩进程明显加快。美国的目的是想通过这一计划的执行，既可利用北约来制约俄罗斯，又可利用俄罗斯来牵制西欧，起到一箭双雕之效，确保美国对欧洲事务的主导地位。北约东扩之所以后来得到西欧国家的赞成，原因主要在于北约的扩大首先对欧洲的安全有利。然而北约内部却在酝酿着一场深刻的变革。1996年5月15日，北约在布鲁塞尔拟订了一项计划，欧盟各国可以在没有美国参与的情况下代表北约采取行动。德国外长克劳斯·金克尔就说，欧洲今后将实现"没有美国干预的单独行动"。6月3日，在柏林召开的北约理事会外长会议正式批准北约建立由欧盟直接指挥的多国多兵种特遣部队的计划，这样欧盟就可以单独履行有关欧洲安全的军事使命，这标志着欲同美国平起平坐的开始。美国的欧洲盟国不服从美国指挥棒转的例子并非鲜见，如法国宣布，从1997年1月1日起，法国正式脱离以美国为首的多国部队，不再参与多国部队在伊拉克北部的任何军事行动。1998年12月4日，法英两国首脑会晤，发表了圣马洛公告，首次提到欧盟独立应付危机的能力。1999年5月28日，法德两国首脑商讨了建立欧洲共同防务、组建欧洲快速

---

① Rodman, "The World's Resentment: Anti-Americanism as a Global Phenomenon," *The National Interest*, No. 60, Fall 2000, pp. 35 – 36.

② Nolan, "America in the German Imagination," in Fehrenbach and Poiger, eds., *Transactions, Transgressions, Transformations: American Culture in Western Europe and Japan*, p. 22.

反应部队等事宜。出席这次会议的德国高官"敦促迅速建立一支欧盟共同部队,旨在没有美国参与的情况下处理欧洲发生的危机和冲突。科索沃冲突表明组建这样的部队对欧洲的未来将是多么的迫切和必要"①。同年12月10日,欧盟各国首脑在赫尔辛基通过了《加强欧洲共同安全和防务政策的报告》,决定组建欧盟快速反应部队,朝着建立独立的防务体系目标迈出了重要一步。2000年12月在法国尼斯举行的欧盟理事会上,与会欧洲各国首脑同意建立常设政治和安全委员会、欧盟军事委员会和欧盟军事参谋部等永久政治和军事机构。2001年12月在布鲁塞尔的莱肯宫举行的欧洲理事会宣布:"通过欧洲安全与防务政策的继续发展、其应变能力的加强以及适当机构的创建,欧盟目前能够采取某些控制危机的行动。随着由其支配的财产和防御能力的不断发展,欧盟将有能力逐渐承担更多需要的军事行动。"②这些举措旨在削弱美国对欧洲大陆的控制,最终实现一个在政治上和经济上真正联合的强大欧盟。

  欧洲联合如果从1951年4月18日成立的欧洲煤钢共同体算起,迄今已经走过60余年的历程了。毋庸讳言,欧洲联合进程并非一帆风顺,充满着荆棘坎坷,甚至成员国之间存在着激烈的争执。然而,运行的机构最终没有破裂或解体说明了联合对成员国发展的重要意义。欧盟成员国在经济上无疑属于发达国家之列,但在世界范围内来讲毕竟为中小国家,单纯依靠一国之力量不足以在国际社会发挥大国的作用,更难谈得上成为世界格局中的重要一极,也很难在未来继续保持各自在全球经济和政治格局中的地位。因此,欧洲国家只有联合起来才能获得整体实力,也才能加强其在大西洋联盟中的地位,在世界事务中获得更大的发言权。这一点已成为欧洲国家的共识,欧洲联合的趋势意味着作为一个整体的欧洲将以其强大的实力出现在国际政治舞台上。显而易见,欧洲联合并非一蹴而就之事,但欧洲国家朝着这个方向走去已成为不争的事实。当然,欧洲的联合也不是意味着这个大陆疆界内的国家可以组建一个具有主权国家意义的共同体,有

---

① Rodman, "The Worlds' Resentment: Anti-Americanism as a Global Phenomenon," *The National Interest*, No. 60, Summer 2000, p. 38.
② 参见 The Council of the European Union, The European Union Military Structures and Capabilities, 全文可在 http://ue.eu.int/Pesc/default.asp?lang=en 网址上获得。

些人提出的"欧洲合众国"貌似宏伟，其实还是一个遥不可及的梦想，至少在可预见的未来欧洲不会出现履行主权的联合国家。欧洲联合能够不断向前发展首先在于欧洲国家充分认识到，分则损，合则益，成员国能够从联合中获得比单枪匹马更多的实际利益；其次通过对成员国欧洲整体意识的强化，来加强欧洲人的文化认同，以此来深化欧洲的一体化进程。

  如何能够加强欧洲人的文化认同，这是令很多人感到棘手的问题。2009年，加拿大西蒙弗雷泽大学教授杰弗里·切克尔与美国康奈尔大学教授彼得·卡芩施泰出版了由他们主编的一本关于欧洲认同的书，两位主编在北美大学任教，皆有欧洲背景，为研究欧洲问题的专家。书中收录的文章由欧美学者撰写，欧洲学者中有英国埃克斯特大学教授达里奥·卡斯蒂廖内、德国洪堡大学教授哈特穆特·凯尔布勒以及西班牙卡洛斯三世大学教授胡安·迪茨·梅德拉诺等人。在这些学者们看来，欧洲认同并不是子虚乌有，既是一项"设计"，又是一个"进程"，自20世纪80年代以来欧盟与欧洲认同的形成存在着密切的联系。不过，欧洲认同是欧洲联合之基础，但要实现真正的欧洲认同至少在很长时期内是困难重重，前景莫测。两位主编在书中开首就谈到了这一点。在他们看来：

    欧洲认同的这艘船已经驶入了情况未明的水域，在狂风暴雨中跌跌撞撞前行，驶离了海港，飞舞的浪花预示着前边将会遭遇暴风雨天气。全体船员整装待命，但一些船员却是吵闹不休，怨声载道。食物和饮料供应丰富，但地图和望远镜却不见了。官员们正在争夺级别和位置，因为没有任何船长在指挥。一些旅客意识到了缺乏方向，面对着恶劣的天气该如何是好，他们在暗色的太阳中懒洋洋地靠在椅子上想着过去的成就；另一些人以一种公然挑战的情绪涌向救生艇，他们预见到前面将会有不祥之兆。由于航行的目的地不清楚，前方的行程对一些人来说似乎是极为艰难，对另一些人来说又十分危险。[①]

[①] Jeffrey T. Checkel and Peter J. Katzenstein, "The Politicization of European Identities," in Jeffrey T. Checkel and Peter J. Katzenstein, ed., *European Identity*, New York: Cambridge University Press, 2009, p. 1.

欧洲联合和欧洲认同具有相辅相成的关系，欧洲联合的进程不是一帆风顺，缺乏真正的欧洲认同恐怕也是一个很重要的原因。除了在成员国内部加大采取相关措施力度之外，更重要的是通过树立一个外部的"他者"形象来彰显欧洲文化的整体性，以此来加强欧洲国家内部的凝聚力。美国在20世纪是影响欧洲发展的最重要国家，欧洲人对美国的心态长期以来可以说是爱恨交加。第二次世界大战后欧洲联合之发轫，作为援助西欧经济复兴的美国显然没有置身事外，还起了很重要的促进作用，美国这样做，主要出于打赢与苏联的冷战考虑。在冷战时期，欧洲联合的意识形态色彩很浓，联合在一起的欧洲国家尽管从来没有放弃抵制美国政治、经济和军事控制以及文化渗透，但在涉及与苏联阵营对抗的重大问题上，它们终是听命于美国，在西方阵营中扮演了重要的角色。然而，这种状况并没有能够改变西欧与美国在本质上存在的竞争关系，也没有完全能够消除美国文化在很多欧洲人脑海中的"他者"形象。欧洲联合坎坎坷坷，美国恐怕也是难逃其咎，尤其是美国文化在欧洲的广为传播，其中带来的一个结果必然是弱化了欧洲人的文化认同，传统的生活方式以及处世哲学在"美国化"大潮的冲击之下虽不是"土崩瓦解"，但至少是遭到严重"侵蚀"。因此，要维护和加强欧洲人的文化认同，欧洲国家依然需要一如既往地把美国视为文化上对立的"他者"，对美国文化进入欧洲给予强烈抵制，以期在民众的脑海中牢牢树立起在文化上欧"优"美"劣"的观念。荷兰格罗宁根大学教授勒内·范德霍夫德提出了这样一种观点，即对美国文化"入侵"欧洲的"过分夸大的利用本身很有意义，原因在于美国化能够使某一集团，即欧盟内部的欧洲国家，把注意力集中到制造这个共同敌人的愿望上，形成一个对付这个共同敌人的强有力集团。这并不是说，每个国家都同样感到强烈地反对美国人"[1]。欧洲民众受美国文化的强烈影响是个不容置疑的事实，欧洲社会有无出现"美国化"趋势尚存在着争议，范德霍夫德主张把美国作为欧洲联盟的"共同敌人"主要是从竞争角度考虑的，但显然包含着通过把美国树立为欧洲的"他者"来达到加强内部凝聚力的目的。范

---

[1] René van der Hoofd, "Europe: America's Spin-off? An Examination of the Justification of EU-Regulation on Television," Paper prepared for the Intensive Program at Göttingen 2003, pp. 14 – 15. 全文可在 http://www.zens.uni-goettingen.de/euroculture/ip/Groningen/hoofd_paper.pdf 网址上获得。

德霍夫德的观点未必在实践中能够行得通，只是反映出了面对美国的咄咄逼人之势欧洲文化精英发出的一种强烈抵制的呼吁，说到底还是在寻求强化欧洲人整体意识的途径。

欧洲认同从根本上讲是具有不同文化背景的欧洲各国民众表现出的相同特性，这种特性尽管早已存在于这些国家的文化之中，尤其在精英人士身上表现出来。然而，自20世纪以来，随着美国大众文化在欧洲的广为传播，这些彰显欧洲认同的文化特性无疑遭到了很大的"侵蚀"，在所谓"美国化"浪潮的冲击之下虽不能说是荡然无存，但却呈现出衰微之势。正如英国学者朱特所言，美国"今天成为怀疑和恐惧的对象，像过去一样夹杂着魅力和诱惑的因素，因为美国的全球范围已经延伸到了政治或经济权力之外，尽管美国依赖于两者。美国的现代性方式已经形成为全球规模，以过去任何帝国都不曾想象的方式威胁了地方利益和认同"[1]。欧洲一些文化精英大声疾呼抵制美国大众文化在欧洲的肆虐，很大程度上就是要维护这些特性的存在以及在欧洲人身上继续发扬光大。从这个意义上来讲，欧洲精英们对美国大众文化"入侵"的抵制与维护欧洲认同密切联系在一起。只有把弱化欧洲认同的美国文化抵制在疆域之外，才能有效地维护欧洲认同，使之在不同国家的欧洲人身上彰显出来。因此，维护欧洲认同又与欧洲反美主义有机地联系在一起，在欧洲精英的眼中，揭示出美国大众文化的"不同"恰恰能够显现出了欧洲文化的"同"，这种"同"正是他们竭力倡导以及维护的欧洲文化认同。换句话说，欧洲认同正是在对美国文化的讨伐或抵制中得以强化的。美国由此成为凸显欧洲认同的"他者"。卡芩施泰和切克尔在他们主编的那本《欧洲认同》一书结语中把美国作为加强欧洲认同的"参照物"。在他们看来，欧洲认同"比较明确地与美国联系在一起。欧洲反美主义历史悠久，在法国尤其是这样。特别对欧洲文化精英和政治精英来说，美国始终既是一个梦想，同时也是一个梦魇"[2]。欧洲精英对美国的"梦想"不见得为实，但"梦魇"却肯定为真，百余年来紧紧

---

[1] Judt, "A New Master Narrative? Reflections on Contemporary Anti-Americanism," in Judt and Lacorne, eds., *With Us or Against Us: Studies in Global Anti-Americanism*, p. 13.

[2] Katzenstein and Checkel, "Conclusion: European Identity in Context," in Checkel and Katzenstein, ed., *European Identity*, p. 225.

地缠绕着他们,至今尚未挥之离去,依然让他们坐卧不宁,寝食不安。他们表现出强烈的反美主义情绪,显然与此有着密切的关系。

欧洲认同的彰显,其中一个重要意义是摆脱美国对欧洲发展的影响,使欧洲联合能够具备一个坚实的思想意识基础,这也是欧洲很多精英呼吁强化欧洲人共同意识的主要原因,然而全球化的加剧让美国生活方式犹如加上"双翼"一般,在欧洲传播的更为迅速,波及的范围更为广泛,成为欧洲精英们在强化欧洲认同时所面临着难以克服的一大障碍。英国著名评论家杰夫·马尔甘1996年9月20日在网络杂志上发表的一篇文章中宣称,欧洲委员会长达十年培养欧洲认同的共同意识之努力已告失败,在很多方面,欧洲不是"靠着欧洲特性联合在一起,而是靠着美国的影响。承认这种状况在法国引起了焦虑不安,但在每个欧洲国家,最受热捧的电影是美国电影,美国音乐有人数最多的粉丝群,甚至最受欢迎的快餐也是美国快餐"①。马尔甘这里主要强调美国文化在维持欧洲人共同价值观上所起的重要作用,尽管他所列举之例多为事实,但多少有点危言耸听的味道,欧洲的联合说到底还是依靠着成员国对共同利益的追求,美国在其中的影响不应忽视,的确扮演了举足轻重的角色,但几乎很难说是正面的,成为欧洲联合的最大障碍之一。这也是一些欧洲精英把加强欧洲认同与反美主义联系在一起的原因。2001年7月6日至7日,也就是在纽约世贸双子楼遭到恐怖主义袭击的两个月之前,美国德国历史研究所在华盛顿召开了"20世纪的反美主义"学术讨论会(Conference on Anti-Americanism in the Twentieth Century)。来自伦敦大学的罗伯特·麦吉汉提交的论文题目为《欧洲联合与反美主义:二者是密不可分吗?》(*European Unity and Anti-Americanism: Are They Inseparable?*),他在这篇文章中认为,如果欧洲实际上试图通过联合以摆脱美国的控制,那么任何这种努力的结果将不仅是摆脱美国,而且要站在美国的对立面上。如何能够实现这一志向远大的目标?他建议,唯一足

---

① Geoff Mulgan, "Case of mistaken Euro-identity," *Times Higher Education Supplement*, September 20, 1996. 全文可在 http://www.timeshighereducation.co.uk/news/case-of-mistaken-euro-identity/90683.article 网址上获得。

够强大的力量就是反美主义。①麦吉汉的观点在这次会议上引起轩然大波,很多学者表示不赞成把反美主义作为推进欧洲联合的工具,但"却表明了这样一个事实,反美主义的确会用作欧洲联合的一种动力,原因在于欧洲各国人民能够相当容易地在反美主义中找到共同的基础"②。上述之言是奥地利维也纳大学教授托马斯·弗勒施尔对麦吉汉观点的评论,弗勒施尔是研究欧洲反美主义的专家,他的评论表明了在欧洲学界的一种很重要的看法,有助于理解反美主义在形成欧洲认同过程中所扮演的不可或缺之角色。

对欧洲认同的提倡和强化有时会弱化了民众对本国文化的认同,但两者的冲突不属于根本性的,对本国认同的强化并不会从根本上瓦解了已经在欧洲联合中起着很重要作用的欧洲认同。不过,欧洲一些极右派代表人物不是这样认为的,他们把民众对欧洲文化的整体认同说成是侵蚀了对国家的认同。法国极右派的代表让—马里耶·勒庞对法国国家认同的丧失深感忧虑,认为欧洲化和全球化的前景让现存的主要问题更为突出,他将之称为"欧洲的全球化"(Euro-globalization)。据《纽约时报》驻欧洲记者史蒂文·厄兰格的观察,勒庞提出的这种观点在欧洲广有市场,从奥地利和意大利到比利时、丹麦、荷兰和德国,赞成者甚多。法国学者马克·亨特回应说,勒庞先生部分成功地解释了欧洲的犯罪和移民问题,而左右翼主流政治家却对之闪烁其词,难以有为。更为严重的是,左翼人士多年来"一直重复美国文化对法国文化和认同的威胁"。他们无疑想以此"有助于使法国文化处于消失之危机中的这种思想合法化,这继而有助于使法国极右分子的话语合法化。国家阵线(National Front)显然进行了这种联系"③。这种看法似乎在为美国文化对欧洲国家认同构成威胁有开脱之意,即使很多欧洲人赞成强化欧洲作为一个整体的认同不利于国家认同的增强,但绝不会把美国文化置之度外,而是将之视为威胁欧洲认同或国家认同的主要元凶之一。美国战略和国际研究中心的欧洲研究中心主任西蒙·瑟法蒂声

---

① Patrice G. Poutrus, "Anti-Americanism in the Twentieth Century," *Bulletin of the German Historical Institute*, Washington, D. C. , No. 30, Spring 2002, p. 168. 全文可在 http://www.ghi-dc.org/publications/ghipubs/bu/030/30.12-16.pdf 网址上获得。

② Fröschl, "Historical Roots of European Anti-Americanism in the 18th and 19th Centuries," in Draxlbauer, Fellner and Fröschl, eds. , (*Anti-*) *Americanisms*, p. 59.

③ Steven Erlanger, "Europe's Identity Crisis," *New York Times*, May 5, 2002, p. C5.

称，很多欧洲人"对个人和国家认同的问题深感忧虑，这种忧虑根深蒂固于强硬右派的脑海之中。人们感到一种无形的入侵：太多的移民、欧洲联盟以及美国文化的渗透"①。不过，只要欧洲联合成为一种大势所趋，欧洲认同的构建就势在必行，至于其对成员国文化认同的弱化自然难以避免，但这只是欧洲内部之事，与美国政治经济霸权和文化控制对欧洲认同或国家认同构成的威胁迥然相异，而对后者抨击的声音显然在欧洲精英层中占据了主导地位。

欧洲很多精英坚持认为，强化和维护欧洲认同与抵制美国之间存在着密切的联系，他们把欧洲人的反美主义情绪看作加强欧洲内部凝聚力的一种很有效的"黏合剂"。西班牙巴塞罗那自治大学社会学教授萨尔瓦多·卡达斯宣称，欧洲认同"依然在构建之中。我们尚未有单一欧洲认同的陈词滥调。它依然是非常脆弱的。然而，欧洲认同将会在抵制美国影响中得到重申"②。卡达斯承认构建欧洲认同不是件容易之事，但却把美国置于了欧洲认同能够得以彰显的对立面，这种看法在欧洲精英中间颇为流行，也成为他们抵制美国振振有词的借口。2005年4月，法国总统希拉克在国家电视台发表讲话，呼吁法国公民投票对欧洲宪法给予支持，他试图"保持打反美这张牌"，认为"法国只有成为一个团结的欧洲联盟的组成部分，才能有机会抵制美国，一个联合的欧洲才能使法国免遭'盎格鲁—撒克逊'社会经济模式的影响"③。希拉克是个坚定的欧洲联合支持者，他讲话的主旨是要法国民众投票支持欧洲宪法，但却把抵制美国作为激发他们支持热情的一个"诱因"。这也足以表明反美主义在强化欧洲认同上所扮演的重要角色。瓦尔特·瓦尔托尼是意大利著名政治家，他在20世纪90年代后期出任意大利副总理，卸职后又担任罗马市市长，他曾谈到美国的"文化殖民主义"对构建欧洲认同的重要意义。在瓦尔托尼看来，欧洲国家所做的"迫切之事是，欧洲文化市场要足以大和足以统一，致使能够产生一种共同

---

① Erlanger, "Europe's Identity Crisis," *New York Times*, May 5, 2002, p. C5.
② 转引自 Ben Vickers, "Europe Defines Itself Against U. S. on the Internet," *Wall Street Journal* (Eastern edition), April 2, 2001.
③ 转引自 Meunier, "The Distinctiveness of French Anti-Americanism," in Katzenstein and Keohane, eds., *Anti-Americanism in World Politics*, p. 148.

的情趣和语言，足以强大到能与美国竞争"。这是欧洲联合的需要，因为"民族国家联合起来建立一种欧洲文化认同：这是实现欧洲联合之路，因为单单经济—金融之路是不够的"①。匈牙利哲学家阿格内斯·黑勒在 2007 年的一次讲演中谈到，她深感忧虑的就是反美主义。在这位曾经是坚信马克思主义的哲学家看来，近期很多欧洲人"想要通过强有力的反美话语和情绪来创造和强化欧洲认同"。这不是对"布什总统的批评，而是对美国在情感上的片面拒绝"②。黑勒显然是批评这种做法，但也说明了反美主义与加强欧洲认同之间的关系。在这种情况下，反美主义在欧洲历史上第一次发挥了"功能性"作用。用马尔科维茨的话来说，反美主义"不再是一种意见、一种态度或一种世界观（Weltanschauung），无论感受是多么深亦是如此，反之它已经转变成一种意识形态，理所当然地服务于欧洲认同的形成"。马尔科维茨详细地阐释了反美主义在欧洲国家构建过程中的政治作用。③ 欧洲具有反美主义传统，一直把美国文化作为映照欧洲自身的"他者"。在欧洲迈向联合的过程中，这种"他者"形象服务于欧洲认同的构建，成为欧洲人抵制美国的重要结果之一。

2001 年 9 月 11 日，本·拉登领导的国际恐怖主义基地组织对美国纽约双子世贸大楼进行了摧毁性的袭击，世界为之震撼，激发起了欧洲人对美国的同情与支持，他们抛弃了对美国的传统成见，发出了支持美国打击国际恐怖主义的呼吁。法国著名记者让—马里耶·科隆巴尼曾在《世界报》上撰写文章称"我们皆为美国人"，民众万众一心声援美国。然而，这种好景没有持续太长时间，美国发动了对伊拉克战争之后，反美主义浪潮在欧洲国家风起云涌。科隆巴尼在文章中言，从去年以来"团结一致的呼应已被一股浪潮所淹没，这股浪潮让世界上每个人无不相信，我们都已变成了反美分子"④。美国保守的时事评论家查尔斯·克劳特哈默尔 2003 年 11 月

---

① 转引自 Ellwood, "The American Challenge Renewed: U. S. Cultural Power and Europes' Identity Debates," *The Brown Journal of World Affairs*, Vol. 4, No. 1, Winter/Spring 1997, p. 275.

② Heller, "The Stories of Europe," in Aalto and Vihko, eds., *The Idea of Europe: Continuity and Change*, p. 38.

③ Markovits, "Americanisation and Anti-Americanism," in O'Connor, ed., *Anti-Americanism: History, Causes, and Themes*, Vol. I, pp. 49 – 57.

④ Markovits, *Uncouth Nation: Why Europe Dislikes America*, p. 131.

17 日在《时代》杂志上发表了一篇文章,称"无人喜欢我们",9·11 事件之后很多国家表现出对美国发自内心的同情,但在克劳特哈默尔看来,这种亲美情绪"从未存在过"。克劳特哈默尔和其他新保守人士谈到欧洲反美主义时认为原因是"对美国的嫉妒,对我们力量的抱怨,对我们成功的仇视",或是"自我厌憎",意在为那些在现代性上失意之欧洲人通过"贬抑现代性来寻找一种满足感"①。克劳特哈默尔显然是针对此前欧洲爆发的反美大浪潮而做出这种评论的。2003 年 2 月 15 日,欧洲各国爆发了反对美国入侵伊拉克的大游行。马尔科维茨描述说:"在这一天,欧洲历史上从来没有发生过,数以百万计的欧洲人公开团结在一起为了一个目的。从伦敦到罗马,从巴黎到马德里,从雅典到赫尔辛基,来自不同政治阵营、年龄群体和社会阶层的欧洲人联合在一起,目的是表明对即将进攻伊拉克的反对"②。前法国财经部长多米尼克·斯特劳斯—卡恩认为,这一天在欧洲历史上具有举足轻重的意义,标志着"一个国家在街道上诞生了,这个国家就是欧洲国家"③。斯特劳斯—卡恩显然是有些过于乐观,很多欧洲精英程度不同地抱有类似的态度,这只能说是激情飞扬的情绪暂时掩饰了冷漠严酷的现实,不过倒是表明了欧洲精英们的殷切期望,即反美主义可以促成欧洲国家走向联合。

前面谈到的哈贝马斯和德里达在这场欧洲国家大规模地反对美国打击伊拉克的游行爆发之后,认为这是一个有必要重新阐释欧洲核心价值观的机会,尤其以此表明这些核心价值观与美国价值观和传统存在着根本的不同。他们为此合作撰写了一篇文章,题目为《2 月 15 日,把欧洲人联合在一起的日子:对欧洲共同政策的呼吁,以核心欧洲为开端》,文章不长,但内容有惊世骇俗之效。他们很清楚这篇文章一旦发表,势必会引起轩然大波。为了慎重起见,他们把文章初稿送给了诸如翁贝托·艾柯、阿道夫·穆希格、吉尼亚·瓦蒂莫和费尔南多·萨瓦特等欧洲知名学者,请他们提

---

① Charles Krauthammer, "To Hell with Sympathy: The goodwill America earned on 9/11 was illusory. Get over it," *Time*, November 17, 2003. 转引自 Peter H. Merkl, *The Rift Between America and Old Europe: The Distracted Eagle*, London: Routledge, 2005, p. 26.
② Markovits, *Uncouth Nation: Why Europe Dislikes America*, pp. 201-202.
③ Ibid., p. 202.

出修改意见，以求文章更加完善，当然也希望他们能够撰写类似文章，在欧洲不同国家的报刊上发表，以便形成呼应之势，在社会上形成更大的声势。2003年5月31日，哈贝马斯和德里的文章同时刊登在欧洲两大报纸上，一为德国的《法兰克福汇报》(Frankfurter Allgemeine Zeitung)，一为法国的《解放报》(Libération)。与此同时，艾柯等人的回应文章同一天刊登在法国、意大利、西班牙和瑞士等主要报纸上。哈贝马斯和德里达提出了"欧洲认同"这一问题，指出"只有共同政治命运的意识和共同未来的前景，才能让少数人的投票不再妨碍多数人的意志。一个国家的公民必须视另一个国家的公民为在根本上属于'我们之一员'。这种迫切性导致非常多的怀疑者提请注意这一问题，即历史经验、传统和成就能够提供给欧洲公民让他们形成了一个整体的共同政治命运意识吗？"[①] 哈贝马斯和德里达在欧洲反美主义汹涌澎湃之际发表这篇文章，旗帜鲜明地提出了构建"欧洲认同"这一问题，其意不言自明。在美国大学任教的英国籍学者克里尚·库马尔评论说，这篇文章具有欧洲独立宣言的性质，也就是摆脱美国的独立。哈贝马斯和德里达"希望坚持欧洲政治和文化价值观的独特性以及自主性，尤其是在关于伊拉克战争的争议上，欧洲人与美国人完全不同，其认同的方式超过了第二次世界大战以来的任何时间。在文章中，哈贝马斯和德里强调了欧洲价值观的共性，它们具有的强有力的共同价值观超过了所有国家的差异"。库马尔进而言之，欧洲反美主义绝不是一种新现象，但"伊拉克战争以及布什政府表现出的几次明显傲慢专横的行为，赋予了反美主义新的表述。尽管事实上美国主要是欧洲的创造，但人们还是认为，欧洲和美国的经历存在着巨大的分歧，致使它们现在几乎能够被视为相互的镜像"[②]。库马尔横跨美欧之间，他还是站在欧洲文化之外看到了反美主义在构建欧洲认同过程中的重要意义。哈贝马斯和德里达的这篇文章正如他们所预料的那样在欧洲学界引起了争论，学者们从不同的角度探讨了欧洲

---

① Habermas and Derrida, "February 15, Or, What Binds Europeans Together: Plea for a Common Foreign Policy, Beginning in Core Europe," in Levy, Pensky and Torpey, *Old Europe, New Europe, Core Europe: Transatlantic Relations After the Iraq War*, p. 7.

② Krishan Kumar, "The Question of European Identity: Europe in the American Mirror," *European Journal of Social Theory*, Vol. 11, No. 1, February 2008, pp. 87, 91.

认同这一问题，赞成者有之，反对者的声音也不弱。学者们对"欧洲认同"提出了不同的看法，此乃学界早就存在的一个争执问题，这种争执还会继续下去，反映出了学者们对欧洲认同问题的关注，试图通过学理上的讨论为构建欧洲认同寻找可行的路径。

欧洲联合是当代国际社会引人瞩目的事情，能否走到"欧罗巴合众国"这一步，那是欧洲国家内部之事，至少从目前来看还是一个非常遥远的梦想。欧洲联合能够在一些欧洲大国的不懈努力之下到了如今之地步已属十分不易，其继续深化显然有赖于欧洲人对一种共同身份的认可。这种共同身份或文化认同在历史上早就存在，但在民族国家的发展中被逐渐弱化，欧洲联合需要重构或强化欧洲人的文化认同。这是一个非常复杂且时间很长的进程，而且还充满着不同国家文化之间的冲突，尤其是受到美国大众文化在欧洲广为传播的挑战。在后冷战时代，美国在政治、经济、军事和文化上依然对欧洲发生着很大影响，尤其是欧洲大国无不希望能够摆脱美国的"阴影"。美国在战后欧洲发展过程中扮演了很重要的角色，但文化的不同使很多欧洲人把美国看作负面"他者"形象，美国文化传播的越广泛，欧洲人抵制的就越激烈，他们同时能从抵制美国文化传播中看到了欧洲文化的共同特性，结果之一便会加强欧洲人对本大陆文化的整体认同，以此来推动欧洲联合走向深入。在这一过程中，美国的"他者"形象起到了加强欧洲人整体凝聚力的作用。

四　对美国大众文化传播的抵制

冷战结束之后，随着高技术的发展，业已开始的全球化加快了进程，尤其是互联网的出现与迅速发展，整个世界仿佛被编制成一个巨大的网络，一根根无形或有形的网线将民族国家或生活在不同国家的人密切地联系在一起，形成了所谓的"地球村"。全球化尽管是人类文明史上的一个客观发展进程，但世界上没有一个国家能够脱离全球化进程而"独善其身"。全球化几乎改变了整个世界的面貌，不同国家原先表现出的民族特性越来越变得模糊不清，在政治、经济和文化发展上似乎朝着相同的方向大踏步地迈进。英国文化学家约翰·汤姆林森形容全球化就像一股洪流一样冲击着世界的多元文化，毁灭了稳定的地方性，取代了各民族的地位，导致了一种由市场驱动的对文化经历的同质化，由此消除了构成具有地方性的文化认同之间的差异。因此，"尽管全球化被判断为指文化多样性失去的总进程，但在这一进程中，一些文化处境就比较好，而另一些文化处境就比较糟。那些处于资本主义主流中的国家，尤其是美国正在将其标准化的文化出口到世界各地"①。汤姆林森的判断不见得与现实相符，但却道出了全球化带来文化同质化的趋势。20世纪后半期全球化的加剧与高技术最为发达的美国有着密切关系，美国犹如巨大网络的中心，很多对民族国家在国际社会行为产生影响甚至左右它们的游戏规则源源不断地出自这个中心，蔓延至整个世界。2000年1月27日，克林顿总统在致国会咨文中完全赞成全球化的美国最终边疆，宣称："为了充分实现这种经济的潜力，我们必须越过我们自己的疆界，形成一场打破国家与个人之间、经济与文化之间的障碍和建立新网络的革命，这就是全球化。全球化是我们时代的核心现实。"② 跨国公司对全球化进程无疑起了"推波助澜"的作用，加速了整个世界连为一体的过程。著名"媒介帝国主义"研究专家赫伯特·席勒在1996年出版的一本书中指出，"全球化"只为那些超级大国和跨国公司服务，结果只会给它们带来更多的实际利益。超级大国和大公司利用"全球化"向全世界的任何一部分推销它们的产品以及进行思想文化的渗透。新技术主要为跨国大公司所操纵。由新技术所推动的"全球化"异化成了经济强大和控制信息流动的国家进行霸权活动的新式武器。③ 席勒这里"控制信息流动的国家"显然是非美国莫属。美国可谓是遍及全球之跨国公司的"大本营"，自然充当了全球化加剧的主要"推手"，把体现出同质文化的各类产品销售到世界上的每个角落，无一国家或地区能够幸免。在全球化加剧的时代，信息传播的速度不断加快，大众媒介在其中扮演了很重要的角色，互联网带来了信息传递的"革命"性变化，让人类进入了信息爆炸的时代，更加凸

---

① John Tomlinson, "Globalization and Identity," pp. 269 – 270. 全文可在 http://www.polity.co.uk/global/pdf/GTReader2eTomlinson.pdf 网址上获得。

② Bill Clinton, "Report on the State of the Union Message," January 27, 200, in U. S. Congress, *Congressional Record*, Vol. 146, Part 1, Washington: United States Government Office, 2000, p. 122.

③ 参见 Herbert I. Schiller, *Information Inequality: the Deepening Social Crisis in America*, New York: Routledge, 1996.

显了媒介对人们思想意识产生的影响。美国是互联网的发源地,不断地改进互联网传递信息的技术,致使源于美国的信息以更快的速度向外传递,形成了美国的"信息霸权"。法国外交部长于贝尔·韦德里纳声称,"生活在一个美国霸权的世界对我们的思想比对我们的利益威胁更大"①。此言甚是。互联网的这场"革命"至今方兴未艾,为美国快速传播其文化观念提供了前所未有的便利,其发挥的巨大作用很难以具体的数字来衡量。美国一家大型国际销售调研公司总裁杰里·托马斯以自己丰富的网络经验发出了这样的感慨:

> 互联网最有意义的劝诱性含义之一将是西方尤其是美国文化的扩散及其全球范围内的影响。互联网上大多数节目内容起源于美国。互联网主要靠美国的软件运行,须依赖美国的软件才能进入,受美国软件的控制。美国的产品、服务、信息和娱乐左右了互联网。已经作为国际商业的第一语言的英语将传播得更为迅速,将作为国际商业和交流的语言变得更具有优势。互联网像在其之前的电影、音乐和电视一样,将对美国文化起着一种市场推销的作用。②

全球化让美国大获其益,打上美国文化印记的各类产品或信息飞往世界各地,其他国家再次经历了美国文化大规模的"入侵",地方文化或民族认同面临着很大的威胁。自20世纪以来,美国文化从来没有停息过向外传播的步伐,但在后冷战时代其传播的方式更为猛烈,速度更为加快,范围更为广阔,致使很多国家只有招架之功,毫无还手之力。难怪一些学者和媒体人士把全球化等同于"美国化"。美国马里兰大学教授本杰明·巴伯在其著述中描绘了当今世界正在面临着难以抵制的"美国化",传统的民族文化将被一种风行于世界的消费文化所取代。世界各地之人受经济、技术和外来力量的推动,着迷于"快节奏的音乐、快速运行的计算机和快餐",其

---

① Schröter, *Americanization of the European Economy: A Compact Survey of American Economic Influence in Europe since the 1880s*, p. 1.
② Jerry W. Thomas, "The Internet: What Will the Future Bring?" *Nation's Restaurant News*, Vol. 31, No. 43, October 27, 1997, p. 45.

他国家"正在被推进到一种同质的全球主题公园",这就是被作者称之为的"麦当劳世界",这个世界"靠着通信、信息、娱乐和商业密切联系在一起"①。巴伯这里没有提到全球化,但他在书中所描绘的"麦当劳世界"显然是全球化的结果,也是"美国化"世界的另一种表述。美国联合包裹服务公司(UPS)高级官员库尔特·库恩在一次讲演中指出,"全球化"和"美国化"之间的界限越来越变得模糊不清,对许多人来说,这两个术语是同义的。对一些人来说,"全球化"是一种美国人引导的现象,旨在让美国从中获得好处。因此,"诸如可口可乐、麦当劳、福特、耐克、微软、UPS和其他品牌等美国传统跨国公司,被广泛视为全球化的象征和促进者"②。美国知名国际事务专栏作家托马斯·弗里德曼是全球化的维护者,他在1998年8月发表的一篇文章中探讨了国际恐怖主义憎恨美国的原因,其中谈到了全球化与美国化之间具有密切的联系。他写道:"在许多方面,全球化就是美国化:全球化戴着米老鼠的耳朵,喝着百事和可口可乐,用视窗98在IBM的笔记本电脑上进行计算。"③ 第二年,弗里德曼出版了一部关于全球化的专著,将上述观点进一步深化,认为全球化不是一种新现象,更不是一种正在消逝的趋势,而是取代冷战范式的新国际体系。全球化超越国家疆域把资本、技术和信息一体化,形成了一个单一的全球市场,也就是某种意义上讲的全球村,生活在这个村的居民不可解脱地联系在一起。他用"凌志车"和"橄榄树"比喻了代表当今世界两种冲突的生活方式,阐述了全球化体系与古老的文化、地理、传统和社会之间的紧张关系。弗里德曼在对全球化的研究中提出了许多令人耳目一新的观点,但书中的字里行间也体现出作者的文化中心主义倾向,即全球化也就是美国化,用作者的话来说,"全球化具有一张明显的美国面孔",因为全球化在世界范围内传播了美国式的资本主义、技术、价值观和文化。因此,全球化就是

---

① Benjamin R. Barber, *Jihad vs. McWorld*, New York: Ballantina Books, 1996, p. 4.

② Kurt Kuehn, "Managing the Brand in an Age of Anti-Americanism," *Executive Speeches*, Vol. 19, No. 4, February/March 2005, p. 29.

③ Thomas L. Friedman, "Angry, Wired and Deadly," *New York Times*, August 22, 1998, p. A15.

"使美国文化和美国文化偶像"被全世界所接受。[1] 弗里德曼的观点在美国学界很有代表性,反映出他们对全球化的一种看法。美国人多以称赞的口气谈论"全球化"与"美国化"之间关系的,话里话外有点对美国影响世界各国文化发展自豪的味道。这种情绪表明了冷战后他们希望能够借着全球化大潮使美国文化在世界范围内广泛传播,以期用美国文化来重塑冷战后的世界。据调查,十分之七的美国人认为,美国应该向世界其他地区推销它的民主和商业观念。同样,十分之六的美国人认为,美国应该向全世界推销它的商业惯例,尽管其他国家的许多人对这些惯例反应冷漠。与世界其他地区相比,美国人一般认为,美国思想和习俗在世界范围的传播是件好事,79%认为是件好事,只有16%认为是件坏事。[2] 美国大众文化在国外的传播有时会损害了美国的形象,造成了国外之人对美国社会的误解,但总的来说是大大促进了美国外部利益的实现,这也是很多美国人从正面看待"全球化"等于"美国化"的主要原因。

欧洲精英从来没有放弃抵制美国文化在他们国家的传播,全球化给本土文化带来了生存与发展的挑战,他们对此早就有深刻的认识,在冷战时期,他们就以诸如"可口可乐化"、"麦当劳化"和"迪士尼化"等术语,来形容美国大众文化的全球扩张。一位研究者认为,这几个术语"作为标记出现在20世纪中叶",反映了与全球化类似的"跨国趋势"[3]。一种观点认为,诸如"麦当劳化、迪士尼化、可口可乐化和李维一代等逐渐地几乎把全球化的各种表现解释为美国化本身"。按照这种解释,"美国化转变成全球化已经发生,标志着前者的最终成功"[4]。这种解释显然是把"全球化"等同于"美国化"。冷战结束之后,美国大众文化借着日益加剧的全球化趋势向世界各地蔓延,美国文化传统"重灾区"的欧洲自然是难以幸免。

---

[1] Thomas L. Friedman, *The Lexus and the Olive Tree: Understanding Globalization*, New York: Simon & Schuster Audio, 1999, pp. 309 – 310, 352.

[2] The Pew Global Attitudes Project, *What the World Thinks in 2002*, *How Global Publics View: Their Lives, Their Countries*, pp. 70 – 71. 全文可在 http://people-press.org/reports/pdf/165.pdf 网址上获得。

[3] Provencher, *Queer French: Globalization, Language, and Sexual Citizenship in France*, p. 4.

[4] Peter J. Taylor, *Modernities: A Geohistorical Interpretation*, Cambridge: Polity Press, 1999, p. 123.

欧洲学者也谈到"全球化"与"美国化"没有本质上的区别，不过他们的出发点与美国人不同，表现出了对全球化强烈谴责的态度。长期在法国外交部供职的学者让—玛丽耶·盖恩指出，一个设想的非政治的全球化世界最终取决于美国的政治实力，只有在其保护者美国这个政治实体的庇护下，这个非政治的全球化世界才能繁荣昌盛。这就是全球化日益被理解为是"美国化"同义词的原因。因此，全球化已成为华盛顿将是首都的一个单极世界的委婉说法，"华盛顿也许是一个全球帝国的首都，但它是一个没有皇帝的帝国"①。德国施罗德政府的外交部长约施卡·菲舍尔在1998年出版的一本书中明确指出："以现在形式的全球化也总是美国化。"② 德国问题专家斯蒂芬·绍博总结了德国人在这方面的看法："对许多不管是左翼还是右翼的德国人来说，全球化一直意味着'美国化'，是以牺牲文化认同和社会稳定为代价的。"③ 美国学者佩尔斯宣称，全球化"已经成为学术人士、新闻记者和政治活动家的主要敌人，他们憎恨他们所看到的文化一致性趋势所体现出的内容。他们常常把全球文化和美国文化看作同一的。他们继续坚持，好莱坞、麦当劳和迪士尼正在让地区和地方偏好不复存在"④。佩尔斯是研究战后以来美国文化对欧洲影响的专家，他列举的这些人绝大多数来自欧洲。

全球化无疑会加速美国文化价值观在世界范围内的传播，但显然不能等同于"美国化"。全球化是一种客观存在的发展趋势，而"美国化"还只是对似乎正在发生之一种趋势的理论描述，并未被受美国文化影响之国家历史和现实所证明。两者即使存在着重合之处，但从根本上讲还是完全不同的概念。欧洲很多人将两者混淆一谈，既包含着反全球化的意思，又

---

① Jean-Marie Guehenno, "Globalization and Fragmentation," in Marc F. Plattner, ed., *Globalization, Power, and Democracy*, Baltimore: The Johns Hopkins University Press, 2000, pp. 16 – 17.

② Michael Ermarth, "German Unification as Self-Inflicted Americanization: Critical Views on the Course of Contemporary German Development," in Wagnleitner and May, eds., "*Here, There, and Everywhere*": *the Foreign Politics of American Popular Culture*, p. 253.

③ Stephen F. Szabo, *Parting Ways: The Crisis in German-American Relations*, Washington, DC: Brookings Institution Press, 2004. pp. 94 – 95.

④ Pells, "From Modernism to the Movies: The Globalization of American Culture in the Twentieth Century," *European Journal of American Culture*, Vol. 23, No. 2, 2004, p. 144.

有着抵制美国文化传播的强烈情绪，试图在对两者的抵制中实现维护本国或本地区文化传统正常发展之目的。正是基于这种认识之上，后冷战时代欧洲的反美主义往往是打着"反全球化"的旗号来达到抵制美国文化传播之目的。詹姆斯·凯撒是研究欧洲反美主义的著名专家，他在2003年发表的一篇关于欧洲反美主义"谱系"论文中指出，"美国化"几乎完全是"全球化"一般概念的同义词。[①] 凯撒在这里显然是从反美主义的角度谈两者一致性的，以此说明欧洲的反美主义具有了反全球化的性质。用研究反美主义的专家布伦登·奥康瑙尔的话来说，冷战结束之后，继之而来的便进入了被广泛称为的全球化时代。这一时代的"反美主义通常与反全球化运动以及对美国资本主义利益集团和美国文化统治一个世界的恐惧联系在一起"。在反全球化运动中，美国"已成为世界各种弊端的代名词"[②]。欧洲一些国家发生的反全球化事件正是奥康瑙尔得出这一结论所依据的素材。

在后冷战时代，美国的快餐连锁店在全球化浪潮的推动下登陆欧洲国家，以前所未有的速度在扩张，麦当劳连锁店向全球的扩展表明了"现代性"的美国快餐文化已形成难以抵制之势，其对当地人生活方式和生活理念产生了巨大的影响。这是很多关注全球化带来美国标准化产品伸向世界各地的一个典型案例。美国马里兰大学社会学教授乔治·利泽将这种现象称为"麦当劳化"。用他的话来说，麦当劳化是指一个进程，"通过这个进程，快餐店的原则逐渐地控制了美国社会以及世界其他地区越来越多的领域"。也就是说，"麦当劳化不仅影响了餐馆生意，而且也影响了教育、工作、保健、闲暇、饮食、政治、家庭以及实质上社会的其他各个方面"。在利泽看来，所有这一切集中体现了现代资本主义的发展趋势，即把预先安排的结构强加给生活，扼杀了创造性和独立思考性。他强调"麦当劳化"给全球带来的结果应该引起世界各地之人的警戒，认为"麦当劳店和麦当劳化体现了对其他文化的独特威胁"，对当地人的日常生活产生了很大的影

---

① Ceaser, "A Genealogy of Anti-Americanism," *The Public Interest*, Summer 2003, p. 5.
② Brendon O'Connor, "The anti-American Tradition: A History in Four Phases," in O'Connor and Griffiths, eds., *The Rise of Anti-Americanism*, p. 18.

响。① 利泽的观点富有挑战性，影响很大，以"社会的麦当劳化"反映出美国大众消费文化在全球的扩张趋势，同时他也认为美国社会一样受到了"麦当劳化"的影响。米勒在德国读大学时课余时间到麦当劳店打工，目的是观察麦当劳店的运营模式以及对当地人生活方式的影响，为她以后研究美国大众文化在德国的传播积累了素材。2007年年初，米勒主编了一本关于美国大众文化对德国人生活方式产生影响的著述，撰文者皆为这一研究领域的专家。米勒在序言中强调，正如20世纪60年代的李维·史特劳斯和可口可乐一样，麦当劳扮演了"美国全球经济帝国主义标记的角色，同时却提供了反权威抵制的一种方式"。米勒这里所谓的"反权威抵制"，其实就是"反传统"，亦即反对占支配地位的德国传统文化。因此，在她看来，美国"在德国的公司既成为文化多元性的标志，又成为单一文化的、同质的和均质化的美国性的象征，既是自由雇佣政策的标志，又是一种剥削资本主义公司结构的象征。这种复杂的权力结构引起了抵制和接受，也能够归于葛兰西的霸权概念之下，界定为一种得到被控制者同意的统治形式"②。米勒对麦当劳连锁店没有极尽批评之词，但从"麦当劳霸权"中引申出了美国跨国公司带来文化同质化或标准化的趋势，而这恰恰正是欧洲文化精英们最为忧虑之处，他们抵制麦当劳或美国跨国公司的扩张，目的之一正是要防止这种结果的出现。

在欧洲国家中，法国是反美主义情绪最为强烈的国家。对法国人来说，反美主义是个历史传统，他们主要担心本国的文化认同在庸俗低劣的美国大众文化冲击之下受到侵蚀而不复存在。法国人没有停止对美国大众文化的抵制，原因在于能够体现出美国现代消费生活方式及其理念在法国大行其道，得到不少人的青睐，尤其是年轻人并没有意识到他们的消费行为会改变自己的生活方式与文化理念。1998年11月30日，一位电视台记者随街采访过路行人，问他们在总统希拉克66岁生日时将送给他什么礼品。一位年轻人说，他将提供总统比较"奢侈的一天"：在麦当劳吃午餐，游览迪

---

① George Ritzer, *The McDonaldization of Society: An Investigation into the Changing Character of Contemporary Social Life*, Thousand Oaks: Pine Forge Press, 1996, pp. 1-2, 168.

② Mueller, "Introduction," in Mueller, ed., *German Pop Culture: How "American" Is It?* p. 2.

士尼乐园，晚上到夜总会消夜。① 这个例子说明了法国年轻人消费美国文化产品的确很普遍，现代消费主义理念对他们生活产生了很大的影响。全球化不仅导致打上美国标记的产品风靡世界，而且让美国所确定的游戏规则约束了主权国家的行为。对此民族自豪感很强烈的法国人感到极为不满，反全球化的情绪在很多法国人身上明显表现出来，在法国似乎形成了一场声势浩大的反全球化运动。在法国出生的美国学者索菲·默尼耶在一篇文章中描述说，法国的"反全球化"运动"得到了来自公民社会各个部分的支持，包括农场主、劳工组织、环境保护主义者、新闻记者、专业学者和电影制作者等。甚至足球运动员和教练……示威抗议世界贸易组织和全球化，以抵制在体育管理上资本主义的到来。考虑到民众情绪，法国政治家被迫顺潮流而动。极端主义党派……把这种反全球化事业利用为他们向自由贸易开战的逻辑继续。主流政党难以抵挡住这场运动中舆论发出的不同寻常的呼吁"②。法国人一度非常热衷于讨论全球化及其相关问题，把全球化带给法国发展的负面作用完全展示在了普通民众面前，让他们深深地感到了全球化的危害性，然后自觉地加入到抵制这种来势凶猛之大潮的行列中来。欧洲问题研究专家菲利普·戈登与默尼耶2001年合著了一本书，书名为《法国的挑战：适应全球化》。这两位作者显然是站在美国人的立场上建议法国应该顺应全球化大潮，在适应全球化的挑战中实现对本国利益的维护。这种建议实际上主要针对法国人强烈的反全球化情绪而言的。他们谈到法国政治家也许被迫迎合国内民众的反全球化的情绪，这种情绪"将不仅对法国经济前景和社会稳定产生消极影响，而且假定全球化常常等同于美国化的话，毫无疑问它将在处理跨大西洋关系上起到消极的阻碍作用"③。这种看法上贯穿于全书的字里行间，当然书中也少不了谈全球化如何成为法国人热衷于讨论的题目。他们是这样描述的：

---

① Debouzy, "Does Mickey Mouse Threaten French Culture? The French Debate about EuroDisneyland," in Ramet and Crnkovic, eds., *Kazaaam! Splat! Ploof! The American Impact on European Popular Culture since 1945*, p. 32.

② Meunier, "The French Exception," *Foreign Affairs*, Vol. 79, No, 4, July/August 2000, p. 111.

③ Philip H. Gordon and Sophie Meunier, *French Challenge: Adapting to Globalization*, Washington, DC: Brookings Institution Press, 2001, p. 116.

在近几年，法国书店中充斥着关于全球化的书籍（绝大多数是批评的），包括维亚娜·福利斯特的畅销书《经济惨状》（*Economic Horror*）和《陌生的独裁》（*A Strange Dictatorship*），第一本书在法国销售出35万册，还包括博威的《世界不是待销售》（*The World Is Not for Sale*）等。法国电视台定期播放诸如"反击全球化"、"另一种全球化"以及"全球化：肯定或否定"等主题的节目。法国日报《世界报》从1999年到2000年刊登了2375篇涉及全球化的不同文章（相比之下，同一时期《纽约时报》只刊登了705篇相关文章），法国总统雅克·希拉克自他1995年任现职以来发表了不少于163次关于全球化的演讲。在欧洲报刊上涉及法国与全球化的文章在20世纪90年代期间急剧增加，1990年仅为1篇，1995年上升为16篇，1999年为384篇，2000年为451篇。无数法国知识分子、政治家和利益集团加入到关于全球化、文化一致性和美国化的全国性辩论之中。①

这一时期法国人关注全球化问题与法国大规模地爆发抵制美国大众文化传播有着密切的联系。最引起世人瞩目的事件当属法国农民左翼政治领导人之一若泽·博维1999年8月12日率领着一伙愤怒者攻击了法国南部米洛镇尚未竣工的麦当劳连锁店。这种行为在法律上构成了犯罪，博威即刻被当地警方拘捕，但他顿时赢得了法国上下一片喝彩之声，成为法国人甚或欧洲人心中的英雄人物。法国媒体把博维比作法国人钦佩的卡通人物阿斯泰里克斯（Astérix），后者凭着机智率领村民有效地抵制了罗马侵略者，被誉为法国历史上的民族英雄。英国《经济学家》杂志把博维称为"反全球化的英雄"②。博维率人对麦当劳店采取激烈行动时宣称，他正在象征性地攻击美国，不仅因为美国通过关税把博维奶羊场制作的一种奶酪品阻挡在美国市场之外，而且因为美国是经济全球化与批量生产之食品的发源地。因此，他的行为是为了维护法国"烹调主权"，抗议美国居于支配

---

① Gordon and Meunier, *French Challenge: Adapting to Globalization*, pp. 2-3.
② "The French Farmers' Anti-global Hero," *Economist*, Vol. 356, No. 8178, July 8, 2000, p. 50.

地位的全球化以及世界市场自由化,说得更具体化一点就是"抗议法国的美国化"①。而法国的美国化"被视为毁灭了法国文明的本质价值观"②。这也是博威的"违法"之行为能够得到法国民众支持的主要原因。博威在抗击全球化大潮冲击中提出的一个著名口号是,他"有一个敌人,那就是市场"。这种激进的观点在法国人中间很容易引起共鸣,法国《世界外交》(Le Monde Diplomatique)杂志总编辑伊格纳西奥·拉莫内宣称:"让我们不惜一切代价击败市场,让其失去效力。"③ 博威事件实际上把法国的反全球化运动推向了高潮,他被誉为国际反全球化的领袖之一,博威本人也从反全球化的角度解释了他的行为。④ 这一事件一时间在一些欧洲国家被津津乐道,得到反全球化人士的称颂赞道。

博威事件发生在法国绝不是偶然的,而是法国人把全球化趋势看作美国设计好的"阴谋",是为了促进其外部现实利益的实现,与此同时却使法国的利益遭到了莫大的损害。2000年,法国著名政治学家多米尼克·莫伊兹采访了研究全球化很有名的法国外交部长于贝尔·韦德里纳,莫伊兹问韦德里纳对全球化的看法,韦德里纳回答说,全球化发展所根据的原则既不符合法国传统,也不符合法国文化。全球化传播了"极端自由化的市场经济、对国家的不信任、远离隔阂传统的个人主义、美国'绝对必要'的普遍角色的必然强化、习惯法、英语、盎格鲁—撒克逊标准和新教。凡此种种与天主教观念很少有干系"⑤。韦德里纳并没有完全否定全球化给法国带来发展的机遇,他此时对全球化问题的回答正是迎合了法国社会非常强

---

① Elaine Sciolino, "Millau Journal: Above the Clouds, the French Glimpse the Old Grandeur," *The New York Times*, December 17, 2004, p. 4.

② Marie-France Toinet, "French Pique and Piques Françaises," *The ANNALS of the American Academy of Political and Social Science*, Vol. 497, No. 1, May 1988, p. 141.

③ 以上引文见 Lacorne, "Anti-Americanism and Americanophobia: A French Perspective," in Judt and Lacorne, eds., *With Us or Against Us: Studies in Global Anti-Americanism*, p. 42.

④ 详见 Sardar and Davies, *Why Do People Hate America?* p. 117; Christian Fich, *Two Nations Divided by Common Values: French National Habitus and the Rejection of American Power*, Dissertation, Centre for the Study of Europe of Copenhagen Business School, 2009, p. 354. 全文可在 http://openarchive.cbs.dk/bitstream/handle/10398/8026/Christian_Fich_COMPLETE.pdf?Sequence = 3 网址上获得。

⑤ Védrine and Moisi, *France in an Age of Globalization*. p. 17.

烈的反全球化思潮。博维率人砸麦当劳店只是其中一个具有很大影响的事件。博维等人把目标对准麦当劳店并非一时冲动之举，他们认为麦当劳是美国的象征，博维自己就抱怨，麦当劳象征着与真正食品没有多大关系的"毫无特性的全球化"①。在很多人的脑海中，"麦当劳的红黄标志是美国星条旗的新的翻版，美国的商业霸权对农业构成了威胁，美国的文化霸权不知不觉地毁灭了反映法国身份的神圣高贵行为"②。美国文化产品在法国很有市场，得到很多法国人的青睐。他们对美国产品的消费并不必然意味着他们对美国大众文化的认同，也很难讲他们不受法国舆论的左右加入到反美行列之中。博威率人砸麦当劳店在法国民众中不仅没有引起强烈谴责反而带来一片赞扬之声便足以说明了这一点。

  博威的行为在法国触犯了刑律，被地方法院判刑六个月。博威在公开场合否认他的行为与反美主义有关。《纽约时报》记者以后专门采访了博威，其中一个问题是，"媒体把你对麦当劳的攻击描述为某种反美主义，但你否认了这种说法"。博威回答说："当然。在美国发生的相同事情正在法国和其他地方发生：大企业集团正在试图标准化食品生产和消费，以便成为他们独占的优势。它不完全是该公司所属国的问题。"记者又问"可能美国人处于防御状态，原因在于法国人似乎总是认为他们是非常优越的"。博威回答说："这是与美国的争执之一。针对一个特殊问题的批评将必然被视为对美国及其人口的全球性批评。"③ 博威的回答尽量避免他的行为是对一个国家的攻击，但也流露出了强烈的反美主义情绪。因此，博威的行为从表面上看是由法国与美国之间在贸易自由化上的冲突所引发，但从根本上讲还是体现了法国人对本国多样性的烹调文化之维护。默尼耶比较详细地解释了博威砸麦当劳店的原因，认为反全球化者把目标集中在食品上有其特殊的考虑及其意义，因为"食品是法国文化中最为普遍认可的组成部分之一，至今依然是民众引以为豪的最大资源之一。正如《世

---

① Jose Bove and Francois Dufour, *World is Not for Sale*: *Farmers Against Junk Food*, London: Verso, 2001, p. 55. 转引自 Rubin and Rubin, *Hating America*: *A History*, p. 195.

② Francis X. Rocca, "America's Multicultural Imperialism," *American Spectator*, Vol. 33, No. 7, September 2000, pp. 34-35.

③ Emily Eskin, "Questions for Jose Bove: Unhappy Meals," *New York Times*, January 6, 2002, p. E13.

界报》强调的那样,'麦当劳店的红黄店徽是美国星条旗的新版本,其商业霸权威胁了农业,其文化霸权用心险恶,让深深体现法国认同的饮食行为不复存在'。通过把全球化描绘为对法国食品的直接攻击,全球化的反对者因集体与垃圾食品进行斗争而得到全国支持。博威及其支持者把诸如美国贸易帝国主义、转基因食品以及美国脂肪过度的营养模式等问题捆绑在一起"。因此,法国农业部长宣称,美国"拥有世界上最烂的食品",他本人"从来不去麦当劳店吃令人作呕的汉堡"[1]。默尼耶在法国出生长大,很清楚法国人的文化情操,对本国烹调文化的自豪感让很多法国人很难容忍来自美国标准化的单调食品风行法国,构成对法国强调多样性的烹调文化之威胁。

这是一种文化本位主义的心态,很难消失,尤其是面对外来文化大规模"渗透"时,这种心态便会尤为强烈。这样,博威事件的爆发根源还是在文化上。齐亚定·萨达尔是文化批评学家,他与威尔士学者梅丽尔·温·戴维斯2002年合作出版了《为什么人们仇恨美国?》一书,其中有一章专门探讨"美国汉堡和其他弊端"。他们把麦当劳店提供的汉堡看作仇恨美国的特殊根源,因为"汉堡是属于美国的整个复合体的最集中单一象征"。在他们看来,汉堡体现出的不只是它的配料,还展现了一种生活方式。这样,"作为一种生活方式,汉堡是一种具有诱惑力的新奇物品,能够产生明显有害的后果。不只是因为汉堡是一个无处不在的骗局,而且其体现的消费主义被视为明确的文化威胁。汉堡象征着美国正在控制世界其他国家普通人生活以及缩小他们文化空间的方式,他们的文化空间属于自己的,是不同于美国的"[2]。他们的研究揭示出麦当劳店在外国人眼中的特殊文化含义,在国外已变成所谓"美国化"的醒目标志。《世界报》刊登文章批评美国的"商业霸权威胁了农业,文化霸权危害性地毁灭了烹饪习惯",而这恰恰是"法国认同的神圣闪光之处"[3]。因此,博威的行为乃是

---

[1] Meunier, "The French Exception." Vol. 79, No. 4, *Foreign Affairs*, July/August 2000, pp. 107 – 108.

[2] Sardar and Davies, *Why do People Hate America?*, pp. 103 – 105.

[3] David Ellwood, "French Anti-Americanism and McDonald's," *History Today*, Vol. 51, No. 2, February 2001, p. 36.

对美国生活方式的抵制，与法国传统的反美主义有着密切的延承关系。奥康瑙尔在探讨欧洲反美主义传统时特别提到了博威，把博威之举动划入"高雅"文化与"低俗"文化之间的激烈抗争，这是"反美话语的中心主题"，体现出了美国的物质主义对欧洲高雅生活方式的威胁，欧洲由此被"描述为抵制美国猖獗之物质主义和工业主义的艺术堡垒"。在当今时代，19 世纪这种对美国的批评话语"尽管不再为保守的精英人士所持有，但有教养的欧洲和庸俗的美国依然在如今的反全球化运动中显而易见。法国农民若泽·博维因反全球化而名噪一时，他的抗议是这种欧洲反美主义长期传统的一个现代范例"①。奥康瑙尔用一种历史的眼光审视博威的行为，将之置于欧洲传统的反美主义范畴之中，的确有高人一筹之处，给人们认识这个事件提供了一个更为广阔的视野和启迪。

　　博威事件激起了法国人的反美主义情绪，在法国社会掀起了抵制美国的新浪潮。在 1999 年 9 月 23 日晚上，很多法国人聚集在巴黎市中心抗议美国推行的全球贸易自由化政策，向本国政府发出了警告，不要与美国政府同流合污，助纣为虐。翌日伦敦《泰晤士报》对此事件发表了评论性文章。作者宣称，在法国，小农场主、左翼政治家、工会领导人和环保人士联合起来，要求美国立即停止打着"自由贸易"的旗号剥夺法国人的生计和文化认同，而这些正是目前在法国正在发生的事情。这场"草根运动源于法国人对美国传统方式的憎恶，尤其体现在食品和娱乐之上。从巴黎来看，对'全球化'的愤怒在一场卢德式农村抵抗中可以感觉到，当时农村正是收获和出口的繁忙季节。然而，这种即将爆发的反抗未能引起政府的警觉，似乎正在聚集力量，作为两个月之后关于新的世界贸易协定谈判的一股政治力量。鼓舞士气的是去年 8 月小农场主对麦当劳这个餐饮业巨头的连锁店发起了一系列抗议。这些农场主对美国制裁法国食品进口十分愤怒，强烈要求欧洲禁止进口美国转基因牛肉来报复"②。2000 年 7 月，4 万余名年轻人涌向米洛镇，抗议当地政府对博威的判刑，由此引发了法国国

---

① O'Connor, "The anti-American Tradition: A History in Four Phases," in O'Connor and Griffiths, eds., *The Rise of Anti-Americanism*, p. 13.

② Charles Bremmer, "French Unite Against US Trade Domination," *The London Times*, September 24, 1999. 全文可在 http://www.globalpolicy.org/globaliz/cultural/mcdonald.htm 网址上获得。

内的动荡不宁，其中 2000 余名抗议者被捕入狱。法国书店充斥着谴责美国文化和社会的图书，一时洛阳纸贵。这些图书包括诺埃尔·马梅雷和帕特里克·法比亚兹的《危险的美国》(Dangereuse Amérique, 2002)；彼得·斯科恩的《美国黑名册》(Le Livre noir des États-Unis, 2002)；蒂埃里·梅桑的《骇人听闻的欺诈》(L'Effroyable imposture, 2002)；吉尔伯特·阿希卡的《野蛮人的冲突》(Le choc des barbaries, 2002)；埃里克·洛朗的《布什的战争：说不出口的秘密》(La guerre des Bush: les secrets inavouables, 2003)。这些书无一不是描述美国社会的劣迹、恐怖和威胁，把美国对世界的殖民化，尤其是对人们思想意识的殖民化活然跃于纸上，特别强调了美国对外政策暴露的一系列令人恐惧的阴谋，表明了美国专横跋扈，滥用职权，引起国际社会的大为不满。马梅雷是法国议员，他还写了一本书，书名为《对山姆大叔毫无谢意》(No Thanks, Uncle Sam)，书中谴责美国在世界上到处耀武扬威，试图拥有一个追随它的整个世界。因此，此时此刻，在法国"公开的反美是正当的"[①]。法国媒体也大量刊登反美文章，对民众的倾向产生了很大的影响。由此看来，这一系列表面上由经贸引发的抵制美国产品事件的背后具有很深刻的文化根源，说到底还是为了维护法国文化免遭美国大众文化的侵蚀。

对麦当劳的抵制不仅发生在法国，其他欧洲国家的有些民众面对着铺天盖地的美国文化产品，有时也把麦当劳连锁店作为他们泄愤的目标，以此阻止美国消费主义文化对当地人产生腐蚀性的影响。萨达尔等人的研究表明，类似法国人行为的"反麦当劳运动现在存在于大多数欧洲国家"[②]。荷兰著名学者罗布·克罗斯前往意大利访问，在工业城市都灵目睹了由当地一个无政府团体组织的抗议麦当劳店扩张的游行示威。按照这些无政府主义者的说法，麦当劳"首先是一种形象，是人剥削人、人掠夺环境和人虐待动物的标志"[③]。克罗斯由此看到"文化反美主义"和

[①] Suzanne Daley, "In Europe's Eyes, Americans Become Uglier And Uglier," *Seattle Times*, April 9, 2000. 全文可在 http://www.commondreams.org/views/040900 - 106.htm 网上获得。

[②] Sardar and Davies, *Why Do People Hate America?* p. 117.

[③] Rob Kroes, "Advertising: The Commodification of American Icons of Freedom," in Wagnleitner and May, eds., "*Here, There, and Everywhere*": *the Foreign Politics of American Popular Culture*, p. 286.

"政治反美主义"在后冷战时代的密切联系。他在2006年9月发表的一篇文章中认为,历史上的"文化反美主义和政治反美主义至今依然很活跃,两者常常融合为一。欧洲人,特别是身着牛仔裤和T恤衫的年轻欧洲人,他们会起而抗议美国在世界舞台上的干涉,他们走到街上,击碎附近麦当劳店的窗户(附近总会有麦当劳店)。作为美国全球存在的图标。对抗议者来说,麦当劳象征着美国文化帝国主义,但同时也是政治帝国主义的象征"[1]。在英国,伦敦的邮政工人赫伦·斯蒂尔和一位园丁戴维·莫里斯把麦当劳店告到法庭,理由是麦当劳公司通过其广告来"开发孩子",对虐待动物负有"可谴责之责",支付其工人异常低的工资,与工会原则"格格不入"。这个著名的诉讼案件以"麦当劳诽谤案"(McLibel)审判而著称。这一诉讼案持续了两年半,成为英国历史上比较长的审判之一。1997年6月19日,法官贾斯蒂斯·贝尔做出裁决,宣布为自己辩护的斯蒂尔和莫里斯的确是在诋毁麦当劳,但他们也证明了许多指控为实。他们表明,麦当劳在利用儿童的消费爱好,错误地将其食品做广告为富有营养,置其长期对顾客的身体有害于不顾,麦当劳公司的确是反工会的,为了推卸其产品有虐待动物之嫌。这个法庭判例广为人知,影响很大,导致了英国爆发一场声势浩大的反麦当劳运动。[2] 这两个例子从表面上看是由麦当劳违反了劳工法和虐待动物所引起,这些皆为他们在为"诋毁"麦当劳寻找合法性的理由。

在很多欧洲人看来,在麦当劳店消费大麦克汉堡包时"不仅是正在消费肉、面粉和土豆,而且是象征着美国的形象、机会之地、无尽财富之地以及产生了世界上最令人销魂的充满活力之大众文化之地"[3]。消费汉堡成了对一种生活方式的向往,那么对这种消费行为的抵制自然就具有了维护地方生活方式的含义。哈佛大学教授詹姆斯·沃森是研究麦当劳的人类学家,他认为,麦当劳"代表了一种全新包装的文化体系",麦当劳属于食品

---

[1] Rob Kroes, "European Anti-Americanism: What's New?" *The Journal of American History*, Vol. 93, No. 2, September 2006, p. 428.

[2] Sardar and Wyn Davies, *Why Do People Hate America*? p. 116.

[3] Hutchison, "The Atlantic Gulf of Comprehension: European Reponses to American Media Imperialism," *Canadian Review of American Studies*, Vol. 27, No. 3, 1997, p. 86.

这一事实"使之更为危险和更为有力。在任何社会，没有比食品作为认同象征更为有力的东西了"。美国记者米歇尔·戈德堡在 2002 年 12 月发表的一篇文章中把一些国家出现的焚烧麦当劳店称为"反美主义之火"，她引用畅销书《圣战对麦当劳》（*Jihad vs. McWorld*）的作者巴伯对世界范围内攻击麦当劳而得出这样的结论，即"对麦当劳的攻击并不意味着对美国对外政策的攻击。他们攻击麦当劳是因为麦当劳象征着他们反对的东西"，其中包括工厂化农场、标准化生产和俗气的情趣等。① 实际上，麦当劳代表的美国快餐食品在全球化时代尽管在欧洲得到了很大的扩张，但很难改变当地人对本国烹调的偏好，对麦当劳的抵制从一个方面反映出欧洲很多人对全球化带来文化标准化的忧虑。

  法国文化精英从一开始就不大认同美国文化，总是竭力阻止这种文化在欧洲的传播，新技术的不断涌现让美国文化更加便捷地向国外传播，这自然会引起法国精英们的忧虑。法国和美国不时地爆发文化战。这里仅举一例便可说明。2004 年 12 月，全球最大的搜索引擎公司谷歌决定在未来十年之内扫描 1500 万册图书，使这些图书可以在互联网上获得。为达到这一目标，谷歌公司与英、美五大图书馆达成协定，在此期间将它们馆藏图书数据化。这些图书馆分别是斯坦福大学图书馆、密歇根大学图书馆、哈佛大学图书馆、牛津大学图书馆和纽约公共图书馆。谷歌这个项目在当时仅为报刊报道而已，无论是在美国，还是在法国，最初的反应并非很积极，很多人感到这项工程过于浩大，仅是一个"理想"而已。当时很少有人想到谷歌的这一计划竟然引发了美国与法国的一场文化争执。2005 年 1 月 22 日，法国国立图书馆馆长、著名历史学家让—诺埃尔·让纳内为法国《世界报》写了一篇很长的社论，题目为《当谷歌挑战欧洲之时》（*When Google Challenges Europe*），同年 5 月，让纳内出版了几乎题目一样的书，为《当谷歌挑战欧洲之时：警钟长鸣》（*Quand Google défie l'Europe：Plaidoyer pour un sursaut*），这本书翌年被特蕾莎·拉文达尔·费根翻译为英文，由芝加哥大学出版社出版，书名为《谷歌与普世知识的神话：一种欧洲的观

---

  ① 以上引文引自 Michelle Goldberg, "Fires of Anti-Americanism Burn McDonalds': Bombings Hit Franchises around World Chain a Powerful Symbol, Analysts Say," *Toronto Star*, December 8, 2002, p. A01.

点》。让纳内认为，谷歌公司将这些图书馆的图书数字化，使之内容可在互联网上得到，这一计划构成了对法国的威胁，因为该计划从长远来看反映了一种单极世界观，对英文著作和美国文化拥有一种强烈的偏好。这一计划在美国被描述为人类拥有一个全球图书馆的长期梦想，而在法国，这一计划被描述为"全面谷歌化"（omnigooglization），是美国"对未来几代人理解世界的决定性控制"。让纳内以法国革命为例特别强调了通过英、美人的眼睛来看待历史问题。英语文献通常集中在贵族的困境和断头台以及恐怖统治等黑暗方面，而不是集中在人权宣言以及国民大会的制度创新。作为回应，让纳内建议，欧盟应该与美国这一计划抗衡，提出自己的数字化图书与档案的计划，以便使非英语的欧洲文献在互联网上可以获得，建立一个超级欧洲图书馆以及一个新的搜索引擎，以自己的方式控制搜索时的网页排序。① 让纳内在法国是个很有影响的学者，他这本书出版之后即刻引起很大反响，继而促使一些欧洲国家采取行动以应对谷歌数字化英文图书的"挑战"。

面对谷歌数字化英文图书的计划，法国总统希拉克做出了强烈的反应，即刻要让纳内和文化部长勒南·多内迪厄·德瓦布尔斯负责研究如何应对此事，以一种最快捷的方法把法国和欧洲图书馆的藏书扫描上网。与此同时，希拉克也四处活动说服其他欧洲国家领导人与法国联合起来共同执行这个投资1.28亿美元的项目，以抗衡谷歌在数字化图书上占据的技术等优势。对于希拉克来说，法国和欧洲必须在这项大规模数字化项目中扮演决定性的角色，在这个项目中，法国应该发挥中心作用，原因主要是法国对讲法语的世界承担特殊责任。2005年4月，在法国的积极努力之下，欧洲19个国家图书馆表示支持法国提出的计划，6个欧洲国家（法国、波兰、德国、意大利、西班牙和匈牙利）请求欧盟开办"欧洲数字图书馆"，以协调这些国家图书馆的行动。欧洲议会和欧盟理事会在以后几年中出台了相关政策，采取了具体措施，让欧洲一些大图书馆的馆藏书籍数据化，以保证欧洲公众能够在互联网上很容易获得这

---

① 让纳内的基本观点参见该书绪论 Jean-Noël Jeanneney, *Google and the Myth of Universal Knowledge: A View from Europe*, translated by Teresa Lavendar Fagan, Chicago: The University of Chicago Press, 2007, pp. 3–16.

些公共资源。① 欧盟推进包括图书或档案或博物馆等公共资源的数字化当然并不是完全与美国对着干，但反映出对美国借着互联网之优势传播其文化的抵制，明显包含着促进本地区文化受到更多人了解之意，最终还是为了维护文化多元化的发展。

法国人针对谷歌数字化图书之举被美国媒体说成是法国反美主义的明确表现，一些人发表文章把法国人嘲笑为属于"偏执狂"，乱加猜测，狂妄无知。斯蒂芬·卡斯尔2005年5月6日在《独立报》上发表了《谷歌图书项目激怒法国》一文。卡斯尔在文章中指出，法国"在保护莫里哀语言的战役中确定了一个新敌人，即搜索引擎谷歌。法国批评家说，谷歌热衷于讲英语民族的文化帝国主义之行为"②。著名记者波格丹·吉普林2005年4月15日在《渥太华公民报》上发表了题目为《法国毫无理由担心谷歌》的文章，他对法国的做法给予指责，认为法国显然是无事生非。法国人"把谷歌看作文化入侵者，其势头必须受到遏制。相比之下，华盛顿将是处于压力之下来理解这次喧嚣，充其量对作为反美害群之马的让纳内表现为不屑一顾"③。美国媒体认为法国是小题大做，有意夸大事实，在欧洲人中间掀起反对美国公司对互联网控制的情绪。其实，谷歌试图将图书数字化的做法并非完全与欧洲国家的利益相悖，作为一个商业公司，谷歌大概是从商业利益的角度来确定其运营的，很难说有夹杂着政治和文化的目的。对此让纳内也承认这一点。2005年3月底，让纳内在接受《经济学家》记者采访时公开宣布很喜欢谷歌数字化图书这一项目，只是不希望这个项目由美国公司来控制，因为这家商业公司是"美国制度的表达"，即"市场法

---

① 参见 Silvia Cobo Serrano, etc., "Reuse of Documental Heritage: Threat or Opportunity?" 13th IFLA Interlending and Document Supply Conference, Beijing, China, October 16 – 18, 2013, pp. 3 – 4. 全文在 http://ilds2013.calis.edu.cn/wp-content/uploads/2013/10/documental-heritage-Cobo-RamosArqueroValle.pdf 网址上获得。

② Stephen Castle, "Google Book Project Angers France," *Independence*, May 6, 2005. 全文可在 http://www.independent.co.uk/news/world/europe/google-book-project-angers-france-6146814.html 网址上获得。

③ Bogdan Kipling, "The French Have No Reason to Fear Google," *Ottawa Citizen*, April 15, 2005, A15. 转引自 Katzenstein and Keohane, eds., *Anti-Americanisms in World Politics*, p. 135.

则便是国王"①。根据《纽约时报》记者艾伦·赖丁4月9日从巴黎发回的报道称,让纳内说他"不是反美人士,完全不是。然而,我并不希望一切东西都以一面美国的镜子来映照。当数字化的图书出现在互联网上时,我们想要以我们自己的标准来做出我们的选择"②。让纳内毕竟是个学者,他的观点在法国学界很有代表性,他们不反对图书或档案数字化,只是希望人们在网上查阅到的文献多元化,而不只是英文"独占鳌头"。在法国等欧洲国家的压力之下,也是为了缓和这些国家的担忧,谷歌高层宣布,谷歌出版的页面排版将根据公众需求所确定,而不是取决于政治、文化或金钱等变量。一位发言人宣称,谷歌"从来不打算只扫描英文图书。谷歌用户也希望找到非英语的文献,然而逻辑是,我们将以英文图书开始这一扫描项目。我们毕竟是一家美国公司"③。谷歌的这种态度或许会缓和欧洲国家的担忧,但并不会消除他们对美国的戒备心理,随后欧洲国家联合起来在互联网上发展自己的搜索引擎很大程度上还是要摆脱受制于美国几大互联网搜索公司。从这个意义上讲,法国这场与谷歌的争执促进了欧洲国家对互联网资源的诉求,对法国来说,这场所谓的"文化战"从根本上讲反映了其对美国的"不信任"感,同时也表明了在全球化日益加剧的局面下法国人对如何维护本国文化或欧洲文化不遭到"强势"之美国文化"腐蚀"的思考。

2009年克里斯蒂安·菲希在荷兰哥本哈根商学院获得博士学位,他的博士论文是关于法美文化关系的,比较详尽地探讨了法国反美主义的根源。在菲希看来,在后冷战时代,法国知识分子、艺术家、从业者和政界人士联合起来"拒绝大众文化共和国"(the Republic of Mass Culture),在法国这种拒绝是一个传统,实质上围绕着三个方面来展开:第一方面是文化本身,常常使之转变为对源于美国的文化产品之本质的拒绝,对这些文化产品的拒绝很大程度上追随着法国一个多世纪期间明确表达的相同话语,即把美

---

① "Google à la française: The Latest French v English Battle," *The Economist*, March 31, 2005. 全文可在http://www.economist.com/node/3819169/print? Story_ ID = 3819169 网址上获得。

② Alan Riding, "France Detects A Cultural Threat in Google," *The New York Times*, April 11, 2005. 全文可在http://www.freerepublic.com/focus/f-news/1381278/posts 网址上获得。

③ Meunier, "The Distinctiveness of French Anti-Americanism," in Katzenstein and Keohane, eds., *Anti-Americanisms in World Politics*, p. 136.

国描述为在文化上枯燥乏味，缺乏艺术创新。第二个方面与美国文化的全球传播密切联系在一起，这种状况似乎证实了对法国文化日益美国化的担忧正在成为现实，由此提出了美国为"新文化帝国主义的妖魔"。第三个方面集中在国家认同问题上，主要表现为使法语免遭英语的侵蚀。对任何侵蚀法语在国外影响的抵制成为法国对外政策的一个重要特征。这样，对美国文化的拒绝显然是要消除美国"语言霸权"的威胁。① 菲希在论文中举出了大量的事例来说明法国人对美国文化的拒绝。美国的"语言霸权"在后冷战时代越来越突出，这种状况显然与全球化和互联网迅速发展有着密切的联系。德国学者约瑟夫·约菲把英语作为美国"软实力"的优势，他悲叹道，"越来越少的学生想要学习法语或德语。美国口音的英语已经成为世界语言"②。有的学者甚至认为英语已经发展为"新的全球商业和新的全球文化的语言"③。美国学者彼得·伯杰把英语说成是"文化全球化"的柯因内语（希腊罗马时代东地中海等希腊语国家的共同语——引者注）。他借用克劳迪奥·贝利斯的话说，我们生活在一个"用英语制造的世界"④。英国著名学者约翰·萨瑟兰 2002 年 3 月 10 日在英国《独立报》上发表了一篇关于语言消失的文章，表明了对英语在全球居于主导地位的深刻忧虑：

> 我们经历的语言大毁灭之根本原因已毫无秘密可言。你在世界上任何地方度假，你乘坐的航班飞行员将用英语与地面控制交流，就如你听到用英国播放的安全须知一样，无论你在哪个国家的机场，标志是用世界上最常用的二十种语言之一书写，最有可能就是英语。你将看到可口可乐商标。音乐电视在屏幕上播放。当你随着人流到行李提取处时，耳边回响着英美的抒情歌曲。在酒店，值班人员讲贵国的语言，

---

① Fich, *Two Nations Divided by Common Values: French National Habitus and the Rejection of American Power*, pp. 333 – 334.

② Josef Joffe, "How America Does It," *Foreign Affairs*, Vol. 76, No. 5, September/October 1997, p. 24.

③ Charles Trueheart, "With Popularity Come Pitfalls," *The Washington Post*, October 27, 1998, p. A19.

④ Peter L. Berger, "Four Faces of Global Culture," *National Interest*, No. 49, Fall 1997, pp. 23 – 29. 全文可在 EBSCO 数据库中获得。

行李员可能亦是如此（他的小费取决于是否为通晓几国语言）。去网吧上网，让你得到最佳结果的键盘代码是你正在读到的语言，即英语，我们时代的通用语言……英语的传播是赤裸裸语言超级大国的产物。……过去我们夺取他们的原料，现在我们入侵他们的思想，改变了他们思维所依靠的主要工具，即他们的语言。[1]

美国掌握的英语"语言霸权"大大加快了美国文化在全球范围内的传播，确立了美国人在国际话语上很难撼动的主导权。现在世界每年要举办数千次国际学术讨论会，除了要求特殊语言的个别会议外，绝大多数会议都毫无例外地把英语作为会议语言。对把英语作为母语的美国学者来说，那些尤其是人文社会科学的国际会议为他们传播美国的文化观念提供了场所，语言的优势使他们扮演了会议发言与讨论的主角。这种"话语霸权"不只体现在国际会议上，而且在人们的日常生活中也随处可见，如在很多非英语国家，本国生产的商品即使在国内销售，标上英文的说明已经是司空见惯，当地语言和英语两种语言并行的广告布满大街小巷。英语是互联网的主要语言，每天携带着关于美国的大量信息在全球漫游，只要属于网民，就很难不受用英文发布的信息（有的信息被翻译成当地语言）的影响。至于来自美国的英文书刊，除了研究机构和大学图书馆之外，在很多并非研究者的眼中并不十分陌生。有些学者把英语说成是"全球化的工具"或者是把美国文化观念强加给全世界的"媒介"，这种说法并非完全是夸张之谈。汤姆林森是研究文化的知名专家，在他看来，全球化趋势下的"语言霸权不可避免地导致范围更广的文化帝国主义问题，一种全球文化是易于成为霸权文化的一种方式或另一种方式"[2]。乔治敦大学国际关系学教授罗伯特·利伯认为，英语现在为共同国际语言，在此基础上的"英语日益全球化，不仅构成了文化问题，而且为美国和其他讲英语的国家提供了固有

---

[1] John Sutherland, "Linguicide: the Death of Language," *The Independent on Sunday*, March 10, 2002, p. 1. 转引自 Sardar and Davies, *Why Do People Hate America?* pp. 126 – 127.

[2] John Tomlinson, *Globalization and Culture*, Cambridge: Polity Press, 1999, p. 79.

的优势"①。汤姆林森和利伯皆为讲英语的学者,他们显然不大赞成英语"独霸天下",那样会导致形成"语言文化帝国",致使国家之间的文化冲突加剧。作为英美学者,他们的观点尚且如此,至于非英语世界的学者和政治家,对美国的"语言霸权"恐怕会有更为切身的体会。

语言既是文化的载体,又是文化的核心,马里耶—弗朗斯·图瓦内把语言称为是"认同和文化的本质"②。英语的"全球化"虽然并不意味着其他国家语言的衰落或消失,但却会导致美国文化在全世界范围内的传播速度加快,自然会引起欧洲精英人士的不安,他们抨击美国的"语言霸权"说到底还是一个文化问题,目的在于抵制美国文化的传播和维护民众对本国文化的认同。法国文化精英们一直把法语看作最高贵的语言,是"文明的外貌,一直得到法兰西科学院的极力维护,但现在法语正到处让位于英美表述"③。法国知名学者米歇尔·塞尔告诫其国人,法国人对美国习语的喜好和采用会导致法语及由法语形成和培育的思想无可挽回的丧失,他对将来后辈还会用法语唱《月光》(Au clair de la lune)以及用法语学会本国的传统感到忧心忡忡。在他看来,在美国英语的冲击下,"我们已经失去了我们的科学语言,我们现在正处于失去我们商业语言与我们的歌曲的过程中。如果我们不在乎,我们将很快失去我们的哲学语言,甚至失去我们培养孩子的语言。我今年60岁了,当我看到巴黎的墙上涂满美国的语言,我就想要提出抗议"④。德国前总理施密特对英语"铺天盖地"感到忧心忡忡,他提醒国人民族语言的存在对民族文化特性延续的重要意义,呼吁人们把保护民族语言的完整性当作"生死攸关"的大事。英语的"全球化"尽管是一个很难阻止的趋势,给美国传播其文化观念带来莫大的便利,同时却会造成法国等欧洲国家文化认同的弱化,甚至会削弱地方语言把一个民族紧紧维系在一起的凝聚力。对欧洲文化精英来说,这种状况真是有点

---

① Robert J. Lieber, *The American Era: Power and Strategy for the 21th Century*, New York: Cambridge University Press, 2005, p. 103.

② Toinet, "French Pique and Piques Françaises," *The ANNALS of the American Academy of Political and Social Science*, Vol. 497, No. 1, May 1988, p. 141.

③ Gooding, "Our French Connection," *A Cross the Board*, September 1993, p. 54.

④ 转引自 Forman, "Corporate Image and the Establishment of Euro Disney: Mickey Mouse and the French Press," *Technical Communication Quarterly*, Vol. 7, No. 3, Summer 1998, pp. 248 – 249.

"是可忍孰不可忍"的味道，他们扬起了维护民族语言的大旗，其本身的意义研究远远超出了仅是针对语言本身，而是表明了对美国文化价值观全球传播的抵制。

在欧洲国家中，法国是反美主义的"大本营"，比任何其他欧洲国家抵制美国文化传播更为激烈，这与法国人对自己文化抱有一种自豪的优越感有很大的关系。查尔斯·科根曾在美国中央情报局服务37年，与法国很多高官打过交道，后来到哈佛大学专门研究法国问题，出版了几本关于法国的专著，在学术界产生了很大的影响。他在2003年出版的一本关于法国谈判行为的专著中对法国人在外交上表现出的特性进行了翔实的描述，读后有耳目一新之感。他认为与法国官员打交道感到很棘手，有时让人实在是难以忍受。他们的谈判特征为"致力于逻辑推理和巧辩，绝对地考虑维护法国的主张，而不管是否能够达成协定，表现出一种咄咄逼人且常常傲慢的民族主义，通常热情地坚持法国的'普遍'使命，抱怨盎格鲁—撒克逊人，尤其美国的权力与影响，打算利用媒介传递尖锐的批评"[1]。法国人坚持他们具有一种"普世"使命乃是其文化使然，这自然与宣称对世界有同样使命的美国人发生了观念上的冲突。图瓦内认为，法国和美国"各自的普世价值观暗含着两国之间存在着竞争和缺乏理解，因为每个国家都认为自己的价值观更优越，更普世，值得输出或强加给世界其他地区"[2]。法国的普世价值观受到美国大众文化风靡全球的挑战，法国文化认同面临着岌岌可危之状，法国社会无可遏止地向着美国社会趋同，文化的特殊性逐渐被文化的普遍性所取而代之，法国精英们长期坚持法国为其他国家提供了发展"模式"的设想在所谓"美国化"面前最终成为"纸上谈兵"，基本上没有变为现实的可能性，反而他们一直抵制的美国"模式"却展现出了"普世性"的趋势。这样一种状况自然会造成法国文化精英们对美国的强烈抱怨，致使两国之间的关系从美国立国以来就蒙上了深深的阴影，这道阴影始终难以消除。用德裔法国学者阿尔弗雷德·格罗塞的话来说，"最激烈

---

[1] Charles Cogan, *French Negotiating Behavior: Dealing with la Grande Nation*, Washington, DC: United States Institute of Peace Press, 2003, pp. 17 – 18.

[2] Toinet, "French Pique and Piques Françaises," *The ANNALS of the American Academy of Political and Social Science*, Vol. 497, No. 1, May 1988, p. 141.

的跨大西洋对抗过去是，现在依然是在法国人和美国人之间"①。格罗塞是研究欧洲文化认同的著名学者，他得出这样的结论显然还是主要基于两国之间的文化冲突之上。

其实，法国的情况并不特殊，在全球化不断加剧的局面下，美国大众文化的触角伸向全球每一个角落，欧洲其他国家自然难以幸免。美国《民族》周刊驻匈牙利记者通过观察得出结论，"匈牙利人、捷克斯洛伐克人和保加利亚人试图购买属于美国的每样东西，我意思是说一切东西"②。这是冷战结束之初的情况，随着美国文化产品的大量涌入，既给这些在意识形态上长期与美国对立的国家带来了一股清新之气，也让它们踏入了所谓"美国化"的不归之路。《坎比奥十六》（*Cambio 16*）是西班牙最著名的周刊，在1996年7月刊文宣称，美国的"时尚和生活方式已经入侵了我们的社会"，范围从食品和时尚到电影以及"很难听懂的说唱音乐"。该文警告说，这些来自美国的产品外表很有诱惑性，致使"西班牙人很难对之抵制"③。在此过程中，维护民族文化认同与当地生活方式的呼声日渐上升。抵制美国大众文化的传播主要是欧洲文化精英们所为，效果不见得很好，但却反映了他们决心维护本国文化传统与生活方式的心态。用英国学者罗伯特·辛格的话来说，欧洲精英们对美国化的"担忧似乎表明了当地认同的脆弱和一盘散沙，这与他们宣称的伟大是不符的。如果一个悠久的文化不能抵制汉堡、蓝草音乐和牛仔裤的入侵，那么其凝聚力程度之低可能是其维护者都没有想到的"④。当然欧洲国家的文化认同尚没有脆弱到"一盘散沙"之地步，只不过是遇到了美国文化更为猛烈的冲击，自然导致这些国家对美国抵制也更为猛烈。在这方面，德国就是一个明显的例子。

德国从第二次世界大战之后就是美国大众文化"泛滥"的"重灾区"，冷战结束之后美国文化的"渗透"更为严重。《纽约时报》驻欧洲记者埃德蒙·安德鲁斯在德国观察到后冷战时代的局面与冷战时期的确是"大为

---

① 转引自 Cogan, *French Negotiating Behcvior: Dealing with la Grande Nation*, pp. 4 – 5.
② Miklós Vámos, "Hungary for American Pop," *The Nation*, March 25, 1991, p. 375.
③ Ellwood, "The American Challenge Renewed: U. S. Cultural Power and Europes' Identity Debates," *The Brown Journal of World Affairs*, Vol. 4, No. 1, Winter/Spring 1997, p. 273.
④ Singh, "Are We All Americans Now?: Explaining Anti-Americanisms," in O'Connor and Griffiths, eds., *The Rise of Anti-Americanism*, p. 41.

不同"了，原因在于"美国大众文化比历史上任何时期在世界范围内都更为普遍，可能没有一个地方比德国更为无处不在了。美国作者和书名在德国畅销书排行榜上独占鳌头。翻译成当地语言的美国电影与电视赢得了世界各地的无数观众。美国在线与贝塔斯曼出版公司合资经营，成为欧洲在线计算机服务的最大供应商"[1]。1995 年，德国很有名的新闻记者罗尔夫·温特出版了《缩小的美国：德国共和国的美国化》（Little America. Die Amerikanisierung der deutschen Republik）一书。作者在书中描述了美国文化对德国人生活中产生的影响，声称"在美国化的道路上，德国已经到了只能前进不能后退之地步"。德国人"正在到处再次发现自己，发现他们成了美国人"[2]。作为一个德国人，温特肯定不会赞成"美国化"，但对美国文化在德国无处不在却表现出了无可奈何，德国正在无可挽回地成为美国社会的"缩影"。温特的描述或许有些"危言耸听"，但绝不是置基本事实于不顾，而是反映出了在美国文化冲击之下德国人生活方式的巨大变化。

每一个国家都面临着需要解决的社会问题，一些问题产生于内部的转型，一些问题的出现显然是受外部的影响。德国也不例外，政府同样面对着需要解决的社会问题。2009 年 3 月 11 日，德国斯图加特市附近一所中学发生了一起恶性校园枪击案，造成包括枪手在内的 16 人死亡。这是德国历史上伤亡人数较多的枪击案之一。德国总理安格拉·默克尔对这一事件表示震惊。她悲愤地宣告，11 日是全德国的"哀悼日"，校园枪击案是"令人惊骇的罪行"。德国总统霍斯特·克勒夫妇也对这起恶性校园枪击案感到"震惊和悲痛"。欧盟委员会主席若泽·巴罗佐当天也发表声明，对这一事件表示"震惊和悲痛"。这起枪击案发生之后，德国媒体即刻把这一事件与美国联系起来。德国新闻记者或政治家不敢妄自下这种判断，他们刊发的文章只是引用了普通德国人的看法，普通德国人"对这次恐怖的第一反应是即刻想起了美国"。在网上相关论坛中，这一事件被广泛讨论，许多评论

---

[1] Edmund L. Andrews, "American Pop Culture, Foreign-Owned," *New York Times*, May 29, 1998, p. WK16.

[2] Ermarth, "German Unification as Self-Inflicted Americanization: Critical Views on the Course of Contemporary German Development," in Wagnleitner and May, eds., *"Here, There, and Everywhere": the Foreign Politics of American Popular Culture*, pp. 251–252.

除了把这一枪击案考虑为"典型的美国现象"之外,还把这一校园枪击事件说成是所谓德国社会"美国化"的表现,这样其发生的原因不是德国社会固有的问题所致,而只是有害的外国进口文化造成的不良后果。因此,在这种背景下的"美国化"涉及德国价值观、标准和传统的所谓丧失以及德国社会内部的离异过程。用一位名叫沃尔夫斯拉迪的德国人的话来说,温嫩登暴行"再次表明了我们社会的美国化正在推进到一场大灾难"①。温嫩登枪击案只是个偶发事件,将之断定为"美国化"现象未免有些牵强,不过也从一个角度反映出德国人对冷战后德国社会"美国化"加剧的不满。

在后冷战时代,美国文化在德国的广为传播引起了很多精英们的不安,他们主要担心在美国文化的冲击下德国文化认同的弱化或丧失。用英国卡地夫大学德国问题专家赫里特—扬·贝伦德斯的话来说,对德国民族文化认同丧失的担忧加强了德国一些人对"文化优越感的呼吁"。他把这些德国人对美国的抱怨与反全球化运动中形成的"思想和概念密切联系在一起"②。1993 年,德国安全事务专家阿尔弗雷德·梅希特谢默尔出版了一本书名为《和平缔造者德国:新爱匡主义的恳求》(*Friedensmacht Deutschland: Pladoyer fur einen neuen Patriotismus*) 的著作,提出全球的"非美国化"是德国承担的一种世界性使命,也是解决人类面临的诸多问题的"良药妙方"③。梅希特谢默尔富有激情感,把反美主义提到了对与世界为敌的美国"邪恶"抵制的高度,这种观点尽管不会成为德国学界的主流,但也不是"曲高和寡",诸如卡尔海茵茨·魏斯曼、库特·图蒂卡、弗兰克·希尔马赫、埃尔弗里德·米勒、维姆·温德斯、海内尔·米勒以及汉斯—容根·西贝尔贝格等人对德国行进在"美国化"的道路上提出了强烈的抨击,提倡发动一场"非美国化"运动,以保证德国新的文化认同适应后现代和后冷战形势的变化。他们批评"美国化"的角度显然是不同的,开出的解

---

① Hatlapa and Markovits, "Obamamania and Anti-Americanism as Complementary Concepts in Contemporary German Discourse," *German Politics and Society*, Vol. 28, No. 1, Spring 2010, p. 81.

② Berendse, "German Anti-Americanism in Context," *Journal of European Studies*, Vol. 33, No. 3-4, December 2003, p. 335.

③ 转引自 Ermarth, "German Unification as Self-Inflicted Americanization: Critical Views on the Course of Contemporary German Development," in Wagnleitner and May, eds., "*Here, There, and Everywhere*": *the Foreign Politics of American Popular Culture*, pp. 258-259.

决问题之"药方"也区别很大,但目的都是保证德国文化或国家认同不受到"美国主义"的"侵犯",能够在已经变化或正在变化的新的局势下发挥把德国民族凝聚在一起的作用。在他们的眼中,美国的大众文化只能导致德国人理解的"文化"遭到贬损。德国记者安德利安·克雷耶 2005 年 8 月 2 日在德国《南德日报》(Suddeutsche Zeitung)发表了一篇文章,指责美国在文化领域不可能无所作为。即使"美国大众文化依然在世界上享有相当大的吸引力,但却表现出与日俱增的内在危险,即随着这种文化肆虐这个星球,其流行将导致必然日益上升的厌恶与抵制的反冲"[1]。美国大众文化在德国风行加剧了德国人的不满,美国的形象由此受到扭曲。2003 年,德国进行了一次民意测验,30 岁以下的三分之一德国人认为美国政府为 9·11 恐怖主义者袭击纽约和华盛顿提供资金,大约 20% 的德国人同意这种看法。[2] 欧洲很多文化精英认为美国政府导演了这出令世界震惊的"大戏",这种看法显然与事实不符,充其量只是他们发泄对美国不满的愤怒情绪。一些德国左翼文化精英公开表明了他们的反美主义。德国著名的戏剧导演派尔·察德克公开宣称自己是反美的。他把美国与希特勒的纳粹相提并论,声称"纳粹打算征服欧洲,而美国人却想要征服整个世界"。察德克把纳粹界定为一个政治集团,声称美国人比纳粹更是有过之而无不及。2004 年 2 月 15 日,德国举行了反对美国攻打伊拉克的示威游行,示威者打出了"美国等于第三帝国"和"布什和沙龙等于希特勒"的口号。德国议会议长沃尔夫冈·得尔瑟要求政府采取政治措施,以便"能够使德国和欧洲文化成功地抵制美国文化帝国主义的无所不能"[3]。美国在国际社会奉行的单边主义外交政策让德国人难以容忍,他们把美国比作纳粹反映出美国在一些德国人心目中的形象已经下降到何等地步,也足以说明了他们在后冷战时代反美主义情绪有多么激烈。

全球化带来美国经济生产和管理方式以及理念在欧洲国家的广为传播。

---

[1] 转引自 Markovits, *Uncouth Nation: Why Europe Dislikes America*, p. 144.

[2] Markovits, "The Anti-Americanism Mindset," in O'Connor, ed., *Anti-Americanism: History, Causes, and Themes*, Vol. 1, p. 40.

[3] 以上引言见 Markovits and Rensmann, "Anti-Americanism in Germany," in O'Connor, ed., *Anti-Americanism: History, Causes, and Themes*, Vol. 3, pp. 177 - 178.

美国的生产和管理方式自20世纪以来就对欧洲企业和公司如何经营产生了很大的影响，这种基本上在"丛林法则"主导下的竞争机制无疑能够带来生产效率，提高企业完全在市场指导下的生存与发展能力，但同时却忽视了对弱者的社会关怀，造成贫富悬殊加大，社会矛盾迭起。欧洲左右翼精英们对美国式的"资本主义"批评之声在历史上一直不绝于耳，到了后冷战时代随着美国"资本主义"模式在全球的"泛滥"，这种批评就更为激烈了，他们实际上把对美国经济发展模式的批评与反全球化有机地联系在一起。正如卡根所言，法国对美国自由放任资本主义的传统反对，现在已变形为对全球化的抵制，全球化被视为一种"盎格鲁—撒克逊"的剥削现象，视为"最极端形式的资本主义。这种抵制并不局限于左派，而且体现在法国右翼的身上"[①]。这种完全以市场为导向的资本主义反映出美国社会的基本特性，弱肉强食，适者生存，导致生活在这个社会上的人丝毫不关心人类面对的共同问题，只是想着一己私利，把赚钱与享乐作为他们生活的唯一目的。因此，美国只能成为"一个自私的个人主义社会，致力于商业、利润和对这个星球的掠夺。美国对自己的贫穷和弊端漠然置之，犹如其对人类其他国家之人冷漠一样"[②]。欧洲国家不时地发生反全球化的活动，矛头直接对准美国在欧洲的跨国公司，不认同美国公司的经济运行方式显然是其中的一个很重要的原因。美国记者苏珊娜·戴利2000年4月9日在《西雅图时报》发表了一篇文章，题目为《美国人在欧洲的眼里变得越来越丑陋》。戴利在文中谈到，一些美国人认为，欧洲反美情绪上升的一个原因是，全球化意味着美国人在国外以不适宜欧洲人的方式大做生意。[③] 戴利发表这篇文章时正派驻巴黎，她自然耳闻目睹了欧洲国家对美国态度的变化，致使她在文章中借一些美国人之口道出了欧洲人对美国不满情绪日益上升的原因之一，即美国企业和公司做生意的方式与欧洲的相关传统理念发生了抵触或冲突。实际上，这正是很多欧洲精英们所持有的基本看法。

---

① Cogan, *French Negotiating Behavior: Dealing with la Grande Nation*, p. 38.
② Judt, "A New Master Narrative? Reflections on Contemporary Anti-Americanism," in Judt and Lacorne, eds., *With Us or Against Us: Studies in Global Anti-Americanism*, p. 22.
③ Daley, "In Europes' Eyes, Americans Become Uglier And Uglier" *Seattle Times*, April 9, 2000. 全文可在 http://www.commondreams.org/views/040900-106.htm 网址上获得。

在这方面,欧洲一些学者在比较中对美国的经济模式提出了批评。雅各布·海尔布恩是美国著名记者,据他观察,法国人否认"美国人猛烈抨击福利国家和赞成残酷资本主义的做法。像许多欧洲人一样,法国人把美国式的民主视为事实上的野蛮民主。欧洲人想要工作,但他们也想要慷慨的健康保险、日托、失业保险和收入的重新分配"①。这段话说明了欧洲人更关注社会福利和舒适的生活,而美国的经济模式恰恰忽视了这些,海尔布恩将之理解为这种区别导致了反美主义在欧洲的加剧。德国学者拉尔夫·达伦多夫认为,对大西洋两边发展的比较有着很长的历史。欧洲的文化对美国的商业,欧洲的深奥精美对美国的物质主义,这些都是令人厌烦的古老话题。大多数欧洲人今天依然还使用这种难以捉摸的语言来观察美欧社会。他们不赞成"美国的自由资本主义",通过保持住"欧洲的社会市场经济来抵制美国"②。长期在意大利一家公司任高管的保罗·孔诺尼对大西洋两岸经济发展模式的不同有着切身体会,在他看来:

> 美国和欧洲经济模式在国家层面上和欧盟层面上存在着巨大的差异,国家干预经济的程度在欧洲比在美国要高。在欧洲,一些经济部门由国有公司控制,在美国,政府干预只是基于管理之上。关于反托拉斯举措,在美国,政府把注意力集中于对消费者的影响;在欧洲,各国政府和欧盟委员会则要顾及生产商和供应商的利益,还要考虑消费者的利益。③

孔诺尼没有对美国经济模式提出尖锐批评,只是简要评析了美国和欧

---

① Jacob Heilbrunn, "For France—and Europe—Its' About Anti-Americanism," *Los Angeles Times*, June 15, 1997, p. M-1.

② Ralf Dahrendorf, "Anti-Americanism and Europes' Identity," *Korea Herald*, February 15, 2003. 全文可在 http://www.project-syndicate.org/commentary/anti-americanism-and-europe-s-identity 网址上获得。

③ Paolo Zannoni, "Differences Between American and European Economic Models," in The National Committee on American Foreign Policy, Roundtable on Anti-Americanism in Europe: Summary and Policy Recommendations, May 10, 2004, p. 12. 全文可在 http://www.ncafp.org/articles/04%20Roundtable%20on%20Anti-Americanism%20in%20Europe%203_04.pdf 网址上获得。

洲两种经济发展模式之间存在的不同，但他是在讨论欧洲反美主义圆桌会议上说这番话的，其用意不言自明。德国一些学者提出了"德国模式"，用"莱茵资本主义"取代美国的"赌场资本主义"，维南德·冯·彼得斯德夫2009年3月29日在《法兰克福周日新闻》（*Frankfurter Allgemeine Sonntagszeitung*）上刊文指出，大多数德国人与德国财政部长佩尔·施泰因布吕克一样"憎恶野蛮的华尔街资本主义。他们很长时间以来一直对之抱有怀疑。早年的时候，确定无疑的是，德国的局面更为安逸舒适。在那个时候，莱茵资本主义很普遍。……然而，随着梦想破灭，这种多少僵化的低收益率的德国模式被美国化"[①]。"莱茵资本主义"是法国经济学家米歇尔·阿尔贝尔提出来的，主要是针对"盎格鲁—撒克逊"的经济模式。阿尔贝尔曾任法国保险公司总裁，既有深厚的理论素养，又有丰富的经济活动之实践经验。1993年阿尔贝尔出版了书名为《资本主义反对资本主义》的著作，副标题为《美国沉迷于个人成就和短期利润如何导致其到了崩溃的边缘》。这本书的问世让阿尔贝尔在欧美学术界名气大振，产生了很大的影响。阿尔贝尔将莱茵流域的西欧国家奉行的市场经济模式称为"莱茵模式"，这些国家以德国为主，还包括瑞士、挪威、瑞典、荷兰以及丹麦等国家。他把与"莱茵模式"相对立的"盎格鲁—撒克逊模式"称为"新美国模式"，两种模式的区别在于，后者是"基于个人成功和短期金融所得之上"，而前者则"强调集体成功、一致性和关注长期利益"[②]。"莱茵模式"是否一定像阿尔贝尔讲的那样比"新美国模式"存在着优势，学术界也没有定论，尚在讨论之中，但这种发展模式提出于冷战结束之后，其意义显然在于欧洲人对美国发展模式的批评有了进一步深入的理论思考。

全球化至今依然方兴未艾，整个世界越来越成为一个联系密切的整体，不同文化的接触越来越频繁，相互影响也越来越明显，但很少有像美国大众文化那样对各个国家生活方式的改变产生如此之大的影响。美国文化在

---

① Hatlapa and Markovits, "Obamamania and Anti-Americanism as Complementary Concept in Contemporary German Discourse," *German Politics and Society*, Vol. 28, No. 94, Spring 2010, p. 80.

② Michel Albert, *Capitalism Vs. Capitalism: How Americas' Achievement and Short-term Profit Has Led It to the Brink of Collapse*, translated by Paul Haviland, New York: Four Wall Eight Windows, 1993, p. 18. 关于"莱茵资本主义"的特征与未来参见 Michel Albert and Rauf Gonenc, "The Future of Rhenish Capitalism," *The Political Quarterly*, Vol. 67, No. 3, July 1996, pp. 184 – 193。

不同文化的交流中居于主导支配地位在未来很长时间内恐怕也难以改观，但却激发了其他国家对美国的抱怨与不满，会在抵制美国文化传播中来维护本国国家的文化认同。欧洲国家具有反美主义的传统，尤其是那些在欧洲联合中起着主导作用的大国，更是试图从抵制美国文化传播以及树立美国"他者"形象过程中强化欧洲内部的凝聚力，维护本国或本地区的文化认同。这是很多欧洲精英的愿望，既体现了历史传统的延续，又有现实的需要。这种历史传统和现实需要决定了反美主义不会在欧洲有所弱化或消失，反而会随着欧洲联合的深化而不断加强，成为影响大西洋两岸关系的一个非常重要的因素。

结　　语

　　与世界上任何其他国家的发展相比，美国的发展模式具有很大的不同，尤其表现在经济发展上，美国在历史上尽管不时地发生经济危机，但经济发展基本上一直处于上升的状态，在发展速度上更是引人瞩目，到了19世纪末美国跃升为占据了世界各国经济总量排名之首位，此后这一独占鳌头的位置不仅没有被其他国家取而代之，而且那些与美国经济总量接近的国家逐渐落在了美国的后面。从20世纪世界历史进程来看，美国从来没有把自己局限在主权所及的疆域内发展，要是这样的话，那就不是人们眼中的美国了。美国自认为是个"例外"国家，对世界发展承担了一种特殊的使命，这一使命也就是美国有责任或义务把世界从撒旦"邪恶"统治中拯救出来。美国著名作家赫尔曼·梅尔维尔在其1850年出版的一本书中对美国盎格鲁—撒克逊种族大加赞颂，把这个种族的伟大归结于上帝的英名。他对这个种族对世界承担的使命有一段著名的表述，即"我们美国人是特殊的上帝的选民，即我们时代的以色列人；我们驾驶着世界自由的方舟。70年前，我们逃脱了奴役状态，除了我们首要的与生俱来的权利之外——拥有地球上的一个大陆，上帝把统治异教徒居住的广大版图赋予我们在未来的继承……上帝已预先注定，人类也期望，伟大的成就来自我们的种族，我们感到了这些伟大的成就存在于我们的灵魂之中。其余国家必须很快步我们的后尘。……让我们永远不要忘记，几乎是在地球历史上第一次，由于我们的存在，国家的自私是没有穷尽的善行；因为如果我们不向世界乐善好施，我们就不能有益于美国"[1]。这段话反映了典型的美国白人自傲、自负和自大心理，已根深蒂固于美国文化之中，很多学者在这方面有着精辟的论述，外国人到美国本土访问时能够明显地感觉到这种拯救世界的意识普

---

[1] Herman Melville, *White-Jacket*; or, *The World in a Man-of-War*, New York: A. L. Burt Company Publishers, 1892, chapter 36, p. 144. 原书可在 http://www.archive.org/index.php 网站上获得。

遍存于美国白人之中，在政府领导人和精英人士的身上表现得更为强烈。拯救使命已被历史事实证明是一种"神话"，美国不可能为了实现这种"使命"而牺牲自己的国家利益，然而这种意识的存在却从另一个角度说明，美国从一开始就是把眼光瞄向全球的国家，即使美国在力量上远不能让其政治影响横越东西两大洋时，美国也没有对这种全球视野动摇过，一旦羽翼丰满，美国必然把整个世界作为它"驰骋纵横"的活动场所。

美国在历史上扮演的这种角色决定了其本身的存在具有了"国际性"的本质，这样，美国的发展自然与外部世界密切联系在一起，外部世界给美国提供了能够快速发展的丰富资源和巨大动力，而美国的发展模式继而又反作用于外部世界，让境外之人感受到美国影响的无处不在。美国对世界的影响既有正面的，也有负面的，在很多情况下，负面影响往往遮掩了正面影响。反美主义在全球范围内风起云涌便是这种负面影响带来的直接后果。除了美国之外，世界上还没有另外一个国家获得了以"主义"来抵制其影响的"称誉"。因此，反美主义属于国际社会之特有，其兴起很大程度上是由美国的"国际性"本质促动的，抵制自然是针对以美国为本源而输往世界的任何东西或美国在国际社会采取的霸权行为。这样，只要有美国影响存在的地方，必然会存在着强烈的反美情绪。美国有些学者批评国外反美主义的"非理性"，实际上忽视了在这种全球现象背后美国引发反美情绪的本源意义。欧洲反美主义具有本地区的特性，在根源上可以追溯到欧洲人的文化优越感，但美国的"国际性"本质显然促使了欧洲人把这种优越感转化为一套反美话语和实际抵制行为，让反美主义成为维护欧洲文明不受到"侵蚀"的常态表现。从这个意义上讲，美国是欧洲反美主义的"始作俑者"。

美国是一个全球性"帝国"，与世界历史上先后衰落或退出历史舞台的帝国在本质上没有多大区别，都表现出了征服世界的勃勃野心，美国与这些帝国的不同之处在于，美国在19世纪中期基本疆域确定之后很少在北美大陆之外攻城略地，建立完全受其控制的附属殖民地。美国主要是靠着商业优势和代表"现代性"的文化来构建其全球帝国大厦的，当然这种优势能够充分发挥出来终归还需要有强大的经济、政治和军事等"硬实力"来作为支撑。也正是由于进入20世纪之后美国的综合国力一直处于上升的态势，才致使美国构建其全球"帝国"大厦可以说是非常成功的。美国几乎没有海外殖民地，但其影响却遍及全球，物美价廉的商品充斥于各国市场，促使了当地民众的消费理念发生了很大的改变，给传统封闭的社会带来浓厚的"现代"气息。美国代表"现代性"的文化注定成为传统社会的"灾星"，美国文化就像波涛汹涌的洪流一样冲垮了民族国家抵挡国外不良影响的堤坝，在这些国家如入无人之境，横冲直撞，世代沿袭下来的传统生活方式在这种文化的冲击之下呈现出了土崩瓦解之势，人们的饮食习惯、穿衣打扮、言谈举止、思想意识和价值观念等离传统渐行渐远，而离符号意义上的美国却越来越近。这种倾向在对传统有着反叛心理的年轻人身上表现得最为明显，社会显现出了一些学者称之为的"可口可乐化"、"好莱坞化"、"迪士尼化"、"微软化"、"麦当劳化"和"星巴克化"的趋势。德国学者比斯霍夫认为这就是服务于经济扩张的"美国娱乐帝国"，这个全球化美国的"涡轮资本主义"（turbo-capitalism）在美国政府"强有力的支持之下，通过蛮横无理的营销技术，依赖着创造吸引力产品的优越且更为有效的资本输出，把美国产品带到世界市场，击败了当地竞争者，毁灭了当地的审美情趣"。比斯霍夫这里揭示出了美国大众文化的传播给这个无形之"帝国"带来难以用数字衡量的利益，同时却让当地传统生活方式面临着"灭顶之灾"。这是一种尤其是当地精英们不愿意看到的状况，孕育了当地人的反美情绪，他们不时地将这种情绪变为抵制美国的浪潮。用比斯霍夫的话来说，美国每件在全球销售成功的产品无不"重现了日益上升之反美主义的无止境循环"[1]。由此可见，反美主义与美国大众文化的输出密切联系在一起。

美国无形"帝国"在全球扩张的成功源源不断地把国外谋得的财富输入到了国内，让美国具有了无国可敌的综合国力。美国继而在强大实力的支撑之下，在国际社会发号施令，导致全球任何一个地方发生的重大事件无不留下了美国干预的深深痕迹。美国承担起"世界警察"的责任表面上看是想维护一个有序的国际社会，实际上目的是要国际社会的运行规则按

---

[1] Bischof, "The Sides of the Coin: the Americanization of Austria and Austrian Anti-Americanism," in Stephan, ed., *The Americanization of Europe: Culture, Diplomacy, and Anti-Americanism after 1945*, pp. 164 – 165.

照美国的意愿来确定，也就是一切由美国政府说了算。美国的这种霸权做法更激起了很多国家精英和民众的不满和抱怨，甚至美国的盟国也不愿意处在美国霸权的阴影笼罩之下。美国的消费文化"肆虐"全球无疑丰富了当地的生活，让人们在生活中有了多样化的选择，但却给当地传统生活方式的延续带来"不祥之兆"以及人们文化身份或认同的危机，美国的霸权行为更是令那些不听从美国"号令"的国家感到不安。这些国家的文化精英和政治精英为了维护本国或本地区的传统，发出了抵制美国文化渗透和经济扩张的呼吁，抗议美国在国际社会的霸权行为。从这个意义上讲，不同地区或不同国家的反美主义皆有着自身存在的合理性，目的还是在于消除美国带给这些地区或国家发展的负面影响，让世代沿袭下来的传统不至淹没于来自美国消费文化的滚滚洪流之中。在这方面，欧洲反美主义不仅不是个例外，而且有着更为强烈的表现。

在中文语境中，只要是带有"主义"后缀的词汇，多会包含着很浓厚的意识形态倾向，往往受到一种系统化理论的指导。欧洲反美主义只是针对美国的"话语"，尤其是体现了欧洲左右翼文人对美国的消极看法，当然也包括精英们的美国观对民众认识美国的影响以及衍生出来的抵制美国之各种行为。显而易见，欧洲反美主义并没有受一种系统化理论的指导，对美国的批评和抵制在西方文明构成的国家里也没有出现高度的一致，但同样有着意识形态的倾向，主要表现在对本地区的文明或文化具有强烈的偏好和优越感，这种偏好和优越感很容易导致以欧洲为中心来看待欧洲之外世界的社会与文化，往往对之抱有不屑一顾的态度。早期欧洲文化精英批评其他地区的社会与文化，其中一个主要目的是凸显欧洲文明或文化的优越。除了美国之外，欧洲没有出现以"主义"为后缀批评任何一个欧洲之外国家的专有词汇，这并不是说欧洲文化精英从根本上认同它们的文化，而是美国的出现注定要对欧洲中心主义提出挑战，美国的快速发展让欧洲人感受到了来自大洋彼岸的"现代"大锤将会敲响毁灭欧洲"传统"的钟声。他们的预感被历史事实所证明，美国大众文化伴随着海外经济的扩张潮水般地涌进欧洲。欧洲文化精英对美国文化传播之抵制是无可非议的，但受文化优越感的影响，在很多情况下他们对美国的抨击或批评并不是基于对美国社会和文化的了解之上，他们往往虚拟出一幅美国社会的图景，把一个富有活力的社会描绘为毫无文化精神生活气息,充满着追求极端物质享受的氛围,赚取钱财成为人们生活的唯一目的。翻阅历史上很多欧洲文人撰写的关于美国之论著或游记,我常常感到他们向读者传递的并不是一个真实的美国,有些描述是想象出来的,有些是美国社会的确存在的弊端,但却被无限放大,成为带有普遍性且难以解决的根本性问题。他们其实是带着一种比较的眼光来看待美国的,贬抑美国文明与高扬欧洲文明形成鲜明的对比,文明对野蛮、正义对邪恶、高雅对粗俗、教养对无礼、高贵对低贱、秩序对混乱、精雕细琢对粗制滥造、精神享受对纸醉金迷等体现在他们著述的字里行间,明显体现出一种文化的偏见。莱文的研究结论是,第一,"欧洲人对美国的描述从一开始就是虚妄的。这些描述是不准确的,常常是目的性很强"。第二,"欧洲思想家谴责美国技术化了这个世界,但技术决定论显然先于美国的建立"。第三,"欧洲思想家的美国观在本质上存在着根本的但不大明确的延续。一方面,印第安人被描述为是天真的、无辜的、单纯的和易受骗的;另一方面却被描述为粗野的、庸俗的、肤浅的、愚蠢的和缺乏精神性。这些实质上也是今天欧洲和世界谴责美国的标准"①。莱文这里显然有为美国辩护之意,但却表明了欧洲文化精英美国观的非真实性。其实,他们对美国的批评或抵制多少有点"醉翁之意不在酒"的味道,并不在乎对美国的描述是否为实,而是为了把贬抑美国作为凸显欧洲文化优越的一种衬托,美国成为他们加强身份认同或社会凝聚力的批判对象。

2002年,年近八旬的法兰西科学院院士让—弗朗索瓦·勒韦尔出版了名为《反美主义的痴迷》(*L'Obsession Anti-américaine*)的专著,提出了很多令人耳目一新的观点。面对着世界和欧洲此起彼伏的反美浪潮,勒韦尔试图解释为什么如此多的欧洲人尤其法国人把美国看作"邪恶帝国"之根源。作为一个具有反美传统的国家,法国长期以来发挥着欧洲反美主义观点的"某种实验室"的作用。如果听政治家的讲话,观看电视和电台采访,阅读报刊文章,人们就可以发现法国文人和政客为了培育对欧洲尤其法国地位

---

① Levine, "The Idea of America in the History of European Political Thought: 1492 to 9/11," in Craiutu & Isaac, eds., *America through European Eyes: British and French Reflections on the New World from the Eighteenth Century to the Present*, pp. 37 – 38.

丧失的不满如何扭曲美国最基本的现实。他由此试图解释欧洲特别法国仇视美国的根本原因,把这种反美主义看作超越了理性批评的界限。普通欧洲人并不恨美国,至少没有表现出绝大多数人对美国的反感。欧洲的反美主义很大程度上是一伙闲着没事干的人所创造,作者书名中的"痴迷"就是指他们而言。作为一个法国人,勒韦尔以法国人脑海中的美国形象来说明欧洲人对美国社会的了解是非常片面的和毫无事实根据的。首先,美国社会"完全受金钱支配。任何东西都是商品,毫无例外地被视为和用作商品。一个人只是靠着银行的存款来判断其具有的价值。每个总统都掉到石油公司、军事—工业综合体、农业游说集团和华尔街金融操纵者的口袋里。美国是一个无与伦比的'尔虞我诈之地',自由主义失去控制,资本主义'野蛮残忍',富者愈富,总是占人口中的极少数人,同时贫者愈贫,总是数量非常之多。贫穷是美国社会居于优势的现实"。此外,美国的另一个明显特征是"暴力横行"[①]。勒韦尔的观点一向标新立异,在法国和欧洲学术界不会居于主流地位,其言外之意是,所谓"痴迷"显然是偏见作祟的结果,一旦陷入这种"如醉如痴"的状态,自然会导致不能用客观的眼光来看待美国所展示的一切,致使他们对美国的看法蒙上了浓厚的意识形态色彩。从这个意义上讲,欧洲文化精英的反美主义"话语"存在着对美国的虚构或不切实际的内容,当这些内容传递给公众时往往会造成对美国社会和文化了解的误导,形成了他们脑海中很难消除的美国负面形象。因此,欧洲文化精英的反美观念或"话语"的广泛传播不利于当地民众了解一个真实的美国。

在很长时期内,美国这个国家对其他国家来说似乎是个"谜",欧洲国家与美国接触最为频繁,经济关系最为密切,但对欧洲人来说对美国并没有一个真正的了解。绝大多数普通欧洲人几乎没有机会或财力亲自到大西洋彼岸的美国考察,他们对美国所知只能靠着道听途说、媒体的相关报道以及文人们撰写的相关论著。这种状况自然导致了他们对美国不会有真正的了解。赫伊津哈由此得出了欧洲人"对美国知之甚微"的结论。[②]洛厄尔在1869年写道,"出于这种或那种原因,除了在讥讽的漫画中,欧洲人

---

① Revel, *Anti-Americanism*, pp. 77 - 78.
② Huizinga, *America: A Dutch Historian's Vision, from Afar and Near*, p. 3.

几乎不能看到美国"①。勒韦尔在他的书中写道,20世纪60年代他到美国考察后发现"欧洲人关于美国的说法都是虚假的,总之,我发现美国与当时欧洲普遍接受的通常描绘是完全相反的"②。勒韦尔之言未免有些绝对,基本上否定了欧洲文人对美国描述的真实性。其实,还是有一些欧洲文人写过比较客观的介绍美国的论著和游记,即使是那些批评美国的论著,也不是通篇虚构,还是用了一些基本事实作为铺垫,有些事为他们在美国考察时亲眼所见。这样,欧洲文人撰写的绝大多数关于美国的书籍,既充满想象中的虚构,又有在美国看到的事实,虚构与事实交织在一起,很难让读者看到他们的描述中何为虚何为实。这种描述的"双重性"反映了欧洲文化精英的美国观,他们毕竟属于有教养的文人,"泼妇骂街"的方式非他们之所为,把极尽污蔑之词加到了美国的身上,大概也需要基本事实作为注脚,哪怕是被夸大了的事实。换句话来说,他们对美国社会和文化的抨击或批评也要让读者看起来是"有理有据"。要是写成了把美国描述为一个邪恶之"地狱",是由"没有文化的野蛮人组成的极度物质主义的堕落土地"③的论著,那很难让读者相信这些描述为真,自然也就谈不上能够在社会上产生多大影响了。

欧洲文人对美国"虚虚实实"的描述终归还是要在社会上流传,对公众认识美国发生影响。对于欧洲普通公众来说,要说他们接受关于美国的信息完全是虚构的,大概也不是事实,但他们会把对美国的虚构与事实混淆在一起,在很多情况下更容易接受虚构的或负面的描述。文化优越感在欧洲人中间是非常普遍的,精英人士身上体现得更为强烈。即使欧洲人对本地区或本国文化的优越感在逐渐弱化,但偏好肯定是存在的,这是一种正常的文化本位主义心态。这种心态会导致普通人潜意识里存在着对其他国家社会和文化的偏见,对于看到那些我"优"他"劣"的描述,会产生

---

① Lowell, "On a Certain Condescension in Foreigners," *Atlantic Monthly*, Vol. XXIII, 1869, p. 89. 这篇文章后收入 Brander Matthews, ed., *The Oxford Book of American Essays*, chapter XIV, New York: Oxford University Press, 1914. 全文可从 http://www.bartleby.com/109/14.html 网址上获得。

② Revel, *Anti-Americanism*, pp. 4–5.

③ Bischof, "The Sides of the Coin: the Americanization of Austria and Austrian Anti-Americanism," in Stephan, ed., *The Americanization of Europe: Culture, Diplomacy, and Anti-Americanism after 1945*, p. 164.

一种心理上的满足感。正是在这种心态的作用下，欧洲文人对美国的负面描述对公众美国观的影响要比正面描述大得多。普通老百姓一方面在消费美国文化产品中获得了身心上的愉悦；另一方面却对美国并没有多大好感，其中一个原因显然是受到这些对美国负面描述的影响。在欧洲普通公众中，不乏对美国这片"自由"土地的向往者，但这并不意味着他们完全认同了美国，他们在根本上还是瞧不起缺乏历史底蕴的美国文化。即使他们移民到美国，给国内传递回的信息不见得皆为正面的。欧洲反美主义作为一种话语体系在历史上多为文化精英们所为，但当这种话语转化为抵制美国行为时，普通民众并没有完全置身度外，而是积极参与。只有民众广泛地参与，反美主义才会形成声势浩大的规模，也才会对政府决策产生一定的影响。而公众的反美情绪恰恰是他们根深蒂固的文化本位主义带来的结果之一，致使他们很容易接受对美国社会想象中的虚构信息，自觉地加入到抵制美国的行列中。

欧洲反美主义既是历史的产物，又是一种引人瞩目的历史现象，不仅伴随着美国作为一个主权国家一直持续至今，而且随着美国对欧洲发展产生重大影响变得日益强烈，几乎很少出现衰落之征兆。2009年4月3日，美国总统奥巴马在法国的斯特拉斯堡市发表讲话，其中谈道："欧洲存在一种反美主义，这种现象既是不定期的，而且也是有害的。欧洲人不承认美国人如此频繁地为世界做好事，而是相反，他们常常欲要谴责美国做了很多恶劣之事。在大西洋两岸，这些态度变得太正常不过了。他们是不明智的。他们不代表真理。他们扬言扩大大西洋两岸之间的分歧，让我们双方更为隔离。他们未能承认这个根本的事实，即美国不可能单独解决这个世纪的挑战，欧洲也不可能解决这些挑战。"[①] 奥巴马这番话显然是在为美国辩护，谴责欧洲反美主义不利于美国与欧洲发展正常的关系，但却表明了欧洲历史上沿袭下来的反美主义传统依然在当代美欧关系中依然发挥着重要作用，只不过这种作用显然不利于美国在欧洲正面形象的确立。因此，欧洲反美主义自然会引起欧美研究者或相关机构的重视。2002年11月，奥地利美国研究协会（Austrian Association for American Studies）举行了第29

[①] Remarks by President Obama at Strasboug Town Hall, April 3, 2009. 全文可在 http://www.whitehouse.gov/the_press_office/Remarks-by-President-Obama-at-Strasbourg-Town-Hall/网址上。

届年会，会议主题为"反美主义"，为该协会主席库特·奥尔贝特·迈尔所倡导和筹备，很遗憾迈尔于会议召开前突然去世。在筹备会议过程中，迈尔希望与会者能够通过以奥地利为例来探讨欧洲反美主义的演变，揭示这种在欧洲持续不衰之现象的根源。这次会议收到了学者们撰写的关于欧洲反美主义的论文，最后由会议组织结集出版。在这次会议召开前两个月，美国国务院邀请来自世界各地的著名学者参加在首都华盛顿举行为期两天的会议。按照国务院发言人理查德·鲍彻的解释，这次会议的目的是"探讨全世界反美主义的各种表现及其根源，它对美国意味着什么，美国怎么应对这一问题"①。如何能够有效地缓解全球的反美主义，这次会议大概也不会找出什么"良药妙方"，但却说明了"反美主义"已不是孤立地存在于某一国家或某一地区，而成为美国政府不得不面对的一个非常普遍的全球性问题。这次会议尽管是探讨全球反美主义的问题，但在此之前欧洲爆发的大规模反美浪潮自然引起了美国政府的关注。

欧美学者们把欧洲反美主义作为一个学术问题来研究，当然也希望能够找出这种现象之根源，为相关决策部门采取切实可行的政策以缓和这种情绪提供理论资源，现实性是非常明显。美国政府把反美主义作为一个困扰其与欧洲盟国关系问题来探讨，旨在消除这种令美国政府感到非常不安的现象，为什么美国遭到国外之人如此之恨？对美国政府来说，诸如拉登领导的国际恐怖主义组织等仇恨美国尚可以理解，用乔治·布什总统的话来说，国际恐怖主义"憎恨我们认为正义的东西，即一个民主选举的政府。他们的领导人是自己任命。他们憎恨我们的自由，即我们的宗教自由，我们的言论自由，我们的选举和集会以及相互意见不同的自由"②。包括美国盟国在内的很多国家同样抵制美国，这实在让在国际社会一向以代表"正义"自居的美国百思不得其解。美国政府很少从自身来寻找原因，总是一味地指责国外反美主义的非理性。实际上，美国在国外的所作所为是反美主义高涨的主要原因之一。美国在国际社会唯我独尊，奉行"顺我者昌逆

---

① Chafets, "Why They Hate U. S. : Land of the Free Seduces World's Sons and Daughters," *New York Daily News*, September 4, 2002.

② Address to a Joint Session of Congress and the American People by Bush, September 20, 2001. 全文可在 http://www.whitehouse.gov/news/releases/2001/09/20010920-8.html 网址上获得。

我者亡"的政策，以自己的标准来划分"善"与"恶"，美国大众文化以更猛烈的方式毁灭或弱化其他国家的传统生活方式，让这些国家出现了"更像美国"的趋势。传统的弱化或消失尽管为本国民众消费美国文化产品的结果，但绝大多数人并不愿意看到美国对他们国家发展产生如此大的影响。只要美国不改变这些做法，欧洲反美主义就不会消失，还会呈现出加剧的趋势。

欧洲反美主义不管有多少种表现形式，说到底还是一种文化现象，欧洲人很难认同粗俗低贱的美国文化是其产生的根源，这是历史上延续下来的一种传统，是那些对本地区文明具有优越感的精英人士弘扬欧洲文化卓越伟大的一种表现方式，同时也是一些欧洲政治家能够获得那些具有民族主义情绪之民众支持的一种手段。从这个意义上讲，欧洲反美主义在浓厚的意识形态下具有很大的实用性，美国在欧洲人脑海中变成一种符号或象征，对这种符号的拒绝有时与美国的行动之间并没有十分密切的关系，美国成为威胁欧洲传统存在的社会变革之象征。米夏尔·韦茨的研究表明，美国"本身与产生于欧洲大陆的抱怨和拒绝几乎没有多大关系。相反，美国屡屡用作变革的隐喻，用作理所当然的比较范例，通过这个例子，欧洲人解释了毫无历史先例的事件"①。这个先例应该就是象征着"现代性"的美国对欧洲之冲击。韦茨的观点显然包含着美国与欧洲在文明意义上的对立，彼方之兴必然意味着他方之衰，这里主要是指文化上而言的。正是在这样一种认识的主导下，很多欧洲人把美国视为与欧洲文明对立的独立文明。安德烈·西格弗里德认为美国对欧洲人的魅力"在于其异国情调。从表面上看，这个国家似乎是英国情调的；但在实际上，美国事实上是一个新大陆，与旧世界只有遥远的亲属关系"。他随后甚至怀疑两个大陆有一致之处。"准确讲，新大陆是另外一个世界"②。西格弗里德站在欧洲文明立场上把美国说成是另一种文明形态的观点在欧洲精英层中比较常见。20世纪初，德国著名哲学家格里奥格·西梅尔在一篇关于欧洲和美国的文章中

---

① Michael Werz, "Anti-Americanism and Ambivalence: Remarks on an Ideology in Historical Transformation," *Tolos*, No. 129, Fall-Winter 2004, p. 76.
② 详见 Strauss, *Menace in the West: the Rise of French Anti-Americanism in Modern Times*, p. 41.

指出："最终欧洲居住在一所房子，美国居住在另一所房子。"[1] 这样，他们贬抑美国文明，一方面欧洲文明可以置身度外；另一方面还可以凸显欧洲文明的优越。这样的看法可以说是一直延续下来，固存于很多欧洲人的脑海之中，让他们确信欧洲人和美国人在文化上或生活方式上的确存在着本质的区别。意大利当代哲学家吉尼亚·瓦蒂莫在《邮报》（*La Stampa*）上发表文章称，美国人和欧洲人"现在是不同的，将来依然是不同的"[2]。这种观点看起来是有点极端，也不会在欧洲学界获得一致同意，但却反映了欧洲上层社会的一种传统，在全球化浪潮的冲击之下，国家之间的交往日益频繁，继而会导致这种传统弱化，但很难消失。美国在很多欧洲人脑海中的负面形象并没有很大的改变，尤其是那些左右翼精英人士对美国文化的看法，与他们的父辈相比，其对美国激烈抨击程度可谓是有过之而无不及。这可以说是一种"偏见"或"成见"，但只要美国依然故我，这种"偏见"在动员民众抵制美国文化的"渗透"上就会发生重要的作用。

在欧洲的政治和文化生活中，反美主义往往不是以大规模抵制美国的运动出现，而是表现为对美国认识的一种常态现象。赛瑟尔在探讨反美主义哲学根源时指出，欧洲大量"志趣相投的知识分子，受到政治阶层很多成员的支持，在反美主义的基础上形成了他们的政治见解"[3]。赛瑟尔这里无非是想说明反美主义在欧洲具有超出这一术语基本含义的实际意义，美国扮演了欧洲政治家实现某种政治目的的"替罪羊"。马尔科维茨说得更明白，反美主义已经成为欧洲的通用语，可以追溯到无须将之与美国的行为联系在一起的偏见和本质。赛瑟尔批评了欧洲反美主义的"替罪羊"机制，但反美主义显然被视为在欧洲政治舞台上一种很难消失的现象。[4] 这种"替罪羊"观点的言外之意是，即使美国改变了引起欧洲人抱怨或不满的做法，欧洲反美主义还是一如既往，继续发挥着那些对美国抱有"偏见"之文人

---

[1] Austin Harrington, "Introduction to Georg Simmel's Essay 'Europe and America in World History'," *European Journal of Social Theory*, Vol. 8, No. 1, February 2005, p. 71.

[2] Gianni Riatta, "Europeans, Americans, and the Exception of France," in l Levy, Pensky, Torpey, eds., *Old Europe, New Europe, Core Europe: Transatlantic Relations after the Iraq War*, p. 64.

[3] Caeser, "The Philosophical Origins of Anti-Americanism in Europe," in Hollander, ed., *Understanding Anti-Americanism: Its Origins and Impact at Home and Abroad*, p. 45.

[4] Markovits, *Uncouth Nation: Why Europe Dislikes America*, pp. 11 – 37.

和政治家加强社会凝聚力的效用。欧洲反美主义是一种历史现象,其持续不衰,延续至今,美国固然是触发这种现象的主要因素,但欧洲很多精英人士不认同美国文化,在抵制美国上一直扮演着不可或缺的角色。意大利学者塞尔焦·法布里尼总结说,在激发欧洲人的反美态度上,根深蒂固的历史和文化因素扮演了重要的角色,当然全球化进程和美国扮演的国际角色同样有助于这些态度的出现。这些深刻的原因解释了为什么欧洲反美主义在第二次世界大战之后持续存在,也解释了为什么至少在短时期内美国外交政策的改变不足于消除这一现象。① 法布里尼这里实际上谈到了欧洲反美主义的前景。在有些欧洲学者看来,反美主义在欧洲人生活中源远流长,但却带来了不利于美欧关系发展的严重结果,多少有点"损人不利己"的味道。因此,他们著书撰文批评这种现象,在欧洲学界发出了一种异议的声音。保加利亚学者伊万·克拉斯特夫将这之称为"新欧洲的反反美主义"②。这些学者撰写的论著在学界产生了很大的影响,但毕竟还是少数者的声音,远不足于改变欧洲精英阶层对美国的主流看法。只要反美主义的根源还在,对美国社会和文化的负面描述就不可能从那些对欧洲文明具有优越感的文人或政治家的头脑中消失,反美主义依然是欧洲政治和文化生活中的一个引人瞩目的现象。法国学者德尼·拉科内通过研究得出结论,法国反美主义"前景光明。这种现象依赖着悠久的传统,拥有形形色色主要政治人物以及新利益集团的继续支持"③。罗杰那本研究法国反美主义历史的专著在国际学术界产生了很大影响,他在结论中预言"法国的反美运动还会出现高潮的日子",并对这种预言之可能变为现实进行了分析。④ 这两位学者所谈皆为法国的情况,法国反美主义有着悠久的历史,法国人的反美情绪丝毫没有衰落的迹象,但法国绝不是个案或特例,其他欧洲国家同样存在着类似的倾向。激发欧洲反美主义的内外因素不仅依然存在,而

---

① Markovits and Rensmann, "Anti-Americanism in Germany," in O'Connor, ed., *Anti-Americanism: History, Causes, and Themes*, Vol. 3, p. 180.

② Ivan Krastev, "The Anti-American Century," in Krastev and McPherson, eds., *The Anti-American Century*, p. 17.

③ Lacorne, "Anti-Americanism and Americanophobia: A French Perspective," in Judt and Lacorne, eds., *With Us or Against Us: Studies in Global Anti-Americanism*, p. 42.

④ Roger, *The American Enemy: A Story of French Anti-Americanism*, pp. 447-454.

且随着美国文化以更猛烈的形式向外传播，这种情绪还会呈现出加剧的趋势。美国在很多欧洲人的脑海中依旧保持着一种负面的形象，反美主义还会在欧洲这个古老的大陆延续下去，在美国被视为"文化他者"的基础上演绎出多种表现形式，继续在欧洲这个大舞台上扮演着很难有其他"主义"能够替代的重要角色。

主要参考文献

一 英文专著、译著和编著

1. Aalto, Sari and Saara Vihko, eds., *The Idea of Europe: Continuity and Change.* European Cultural Foundation Network Finland, 2008.

2. Aaron, Henry J., James M. Lindsay, and Pietro S. Nivola, eds., *Agenda for the Nation.* Brookings Institution Press, 2003.

3. Abramson, Albert. *The History of Television, 1942 to 2000.* Jefferson: McFarland & Company, Inc., Publishers, 2003.

4. Abravanel, Genevieve. *Americanizing Britain: The Rise of Modernism in the Age of the Entertainment Empire.* New York: Oxford University Press, 2012.

5. Adams, John. *A Defence of the Constitutions of Government of the United States of America.*

6. Adams, Charles F., ed., *The Works of John Adams.* Vol. IV, Boston: Little, Brown and Company, 1851.

7. Adams, Charles F., ed., *The Works of John Adams.* Vol. IX, Boston: Little, Brown and Company, 1854.

8. Adams, William Howard. *The Paris Years of Thomas Jefferson.* New Haven: Yale University Press, 1997.

9. Albert, Michel. *Capitalism Vs. Capitalism: How Americas' Achievement and Short-term Profit Has Led It to the Brink of Collapse*, translated by Paul Haviland, New York: Four Wall Eight Windows, 1993.

10. Allen, Donald Roy. *French Views of America in the 1930s.* New York: Garland Publishing, Inc., 1979.

11. Arciniegas, Germán. *America in Europe: A History of the New World in Reverse*, translated from the Spanish by Gabriela Arciniegas and R. Victoria Arana. San Diego: Harcourt Brace Jovanovich, 1986.
12. An Englishwoman. *Views of Society and Manners in America: A Series of Letters from that Country to a Friend in England during the Years 1818, 1819, and 1820*. New York: Printed for E. Bliss and E. White, 1821.
13. Aron, Raymond. *The Opium of the Intellectuals*. New Brunswick: Transaction Publishers, 2009.
14. Aron, Raymond and Others, *America and the Mind of Europe*, with an introduction by Lewis Galantiere, London: Hamish Hamilton, 1951.
15. Arnold, Matthew. *Civilization in the United States: First and Last Impressions of America*. Carlisle: Applewood Books, 1888.
16. 17. Arendt, Hannah, *Essays in Understanding, 1930 - 1954: Formation, Exile, and Totalitarianism.* edited by Jerome Kohn, New York: Schocken Books, 1994.
17. Armus, Seth D. *French Anti-Americanism (1930 - 1948): Critical Moments in a Complex History*. Lanham: Lexington Books, 2007.
18. Ballagh, James Curtis, ed., *The Letters of Richard Henry Lee*, Vol. I, *1762 - 1778*. New York: The Macmillan Company, 1911.
19. Barber, Benjamin R. *Jihad vs. McWorld*. New York: Ballantina Books, 1996.
20. Barclay, David E. and Ellsaneth Claser-Schmidt, eds., *Transatlantic Images and Perceptions: Germany and America since 1776*. Washington, D. C., German Historical Institute, 1997.
21. Bark, Dennis L. *Americans and Europeans Dancing in the Dark: on Our Differences and Affinities, Our Interests, and Our Habits of life*. Stanford: Hoover Institution Press, 2007.
22. Baudrillard, Jean. *America*, translated by Chris Turner, London: Verso, 2010.
23. Bell, Philip and Roger Bell, eds., *Americanization and Australia*. Sydney: University of New South Wales Press, 1998.
24. Benson, Adolph B., ed., *Peter Kalm's Travels in North America*. Vol. I, New

York: Wilson-Erickson, 1937.
25. Bentley, Jerry H. and Herbert F. Ziegler, *Traditions & Encounters: A Global Perspective on the Past*, Vol. II: *From 1500 to the Present*. Boston: McGraw Hill, 2000.
26. Berger, Arthur Asa. *Cultural Criticism: A Primer of Key Concepts*. Thousand Oaks: Sage Publications, 1995.
27. Berghahn, Volker R. *America and the Intellectual Cold Wars in Europe: Shepard Stone Between Philanthropy, Academy, and Diplomacy*. Princeton: Princeton University Press, 2001.
28. Berman, Russell A. *Anti-Americanism in Europe: A Cultural Problem*. Stanford University: Hoover Institution Press, 2008.
29. Blackstone, Sarah J. *Buckskins, Bullets, and Business: A History of Buffalo Bill's Wild West*. Westport: Greenwood Press, 1986.
30. Bolling, Robert. *A Memoir of A Portion of the Bolling Family in England and Virginia*. Richmond: W. H. Wade & Co. , 1868.
31. Boorstin, Daniel J. *America and the Image of Europe: Reflections on American Thought*. New York: Meridian Books, Inc, 1960.
32. Bourget, Paul. *Outre-Mer: Impressions of American*. New York: Charles Scribners' Sons, 1895.
33. Boyd, Julian P. , ed. , *The Papers of Thomas Jefferson*. Vol. 8, Princeton: Princeton University Press, 1953.
34. Boyd, Julian P. , ed. , *The Papers of Thomas Jefferson*. Vol. 9, Princeton: Princeton University Press, 1954.
35. Boyd, Julian P. , ed. , *The Papers of Thomas Jefferson*. Vol. 10, Princeton: Princeton University Press, 1954.
36. Bristed, John. *Resources of the United States of America*. New York: Published by James Eastburn & Co. , 1818.
37. Broglie, Due de, ed. , *Memoirs of the Prince de Talleyrand*. translated by Raphael Ledos de Beaufort, Vol. I, London: Griffith Farran Okeden and Welsh, 1891.
38. Brooks, Van Wyck. *The Ordeal of Mark Twain*. London: William

Heinemann, 1922.

39. Brace, Alfred M., ed., *Americans in France: A Directory*. Paris: American Chamber of Commerce in France, 1929.
40. Brooks, David. *On Paradise Drive: How We Live Now (And Always Have) in the Future Tense*. New York: Simon & Schuster, 2004.
41. Bryman, Alan. *The Disneyization of Society*. London: Sage Publications Ltd, 2004.
42. Buffon, Count de. *Natural History, General and Particular*. translated into English by William Smellie, third edition, Vol. III, London: Printed for A. Strahan, and T. Cadell in the Strand, 1791.
43. Buffon, Count de. *Natural History, General and Particula*, translated into English by William Smellie, Vol. V, Edinburgh: Printed for William Creech, 1780.
44. Buffon, Count de. *Natural History, General and Particular*, translated into English by William Smellie, Vol. VII, Edinburgh: Printed for William Creech, 1780.
45. Buffon, Count de. *Buffon's Natural History: Containing A Theory of the Earth, A General History of Man, of the Brute Creation, and of Vegetables, Minerals*, translated from the French by J. S. Barr, Vol. VII, London: Printed for the Proprietor, 1807.
46. Burnham, James, ed., *What Europe Thinks of America*. New York: The John Day Company, Inc, 1953.
47. Cairncross, Frances. *The Death of Distance: How the Communications Revolution Will Change Our Lives*. Boston: Harvard Business School Press, 1997.
48. Campbell, Charles S. *The Transformation of American Foreign Relations 1865 – 1900*. New York: Harper & Row, 1976.
49. Carroll, Raymonde. *Cultural Misunderstandings: The French-American Experience*. translated by Carol Volk, Chicago: The University of Chicago Press, 1987.
50. Carter, Erica. *How German Is She? Postwar West German Reconstruction and the

Consuming Woman. Ann Arbor: University of Michigan Press, 1997.

51. Catesby, Mark. *The Natural History of Carolina, Florida, and the Bahama Islands*, Vol. I, *An Account of Carolina, and the Bahaman Islands*. London: Printed for Benjamin White, 1771.

52. Ceasar, James W. *Reconstructing America: The Symbol of America in Modern Thought*. New Haven: Yale University Press, 1997.

53. Chateaubriand, François-René. *Travels in America*. translated by Richard Switzer, Lexington: University of Kentucky Press, 1969.

54. Checkel, Jeffrey T. and Peter J. Katzenstein, ed., *European Identity*. New York: Cambridge University Press, 2009.

55. Cody, Colonel W. F. *An Autobiography of Buffalo Bill*. New York: Cosmopolitan Book Corporation, 1920.

56. Cody, Louisa Frederick, *Memories of Buffalo Bill*. New York: D. Appleton and Company, 1919.

57. Cogan, Charles. *French Negotiating Behavior: Dealing with la Grande Nation*. Washington, D. C.: United States Institute of Peace Press, 2003.

58. Colvin, Sidney, ed., *Letters of John Keats to his Family and Friends*. London and New York: Macmillan and Co., 1891.

59. Colyer, W. T. *Americanism: A World Manece*. London: the Labour Publishing Company, Ltd, 1922.

60. Commager, Henry Steele and Elmo Giordanetti. *Was America a Mistake? An Eighteenth-Century Controversy*. New York: Harper & Row, Publishers, 1967.

61. Commission of the European Communities. *Television without Frontiers: Green Paper on the Establishment of the Common Market for Broadcasting, Especially by Satellite and Cable*. Luxembourg: ECC, 1989.

62. Conway, Moncure Daniel, ed., *The Writings of Thomas Paine*, Vol. I, *1774 – 1779*. New York and London: G. P. Putnams' Sons, 1894.

63. Copley, Frank Barkley. *Frederick W. Taylor: Father of Scientific Management*. Vol. I, New York and London: Harper and Brothers, Publishers, 1923.

64. Costigliola, Frank. *Awkward Dominion: American Political, Economic, and Cultural Relations with Europe, 1919 – 1933*. Ithaca and London: Cornell University Press, 1984.
65. Craiutu, Aurelian & Jeffrey C. Isaac, eds., *America through European Eyes: British and French Reflections on the New World from the Eighteenth Century to the Present*. University Park: Pennsylvania State University Press, 2009.
66. Crévecoeur, J. Hector St. John. *Letters from an American Farmer*. New York: Fox, Duffield & Company, 1904.
67. Crockatt, Richard. *America Embattled: September 11, Anti-Americanism, and the Global Order*. London: Routledge, 2003.
68. Darwin, Charles. *The Voyage of the Beagle*. New York: P. F. Collier & Son, 1909.
69. Davenport, Lisa E. *Jazz Diplomacy: Promoting America in the Cold War Era*. Jackson: University Press of Mississippi, 2009.
70. Davies, Norman. *Europe: A History*. London: Pimlico, 1997.
71. Dean, John and Jean-Paul Gabilliet, eds., *European Readings of American Popular Culture*. Westport: Greenwood Press, 1996.
72. Degle, Carl N. *Out of Our Past: the Forces that Shaped Modern America*. New York: Harper & Row, 1959.
73. Denny, Ludwell. *America Conquers Britain: A Record of Economic War*. New York: Alfred A. Knopf, 1930.
74. De Pauw, Cornelius. *A General History of the Americans*, selected by Daniel Webb, Rochdale: Printed by and for T. Wood, 1806.
75. Dickinson, G. Lowes. *Appearances*. New York: Doubleday, Page & Company, 1914.
76. Diner, Dan. *America in the Eyes of the Germans: an Essay on Anti-Americanism*, translated from German by Allison Brown, Princeton: Markus Wiener Publishers, 1996.
77. Djelic, Marie-Laure. *Exporting the American Model: The Post-war Transformation of European Business*. Oxford: Oxford University Press, 1998.
78. Doherty, Thomas. *Cold War, Cool Medium: Television, McCarthyism, and*

American Culture. New York: Columbia University Press, 2003.
79. Donnelly, Ignatius. *The Golden Bottle or the Story of Ephraim Benezet of Kansas.* New York: D. D. Merrill Company, 1892.
80. Draxlbauer, Michael, Astrid M. Fellner and Thomas Fröschl, eds., *(Anti-) Americanisms.* Wien: Lit, 2004.
81. Dugatkin, Lee Alan. *Mr. Jefferson and the Giant Moose: Natural History in Early America.* Chicago: The University of Chicago Press, 2009.
82. Duhamel, Georges. *American the Menace: Scenes from the Life of the Future,* translated by Charles Miner Thompson, Boston and New York: Houghton Mifflin Company, 1931.
83. Duignan, Peter and L. H. Gann. *The Rebirth of the West: The Americanization of the Democratic World 1945 - 1958.* Cambridge: Blachwell, 1992.
84. Dumbrell, John. *A Special Relationship: Anglo-American Relations in the Cold War and after.* New York: St. Martins' Press, 2001.
85. Echeverria, Durand. *Mirage in the West: A History of the French Image of American Society to 1815.* New York: Octagon Books, Inc., 1966.
86. Eckes, Alfred E., Jr. and Thoms W. Zeiler, *Globalization and the American Century.* New York: Cambridge University Press, 2003.
87. Elster, Jon. *Alchemies of the Mind: Rationality and the Emotions.* Cambridge: Cambridge University Press, 1999.
88. Engerman, Stanley L. and Robert E. Gallman, eds., *The Cambridge Economic History of the United States,* Vol. I, *The Colonial Era.* Cambridge University Press, 1996.
89. Evans, J. Martin. *America: The View from Europe.* San Francisco: San Francisco Books Company, Inc., 1976.
90. Featherstone, Mike. *Consumer Culture and Postmodernism.* London: Sage Publication, 1991.
91. Feiler, Arthur. *America Seen through German Eyes.* translated by Margaret Leland Goldsmith, New York: New Republic, 1928.
92. Fox, Frank W. *Madison Avenue Goes to War: The Strange Military Career of*

American Advertising 1941 – 1945. Provo: Brigham Young University Press, 1975.

93. Friedman, Thomas L. *The Lexus and the Olive Tree: Understanding Globalization*. New York: Simon & Schuster Audio, 1999.

94. Frith, Simon. *Music for Pleasure: Essays in the Sociology of Pop*. New York: Routledge, 1988.

95. Furness, Christopher. *The American Invasion*. London: Simpkin, Marshall, Hamilton, Kent & Co., ltd., 1902.

96. Galantière, Lewis, ed., *America and the Mind of Europe*. London: Hamish Hamilton, 1951.

97. Gallop, Alan. *Buffalo Bill's British Wild West*. Gloucestershire: Sutton Publishing, 2001.

98. Gamble, Andrew. *Between Europe and America: The Future of British Politics*. Basingstoke: Palgrave MacMillan, 2003.

99. Gerbi, Antonello. *The Dispute of the New World: the History of A Polemic, 1750 – 1900*. translated by Jeremy Moyle, Pittsburgh: University of Pittsburgh Press, 1973.

100. Gerhard, Wilfried. *America in Europe*. Hamburg: Edition Temmen, 1999.

101. Giorcelli, Cristina and Rob Kroes, eds., *Living with America, 1946 – 1996*. Amsterdam: VU University Press, 1997.

102. Gordon, Philip H. and Sophie Meunier. *French Challenge: Adapting to Globalization*. Washington, DC: Brookings Institution Press, 2001.

103. Graebner, Norman A. *Foundations of American Foreign Policy: A Realist Appraisal from Franklin to McKinley*. Wilmington: Scholarly Resources Inc., 1985.

104. Grattan, Thomas Colley. *Civilized America*. Vol. II, London: Bradbury and Evans, 1859.

105. Griffin, Lepel Henry. *The Great Republic*. New York: Scribner and Welford, 1884.

106. Hall, Basil. *Travels in North America, in the Years 1827 and 1828*. Vol. II,

second edition, Edinburgh: Printed for Cadell and Co., 1830.

107. Hamilton, Thomas. *Men and Manners in America.* Vol. I, Edinburgh: William Blackwood, 1833.

108. Hamsum, Knut. *The Cultural Life of Modern America.* Cambridge: Harvard University Press, 1969.

109. Harper, John Lamberton, *American Visions of Europe: Franklin D. Roosevelt, George F. Kennan, and Dean G. Acheson.* New York: Cambridge University Press, 1994.

110. Harries, Owen, ed., *America's Purpose: New Visions of U. S. Foreign Policy.* San Francisco: ICS Press, 1991.

111. Harrison, Lawrence E. *Underdevelopment is a State of Mind: The Latin American Case.* Lanham: Madison Books, 2000.

112. Haseler, Stephan. *The Varieties of Anti-Americanism: Reflex and Response.* Washington D. C. : Ethics and Public Policy Center, 1985.

113. Hayden, Ferdinand Vandiveer. *First, Second, and Third Annual Report of the United States Geological Survey of the Territories for the Years 1867, 1868, and 1869.* Washington: Government Printing Office, 1873.

114. Haynes, John Earl, ed., *Calvin Coolidge and the Coolidge Era: Essays on the History of the 1920s.* Hanover: University Press of New England, 1998.

115. Heidegger, Martin. *An Introduction to Metaphysics.* Translated by Ralph Manheim, New Haven: Yale University Press, 1959.

116. Herf, Jeffrey. *Reactionary Modernism: Technology, Culture, and Politics in Weimar and the Third Reich.* Cambridge and New York: Cambridge University Press, 1984.

117. Higson, Andrew and Richard Maltby, eds., *"Film Europe" and "Film America": Cinema, Commerce and Cultural Exchange 1920 – 1939.* Exeter: University of Exeter Press, 1999.

118. Hitchcock, William I. *Struggle for Europe: The Turbulent History of a Divided Continent, 1945 – Present.* Westminister: Knopf Publishing Group, 2004.

119. Hixson, Walter L. *Parting the Curtain: Propaganda, Culture, and the*

Cold War, 1945 - 1961 . Houndmills, London: Macmillan Press Ltd. , 1997.
120. Hogan, Michael, ed. , *The Ambiguous Legacy: U. S. Foreign Relations in the "American Century"* . New York: Cambridge University Press, 1999.
121. Höhn, Maria. *GIs and Fraüleins: the German-American Encounter in 1950s West Germany.* Chapel Hill: University of North Carolina Press, 2002.
122. Hollander, Paul. *Anti-Americanism: Critiques at Home and Abroad, 1965 - 1990.* New York: Oxford University Press, 1992.
123. Hollander, Paul. *Anti-Americanism: Irrational and Rational.* New Brunswick: Transaction Publishers, 1995.
124. Hollander, Paul, ed. , *Understanding Anti-Americanism: Its Origins and Impact at Home and Abroad.* Chicago: Ivan R. Dee, 2004.
125. Horwitz, Richard P. , ed. , *Exporting America: Essays on American Studies Abroad.* New York: Garland, 1993.
126. Huizinga, Johan H. *America: A Dutch Historian's Vision, from Afar and Near*, translated by Herbert H. Rowen, New York: Harper and Row, 1972.
127. Hume, David. *Essays: Moral, Political and Literary.* New York: Cosimo, Inc. , 2007.
128. Iriye, Akira, *Cultural Internationalism and World Order*, Baltimore and London: The Johns Hopkins University Press, 1997.
129. Irving, Washington. *The Sketch-Book of Geoffrey Crayon, Gent.* New York: G. P. Putnams' Son, 1888.
130. Jackson, Harry F. *Scholar in the Wilderness: Francis Adrian Van der Kemp.* Syracuse: Syracuse University Press, 1963.
131. Jackson, Jeffrey H. *Making Jazz French: Music and Modern Life in Interwar Paris.* Durham: Duke University Press, 2003.
132. James, Henry. *The American Scene.* London: Chapman and Hall, Ltd. , 1907.
133. Jeanneney, Jean-Noël. *Google and the Myth of Universal Knowledge: A View*

from Europe. translated by Teresa Lavendar Fagan, Chicago: The University of Chicago Press, 2007.

134. Jefferson, Thomas. *Notes on the State of Virginia.* New York: Printed by Davis, 1801.

135. Jarvie, Ian, *Hollywood's Overseas Campaign: The North Atlantic Movie Trade, 1920-1950.* New York: Cambridge University Press, 1992.

136. Joffe, Josef. *Überpower: the Imperial Temptation of America.* New York: W. W. Wiener & Co., 2006.

137. Jones, Howard Mumford. *O Sreange New World, American Culture: the Formative Years.* New York: the Viking Press, 1964.

138. Joseph, Franz M., ed., *As Others See Us: the United States through Foreign Eyes.* Princeton,: Princeton University Press, 1959.

139. Juan, Don George and Don Antonio de Ulloa. *A Voyage to South America.* 2 Vols., London: Printed for John Stockdale, 1807.

140. Judt, Tony. *Past Imperfect: French Intellectuals, 1944-1956.* Berkeley: University of California Press, 1992.

141. Kalm, Perter. *Travels into North America: Containing its Natural History, and a Circumstantial Account of its Plantations and Agriculture in General, With The Civil, Ecclesiastical And Commercial State Of The Country*, Vol. I, translated by John Reinhold Foster, Warrington: Printed by William Eyres, 1770.

142. Kagan, Robert. *Of Paradise and Power: America and Europe in the New World Order.* New York: Vintage Books, 2004.

143. Kasson, Joy S. *Buffalo Bill's Wild West: Celebrity, Memory, and Popular History.* New York: Hill and Wang, 2000.

144. Katzenstein, Peter J. and Robert O. Keohane, eds., *Anti-Americanisms in World Politics.* Ithaca: Cornell University Press, 2007.

145. Kazin, Michael, ed., *The Concise Princeton Encyclopedia of American Political History.* Princeton: Princeton University Press, 2011.

146. Kipping, Matthias and Ove Bjarnar, eds., *The Americanization of European*

Business: The Marshall Plan and the Transfer of US Management Models. London: Routledge, 1998.
147. Kisssinger, Henry A. Does America Need A Foreign Policy? Toward a Diplomacy for the 21st Century. New York: Simon & Schuster, 2001.
148. Krastev, Ivan and Alan McPherson, ed., The Anti-American Century. Budapest: Central European University Press, 2007.
149. Kroeber, Alfred Louis and Clyde Kluckhohn. Culture: A Critical Review of Concepts and Definitions. New York: Vintage, 1952.
150. Kroes, Rob, R. W. Rydell and D. F. J. Bosscher, eds., Cultural Transmissions and Receptions: American Mass Culture in Europe, Amsterdam: VU University Press, 1993.
151. Kuisel, Richard F. Seducing the French: The Dilemma of Americanization. Berkeley: University of California Press, 1993.
152. Kumar, Krishan. From Post-Industrial to Post-Modern Society. Oxford: Blackwell, 1995.
153. Lacorne, Denis, Jacques Rupnik and Marie-France Toinet, eds., The Rise and Fall of Anti-Americanism: A Century of French Perception. Translated by Gerald Turner, London: The Macmillan Press Ltd, 1990.
154. LeMahieu, D. L. A Culture for Democracy: Mass Communication and the Cultivated Mind in Britain between the Wars. New York: Oxford University Press, 1988.
155. Levy, Daniel, Max Pensky, John Torpey, eds., Old Europe, New Europe, Core Europe: Transatlantic Relations after the Iraq War. London: Verso, 2005.
156. Lieber, Robert J. The American Era: Power and Strategy for the 21th Century. New York: Cambridge University Press, 2005.
157. Liebes, Tamar and Elihu Katz. The Export of Meaning: Cross-Cultural Readings of Dallas. New York: Oxford University Press, 1990.
158. Link, Arthur S., ed., The Papers of Woodrow Wilson. Princeton: Princeton University Press, Vol. 12, 1972.

159. Link, Arthur S. *Wilson the Diplomatist: A Look at His Major Foreign Policy.* New York, 1974.
160. Littler, Craig. *The Development of the Labour Process in Capitalist Societies: A Comparative Study of the Transformation of Work in Britain, Japan and the U. S. A.* London: Heinemann Educational, 1982.
161. Lyon, John and Phillip R. Sloan. *From Natural History to the History of Nature.* Notre Dame: University of Notre Dame Press, 1981.
162. Maier, Charles, ed., *The Cold War in Europe: Era of a Divided Continent.* New York: M. Wiener, 1991.
163. Maltby, Richard, ed., *Passing Parade: A History of Popular Culture in the Twentieth Century.* Oxford and New York: Oxford University Press, 1989.
164. Maltby, Richard and Ian Craven. *Hollywood Cinema: An Introduction.* Oxford: Blackwell Publishers Ltd., 1995.
165. Mann, William Justin. *America in Its Relation to the Great Epochs of History.* Boston: Little, Brown, and Company, 1902.
166. Markovits, Andrei S. *Uncouth Nation: Why Europe Dislikes America.* Princeton: Princeton University Press, 2007.
167. Marx, Leo. *The Machine in the Garden: Technology and the Pastoral Ideal in America.* London: Oxford University Press, 1964.
168. May, Lary, ed., *Recasting America: Culture and Politics in the Age of Cold War.* Chicago: University of Chicago Press, 1989.
169. Massey, Anne, *Hollywood Beyond the Screen: Design and Material Culture.* Oxford: Berg Publishers, 2000.
170. Mathy, Jean-Philippe. *Extrême-Occident: French Intellectuals and America.* Chicago and London: the University of Chicago Press, 1993.
171. Mattson, Hans. *Reminiscences: the Story of an Emigrant.* Saint Paul: D. D. Merrill Company, 1892.
172. Mayr, Ernst. *The Growth of Biological Thought: Diversity, Evolution, and Inheritance.* Cambridge: Harvard University Press, 1982.
173. Mazower, Mark. *Dark Continent: Europe's Twentieth Century.* London: Penguin

Books, 1998.
174. Mazzei, Filipp. *My Life and Wanderings.* translated by E. S. Scalia. Morristown: American Institute of Italian Studies, 1980.
175. Mazzei, Philip. *Researches on the United States.* translated and edited by Constance D. Sherman, Charlottesville: University of Virginia Press, 1976.
176. McGregor, Gaile. *The Noble Savage in the New World Garden: Notes toward a Syntactics of Place.* Toronto: University of Toronto Press, 1988.
177. McKenzie, F. A. *The American Invader.* London: Grant Richards, 1902.
178. Mead, Robert O. *Atlantic Legacy: Essays American-European Cultural History.* New York: New York University Press, 1969.
179. Medhurst, Martin J. and H. W. Brands, eds., *Critical Reflections on the Cold War: Linking Rhetoric and History.* College Station: Texas A & M University Press, 2000.
180. Melville, Herman. *White-Jacket; or, The World in a Man-of-War.* New York: A. L. Burt Company Publishers, 1892.
181. Merkl, Peter H. *The Rift Between America and Old Europe: The Distracted Eagle.* London: Routledge, 2005.
182. Moffett, Samuel E. *The Americanization of Canada.* second edition, Toronto and Buffalo: University of Toronto Press, 1972.
183. Molnar, Thomas. *The Emerging Atlantic Culture.* New Brunswick: Transaction Publishers, 1994.
184. Monbiot, George. "Out of the Wreckage." *The Guardian*, February 25, 2003.
185. Montesquieu. *Persian Letters.* the sixth edition, Vol. II, Edinburgh: Printed by Alexander Donaldson, 1773.
186. Montesquieu. *The Spirit of Laws.* Revised edition, Vol. I, New York: the Colonial Press, 1899.
187. Moore, R. Laurence and Maurizio Vaudagna, eds., *American Century in Europe.* Ithaca: Cornell University Press, 2003.
188. Morison, Samuel Eliot. *Admiral of Ocean Sea: A Life of Christopher Columbus.* Boston: Little, Brown and Co., 1942.

189. Morton, Andrew and Jim Francis, eds., *A Europe of Neighbours?*: *Religious Social Thought and the Reshaping of a Pluralist Europe*. Occasional Paper No. 44, The University of Edinburgh: Centre for Theology and Public Issues, 1997.

190. Mowrer, Edgar A. *This American World*. New York: J. H. Sears & Company, Inc., 1928.

191. Müller, Christoph Hendrik. *West Germans Against The West*: *Anti-Americanism in Media and Public Opinion in the Federal Republic of Germany 1949 – 1968*. Hampshire: Palgrave Macmillan, 2010.

192. Müller-Freienfels, Richard. *Mysteries of the Soul*. London: G. Allen & Unwin ltd, 1929.

193. Mueller, Agnes C. ed., *German Pop Culture*: *How "American" Is It?* Ann Arbor: The University of Michigan Press, 2007.

194. Münch, Richard and Neil J. Smelser, eds., *Theory of Culture*. Berkeley: University of California Press, 1992.

195. Munson, Henry L. *European Beliefs Regarding the United States*. New York: Common Council for American Unity, 1949.

196. Neider, Charles, ed., *The Autobiography of Mark Twain*. New York: Washington Square Press, 1961.

197. Nelson, Daniel, ed., *A Mental Revolution*: *Scientific Management since Taylor*. Columbus: Ohio State University Press, 1992.

198. Ninkovich, Frank. *Modernity and Power*: *A History of the Domino Theory in the Twentieth Century*. Chicago and London: the University of Chicago Press, 1994.

199. Nolan, Mary. *Visions of Modernity*: *American Business and the Modernization of Germany*. New York and Oxford: Oxford University Press, 1994.

200. O'Connor, Brendon, ed., *American Foreign Policy Tradition*. Vol. III, *American Tradition*, Los Angeles: Sage, 2010.

201. O'Connor, Brendon, ed., *Anti-Americanism*: *History, Causes, and Themes*, Vol. 1, *Causes and Sources*. Westport: Greenwood World Pub., 2007.

202. O'Connor, Brendon, ed., *Anti-Americanism*: *History, Causes, and Themes*, Vol. 2, *Historical Perspectives*. Westport: Greenwood World Publishing, 2007.

203. O'Connor, Brendon, ed., *Anti-Americanism: History, Causes, and Themes*, Vol. 3, *Comparative Perspectives*, Westport: Greenwood World Publishing, 2007.
204. O'Connor, Brendon and Martin Griffiths, eds., *The Rise of Anti-Americanism*. London: Routledge, 2006.
205. Ovid. *Metamorphoses*, translation by Frank Justus Miller, Vol. I, Cambridge: Harvard University Press, 1951.
206. Park, Robert Ezra. *Race and Culture*. Glencoe, Illinois: the Free Press, 1950.
207. Paterson, Thomas G., J. Garry Clifford and Kenneth J. Hagan. *American Foreign Policy: A History*. Vol. I, Lexington: D. C. Heath, 1988.
208. Pelling, Henry. *America and the British Left: from Bright to Bevan*. New York: New York University Press, 1957.
209. Pells, Richard. *Not Like Us: How Europeans Have Loved, Hated, and Transformed American Culture since World War II*. New York: Basic Books, 1997.
210. Perry, Marvin, et al, *Western Civilization: A Concise History*. Boston: Houghton Mifflin Company, 1981.
211. Plattner, Marc F., ed., *Globalization, Power, and Democracy*. Baltimore: The Johns Hopkins University Press, 2000.
212. Poiger, Uta G. *Jazz, Rock, and Rebels: Cold War Politics and American Culture in a Divided Germany*. Ewing: University of California Press, 2000.
213. Provencher, Denis M. *Queer French: Globalization, Language, and Sexual Citizenship in Franc*. Aldershot: Ashgate, 2007.
214. Puttnam, David with Neil Watson, *The Undeclared War: The Struggle for the World's Film Industry*, London: Harper Collins, 1997
215. Rahv, Philip, ed., *Discovery of Europe: the Story of American Experience in the Old World*. Boston: Houghton Mifflin Company, 1947.
216. Ramet, Sabrina P. and Gordana P. Crnkovic, eds., *Kazaaam! Splat! Ploof! The American Impact on European Popular Culture since 1945*. Lanham: Rowman & Littlefield Publishers, Inc., 2003.
217. Ray, Robert B. *A Certain Tendency of the Hollywood Cinema, 1930 – 1980*. Princeton: Princeton University Press, 1985.

218. Raynal, Guillaume-Thomas. *A Philosophical and Political History of the Settlements and Trade of the Europeans in the East and West Indies.* Vol. II, revised, translated from the French by J. O. Justamond, Dublin: Printed for John Exshaw, 1784.

219. Raynal, Guillaume-Thomas. *A Philosophical and Political History of the Settlements and Trade of the Europeans in the East and West Indies.* translated from the French by J. Justamond, the third editon: revised and corrected, Vol. V, London: Printed for T. Cadell, 1777.

220. Revel, Jean-Francois. *Anti-Americanism.* translated from the French by Diarmid Cammell, San Francisco: Encounter Books, 2003.

221. Ritzer, George. *The McDonaldization of Society: An Investigation into the Changing Character of Contemporary Social Life.* Thousand Oaks: Pine Forge Press, 1996.

222. Robertson, William. *History of America*, the Eighth Edition, Vol. I, London: Printed by A. Strahan, Printers-Street, 1800.

223. Roger, Philippe. *The American Enemy: A Story of French Anti-Americanism.* translated by Sharon Bowman, Chicago: University of Chicago Press, 2005.

224. Romier, Lucien. *Who Will be Master, Europe or America?* Translated from the French by Matthew Josephson, London: John Hamilton Ltd, 1928.

225. Rosenberg, Emily S. *Spreading the American Dream: American Economic and Cultural Expansion 1890 – 1945.* New York: Hill and Wang, 1982.

226. Ross, Andrew and Kristin Ross, ed., *Anti-Americanism.* New York: New York University Press, 2004.

227. Ross, Kristin. *Fast Cars, Clean Bodies: Decolonization and the Reordering of French Culture.* Cambridge: MIT Press, 1995

228. Rubin, Barry M. and Judith Colp Rubin. *Hating America: A History.* New York: Oxford University Press, 2004.

229. Russell, Don. *The Lives and Legends of Buffalo Bill.* Norman: University of Oklahoma Press, 1960.

230. Sadosky, Leonard J., Peter Nicolaisen, Peter S. Onuf, and Andrew

J. O'Shaughnessy, eds., *Old World, New World: America and Europe in the Age of Jefferson*. Charlottesville: University of Virginia Press, 2010.

231. Salins, Peter D. *Assimilation, American Style*. New York: Basic Books, 1997.

232. Salla, Michael E. *Hero's Journey Toward a Second American Century*. Westport: Greenwood Publishing Group, 2001.

233. Sanders, Ronald. *The Downtown Jews: Portraits of an Immigrant Generation*. New York: Dover Publications, 1987.

234. Santayana, George. *Character & Opinion in the United States*, London: Constable and Company Ltd., 1920.

235. Santayana, George. *The Idler and His Works, and Other Essays*. edited by Daniel Cory, New York: George Braziller, Inc., 1957.

236. Sardar, Ziauddin and Merryl Wyn Davies. *Why Do People Hate America?* Cambridge: Icon Books Ltd., 2003.

237. Saunders, Thomas J., *Weimar, Hollywood, and the Americanization of German Culture 1917–1933*. A Dissertation, The University of Toronto, May 1985.

238. Scott-Smith, Giles. *Politics of Apolitical Culture: Congress for Cultural Freedom, and the CI and Post-War American Hegemony*. Florence: Routledge, 2002.

239. Serfaty, Simon. *American Foreign Policy in A Hostile World*. New York: Praeger, 1984.

240. Skard, Sigmund. *American Studies in Europe: Their History and Present Organization*. Vol. 1, Philadelphia: University of Pennsylvania Press, 1958.

241. Skard, Sigmund. *Trans-Atlantica: Memoirs of a Norwegian Americanist*, Oslo: Universitetsforlaget, 1978.

242. Schiller, Herbert I. *Information Inequality: the Deepening Social Crisis in America*. New York: Routledge.

243. Schiller, Herbert I. *Mass Communications and American Empire*. section edition, Boulder: Westview Press, 1991.

244. Schlegel, Friedrich. *The Philosophy of History: in a Course of Lectures, delivered at Vienna*. translated from the German by James Baron Robertson, London: Henry G. Bohn, 1846.

245. Schlesinger, Jr. Arthur M. and Morton White, ed., *Paths of American Thought*. Boston: Houghton Mifflin, 1963.
246. Schröter, Harm G. *Americanization of the European Economy: A Compact Survey of American Economic Influence in Europe since the 1880s*. Netherlands: Springer, 2005.
247. Segrave, Kerry. *American Films Abroad: Hollywoods' Domination of the Worlds' Movie Screens from the 1890s to the Present*. Jefferson, N. C.: McFarland & Company, 1997.
248. Semonin, Paul. *American Monster: How the Nations' First Prehistoric Creature Became a Symbol of National Identity*. New York: New York University Press, 2000.
249. Servan-Schreiber, J. J. *The American Challenge*. New York: Atheneum, 1968.
250. Seymour, Charles M., ed., *The Intimate Papers of Colonel House*. Vol. I, Boston: Houghton Mifflin, 1926–1928.
251. Skard, Sigmund. *The American Myth and the European Mind: American Studies in Europe, 1776–1960*. Philadelphia: University of Pennsylvania Press, 1961.
252. Smith, Adam. *An Inquiry into the Nature and Causes of the Wealth of Nations*. Vol. II, the tenth edition, London, 1802.
253. Spengler, Oswald. *Man and Technics: A Contribution to a Philosophy of Life*. translated from the German by Charles Francis Atkinson, London: European Books Society, 1992.
254. Spengler, Oswald. *The Hour of Decision, Part One: Germany and World-historical Evolution*. translated from the German by Charles Francis Atkinson, New York: Knopf, 1933.
255. Stam, Robert & Ella Shohat. *Flagging Patriotism: Crises of Narcissism and Anti-Americanism*. New York: Routledge, 2007.
256. Stead, William T. *The Americanization of the World: The Trend of the Twentieth Century*. New York and London: Horace Markley, 1901.
257. Stearns, Peter N. *Consumerism in World History: the Global Transformation of Desire*. Florence: Routledge, 2001.

258. Steevens, George W. *The Land of the Dollar*. Edinburgh and London: William Blackwood and Sons, 1897.
259. Stephan, Alexander, ed., *Americanization and Anti-Americanism: The German Encounter with American Culture after 1945*. New York: Berghahn Books, 2005.
260. Stephan, Alexander, ed., *The Americanization of Europe: Culture, Diplomacy, and Anti-Americanism after 1945*. New York: Berghahn Books, 2011.
261. Strauss, David. *Menace in the West: the Rise of French Anti-Americanism in Modern Times*. Westport: Greenwood Press, 1978.
262. Strong, Josiah. *Our Country: Its Possible Future and Its Present Crisis*. New York: the Caxton Press, 1891.
263. Strout, Cushing. *The American Image of the Old World*. New York: Harper & Row, Publishers, 1963.
264. Sumner, Charles. *Prophetic Voices Concerning America: A Monograph*. Boston: Lee and Shepard, Publishers, 1874.
265. Smyth, Albert Henry, ed., *The Writings of Benjamin Franklin*. Vol. VI, New York: The MacMillan Company, 1906.
266. Swingewood, Alan. *Cultural Theory and the Problem of Modernity*. New York: St. Martin's Press Inc., 1998.
267. Szabo, Stephen F. *Parting Ways: The Crisis in German-American Relations*. Washington, D. C.: Brookings Institution Press, 2004.
268. Tatum, Edward Howland, Jr., *The United States and Europe 1815 – 1823: A Study in the Background of the Monroe Doctrine*. Berkeley: University of California Press, 1936.
269. Taylor, Peter J. *Modernities: A Geohistorical Interpretation*. Cambridge: Polity Press, 1999.
270. Tocqueville, Alexis de. *Democracy in America*. translated by Henry Reeve, Vol. II, New York: J. & H. G. langley, 1841.
271. Toinet, Marie-France. "French Pique and Piques Françaises." *The ANNALS of the American Academy of Political and Social Science*. Vol. 497, No. 1, May 1988.

272. Tomlinson, John. *Globalization and Culture.* Cambridge: Polity Press, 1999.
273. Toynbee, Arnold. *Surviving the Future.* London and New York: Oxford University Press, 1971.
274. Trollope. *Domestic Manners of the Americans.* third edition, Vol. II, London: Printed for Whittaker, Treacher, & Co., 1832.
275. Trumpbour, John. *Selling Hollywood to the World: U. S. and European Struggles for Mastery of the Global Film Industry, 1920 – 1950.* New York: Cambridge University Press, 2002.
276. Tunstall, Jeremy. *The Media are American: Anglo-American Media in the World.* New York: Columbia University Press, 1977.
277. Turner, Frederick Jackson. *The Significance of the Frontier in American History.* Madison: Silver Buckle Press, 1984.
278. Twain, Mark. *Collected Tales, Sketches, Speeches & Essays, 1852 – 1890.* New York: The Library of America, 1992.
289. Urwick, Lyndall. *The Development of Scientific Management in Great Britain: A Report Prepared on Behalf of the British Management Council.* London: Management Journals, 1938.
280. U. S. Congress. *Congressional Record.* Vol. 146, Part 1, Washington: United States Government Office, 2000.
281. Varg, Paul A. *Foreign Policies of the Founding Fathers.* East Lansing: Michigan State University Press, 1963.
282. Védrine, Hubert and Dominique Moïsi, *France in an Age of Globalization.* translated by Philip H. Gordon, Washington, D. C.: Brookings Institution Press, 2001.
283. Visson, Andre. *As Others See Us.* New York: Doubleday & Company, Inc., 1948.
284. Wagnleitner, Reinhold. *Coca-Colonization and Cold War: The Cultural Mission of the United States in Austria after the Second World War.* translated by Diana M. Wolf, Chapel Hill: University of North Carolina Press, 1994.
285. Wagnleitner, Reinhold and Elaine Tyler May, eds., "*Here, There, and Every-*

where": the Foreign Politics of American Popular Culture. Hanovern: University Press of New England, 2000.

286. Wagner, Peter. *Theorising Modernity: Inescapability and Attainability in Social Theory.* London: Sage Publications, Incorporated, 2001.

287. Walsh, Robert, Jr., *An Appeal from the Judgments of Great Britain respecting the United States of America.* second edition, Philadelphia: Published by Mitchell, Ames, and White, 1819.

288. Warville, J. P. Brissot de. *New Travels in the United States of America: Performed in 1788.* Dublin: Printed by W. Corset, 1792.

289. Winn, Peter. *Americas: the Changing Face of Latin America and the Caribbean.* Berkeley: University of California Press, 1992.

290. Waskiewicz, Sylvie L. *Negotiating Culture: Hollywood and the Renewal of French Cinema, 1945–1954.* a dissertation, New York University, September 2003.

291. Wharton, Francis, ed., *The Revolutionary Diplomatic Correspondence of the United States.* Vol. I, Washington: Government Printing Office, 1889.

292. Watts, Steven. *The Magic Kingdom: Walt Disney and the American Way of Life.* Boston: Houghton Mifflin Company, 1997.

293. White, Donald W. *The American Century: The Rise and Decline of the United States as a World Power.* New Haven: Yale University Press, 1996.

294. Williamson, George S. *The Longing for Myth in Germany: Religion and Aesthetic Culture from Romanticism to Nietzsche.* Chicago: University of Chicago Press, 2004.

295. Willett, John. *The New Sobriety 1917–1933: Art and Politics in the Weimar Period.* London: Thames and Hudson, 1978.

296. Willett, Ralph. *The Americanization of Germany, 1945–1949.* New York: Routledge, 1989.

297. Wood, Gordon S. *The Creation of the American Republic, 1776–1787.* Chapel Hill: The University of North Carolina Press, 1969.

298. Woodward, Comer Vann. *The Old World's New World.* New York: Oxford University Press, 1991.

二 英文论文

1. Agassiz, Louis. "America the Old World." *The Atlantic Monthly*, Vol. 11, No. 65, March 1863.
2. Albert, Michel and Rauf Gonenc. "The Future of Rhenish Capitalism." *The Political Quarterly*, Vol. 67, No. 3, July 1996.
3. Anonymous. "The Principle of Holy Alliance; Or, Notes and Manifestoes of the Allied Powers, London 1823." *The North American Review*, Vol. 17, No. 4, October 1823.
4. Arendt, Hannah. "Dream and Nightmare," in Arendt, *Essays in Understanding, 1930 – 1954: Formation, Exile, and Totalitarianism.*
5. Arendt, Hannah. "The Threat of Conformism," in Arendt, *Essays in Understanding, 1930 – 1954: Formation, Exile, and Totalitarianism.*
6. Armitage, Richard L. "Allies, Friends, and Partners on Every Page: International Cooperation in the National Security Strategy." *U. S. Foreign Policy Agenda*, Vol. 7, No. 4, December 2002.
7. Aron, Raymond. "Transatlantic Relations: Does European Welcome American Leadership," in Aron and Others, *America and the Mind of Europe.*
8. Bakker, Gerben. "The Decline and Fall of European Film Industry: Sunk Costs, Market Size, and Market Structure, 1890 – 1927." *Economic History Review*, Vol. LVIII, No. 2, May 2005.
9. Beck, Ulrich. "Power and Weakness in A World Risk Society." in Levy, Pensky, Torpey, eds., *Old Europe, New Europe, Core Europe: Transatlantic Relations after the Iraq War.*
10. Berendse, Gerrit-Jan. "German Anti-Americanism in Context." *Journal of European Studies*, Vol. 33, No. 3/4, December 2003.
11. Berger, Peter L. "Four Faces of Global Culture." *National Interest*, No. 49, Fall 1997.
12. Berghahn, Volker R. "European Elitism, American Money, and Popular Cul-

ture." in Moore and Vaudagna, eds., *American Century in Europe.*

13. Berghahn, Volker R. "Philanthropy and Diplomacy in the 'American Century.'" in Hogan, ed., *The Ambiguous Legacy: U. S. Foreign Relations in the 'American Century'*.

14. Berman, Russell A. "Anti-Americanism and Americanization." in Alexander Stephan, ed., *Americanization and Anti-Americanism: The German Encounter with American Culture after 1945*. New York: Berghahn Books, 2005.

15. Betts, Paul. "German Modernity as New Historical Object." *Journal of Urban History*, Vol. 25, No. 6, September 1999.

16. Bischof, Günter. "Austrian Anti-Americanism after World War II." in Draxlbauer, Fellner and Fröschl, eds., *(Anti-) Americanisms.*

17. Bischof, Günter. "The Sides of the Coin: the Americanization of Austria and Austrian Anti-Americanism." in Stephan, ed., *The Americanization of Europe: Culture, Diplomacy, and Anti-Americanism after 1945.*

18. Bjork, Ulf Jonas. "The U. S. Commerce Department Aids Hollywood Exports, 1921 – 1933." *The Historian*, Vol. 62, No. 3, Spring 2000.

19. Blair, John G. "Blackface Minstrels in Cross-cultural Perspective." *American Studies International*, Vol. 28, No. 2, October 1990.

20. Bosch, Aurora and M. Fernanda del Rincón. "Dream in a Dictatorship: Hollywood and Franco's Spain, 1939 – 1956." in Wagnleitner and May, eds., *"Here, There, and Everywhere": the Foreign Politics of American Popular Culture.*

21. Bowden, Sue and Avner Offer. "Household Appliances and the Use of Time: The United States and Britain since the 1920s." *Economic History Review*, Vol. 47, No. 4, 1994.

22. Boyd-Barrett, J. Oliver. "Western News Agencies and the 'Media Imperialism' Debate: What Kind of Date-Base?" *Journal of International Affairs*, Vol. 35, No. 2, Fall 1981/Winter 1982.

23. Bremmer, Charles. "French Unite Against US Trade Domination." *The London Times*, September 24, 1999.

24. Breyfogle, Todd. "The Spiritual Roots of Anti-Americanism." *Reviews in Religion and Theology*, Vol. 11, No. 2, April 2004.

25. Bruchey, Stuart. "Economy and Society in an Earlier America." *The Journal of Economic History*, Vol. XLVII, No. 2, June 1987.

26. Bryn, Steinar. "The Coca-Cola Co. and the Olympic Movement Global or American?" in Ramet and Crnkovic, eds., *Kazaaam! Splat! Ploof! The American Impact on European Popular Culture since 1945*.

27. Büken, Gülriz. "Backlash: An Argument against the Spread of American Popular Culture in Turkey." in Wagnleitner and May, eds., *"Here, There, and Everywhere": the Foreign Politics of American Popular Culture*.

28. Calleo, David. "The United States and the Great Powers." *World Policy Journal*, Vol. XVI, No. 3, Fall 1999.

29. Carpenter, Ted Galen. "An Independent Course." in Harries, ed., *America's Purpose: New Visions of U. S. Foreign Policy*.

30. Ceaser, James W. "A Genealogy of Anti-Americanism." *Public Interest*, No. 152, Summer 2003.

31. Ceaser, James W. "The Philosophical Origins of Anti-Americanism in Europe." in Paul Hollander, ed., *Understanding Anti-Americanism: Its Origins and Impact at Home and Abroad*.

32. Chinard, Gilbert. "Eighteenth Century Theories on America as a Human Habitat." *Proceedings of the American Philosophical Society*, Vol. 91, No. 1, February 25, 1947.

33. Church, Henry Ward. "Corneille De Pauw, and the Controversy over His Recherches Philosophiques Sur Les Américains." *PMLA*, Vol. 51, No. 1, March 1936.

34. Cohen, Juan. "Anti-Americanism: Its' the Policies." *American Historical Review*, Vol. 111, No. 4, October 2006.

35. Coates, Peter. "Red and Grey: Toward a Natural History of British Anti-Americanism." The British Library Board, 2013.

36. Cohen, Nick. "Why It Is Right To Be Anti-American." *New Statesman*, Januar-

y 14, 2002.

37. Cooper, Laura E. and B. Lee Cooper. "The Pendulum of Cultural Imperialism: Popular Music Interchanges between the United States and Britain, 1943 – 1967." in Ramet and Crnkovic, eds., *Kazaaam! Splat! Ploof! The American Impact on European Popular Culture since 1945*.

38. Cowen, Tyler. "French Kiss-off: How Protectionism Has Hurt French Films." *Reason*, Vol. 30, No. 3, July 1998.

39. Cowley, Malcolm. "Transatlantic Review." in Rahv, ed., *Discovery of Europe: the Story of American Experience in the Old World*.

40. Crockatt, Richard. "Americanism as a Source of Anti-Americanism," in O'Connor, ed., *Anti-Americanism: History, Causes, and Themes*, Vol. 2.

41. Crockatt, Richard. "Anti-Americanism and the Clash of Civilizations." in O'Connor and Griffiths, eds., *The Rise of Anti-Americanism*.

42. "Culture Wars." *The Economist*, Vol. 348, Issue 8085, September 12, 1998.

43. Cunliffe, Marcus. "European Images of America." in Schlesinger, Jr. and White, ed., *Paths of American Thought*.

44. Curwen, Peter. "Television Without Frontiers – Can Culture Be Harmonized?" *European Business Review*, Vol. 99, No. 6, 1999.

45. Danan, Martine. "Hollywood's Hegemonic Strategies: Overcoming French Nationalism with the Advent of Sound," in Higson and Maltby, eds., *"Film Europe" and "Film America": Cinema, Commerce and Cultural Exchange 1920 – 1939*.

46. Danzer, Gerald A. "Education Has the Discovery of America Been Useful or Hurtful to Mankind? Yesterday's Questions and Today's Students." *The History Teacher*, Vol. 7, No. 2, February 1974.

47. Davie, Grace. "European Religion: A Sociological Perspective," in Morton and Francis, eds., *A Europe of Neighbours?: Religious Social Thought and the Reshaping of a Pluralist Europe*.

48. Debouzy, Marianne. "Does Mickey Mouse Threaten French Culture? The

French Debate about EuroDisneyland." in Ramet and Crnkovic, eds., *Kazaaam! Splat! Ploof! The American Impact on European Popular Culture since 1945*.

49. Deer, Patrick. "The Dogs of War: Myths of British Anti-Americanism," in Ross and Ross, ed., *Anti-Americanism*.

50. De Pauw. "From the Philosophical Investigations of the Americas." in Commager and Giordanetti, *Was America a Mistake? An Eighteenth-Century Controversy*.

51. Dirke, Sabine von. "Hip-Hop Made in Germany: From Old School to the Kanaksta Movement." in Mueller, ed., *German Pop Culture: How "American" Is It?*.

52. Douglas, Ann. "Peridizing the American Century: Modernism, Postmodernism, and Postcolonialism in the Cold War Context." *Modernism/modernity*, Vol. 5, No. 3, September 1998.

53. Drott, Eric. "Free Jazz and the French Critic." *Journal of the American Musicological Society*, Vol. 61, No. 3, Fall 2008.

54. Dumenil, Lynn. "Re-Shifting Perspectives on the 1020s: Recent Trends in Social and Cultural History." in Haynes, ed., *Calvin Coolidge and the Coolidge Era: Essays on the History of the 1920s*.

55. Dunkley, Christopher. "Why Europeans Love to Hate 'Dallas'." *Advertising Age*, Vol. 56, No. 93, December 2, 1985.

56. Eco, Umberto. "An Uncertain Europe Between Rebirth and Decline." in Levy, Pensky, and Torpey, *Old Europe, New Europe, Core Europe: Transatlantic Relations After the Iraq War*.

57. Edwards, Geoffrey. "Is There a Security Culture in the Enlarged European Union?" *The International Spectator*, Vol. 41, No. 3, 2006.

58. Ellwood, David W. "Americanisation or Globlisation?" *History Today*, Vol. 52 No. 9, September 2002.

59. Ellwood, David W. "Comparative Anti-Americanism in Western Europe." in Fehrenbach and Poiger, eds., *Transactions, Transgressions, Transforma-

tions: *American Culture in Western Europe and Japan.*

60. Ellwood, David W. "French Anti-Americanism and McDonald's." *History Today*, Vol. 51, No. 2, February 2001.
61. Ellwood, David W. "Hollywood's Star Wars." *History Today*, Vol. 44, No. 4, April 1994.
62. Ellwood, David W. "The American Challenge Renewed: U. S. Cultural Power and Europes' Identity Debates." *The Brown Journal of World Affairs*, Vol. 4, No. 1, Winter/Spring 1997.
63. Ellwood, David W. "The Workings of American Power in Contemporary France." *Diplomatic History*, Vol. 18, No. 4, Fall 1994.
64. Ellwood, David W. and Mel Van Elteren, et al., "Questions of Cultural Exchange: The NLAS Statement on the European Reception of American Mass Culture." *American Studies International*, October 1994, Vol. 32, No. 2.
65. Elteren, Mel van. "Conceptualizing the Impact of US Popular Culture Globally." *Journal of Popular Culture*, Vol. 30, No. 1, Summer 1996.
66. Ermarth, Michael. "Counter-Americanism and Critical Currents in West German Reconstruction 1945 – 1960." in Stephan, ed., *Americanization and Anti-Americanism.*
67. Ermarth, Michael. "German Unification as Self-Inflicted Americanization: Critical Views on the Course of Contemporary German Development." in Wagnleitner and May, eds., "Here, There, and Everywhere": *the Foreign Politics of American Popular Culture.*
68. Eschen, Penny M. Von. "Satchmo Blows Up the World: Jazz, Race, and Empire during the Cold War." in Wagnleitner and May, eds., "Here, There, and Everywhere": *the Foreign Politics of American Popular Culture.*
69. Fabbrini, Sergio. "The Domestic Sources of European Anti-Americanism." *Government and Opposition*, Vol. 37, No. 1, January 2002.
70. Ferguson, Niall. "Power." *Foreign Policy*, No. 134, January/February 2003.
71. Fluck, Winfried. "The Americanization of German Culture: The Strange,

Paradoxical Ways of Modernity." in Mueller, ed., *German Pop Culture*: *How 'American' Is it?*.

72. Forman, Janis. "Corporate Image and the Establishment of Euro Disney: Mickey Mouse and the French Press." *Technical Communication Quarterly*, Vol. 7, No. 3, Summer 1998.

73. Fraser, Nicholas. "Le Divorce: Do Europe and America Have Irreconcilable Differences?" *Harpers' Magazine*, Vol. 305, No. 1828, September 2002.

74. Freymond, Jacques. "America in European Eyes." *Annals of the American Academy of Political and Social Science*, Vol. 295, September 1954.

75. Fröschl, Thomas. "Historical Roots of European Anti-Americanism in the 18th and 19th Centuries." in Draxlbauer, Fellner and Fröschl, eds., *(Anti-) Americanisms*.

76. Furlough, Ellen. "Selling the American Way in Interwar France: Prix Unoques and the Salons des Arts Managers." *Journal of Social History*, Vol. 26, No. 3, Spring 1993.

77. Gagnon, Paul A. "French Views of the Second American Revolution." *French Historical Studies*, Vol. 2, No. 4, Fall 1962.

78. Galperin, Hernan. "Cultural Industries in the Age of Free-Trade Agreements." *Canadian Journal of Communication*, Volume 24, No. 1, 1999.

79. Gans, Herbert J. "Hollywood Films on British Screens: An Analysis of the Functions of American Popular Culture Abroad." *Social Problems*, Vol. 9, No. 4, Spring 1962.

80. Gassert, Philipp. "'Without Concessions to Marxist or Communist Thought': Fordism in Germany, 1923 – 1939." in Barclay and Ellsaneth Claser-Schmidt, *Transatlantic Images and Perceptions: Germany and America since 1776*.

81. Gelernter, David. "Americanism and Its Enemies." *Commentary*, January 2005.

82. Gennari, John. "Jazz Criticism: Its Development and Ideologies." *Black*

American Literature Forum, Vol. 25, No. 3, Autumn 1991.
83. Gentile, Emilio. "Impending Modernity: Fascism and the Ambivalent Image of the United States." *Journal of Contemporary History*, Vol. 28, No. 1, January 1993.
84. Gienow-Hecht, Jessica C. E. "Always Blame the Americans: Anti-Americanism in Europe in the Twentieth Century." *American Historical Review*, Vol. 111, No. 4, October 2006.
85. Gienow-Hecht, Jessica C. E. "Shame on US? Academics, Cultural Transfer, and the Cold War: A Critical Review." *Diplomatic History*, Vol. 24, No. 3, Summer 2000.
86. Gifard, C. Anthony. "Culture versus Commerce Europe Strives to Keep Hollywood at Bay." in Ramet and Crnkovic, eds., *Kazaaam! Splat! Ploof! The American Impact on European Popular Culture since 1945*.
87. Goebel, Malte. "The Americanisation of the Culture of Weimar Germany." April 7th, 1999.
88. Gooding, Judson. "Our French Connection." *A Cross the Board*, September 1993.
89. "Google à la française: The Latest French v English Battle." *The Economist*, March 31, 2005.
90. Grantham, Bill. "America the Menace: Frances' Feud with Hollywood." *World Policy Journal*, Vol. 15, Issue 2, Summer 1998.
91. Grazia, Victoria de. "Americanization and Changing Paradigms of Consumer Modernity: France, 1930 – 1990." *Journal of the Twentieth-Century/Contemporary French Studies*, Vol. 1, No. 1, Spring 1997.
92. Grazia, Victoria de. "European Cinema and the Idea of Europe, 1925 – 95." Nowell-Smith and Ricci, eds., *Hollywood and Europe: Economics, Culture, National Identity, 1945 – 95*.
93. Grunberg, Gérard. "Anti-Americanism in French and European Public Opinion." in Tony Judt and Denis Lacorne, eds., *With Us or Against Us: Studies in Global Anti-Americanism*, New York: Palgrave Macmillan, 2005.

94. Guarnieri, Giulia. "The Impact of the American Myth in Postwar Italian Literature: Modernization, Postmodernity, or Homologation?" in Ramet and Crnkovic, eds., *Kazaaam! Splat! Ploof! The American Impact on European Popular Culture since 1945*.

95. Guehenno, Jean-Marie. "Globalization and Fragmentation." in Plattner, ed., *Globalization, Power, and Democracy*.

96. Guerlain, Pierre. "A Tale of Two Anti-Americanisms." *European Journal of American Studies*, No. 2, 2007.

97. Gulddal, Jesper. "That Most Hateful Land: Romanticism and the Birth of Modern Anti-Americanism." *Journal of European Studies*, Vol. 39, No. 4, December 2009.

98. Habermas, Jürgen and Jaques Derrida. "February 15, Or, What Binds Europeans Together: Plea for a Common Foreign Policy, Beginning in Core Europe." in Levy, Pensky, and Torpey, *Old Europe, New Europe, Core Europe: Transatlantic Relations After the Iraq War*.

99. Hadar, Leon T. "The New American Imperialism vs. the Old Europe." *Journal of Palestine Studies*, Vol. 32, No. 4, Summer 2003.

100. Hall, Mordaunt. "Movie A Magnet: 115, 000, 000 People in United States See Films Weekly." *New York Times*, November 9, 1930.

101. Halton, Eugene. "The Cultic Roots of Culture." in Münch and Smelser, eds., *Theory of Culture*.

102. Harris, Lee. "The Intellectual Origins of America-bashing." *Policy Review*, No. 116, December 2002/January 2003.

103. Hatlapa, Ruth and Andrei S. Markovits. "Obamamania and Anti-Americanism as Complementary Concepts in Contemporary German Discourse." *German Politics and Society*, Vol. 28, No. 1, Spring 2010.

104. Havig, Alan. "The Commercial Amusement Audience in Early 20th-Century American Cities." *The Journal of American Culture*, Vol. 5, No. 1, Spring 1982.

105. Hansen, Peter. "Explaining Foreign Policy Attitudes: The Case of Danish

Attitudes toward America." *Cooperation and Conflict*, Vol. 12, No. 3, September 1977.
106. Harrington, Austin. "Introduction to Georg Simmel's Essay 'Europe and America in World History'." *European Journal of Social Theory*, Vol. 8, No. 1, February 2005.
107. Heller, Agnes. "The Stories of Europe." in Sari Aalto and Saara Vihko, eds., *The Idea of Europe: Continuity and Change*. European Cultural Foundation Network Finland, 2008.
108. Hirschman, Elizabeth C. "The Ideology of Consumption: A Structural-Syntactical Analysis of 'Dallas' and 'Dynasty'." *Journal of Consumer Research*, Vol. 15, No. 3, December 1988.
109. Hoffmann, Stanley. "America Goes Backward." *New York Review of Books*, Vol. 50, No. 10, June 12, 2003.
110. Hudson, Cheryl. "American Popular Culture and Anti-Americanism." in O'Connor, ed., *Anti-Americanism: History, Causes, and Themes*. Vol. 1.
111. Huntington, Samuel. "The Erosion of American National Interests." *Foreign Affairs*, Vol. 76, No. 5, September/October 1997.
112. Hutchison, David. "The Atlantic Gulf of Comprehension: European Responses to American Media Imperialism." *Canadian Review of American Studies*, Vol. 27, No. 3, 1997.
113. Hutchison, William R. "Innocence Abroad: the 'American Religion' in Europe." *Church History*, Vol. 51. No. 1, March 1982.
114. Ickstadt, Heinz. "Uniting a Divided Nation: Americanism and Anti-Americanism in Post-War Germany." *European Journal of American Culture*, Vol. 23, No. 2, 2004.
115. Ikenberry, G. John. "American Imperial Ambition." *Foreign Affairs*, Vol. 81, No. 5, September/October 2002.
116. Jackson, Jeffrey H. "Making Jazz French: The Reception of Jazz Music in Paris, 1927 – 1934." *French Historical Studies*, Vol. 25, No. 1, Winter 2002.

117. Jaffe, J. Michael and Gabriel Weimann. "New Lords of the Global Village? Theories of Media Domination in the Internet Era." in Wagnleitner and May, eds., *"Here, There, and Everywhere": the Foreign Politics of American Popular Culture.*

118. James, Beverly. "Two Cheers for the Red, White, and Blue: Hungarian Assessments of American Popular Culture." in Ramet and Crnkovic, eds., *Kazaaam! Splat! Ploof! The American Impact on European Popular Culture since 1945.*

119. Jarvie, Ian. "Free Trade as Cultural Threat: American Film and TV Exports in the Post-War Period." in Nowell-Smith and Ricci, eds., *Hollywood and Europe: Economics, Culture, National Identity: 1945–95.*

120. Jarvie, Ian. "The Postwar Economic Foreign Policy of the American Film Industry: Europe 1945–1950." *Film History*, Vol. 4, No. 4, 1990.

121. Jeancolas, Jean-Pierre. "From the Blum-Byrnes Agreement to the GATT Affairs." in Nowell-Smith and Ricci, eds., *Hollywood and Europe: Economics, Culture, National Identity: 1945–95.*

122. Jeffery, Renee. "Tradition as Invention." *Millennium*, Vol. 34, No. 1. 2005.

123. Joffe, Josef. "How America Does It?" *Foreign Affairs*, Vol. 76, No. 5, September/October 1997.

124. Joffe, Josef. "Whos' Afraid of Mr. Big?" *The National Interest*, No. 64, Summer 2001.

125. Johnson, Paul. "The Myth of Americanism Isolationism." *Foreign Affairs*, Vol. 74, No. 3, May/June 1995.

126. Judis, John B. "What Woodrow Wilson Can Teach Today's Imperialists: History Lesson." *New Republic*, Vol. 228, No. 22, June 9, 2003.

127. Judt, Tony. "A New Master Narrative? Reflections on Contemporary Anti-Americanism." in Judt and Lacorne, eds., *With Us or Against Us: Studies in Global Anti-Americanism.*

128. Judt, Tony. "America Has Gone Mad: Anti-Americanism in Historical Perspective." in O'Connor, ed., *American Foreign Policy Traditions.* Vol. III.

129. Kane, John. "Ambivalent Anti-Americanism." in Brendon O'Connor and Martin Griffiths, eds., *The Rise of Anti-Americanism*. London: Routledge, 2006.
130. Kane, John. "Schizophrenic Nationalism and Anti-Americanism." in O'Connor, ed., *Anti-Americanism: History, Causes, and Themes*, Vol. 2.
131. Katz, Claudio J. "Thomas Jefferson's Liberal Anticapitalism." *American Journal of Political Science*, Vol. 47, No. 1, January 2003.
132. Katzenstein, Peter J. and Robert O. Keohane. "Anti-Americanism," *Policy Review*, No. 139, October/November 2006.
133. Kennedy, David M. "Imagining America: The Promise and Peril of Boundlessness." in O'Connor, ed., *American Foreign Policy Traditions*. Vol. III.
134. Kimball, Roger. "Anti-Americanism Then and Now." in Hollander, ed., *Understanding Anti-Americanism: Its Origins and Impact at Home and Abroad*.
135. Kipping, Matthias. "American Management Consulting Companies in Western Europe, 1920 to 1990: Products, Reputation, and Relationships." *The Business History Review*, Vol. 73, No. 2, Summer, 1999.
136. Koppes, Clayton R. and Gregory D. Black. "What to Show the World: The Office of War Information and Hollywood, 1942–1945." *The Journal of American History*, Vol. 64, No. 1, June 1977.
137. Kopstein, Jeffrey S. "Anti-Americanism and the Transatlantic Relationship." *Perspectives on Politics*, Vol. 7, No. 2, June 2009.
138. Krastev, Ivan. "The Anti-American Century?" *Journal of Democracy*, Vol. 15, No. 2, 2004.
139. Krauthammer, Charles. "America Rules: Thank God." *Time Australia*, No. 32, November 8, 1997.
140. Krauthammer, Charles. "Lonely Superpower." *New Republic*, Vol. 205, No. 5, July 29, 1991.
141. Krebbers, Eric. "The Conservative Roots of Anti-Americanism." *De Fabel van de illegal*, Vol. 58, May/June 2003.
142. Kreis, Steven. "The Diffusion of Scientific Management: The Bedaux Company in America and Britain, 1926–1945." in Nelson, ed., *A Mental Revolution:*

Scientific Management since Taylor.

143. Kroes, Rob. "Advertising: The Commodification of American Icons of Freedom." in Wagnleitner and May, eds., *"Here, There, and Everywhere": the Foreign Politics of American Popular Culture.*

144. Kroes, Rob. "America and the European Sense of History." *The Journal of American History*, Vol. 86, No. 3, December 1999.

145. Kroes, Rob. "Anti-Americanism and Anti-Modernism in Europe: Old and Recent Versions." in Stephan, ed., *Americanization and Anti-Americanism: The German Encounter with American Culture after 1945.*

146. Kroes, Rob. "European Anti-Americanism: What's New?" *The Journal of American History*, Vol. 93, No. 2, September 2006.

147. Kroes, Rob. "European Anti-Americanism: What's New?" *The Journal of American History*, September 2006.

148. Kroes, Rob. "Introduction: America and Europe-A Clash of Imagined Communities." in Dean and Gabilliet, eds., *European Readings of American Popular Culture.*

149. Kroes, Rob. "World Wars and Watersheds: The Problem of Continuity in the Process of Americanization." *Diplomatic History*, Vol. 23, No. 1, Winter 1999.

150. Kuehn, Kurt. "Managing the Brand In an Age of Anti-Americanism." *Executive Speeches*, Vol. 19, No. 4, February/March 2005.

151. Kuisel, Richard F. "Coca-Cola and the Cold War: The French Face Americanization, 1948 – 1953." *French Historical Studies*, Vol. 17, No. 1, Spring 1991.

152. Kuisel, Richard F. "The Fernandel Factor: The Rivalry between the French and American Cinema in the 1950s." *Yale French Studies*, No. 98, 2000.

153. Kuisel, Richard F. "The French Cinema and Hollywood: A Case Study of Americanization." in Fehrenbach and Poiger, eds., *Transactions, Transgressions, Transformations: American Culture in Western Europe and Japan.*

154. Kuisel, Richard F. "What Do the Trench Think of Us? The Deteriorating Image of the United States, 2000 – 2004." *French Politics, Culture & Society*,

Vol. 22, No. 3, Fall 2004.

155. Kumar, Krishan. "The Question of European Identity: Europe in the American Mirror." *European Journal of Social Theory*, Vol. 11, No. 1, February 2008.

156. Lacorne, Denis. "Anti-Americanism and Americanophobia: A French Perspective." in Judt and Lacorne, eds., *With Us or Against Us: Studies in Global Anti-Americanism.*

157. Landy, Marcia. "'Which Way is America?': Americanism and the Italian Western." *Boundary 2*, Vol. 23, No. 1, Spring 1996.

158. LaPalombara, Joseph. "Anti-Americanism in Europe: Corporate and National Dimensions." *American Foreign Policy Interests*, Vol. 26, No. 4, August 2004.

159. Lawday, David. "Now French Intellectuals Love America." *New Statesman*, Vol. 132, No. 4656, September 22, 2003.

160. Legrain, Philippe. "Cultural Globalization Is Not Americanization." *Chronicle of Higher Education*, Vol. 49, No. 35, May 9, 2003.

161. Levine, Alan. "The Idea of America in the History of European Political Thought: 1492 to 9/11." in Craiutu & Isaac, eds., *America through European Eyes: British and French Reflections on the New World from the Eighteenth Century to the Present.*

162. Lewis, Sinclair. "Abroad with the Dodsworths." in Rahv, ed., *Discovery of Europe: The Story of American Experience in the Old World.*

163. Lillibridge, G. D. "The American Impact Abroad: Past and Present." *The American Scholar*, Vol. 35, No. 1, December 1965/1966.

164. Loveman, Brian. *The Constitution of Tyranny: Regimes of Exception in Spanish America.* Pittsburgh: University of Pittsburgh Press, 1993.

165. Lowell, James Russell. "On a Certain Condescension in Foreigners," *Atlantic Monthly*, Vol. XXIII, 1869.

166. Luce, Henry R. "The American Century." *Diplomatic History*, Vol. 23, No. 2, Spring 1999.

167. Lundestad, Geir. "Empire by Invitation? The United States and Western Europe, 1945 - 1952," in Maier, ed., *The Cold War in Europe: Era of a Di-*

vided Continent.

168. Maase, Kaspar. "A Taste of Honey: Adorno's Reading of American Mass Culture." in Dean and Gabilliet, eds., *European Readings of American Popular Culture.*

169. Maier, Charles S. "Between Taylorism and Technocracy: European Ideologies and Vision of Industrial Productivity in the 1920s." *Journal of Contemporary History*, Vol. 5, No. 2, 1970.

170. Mandrillon, Joseph. "From the Philosophical Investigations on the Discovery of America." in Commager and Giordanetti, *Was America a Mistake? An Eighteenth-Century Controversy.*

171. Markovits, Andrei S. "European Anti-Semitism and Anti-Americanism." in Brendon O'Connor, ed., *Anti-Americanism: History, Causes, and Themes*, Vol. 2, *Historical Perspectives*. Westport: Greenwood World Publishing, 2007.

172. Markovits, Mndrei S. "European Anti-Americanism (and Anti-Semitism): Ever Present Though Always Denied," Working Paper Series #108.

173. Markovits, Andrei S. "European Anti-Americanism: A Brief Historical Overview." in Brendon O'Connor, ed., *American Foreign Policy Tradition*, Vol. III.

174. Markovits, Andrei S. "Americanisation and Anti-Americanism." in O'Connor, ed., *Anti-Americanism: History, Causes, and Themes*, Vol. 1.

175. Markovits, Andrei S. "On Anti-Americanism in West Germany." *New German Critique*, No. 34, Winter 1985.

176. Markovits, Andrei S. "The Anti-Americanism Mindset," in O'Connor, ed., *Anti-Americanism: History, Causes, and Themes*, Vol. 1.

177. Markovits, Andrei S. and Lars Rensmann. "Anti-Americanism in Germany." in O'Connor, ed., *Anti-Americanism: History, Causes, and Themes*, Vol. 3, *Comparative Perspectives.*

178. Mayer, Gerald M. "American Motion Pictures in World Trade." *Annals of American Academy of Political and Social Science*, Vol. 254, November 1947.

179. McCusker, John J. "British Mercantilist Policies and the American Colonies."

in Engerman and Gallman, eds., *The Cambridge Economic History of the United States*, Vol. I, *The Colonial Era*.

180. McPherson, Alan. "Myths of Anti-Americanism: The Case of Latin America." *Brown Journal of World Affairs*, Vol. X, No. 2, Winter/Spring 2004.

181. Mearsheimer, John J. "Kissinger's Wisdom…and Advice." *The National Interest*, No. 65, Fall 2001.

182. Mendieta, Eduardo. "Patriotism and Anti-Americanism." *Peace Review*, Vol. 15, No. 4, 2003.

183. Meunier, Sophie. "Anti-Americanism in France." *European Studies Newsletter*, Vol. XXXIV, No. 3/4, January 2005.

184. Meunier, Sophie. "The Distinctiveness of French Anti-Americanism," in Katzenstein and Keohane, eds., *Anti-Americanisms in World Politics*.

185. Meunier, Sophie. "the French Exception." *Foreign Affairs*, Vol. 79, No. 4, July/August 2000.

186. Moser, John E. "Anti-Americanism and Anglophobia." in O'Connor, ed., *Anti-Americanism: History, Causes, and Themes*, Vol. 3.

187. Miller, Ralph N. "American Nationalism as a Theory of Nature." *The William and Mary Quarterly*, Third Series, Vol. 12, No. 1, January 1955.

188. Miller, Tony. "Anti-American and Popular Culture." Anti-Americanism Working Papers, 2005, Central European University, Hungary.

189. Moltmann, Günter. "Anti-Americanism in Germany: Historical Perspectives." *Australian Journal of Politics & History*, Vol. 21, No. 2, August 1975.

190. Muschg, Adolf. "'Core Europe': Thoughts about the European Identity." in Levy, Pensky, and Torpey, *Old Europe, New Europe, Core Europe: Transatlantic Relations After the Iraq War*.

191. Muscio, Ciuliana. "Invasion and Counterattack: Italian and American Film Relations in the Postwar Period." in Wagnleitner and May, eds., *"Here, There, and Everywhere": the Foreign Politics of American Popular Culture*.

192. Nabokov, Nicolas. "Performers and Composers: Festival and Twelve-Tone Row." In Galantière, ed., *America and the Mind of Europe*.

193. Naim, Moises. "Missing Links: Anti-Americanisms." *Foreign Policy*, No. 128, January-February 2002.
194. Nettelbeck, Colin. "Anti-Americanism in France." in O'Connor, ed., *Anti-Americanism: History, Causes, and Themes*, Vol. 3.
195. Nolan, Mary. "America in the German Imagination." in Fehrenbach and Poiger, eds., *Transactions, Transgressions, Transformations: American Culture in Western Europe and Japan*.
196. Nora, Pierre. "America and the French Intellectuals." translated by Michael Taylor, *Daedalus*, Vol. 107, No. 1, Winter 1978.
197. Nye, Joseph S., Jr., "The Challenge of Soft Power." *Time*, February 22, 1999.
198. Oakes, James. "From Republicanism to Liberalism: Ideological Change and Crisis of Old South." *American Quarterly*, Vol. 37, No. 4, Autumn 1985.
199. O'Connell, Shaun P. "Television Without Frontiers: The European Unions' Continuing Struggle for Cultural Survival." *Case Western Reserve Journal of International Law*, Vol. 28, No. 2, Spring 1996.
200. O'Connor, Brendon. "A History of Anti-Americanism: From Buffon to Bush." in Connor, ed., *American Foreign Policy Tradition*. Vol. III, Los Angeles: Sage, 2010.
201. O'Connor, Brendan. "A Brief History of Anti-Americanism from Cultural Criticism to Terrorism." *Australasian Journal of American Studies*, Vol. 23, No. 1, July 2004.
202. O'Connor, Brendon. "The anti-American Tradition: A History in Four Phases." in O'Connor and Griffiths, eds., *The Rise of Anti-Americanism*.
203. Ostransky, Leroy. "Early Jazz." *Music Educators Journal*, Vol. 64, No. 6, February 1978.
204. Padis, Marc-Olivier "France and Cultural Globalization." *Political Quarterly*, Vol. 73, No. 3, July 2002.
205. Parry-Giles, Shawn J. "Militarizing America's Propaganda Program, 1945 – 1955." in Medhurst and Brands, eds., *Critical Reflections on the Cold War: Linking Rhetoric and History*.

206. Patapan, Haig. "Philosophic Anti-Americanism." in O'Connor, ed., *Anti-Americanism: History, Causes, and Themes*, Vol. 2.
207. Paulus, Stefan. "The Americanisation of Europe after 1945? The Case of the German Universities." *European Review of History*, Vol. 9, No. 2, 2002.
208. Pells, Richard. "From Modernism to the Movies: The Globalization of American Culture in the Twentieth Century." *European Journal of American Culture*, Vol. 23, No. 2, 2004.
209. Pells, Richard. "Who's Afraid of Steven Spielberg?" *Diplomatic History*, Vol. 24, No. 3, Summer 2000.
210. Pernety, Dom. "From the Dissertation on America and the Natives of the Part of the World." in Commager and Giordanetti, *Was America a Mistake? An Eighteenth-Century Controversy*.
211. Petterson, James. "No More Song and Dance: French Radio Broadcast Quotas, Chansons, and Cultural Exceptions." in Fehrenbach and Poiger, eds., *Transactions, Transgressions, Transformations: American Culture in Western Europe and Japan*.
212. Pickering, Michael. "Eugene Stratton and Early Ragtime in Britain." *Black Music Research Journal*, Vol. 20, No. 2, Autumn 2000.
213. Pickering, Michael. "John Bull in Blackface." *Popular Music*, Vol. 16, No. 2, May 1997. Poiger, Uta G. "American Music, Cold War Liberalism, and German Identities." in Fehrenbach and Poiger, eds., *Transactions, Transgressions, Transformations: American Culture in Western Europe and Japan*.
214. Poiger, Uta G. "Fear and Fascination: American Popular Culture in a Divided Germany, 1945 – 1968." in Ramet and Crnkovic, eds., *Kazaaam! Splat! Ploof! The American Impact on European Popular Culture since 1945*.
215. Poiger, Uta G. "Rock 'n' Roll, Female Sexuality, and the Cold War Battle over German Identities." *The Journal of Modern History*, Vol. 68, No. 3, September 1996.
216. Poiger, Uta G. "Searching for Proper New Music: Jazz in Cold War

Germany." in Mueller, ed., *German Pop Culture: How "American" Is It?*.

217. Prévos, André J. M. "Rap and Hip Hop in France: The Americanization of Popular Music in Europe." in Melling and Roper, eds., *Americanization and the Transformation of World Cultures.*

218. Pyles, Thomas. "A New Dictionary of Americanisms." *American Speech*, Vol. 32, No. 2, May 1957.

219. Ramet, Sabrina E. "Americanization, Anti-Americanism, and Commercial Aggression against Culture: An Introduction." in Ramet and Crnkovic, eds., *Kazaaam! Splat! Ploof! The American Impact on European Popular Culture since 1945.*

220. Rensmann, Lars. "Europeanism and Americanism in the Age of Globalization: Hannah Arendt on the Europe and America and Implications for a post-National Identity of the EU Polity." *European Journal Political Theory*, Vol. 5, No. 2, 2006.

221. Rocca, Francis X. "America's Multicultural Imperialism." *American Spectator*, Vol. 33, No. 7, September 2000.

222. Rodman, Peter W. "The Worlds' Resentment: Anti-Americanism as a Global Phenomenon." *The National Interest*, No. 60, Summer 2000.

223. Rogers, M. Robert. "Jazz Influence on French Music." *The Musical Quarterly*, Vol. 21, No. 1, January 1935.

224. Rose, Arnold M. "Anti-Americanism in France." *The Antioch Review*, Vol. 12, No. 4, Winter 1952.

225. Rosenberg, Emily S. "Twenties/Twenties Hindsight." *Foreign Policy*, No. 120, September-October 2000.

226. Rougemont, Denis de. "Minds and Morals: The Conquest of Anarchy." in Aron and Others, *America and the Mind of Europe.*

227. Rousseau, Jean-Jacques. "Considerations on the Government of Poland and on Its Proposed Reformation." April 1772.

228. Rubinstein, Alvin and Donald Smith. "Anti-Americanism in the Third World." *The ANNALS of the American Academy of Political and Social Science*, Vol. 497,

No. 1, May 1988.

229. Salamone, Virginia A. and Frank A. Salamone. "Images of Main Street: Disney World and the American Adventure." *Journal of American Culture*, Vol. 22, No. 1, Spring 1999.

230. Schama, Simon. "Them and US: Brash, Vulgar and Absurdly Patriotic-that Was the View of America Held by 19th Century European Visitors." *Guardian*, March 29, 2003.

231. Schmidt, Ingo. "Europe: on the Rise to Hegemony or Caught in Crisis?" *Monthly Review*, Vol. 54, No. 9, February 2003.

232. Schröter, Harm G. "Economic Culture and Its Transfer: Americanization and European Enterprise, 1900 – 2005." *Revue économique*, Vol. 58, No. 1, January 2007.

233. Sedgwick, John and Michael Pokorny. "The Film Business in the United States and Britain during the 1930s." *Economic History Review*, Vol. LVIII, No. 1, February 2005.

234. Seybert, Adam, "Statistical Annals of the United State of America," *The Edinburgh Review, or Critical Journal*, Vol. XXXIII, Edinburgh: Printed by David Willison, 1820.

235. Shlapentokh, Vladimir and Joshua Woods. "The Threat of International Terrorism and the Image of the United States Abroad." *Brown Journal of World Affairs*, Vol. X, No. 2, Winter/Spring 2004.

236. Schröder, Hans-Jürgen. "Chancellor of the Allies? the Significance of the United States in Adenauers' Foreign Policy." in Barclay and Claser-Schmidt, eds., *Transatlantic Images and Perceptions: Germany and America since 1776.*

237. Singer, Daniel. "GATT & the Shape of Our Dreams." *Nation*, Vol. 258, No. 2, January 17, 1994.

238. Singh, Robert. "Anti-Americanism in the United Kingdom." in O'Connor, ed., *Anti-Americanism: History, Causes, and Themes*, Vol. 3.

239. Singh, Robert. "Are We all Americans Now? Explaining Anti-Americanisms." in O'Connor and Griffiths, eds., *The Rise of Anti-Americanism.*

240. Sørensen, Nils Arne and Klaus Petersen, "Ameri-Danes and Pro-American Anti-Americanism: Cultural Americanization and Anti-Americanism in Denmark after 1945. in Stephan, ed., *The Americanization of Europe: Culture, Diplomacy, and Anti-Americanism after 1945.*

241. Spiro, Herbert J. "Anti-Americanism in Western Europe." *The Annals of the American Academy of Political and Social Science*, Vol. 497, May 1988.

242. Spender, Stephen. "Britain: Culture in Official Channels." in Galantière, ed., *America and the Mind of Europe.*

243. Spode, Hasso. "Fordism, Mass Tourism and the Third Reich: The 'Strength Through Joy' Seaside Resort as an Index Fossil." *Journal of Social History*, Vol. 38, No. 1, Fall 2004.

244. Stephan, Alexander. "Cold War Alliance and the Emergence of Transatlantic Competition: An Introduction." in Stephan, ed., *The Americanization of Europe: Culture, Diplomacy, and Anti-Americanism after 1945.*

245. Stivachtis, Yannis A. "Understanding Anti-Americanism." Research Institute for European and American Studies, Research paper, No. 109, May 2007.

246. Strauss, William Victor. "Foreign Distribution of American Motion Pictures." *Harvard Business Review*, No. 8, April 1930.

247. Strout, Cushing. "America, the Menace of the Future: A European Fantasy." *The Virginia Quarterly Review*, Vol. 33, No. 4, Autumn 1957.

248. "The French Farmers' Anti-global Hero." *Economist*, Vol. 356, No. 8178, July 8, 2000.

249. "This Is How Press Agents Work." *Army Talks*, Vol. II, No. 25. June 21, 1944.

250. Thomas, Jerry W. "The Internet: What Will the Future Bring?" *Nation's Restaurant News*, Vol. 31, No. 43, October 27, 1997.

251. Thompson, Kristin. "The Rise and Fall of Film Europe." in Higson and Maltby, eds., *"Film Europe" and "Film America": Cinema, Commerce and Cultural Exchange 1920 – 1939.*

252. Toinet, Marie-France. "Does Anti-Americanism Exist?" in Lacorne, Rupnik

and Toinet, eds., *The Rise and Fall of Anti-Americanism: A Century of French Perception*.

253. Toinet, Marie-France. "French Pique and Piques Francaises." *Annals of the American Academy of Political and Social Science*, Vol. 497, May 1988.

254. Trommler, Frank. "Mixing High and Popular Culture: The Impact of the Communication Revolution." in Mueller, ed., *German Pop Culture: How "American" Is It?*.

255. Tunstall, Jeremy. "Media Imperialism?" in Lazere, ed., *American Media and Mass Culture: Left Perspectives*. Berkeley: University of California Press, 1987.

256. Tyrrell, Ian. "American Exceptionalism and Anti-Americanism." in Brendon O'Connor, ed., *Anti-Americanism: History, Causes, and Themes*, Vol. 2.

257. Ulff-Møller, Jens. "Hollywood's 'Foreign War': The Effect of National Commercial Policy on the Emergence of the American Film Hegemony in France, 1920 – 1929." in Higson and Maltby, eds., *"Film Europe" and "Film America: Cinema, Commerce and Cultural Exchange 1920 – 1939*.

258. Vámos, Miklós. "Hungary for American Pop." *The Nation*, March 25, 1991.

259. Vedrine, Hubert. "On Anti-Americanism." *Brown Journal of World Affairs*, Vol. X, No. 2, Winter/Spring 2004.

260. Véliz, Claudio. "Industrial Modernity and Its Anti-Americanisms." *The Hedgehog Review*, Vol. 5, No. 1, Spring 2003.

261. Vickers, Ben. "Europe Defines Itself Against U.S. on the Internet." *Wall Street Journal* (Eastern edition), April 2, 2001.

262. Vihlen, Elizabeth. "Jammin' on the Champs-Elysees: Jazz, France, and the 1950s." in Wagnleitner and May, eds., *"Here, There, and Everywhere": the Foreign Politics of American Popular Culture*.

263. Virtanen, Reino. "French National Character in the Twentieth Century." *Annals of American Academy of Political and Social Science*, Vol. 370, March 1967.

264. Wagner, Peter. "The Resistance that Modernity Constantly Provokes: Europe, America and Social Theory." *Thesis Eleven*, No. 58, August 1999.
265. Wanger, Walter F. "Donald Duck and Diplomacy." *The Public Opinion Quarterly*, Vol. 14, No. 3, Autumn 1950.
266. Ward, Deborah E. "Race, Nationalism and Anti-Americanism in America." in O'Connor, ed., *Anti-Americanism: History, Causes, and Themes*, Vol. 2.
267. Wagnleitner, Reinhold, *American Cultural Diplomacy, the Cinema, and the Cold War in Central Europe*, April 1992, Working Paper 92 – 94.
268. Wagnleitner, Reinhold. "Propagating the American Dream: Cultural Policies as Means of Integration." in Horwitz, ed., *Exporting America: Essays on American Studies Abroad*.
269. Wagnleitner, Reinhold. "The Irony of American Culture Abroad: Austria and the Cold War." in May, ed., *Recasting America: Culture and Politics in the Age of Cold War*.
270. Wagnleitner, Reinhold. "Where's the Coke? There's the Coke!" in Giorcelli and Kroes, eds., *Living with America, 1946 – 1996*.
271. Walker, Martin. "What Europeans Think of America." *World Policy Journal*, Vol. 17, No. 2, Summer 2000.
272. Wedell, George. "The Establishment of the Common Market for Broadcasting in Western Europe." *International Political Science Review*, Vol. 7, No. 3, 1986.
273. Weiner, Marc A. "Urwaldmusik and the Borders of German Identity: Jazz in Literature of the Weimar Republic." *The German Quarterly*, Vol. 64, No. 4, Fall 1991.
274. Werz, Michael. "Anti-Americanism and Ambivalence in the New Germany." U. S. -Europe Analysis Series, January 2005.
275. Werz, Michael. "Anti-Americanism and Ambivalence: Remarks on an Ideology in Historical Transformation." *Tolos*, No. 129, Fall-Winter 2004.
276. Werz, Michael and Barbara Fried. "Modernity, Resentment and Anti-Americanism." in Connor, ed., *Anti-Americanism: History, Causes, and Themes*, Vol. 1.

277. "What is Americanism? Supplement." *The American Journal of Sociology*, Vol. 20, No. 5, March 1915.

278. Wikle, Thomas A. "International Expansion of the American-Style Service Club." *Journal of American Culture*, Vol. 22, No. 22, Summer 1999.

279. Williams, William Appleman. "The Age of Mercantilism: An Interpretation of the American Political Economy, 1763 to 1828." *The William and Mary Quarterly*, 3d Series, Vol. XV, No. 4, October 1958.

280. Wood, Gordon S. "Americas' First Climate Debate: Thomas Jefferson Questioned the Science of European Doomsayers." *American History*, Vol. 44, No. 6, February 2010.

281. Wood, Gordon S. "Environmental Hazards, Eighteenth-Century Stale." in Sadosky, Nicolaisen, Onuf, and O'Shaughnessy, eds., *Old World, New World: America and Europe in the Age of Jefferson*.

282. Zoysa, Richard de and Otto Newman. "Globalization, Soft Power and the Challenge of Hollywood." *Contemporary Politics*, Vol. 8, No. 3, September 2002.

三　报纸文章

1. "5000 Workers Fight French Film Quota." *New York Times*, May 23, 1929.
2. "Adviser to Go to Germany." *New York Times*, September 5, 1953.
3. "America Startles Europe." *New York Times*, October 2, 1898.
4. "American Accept French Film Plan." *New York Times*, May 5, 1928.
5. "American Abroad." *New York Times*, May 9, 1909.
6. "American Combat Yugoslav Film Curbs." *New York Times*, March 7, 1932.
7. "Americans Curtail Film Work in Film Work in Reich." *New York Times*, April 4, 1937.
8. "American Influence in Great Britain." *New York Times*, January 20, 1903.
9. "'American Manners' Deplored by French." *New York Times*, August 27, 1911.
10. "Americanizing London." *New York Times*, June 22, 1880.
11. "Americanization of Europe: Motel Is Latest Import." *New York Times*, May 29,

1967.
12. "Americanization of France." *The Washingtton Post*, July 14, 1889.
13. "American Supremacy Recognized in England." *New York Times*, December 26, 1901.
14. "Americans Protest French Film Quota." *New York Times*, April 12, 1929.
15. Andrews, Edmund L. "American Pop Culture, Foreign-Owned." *New York Times*, May 29, 1998.
16. "Anti-Americanism in Italy." *New York Times*, February 14, 1899.
17. "Ask Ban on Pictures of Troop-Guarded Film." *New York Times*, June 25, 1925.
18. "Asserts America Cannot Shun League." *New York Times*, August 1, 1930.
19. "Attacks Immoral Art: Dr. Van Dyke Also Tells Educators That Demon Invented Jazz." *New York Times*, February 28, 1921.
20. Baker, Russell. "Observer: Europe Bungles Its Chance." *New York Times*, November 10, 1966.
21. "Ban Against Jazz Sought in Ireland: Gaelic League's Campaign for National Dances Backed by President and Cardinal." *New York Times*, January 7, 1934.
22. "Ban on Jazz Sacrilege." *New York Times*, November 4, 1922.
23. "Ban on Our Films Is Asked in Paris." *New York Times*, May 19, 1934.
24. Barnes, Clive. "Dance: Americans Leave Mark on Old World Ballet." *New York Times*, September 24, 1968.
25. Barry, Joseph A. "A Letter From Paris." *New York Times*, February 19, 1950.
26. Bart, Peter. "Europes' Successes Worry Hollywood." *New York Times*, September 20, 1965.
27. "Before Hollywood Was." *New York Times*, December 21, 1931.
28. Belair, Felix, Jr., "United States Has Secret Sonic Weapon—Jazz." *New York Times*, November 6, 1955.
29. Bennetts, Leslie. "French Culture Minister Finds Empathy in U. S.." *New York Times*, October 29, 1986.

30. "Berlin Editor Storms over Threat of War." *New York Times*, January 27, 1928.
31. "Berlin Opera Mingles Auto Horn, Film, Jazz." *New York Times*, March 2, 1927.
32. Blair, W. Granger. "Briton Explains Curbs on U. S. TV." *New York Times*, October 12, 1965.
33. "'Boxing Day' in London: Big Crowd at Wild West Show." *New York Times*, December 28, 1902.
34. Bradsher, Keith. "Big Cut in Tariffs: Movies, TV and Financial Services Are Some of the Areas Left Out." *New York Times*, December 15, 1993.
35. Breck, Edward. "Berlin News and Gossip." *New York Times*, October, 8, 1899.
36. "Britain Approves Movie Quota Cut." *New York Times*, March 32, 1950.
37. "Britain Drops Film Quota: Abandons Legislation Which Would Have Curbed American Sales." *New York Times*, January 21, 1928.
38. "Britain to Radio Jazz Here." *New York Times*, March 11, 1924.
39. "British Comments on the Americanization of Sir Winston Churchill." *New York Times*, April 14, 1963.
40. "British Film Bill Passed by Commons." *New York Times*, November 18, 1927.
41. "British Films Spurred by Coming Quota Law." *New York Times*, November 23, 1927.
42. "British Hollywood Is to Rise Near London." *New York Times*, March 16, 1927.
43. "British Industries Adopting Our Methods." *New York Times*, November 11, 1904.
44. "British Lift Jazz Ban: First American Troupe in Three Years Gets Entry Permit." *New York Times*, January 10, 1929.
45. "British Music Critic Excoriates Jazz: Newman, in Stinging Invective, Calls It an Industry Without Art." *New York Times*, September 12, 1926.
46. "British Oust Negro Band: Act Against American Jazz Players Present in Violation of Labor Laws." *New York Times*, March 19, 1930.

47. Brogan, D. W. "A Plea to America Not to Undersell Itself: A Briton Says We can Offer the World Much More Than Our Economic and Material Strength." *New York Times*, November 14, 1948.
48. Brown, John L. "The Impact of a Legend." *New York Times*, March 14, 1965.
49. "Buffalo Bill at Windsor: Queen Victoria Presents Him with a Medal for Amusing Her." *New York Times*, June 26, 1892.
50. "Buffalo Bill Going to London." *New York Times*, September 12, 1886.
51. "Buffalo Bill Happy: He Has Captured England from the Queen Down." *New York Times*, July 15 1887.
52. "Buffalo Bill in Pairs." *The Washington Post.* May 19, 1889.
53. Carter, John. "Hollywood Has A Foreign War: Maxim Gorky." *New York Times*, March 4, 1928.
54. Castle, Stephen. "Google Book Project Angers France." *Independence*, May 6, 2005.
55. Caute, David. "New Frontier, European Style." *New York Times*, July 28, 1968.
56. Chafets, Zev. "Why they Hate U. S.: Land of the Free Seduces Worlds' Sons and Daughters." *The New York Daily News*, September 4, 2002.
57. Churchill, Douglas W. "Film Bans Abroad Hurt Hollywood." *New York Times*, January 8, 1939.
58. Churchill, Douglas W. "Hollywoods' Censor Is All the World." *New York Times*, March 29, 1936.
59. Cianfarras, Camille M. "U. S. Film Exports to Spain Halted." *New York Times*, August 21, 1955.
60. Cohen, Roger. "A Not So Magic Kingdom." *International Herald Tribune*, July, 19 1993.
61. Cohen, Roger. "Europeans Back French Curbs on U. S. Movies." *New York Times*, December 12, 1993.
62. Commager, Henry Steele. "So We're a 'Bad Influence'." *New York Times*,

June 24, 1951.
63. "Comment on Morgan's Big Shipping Trust: The Americanization of the British Mercantile Navy Will Again be the Principal Subject." *Times-Picayune*, July 4, 1902.
64. "Condemns Age of Jazz." *New York Times*, January 27, 1925.
65. "Cultural Fast Food Goes Global." *New York Times*, May 3, 1992.
66. "Curb on U. S. TV Asked by British Stage Folk." *New York Times*, March 23, 1954.
67. Dahrendorf, Ralf. "Anti-Americanism and Europes' Identity." *Korea Herald*, February 15, 2003.
68. Dale, Edwin L., Jr., "Europe at Dawn of Affluent Age: Accepts U. S. -Style Benefits but Clings to Old Ways." *New York Times*, July 16, 1961.
69. Dale, Edwin L., Jr. "Europeans Greet Era of Affluence As Mixed Blessing." *New York Times*, December 24, 1959.
70. Daley, Suzanne. "In Europe's Eyes, Americans Become Uglier And Uglier." *Seattle Times*, April 9, 2000.
71. "Dance Craze Grips London: American Jazz Steps Popular in Exclusive House Parties." *New York Times*, April 6, 1919.
72. "Dance of Coming Week: Jazz Concert to Raise Money for American Academy in Rome." *New York Times*, April 20, 1924.
73. "Dancers Abroad Get American Jazz by Air: Britain and Germany Hear Music Broadcast from New York, Pittsburgh and Schenectady." *New York Times*, December 16, 1925.
74. Daniel, Clifton. "Anti-U. S. Talk Persists in Britain; Washington Policy Is Challenged." *New York Times*, December 29, 1950.
75. "Declares Dancing to Jazz Cuts Lives of the Elderly." *New York Times*, April 3, 1927.
76. "Defend Jazz Music; Hit British Critic: Orchestra Leaders Here Say Popularity of Syncopated Tunes Answers Newman." *New York Times*, September 13, 1926.
77. Dobbs, Michael. "A French Disneyland? Oui, Avec Grand Plaisir." *The*

Washington Post, January 22, 1986.

78. Dobbs, Michael. "Love on the Loire: French Televisions' Version of 'Dallas'." *The Washington Post*, February 13, 1985.

79. Dobbs, Michael. "Of Two Minds about America: 100 Years after their Gift, the French still.

80. "Hate to Love Us." *The Washington Post*, July 2, 1986.

81. "Dr. Cadman Assaults Jazz: He Urges Apollo Choral Club to Help End A 'Degradation'." *New York Times*, May 3, 1927.

82. "Dr. Cady Say Hollywood Films Give World 'Spiritual and Moral Fear' of United States." *New York Times*, January 11, 1932.

83. "Draft Quota Plan for British Films." *New York Times*, February 9, 1928.

84. Dupree, Mary Herron. "'Jazz,' the Critics, and American Art Music in the 1920s." *American Music*, Vol. 4, No. 3, Autumn 1986.

85. East, A. S. A. "Dollar Diplomacy Queried: Inflation Resulting from Aid Said to Breed Anti-Americanism." *New York Times*, March 13, 1958.

86. Emerson, Gloria. "New Kind of Anti-Americanism Is Increasing among the French." *New York Times*, March 19, 1967.

87. "E. N. Hurley Warns on Foreign Trade." *New York Times*, May 23, 1930.

88. Erlanger, Steven. "Europe's Identity Crisis." *New York Times*, May 5, 2002.

89. Eskin, Emily. "Questions for Jose Bove: Unhappy Meals." *New York Times*, January 6, 2002.

90. Estabrook, Robert H. "Does an Invasion Threaten Britain?" *The Washington Post*, April 26, 1962.

91. "Europe's Anti-Americanism." *New York Times*, April 24, 1900.

92. "Extending the 'Cartels'." *New York Times*, August 12, 1929.

93. Eyre, Lincoln. "America Has Grip on German Movies: Possibility Is Soon That Hollywood Will Control Industry There in a Few Months." *New York Times*, November 11, 1925.

94. Farnsworth, Clyde H. "British Business Piqued with U. S.: Anti-Americanism Mounting again as Britons Seek." *New York Times*, April 19, 1965.

95. Farnsworth, Clyde H. "U. S. Fights Europe TV-Show Quota." *New York Times*, June 9, 1989.
96. Fawcett, L' Estrange. "Hollywood Impressions of a British Journalist." *New York Times*, August 22, 1926.
97. Fellows, Edwin W. "The Americanization of Video Europe." *New York Times*, October 16, 2006.
98. "Films and Jazz Hit in Clean-up at Rome." *New York Times*, April 24, 1927.
99. "Film Restriction Approved in France." *New York Times*, February 10, 1928.
100. "Films and Jazz Hit in Clean-up at Rome." *New York Times*, April 24, 1927.
101. "Find Kinship between Music and Motor Cars." *New York Times*, August 17, 1924.
102. "Foes of German Jazz Opera Employ Sabotage in Theatre." *New York Times*, January 8, 1928.
103. "Fondness for Noise Called American Malady; Doctor Says It Explains Popularity of Jazz." *New York Times*, January 6, 1931.
104. Ford, Peter. "UN Fights U. S. Cultural Imperialism." *Colorado Daily*, October 23, 2003.
105. "Ford Wars on Jazz." *New York Times*, July 12, 1925.
106. Foreign Correspondence of New York Times. "German Anti-Americanism." *New York Times*, February 17, 1902.
107. Fouquet, David. "Europes' Troubled Film Industry Tries to Hold the Line against Hollywood Imports." *The Christian Science Monitor*, December 3, 1984.
108. "France Abandons 4 – to-1 Film Quota: Offers Americans 40 Per Cent. Free Imports and a 7 – to-1 Ratio Thereafer." *New York Times*, May 4, 1928.
109. "France and German Films: French Critic Prefers Former Foes' Photoplays to 'Hollywood Banalities'." *New York Times*, October 10, 1926.
110. "France Defer Curb on American Films." *New York Times*, March 29, 1928.
111. "France Lifts Foreign Film Curb." *New York Times*, June 15, 1961.
112. "France Orders Our Jazz Players Expelled: Acts on Protests by French Musicians." *New York Times*, May 31, 1924.

113. "French Criticize American Film Man: Posters Condemn Hollywood Stories as Dangerous to Culture and Youth of France." *New York Times*, May 3, 1929.
114. "French Divided on Film Degree: Most Critics Welcome Measure, but a Large Minority Questions Some Provisions." *New York Times*, February 20, 1928.
115. "French End Quota on American Films." *New York Times*, July 7, 1931.
116. "French Film Men Bid Hays Good-bye." *New York Times*, May 6, 1928.
117. "French Find Our Jazz Too Soul-Disturbing." *New York Times*, February 3, 1929.
118. "French in Sueida Hear Pittsburgh on the Air." *New York Times*, October 10, 1925.
119. "French Movies Ask More of Our Films." *New York Times*, March 9, 1929.
120. "French Movie Plan Worries Americans." *New York Times*, December 13, 1927.
121. "French Plan Quota to Limit Our Films." *New York Times*, December 24, 1927.
122. "French Police Stop Jazz Band at Burial." *New York Times*, October 18, 1923.
123. "French Quotas on Some Alien Films." *New York Times*, August 11, 1939.
124. "French Reconsider Film Restrictions." *New York Times*, May 2, 1928.
125. "French Recommend New 4-1 Film Quota." May 28, 1929.
126. "French Vote to Cut Our Movie Quota." *New York Times*, February 16, 1928.
127. "Frenchman Scores Hollywood Morals." *New York Times*, November 24, 1928.
128. Friedman, Thomas L. "Angry, Wired and Deadly." *New York Times*, August 22, 1998.
129. "German Coming to Seek Jazz Singers Here to Satisfy Craze Started by Phonograph." *New York Times*, April 8, 1927.
130. "Germans Would Oust American Jazz Bands." *New York Times*, December 11, 1924.
131. "Germany Puts Ban on American Movies: Smuggled Films Have Taken the Place

of Those Produced at Home." *New York Times*, December 12, 1920.

132. "Germany Restricts Use of Our Films." *New York Times*, December 27, 1925.

133. Giniger, Henry. "Europes' 'Americanization': France: 'A kind of Cultural Coexistence'." *New York Times*, April 6, 1958.

134. Gilpin, Kenneth N. "American TV Abroad." *New York Times*, January 18, 1981.

135. Gitlin, Todd. "World Leaders: Mickey, et. al." *New York Times*, May 3, 1992.

136. Glover, Julian. "Blair Attacks Europes' Anti-Americanism." *Guardian*, May 21, 2002.

137. Goldberg, Jonah. "European Anti-Americanism Not Likely to End Soon." *Saratogian*, September 16, 2005.

138. Golodner, Jack. "The Downside of Protectionism." *New York Times*, February 27, 1994.

139. Gordon, Philip H. "Liberté! Fraternité! Anxiety!" *Financial Times*, January 19, 2002.

140. Gorer, Geoffrey. "Europe Goes American." *New York Times*, October 18, 1959.

141. Gorman, Herbert. "Herr Feuchtwanger Jests at Europe's 'Americanization'." *New York Times*, August 18, 1929.

142. Graham, Bradley. "West Germans See Indications of Growing Anti-Americanism." *Washington Post*, July 4, 1981.

143. Greenfield, Jeff. "They Changed Rock, Which Changed the Culture, Which Changed Us." *New York Times Magazine*, February 16, 1975.

144. Greenhouse, Steven. "Ideas & Trends: The Television Europeans Love, and Love to Hate." *New York Times*, August 13, 1989.

145. Hannon, Leslie F. "American Culture? Qu'est-ce que c'est?" *New York Times*, February 16, 1964.

146. Harmetz, Aljean. "Hollywood Starts an Invasion of Europes' Booming Market." *New York Times*, January 11, 1990.

147. "Hays and Wilson Confer on Films." *New York Times*, April 12, 1928.
148. "Hays Says He Finds No 'Hollywood Horrors'." *New York Times*, July 30, 1929.
149. Heilbrunn, Jacob. "For France—and Europe—Its' About Anti-Americanism." *Los Angeles Times*, June 15, 1997.
150. Hendrix-Holst, Henriette. "The Literature of Jazz Invade Holland." *New York Times*, October 9, 1927.
151. "Here and There in Film Spheres." *New York Times*, April 7, 1929.
152. Hoagland, Jim. "The New French Diplomatic Style." *The Washington Post*, September 25, 1997.
153. Hoffman, Michael L. "Americanization of Widens." *New York Times*, June 24, 1956.
154. "Home-Made Jazz for Italy: New Association Plans Substitute for American Product." *New York Times*, July 16, 1926.
155. "Hollywood, Unlimited." *New York Times*, December 21, 1927.
156. Hood, Douglas R. "Why Shouldn't Europe Resist American TV?" *New York Times*, November 7, 1989.
157. Hornaday, Mary. "Hollywood Criticizes New British Film Quota." *The Christian Science Monitor*, June 22, 1948.
158. "Hungary Protect Home Jazz by Barring Foreign Bands." *New York Times*, December 1, 1925.
159. Hutton, C. Clayton. "Hollywood to A Briton." *New York Times*, January 15, 1928.
160. "Indians at Erastina: Successful Opening of Buffalo Bill's 'Wild West' Show." *New York Times*, June 26, 1886.
161. "Irish Denounce Jazz." *New York Times*, January 2, 1934.
162. "Jazz All Over Europe: Sandor Harmati Says It Is Only American Music Known There." *New York Times*, April 10, 1929.
163. "Jazz Band Back from World Tour." *New York Times*, August 11, 1927.
164. "Jazz Bands Popular in Turkey; Kemal Enjoys Western Music." *New York*

Times, October 12, 1927.
165. "Jazz Beethoven in Berlin: Musicians Declare It Impossible to Keep the Classical Mood." *New York Times*, March 25, 1927.
166. "Jazz Bitterly Opposed in Germany." *New York Times*, March 11, 1928.
167. "Jazz Dances 'Dangerous Sports,' Say Doctor, Adding 'Charleston Knee' to Mankinds' Ills." *New York Times*, April 29, 1928.
168. "Jazz Doomed in Britain: Imperial Society of Dancing Teachers Promises New Dances." *New York Times*, July 25, 1919.
169. "Jazz is Compared to Comic Cartoon." *New York Times*, February 18, 1927.
170. "Jazz Music Concert for Rome Academy." *New York Times*, April 13, 1924.
171. "Jazz is Not Music, Stresemann Asserts." *New York Times*, June 12, 1927.
172. "Jazz Pioneer Dies in Paris: Charlie Baker Introduced American Music There 25 Years Ago." *New York Times*, March 17, 1928.
173. "Jazz Rules American Ether, Analysis of Programs Reveals." *New York Times*, November 16, 1930.
174. "Johnston Decries French Film Bars." *New York Times*, May 13, 1952.
175. J. W. H. "The Americanization of Paris." *New York Times*, February 23, 1902.
176. King, Harold. "Americanization Trend Worries Paris Idealists." *The Washington Post*, June 7, 1967.
177. "Leopold Auer, Violin Master, Become Citizen: Promptly Gives Views on Prohibition and Jazz." *New York Times*, November 9, 1926.
178. Levick, M. B. "Free Trade in Jazz Becomes A Mild Issue: British Refusal to Admit Ohio Band Leaders Stirs Talk of a War of Retaliation in Art." *New York Times*, March 28, 1926.
179. Lewis, Anthony. "Europe and America at the Decade." *New York Times*, December 29, 1968.
180. Lewis, Anthony. "Why Humphrey Got That Abuse in Europe." *New York Times*, April 16, 1967.
181. Lewis, John. "What Is Americanism?" *New York Times*, July 31, 1916.

182. "London." *Times-Picayune*, July 26, 1883.
183. "London Letter." *New York Times*, February 10, 1907.
184. "London Screen Notes: Federated British Industries Hope to Put Teeth Into the Quota Act." *New York Times*, April 27, 1930.
185. Lukacs, John. "America May Be in Its Last Phase of Adolescence." *New York Times*, December 5, 1971.
186. MacCormac, John. "British Film Rush: Internationalization of Industry on Other Side Proceeding Rapidly." *New York Times*, June 10, 1928.
187. MacDonald, Carlisle. "Americans Protest French Film Quota." *New York Times*, April, 29, 1929.
188. Marshall, Ernest. "Fight on Our Films Hits Snag in Europe: Self-Interest Blocks Move for a General Cartel Against Hollywood Menace." *New York Times*, January 29, 1928.
189. McCormick, Anne O'Hare. "Abroad: It's Still a Long Way from Paris to Rome." *New York Times*, July 8, 1950.
190. McDougal, Dennis. "Europe TV Quota Doesn't Rattle Hollywood." *Los Angeles Times*, October 10, 1989.
191. Middleton, Drew. "Bias Against U.S. Rising in France." *New York Times*, February 25, 1964.
192. Middleton, Drew. "British Discount Anti-U.S. Attitude." *New York Times*, July 11, 1957.
193. Middleton, Drew. "Cowboys and Indians: British Image of U.S. Being Blurred by TV When Allies Cannot Afford It." *New York Times*, January 19, 1960.
194. Middleton, Drew. "Europes' 'Americanization' Is Skin-Deep." *New York Times*, April 6, 1958.
195. Middleton, Drew. "Our Most Controversial Export Is Our Civilization." *New York Times*, October 28, 1962.
196. "'Modern' or 'Jazz' Art Scored by De Laszlo." *New York Times*, February 17, 1932.
197. "More 'Americanization'." *New York Times*, January 16, 1904.

198. "Montparnasse Jazz Is Stilled By Police: Paris Bohemians Will Protest Against Ban on Music Which They Find Inspirational." *New York Times*, November 20, 1927.
199. "Movie Revolution Predicted by Gust." *New York Times*, March 27, 1927.
200. "Movies Blamed for Deferred Visit." *New York Times*, November 29, 1925.
201. "Movies Seek U.S. Help: Eric Johnston Calls for Aid in Easing Foreign Barriers." *New York Times*, March 2, 1960.
202. "Mrs. Logan Disillusioned." *The Washington Post*, June 16, 1889.
203. Myerson, Allen R. "American Money Makes the Whole World Sing." *New York Times*, December 17, 1995.
204. "Nations' Fear of Hollywood Influence Cited." *The Washington Post*, January 10, 1947.
205. "Newman Resumes Attack on 'Jazz'." *New York Times*, December 26, 1926.
206. Noé, Yvan. "Hollywood the Golden and A French Critic: Visiting Playwright Discusses the Centre of the Industry and Art Standards." *New York Times*, April 5, 1931.
207. Nyre, Lincoln. "Younger Germany Ignores Beethoven: Accepts 'Jazz' and Martial Airs in Preference to Composers' Great Classics." *New York Times*, March 27, 1927.
208. "Off for the Exposition: Buffalo Bill and His Wild West Show Sail for France." *New York Times*, April 28, 1889.
209. Ormsbee, Helen. "Europe's Film Quotas." *New York Times*, February 19, 1927.
210. "Paris and Hollywood." *New York Times*, May 4, 1929.
211. "Paris Movie Houses Threaten to Close." *New York Times*, February 2, 1928.
212. "Paris Welcomes our Cowboys: Distinguished Gathering at Opening of Wild West Show." *New York Times*, April 2, 1905.
213. Pfanner, Eric. "As U.S. Is Reviled Abroad, American TV Charms." *New York Times*, February 27, 1994.

214. Philip, P. J. "Peace Pact Fervor Wears off in Paris." *New York Times*, September 30, 1928.
215. Philips, R. Le Clerc. "French Flirts and English Pops." *New York Times*, December 11, 1927.
216. "Pictures Us in Plot to Weaken France." *New York Times*, May 1, 1932.
217. P. K. S. "The Age of Jazz." *New York Times*, March 22, 1925.
218. "Plan to Prevent 'Americanization'." *New York Times*, December 2, 1901.
219. "Poincare Receives Foes of Film Quota." *New York Times*, June 18, 1929, p. 7.
220. "Prague for Film Quotas." *New York Times*, February 17, 1932.
221. "Prince of Wales Rides Wooden Horse to Jazz: London Actors and Actresses Besiege Him at Theatre Garden Party." *New York Times*, June 29, 1921.
222. Prunieres, Henry. "Among the Musicians of France: Topics of Interest Reported By M. Prunieres." *New York Times*, November 7, 1926.
223. "Quotas Instead of Castles in Spain." *New York Times*, November 19, 1929.
224. "Rector Calls Jazz National Anthem." *New York Times*, January 30, 1922.
225. "Reich Bans Import of German Talkies." *New York Times*, July 2, 1932.
226. Reich, Emil. "Sad News about England: We Are Americanizing Her Women." *New York Times*, September 18, 1910.
227. Reston, James. "Bruges, Belgium: Hey, Mark! Hot Dogs at the Cafe de la Paix." *New York Times*, September 15, 1957.
228. "Rationing 'Dallas'in Europe." *New York Times*, October 24, 1989.
229. Riding, Alan. "France Detects A Cultural Threat in Google." *The New York Times*, April 11, 2005.
230. Ridings, Alan. "Jack Lang Warns of Danger to Movies." *New York Times*, August 8, 1990.
231. Ridings, Alan. "Only the French Elite Scorn Mickeys' Debut." *New York*

Times, April 13, 1992.
232. "Robs US of Jazz Credit: Paris Paper Says French Cats Made Such Music 129 Years Ago." *New York Times*, June 11, 1919.
233. "Rome and Hollywood." *New York Times*, July 23, 1927.
234. Ross, Albion. "Bonn Film Group Asks Import Curb." *New York Times*, January 2, 1955.
235. Rothsteins, Mervyn. "Jack Lang, Creatively Engage, Plots Frances' Cultural Future." *New York Times*, July 26, 1988.
236. Russell, Bertrand. "Three Reasons Why They Dislike Us." *New York Times*, September 8, 1957.
237. "R. T. Kane to Make Talkies in French." *New York Times*, December 10, 1929.
238. "Say Jazz Will Live: Experts Believe America's Offering to the World's Music Has a Bright Future." *New York Times*, December 23, 1923.
239. "Says Jazz Displeases English Radio Public." *New York Times*, July 4, 1928.
240. "Says Jazz Originated in Old French Music." *New York Times*, March 25, 1928.
241. "Says Pioneer Spirit Is American Guide." *New York Times*, November 6, 1932.
242. Schoenbunparis, David. "In France to Be 'Right' Is Wrong." *New York Times*, August 10, 1958.
243. Sciolino, Elaine. "Millau Journal: Above the Clouds, the French Glimpse the Old Grandeur." *The New York Times*, December 17, 2004.
244. "Scopes Case Stirs Berlin." *New York Times*, July 19, 1925.
245. "Score Armistice Day Jazz: British Want Quiet Celebration—Weary of American Rhythm." *New York Times*, November 2, 1925.
246. "Seek to Save British Films: Industry Evolves New Plan to Meet our Competition." *New York Times*, December, 29, 1925.
247. "Sees France Eager for American Ideas." *New York Times*, February

7, 1930.
248. "Shun Tax on Our Films: British Government is against Import despite Flood of Our Pictures." *New York Times*, July 5, 1923.
249. "Six Britons Debate Anti-Americanism." *New York Times*, July 22, 1961.
250. Slonim, Marc. "European Notebook: Anti-Americanism." *New York Times*, November 26, 1967.
251. "Spain Renews Film Pact: U. S. Companies Still May Take Out 40% of Earnings." *New York Times*, November 23, 1953.
252. "Spanish Violinist, 21, Ends His Life in Leap; Jobless Because He Could't Play Jazz." *New York Times*, September 24, 1927.
253. Special Cable to New York Times. "Americanizing London." *New York Times*, June 16, 1901.
254. Special Cable to New York Times. "'Americanism' in Germany." *New York Times*, October 23, 1907.
255. "Speak-Easies for Dancing Evade Italy's Ban on Jazz." *New York Times*, April 3, 1927.
256. "Spider Web Stocking Now: Berlins' Costly Style Won't Outlast One Dance to Jazz Music." *New York Times*, May 25, 1924.
257. Stanley, Fred. "Hollywood Looks Overseas." *New York Times*, September 17, 1944.
258. Stevenson, Richard W. "Moving beyond Selling TV Reruns, U. S. Media Giants Are Building Networks, Stations and Production Alliance." *New York Times*, February 6, 1994.
259. Sulzberger, C. L. "Foreign Affairs: Anti-Americanism and Its Origins." *New York Times*, April 19, 1958.
260. "Summing Musics' Case Against Jazz." *New York Times*, March 6, 1927.
261. "Sunday Jazz for London: County Council Agrees to Permit Concerts in the Parks." *New York Times*, June 5, 1925.
262. Swerdlow, Joel. "Dallas: TV's Smash Prime-Time Soap Opera Has the Characters America Loves to Hate." *The Washington Post*, December

23, 1979.
263. "The 'American' Exhibition: 'Buffalo Bill's' Show the Only American Thing about It." *New York Times*, April 2, 1887.
264. "The Americanization of England." *Times-Picayune*, July 3, 1902.
265. "The Screen in Madrid: Films and Jazz Bands Change Psychology of New Hispanic Generation." *New York Times*, November 16, 1930.
266. "The Swettenham Incident." *New York Times*, January 22, 1907.
267. "The Wild West Show Abroad: Mr. Gladstone Greatly Pleased with the Performance." *New York Times*, April 29, 1887.
268. "The Wild West Show: Buffalo Bill and His Company Return from Europe." *New York Times*, May 21, 1888.
269. "The Wild West Show in Berlin." *The Washington Post*, July 27, 1890.
270. "Thinks Ban on Jazz is An Insult to US: Vincent Lopez is Exercised at Report that France is Deporting Our Players." *New York Times*, June 1, 1924.
271. "Thousands Go To Oslo for Royal Wedding." *New York Times*, March 19, 1929.
272. "To Aid Film Business: Motion Picture Division Is Created in Foreign Commerce Bureau." *New York Times*, July 7, 1929.
273. "To Crusade Against Jazz: London Band to Make World Tour and Expose Modernistic Music." *New York Times*, November 14, 1927.
274. "To Fix British Film Quota." *New York Times*, February 3, 1927.
275. "Topics of the Times." *New York Times*, March 22, 1902.
276. "Trade Follows Films, Not the Flag, He Says." *New York Times*, August 18, 1926.
277. Trueheart, Charles. "With Popularity Come Pitfalls." *The Washington Post*, October 27, 1998.
278. "Urges Forced Use of British Films." *New York Times*, October 7, 1928.
279. "U. S. Film Exports Worrying France." *New York Times*, March 8, 1948.
280. Valenti, Jack. "Fair Trade for Film Trade." *Los Angeles Times*, January

19, 1986.
281. Vanderveld, Richard L. "Europe Posing a Stern Threat to Hollywood, Banker Asserts." *Los Angeles Times*, January 16, 1967.
282. "Victoria at the Wild West Show: from the London Daily News, May 12." *New York Times*, May 22, 1887.
283. "Wales Informality Leaves Spain Cool." *New York Times*, May 4, 1927.
284. Ward, Barbara. "Do the British Really Dislike Us?" *New York Times*, September 19, 1954.
285. "Warns White Races They Must Drop Jazz." *New York Times*, September 20, 1927.
286. Waxman, Sharon. "Mickey Go Home: Why France is Having a Bout of Anti-Americanism." *The Washington Post*, July 12, 1992.
287. Whiteman, Paul. "In Defense of Jazz and Its Makers." *New York Times*, March 13, 1927.
288. "Will Modify Film Bill." *New York Times*, June 14, 1927.
289. Willis, Alan E. "British Anti-Americanism Denied." *New York Times*, October 1, 1954.
290. Worsthorme, Perdorixe. "Anti-Americanism Is Now Non-U." *New York Times*, April 9, 1967.
291. Worth, John W. "Concerning Jazz." *New York Times*, December 24, 1924.
292. "Would Bar All Our Films: German Cinema Owners Want Stopped during 1925." *New York Times*, September 13, 1924.
293. Wright, Robert A. "In London, Berlin and Milan, Too, Its' Business American-Style." *New York Times*, January 15, 1968.
294. Ybarra, T. R. "German Irritation with US Increases." *New York Times*, January 29, 1928.
295. Ybarra, T. R. "'Jazz' er Up!' Broadways' Conquest of Europe." *New York Times*, December 18, 1921.
296. Zoysa, Richard de and Otto Newman. "Globalization, Soft Power and the

Challenge of Hollywood." *Contemporary Politics*, Vol. 8, No. 3, 2002.

四　中文论著与译著

1. 哈里·杜鲁门：《杜鲁门回忆录》第 1 卷，李石译，生活·读书·新知三联书店 1974 年版。
2. 伏尔泰：《风俗论》下册，谢戊申等译，商务印书馆 1997 年版。
3. 伏尔泰：《路易十四时代》，吴模信等译，商务印使馆 1996 年版。
4. 哥伦布：《航海日记》，孙家堃译，上海外语教育出版社 1987 年版。
5. 安东尼奥·葛兰西：《狱中札记》，葆煦译，人民出版社 1983 年版。
6. 海德格尔：《形而上学导论》，熊伟等译，商务印书馆 1996 年版。
7. 黑格尔：《历史哲学》，王造时译，上海世纪出版集团 2001 年版。
8. 联合国教科文组织：《世界文化报告（1998）——文化、创新与市场》，关世杰等译，北京大学出版社 2000 年版。
9. 唐纳德·怀特：《美国的兴盛与衰落》，徐朝友等译，江苏人民出版社 2002 年版。
10. 约·彼·马吉多维奇：《世界探险史》，屈瑞等译，世界知识出版社 1988 年版。
11. 萨·伊·莫里逊：《航海家哥伦布》，陈太先等译，湖南人民出版社 1983 年版。
12. 庞琴：《反美主义在当代欧洲认同形成中的作用》，载《现代国际关系》2007 年第 12 期。
13. 赫尔穆特·施密特：《全球化与道德重建》，柴方国译，社会科学文献出版社 2001 年版。
14. 亚当·斯密：《国民财富的性质和原因的研究》（下卷），商务印书馆 1994 年版。
15. 斯帕尼尔：《第二次世界大战后的美国外交政策》，段若石译，商务印书馆 1992 年版。
16. 泰罗：《科学管理原理》，胡隆昶等译，中国社会科学出版社 1984 年版。

17. 托克维尔：《论美国的民主》（下卷），董果良译，商务印书馆 1991 年版。
18. 王秋彬：《反美主义的历史演进》，载《史学集刊》2008 年第 5 期。
19. 王威海编著：《韦伯：摆脱现代社会两难困境》，辽海出版社 1999 年版。
20. 赫伯特·席勒：《大众传播与美利坚帝国》，刘晓红译，上海译文出版社 2006 年版。
21. 杨生茂编：《美国历史学家特纳及其学派》，商务印书馆 1984 年版。

索 引

（按汉语拼音字母顺序编排）

A

阿登纳，康拉德　Adenauer, Konrad　373
阿多诺，特奥多尔　Adorno, Theodor　110
阿尔贝尔，米歇尔　Albert, Michel　590
阿尔莫多瓦，佩德罗　Almodóvar, Pedro　508
阿龙，雷蒙　Aron, Raymond　265，420，439，541
阿龙，罗贝尔　Aron, Robert　204
阿伦特，汉娜　Arendt, Hannah　195，417
阿姆斯特朗，路易斯　Armstrong, Louis　478，481
阿诺德，马修　Arnold, Matthew　101，123，217
阿希卡，吉尔伯特　Achcar, Gilbert　574
埃布林，卢茨　Erbring, Lutz　410
埃林顿，杜克　Ellington, Duke　481
埃伦斯特罗姆，尼尔斯　Ehrenstrom, Nils　206
埃马纽埃尔，皮埃尔　Emmanuel, Pierre　414
埃米斯，金斯利　Amis, Kingsley　434
埃米特，丹　Emmett, Dan　280
埃文斯，戴姆·伊迪丝　Edith Evans, Dame　467

埃菲尔铁塔　Eiffel Tower　489
爱尔兰自由邦　Irish Free State　314
艾哈德，路德维希　Erhard, Ludwig　379
艾柯，翁贝托　Eco, Umberto
艾斯纳，迈克尔　Eisner, Michael　488
安培，让—雅克　Ampére, Jean-Jacques　122
安德松，劳里　Anderson, Laurie　476
昂，伊恩　Ang, Ian　472
奥巴马，贝拉克·侯赛因　Obama, Barack Hussein　540，599
奥尔，奥波德　Auer, Leopold　295
奥尔布莱特，玛德莱娜　Albright, Madeleine　538
奥科朗特，克里斯蒂娜　Ockrent, Christine　515
奥克利，安妮　Oakley, Annie　282
奥兰，皮埃尔·马克　Mac Orlan, Pierre　310
奥朗内，埃内斯特·迪韦吉耶·德　Hauranne, Ernest Duvergier de　122
奥斯本，约翰　Osborne, John　433
奥斯古德　H. O. Osgood　302
奥托，弗里德里希　Otto, Friedrich　128

B

巴伯，本杰明　Barber, Benjamin　562
巴兹尼，路吉　Barzini, Luigi　271
巴尔贝—马布瓦，弗朗索瓦　Barbé-Marbois, François　89
巴尔扎克，奥诺雷·德　Balzac, Honoré de　141
巴里莫尔，埃塞尔　Barrymore, Ethel　442
巴罗佐，若泽·曼努埃尔·杜朗　Barroso, Jose Manuel Durao　585
巴洛，阿瑟　Barlowe, Arthur　56
巴斯勒，奥托　Basler, Otto　223
巴西拉齐，罗贝尔　Brasillach, Robert　196
保弗尔斯，路易斯　Pauwels, Louis　416, 489
堡垒欧洲　Fortress Europe　532
鲍彻，理查德　Boucher, Richard
鲍威尔，巴德　Powell, Bud　481
北大西洋条约　The North Atlantic Treaty　545
贝德纳立克，卡尔　Bednarik, Karl　479
贝多芬　Beethoven, Ludwig van　108, 109, 112, 294, 299, 308
贝多制　Bedaux System　243, 244, 247, 250, 251
贝尔，埃马纽埃尔　Berl, Emmanuel　153
贝尔，贾斯蒂斯　Bell, Justice　575
贝尔纳斯，詹姆斯　Byrnes, James F.　451
贝尔热，伊夫　Berger, Yves　414
贝甘，阿尔贝特　Beguin, Albert　405
贝里，克洛德　Berri, Claude　506
贝利斯，劳迪奥　Veliz, Claudio　580
贝卢斯科尼，西尔维奥　Berlusconi, Silvio　499
贝克，查尔斯　Baker, Charles　306
贝克尔，里亚　Becker, Ria　449
贝奇霍特，沃尔特　Bagehot, Walter　431
贝托鲁奇，贝纳多　Bertolucci, Bernardo　508
贝谢，悉尼　Bechet, Sidney　482
本德，彼得　Bender, Peter　416
本顿，威廉　Benton, William　442
本尼，杰克　Benny, Jack　403
比洛伯爵，冯　Bülow, Count von　217
比彻姆，托马斯　Beecham, Thomas　295
彼得罗拉西，让—皮尔埃　Petrolacci, Jean-Pierre　471
彼得斯德夫，维南德·冯　Petersdorff, Wienand von　590
波伏娃，西蒙娜·德　Beauvoir, Simone de　420
波伦茨，威廉·冯　Polenz, Wilhelm von　218
波马雷，夏尔　Pomaret, Charles　200, 336
波恩斯，德莱尔　Burns, C. Delisle　260
波特，吉米　Porter, Jimmy　317
博德莱尔，让　Baudelaire, Jean
博尔夏德，埃里克　Borchard, Eric　309
博林，加斯帕尔·德　Beaurien, Gaspard de　57
博茹爵士，路易斯—菲利克斯　Beaujour, Louis-Félix de　127
博维，若泽　Bové, José　569
柏林，欧文　Berlin, Irving　292, 442
布丰，乔治·路易斯·勒克莱尔·德　Buffon, Georges Louis Leclerc de　52
布雷茨，鲁道夫　Bretz, Rudolf C.　464
布雷希特，贝托尔特　Brecht, Bertolt　190

布罗根，丹尼斯·威廉　Brogan, Denis William　396

布努埃尔，路易斯　Bunuel, Luis　507

C

察德克，派尔　Zadek, Peyer　587

查尔斯，雷　Charles, Ray　476

策雷尔，汉斯　Zehrer, Hans　449

D

大西洋俱乐部　The Atlantic Club　123

戴克，亨利·范　Dyke, Henry Van　296

戴维斯，埃尔默　Davis, Elmer　441

戴维斯，迈尔斯　Davis, Miles　476, 481

戴维斯，威廉　Davis, William　389

当迪欧，阿尔诺　Dandieu, Arnaud　204

道威斯计划　Dawes Plan　262, 267

德波，科内利乌斯　Pauw, Corneille De　75

德恩斯，保罗　Dehns, Paul　218

得尔瑟，沃尔夫冈　Thierse, Wolfgang　587

德费尔，加斯东　Defferre, Gaston　435

德国研究基金会　The German Research Foundation　472

德卡罗，弗朗克　Caro, Frank de　493

德库尔，雅克　Dercourt, Jacques　471

德勒—布雷泽侯爵　Marquis de Dreux-Brézé　142

德雷顿，迈克尔　Drayton, Michael　57

德洛尔，雅克　Delors, Jacques　501

德洛奈，夏尔　Delaunay, Charles　307

德芒容，阿艾贝　Demangeon, Albert　169

德苏马拉加，胡内　Zumarraga, June de　96

迪克，菲利普　Dick, Philip K.　476

迪恩，詹姆斯　Dean, James B.　400, 476

迪士尼，沃尔特　Disney, Walt　493

迪韦吉耶，埃内斯特　Duvergier de Hauranne, Ernest　127

蒂尔　Teele, F. W.

蒂尔曼，巴龙　Thielmann, Baron　217

蒂格尔，雅克　eTurgot, Jacques　135

独立宣言　Declaration of Independence　33, 133, 135, 136, 210, 559

杜卡斯，保罗　Dukas, Paul Abraham　298

杜兰特，亨鲁　Durant, Henru　430

多列士，莫里斯　Thorez, Maurice　452

多姆纳克，让—玛丽　Domenach, Jean-Marie　382

E

恩伯格，哈拉尔　Engberg, Herald　337

恩里克，罗贝尔　Enrico, Robert　499

厄斯特莱西，保罗　Oestreich, Paul　273

F

法比亚兹，帕特里克　Farbiaz, Patrick　574

法国电影导演联盟　Union des Producteurs de Films　506

法恩斯沃思，菲洛·泰勒　Farnsworth, Philo Taylor　459

法约，亨利　Fayol, Henri　246

法语总署　Commissariat General de la Langue Francaise　488

索 引 673

范德肯普，法兰西斯·阿德里安　Van der Kemp, François Adriaan　135
范沃尔登，约翰　Vorden, Johan van　300
菲茨帕特里克，罗伯特　Fitzpatrick, Robert　437
菲尔柴尔德，戴维　Fairchild, David　56
菲利普斯，温德尔　Phillips, Wendell　123
费城世界博览会　The Philadephia World Exhibition　250
费雷罗，莱奥　Ferrero, Léo　416
费瑟，伦纳德　Feathe, Leonard　478
芬克尔考，阿兰　Finkelkraut, Alain　491
冯内古特，库尔特　Vonnegut, Kurt　476
佛朗哥，弗朗西斯科　Franco, Francisco　445
扶轮国际　Rotary International　257
扶轮社　Rotary Club　257, 258, 299
扶轮社国际联盟　the International Association of Rotary Clubs　257
福利斯特，维亚娜　Forrester, Viviane　569
福尔纳里，佛朗哥　Fornari, Franco　398
福斯特，斯蒂芬　Foster, Stephen　280
福特，约翰　Ford, John　442
福特制　Fordism　14, 160, 171, 241–247, 249–253, 262, 413
福伊希特万格，利翁　Feuchtwanger, Lion　260
伏尔泰　Voltaire　45, 60, 61, 83
弗尔蒂尼，佛朗哥　Fortini, Franco　384
弗洛伊德，西格蒙德　Frued, Sigmund　131
富兰克林，本杰明　Franklin, Benjamin　84

G

哥伦布，克里斯托弗　Colombo, Cristoforo　54

格莱斯顿，威廉·尤尔特　Gladstone, William Ewart　220, 286
格兰特，帕西　Gran, Percyt　296
格雷欣法则　Gresham's Law　495
格吕克斯曼，安德烈　Glucksmann, André　4
格罗塞，阿尔弗雷德　Grosser, Alfred　583
格洛泽，阿尔弗雷德　Grosser, Alfred　35
戈，让　Cau, Jean　491
戈尔登，埃尔尼　Golde, Ernie n　304
戈里尔，杰弗里　Gore, Geoffrey　428, 433, 476
戈马拉，弗朗西斯科·洛佩斯·德　Gomara, Francisco Lopez de　54
葛兰姆舞团　Martha Graham Dance Company　484
滚石乐队　The Rolling Stones　484
国际电信委员会　International Telecommunications Commission　463
国际舞蹈教师协会　The International Association of Masters of Dancing　297
国际信息活动总统委员会　the President's Committee on International Information Activities　461

H

哈尔费尔德，阿道夫　Halfeld, Adolf　199
哈勒，格雷特　Haller, Gret　540
哈里斯，保罗　Harris, Paul P.　257
哈里耶让—埃德恩　Hallier, Jean-Edern　489
哈马蒂，山多尔　Harmat, Sandor i　310
哈普古德，诺曼　Hapgood, Norman　246
哈塞尔曼斯，路易斯　Hasselmans, Louis　292

海德格尔，马丁　Heidegger, Martin　14, 176, 188
海德托福特，汉斯　Hedtoft, Hans　545
海涅，海因里希　Heine, Heinrich　127
汉密尔顿，亚历山大　Hamilton, Alexander　123
汉姆生　Hamsun, Knut　114
赫里欧，爱德华　Herriot, Edouart　300
黑尔德，西奥多　Held, Theodore　236
黑格尔，格奥尔格·威廉·弗里德里希　Hegel, Georg Wilhelm Friedrich
亨特，马克　Hunter, Mark　555
洪堡，亚历山大·冯　Humboldt, Alexander von　98
怀特曼，保罗　Whiteman, Paul　292, 309
怀廷，理查德　Whiteing, Richard　231
惠特尼，约翰·海　Whitney, John Hay　431
霍尔斯特德，马歇尔　Halstead, Marshal　228
霍格兰，沃伦　Hoagland, Warren　334
霍金斯，杰克　Hawkins, Jack　467
霍恩达尔，彼得·乌韦　Hohendahl, Peter Uwe　141
霍普，鲍勃　Hope, Bob　442, 463

J

加迪，罗歇　Garaudy, Roger　14
加里农，阿兰　Carignon, Alain　510
加斯帕里，雷莫　Gaspari, Remo　469
甲壳虫乐队　The Beatles　484
简，卡拉米蒂　Jane, Calamity　282
吉尔伯特，西摩·帕克　Gilbert, Seymour Parker　267
吉尔默，埃米尔　Gilmer, Emile　310
吉莱斯皮，迪兹　Gillespie, Dizzy　481
杰斐逊，托马斯　Jefferson, Thomas　155

K

卡茨曼，伦纳德　Katzman, Leonard　470
卡达斯，萨尔瓦多　Cardu, Salvador　556
卡德曼，帕克斯　Cadman, Parkes　297
卡弗里，杰斐逊　Caffery, Jefferson　454
卡内基国际和平研究院　Carnegie Endowment for International Peace　526
卡尼夫，米尔顿　Caniff, Milton　442
卡普，阿尔　Capp, Al　442
卡普，瓦根　Kappel, Vagn　485
卡森，赫伯特·诺里斯　Casson, Herbert Norris　251
考茨基，卡尔　Kautsky, Karl　200
凯末尔　Kemal Atatürk, Mustafa　309, 310
凯托研究所　Cato Institute　522
坎贝尔，帕特里克　Campbell, Patrick　406
坎利夫，马库斯　Cunliffe, Marcus
坎农，约瑟夫　Cannon, Joseph D.　9
康邦，胡莱斯　Cambon, Jules　200
康宁汉舞团　Merce Cunningham Dance Company　484
考利，马尔科姆　Cowley, Malcolm　264
科迪，威廉·弗雷德里克　Cod, William Frederick　282
科根，查尔斯　Cogan, Charles　583
科隆巴尼，让—马里耶　Colombani, Jean-Marie　394, 557

科莫，佩里　Como, Perry　403

科沃德，亨利　Coward, Henry　299

克拉勒蒂，朱尔斯　Claretie, Jules　234

克劳特哈默尔，查尔斯　Krauthamme, Charles　557

克勒，霍斯特　Khler, Horst　585

克里蒙梭，乔治　Clemenceau, Georges　154

克里斯蒂，埃德温　Christy, Edwin P.　280

克雷弗克，约翰　Creveoeur, Hector St. John de　92, 224

克雷耶，安德利安　Kreye, Andrian　587

克罗斯兰，安东尼　Crosland, Anthony　434

克罗斯曼，理查德　Crossman, Richard　414

克罗伊策，弗里德里希　Creuzer, Friedrich　214

克特根，卡尔　Kottgen, Carl　247

孔德，奥古斯特　Comte, Isidore Marie Auguste François Xavier　100

库尔伯格，费迪南德　Kürnberger, Ferdinand　139

库丘斯内斯特·罗伯特　Curtius, Ernest Robert　182

库特，保罗—马里耶　Couteaux, Paul-Marie　488

L

拉莫内，伊格纳西奥　Ramonet, Ignacio　570

拉塞尔，亚历山大　Russell, Alexander　303

拉斯洛，菲利普·德　László, Philip de　301

莱奥塔尔，弗朗西斯　Léotard, François　486

莱瑙，尼古劳斯　Lenau, Nikolaus　117

赖斯，托马斯　Rice, Thomas　280

赖特，弗朗西斯　Wrigh, Frances　120

兰克　Ranke, Leopold von　133

朗，雅克　Lang, Jack　471, 486, 489, 490, 494, 495, 497, 507

朗费罗，亨利　Longfellow, Henry Wadsworth　123

勒尔，古斯塔夫　Loehr, Gustave E.　257

勒庞，让—马里耶　Le Pen, Jean-Marie　555

勒琼，卡罗琳　Lejeune, Caroline A.　450

勒韦，路德维希　Loewe, Ludwig　225

勒维尔，让·弗朗索瓦　Revel, Jean François　426, 492

雷，威廉　Ray, William　287

雷纳尔，纪尧姆—托马　Raynal, Guillaume-Thomas　78

雷希贝格，赫尔·阿诺尔德　Rechberg, Herr Arnold　268

李，布伦达　Lee, Brenda　476

李蒙舞蹈团　Jose Limon Dance Company　484

李帕蒂，迪努　Lipatti, Dinu　485

李斯特，弗朗茨　Liszt, Franz　294

利恩，尼娜　Leen, Nina　406

联邦宪法　Federal Consititution　135, 149, 210

刘易斯，杰里·里　Lewis, Jerry Lee　476

卢贝，埃米尔·法兰西斯　Loubet, Émile François　289

鲁阿尔，让—马里耶　Rouart, Jean-Marie　490

鲁西尔斯，保罗·德　Rousiers, Paul de　200

伦敦国际战略研究所　The International Institute for Strategic Studies in London　518

罗伯逊，乔治　Robertson, George　529

罗德，爱德华 Rod, Edouard 197，201
罗利爵士，沃尔特 Raleigh, Walter 56
罗米耶，卢西恩 Romier, Lucien 179
罗斯福，富兰克林 Roosevelt, Franklin 359
罗素 Russell, Bertrand 195，428，429
罗伊，克洛德 Roy, Claude 423
洛朗，埃里克 Lauren, Eric 574
洛佩斯，文森特 Lopez, Vincent 291，311

M

马蒂尔，彼得 Martyr, Peter 55
马尔库塞，赫伯特 Marcuse, Herbert 176
马尔库塞，路德维希 Marcuse, Ludwig 172
马克桑斯，简—皮埃尔 Maxence, Jean-Pierre 197
马里亚特，弗雷德里克 Marryat, Frederick 141
马梅雷，诺埃尔 Mamère, Noël 574
马米耶，格扎维埃 Marmier, Xavier 139
马斯卡尼，彼得罗 Mascagni, Pietro 299
玛格丽特，叶尔塔—梅莱拉 Marguerite, Yerta-Melera 233
迈尔，爱德华 Meyer, Eduard 191
迈尔，库特·奥尔贝特 Mayer, Kurt Albert 600
迈斯特，约瑟夫·德 Maistre, Joseph de 136
迈耶，杰拉尔德 Meier, Gerald 443
麦迪逊，詹姆斯 Madison, Jame
麦克道尔，爱德华 MacDowell, Edward 296
麦克罗里，约瑟夫 MacRory, Joseph 314
麦克米兰，哈罗德 Macmillan, Harold 414

麦吉汉，罗伯特 McGeehan, Robert 554
曼加基斯，乔治 Mangakis, George 541
梅，卡尔 May, Karl 141
梅奥，厄尔 Mayo, Earl 227
梅克斯，费尔南 Merckx, Fernand J. J. 272
梅桑，蒂埃里 Meyssan, Thierry 574
梅希特谢默尔，阿尔弗雷德 Mechtersheimer, Alfred 586
梅耶，保罗 Meyer, Poul 337
美国白宫儿童健康和保护联合会 the White House Conference on Child Health and Protection 315
美国电影协会 Motion Picture Association of America 443，454，456-458，504，506
美国哥伦比亚广播公司 Columbia Broadcasting System 470
美国联合包裹服务公司 United Parcel Service, Inc., UPS 563
美国陆军欧洲行动战区 European Theater of Operations, United States Army 270
美国全国广播公司 National Broadcasting Company 463
美国全国外交政策委员会 National Committee on American Foreign Policy 530
美国新闻署 United States Information Agency 369，466，478
美国战略和国际研究中心（the Center for Strategic and International Studies 555
门德尔松，费利克斯 Medelssohn, Felix 294
门罗，玛里琳 Monroe, Marilyn 400，476
蒙泰朗，亨利·德 Montherlant, Henry de 40
孟德斯鸠 Montesquieu, Charles de Secondat,

Baron de　60，65，83
米德尔，莫里斯　Murder, Maurice　194
米勒，阿瑟　Miller, Arthur A.　476
米勒，埃尔弗里德　Müller, Elfriede　586
米勒，海内尔　Müller, Heiner　586
密特朗，弗朗西斯　Mitterand, Fancois　505
莫克莱，卡米耶　Mauclair, Camille　265
莫兰，埃德加　Morin, Edgar　394，451
莫里奥，安德烈　Maurois, André　204
莫里斯，戴维　Morris, Dave　575
莫努虚金，亚莉安　Mnouchkine, Ariane　492
默克尔，安格拉　Merkel, Angela Dorothea　585
穆尔，托马斯　Moore, Thomas　128，141
穆兰，莱奥　Moulin, Leo　394
穆希格，阿道夫　Muschg, Adolf　544，558

N

纳吉，欧内斯特　Nagy, Ernest A.　477
纳维尔，海德·德　Neuville, Hyde de　120
尼采　Nietzsche, Friedrich　199，200
尼尔森，哈拉尔　Nielsen, Harald　194
尼尔森，卡尔　Nielsen, Carl　300
纽曼，欧内斯特　Newman, Ernest　301

O

欧盟部长理事会　Council of Ministers of the European Union　503
欧文，华盛顿　Irving, Washington　119，144
欧洲共同体　European Community　46，499，501，547

欧洲理事会　European Council　501，550
欧洲联盟　European Union　46，418，495，547，552，556
欧洲委员会　European Commission　46，501，509，547，554
欧洲议会　European Parliament　45，46，501，508，511，577

P

帕克，查利　Parker, Charlie　481
帕雷斯，菲利普　Pares, Phillppe　298
帕纳西，于格　Panassie, Hugues　307
佩恩，威廉　Penn, William　45
皮尤研究中心　Pew Research Center　526，535，536，538
普雷斯利，埃尔维斯　Presley, Elvis　382，476
普里马科夫，叶夫根尼　Primakov, Yevgeny　521
普利斯特里，约翰·博因顿　Priestley, John Boynton　406
普伦敦，爱德华　Purinton, Edward　251
普吕斯，哈里　Pruss, Harry　425

Q

齐格勒，让　Ziegler, Jean　528
乔特耶维茨，彼得　Chotjewitz, Peter　114
乔治乌，康斯坦丁·维尔吉尔　Gheorghiu, Constantin Virgil　415
屈斯蒂纳侯爵　Custine, Marquis de　142

R

让纳内，让—诺埃尔 Jeanneney, Jean-Noel 576
荣格，恩斯特 Jünger, Ernst 176, 268
茹雅，菲利普 Joyaux, Philippe 233
瑞典美国交友社 Swiss Friends of the USA 257

S

萨尔，厄梅尔·塞拉尔 Sarc, Ömer Celāl 126
萨瑟兰，约翰 Sutherland, John 580
萨特 Sartre, Jean-Paul 190, 410, 420, 421
萨瓦特，费尔南多 Savater, Fernando 558
塞杜，尼古拉斯 Seydoux, Nicolas 500
塞尔，米歇尔 Serres, Michel 582
塞贡扎克，皮埃尔·迪努瓦耶德 Segonzac, Pierre Dunoyer de 192
塞尼奥波斯，夏尔 Seignobos, Charles 232
赛特尔，埃伦 Seiter, Ellen 472
桑迪森，戈登 Sandison, Gordon 467
瑟法蒂，西蒙 Serfaty, Simon 555
舍姆拉，韦罗尼克 Chemla, Véronique 453
舍南，尼古拉斯·德 Schonen, Nicholas de 492
舍瓦利耶，米歇尔 Chevalier, Michel 142
圣埃克苏佩利，安托万·德 Saint-Exupéry, Antoine de 264
圣皮尔埃，夏尔·卡斯泰尔·德 St Pierre, Charles Castel de 45
施罗德，迪特尔 Schroeder, Dieter 409
施密特，卡尔 Schmitt, Carl 268
施佩希特，保罗 Specht, Paul 304
施泰因布吕克，佩尔 Steinbrück, Peer 590
施特劳斯，约翰 Strauss, Johann 302
施特罗海姆，埃里克·冯 Stroheim, Eric Von 425
施瓦布，乔治 Schwab, George D. 530
史密斯，奥古斯丁 Smith, H. Augustine 297
叔本华 Schopenhauer, Arthur 119, 140
斯宾格勒，奥斯瓦尔德 Spengler, Oswald 187
斯特朗，乔赛亚 Strong, Josiah 282
斯蒂尔，赫伦 Steel, Heren 575
斯科恩，彼得 Scowen, Peter 574
斯科西斯，马丁 Scorsese, Martin 508
斯洛特戴克，彼得 Sloterdijk, Peter
斯密，亚当 Smith, Aadm 54, 162
斯普林格，杰里 Springer, Jerry 440
斯特莱斯曼，古斯塔夫 Streseman, Gustav 300
斯特劳，杰克 Straw, Jack 529
斯特劳斯—卡恩，多米尼克 Strauss-Kahn, Dominique 558
斯特利，让—塞巴斯蒂安 Stehli, Jean-Sebastien 491
斯特洛夫斯基，福蒂纳 Strowskisi, Fortunat 298
斯韦特纳姆—戴维斯事件 Swettenham-Davis incident 239
苏斯戴尔，雅克 Soustelle, Jacques 422

T

塔马梅斯，蒙乔 Tamames, Moncho 541

塔齐安，阿兰　Tarzian, Alain　506
塔特姆，阿特　Tatum, Art　481
汤格，卡罗尔　Tongue, Carol　511
泰勒制　Taylorism　160，171，241－247，249－253，262，267，413
梯也尔，阿道夫　Thiers, Adolphe　299
图蒂卡，库特　Tudyka, Kurt　586
吐温，马克　Twain, Mark　124，280，284
托德，伊曼努尔　Todd, Emmanuel　176

W

瓦蒂莫，吉尼亚　Vattimo, Gianni　558，602
瓦尔托尼，瓦尔特　Veltroni, Walter　556
瓦格纳，威廉·理查德　Wagner, Wilhelm Richard　294
瓦莱拉，埃蒙·德　Valera, Eamon de　314
瓦伦蒂，杰克　Valenti, Jack　456，504
万格，沃尔特　Wanger, Walter　442
王德威尔得，埃米尔　Vandervelde, Emile　300
威尔逊，伍德罗　Wilson, Woodrow　151，191，359
威利，亚历山大　Wiley, Alexander　463
威利斯，艾伦　Willis, Alan E.　430
威廉斯，弗朗西斯　Williams, Francis　432
威诺克，米歇尔　Winock, Michel　38
韦伯，艾尔弗雷德　Weber, Alfred　253
韦伯，马克斯　Weber, Max　146，166，253
韦德尔，尼科勒　Vedrés, Nicole　451
韦德里纳，于贝尔　Védrine, Hubert　13，36，380，519，562，570
韦尔斯，沃尔特　Wells, Walter A.　296

韦弗，西尔维斯特　Weaver, Sylvester　463
韦斯普奇，阿美利戈　Vespucci, Amerigo　55
维尔康姆，埃内斯特　Willkomm, Ernest　139
魏尔，库特　Weill, Kurt　308
魏玛共和国　Weimarer Republic　172，190，249，260－263，267－270，300，308，387
魏斯曼，卡尔海茵茨　Weissmann, Karlheinz　586
温德斯，维姆　Wenders, Wim　586
温特，罗尔夫　Winter, Rolf　585
文德斯，维姆　Wenders, Wim　450，508
沃德，巴巴拉　Ward, Barbara　430，431
沃尔夫斯格鲁伯恩，亚历克斯　Wolfsgrubern, Alex　535
沃森，詹姆斯　Watson, James　575
沃特菲尔德，戈登　Waterfield, Gordon　406
沃特海姆，丽特　Wertheim, Margaret　542
沃特斯，马迪　Waters, Muddy　476
伍丁，塞缪尔　Wooding, Samuel　310

X

西贝尔贝格，汉斯—容根　Syberberg, Hans-Jürgen　586
西德爵士乐联盟　The West German Jazz Federation　479
西格弗里德，安德烈　Siegfried, André　195，216，254，601
西梅尔，格里奥格　Simmel, Georg　601
希尔，西尔维斯特　Schiele, Silvester　257
希尔德特，阿克塞尔　Schildt, Axel　387
希尔马赫，弗兰克　Schirrmacher, Frank　586
希尔斯，卡拉　Hills, Carla　504

希拉克，雅克　Chirac, Jacques　488，511，569
希普利，乔纳森　Shipley, Jonathan　133
夏普，让　Chiappe, Jean　312
肖伯纳　Shaw, George Bernard　201
肖里，海勒姆　Shorey, Hiram E.　257
香榭丽舍酒店　Champs-Elysees
休谟，大卫　Hume, David　60
许尔斯曼，约翰·乔治　Hulsemann, Johann George　136

Y

雅克斯，让　Jacques, Jean　509
雅梅，多米尼克　Jamet, Dominique　383, 489
亚当斯，约翰　Adams, John　78, 90, 133
伊巴拉，托马斯·拉塞尔　Ybarra, Thomas Russell　305
英国帝国舞蹈教师协会　Imperial Society of Dancing Teachers　314
英国电影制作者联盟　the Federation of British Film Makers　457
英国独立电视管理局　the Independent Television Authority　468
英国工业联合会　Confederation of British Industry　354
英国广播公司　British Broadcasting Corporation, BBC　315, 406, 433, 471, 528
英国贸易委员会　British Board of Trade　353—355
英国影院经理联合会　the Cinematograph Exhibitors' Association　353
于雷特，朱尔斯　Huret, Jules　193
约翰斯顿，埃利克　Johnston, Eric　454

Z

扎努克，达利　Zanuck, Darryl　442
张伯伦，奥斯丁　Chamberlain, Austen　273
芝加哥对外关系委员会　the Chicago Council on Foreign Relations　448
朱利阿德，雅克　Julliard, Jacques　491

后　　记

　　本书稿是 2008 年获批的国家社科基金项目，搁置两年之后才开始启动。当时我的关注点在美国早期外交史，一度对能否完成这个项目失去动力或信心，进展十分缓慢，为此还填写表格向全国社科规划办申请延期。随着研究的不断深入，我逐渐认识到这是一个非常值得探讨的课题，对理解欧洲与美国的复杂关系提供了一个新的角度。在撰写这部书稿过程中，我查阅大量的相关资料，了解到过去从未知道的一些历史细节，有时甚至对很重要的概念或理论一无所知而感到汗颜，深切地体会到"学无止境"绝非空言。研究欧洲反美主义的历史演变，我主要使用英文资料。法文、德文和西班牙文的材料同样很多，通过互联网或数据库也易于搜集。非常遗憾的是，我对欧洲主要国家的文字一窍不通，面对这些非常有用的资料，我只能是"望文兴叹"，深感研究视野受到很大的局限。不过，我在研究中尽量地使用翻译为英文的欧洲文人撰写的相关论著。经过数年的不懈努力，我终于完成了这个项目。看着电脑统计显示出的七十余万字，我顿时感到如释重负，研究过程中的"酸甜苦辣"一幕幕地在脑海中浮现。这部书稿为国家社科基金结项成果，2014 年 3 月被提交给福建省社科规划办，规划办聘请国内五位专家匿名评审。当年 9 月初全国哲学社会科学规划办在网站上公布了评审结果，在 209 项结项成果中，共有 10 项获得"优秀"等级，很幸运本人的成果也忝列其中。这说明专家对这部书稿给予了肯定。

　　我研究美国文化始于 20 世纪 90 年代前期，2000 年出版了《美国文化与外交》专著，这部专著主要涉及美国文化对美国决策层在制订和执行外交政策上产生的影响，这些影响塑造出美国外交不同于其他国家的鲜明特征。美国从来不是个地区性国家，尤其是美国自 19 世纪崛起之后，世界文明的进程无不打上美国深深的烙印。美国无疑是个全球性的帝国，但与历史上先后衰落或消亡的帝国还是存在很大的区别，美国主要靠着其商业和文化优势构筑其全球帝国大厦的。美国文化不仅对美国人处理国际事务发生影响，而且作为把"现代性"体现得淋漓尽致的"软实力"，无疑对境外之人产生了难以抵制的诱惑力，从20世纪之初开始世界似乎朝着"更像美国"的方向大踏步地迈进，美国文化对国外民众生活方式和思想意识的强大作用使美国成为名副其实的"无冕帝国"。正是基于这种思路，我撰写出90余万字的《文化的帝国：20世纪全球"美国化"研究》专著。美国文化在国外产生巨大影响，但其他国家对美国文化的广泛传播又是持何种态度，也就是如何反作用美国文化？欧洲国家比较有代表性，我选择欧洲为个案进行研究，最终完成了这部《文化的他者：欧洲反美主义的历史考察》书稿。这三部专著实际上构成一个有机的整体，很大程度上也彰显出20余年来我走过的学术路程。

这部书稿属于专题研究，时间跨度数百年，目的是通过追根溯源，从文化上找到欧洲反美主义的源头，以期对在欧洲社会持续不衰的这种现象具有实质性的理解。时间跨度这么长，研究自然不可能面面俱到，只能是提供一条比较清楚的线索。从这个意义上讲，这部书稿的出版只是起到抛砖引玉之效，我个人还是衷心希望在这一研究领域能有更多的专深论著问世，以促进国内学术界对不同地区反美主义研究的深化。在本书出版之际，我谨向关心这项研究并提供过无私帮助的师长、同行、朋友以及学生表示真诚的谢意。

王晓德

2017年3月于福州寓所